Bewertungen

Die Bewertungen werden in Euro (€) angegeben, haben nur Hinweischarakter und sind keinesfalls verbindlich. Sie orientieren sich an den Höchstpreisen und sind variabel entsprechend der Marktlage. Dort, wo keine Möglichkeit bestand eine Bewertung vorzunehmen, wurde die Notierung in –.– gesetzt.

Auflagezahlen

Die von uns angegebenen Auflagezahlen werden genauestens recherchiert und geben den uns zum Redaktionsschluss bekannten Stand wieder. Da es jedoch Praxis ist, dass in vielen Ländern Kursmünzen auch noch mit Jahreszahlen vergangener Jahre geprägt werden, sind viele Zahlen als vorläufig anzusehen. Insbesondere die Auflagezahlen des aktuellen Jahrgangs beruhen in vielen Fällen auf Planungen und können daher von den tatsächlich geprägten Mengen abweichen.

Schlüssel der Katalognummern

L X

- LEUCHTTURM
- LÄNDERCODE (siehe in der Rubrik Euro-Banknoten)
- K = KURSMÜNZEN
  AK = AMTL. KURSMÜNZENSÄTZE
  SK = SONDERAUSGABEN KURSMÜNZENSÄTZE
  G = GEDENKMÜNZEN
  AG = AMTL. GEDENKMÜNZENSÄTZE
  BM = BARRENMÜNZEN
  B = BANKNOTEN
- LFD. NUMMER, JEWEILS MIT DER ERSTAUSGABE BEGINNEND

Designer bzw. Entwerfer der Münze

EUROPA-Ausgaben

2004 wurde von den europäischen Prägestätten eine Münzserie gestartet, für die jedes Jahr ein gemeinsames Thema vorgegeben wird. Die Münzen dieser Kampagne tragen als Erkennungsmerkmal das Euro-Sternsymbol.

METALLE UND LEGIERUNGEN

Ag	=	**Silber**	**CuZn**	=	**Messing**
Ag925	=	**Sterlingsilber**	**CuZnSn**	=	**Rotbronze**
Al	=	**Aluminium**	**Nb**	=	**Niob**
Au	=	**Gold**	**Ni**	=	**Nickel**
Cu	=	**Kupfer**	**Pt**	=	**Platin**
CuAlNi	=	**Aluminiumbronze**	**Sn**	=	**Zinn**
CuNi	=	**Kupfernickel**	**Ti**	=	**Titan**
CuAlZnSn	=	**Nordisches Gold**	**Zn**	=	**Zink**

ERHALTUNGSGRADE DER MÜNZEN

Polierte Platte (PP)
Ein Herstellungsverfahren, bei dem ausgesuchte Ronden (Münzrohlinge) sowie die Prägestempel poliert werden. Wenn nur die Prägestempel, nicht aber die Ronden poliert sind, spricht man von **Spiegelglanz.** Die Münzen dieses Erhaltungsgrades weisen einen spiegelnden Glanz auf und dürfen keinerlei für das Auge sichtbare Beschädigung zeigen.

Stempelglanz (Stgl.)
Ungebrauchte Münzen mit metallischem Glanz. Die Münzen dürfen keinerlei für das Auge sichtbare Beschädigung aufweisen. Diesem Erhaltungsgrad werden auch die Münzen mit der Bezeichnung **handgehoben (hgh)** zugeordnet, bei der jede Münze von Hand dem Prägeautomaten entnommen wird. Mit der Bezeichnung **prägefrisch/bankfrisch** werden stempelglänzende Münzen bezeichnet, die, durch den maschinellen Ausstoß aus der Prägemaschine bedingt, kleine Schäden aufweisen können. Prägefrische/bankfrische Münzen ohne Schäden werden dem Erhaltungsgrad Stempelglanz zugeordnet.

Vorzüglich (vz.)
Diese Münzen weisen geringe Abnutzungserscheinungen an den höchsten Stellen des Reliefs auf. Jede Einzelheit des Münzbildes muss deutlich erkennbar sein. Mit der Bezeichnung **prägefrisch/bankfrisch** werden stempelglänzende Münzen bezeichnet, die, durch den maschinellen Ausstoß aus der Prägemaschine bedingt, kleine Schäden aufweisen können. Prägefrische/bankfrische Münzen mit kleinen Schäden werden dem Erhaltungsgrad vorzüglich zugeordnet.

Veränderungen an Münzen
Durch Veränderungen an Münzen (z.B.: Durchbohren, Anfügen von Ösen oder das Vergolden) verlieren diese Stücke die Eigenschaft eines gesetzlichen Zahlungsmittels!

	Polierte Platte/Spiegelglanz	Stempelglanz	vorzüglich
Englisch	proof, proof-like	brilliant uncirculated (BU, UNC)	extremely fine (EF)
Französisch	belle épreuve (BE) flan bruni	brillant universel (BU) fleur de coin (FDC)	superbe (SUP)
Italienisch	fondo specchio	fior di conio (FDC)	splendido (SPL)
Spanisch	proof	flor de cuño (FDC)	Extraordin. bien conservado (EBC)

EURO-GEDENKMÜNZEN

EURO-Gedenkmünzen (Sondermünzen)

Neben den für den Zahlungsverkehr bestimmten Kursmünzen können die Länder nationale, auf Euro lautende Gedenkmünzen emittieren, die meist nur für Sammler hergestellt werden. Gedenkmünzen müssen sich von den Kursmünzen eindeutig unterscheiden und sind nur im jeweiligen Ausgabeland gesetzliches Zahlungsmittel.

Ab dem Jahr 2004 ist es den Euro-Ländern erlaubt, pro Jahr je eine und ab 2012 zwei 2-Euro-Gedenkmünze für den Umlauf auszugeben, die dann im gesamten Euro-Währungsgebiet gültig sind. Diese Gedenkmünze muss in den technischen Merkmalen der üblichen Euro-Kursmünze entsprechen und ist auf der Rückseite (nationalen Seite) mit einem Gedenkmotiv versehen. Eine Aufstellung aller 2-Euro-Gedenkmünzen finden Sie in der Übersicht ab Seite 42.

EURO-BARRENMÜNZEN

EURO-Barrenmünzen (Anlagemünzen, auch Bullion-Münzen)

Diese Münzen zeichnen sich durch einen hohen Reinheitsgrad der verwendeten Edelmetalle aus und werden von den Banken zum Materialwert (Tagespreis) plus einem Aufschlag verkauft.

Zu den bekanntesten Barrenmünzen zählt die Ausgabe „Wiener Philharmoniker" (Österreich).

Österreich „Wiener Philharmoniker"

Sehr verehrte Sammlerin, verehrter Sammler,

was wurde über den Euro nicht schon alles geschrieben? Als „Teuro" wurde er verspottet, als buntes Spielgeld oder als Windelweich-Währung. Im vergangenen Jahr ist der Euro in Form von Münzen und Banknoten volljährig geworden – doch dass die europäische Gemeinschaftswährung das Erwachsenenalter erreicht, war für viele kritische Zeitgenossen alles andere als sicher. Seit vielen Jahren steht der Euro aus vielerlei Gründen in der Kritik. Durch die gemeinsame Währung würden Schulden vergemeinschaftet, so heißt es. Schwache Währungen wie die italienische Lira und die griechische Drachme unter einem Dach mit der Deutschen Mark, dem Symbol des Wirtschaftswunders – das kann nicht funktionieren, so die zeitgenössische Meinung. Stille Zustimmung kommt sogar von Mitgliedern der Europäischen Union wie Dänemark oder Schweden, die zwar Teil der Europäischen Familie sein wollen, aber dann doch lieber ihr eigenes fiskalpolitisches Süppchen kochen.
An dieser Stelle ist es an der Zeit, für den Euro in die Bresche zu springen: Das neue Geld hat kurz nach dem Jahrtausendwechsel für eine regelrechte Renaissance der Numismatik gesorgt. Wir alle erinnern uns daran, wie wir im Jahr 2001 in der Schlange vor einer Bundesbank-Filiale oder unserer örtlichen Sparkasse standen und eine goldene Abschiedsmark ergattern wollten. Oder wie wir an einem verregneten Morgen zum Ende des Jahres 2001 ein Starterkit in den Händen hielten. Damals fühlten sich die gelben, roten oder zweifarbigen Münzen noch fremd an.
Der Wehmut über den Abschied von der Deutschen Mark wich jedoch recht schnell einer regelrechten Euro-Phorie: Millionen Menschen durchwühlten ab dem Frühjahr 2002 ihre Geldbörsen in der Hoffnung, eine Prägung aus Frankreich, Österreich oder Spanien zu finden. Stolz kehrte man aus seinem ersten Urlaub im Euroland zurück und versorgte seine Sammlerfreunde mit prägefrischen Münzen, die fein säuberlich aus dem Umlauf gefischt wurden. Die Jagd auf Euros aus den Kleinstaaten Vatikan, Monaco und San Marino begann. Es war wieder Musik in der Welt der Münzen.
Dem Durchbruch verhalf dem Sammelgebiet „Euro-Münzen" schlussendlich die Erfindung der europaweiten Zwei-Euro-Umlauf-Gedenkmünzen. Ähnliche Projekte waren in der Numismatik bereits bekannt, man denke nur an die „50 State Quarters" in den USA mit den Motiven der fünfzig Bundesstaaten. Jung und Alt entdeckten ihre Liebe für das Münzensammeln, denn dank des Euro kostete ein Sammlerstück im günstigsten Falle nur einen Cent - wenn es beispielsweise im Wechselgeld an der Supermarktkasse gefunden wurde.

Zwar haben sich die Marktpreise für Euromünzen seit dem Jahr 2002 etwas abgekühlt, vierstellige Summen für einen Vatikan-Kursmünzensatz gehören der Vergangenheit an. Doch der Euro als Sammelgebiet hat die Phase des „Neuen Marktes" hinter sich gelassen und zählt bis heute zu den beliebtesten Bereichen innerhalb der deutschsprachigen Numismatik. Und der Anschluss zur europäischen Sammlerszene ist nahtlos möglich, denn auch in Frankreich, Spanien und Österreich sind die Münzen aus den europäischen Nachbarländern begehrt.
Am Ende des Tages können wir – bei allen Ärgernissen, welche eine gemeinsame Währung mit sich bringen mag – dankbar sein, dass der Euro die Münzprägung der einzelnen Vor-Euro-Länder aus dem Dornröschenschlaf geholt hat. Goldmünzen aus Deutschland? Vor der Einführung des Euro völlig undenkbar! Österreichische Silbergedenkmünzen der Siebziger bis Neunziger Jahre? Langweilig!
Wir wünschen dem Euro an dieser Stelle, dass er seine Kinderkrankheiten allmählich ablegt – es wird Zeit im Alter von nunmehr 20 Jahren. Wir hoffen, dass der Euro in unseren Geldbörsen nicht verstaubt oder gar abgeschafft wird, sondern sich immer wieder erneuert – so wie es die Münzprägung seit vielen tausend Jahren tut. Und wir hoffen, dass die Millionen Menschen, die durch den Euro ein faszinierendes Hobby entdeckt haben, unserer wertvollen Sammlergemeinde nicht den Rücken kehren.
Auch für die neue Ausgabe des Euro-Münzkatalogs haben wir wieder eine umfangreiche Marktrecherche durchgeführt. Über mehrere Monate haben wir die Preislisten von Händlern analysiert, Auktionsergebnisse beobachtet und uns auf Messen umgesehen. Auffällig ist, dass nicht nur bei den Top-Raritäten aus den Euro-Kleinstaaten wie Monaco oder San Marino steigende Preise zu verzeichnen sind. Einzelne Münzen oder Münzsätze sind heute aber auch günstiger zu bekommen als noch vor Jahresfrist.
Die Preise für Euro-Goldmünzen waren in den vergangenen 12 Monaten trotz schwankender Edelmetallpreise weitgehend stabil – für diese Münzen gibt es also sozusagen eine doppelte „Wert-Versicherung", einerseits durch den Sammlerwert, andererseits aber auch durch den Metallwert.
Insgesamt hat das Sammelgebiet „Euro-Gedenkmünzen" also nichts an Attraktivität eingebüßt.

Wir wünschen allen Lesern viel Spaß beim Nachschlagen in diesem Katalog.

Die Redaktion

INHALTSVERZEICHNIS

Der Verlag dankt allen Prägeanstalten und Ämtern sowie Firmen und Sammlern recht herzlich für die Bereitstellung von Abbildungen:
Königliche Belgische Münze (Brüssel), Bundesamt für zentrale Dienste und offene Vermögensfragen (Berlin), Deutsche Bundesbank (Frankfurt am Main), Eesti Pank (Tallinn), Mint of Finland Ltd. (Vantaa), Monnaie de Paris (Paris), Bank of Greece (Athen), Central Bank of Ireland (Dublin), Istituto Poligrafico e Zecca dello Stato (Rom), Latvijas Banka (Riga), Lietuvos Bankas (Wilna), Banque centrale du Luxembourg (Luxemburg-Stadt), Central Bank of Malta (Valletta), Koninklijke Nederlandse Munt (Utrecht), Münze Österreich AG (Wien), Imprensa Nacional – Casa da Moeda (Lissabon), Azienda Autonoma di Stato Filatelica e Numismatica (San Marino), Národná banka Slovenska (Bratislava), Mincovňa Kremnica (Kremnitz), Banka Slovenije (Ljubljana), Real Casa de la Moneda (Madrid), Ufficio Filatelico e Numismatico – Governatorato (Vatikanstadt), Central Bank of Cyprus (Lefkosia), Andreas Schilke (Hannover), Michel Granero (Monaco), Alexander Grell (Hofheim), GORNY & MOSCH Giessener Münzhandlung (München), Editions Victor Gadoury (Monaco) und Vitomir Čop (Slowenien) sowie der Münzhandelsgesellschaft Historia Hamburg.
Fotoaufnahmen deutscher Gedenkmünzen aus offiziellen Pressemitteilungen: Hans-Joachim Wuthenow (Berlin), Hans-Jürgen Fuchs (Stuttgart).

VON DEN RÖMISCHEN VERTRÄGEN ZUM EURO

1951
Montanunionsvertrag – Paris 18.4.1951. Gründung der Europäischen Gemeinschaft für Kohle und Stahl.

1958
Römische Verträge – unterzeichnet von Belgien, BR Deutschland, Frankreich, Italien, Luxemburg und den Niederlanden – treten in Kraft. Gründung der Europ. Wirtschaftsgemeinschaft.

1967
Schaffung der EG – durch Zusammenlegung der Organe EWG, EGKS und EURATOM.

1968
Zollunion vollendet: Binnenzölle abgeschafft, gemeinsamer Außenzoll.

1969
Beschluss des Europäischen Rats in Den Haag, bis 1980 eine Wirtschafts- und Währungsunion zu verwirklichen.

1979
Erste Direktwahl des Europäischen Parlaments. Ablösung der Währungsschlange durch das Europ. Währungssystem (EWS).

1986
Einheitliche Europäische Akte mit Ziel Binnenmarkt unterzeichnet.

1991
Verträge von Maastricht über Europäische Union (EU) unterzeichnet.

1993
Vollendung des Europäischen Binnenmarktes (1. Januar).
Erweiterung der Bandbreiten im EWS auf 15 %.
Inkrafttreten des Vertrages über die Europäische Union.

1994
Beginn der zweiten Stufe der Europäischen Wirtschafts- und Währungsunion; Errichtung des Europäischen Währungsinstituts in Frankfurt/M.

1995
Entscheidung des Europäischen Rats über die Bezeichnung Euro und den Zeitplan zu seiner Einführung.

1998
Prüfung und Entscheidung über die Teilnahme an der Währungsunion; Festsetzung der Wechselkurse zwischen den Teilnehmern; Errichtung der Europäischen Zentralbank; unwiderrufliche Festlegung der Euro-Umrechnungskurse.

1999
Beginn der Währungsunion mit elf Teilnehmern.

2001
Erweiterung der Währungsunion auf zwölf Teilnehmer.

2002
EURO-Bargeldeinführung in Belgien, Deutschland, Finnland, Frankreich, Griechenland, Irland, Italien, Luxemburg, den Niederlanden, Österreich, Portugal und Spanien sowie Monaco, San Marino und der Staat Vatikanstadt.

2004
Estland, Slowenien und Litauen treten dem Wechselkursmechanismus II bei.

2005
Lettland, Malta, die Slowakei und Zypern treten dem Wechselkursmechanismus II bei.

2007
EURO-Bargeldeinführung in Slowenien.

2008
EURO-Bargeldeinführung in Malta und Zypern.

2009
EURO-Bargeldeinführung in der Slowakei.

2011
EURO-Bargeldeinführung in Estland.

2013
Kroatien tritt dem Wechselkursmechanismus II bei.

2014
EURO-Bargeldeinführung in Andorra und Lettland.

2015
EURO-Bargeldeinführung in Litauen.

UMSTELLUNGSPLÄNE FÜR MÜNZEN UND BANKNOTEN

Land	Landeswährung	Ende des gesetzl. Zahlungsmittels	Umtauschfrist des Bargelds		Umrechnungskurse	Ausgabe für das private Publikum in Starter-Kits		
			Münzen	Banknoten	1 EURO =	Ausgabe in	EURO	Anzahl in Mio. Stück
Belgien	BEF	28. 02. 2002	31. 12. 2004	unbefristet	40,3399	500 BEF	12,40	5,3
Deutschland	DEM	31. 12. 2001	unbefristet	unbefristet	1,95583	20 DEM	10,23	53,5
Estland	EEK	14. 01. 2011	unbefristet	unbefristet	15,6466	200 EEK	12,79	0,6
Finnland	FIM	28. 02. 2002	29. 02. 2012	29. 02. 2012	5,94573	23 FIM	3,88	0,5
Frankreich	FRF	17. 02. 2002	17. 02. 2005	17. 02. 2012	6,55957	100 FRF	15,25	53,0
Griechenland	GRD	28. 02. 2002	01. 03. 2004	01. 03. 2012	340,750	5.000 GRD	14,67	3,0
Irland	IEP	09. 02. 2002	unbefristet	unbefristet	0,787564	5 IEP	6,35	0,75
Italien	ITL	28. 02. 2002	06. 12. 2011	06. 12. 2011	1936,27	25.000 ITL	12,91	30,0
Lettland	LVL	14. 01. 2014	unbefristet	unbefristet	0,702804	10 LVL	14,23	0,7
Litauen	LTL	15. 01. 2015	unbefristet	unbefristet	3,45280	40 LTL	11,59	0,9
Luxemburg	LUF	28. 02. 2002	31. 12. 2004	unbefristet	40,3399	500 BEF	12,40	0,6
Malta	MTL	31. 01. 2008	01. 02. 2010	31. 01. 2018	0,4293	5 MTL	11,65	0,33
Niederlande	NLG	28. 01. 2002	01. 01. 2007	01. 01. 2032	2,20371	25 NLG	11,35	8,8
Österreich	ATS	28. 02. 2002	unbefristet	unbefristet	13,7603	200 ATS	14,54	6,0
Portugal	PTE	28. 02. 2002	31. 12. 2002	28. 02. 2022	200,482	2.005 PTE	10,00	1,0
Slowakei	SKK	16. 01. 2009	02. 01. 2014	unbefristet	30.1260	500 SKK	16,60	1,2
Slowenien	SIT	41. 01. 2007	31. 12. 2016	unbefristet	239,640	3.000 SIT	12,52	0,45
Spanien	ESP	28. 02. 2002	31. 12. 2020	31. 12. 2020	166,386	2.000 ESP	12,02	23,0
Zypern	CYP	31. 08. 2008	31. 12. 2009	31. 12. 2017	0,585274	10 CYP	17,09	0,25

ZUKÜNFTIGE LÄNDER MIT EURO-WÄHRUNG

Dänemark und Großbritannien

Die EU-Staaten Großbritannien und Dänemark brauchen den Euro auf Grund einer „opting–out"–Klausel im Vertrag von Maastricht nicht einführen. Die Bevölkerung der beiden Länder hat sich bisher gegen die Einführung des Euros ausgesprochen.

2016 führte Großbritannien ein Referendum über den Verbleib des Landes in der EU durch, bei dem sich eine Mehrheit dagegen entschied. Am 29. März 2017 beantragte das Vereinigte Königreich den EU-Austritt. Der Austritt wurde am 31. Januar 2020 vollzogen.

Schweden

Nach einem ablehnenden Referendum vom 14. September 2003 wurden die Vorbereitungen zur Euro-Einführung eingestellt. Schweden beabsichtigt derzeit das Bargeld komplett abzuschaffen. Nach einer Prognose der schwedischen Zentralbank wird dies bis Ende 2030 der Fall sein. Laut Medienberichten könnte das Aus für Bargeldzahlungen bereits wesentlich früher, nämlich am 24. März 2023, erfolgen.

Die „neuen" EU-Mitgliedstaaten

Grundsätzlich haben sich die neuen Mitgliedstaaten mit ihrem EU-Beitritt verpflichtet, mittelfristig an der Europäischen Währungsunion teilzunehmen. Voraussetzung ist jedoch die Erfüllung der Maastricht-Kriterien und eine mindestens zweijährige spannungsfreie Teilnahme am Europäischen Wechselkursmechanismus II (ERM II).

Wechselkursmechanismus II (WKM II)

Nach diesem Abkommen darf die Währung eines am WKM II teilnehmenden Landes und dem Euro maximal um ± 15 Prozent schwanken. Derzeit nimmt nur Dänemark (seit 1999) am WKM II teil.

Zieltermine

Aus den aktuellen Veröffentlichungen ergeben sich folgende Zieltermine:

2023: Bulgarien (ERM II-Teilnahme voraussichtlich ab 2020)
2023: Kroatien (ERM II-Teilnahme voraussichtlich ab 2020)

Ohne Termin: Polen, Rumänien, Tschechien, Ungarn

EURO-Kursmünzen (Umlaufmünzen)

Kursmünzen werden in den Stückelungen zu 1, 2, 5, 10, 20 und 50 Cent sowie 1 und 2 Euro geprägt und sind für den tatsächlichen Umlauf als Zahlungsmittel bestimmt. Diese Münzen gelten im gesamten Euro-Währungsgebiet und haben eine einheitlich gestaltete Münzvorderseite, die vom belgischen Künstler Luc Luycx (LL) gestaltet wurde und neben der Nominale eines von drei Motiven zeigt. Dabei handelt es sich um drei verschiedene Landkarten von Europa, umgeben von den zwölf Sternen der Euro[illegible]
Mün[illegible]
gest[illegible]
eben[illegible]

Am [illegible]
die [illegible]
50 [illegible]
M[illegible]
Er[illegible]
in[illegible]
s[illegible]
r[illegible]

1 EURO-CENT
Zusammensetzung: Stahl mit Kupferauflage, stark magnetisierbar
Gewicht: 2,30 g, Durchmesser: 16,25 mm
Dicke*: 1,67 mm, Randgestaltung: glatt

2 EURO-CENT
Zusammensetzung: Stahl mit Kupferauflage, stark magnetisierbar
Gewicht: 3,06 g, Durchmesser: 18,75 mm
Dicke*: 1,67 mm
Randgestaltung: glatt mit umlaufender Rille

5 EURO-CENT
Zusammensetzung: Stahl mit Kupferauflage, stark magnetisierbar
Gewicht: 3,92 g, Durchmesser: 21,25 mm
Dicke*: 1,67 mm, Randgestaltung: glatt

10 EURO-CENT
Zusammensetzung: Nordisches Gold (Cu89 Al5 Zn5 Sn1), nicht magnetisierbar
Gewicht: 4,10 g, Durchmesser: 19,75 mm
Dicke*: 1,93 mm
Randgestaltung: Wellenstruktur

20 EURO-CENT
Zusammensetzung: Nordisches Gold (Cu89 Al5 Zn5 Sn1), nicht magnetisierbar
Gewicht: 5,74 g, Durchmesser: 22,25 mm
Dicke*: 2,14 mm
Randgestaltung: glatt mit 7 Einkerbungen**

50 EURO-CENT
Zusammensetzung: Nordisches Gold (Cu89 Al5 Zn5 Sn1), nicht magnetisierbar
Gewicht: 7,80 g, Durchmesser: 24,25 mm
Dicke*: 2,38 mm
Randgestaltung: Wellenstruktur

1 EURO
Zusammensetzung: außen: Nickel-Messing (Cu75 Zn20 Ni5), innen: dreischichtig Kupfer-Nickel (Cu75 Ni25)/Nickel (Ni7)/ Kupfer-Nickel (Cu75 Ni25), schwach magnetisierbar.
Gewicht: 7,50 g Durchmesser: 23,25 mm,
Dicke*: 2,33 mm
Randgestaltung: abwechsend geriffelt und glatt

2 EURO
Zusammensetzung: außen: Kupfer-Nickel (Cu75 Ni25), innen: dreischichtig Nickel-Messing (Cu75 Zn20 Ni5)/Nickel (Ni12)/Nickel-Messing (Cu75 Zn20 Ni5), schwach magnetisierbar
Gewicht: 8,50 g, Durchmesser: 25,75 mm
Dicke*: 2,20 mm, Randgestaltung: geriffelt mit Randinschrift (je nach Land verschieden)

* Bei dieser Angabe handelt es sich um Richtwerte.

** Einige 50-Pesetas-Münzen von Spanien wurden zur besseren Unterscheidung von anderen Werten mit sieben Randkerben ausgestattet. Dieses Merkmal, das auf die 20-Euro-Cent-Münzen übernommen wurde, bezeichnet man auch als „Spanische Blume".

1 Cent, 2 Cent und 5 Cent:
Pyrenäen-Gämse und Greifvogel;
Landesbezeichnung „ANDORRA"
Gestaltung: Ruben da Silva Carpio

10 Cent, 20 Cent und 50 Cent:
Kirche von Santa Coloma; Landesbezeichnung „ANDORRA"
Gestaltung: Pere Moles (Atelier Moles Disseny)

1 Euro:
Casa de la Vall, Sitz des andorranischen Parlaments und des Generalrats; Landesbezeichnung „ANDORRA"
Gestaltung: Jordi Puy Segura

2 Euro:
Andorranisches Staatswappen; Landesbezeichnung „ANDORRA"
Gestaltung: nicht veröffentlicht

Randgestaltung
2-Euro-Münze: „2✶✶2★★2✶✶2★★2✶✶2"

Prägestätten: Die Prägungen soll abwechselnd in der Königlich Spanische Münze und der Pariser Münze erfolgen.

Königlich Spanische Münze:
2014, 2016, 2018

Pariser Münze:
2015, 2017

1999–2013
König Albert II.

1 Cent, 2 Cent, 5 Cent, 10 Cent, 20 Cent, 50 Cent, 1 Euro und 2 Euro:
Profilbild von König Albert II. von Belgien; rechts daneben das königliche Monogramm

Gestaltung: Jan Alfons Keustermans

Randgestaltung 2-Euro-Münze: „2✶✶2★★2✶✶2★★2✶✶2"

Prägestätte: Königliche Belgische Münze, Brüssel

Münzzeichen: bis 2007:
die Kursmünzen besitzen keine Kennzeichnung

ab 2008:
Erzengel Michael, für die Königliche Münze von Belgien

Zeichen des Münzdirektors: bis 2007:
die Kursmünzen besitzen keine Kennzeichnung

2008–2009:
Waage (Sternzeichen), für Romain Coenen

2010–2012:
Feder, für Serge Lesens

2013:
Katze, für Bernard Gillard

Im Jahr 2008 wurde die nationale Seite der Münzen von Luc Luycx überarbeitet und um das Länderkürzel „BE", das Münzmeisterzeichen sowie das Zeichen der Prägestätte ergänzt. Auch das Portrait des Königs wurde leicht verändert. Im Jahr 2009 griff man wieder auf das ursprüngliche Portrait des Königs zurück, behielt jedoch die anderen Änderungen in der Gestaltung bei.

Ab 2014
König Philippe

1 Cent, 2 Cent, 5 Cent, 10 Cent, 20 Cent, 50 Cent,
1 Euro und 2 Euro:
Profilbild von König Philippe von Belgien;
links daneben das königliche Monogramm
und das Länderkürzel „BE".

Gestaltung: Luc Luycx

Randgestaltung 2-Euro-Münze: „2✶✶ᘔ★★2✶✶ᘔ★★2✶✶ᘔ"

Prägestätte: Königliche Belgische Münze, Brüssel

Münzzeichen: Erzengel Michael, für die Königliche Münze von Belgien

ab 2018: das Münzzeichen der Königl. Niederländischen Münze (Merkurstab)

Zeichen des Münzdirektors: 2014–2016: Katze, für Bernard Gillard

ab 2017: Wappen, Ingrid Van Herzele

1 Cent, 2 Cent und 5 Cent:
Eichenzweig

Gestaltung: Prof. Rolf Lederbogen

10 Cent, 20 Cent und 50 Cent:
Brandenburger Tor

Gestaltung: Reinhart Heinsdorff

1 Euro und 2 Euro:
Bundesadler

Gestaltung: Heinz Hoyer und Sneschana Russewa-Hoyer

Randgestaltung 2-Euro-Münze: **„EINIGKEIT UND RECHT UND FREIHEIT ✠"**

Prägestätte: Staatliche Münze Berlin
Münzzeichen: „A"

Prägestätte: Bayerisches Hauptmünzamt, München
Münzzeichen: „D"

Prägestätte: Staatliche Münze Baden-Württemberg, Stuttgart
Münzzeichen: „F"

Prägestätte: Staatliche Münze Baden-Württemberg, Karlsruhe
Münzzeichen: „G"

Prägestätte: Hamburgische Münze
Münzzeichen: „J"

1 Cent, 2 Cent, 5 Cent,
10 Cent, 20 Cent, 50 Cent,
1 Euro und 2 Euro:
Umriss der Landkarte Estlands;
Landesbezeichnung „EESTI"

Gestaltung: Lembit Lõhmus

Randgestaltung 2-Euro-Münze: „★EESTI★ILSƎƎ"

Prägestätte:
2011: Finnische Münze
2012: Königlich Niederländische Münze
2015: Litauische Münze
2016/17: Finnische Münze
2018: Litauische Münze
2019: Polnische Münze (Mennica Polska S.A.)

Münzzeichen: ohne Kennzeichnung

1 Cent, 2 Cent, 5 Cent, 10 Cent,
20 Cent und 50 Cent:
Aufrecht stehender Löwe
(das finnische Wappentier)
mit Schwert und Krone,
der auf einen russisch-orientalischen
Krummsäbel tritt

Gestaltung: Heikki Häiväoja

1 Euro:
zwei über die finnische Seenlandschaft fliegende Singschwäne

Gestaltung: Pertti Mäkinen

2 Euro:
Blätter und Fruchtstand der Moltebeere (Torfbrombeere)

Gestaltung: Raimo Heino

Randgestaltung
2-Euro-Münze: „SUOMI FINLAND" und drei Löwenköpfe

Prägestätte: Finnische Münze,
Vantaa

Münzzeichen: bis 2006 ohne Kennzeichnung

ab 2007: Füllhorn 

ab 2011: Löwe 

Zeichen des
Münzdirektors: bis 2006: „M", für Raimo Makkonen

Im Jahr 2007 wurde die nationale Seite der Münzen um das Länderkürzel „FI" ergänzt und das Münzmeisterzeichen „M" wurde durch das Emblem der Finnischen Münze (ein Füllhorn) ersetzt.

1 Cent, 2 Cent und 5 Cent:
moderne Version der „Marianne“, der Symbolfigur der französischen Republik seit der Revolution

Gestaltung: Fabienne Courtiade (F. COURTIADE)

10 Cent, 20 Cent und 50 Cent:
„Säerin“ (Motiv des früheren Franc)

Gestaltung: Laurent Jorio nach einem Motiv von Oscar Roty (L. JORIO d'ap. O. ROTY)

1 Euro und 2 Euro: stilisierter Baum (Lebensbaum) in einem Sechseck, umrundet von der Losung der franz. Revolution „LIBERTÉ EGALITÉ FRATERNITÉ“ (Freiheit Gleichheit Brüderlichkeit)

Gestaltung: Joaquim Jimenez (J. JIMENEZ)

Randgestaltung 2-Euro-Münze: „2✶✶2★★2✶✶2★★2✶✶2“

Prägestätte: Pariser Münze, Pessac

Münzzeichen: Füllhorn für Pessac

Münzmeisterzeichen:

Biene für Pierre Rodier (1999, 2000)

Hufeisen für Gérard Burqoy (2001, 2002)

Herz aus L und S für Serge Levete (2003)

Jagdhorn für Hubert Larivière (2004–2010)

„YS“ u. „AGMP“ für Yves Sampo und sein Team (ab 2011)

1 Cent: antike athenische Triere (Dreiruderschiff, 5. Jh. v. Chr.); Wertangabe „1 ΛΕΠΤΟ"

2 Cent: Korvette aus der Zeit des griechischen Unabhängigkeitskrieges (1821–27); Wertangabe „2 ΛΕΠΤΑ"

5 Cent: moderner Hochseetanker; Wertangabe „5 ΛΕΠΤΑ"

10 Cent: Rigas Velestinlis-Fereos (1757–98), Vorkämpfer und Vordenker der griechischen Aufklärung; Wertangabe „10 ΛΕΠΤΑ"

20 Cent: Ioannis Kapodistrias (1776–1831), erster griechischer Staatspräsident nach dem Unabhängigkeitskrieg; Wertangabe „20 ΛΕΠΤΑ"

50 Cent: Eleftherios Venizelos (1864–1936), Diplomat und Sozialreformer; Wertangabe „50 ΛΕΠΤΑ"

1 Euro: attischer Tetradrachme (Vier-Drachmen-Münze Athens aus dem 5. Jh. v. Chr.), mit der weltbekannten Eule (Steinkauz); Wertangabe „1 ΕΥΡΩ"

2 Euro: Entführung der Europa durch Zeus (hier in Gestalt eines Stiers), Szene aus einem Mosaik in Sparta; Wertangabe „2 ΕΥΡΩ" und Inschrift „ΕΥΡΩΠΗ" (EUROPA)

Gestaltung: George Stamatopoulos (ΓΣ)

Randgestaltung 2-Euro-Münze: „ΕΛΛΗΝΙΚΗ ΔΗΜΟΚΡΑΤΙΑ ★"

Prägestätte: Nationale Griechische Münze, Halandri
Münzzeichen: Akanthusblatt

Nur im Jahr 2002

Prägestätte: Königlich Spanische Münze
Münzzeichen: „E"*

Prägestätte: Pariser Münze
Münzzeichen: „F"*

Prägestätte: Finnische Münze
Münzzeichen: „S"*

* Der Buchstabe befindet sich in dem der Jahreszahl am nächsten gelegenen Stern; zusätzlich zum Münzzeichen von Halandri.

1 Cent, 2 Cent, 5 Cent,
10 Cent, 20 Cent, 50 Cent,
1 Euro und 2 Euro:
Harfe, wie sie seit 1928 auf allen irischen Münzen abgebildet wurde. Als Vorbild diente die Brian-Boru-Harfe (15./16. Jh.) aus dem Nationalmuseum in Dublin.; Landesbezeichnung „ÉIRE"

Gestaltung: Jarlath Hayes

Randgestaltung
2-Euro-Münze: „2✶✶Ƨ★★2✶✶Ƨ★★2✶✶Ƨ"

Prägestätte: Zentralbank von Irland, Dublin

Bei Bedarf auch zusätzlich in anderen Prägestätten. Da die Münzen nach den gleichen Spezifikationen hergestellt werden lassen sie sich nicht unterscheiden.
2002: Königlich Britische Münze
2007: Pariser Münze

Kursmünzen in Polierter Platte:
2006/07: Finnische Münze
2009/12: Kgl. Niederländische Münze
2015/16: Münze Österreich
2019: Kgl. Niederländische Münze

Münzzeichen: ohne Kennzeichnung

1 Cent:
Castel del Monte (1240/50),
bei Andria/Apulien;
„RI“, für Repubblica Italiana
Gestaltung: Eugenio Driutti (ED)

2 Cent:
Turm des Alessandro Antonelli (1863), Turin;
„RI“, für Repubblica Italiana
Gestaltung: Luciana de Simoni (LDS)

5 Cent:
Kolosseum in Rom, Amphitheater (80 n. Ch.);
„RI“, für Repubblica Italiana
Gestaltung: Ettore Lorenzo Frapiccini (ELF)

10 Cent:
„Geburt der Venus“ (Ausschnitt),
Gemälde von Sandro Botticelli;
„RI“, für Repubblica Italiana
Gestaltung: Claudia Momoni (CM)

20 Cent:
„Urformen der Bewegung“,
Skulptur des Futuristen Umberto Boccioni;
„RI“, für Repubblica Italiana
Gestaltung: Maria Angela Cassol (M.A.C.)

50 Cent:
Bodenmosaik des von Michelangelo
gestaltete Piazza del Campidoglio in Rom,
mit dem Reiterstandbild des
Kaisers Marc Aurel;
„RI“, für Repubblica Italiana
Gestaltung: Roberto Mauri (m)

1 Euro:
Idealproportionen des menschlichen Körpers,
nach einer Zeichnung von Leonardo da Vinci;
„RI“, für Repubblica Italiana
Gestaltung: Laura Cretara (LC)

2 Euro:
Dante Alighieri (1265–1321),
Dichter, nach dem Fresco „Parnassus“ von Raffael;
„RI“, für Repubblica Italiana
Gestaltung: Maria Carmela Colaneri (M.C.C.)

Randgestaltung
2-Euro-Münze: **„2✶ᘔ★2✶ᘔ★2✶ᘔ“**

Prägestätte: Staatliche Druckerei und Münzprägeanstalt von Italien, Rom

Münzzeichen: „R“

LETTLAND

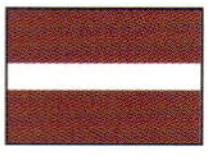

1 Cent, 2 Cent und 5 Cent:
Kleines Staatswappen;
Landesbezeichnung „LATVIJA"

Gestaltung: Laimonis Šēnbergs

10 Cent, 20 Cent und 50 Cent:
Großes Staatswappen;
Landesbezeichnung „LATVIJA"

Gestaltung: Laimonis Šēnbergs

1 Euro und 2 Euro:
Landesallegorie „Milda";
Landesbezeichnung „LATVIJA"

Gestaltung: Guntars Sietiņš

Randgestaltung
2-Euro-Münze: „DIEVS * SVĒTĪ * LATVIJU"
(Gott schütze Lettland)

Prägestätte: **Umlaufmünzen**
2014: Staatliche Münzen Baden-Württemberg, Stuttgart und Karlsruhe
2016: Litauische Münze
2019: Finnische Münze

Münzen aus Kursmünzensätzen
2014/18: Staatliche Münzen Baden-Württemberg, Stuttgart und Karlsruhe

Münzzeichen: ohne Kennzeichnung

1 Cent, 2 Cent, 5 Cent,
10 Cent, 20 Cent, 50 Cent,
1 Euro und 2 Euro:

Nationalsymbol Vytis (einen Ritter, der mit erhobenem Schwert gegen Angreifer reitet); Landesbezeichnung „LIETUVA"

Gestaltung: Antanas Žukauskas

Randgestaltung 2-Euro-Münze: **„LAISVĖ ★ VIENYBĖ ★ GEROVĖ"** **(Freiheit, Einheit, Wohlergehen)**

Prägestätte: Litauische Münze, Wilna

1 Cent, 2 Cent und 5 Cent:
Profilbild von Großherzog Henri I.; darunter halbkreisförmig die Landesbezeichnung „LËTZEBUERG"

10 Cent, 20 Cent und 50 Cent:
Profilbild von Großherzog Henri I.; links daneben halbkreisförmig die Landesbezeichnung „LËTZEBUERG"

1 Euro und 2 Euro:
Profilbild von Großherzog Henri I.; links daneben die Landesbezeichnung „LËTZEBUERG"

Gestaltung: Yvette Gastauer-Claire (GCL)

Randgestaltung 2-Euro-Münze: **„2✶✶2★★2✶✶2★★2✶✶2"**

Prägestätte: 2002 bis 2004, ab 2009: Königlich Niederländische Münze

2005 bis 2006: Finnische Münze

2007 bis 2008: Pariser Münze

Münzzeichen: 2002 bis 2004, 2009 bis 2017: Münz- und Münzmeisterzeichen der Königlich Niederländische Münze

2005 bis 2006:
„S" für Suomi (Finnland) und das Füllhorn für die Finnische Münze

2007 bis 2008:
„F" für Frankreich und das Münzzeichen der Pariser Münze

ab 2018:
Münzzeichen der Königlich Niederländische Münze in Kombination mit dem Zeichen des niederländischen Münzmeisters oder einem Löwen (für Luxemburg)

1 Cent, 2 Cent und 5 Cent:
Altar der prähistorischen Tempelanlage von Mnajdra (ca. 3600 v. Chr.);
Landesbezeichnung „MALTA“

10 Cent, 20 Cent und 50 Cent:
Staatswappen von Malta;
Landesbezeichnung „MALTA“

1 Euro und 2 Euro:
achtspitziges Kreuz des Souveränen Malteserordens;
Landesbezeichnung „MALTA“

Gestaltung: Noel Galea Bason (NGB)

Bei den Münzen zu 1 Cent, 2 Cent und 5 Cent des Jahres 2011 fehlt das Zeichen „NGB“ für den Gestalter.

Prägestätte: 2008: Pariser Münze

2010 bis 2015: Kgl. Niederländische Münze

ab 2016: Pariser Münze

Münzzeichen: 2008: „F“

2010 bis 2015: ohne Kennzeichnung

ab 2016: „F“

2001–2005
Fürst Rainier III.

1 Cent, 2 Cent und 5 Cent:
Wappenschild der Familie Grimaldi;
Landesbezeichnung „MONACO"

Gestaltung: Atelierwerkstatt der Pariser Münze, nach einem Entwurf von Robert Cochet

10 Cent, 20 Cent und 50 Cent:
Siegel der Familie Grimaldi;
Landesbezeichnung „MONACO"

Gestaltung: Atelierwerkstatt der Pariser Münze, nach einem Motiv von Roger B. Baron

1 Euro:
Doppelprofilbild des Fürsten Rainier III. und des Erbprinzen Albert; Landesbezeichnung „MONACO"

Gestaltung: Henri Thiébaud, nach einem Entwurf von Nicolas Cozon

2 Euro:
Profilbild des Fürsten Rainier III.;
Landesbezeichnung „MONACO"

Gestaltung: Pierre Javaudin, nach einem Entwurf von Nicolas Cozon

Randgestaltung 2-Euro-Münze: „2✶✶2★★2✶✶2★★2✶✶2"

Prägestätte: Pariser Münze

Münzzeichen: es wird das Münzzeichen der Prägestätte verwendet ⇒ siehe Frankreich

Ab 2006
Fürst Albert II.

1 Cent, 2 Cent und 5 Cent:
Wappenschild der Familie Grimaldi;
Landesbezeichnung „MONACO"

Gestaltung: Atelierwerkstatt der Pariser Münze, nach einem Entwurf von Robert Cochet

10 Cent, 20 Cent und 50 Cent:
Monogramm des Fürsten Albert II.;
Landesbezeichnung „MONACO"

Gestaltung: nicht veröffentlicht

1 Euro und 2 Euro:
Profilbild des Fürsten Albert II.;
Landesbezeichnung „MONACO"

Gestaltung: Sabrina Luoni

Randgestaltung
2-Euro-Münze: **„2✶✶Ƨ★★2✶✶Ƨ★★2✶✶Ƨ"**

Prägestätte: Pariser Münze

Münzzeichen: es wird das Münzzeichen der Prägestätte verwendet
⇒ siehe Frankreich

1999–2013
Königin Beatrix

1 Cent, 2 Cent, 5 Cent, 10 Cent, 20 Cent und 50 Cent:
Profilbild von Königin Beatrix in einem kreisförmigen Meer von Punkten; Umschrift „BEATRIX KONINGIN DER NEDERLANDEN“

1 Euro und 2 Euro:
Profilbild von Königin Beatrix; rechts daneben die Inschrift „BEATRIX / KONINGIN DER / NEDERLANDEN“

Gestaltung: Bruno Ninaber van Eyben

Randgestaltung 2-Euro-Münze: **„GOD★ZIJ★MET★ONS★“**

Prägestätte: Königlich Niederländische Münze, Utrecht

Münzzeichen: Merkurstab mit Schlange 

Zeichen der Münzdirektoren:

Pfeil und Bogen für Chris van Dranen (1999) 

Pfeil mit Bogen und Stern für Erik J. van Schouwenburg (2000) 

Weinblatt und Traube für Robert Bruens (2001) 

Weinblatt und Traube mit Stern für Maarten T. Brouwer (2002) 

stilisiertes Segel für Maarten T. Brouwer (2003–2013) 

Ein Stern neben dem Zeichen des Münzdirektors gibt an, dass dieser sein Amt interimistisch führt.

Ab 2014
König Willem-Alexander

1 Cent, 2 Cent, 5 Cent, 10 Cent, 20 Cent und 50 Cent:
Facettenporträt von König Willem-Alexander;
ein das Porträt teilender vertikaler Balken mit dem Schriftzug „Willem-Alexander / Koning der Nederlanden"

1 Euro und 2 Euro:
Facettenporträt von König Willem-Alexander;
rechts daneben drei vertikale Linien und die Inschrift „Willem-Alexander / Koning der Nederlanden"

Gestaltung: Erwin Olaf

Randgestaltung 2-Euro-Münze: **„GOD★ZIJ★MET★ONS★"**

Prägestätte: Königlich Niederländische Münze, Utrecht

Münzzeichen: Merkurstab mit Schlange

Zeichen des Münzdirektors:

stilisiertes Segel für Maarten T. Brouwer (2014–2015)

stilisiertes Segel und Stern für Kees Bruinsma (2015/16) und Ted Peters (2017)

Brücke (St.-Servatius-Brücke) für Stephan Satijn (ab 2017)

Münzmeister ad interim („waarnemend Muntmeester") bis zur Ernennung eines Nachfolgers

1 Cent:
Enzian (gesunde Natur);
Wertangabe „EIN EURO CENT";
Nationalfahne

2 Cent:
Edelweiß (Erinnerung an den Schilling);
Wertangabe „ZWEI EURO CENT"; Nationalfahne

5 Cent:
Alpenprimel (gesunde Natur);
Wertangabe „FÜNF EURO CENT"; Nationalfahne

10 Cent:
Turm des Stephansdoms, Wien (Gotik);
Wertangabe „10 EURO CENT"; Nationalfahne

20 Cent:
Schloss Belvedere, Wien (Barock);
Wertangabe „20 EURO CENT"; Nationalfahne

50 Cent:
Wiener Secession (Jugendstil);
Wertangabe „50 EURO CENT"; Nationalfahne

1 Euro:
Wolfgang Amadeus Mozart (1756–91),
Komponist (Land der Musik);
Wertangabe „1 EURO"; Nationalfahne

2 Euro:
Bertha von Suttner (1843–1914),
Schriftstellerin und Pazifistin (Streben nach Frieden);
Wertangabe „2 EURO"; Nationalfahne

Gestaltung: Prof. Josef Kaiser

Randgestaltung 2-Euro-Münze: **„2EURO★★★OЯUƎ2✶✶✶"**

Prägestätte: Münze Österreich AG, Wien

Münzzeichen: ohne Kennzeichnung

1 Cent, 2 Cent und 5 Cent:
Siegel des ersten Königs von Portugal Don Alfonso Henriques aus dem Jahr 1134; Landesbezeichnung „PORTUGAL" und Jahreszahl unterbrochen durch sieben Kastelltürme und fünf Schilde

10 Cent, 20 Cent und 50 Cent:
Siegel des ersten Königs von Portugal Don Alfonso Henriques aus dem Jahr 1142; Landesbezeichnung „PORTUGAL" und Jahreszahl unterbrochen durch sieben Kastelltürme und fünf Schilde

1 Euro und 2 Euro:
Siegel des ersten Königs von Portugal Don Alfonso Henriques aus dem Jahr 1144; Landesbezeichnung „PORTUGAL" und Jahreszahl unterbrochen durch sieben Kastelltürme und fünf Schilde

Gestaltung: Victor Manuel Fernandes dos Santos (VS)

Randgestaltung 2-Euro-Münze: **„D D D D D"**

Prägestätte: Staatsdruckerei und Münzprägeanstalt von Portugal, Lissabon

Münzzeichen: „INCM"

1 Cent:
Il Montale, der dritte Festungsturm des Monte Titano;
Landesbezeichnung „SAN MARINO"

2 Cent:
Freiheitsstatue von Stefano Galletti, die sich auf dem Platz vor dem Regierungspalast befindet;
Landesbezeichnung „SAN MARINO"

5 Cent:
La Guaita, der erste Festungsturm des Monte Titano;
Landesbezeichnung „SAN MARINO"

10 Cent:
Basilika des Heiligen Marinus;
Landesbezeichnung „SAN MARINO"

20 Cent:
Hl. Marinus, legendärer Landesgründer, nach einem Gemälde von Guercino;
Landesbezeichnung „SAN MARINO"

50 Cent:
Il Montale, La Fratta und La Guaita, die drei Festungstürme des Monte Titano;
Landesbezeichnung „SAN MARINO"

1 Euro: Staatswappen;
Landesbezeichnung „SAN MARINO"

2 Euro:
Regierungspalast;
Landesbezeichnung „SAN MARINO"

Gestaltung: Ettore Lorenzo Frapiccini (ELF INC.; INC = hat graviert), nach Entwürfen von Frantisek Chochola (ch)

Randgestaltung 2-Euro-Münze: **„2★Ƨ✶2★Ƨ✶2★Ƨ✶"**

Prägestätte: Staatliche Druckerei und Münzprägeanstalt von Italien, Rom

Münzzeichen: „R"

1 Cent: Staatswappen;
Landesbezeichnung „SAN MARINO"
Gestaltung: Maria Grazia Urbani (U. INC; INC = hat graviert), nach einem Entwurf von Antonella Napolione (A.N.)

2 Cent: Stadttor; Landesbezeichnung „SAN MARINO"
Gestaltung: Ettore Lorenzo Frapiccini (E.L.F. MOD.; MOD. = hat modelliert), nach einem Entwurf von Arno Ludwig (AL)

5 Cent: Kapuzinerkirche San Quirino;
Landesbezeichnung „SAN MARINO"
Gestaltung: Maria Angela Cassol (MAC. MOD.), nach einem Entwurf von Arno Ludwig (AL)

10 Cent: Kirche des Klosters St. Franziskus;
Landesbezeichnung „SAN MARINO"
Gestaltung: Maria Carmela Colaneri (M.C.C. MOD.), nach einem Entwurf von Arno Ludwig (AL)

20 Cent: Il Montale, La Fratta und La Guaita, die drei Festungstürme des Monte Titano;
Landesbezeichnung „SAN MARINO"
Gestaltung: Claudia Momoni (MOMONI MOD.), nach einem Entwurf von Arno Ludwig (AL)

50 Cent: Hl. Marinus, nach einem Gemälde von Emilio Retrosi;
Landesbezeichnung „SAN MARINO"
Gestaltung: Uliana Pernazza (UP MOD.), nach einem Entwurf von Arno Ludwig (AL)

1 Euro: La Fratta, der zweite Festungsturm des Monte Titano;
Landesbezeichnung „SAN MARINO"
Gestaltung: Luciana De Simoni (LDS MOD.), nach einem Entwurf von Arno Ludwig (AL)

2 Euro:
Hl. Marinus, nach einem Altarbild von Giovan Battista Urbinelli;
Landesbezeichnung „SAN MARINO"
Gestaltung: Silvia Petrassi (SP MOD.), nach einem Entwurf von Arno Ludwig (AL)

Randgestaltung
2-Euro-Münze: „2★ᘔ✶2★ᘔ✶2★ᘔ✶"

Prägestätte: Staatliche Druckerei und Münzprägeanstalt von Italien, Rom

Münzzeichen: „R"

1 Cent, 2 Cent und 5 Cent:
Gipfel des Berges Kriváň,
Hohe Tatra;
Landesbezeichnung „SLOVENSKO"

Gestaltung: Drahomír Zobek (Z)

10 Cent, 20 Cent und 50 Cent:
Burg von Bratislava;
Landesbezeichnung „SLOVENSKO"

Gestaltung: Ján Černaj (JČ) und Pavel Károly (PK)

1 Euro und 2 Euro:
Doppelkreuz auf drei Bergen
(Insignien aus dem Staatswappen);
Landesbezeichnung „SLOVENSKO"

Gestaltung: Ivan Řehák (IŘ)

Randgestaltung 2-Euro-Münze: **„SLOVENSKÁ REPUBLIKA", gefolgt von den drei Symbolen: Stern, Lindenblatt und Stern**

Prägestätte: Staatliche Münze Kremnitz

Münzzeichen: Ligatur aus den beiden Buchstaben „M K" im Kreis

1 Cent:
Storch (Erinnerung an den Tolar)

2 Cent:
Fürstenstein, römerzeitlich-ionisches Säulenfragment

5 Cent:
Bauer beim Säen, nach einem Gemälde des Impressionisten Ivan Grohar

10 Cent:
Kathedrale der Freiheit, Entwurf für den Bau des slow. Parlaments von Jože Plečnik

20 Cent:
Lipizzaner, älteste Kulturpferderasse der Welt

50 Cent:
Berg Triglav unter dem Sternbild des Krebses; Schriftzug „OJ TRIGLAV MOJ DOM" („O Triglav, meine Heimat")

1 Euro:
Primož Trubar (1508–86), Begründer des slowenischen Schrifttums; Schriftzug „STATI INU OBSTATI" („stehen und bestehen")

2 Euro:
France Prešeren (1800–49), Dichter; Handschrift („Ein Lebehoch den Völkern")

Gestaltung: Miljenko und Maja Licul sowie Janez Boljka

Randgestaltung 2-Euro-Münze: **„S L O V E N I J A •"**

Prägestätte:
2007, 2009–2011: Finnische Münze
2008, 2014: Kgl. Niederländische Münze
2012–2013, 2015, 2017–2019: Staatliche Münze Kremnitz
2016, 2019: Staatliche Druckerei und Münzprägeanstalt von Italien, Rom
2018: Litauische Münze, Wilna

Münzzeichen:
2007: „Fi"
2008: Merkurstab mit Schlange 
ab 2009: ohne Kennzeichnung

1999–2014
König Juan Carlos I.

1 Cent, 2 Cent und 5 Cent:
Kathedrale von Santiago de Compostela;
Landesbezeichnung „ESPAÑA"

Gestaltung: Garcilaso Rollán

10 Cent, 20 Cent und 50 Cent:
Miguel de Cervantes (1547–1616), Schriftsteller;
Landesbezeichnung „ESPAÑA"

Gestaltung: Begoña Castellanos

1 Euro und 2 Euro:
König Juan Carlos I.;
Landesbezeichnung „ESPAÑA"

Gestaltung: Luis José Díaz Salas

Randgestaltung
2-Euro-Münze: „2✶✶Z★★2✶✶Z★★2✶✶Z"

Prägestätte: Königlich Spanische Münze, Madrid

Münzzeichen: Buchstabe „M" mit Krone darüber

Für die Münzen, die ab dem Jahr 2010 herausgegeben werden, wurde die nationale Seite im Bereich des Sternenkranzes überarbeitet. Bei den 1- und 2-Euro-Münzen führt dies zu einer Verschiebung der Stellung der Jahreszahl.

Ab 2015
König Felipe VI.

1 Cent, 2 Cent und 5 Cent:
Kathedrale von Santiago de Compostela;
Landesbezeichnung „ESPAÑA“

Gestaltung: Garcilaso Rollán

10 Cent, 20 Cent und 50 Cent:
Miguel de Cervantes (1547–1616), Schriftsteller;
Landesbezeichnung „ESPAÑA“

Gestaltung: Begoña Castellanos

1 Euro und 2 Euro:
Profilbild von König Felipe VI.;
Landesbezeichnung „ESPAÑA“

Gestaltung: Luis José Díaz Salas

Randgestaltung
2-Euro-Münze: „2✶✶ᘔ★★2✶✶ᘔ★★2✶✶ᘔ“

Prägestätte: Königlich Spanische Münze, Madrid

Münzzeichen: Buchstabe „M“ mit Krone darüber 

2002–2005
Papst Johannes Paul II.

1 Cent, 2 Cent, 5 Cent, 10 Cent, 20 Cent, 50 Cent, 1 Euro und 2 Euro:
Profilbild von Papst Johannes Paul II.;
Landesbezeichnung „CITTA' DEL VATICANO"

Gestaltung: Uliana Pernazza (UP INC.; INC = hat graviert) nach einem Entwurf von Guido Veroi (GV)

Randgestaltung 2-Euro-Münze: „2✶✶2★★2✶✶2★★2✶✶2"

Prägestätte: Staatliche Druckerei und Münzprägeanstalt von Italien, Rom

Münzzeichen: „R"

2005
Sedisvakanz

1 Cent, 2 Cent, 5 Cent, 10 Cent, 20 Cent, 50 Cent, 1 Euro und 2 Euro:
Wappen des Kardinalkämmerers und der Apostolischen Kammer; Inschrift „SEDE VACANTE MMV" (Sede vacante = leerer Stuhl); Landesbezeichnung „CITTA' DEL VATICANO"

Gestaltung:

1 und 20 Cent:
Maria Angela Cassol (MAC INC.; INC = hat graviert), nach einem Entwurf von Daniela Longo (D. LONGO)

2 und 50 Cent:
Luciana De Simoni (LDS INC.), nach einem Entwurf von Daniela Longo (D. LONGO)

5 Cent und 1 Euro:
Ettore Lorenzo Frapiccini (ELF INC.), nach einem Entwurf von Daniela Longo (D. LONGO)

10 Cent und 2 Euro:
Maria C. Colaneri (MCC INC.), nach einem Entwurf von Daniela Longo (D. LONGO)

Randgestaltung 2-Euro-Münze: „2✶✶ᄅ★★2✶✶ᄅ★★2✶✶ᄅ"

Prägestätte: Staatliche Druckerei und Münzprägeanstalt von Italien, Rom

Münzzeichen: „R"

2006–2013
Papst Benedikt XVI.

1 Cent, 2 Cent, 5 Cent, 10 Cent, 20 Cent, 50 Cent, 1 Euro und 2 Euro:
Portrait von Papst Benedikt XVI.;
Landesbezeichnung „CITTA' DEL VATICANO"

Gestaltung:

1 und 2 Cent:
Luciana De Simoni (LDS INC.; INC = hat graviert), nach einem Entwurf von Daniela Longo (D. L.)

5 Cent und 1 Euro:
Ettore Lorenzo Frapiccini (ELF INC.), nach einem Entwurf von Daniela Longo (D. L.)

10 Cent und 2 Euro:
Maria Carmela Colaneri (M.C.C. INC.), nach einem Entwurf von Daniela Longo (D. L.)

20 und 50 Cent:
Maria Angela Cassol (MAC INC.), nach einem Entwurf von Daniela Longo (D. L.)

Randgestaltung 2-Euro-Münze: „2✶✶ᘔ★★2✶✶ᘔ★★2✶✶ᘔ"

Prägestätte: Staatliche Druckerei und Münzprägeanstalt von Italien, Rom

Münzzeichen: „R"

2014–2016
Papst Franziskus

1 Cent, 2 Cent, 5 Cent, 10 Cent, 20 Cent, 50 Cent, 1 Euro und 2 Euro:
Porträt von Papst Franziskus in drei verschiedenen Darstellungen; darüber halbkreisförmig die Landesbezeichnung „CITTA' DEL VATICANO"

Gestaltung:

1 Cent, 2 Cent und 5 Cent:
Ettore Lorenzo Frapiccini (ELF INC.; INC = hat graviert), nach einem Entwurf von Gabriella Titotto (G. TITOTTO)

10 Cent, 20 Cent und 50 Cent:
Luciana De Simoni (LDS INC.), nach einem Entwurf von Orietta Rossi (O. ROSSI)

1 Euro und 2 Euro:
Maria Carmela Colaneri (M.C.C. INC.), nach einem Entwurf von Patrizio Daniele (P. DANIELE)

Randgestaltung 2-Euro-Münze: „2✶✶2★★2✶✶2★★2✶✶2"

Prägestätte: Staatliche Druckerei und Münzprägeanstalt von Italien, Rom

Münzzeichen: „R"

Ab 2017
Papst Franziskus

1 Cent, 2 Cent, 5 Cent, 10 Cent, 20 Cent, 50 Cent, 1 Euro und 2 Euro:
Wappen von Papst Franziskus;
Landesbezeichnung „CITTA' DEL VATICANO"

Gestaltung:

1 Cent: Uliana Pernazza (UP INC.; INC = hat graviert), nach einem Entwurf von Daniela Longo (D. LONGO)

2 Cent: Maria Angela Cassol (MAC. INC.), nach einem Entwurf von Daniela Longo (D. LONGO)

5 Cent: Luciana De Simoni (LDS INC.), nach einem Entwurf von Daniela Longo (D. LONGO)

10 Cent: Maria Grazia Urbani (U. INC.), nach einem Entwurf von Daniela Longo (D. LONGO)

20 Cent: Silvia Petrassi (SP INC.), nach einem Entwurf von Daniela Longo (D. LONGO)

50 Cent: Ettore Lorenzo Frapiccini (ELF INC.), nach einem Entwurf von Daniela Longo (D. LONGO)

1 Euro: Maria Carmela Colaneri (M.C.C. INC.), nach einem Entwurf von Daniela Longo (D. LONGO)

2 Euro: Claudia Momoni (C.M. INC.), nach einem Entwurf von Daniela Longo (D. LONGO)

Randgestaltung 2-Euro-Münze: **„2✶✶2★★2✶✶2★★2✶✶2"**

Prägestätte: Staatliche Druckerei und Münzprägeanstalt von Italien, Rom

Münzzeichen: „R"

1 Cent, 2 Cent und 5 Cent:
Mufflons, auf Zypern vorkommende Wildschafart;
Landesbezeichnung „ΚΥΠΡΟΣ KIBRIS"

10 Cent, 20 Cent und 50 Cent:
Schiff von Kyrenia (4. Jh. v. Chr),
Handelsschiff;
Landesbezeichnung „ΚΥΠΡΟΣ KIBRIS"

1 Euro und 2 Euro:
Idol von Pomos (3000 v. Chr.),
kreuzförmige chalkolithische Figur;
Landesbezeichnung „ΚΥΠΡΟΣ KIBRIS"

Gestaltung: Tatiana Soteropoulos und Erik Maell

Prägestätte: 2008–2009:
Finnische Münze

ab 2010:
Nationale Griechische Münze

Münzzeichen: ohne Kennzeichnung

ÜBERSICHT

Übersicht der 2-EURO-Gedenkmünzen: die Preise entnehmen Sie bitte der ausführlichen Katalogisierung im jeweiligen Länderteil.

2004

- Finnland:
  EU-Erweiterung (LL-G9)
- Griechenland:
  Olympische Sommerspiele, Athen (LY-G19)
- Italien:
  Welternährungsprogramm (LS-G15)
- Luxemburg:
  Die großherzogliche Dynastie (LR-G4)
- San Marino:
  Bartolomeo Borghesi (LSM-G15)
- Staat Vatikanstadt:
  75 Jahre Staat Vatikanstadt (LVA-G13)

2005

- Belgien:
  Wirtschaftsunion mit Luxemburg (LZ-G10)
- Finnland:
  60 Jahre UNO (LL-G15)
- Italien:
  EU-Verfassung (LS-G31)
- Luxemburg:
  Großherzog Adolf (LR-G7)
- Österreich:
  50 Jahre Staatsvertrag (LN-G30)
- San Marino:
  Internationales Jahr der Physik (LSM-G18)
- Spanien:
  Roman „Don Quijote" (LV-G47)
- Staat Vatikanstadt:
  Weltjugendtag 2005, Köln (LVA-G15)

2006

- Belgien:
  Atomium (LZ-G16)
- Deutschland:
  Wahrzeichen der Bundesländer (I), Schleswig-Holstein: Holstentor, Lübeck (LX-G30)
- Finnland:
  100 Jahre allgemeines und gleichberechtigtes Wahlrecht (LL-G22)
- Italien:
  Olympische Winterspiele, Turin (LS-G33)
- Luxemburg:
  Erbgroßherzog Guillaume (LR-G8)
- San Marino:
  500. Todestag von Christoph Kolumbus (LSM-G25)

2006 (Fortsetzung)

- Staat Vatikanstadt:
  500 Jahre Schweizer Garde
  (LVA-G20)

2007

- Deutschland:
  Wahrzeichen der Bundesländer (II),
  Mecklenburg-Vorpommern:
  Schweriner Schloss
  (LX-G37)

- Finnland:
  90 Jahre Unabhängigkeit
  (LL-G26)

- Luxemburg:
  Großherzog Henri –
  Großherzogl. Palast
  (LR-G13)

- Monaco:
  25. Todestag von
  Fürstin Gracia Patricia
  (LMO-G6)

- Portugal:
  EU-Ratspräsidentschaft
  (LM-G28)

- San Marino:
  200. Geburtstag von
  Giuseppe Garibaldi
  (LSM-G31)

- Staat Vatikanstadt:
  80. Geburtstag von
  Papst Benedikt XVI.
  (LVA-G25)

50 Jahre Römische Verträge

- Belgien
  (LZ-G20)

- Deutschland
  (LX-G39)

- Finnland
  (LL-G24)

- Frankreich
  (LU-G235)

- Griechenland
  (LY-G33)

- Irland
  (LT-G8)

- Italien
  (LS-G43)

- Luxemburg
  (LR-G14)

- Niederlande
  (LP-G25)

- Österreich
  (LN-G48)

- Portugal
  (LM-G25)

- Slowenien
  (LH-G1)

2007 (Fortsetzung)

- Spanien
  (LV-G70)

2008

- Belgien:
  60. Jahrestag der Allgemeinen Erklärung der Menschenrechte
  (LZ-G29)
- Deutschland:
  Wahrzeichen der Bundesländer (III), Hamburg:
  Hauptkirche St. Michaelis
  (LX-G44)
- Finnland:
  60. Jahrestag der Allgemeinen Erklärung der Menschenrechte
  (LL-G32)
- Frankreich:
  EU-Ratspräsidentschaft
  (LU-G314)
- Italien:
  60. Jahrestag der Allgemeinen Erklärung der Menschenrechte
  (LS-G63)
- Luxemburg:
  Schloss von Berg
  (LR-G17)
- Portugal:
  60. Jahrestag der Allgemeinen Erklärung der Menschenrechte
  (LM-G38)
- San Marino:
  Europäisches Jahr des interkulturellen Dialogs
  (LSM-G34)
- Slowenien:
  500. Geburtstag von Primož Trubar
  (LH-G7)
- Staat Vatikanstadt:
  Paulusjahr 2008
  (LVA-G31)

2009

10 Jahre Wirtschafts- und Währungsunion

- Belgien
  (LZ-G35)
- Deutschland
  (LX-G51)
- Finnland
  (LL-G34)
- Frankreich
  (LU-G342)
- Griechenland
  (LY-G39)
- Irland
  (LT-G15)
- Italien
  (LS-G64)
- Luxemburg
  (LR-G20)
- Malta
  (LF-G3)

2009 (Fortsetzung)

– Niederlande
(LP-G28)

– Österreich
(LN-G64)

– Portugal
(LM-G41)

– Slowakei
(LE-G1)

– Slowenien
(LH-G8)

– Spanien
(LV-G104)

– Zypern
(LG-G2)

– Belgien:
200. Geburtstag von Louis Braille
(LZ-G40)

– Deutschland:
Wahrzeichen der
Bundesländer (IV),
Saarland:
Ludwigskirche
(LX-G52)

– Finnland:
200. Jahrestag der Autonomie
und Errichtung der zentralen
Regierungsinstitutionen
(LL-G38)

– Italien:
200. Geburtstag von Louis Braille
(LS-G75)

– Luxemburg:
90. Jahrestag der Thronbesteigung
von Großherzogin Charlotte
(LR-G19)

– Portugal:
Spiele für Sportler aus
portugiesischsprachigen Ländern
(LM-G44)

– San Marino:
Europäisches Jahr der
Kreativität und Innovation
(LSM-G43)

– Slowakei:
20. Jahrestag des
17. November 1989
(LE-G4)

– Staat Vatikanstadt:
Internationales Jahr
der Astronomie
(LVA-G37)

2010

– Belgien:
EU-Ratspräsidentschaft
(LZ-G48)

– Deutschland:
Wahrzeichen der
Bundesländer (V),
Bremen:
Rathaus und Roland
(LX-G60)

– Finnland:
150 Jahre
finnische Währung
(LL-G43)

– Frankreich:
70. Jahrestag des
„Aufrufs vom 18. Juni 1940"
(LU-G426)

2010 (Fortsetzung)

– Griechenland:
2500 Jahre
Schlacht von Marathon
(LY-G42)

– Italien:
200. Geburtstag von
Camillo Benso, Graf von Cavour
(LS-G85)

– Luxemburg:
Wappen des Großherzogs Henri
(LR-G24)

– Portugal:
100 Jahre Portugiesische Republik
(LM-G53)

– San Marino:
500. Todestag von Sandro Botticelli
(LSM-G49)

– Slowenien:
200 Jahre Botanischer Garten
Ljubljana
(LH-G19)

– Spanien:
UNESCO-Weltkulturerbe –
Historisches Zentrum von Córdoba
(LV-G122)

– Staat Vatikanstadt:
Priesterjahr
(LVA-G43)

2011

– Belgien:
100 Jahre Internationaler Frauentag
(LZ-G51)

– Deutschland:
Wahrzeichen der
Bundesländer (VI),
Nordrhein-Westfalen: Kölner Dom
(LX-G69)

– Finnland:
200 Jahre Bank von Finnland
(LL-G57)

– Frankreich:
30 Jahre Musikfestspiele
(LU-G513)

– Griechenland:
Weltsommerspiele der Special
Olympics, Athen
(LY-G45)

– Italien:
150. Jahrestag der Einheit Italiens
(LS-G86)

– Luxemburg:
50. Jahrestag der Ernennung Jeans
zum Statthalter des Großherzogtums
(LR-G29)

– Malta:
Meilensteine in der Verfassungsgeschichte,
Wahl der ersten Abgeordneten 1849
(LF-G10)

– Monaco:
Hochzeit von Fürst Albert II. und
Charlene Wittstock
(LMO-G9)

– Niederlande:
500. Jahrestag der Veröffentlichung
des Buchs „Lob der Torheit" von
Erasmus von Rotterdam
(LP-G37)

– Portugal:
500. Geburtstag von
Fernão Mendes Pinto
(LM-G62)

– San Marino:
500. Geburtstag von Giorgio Vasari
(LSM-G53)

2011 (Fortsetzung)

– Slowakei:
20. Jahrestag der Gründung der Visegrád-Gruppe
(LE-G9)

– Slowenien:
100. Geburtstag von Franc Rozman-Stane
(LH-G20)

– Spanien:
UNESCO-Weltkulturerbe – Alhambra, Generalife und Albaicín in Granada
(LV-G151)

– Staat Vatikanstadt:
Weltjugendtag 2011, Madrid
(LVA-G49)

2012

10. Jahrestag der Einführung der Euro-Münzen und -Banknoten

– Belgien
(LZ-G59)

– Deutschland
(LX-G78)

– Estland
(LD-G3)

– Finnland
(LL-G62)

– Frankreich
(LU-G576)

– Griechenland
(LY-G51)

– Irland
(LT-G25)

– Italien
(LS-G98)

– Luxemburg
(LR-G34)

– Malta
(LF-G11)

– Niederlande
(LP-G44)

– Österreich
(LN-G95)

– Portugal
(LM-G65)

– San Marino
(LSM-G59)

– Slowakei
(LE-G15)

– Slowenien
(LH-G26)

2012 (Fortsetzung)

- Spanien (LV-G183)
- Zypern (LG-G5)
- Belgien:
  75 Jahre Königin-Elisabeth-Musikwettbewerb
  (LZ-G62)
- Deutschland:
  Wahrzeichen der Bundesländer (VII), Bayern: Schloss Neuschwanstein
  (LX-G79)
- Finnland:
  150. Geburtstag von Helene Schjerfbeck
  (LL-G69)
- Frankreich:
  100. Geburtstag von Abbé Pierre
  (LU-G634)
- Italien:
  100. Todestag von Giovanni Pascoli
  (LS-G99)
- Luxemburg:
  100. Todestag von Großherzog Wilhelm IV.
  (LR-G33)
- Luxemburg:
  Hochzeit von Erbgroßherzog Guillaume mit Gräfin Stéphanie de Lannoy
  (LR-G37)
- Malta:
  Mehrheitswahlrecht 1887
  (LF-G14)
- Monaco:
  500 Jahre Souveränität des Fürstentums Monaco – Lucien von Monaco
  (LMO-G11)
- Portugal:
  Guimarães, Kulturhauptstadt Europas
  (LM-G69)
- Spanien:
  UNESCO-Weltkulturerbe – Kathedrale von Burgos
  (LV-G182)
- Staat Vatikanstadt:
  Weltfamilientreffen 2012, Mailand
  (LVA-G58)

2013

- Belgien:
  100. Jahrestag der Gründung des Kgl. Meteorologischen Instituts
  (LZ-G69)
- Deutschland:
  50 Jahre Élysée-Vertrag
  (LX-G87)
- Deutschland:
  Wahrzeichen der Bundesländer (VIII), Baden-Württemberg: Kloster Maulbronn
  (LX-G88)
- Finnland:
  150 Jahre Parlament von 1863
  (LL-G83)
- Finnland:
  125. Geburtstag von Frans Eemil Sillanpää
  (LL-G89)
- Frankreich:
  50 Jahre Élysée-Vertrag
  (LU-G675)

2013 (Fortsetzung)

- Frankreich:
  150. Geburtstag von Baron Pierre de Coubertin
  (LU-G716)
- Griechenland:
  2400 Jahre Platonische Akademie
  (LY-G60)
- Griechenland:
  100. Jahrestag des Beitritts Kretas zu Griechenland
  (LY-G61)
- Italien:
  200. Geburtstag von Giuseppe Verdi
  (LS-G112)
- Italien:
  700. Geburtstag von Giovanni Boccaccio
  (LS-G115)
- Luxemburg:
  Nationalhymne (LR-G39)
- Malta:
  Selbstverwaltung 1921
  (LF-G21)
- Monaco:
  20 Jahre Mitgliedschaft in den Vereinten Nationen
  (LMO-G13)
- Niederlande:
  Ankündigung der Abdankung Ihrer Majestät Königin Beatrix
  (LP-G51)
- Niederlande:
  200 Jahre Königreich (LP-G61)
- Portugal:
  250. Jahrestag der Erbauung des Turms der Geistlichen in Porto
  (LM-G78)
- San Marino:
  500. Todestag von Pinturicchio
  (LSM-G67)
- Slowakei:
  1150. Jahrestag der Ankunft der Missionare Konstantin und Method in Großmähren
  (LE-G24)
- Slowenien:
  800. Jahrestag der Entdeckung der Adelsberger Grotte bei Postojna
  (LH-G32)
- Spanien:
  UNESCO-Weltkulturerbe – Schloss und Kloster El Escorial
  (LV-G233)
- Staat Vatikanstadt:
  Sede vacante (papstlose Zeit)
  (LVA-G66)
- Staat Vatikanstadt:
  Weltjugendtag 2013, Rio de Janeiro
  (LVA-G72)

2014

- Andorra:
  20. Jahrestag des Beitritts zum Europarat
  (LAND-G1)
- Belgien:
  100. Jahrestag des Ausbruchs des Ersten Weltkrieges
  (LZ-G76)
- Belgien:
  150 Jahre Belgisches Rotes Kreuz
  (LZ-G78)

2014 (Fortsetzung)

– Deutschland:
Wahrzeichen der Bundesländer (IX)
Niedersachsen: Stiftskirche
St. Michaelis, Hildesheim
(LX-G97)

– Finnland:
100. Geburtstag von Tove Jansson
(LL-G93)

– Finnland:
100. Geburtstag von Ilmari Tapiovaara
(LL-G105)

– Frankreich:
70. Jahrestag der Landung der
Alliierten in der Normandie
(LU-G787)

– Frankreich:
Welt-AIDS-Tag
(LU-G815)

– Griechenland:
150. Jahrestag der Vereinigung der
Ionischen Inseln mit Griechenland
(LY-G70)

– Griechenland:
400. Todestag von Dominikos
Theotokopoulos, genannt El Greco
(LY-G71)

– Italien:
200. Jahrestag der Carabinieri
(LS-G120)

– Italien:
450. Geburtstag von Galileo Galilei
(LS-G125)

– Lettland:
Riga, Kulturhauptstadt Europas 2014
(LC-G4)

– Luxemburg:
175. Jahrestag der Unabhängigkeit
des Großherzogtums Luxemburg
(LR-G43)

– Luxemburg:
50. Jahrestag der Thronbesteigung
von Großherzog Jean
(LR-G47)

– Malta:
200 Jahre maltesische Polizei
(LF-G30)

– Malta:
50 Jahre Unabhängigkeit
(LF-G31)

– Niederlande:
Abschiedsfeier zu Ehren der früheren
Königin Beatrix
(LP-G64)

– Portugal:
40. Jahrestag der Nelkenrevolution
(LM-G87)

– Portugal:
Internationales Jahr der familien-
betriebenen Landwirtschaft
(LM-G91)

– San Marino:
500. Todestag von Donato Bramante
(LSM-G73)

– San Marino:
90. Todestag von Giacomo Puccini
(LSM-G76)

– Slowakei:
10. Jahrestag des Beitritts zur EU
(LE-G28)

2014 (Fortsetzung)

- Slowenien
  600. Jahrestag der Krönung von Barbara von Cilli zur dt. Königin
  (LH-G36)

- Spanien:
  UNESCO-Weltkulturerbe – Park Güell
  (LV-G254)

- Spanien:
  Proklamation von König Felipe VI.
  (LV-G275)

- Staat Vatikanstadt:
  25. Jahrestag des Falls der Berliner Mauer
  (LVA-G81)

2015

- Andorra:
  25. Jahrestag des Zollabkommens mit der Europäischen Union
  (LAND-G2)

- Andorra:
  30. Jahrestag der Festlegung des Volljährigkeitsalters auf 18 Jahre
  (LAND-G3)

- Belgien:
  Europäisches Jahr für Entwicklung
  (LZ-G89)

- Deutschland:
  25 Jahre Deutsche Einheit
  (LX-G104)

- Deutschland:
  Wahrzeichen der Bundesländer (X) Hessen: Paulskirche, Frankfurt a. M.
  (LX-G105)

- Finnland:
  150. Geburtstag von Jean Sibelius
  (LL-G110)

- Finnland:
  150. Geburtstag von Akseli Gallen-Kallela
  (LL-G126)

- Frankreich:
  70 Jahre Frieden in Europa
  (LU-G829)

- Frankreich:
  225. Jahrestag des Föderationsfestes
  (LU-G884)

- Griechenland:
  75. Todestag von Spyridon Louis
  (LY-G82)

- Italien:
  EXPO 2015, Mailand
  (LS-G132)

- Italien:
  750. Geburtstag von Dante Alighieri
  (LS-G138)

- Lettland:
  EU-Ratspräsidentschaft
  (LC-G8)

- Lettland:
  10 Jahre Schwarzstorch-Schutzprogramm in Lettland
  (LC-G15)

- Litauen:
  Litauische Sprache
  (LB-G9)

- Luxemburg:
  15. Jahrestag der Thronbesteigung von Großherzog Henri
  (LR-G49)

2015 (Fortsetzung)

- Luxemburg:
  125. Jahrestag der Dynastie Nassau-Weilburg
  (LR-G52)

- Malta:
  100. Jahrestag des Erstflugs von Malta
  (LF-G38)

- Malta:
  Gründung der Republik Malta 1974
  (LF-G41)

- Monaco:
  800. Jahrestag der Festung
  (LMO-G16)

- Portugal:
  150 Jahre Portugiesisches Rotes Kreuz
  (LM-G97)

- Portugal:
  500 Jahrestag der Entdeckung Timors
  (LM-G100)

- San Marino:
  750. Geburtstag von Dante Alighieri
  (LSM-G80)

- San Marino:
  25 Jahre Deutsche Einheit
  (LSM-G84)

- Slowakei:
  200. Geburtstag von Ludivit Štúr
  (LE-G33)

- Slowenien:
  2000. Jahrestages der Errichtung des antiken Emona
  (LH-G40)

- Spanien:
  UNESCO-Weltkulturerbe – Höhle von Altamira
  (LV-G284)

- Staat Vatikanstadt:
  Weltfamilientreffen 2015, Philadelphia
  (LVA-G92)

30 Jahre Flagge der Europäischen Union

- Belgien
  (LZ-G95)

- Deutschland
  (LX-G114)

- Estland
  (LD-G9)

- Finnland
  (LL-G123)

- Frankreich
  (LU-G918)

- Griechenland
  (LY-G81)

- Irland
  (LT-G42)

- Italien
  (LS-G142)

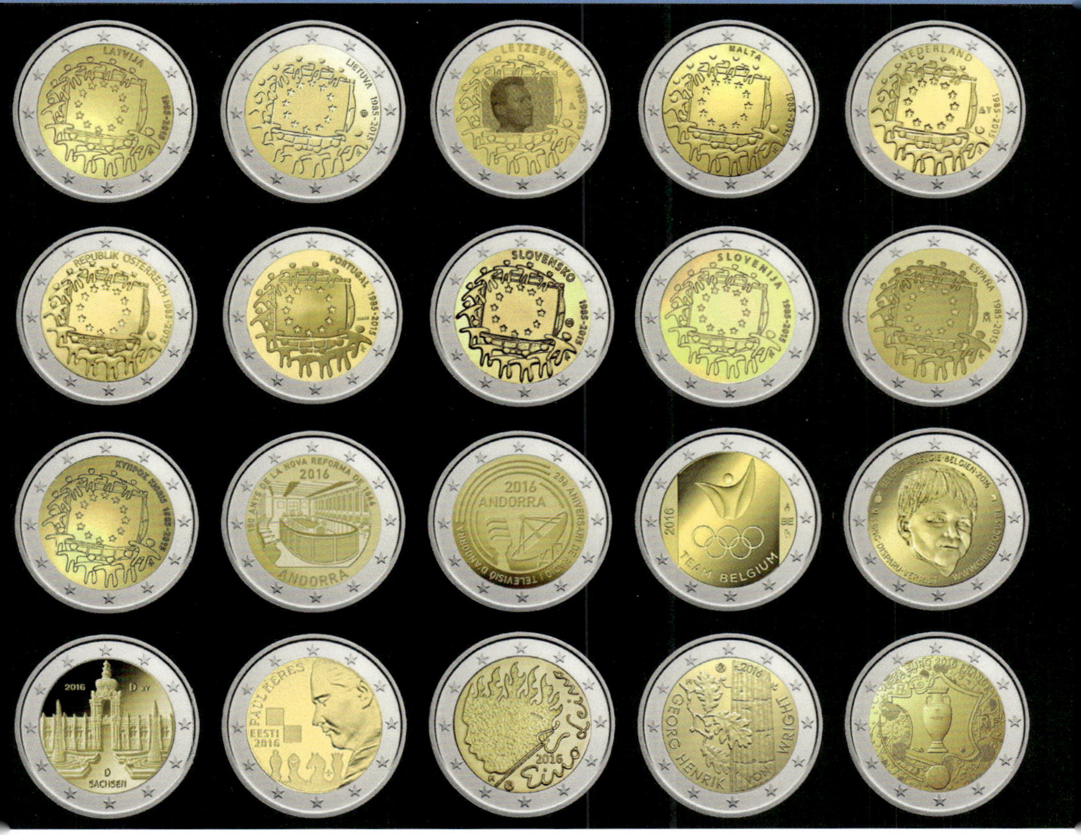

2015 (Fortsetzung)

30 Jahre Flagge der Europäischen Union

- Lettland
  (LC-G13)
- Litauen
  (LB-G8)
- Luxemburg
  (LR-G53)
- Malta
  (LF-G44)
- Niederlande
  (LP-G71)
- Österreich
  (LN-G136)
- Portugal
  (LM-G104)
- Slowakei
  (LE-G32)
- Slowenien
  (LH-G44)
- Spanien
  (LV-G303)
- Zypern
  (LG-G11)

2016

- Andorra:
  150 Jahre Neuen Reform von 1866
  (LAND-G4)
- Andorra:
  25 Jahre öffentlich-rechtlicher Rundfunk in Andorra
  (LAND-G5)
- Belgien:
  Olympische Sommerspiele 2016, Rio de Janeiro
  (LZ-G96)
- Belgien:
  Tag der vermissten Kinder
  (LZ-G99)
- Deutschland:
  Wahrzeichen der Bundesländer (XI)
  Sachsen: Dresdner Zwinger
  (LX-G116)
- Estland:
  100. Geburtstag von Paul Keres
  (LD-G10)
- Finnland:
  90. Todestag von Eino Leino
  (LL-G138)
- Finnland:
  100. Geburtstag von Georg Henrik von Wright
  (LL-G147)
- Frankreich:
  Fußball-EM, Frankreich
  (LU-G935)

2016 (Fortsetzung)

– Frankreich:
100. Geburtstag und 20. Todestag von François Mitterrand
(LU-G1002)

– Griechenland:
120. Geburtstag von Dimitri Mitropoulos
(LY-G89)

– Griechenland:
150. Jahrestag der Tragödie um das Arkádi Kloster im Kampf um Unabhängigkeit vom Osmanischen Reich
(LY-G90)

– Irland:
100. Jahrestag des Osteraufstandes und Ausrufung der Republik
(LT-G43)

– Italien:
550. Todestag von Donato di Niccolò di Betto Bardi, genannt Donatello
(LS-G143)

– Italien:
2.200. Todestag von Titus Maccius Plautus (LS-G147)

– Lettland:
Lettisches Braunvieh – 105. Jahrestag der Veröffentlichung des ersten Zuchtbuches (LC-G18)

– Lettland:
Lettische Regionen und Grafschaften – Livland (LC-G22)

– Litauen:
Baltische Kultur (LB-G10)

– Luxemburg:
50 Jahre Großherzogin-Charlotte-Brücke (LR-G55)

– Malta:
Prähistorische Stätten in Malta – Tempel von Ġgantija (LF-G49)

– Malta:
Solidarität mit Kindern – Liebe
(LF-G52)

– Monaco:
150. Jahrestag der Gründung Monte Carlos durch Charles III.
(LMO-G17)

– Österreich:
200 Jahre Oesterreichische Nationalbank
(LN-G137)

– Portugal:
Teilnahme der portugiesischen Mannschaft an den Olympischen Sommerspielen 2016
(LM-G107)

– Portugal:
50. Jahrestag der Eröffnung der „Brücke des 25. April"
(LM-G111)

– San Marino:
550. Todestag von Donato di Niccolò di Betto Bardi, genannt Donatello
(LSM-G87)

– San Marino:
400. Todestag von William Shakespeare
(LSM-G92)

– Slowakei:
EU-Ratspräsidentschaft
(LE-G38)

– Slowenien:
25. Jahrestag der Unabhängigkeit Sloweniens
(LH-G48)

2016 (Fortsetzung)

- Spanien:
  UNESCO-Weltkulturerbe – Aquädukt von Segovia
  (LV-G309)
- Staat Vatikanstadt:
  Heiliges Jahr der Barmherzigkeit
  (LVA-G100)
- Staat Vatikanstadt:
  200 Jahre Vatikanisches Gendarmeriekorps
  (LVA-G103)

2017

- Andorra:
  100 Jahre andorranische Nationalhymne
  (LAND-G6)
- Andorra:
  Andorra, das Land in den Pyrenäen
  (LAND-G7)
- Belgien:
  200 Jahre Universität Lüttich
  (LZ-G110)
- Belgien:
  200 Jahre Universität Gent
  (LZ-G113)
- Deutschland:
  Wahrzeichen der Bundesländer (XII)
  Rheinland-Pfalz: Porta Nigra, Trier
  (LX-G124)
- Estland:
  Estlands Weg in die Unabhängigkeit
  (LD-G15)
- Finnland:
  100 Jahre Unabhängigkeit
  (LL-G150)
- Finnland:
  Finnische Natur – Krähe
  (LL-G162)
- Frankreich:
  100. Todestag von Auguste Rodin
  (LU-G1028)
- Frankreich:
  25 Jahre rosa Schleife, als Symbol des Kampfes gegen den Brustkrebs
  (LU-G1105)
- Griechenland:
  60. Todestag von Nikos Kazantzakis
  (LY-G98)
- Griechenland:
  Archäologische Stätte von Philippi
  (LY-G99)
- Italien:
  400. Jahrestag der Fertigstellung der Basilica di San Marco in Venedig
  (LS-G155)
- Italien:
  2.000 Todestag von Titus Livius
  (LS-G158)
- Lettland:
  Lettische Regionen und Grafschaften: Kurland
  (LC-G28)
- Lettland:
  Lettische Regionen und Grafschaften: Lettgallen
  (LC-G29)
- Litauen:
  Wilna, Stadt der Kultur und Kunst
  (LB-G19)

2017	(Fortsetzung)

– Luxemburg:
50 Jahre Freiwilligenarmee in Luxemburg (LR-G60)

– Luxemburg:
200. Geburtstag des Großherzogs Wilhelm III. (LR-G62)

– Malta:
Prähistorische Stätten in Malta – Tempel von Hagar Qim (LF-G56)

– Malta:
Solidarität mit Kindern – Frieden (LF-G58)

– Monaco:
200 Jahre Fürstliche Karabinierskompanie (LMO-G18)

– Portugal:
150 Jahre portugiesischen Polizei (LM-G119)

– Portugal:
150. Geburtstag Raul Brandão (LM-G123)

– San Marino:
750. Geburtstag von Giotto di Bondone (LSM-G96)

– San Marino:
Internationales Jahr des nachhaltigen Tourismus für Entwicklung (LSM-G101)

– Slowakei:
550. Jahrestag der Gründung der Universitas Istropolitana (LE-G43)

– Slowenien:
10. Jahrestag der EURO-Bargeld-einführung in Slowenien (LH-G49)

– Spanien:
UNESCO-Welterbe – Kirchen des Königreichs Asturien: Santa María del Naranco (LV-G328)

– Staat Vatikanstadt:
1950. Jahrestag des Martyriums der Heiligen Petrus und Paulus (LVA-G111)

– Staat Vatikanstadt:
100. Jahrestag der Marien-Erscheinung von Fátima (LVA-G114)

– Zypern:
Paphos, Kulturhauptstadt Europas 2017 (LG-G13)

2018

– Andorra:
25. Jahrestag der Verfassung von Andorra (LAND-G8)

– Andorra:
70. Jahrestag der Allgemeinen Erklärung der Menschenrechte (LAND-G11)

– Belgien:
50. Jahrestag der Ereignisse vom Mai 1968 in Belgien (LZ-G122)

– Belgien:
50. Jahrestag des Starts des Satelliten ESRO-2B (LZ-G127)

– Deutschland:
100. Geburtstag Helmut Schmidt (LX-G135)

2018 (Fortsetzung)

– Deutschland:
Wahrzeichen der Bundesländer (XIII)
Berlin: Schloss Charlottenburg
(LX-G136)

– Estland:
100 Jahre Unabhängigkeit
der baltischen Staaten
(LD-G17)

– Estland:
100 Jahre Republik Estland
(LD-G18)

– Finnland:
Koli-Nationalpark
(LL-G168)

– Finnland:
Finnische Saunakultur
(LL-G182)

– Frankreich:
Kornblume Frankreichs – Gedenken an die Opfer des Ersten Weltkrieges
(LU-G1137)

– Frankreich:
Simone Veil (LU-G1195)

– Griechenland:
70. Jahrestag der Union der Dodekanes-Inseln mit Griechenland
(LY-G114)

– Griechenland:
75. Todestag von Kostís Palamás
(LY-G115)

– Italien:
70. Jahrestag der Entstehung der italienischen Verfassung
(LS-G165)

– Italien:
60. Jahrestag der Gründung des Gesundheitsministeriums
(LS-G170)

– Lettland:
100 Jahre Unabhängigkeit
der baltischen Staaten
(LC-G35)

– Lettland:
Lettische Regionen und Grafschaften:
Semgallen
(LC-G39)

– Litauen:
100 Jahre Unabhängigkeit
der baltischen Staaten
(LB-G22)

– Litauen:
Litauisches Lieder- und Tanzfest
(LB-G31)

– Luxemburg:
150. Jahrestag der Verfassung
des Ghzgt. Luxemburg
(LR-G66)

– Luxemburg:
175. Todestag von Großherzog
Guillaume
(LR-G71)

– Malta:
Prähistorische Stätten in Malta –
Tempelanlage von Mnajdra
(LF-G66)

– Malta:
Solidarität mit Kindern – Kulturelles Erbe
(LF-G67)

– Monaco:
250. Geburtstag von
Francois-Joseph Bosio
(LMO-G19)

2018 (Fortsetzung)

– Österreich:
100 Jahre Republik Österreich
(LN-G163)

– Portugal:
250 Jahre Staatsdruckerei und Münzprägeanstalt von Portugal (INCM)
(LM-G127)

– Portugal:
Botanischer Garten von Ajuda, Lissabon
(LM-G129)

– San Marino:
500. Geburtstag von
Jacopo Robusti, genannt Tintoretto
(LSM-G104)

– San Marino:
420. Geburtstag von
Gian Lorenzo Bernini (LSM-G108)

– Slowakei:
25. Jahre Slowakischen Republik
(LE-G48)

– Slowenien:
Weltbienentag (LH-G53)

– Spanien:
50. Geburtstag von König Felipe VI.
(LV-G347)

– Spanien:
UNESCO-Weltkulturerbe – Altstadt von Santiago de Compostela
(LV-G348)

– Staat Vatikanstadt:
Europäisches Jahr des Kulturerbes – Die Laokoon-Gruppe
(LVA-G125)

– Staat Vatikanstadt:
50. Todestag von Pater Pio
(LVA-G126)

2019

– Andorra:
Finale des Alpinen Ski-Weltcups 2019, Andorra (LAND-G12)

– Andorra:
600. Jahre andorranischer Landrat
(LAND-G13)

– Belgien:
450. Todestag von
Pieter Bruegel dem Älteren
(LZ-G132)

– Belgien:
25 Jahre Europäisches Währungsinstitut
(LZ-G138)

– Deutschland:
70. Jahrestag der Gründung des Bundesrates
(LX-G146)

– Deutschland:
30. Jahrestag des Falls der Berliner Mauer
(LX-G156)

– Estland:
150 Jahre estnisches Liederfest
(LD-G22)

– Estland:
100 Jahre Universität Tartu
(LD-G25)

– Finnland:
100 Jahre finnische Verfassung
(LL-G185)

2019 (Fortsetzung)

– Frankreich:
30. Jahrestag des Falls der Berliner Mauer (LU-G1234)

– Frankreich:
60 Jahre Astérix (LU-G1311)

– Griechenland:
100. Geburtstag von Manolis Andronikos (LY-G123)

– Griechenland:
150. Todestag von Andreas Kalvos (LY-G124)

– Irland:
100. Jahrestag der ersten Versammlung des irischen Revolutions-Parlaments im Mansion House in Dublin (LT-G54)

– Italien:
500. Todestag von Leonardo da Vinci (LS-G182)

– Lettland:
Geschichte des lettischen Staatswappens: „Die aufgehende Sonne" (LC-G45)

– Litauen:
Sutartinės (mehrstimmiger Gesang) (LB-G38)

– Litauen:
Litauische ethnographische Regionen, Samogitien (LB-G39)

– Luxemburg:
100. Jahrestag der Thronbesteigung von Großherzogin Charlotte (LR-G75)

– Luxemburg:
100 Jahre allgemeines Wahlrecht (LR-G79)

– Malta:
Prähistorische Stätten in Malta, Tempel von Ta' Ħaġrat (LF-G72)

– Malta:
Solidarität mit Kindern, Natur und Umwelt (LF-G73)

– Monaco:
200. Jahrestag der Thronbesteigung von Fürst Honoré V. (LMO-G21)

– Portugal:
500. Jahrestag des Beginns der Weltumsegelung durch Ferdinand Magellan (LM-G137)

– Portugal:
600. Jahrestag der Wiederentdeckung und Inbesitznahme Madeiras für Portugal durch João Gonçalves Zarco (LM-G142)

– San Marino:
500. Todestag von Leonardo da Vinci (LSM-G113)

– San Marino:
550. Todestag von Filippo Lippi (LSM-G121)

– Slowakei:
100. Todestag von Milan Rastislav Štefánik (LE-G58)

– Slowenien:
100. Jahrestag der Gründung der Universität von Ljubljana (LH-G60)

2019 (Fortsetzung)

- Spanien:
  UNESCO-Weltkulturerbe – Altstadt von Ávila und einigen außerhalb der Stadtmauern gelegene Kirchen
  (LV-G389)

- Staat Vatikanstadt:
  90 Jahre Staat Vatikanstadt
  (LVA-G135)

- Staat Vatikanstadt:
  25. Jahrestag der Restaurierung der Sixtinischen Kapelle
  (LVA-G140)

2020

- Andorra:
  XXVII. Iberoamerika-Gipfel 2020 in Andorra
  (LAND-G14)

- Andorra:
  50 Jahre Frauenwahlrecht in Andorra
  (LAND-G15)

- Belgien:
  Internationales Jahr der Pflanzengesundheit
  (LZ-G146)

- Belgien:
  Jan van Eyck
  (LZ-G152)

- Deutschland:
  Wahrzeichen der Bundesländer (XIV) Brandenburg: Schloss Sanssouci
  (LX-G158)

- Deutschland:
  50 Jahre Kniefall von Warschau
  (LX-G167)

- Estland:
  200 Jahre Entdeckung von Antarktika
  (LD-G27)

- Estland:
  100 Jahre Friedensvertrag von Tartu
  (LD-G28)

- Finnland:
  100 Jahre Universität Turku
  (LL-G187)

- Finnland:
  100. Geburtstag von Väinö Linna
  (LL-G188)

- Frankreich:
  Charles de Gaulle
  (LU-G1331)

- Frankreich:
  Medizinische Forschung
  (LU-G1384)

- Griechenland:
  2.500 Jahrestag der Schlacht von Thermopylae
  (LY-G134)

- Griechenland:
  100. Jahrestag der Vereinigung Thrakiens mit Griechenland
  (LY-G136)

- Italien:
  Nationales Feuerwehr-Korps
  (LS-G192)

- Italien:
  150. Geburtstag von Maria Montessori
  (LS-G201)

- Lettland:
  Keramik aus Lettgalen (LC-G48)

2020 (Fortsetzung)

- Litauen:
  Litauische ethnographische Regionen – Oberlitauen
  (LB-G47)
- Litauen:
  Berg der Kreuze (LB-G48)
- Luxemburg:
  Geburt des Thronfolgers Charles
  (LR-G80)
- Luxemburg:
  Prinz Henri von Oranien-Nassau (1820–1879)
  (LR-G86)
- Malta:
  Prähistorische Stätten in Malta – Ta'Skorba
  (LF-G81)
- Malta:
  „Solidarität mit Kindern" – Spiele
  (LF-G82)
- Monaco:
  300. Geburtstag von Prinz Honoré III
  (LMO-G22)
- Portugal:
  75 Jahre Vereinte Nationen
  (LM-G152)
- Portugal:
  730. Jahrestag der Universität von Coimbra
  (LM-G153)
- San Marino:
  500. Jahrestag des Todes von Raffaello
  (LSM-G123)
- San Marino:
  250. Jahrestag des Todes von Giambattista Tiepolo
  (LSM-G130)
- Slowakei:
  20. Jahrestag des Beitritts zur OECD
  (LE-G69)
- Slowenien:
  500. Geburtstag von Adam Bohorič
  (LH-G61)
- Spanien:
  Mudejar-Architektur in Aragon
  (LV-G403)
- Staat Vatikanstadt:
  100. Geburtstag des Heiligen Johannes Paul II.
  (LVA-G145)
- Staat Vatikanstadt:
  500. Todestag von Raffaello
  (LVA-G146)
- Zypern:
  30. Jahrestag des „Cyprus Institute of Neurology and Genetics"
  (LG-G17)

2021

- Andorra:
  100. Jahrestag der Krönung Unserer Lieben Frau von Meritxell
  (LAND-G16)
- Andorra:
  Wir kümmern uns um unsere Senioren
  (LAND-G17)
- Belgien:
  100 Jahre Wirtschaftsunion Belgien-Luxemburg (BLEU)
  (LZ-G155)

2021 (Fortsetzung)

– Belgien:
500 Jahre Carolus V.
(LZ-G157)

– Deutschland:
Wahrzeichen der Bundesländer (XV)
Sachsen-Anhalt: Magdeburger Dom
(LX-G168)

– Estland:
Finno-Ugrische Völker
(LD-G31)

– Estland:
Der Wolf
(LD-G33)

– Finnland:
Journalismus
(LL-G191)

– Finnland:
100. Jahrestag der Autonomie von Åland
(LL-G194)

– Frankreich:
75 Jahre UNICEF
(LU-G1438)

– Frankreich:
Olympische Spiele –
Olympische Spiele 2024 in Paris
(LU-G1495)

– Griechenland:
200. Jahrestag der griechischen Revolution
(LY-G142)

– Italien:
Rom – Die Hauptstadt
(LS-G205)

– Italien:
Gesundheitsberufe
(LS-G206)

– Lettland:
100 Jahre Lettland
(LC-G53)

– Litauen:
Žuvintas-Biosphärenreservat
(LB-G52)

– Litauen:
Dzūkija
(LB-G53)

– Luxemburg:
100. Geburtstag Großherzog Jean
(LR-G89)

– Luxemburg:
40. Hochzeitstag von Großherzog Henri
(LR-G90)

– Malta:
Tarxien-Tempel
(LF-G89)

– Malta:
Helden der Pandemie
(LF-G90)

– Monaco:
10. Hochzeitstag von Prinz Albert und Charlene Wittstock
(LMO-G23)

– Portugal:
EU-Ratspräsidentschaft
(LM-G162)

2021 (Fortsetzung)

- Portugal:
  Sommer-Olympiade 2021
  (LM-G163)

- San Marino:
  550. Geburtstag von Albrecht Dürer
  (LSM-G137)

- San Marino:
  450. Jahrestag der Geburt
  von Caravaggio
  (LSM-G138)

- Slowakei:
  100. Jahrestag der Geburt
  von Alexander Dubček
  (LE-G77)

- Slowenien:
  200 Jahre Regionalmuseum Kranj
  (LH-G71)

- Spanien:
  Historische Stadt Toledo
  (LV-G411)

- Staat Vatikanstadt:
  700. Todestag von Dante Alighieri
  (LVA-G164)

- Staat Vatikanstadt:
  450. Geburtstag von Caravaggio
  (LVA-G169)

Vorschau

Deutschland (2022):
- 2022 Bundesland Thüringen

Estland (2022):
- 150. Jahrestag der Gründung der Gesellschaft der Estnischen Literaten

Finnland (2022):
- 100 Jahre Nationalballett in Finnland

Frankreich (2022–2023):
- Olympische Sommerspiele in Paris 2024 – 2/4 (2022)
- Olympische Sommerspiele in Paris 2024 – 3/4 (2023)
- Olympische Sommerspiele in Paris 2024 – 4/4 (2023)

Lettland (2022):
- 100 Jahre Verfassung Lettlands
- 100 Jahre Zentralbank Lettlands

Litauen (2022):
- Suvalkija
- 100 Jahre Basketball in Litauen

Luxemburg (2022):
- 10. Hochzeitstag von Erbgroßherzog Guillaume und Erbgroßherzogin Stephanie
- 50. Jahrestag der luxemburgischen Flagge

Malta (2022):
- Prähistorische Stätten in Malta, Hypogäum von Ħal-Saflieni

San Marino (2022):
- 200. Geburtstag von Antonio Canova
- 530. Todestag von Piero Della Francesca

Slowakei (2022–2025):
- 300. Jahrestag des Baus der ersten atmosphärischen Dampfmaschine in Kontinentaleuropa (2022)
- 200. Jahrestag des regulären Starts der Pferdeschnellpost Wien – Bratislava (2023)
- 100. Jahrestag der ersten Bluttransfusion in der Slowakei (2023)
- 100. Jahrestag des Internationalen Marathonlaufs in Košice (2024)
- 100. Jahrestag des ersten internationalen Sportturniers in der Slowakei (2025)

Slowenien (2022):
- 150. Geburtstag des Architekten Jože Plečnik

Spanien (2022):
- 500. Jahrestag der ersten Weltumrundung
- UNESCO-Weltkulturerbe, Nationalpark Garajonay

Gemeinschaftsausgabe 2022
- 35 Jahre Erasmus-Programm

ANDORRA

Fürstentum

Fläche: 468 km^2

Hauptstadt: Andorra la Vella

Einwohnerzahl: 77 Tausend

Nicht Mitglied der EU

Bisherige Währung:

keine eigene Währung

Bildmotiv: Sant Joan de Caselles

LAND-K1 1 Cent		
Jahr	Auflage	Stgl.
2014	200.000	40,00
2015	nur aus Sätzen	16,00
2016	nur aus Sätzen	17,00
2017	2.582.395	4,00
2018	3.430.000	2,50
2019	2.447.000	2,20
2020	nur aus Sätzen	20,00
2021	nur aus Sätzen	–,–

LAND-K2 2 Cent		
Jahr	Auflage	Stgl.
2014	200.000	36,00
2015	nur aus Sätzen	15,00
2016	nur aus Sätzen	19,00
2017	1.515.000	3,60
2018	2.550.000	2,90
2019	1.727.000	1,80
2020	nur aus Sätzen	12,00
2021	nur aus Sätzen	–,–

LAND-K3 5 Cent		
Jahr	Auflage	Stgl.
2014	1.000.000	3,90
2015	nur aus Sätzen	11,00
2016	nur aus Sätzen	10,00
2017	2.191.421	2,40
2018	1.800.000	2,90
2019	2.100.000	2,10
2020	nur aus Sätzen	5,50
2021	nur aus Sätzen	–,–

LAND-K4 10 Cent		
Jahr	Auflage	Stgl.
2014	1.000.000	4,00
2015	nur aus Sätzen	11,00
2016	nur aus Sätzen	11,00
2017	1.103.000	2,40
2018	980.000	4,50
2019	1.610.000	3,40
2020	860.000	6,00
2021	nur aus Sätzen	–,–

LAND-K5 20 Cent		
Jahr	Auflage	Stgl.
2014	1.000.000	3,90
2015	nur aus Sätzen	12,00
2016	nur aus Sätzen	10,00
2017	1.213.000	3,80
2018	1.014.000	3,90
2019	1.570.000	4,10
2020	175.000	7,50
2021	nur aus Sätzen	–,–

LAND-K6 50 Cent		
Jahr	Auflage	Stgl.
2014	500.000	5,50
2015	nur aus Sätzen	13,00
2016	nur aus Sätzen	11,00
2017	968.800	4,40
2018	890.000	4,50
2019	930.000	4,70
2020	740.000	8,00
2021	nur aus Sätzen	–,–

LAND-K7 1 Euro		
Jahr	Auflage	Stgl.
2014	651.842	11,00
2015	nur aus Sätzen	22,00
2016	2.374.200	12,00
2017	nur aus Sätzen	26,00
2018	nur aus Sätzen	35,00
2019	nur aus Sätzen	39,00
2020	nur aus Sätzen	44,00
2021	nur aus Sätzen	–,–

LAND-K8 2 Euro		
Jahr	Auflage	Stgl.
2014	500.000	18,00
2015	1.112.400	18,00
2016	nur aus Sätzen	47,00
2017	794.588	8,50
2018	868.000	9,50
2019	1.058.310	7,50
2020	1.500.000	9,00
2021	nur aus Sätzen	–,–

Inhalt des Starter-Satzes:

1 Cent (1x), 2 Cent (1x), 5 Cent (1x), 10 Cent (1x), 20 Cent (1x), 50 Cent (1x), 1 Euro (1x), 2 Euro (1x).

Jahr	Auflage	Stgl.
2014	70.000 Exemplare	€ 220,00

Inhalt der Pakete/Rollen:

Die Münzen werden abwechselnd von der Königlich Spanischen Münze und der Pariser Münze geprägt und nach Andorra geliefert.

Kgl. Spanische Münze: 2014, 2016, 2018
Pariser Münze: 2015, 2017

Amtliche Kursmünzensätze

Kursmünzensätze	Jahr	Auflage	Stgl.
LAND-AK1 2014	2014	70.000	58,00
LAND-AK1 2015	2015	40.000	50,00
LAND-AK1 2016	2016	35.000	50,00
LAND-AK1 2017	2017	22.000	50,00
LAND-AK1 2018	2018	20.000	55,00
LAND-AK1 2019	2019	15.000	56,00
LAND-AK1 2020	2020	12.000	50,00
LAND-AK1 2021	2021	10.500	–,–

Kursmünzensätze	Jahr	Auflage	PP
LAND-AK2 2014	2014	3.000	390,00

LAND-G1

LAND-G5

LAND-G2

LAND-G6

LAND-G3

LAND-G7

LAND-G4

LAND-G8

LAND-G1

20. Jahrestag des Beitritts von Andorra zum Europarat
2014 (geprägt 2016), 2 EURO
Ⓓ Luc Luycx und Orietta Rossi

Stgl.: 100.000 Ex. (in Blisterkarte) € 50,00
PP: 5.000 Ex. € 210,00

LAND-G2

25. Jahrestag des Zollabkommens mit der Europäischen Union
2015, 2 EURO
Ⓓ Luc Luycx

Stgl.: 85.000 Ex. (in Blisterkarte) € 38,00

LAND-G3

30. Jahrestag der Festlegung des Volljährigkeitsalters auf 18 Jahre
2015, 2 EURO
Ⓓ Luc Luycx und Orietta Rossi

Stgl.: 85.000 Ex. (in Blisterkarte) € 40,00

LAND-G4

150 Jahre Neuen Reform von 1866
2016, 2 EURO
Ⓓ Luc Luycx

Stgl.: 85.000 Ex. (in Blisterkarte) € 38,00

LAND-G5

25 Jahre öffentlich-rechtlicher Rundfunk in Andorra
2016, 2 EURO
Ⓓ Luc Luycx

Stgl.: 85.000 Ex. (in Blisterkarte) € 38,00

LAND-G6

100 Jahre andorranische Nationalhymne
2017, 2 EURO
Ⓓ Luc Luycx und Joaquin Jimenez

Stgl.: 85.000 Ex. (in Blisterkarte) € 35,00

LAND-G7

Andorra, das Land in den Pyrenäen
2017, 2 EURO
Ⓓ Luc Luycx

Stgl.: 85.000 Ex. (in Blisterkarte) € 35,00

LAND-G8

25. Jahrestag der Verfassung von Andorra
2018, 2 EURO
Ⓓ Luc Luycx

Stgl.: 75.000 Ex. (in Blisterkarte) € 34,00

LAND-G9

LAND-G10

LAND-G11

LAND-G12

LAND-G13

LAND-G14

LAND-G15

LAND-G16

LAND-G9
25. Jahrestag der Verfassung von Andorra
2018, 5 EURO
Ⓓ Orietta Rossi
Ag925, 27g, Ø 40 mm

PP:	10.000 Ex.	€ 135,00

LAND-G10
25. Jahrestag der Verfassung von Andorra
2018, 50 EURO
Ⓓ Orietta Rossi
Au999, 6,75g, Ø 23 mm

PP:	3.000 Ex.	€ 900,00

LAND-G11
70. Jahrestag der Allgemeinen Erklärung der Menschenrechte
2018, 2 EURO
Ⓓ Luc Luycx und Judit Gaset Flinch

Stgl.:	75.000 Ex. (in Blisterkarte)	€ 35,00

LAND-G12
Finale des Alpinen Ski-Weltcups 2019, Andorra
2019, 2 EURO
Ⓓ Luc Luycx

Stgl.:	60.000 Ex. (in Blisterkarte)	€ 160,00

LAND-G13
600. Jahre andorranischer Landrat
2019, 2 EURO
Ⓓ Luc Luycx

Stgl.:	60.000 Ex. (in Blisterkarte)	€ 75,00

LAND-G14
XXVII. Iberoamerika-Gipfel 2020 in Andorra
2020, 2 EURO
Ⓓ Luc Luycx

Stgl.:	70.000 Ex.	€ 43,00
PP:	3.500 Ex.	€ 130,00

LAND-G15
50 Jahre Frauenwahlrecht in Andorra
2020, 2 EURO
Ⓓ Luc Luycx und Judit Gaset Flinch

Stgl.:	60.000 Ex.	€ 60,00

LAND-G16
100. Jahrestag der Krönung Unserer Lieben Frau von Meritxell
2021, 2 EURO
Ⓓ Luc Luycx

Stgl.:	70.000 Ex.	€ –,–
PP:	3.750 Ex	€ –,–

LAND-G17

LAND-G17
Wir kümmern uns um unsere Senioren
2021, 2 EURO
Ⓓ Luc Luycx
Stgl.: 70.000 Ex. € –,–

BELGIEN

Bildquelle: © OPT/Phicippart

Königreich

Fläche: 30.688 km^2

Hauptstadt: Brüssel

Einwohnerzahl: 11,5 Mio.

Beitrittsjahr zur EU: 1958

Bisherige Währung: Belgischer Franc

Bildmotiv: Atomium in Brüssel

LZ-K1.1 1 Cent

Jahr	Auflage	Stgl.
1999	235.200.000	1,30
2000	nur aus Sätzen	25,00
2001	99.800.000	1,60
2002	nur aus Sätzen	7,50
2003	10.000.000	1,60
2004	180.000.000	1,30
2005	nur aus Sätzen	15,00
2006	15.000.000	1,50
2007	60.000.000	1,50

LZ-K1.3 1 Cent (*neue Gestaltung)

Jahr	Auflage	Stgl.
2008	nur aus Sätzen	33,00
2009	20.000.000	1,20
2010	30.100.000	1,30
2011	9.975.000	1,90
2012	19.950.000	1,90
2013	70.000.000	1,60

LZ-K3.1 5 Cent

Jahr	Auflage	Stgl.
1999	300.000.000	1,20
2000	nur aus Sätzen	22,00
2001	nur aus Sätzen	19,00
2002	nur aus Sätzen	7,50
2003	30.000.000	1,50
2004	80.000.000	1,50
2005	110.000.000	1,50
2006	35.000.000	1,40
2007	nur aus Sätzen	12,00

LZ-K3.3 5 Cent (*neue Gestaltung)

Jahr	Auflage	Stgl.
2008	nur aus Sätzen	20,00
2009	nur aus Sätzen	24,00
2010	25.000.000	3,00
2011	25.000.000	1,20
2012	22.500.000	1,60
2013	17.000.000	1,50

LZ-K2.1 2 Cent

Jahr	Auflage	Stgl.
1999	nur aus Sätzen	75,00
2000	337.000.000	1,20
2001	nur aus Sätzen	20,00
2002	nur aus Sätzen	7,50
2003	40.000.000	1,60
2004	159.250.000	1,50
2005	nur aus Sätzen	15,00
2006	30.000.000	1,30
2007	70.000.000	1,40

LZ-K2.3 2 Cent (*neue Gestaltung)

Jahr	Auflage	Stgl.
2008	nur aus Sätzen	21,00
2009	10.000.000	1,60
2010	20.000.000	1,20
2011	nur aus Sätzen	27,00
2012	15.000.000	1,30
2013	32.625.000	1,40

LZ-K4.1 10 Cent

Jahr	Auflage	Stgl.
1999	180.950.000	1,60
2000	nur aus Sätzen	24,00
2001	145.750.000	2,30
2002	nur aus Sätzen	9,50
2003	nur aus Sätzen	6,00
2004	20.000.000	2,30
2005	10.000.000	2,20
2006	nur aus Sätzen	20,00

LZ-K4.2 10 Cent (*neue Europakarte)

Jahr	Auflage	Stgl.
2007	nur aus Sätzen	12,00

LZ-K4.3 10 Cent (*neue Gestaltung)

Jahr	Auflage	Stgl.
2008	nur aus Sätzen	22,00
2009	nur aus Sätzen	20,00
2010	20.000.000	1,50
2011	25.000.000	1,90
2012	25.000.000	1,50
2013	5.000.000	4,80

* Im Jahr 2008 wurde die nationale Seite der Münzen überarbeitet und um das Länderkürzel „BE", das Münzmeisterzeichen sowie das Zeichen der Prägestätte ergänzt. Auch das Portrait des Königs wurde leicht verändert. Im Jahr 2009 griff man wieder auf das ursprüngliche Portrait des Königs zurück, behielt jedoch die anderen Änderungen in der Gestaltung bei.

LZ-K5.1 20 Cent

Jahr	Auflage	Stgl.
1999	nur aus Sätzen	65,00
2000	181.000.000	2,30
2001	nur aus Sätzen	19,00
2002	104.000.000	1,90
2003	30.000.000	2,30
2004	70.000.000	2,20
2005	10.000.000	1,90
2006	40.000.000	2,10

LZ-K5.2 20 Cent (*neue Europakarte)

Jahr	Auflage	Stgl.
2007	25.060.281	2,20

LZ-K5.3 20 Cent (*neue Gestaltung)

Jahr	Auflage	Stgl.
2008	20.020.000	1,50
2009	30.000.000	2,10
2010	15.050.000	1,60
2011	40.250.000	1,60
2012	42.350.000	1,60
2013	nur aus Sätzen	5,00

LZ-K7.1 1 Euro

Jahr	Auflage	Stgl.
1999	160.000.000	4,50
2000	nur aus Sätzen	32,00
2001	nur aus Sätzen	23,00
2002	90.500.000	4,40
2003	nur aus Sätzen	7,50
2004	15.000.000	6,00
2005	nur aus Sätzen	13,00
2006	nur aus Sätzen	39,00

LZ-K7.2 1 Euro (*neue Europakarte)

Jahr	Auflage	Stgl.
2007	nur aus Sätzen	23,00

LZ-K7.3 1 Euro (*neue Gestaltung)

Jahr	Auflage	Stgl.
2008	5.000.000	12,00
2009	12.800.000	7,50
2010	nur aus Sätzen	21,00
2011	15.000.000	4,30
2012	10.000.000	4,70
2013	nur aus Sätzen	14,00

LZ-K6.1 50 Cent

Jahr	Auflage	Stgl.
1999	197.000.000	2,90
2000	nur aus Sätzen	23,00
2001	nur aus Sätzen	20,00
2002	50.000.000	3,30
2003	nur aus Sätzen	6,50
2004	15.000.000	6,00
2005	nur aus Sätzen	13,50
2006	nur aus Sätzen	18,00

LZ-K6.2 50 Cent (*neue Europakarte)

Jahr	Auflage	Stgl.
2007	5.000.000	3,60

LZ-K6.3 50 Cent (*neue Gestaltung)

Jahr	Auflage	Stgl.
2008	25.000.000	3,30
2009	42.500.000	3,50
2010	nur aus Sätzen	12,00
2011	15.000.000	2,60
2012	30.000.000	2,70
2013	nur aus Sätzen	5,00

LZ-K8.1 2 Euro

Jahr	Auflage	Stgl.
1999	nur aus Sätzen	130,00
2000	120.000.000	7,50
2001	nur aus Sätzen	95,00
2002	50.000.000	7,50
2003	36.500.000	8,50
2004	43.976.988	10,50
2005	20.000.000	13,50
2006	20.000.000	10,50

LZ-K8.2 2 Euro (*neue Europakarte)

Jahr	Auflage	Stgl.
2007	35.000.000	10,00

LZ-K8.3 2 Euro (*neue Gestaltung)

Jahr	Auflage	Stgl.
2008	20.000.000	8,50
2009	20.000.000	10,00
2010	15.000.000	7,50
2011	32.000.000	8,50
2012	nur aus Sätzen	40,00
2013	nur aus Sätzen	69,00

* Im Jahr 2008 wurde die nationale Seite der Münzen überarbeitet und um das Länderkürzel „BE“, das Münzmeisterzeichen sowie das Zeichen der Prägestätte ergänzt. Auch das Portrait des Königs wurde leicht verändert. Im Jahr 2009 griff man wieder auf das ursprüngliche Portrait des Königs zurück, behielt jedoch die anderen Änderungen in der Gestaltung bei.

LZ-K1.4 1 Cent		
Jahr	**Auflage**	**Stgl.**
2014	nur aus Sätzen	5,50
2015	14.870.000	2,10
2016	29.750.000	1,70
2017	1.575.000	3,50
2018	nur aus Sätzen	4,00
2019	nur aus Sätzen	6,50
2020	21.500 (KMS)	4,40
2021	13.750 (KMS)	7,00

LZ-K3.4 5 Cent		
Jahr	**Auflage**	**Stgl.**
2014	14.500.000	2,00
2015	10.000.000	2,00
2016	19.900.000	2,00
2017	48.444.500	1,90
2018	5.300.000	2,90
2019	10.000.000	3,40
2020	21.500 (KMS)	4,80
2021	13.750 (KMS)	6,00

LZ-K2.4 2 Cent		
Jahr	**Auflage**	**Stgl.**
2014	3.125.000	4,80
2015	21.875.000	2,00
2016	16.250.000	2,00
2017	nur aus Sätzen	5,00
2018	nur aus Sätzen	4,50
2019	nur aus Sätzen	6,00
2020	21.500 (KMS)	4,50
2021	13.750 (KMS)	6,00

LZ-K4.4 10 Cent		
Jahr	**Auflage**	**Stgl.**
2014	nur aus Sätzen	2,00
2015	11.000.000	4,10
2016	nur aus Sätzen	4,50
2017	3.000.000	2,30
2018	12.300.000	2,20
2019	5.000.000	3,90
2020	21.500 (KMS)	3,50
2021	13.750 (KMS)	4,40

LZ-K5.4 20 Cent		
Jahr	**Auflage**	**Stgl.**
2014	nur aus Sätzen	4,80
2015	nur aus Sätzen	5,00
2016	nur aus Sätzen	4,70
2017	nur aus Sätzen	6,00
2018	nur aus Sätzen	6,00
2019	21.000.000	3,50
2020	21.500 (KMS)	4,30
2021	13.750 (KMS)	5,50

LZ-K7.4 1 Euro		
Jahr	**Auflage**	**Stgl.**
2014	nur aus Sätzen	11,00
2015	nur aus Sätzen	9,50
2016	nur aus Sätzen	9,50
2017	nur aus Sätzen	11,00
2018	nur aus Sätzen	13,00
2019	nur aus Sätzen	15,00
2020	21.500 (KMS)	12,00
2021	13.750 (KMS)	15,00

LZ-K6.4 50 Cent		
Jahr	**Auflage**	**Stgl.**
2014	10.000.000	3,00
2015	10.000.000	2,90
2016	2.000.000	2,80
2017	5.000.000	2,70
2018	nur aus Sätzen	4,50
2019	12.000.000	3,60
2020	21.500 (KMS)	4,20
2021	13.750 (KMS)	4,70

LZ-K8.4 2 Euro		
Jahr	**Auflage**	**Stgl.**
2014	nur aus Sätzen	40,00
2015	nur aus Sätzen	42,00
2016	nur aus Sätzen	39,00
2017	nur aus Sätzen	39,00
2018	nur aus Sätzen	41,00
2019	nur aus Sätzen	6,50
2020	21.500 (KMS)	47,00
2021	13.750 (KMS)	38,00

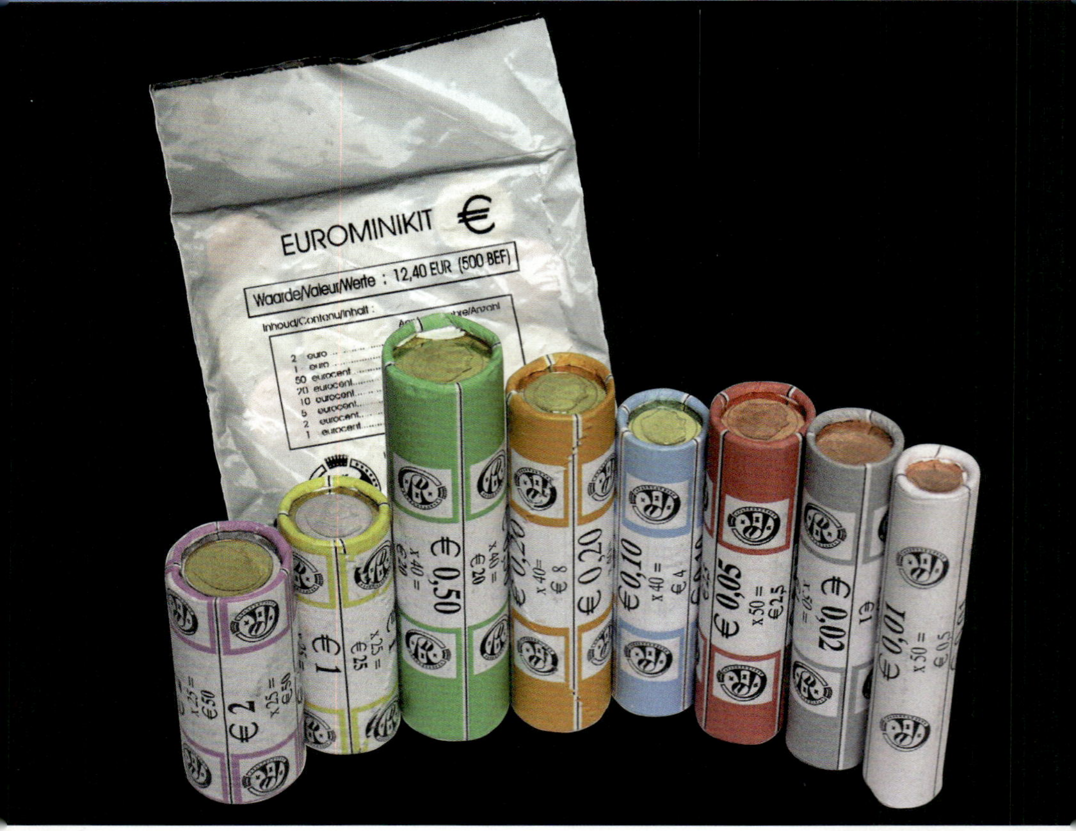

Inhalt des Starterpäckchens:

1 Cent (2x), 2 Cent (4x), 5 Cent (4x), 10 Cent (5x), 20 Cent (3x), 50 Cent (4x), 1 Euro (5x), 2 Euro (2x).

Die Starterkits wurden ab dem 15. Dezember 2001 an Privathaushalte zu einem Gegenwert von 500,00 BEF abgegeben. Kursgültig seit dem 1. Januar 2002.

Jahr	Auflage	Stgl.
1999–2001	5.300.000 Exemplare	€ 35,00

Inhalt der Original-Rollen:

1 Cent	50 Exemplare	Nominal:	€ 0,50
2 Cent	50 Exemplare	Nominal:	€ 1,00
5 Cent	50 Exemplare	Nominal:	€ 2,50
10 Cent	40 Exemplare	Nominal:	€ 4,00
20 Cent	40 Exemplare	Nominal:	€ 8,00
50 Cent	40 Exemplare	Nominal:	€ 20,00
1 EURO	25 Exemplare	Nominal:	€ 25,00
2 EURO	25 Exemplare	Nominal:	€ 50,00

Kursmünzensätze	Jahr	Auflage	Stgl.
LZ-AK1 1999-2001	1999–2001 (3 Jahrgänge)	40.000	270,00
LZ-AK1 2002	2002	100.000	38,00
LZ-AK1 2003	2003	100.000	29,00
LZ-AK1 2004	2004	40.250*	35,00
LZ-AK1 2005	2005	38.000*	55,00
LZ-AK1 2006	2006	28.012*	60,00
LZ-AK1 2007	2007	38.475*	36,00
LZ-AK1 2008	2008	27.000*	70,00
LZ-AK1 2009	2009	27.000*	40,00
LZ-AK1 2010	2010	32.000*	43,00
LZ-AK1 2011	2011	21.300*	43,00
LZ-AK1 2012	2012	22.000*	40,00
LZ-AK1 2013	2013	17.100*	75,00
LZ-AK1 2014	2014	63.500	50,00
LZ-AK1 2015 (incl. LZ-G86)	2015	30.000	49,00
LZ-AK1 2016 (incl. LZ-G96)	2016	35.000	53,00
LZ-AK1 2017 (incl. LZ-G110, G113)	2017	20.000	57,00
LZ-AK1 2018	2018	40.000	56,00
LZ-AK1 2019 (incl. LZ-G136, G142)	2019	20.000	45,00
LZ-AK1 2020	2020	15.000	50,00
LZ-AK1 2021	2021	7.500	50,00

Kursmünzensätze	Jahr	Auflage	PP
LZ-AK2 1999–2001	1999–2001 (3 Jahrgänge)	10.388	350,00
LZ-AK2 2002	2002	7.866	95,00
LZ-AK2 2003	2003	7.866	95,00
LZ-AK2 2004	2004	3.006	105,00
LZ-AK2 2005	2005	3.006	110,00
LZ-AK2 2006	2006	3.006	100,00
LZ-AK2 2007	2007	2.006	115,00
LZ-AK2 2008	2008	2.006	130,00
LZ-AK2 2009	2009	1.506	110,00
LZ-AK2 2010	2010	1.850	115,00
LZ-AK2 2011	2011	1.850	98,00
LZ-AK2 2012	2012	1.000	125,00
LZ-AK2 2013	2013	1.000	270,00
LZ-AK2 2014	2014	1.500	130,00
LZ-AK2 2015	2015	1.000	140,00
LZ-AK2 2016	2016	1.000	150,00
LZ-AK2 2017	2017	1.000	160,00
LZ-AK2 2018	2018	750	180,00
LZ-AK2 2019	2019	1.500	130,00
LZ-AK2 2020	2020	1.000	140,00
LZ-AK2 2021	2021	750	–,–

* Bei einer geringen Teilauflage (ca. 2.000 Stück) wurde die im Satz enthaltene Medaille partiell eingefärbt.
Für diese Sondereditionen werden von Spezialsammlern deutliche Aufschläge bzw. Liebhaberpreise gezahlt.

BeNeLux Sätze	Jahr	Auflage	Stgl.
LZ-AK3 2003	2003	50.000	52,00
LZ-AK3 2004	2004	35.000	66,00
LZ-AK3 2005	2005	15.100	95,00
LZ-AK3 2006	2006	15.006	88,00
LZ-AK3 2007	2007	15.000	69,00
LZ-AK3 2008	2008	12.500	78,00
LZ-AK3 2009	2009	12.500	78,00
LZ-AK3 2010	2010	10.000	100,00
LZ-AK3 2011	2011	10.000	94,00
LZ-AK3 2012	2012	10.000	105,00
LZ-AK3 2013	2013	7.500	155,00
LZ-AK3 2014	2014	10.000	85,00
LZ-AK3 2015	2015	10.000	90,00
LZ-AK3 2016	2016	10.000	92,00
LZ-AK3 2017	2017	7.500	110,00
LZ-AK3 2018	2018	7.000	100,00
LZ-AK3 2019	2019	7.000	100,00
LZ-AK3 2020	2020	5.000	97,00
LZ-AK3 2021	2021	5.000	105,00

Inhalt: Die Kursmünzensätze von Belgien, den Niederlanden und Luxemburg.

Belgien

Niederlande

Luxemburg

Kursmünzensätze	Jahr	Auflage	Stgl.
LZ-SK1 Abschied vom Franken	2002	20.000	26,00
LZ-SK2 Rad-Weltmeisterschaft	2002	20.000	30,00
LZ-SK3 100 Jahre Ford	2003	15.000	45,00
LZ-SK4 2003 Baby-Satz	2003	10.000	38,00
LZ-SK4 2004 Baby-Satz	2004	5.000	45,00
LZ-SK5 2003 Hochzeits-Satz	2003	10.000	37,00
LZ-SK5 2004 Hochzeits-Satz	2004	5.000	42,00
Krabbenfischen mit Pferden LZ-SK6	2014	4.500	70,00
Mons, Kulturhauptstadt Europas LZ-SK7 (incl. LZ-G94 und G95)	2015	5.000	49,00
World Money Fair, „Fritten" LZ-SK8	2020	500	–,–
World Money Fair – Belgisches Bier LZ-SK9	2021	500	270,00

LZ-G1

LZ-G2

LZ-G3

LZ-G4

LZ-G5

LZ-G6

LZ-G7

LZ-G8

LZ-G1
50 Jahre der Brüsseler
Nord-Süd-Verbindung
2002, 10 EURO
Ag925, 18,75 g, Ø 33 mm (im Blister)
Ⓓ Luc Luycx
PP: 50.008 Ex. € 65,00

LZ-G2
Gründerväter Europas: K.Adenauer,
R. Schuman und P.-H. Spaak
2002, 100 EURO
Au999, 15,55 g, Ø 29 mm
Ⓓ Willem Vis
PP: 5.013 Ex. € 1.470,00

LZ-G3
100. Geburtstag von Georges Simenon
2003, 10 EURO
Ag925, 18,75 g, Ø 33 mm (im Blister)
Ⓓ Luc Luycx
PP: 45.086 Ex. € 45,00

LZ-G4
200. Jahrestag der französischen
Münzreform von 1803
2003, 100 EURO
Au999, 15,55 g, Ø 29 mm
Ⓓ Luc Luycx
PP: 4.503 Ex. € 1.670,00

LZ-G5
75 Jahre Comicserie „Tim und Struppi"
2004, 10 EURO
Ag925, 18,75 g, Ø 33 mm (im Blister)
Ⓓ Luc Luycx
PP: 50.006 Ex. € 200,00

LZ-G6
70. Geburtstag von König Albert II.
2004, 50 EURO
Au999, 6,22 g, Ø 21 mm
Ⓓ Luc Luycx
PP: 3.671 Ex. € 550,00

LZ-G7
Erweiterung der Euro-
päischen Union
2004, 10 EURO
Ag925, 18,75 g, Ø 33 mm
Ⓓ Luc Luycx
PP: 40.626 Ex. € 80,00

LZ-G8
Erweiterung der Euro-
päischen Union
2004, 100 EURO
Au999, 15,55 g, Ø 29 mm
Ⓓ Paul Huybrechts
PP: 5.006 Ex. € 1.300,00

LZ-G9

LZ-G10

LZ-G11

LZ-G12

LZ-G13

LZ-G14

LZ-G15

LZ-G16

LZ-G9
100 Jahre Derby Belgien/Niederlande, 75 Jahre Heizelstadion
2005, 10 EURO
Ag925, 18,75 g, Ø 33 mm (im Blister)
Ⓓ Luc Luycx
PP: 19.830 Ex. € 80,00

LZ-G10
Wirtschaftsunion Belgien-Luxemburg
2005, 2 EURO
Ⓓ Luc Luycx
Stgl.: 6.000.000 Ex. € 15,00
Blister: 20.000 Ex. € 30,00
PP: 3.000 Ex. € 340,00

LZ-G11
60 Jahre Frieden und Freiheit in Europa
2005, 10 EURO
Ⓓ Luc Luycx
Ag925, 18,75 g, Ø 33 mm
PP: 26.095 Ex. € 70,00

LZ-G12
175 Jahre Unabhängigkeit
2005, 100 EURO
Au999, 15,55 g, Ø 29 mm
Ⓓ Luc Luycx
PP: 1.621 Ex. € 1.730,00

LZ-G13
FIFA-Fußball-WM 2006, Deutschland
2005, 20 EURO
Ag925, 22,85 g, Ø 37 mm
Ⓓ Luc Luycx
PP: 9.211 Ex. € 90,00

LZ-G14
Große Europäer –
400. Todestag von Justus Lipsius
2006, 10 EURO
Ag925, 18,75 g, Ø 33 mm
Ⓓ Luc Luycx
PP: 21.745 Ex. € 75,00

LZ-G15
Große Europäer –
400. Todestag von Justus Lipsius
2006, 50 EURO
Au999, 6,22 g, Ø 21 mm
PP: 2.506 Ex. € 670,00

LZ-G16
Atomium, Brüssel
2006, 2 EURO
Stgl.: 5.000.000 Ex. € 15,00
Blister: 20.000 Ex. € 27,50
PP: 3.000 Ex. € 310,00

LZ-G17

LZ-G21

LZ-G18

LZ-G22

LZ-G19

LZ-G23

LZ-G20

LZ-G24

LZ-G17
50. Jahrestag des Grubenunglücks von Marcinelle
2006, 10 EURO
Ag925, 18,75 g, Ø 33 mm (im Blister)
Ⓓ Luc Luycx

PP:	7.079 Ex.	€ 50,00

Kopf des Bergarbeiters koloriert

PP:	1.441 Ex.	€ 95,00

LZ-G18
175 Jahre Belgische Dynastie – König Leopold I.
2006, 12½ EURO
Au999, 1,25 g, Ø 14 mm
Ⓓ Luc Luycx

PP:	11.358 Ex.	€ 180,00

LZ-G19
175 Jahre Belgische Dynastie
2006, 100 EURO
Au999, 15,55 g, Ø 29 mm

PP:	2.150 Ex.	€ 1.000,00

LZ-G20
50 Jahre Römische Verträge
2007, 2 EURO
Ⓓ Luc Luycx und Helmut Andexlinger

Stgl.:	5.000.000 Ex.	€ 8,00
Blister:	20.000 Ex.	€ 13,00
PP:	5.000 Ex.	€ 60,00

LZ-G21
Europäische Errungenschaften – 50 Jahre Römische Verträge
2007, 10 EURO
Ag925, 18,75 g, Ø 33 mm
Ⓓ Luc Luycx und Didier Vanoverbeek

PP:	15.192 Ex.	€ 70,00

LZ-G22
Europäische Errungenschaften – 50 Jahre Römische Verträge
2007, 50 EURO
Au999, 6,22 g, Ø 21 mm
Ⓓ Luc Luycx

PP:	2.506 Ex.	€ 630,00

LZ-G23
100. Geburtstag von „Hergé“ Georges Prosper Remi
2007, 20 EURO
Ag925, 22,85 g, Ø 37 mm (im Blister)
Ⓓ Luc Luycx

PP:	25.006 Ex.	€ 125,00

LZ-G24
Internationales Polarjahr
2007, 10 EURO
Ag925, 18,75 g, Ø 33 mm (im Blister)
Ⓓ Luc Luycx

PP:	8.075 Ex.	€ 90,00

LZ-G25

LZ-G29

LZ-G26

LZ-G30

LZ-G27

LZ-G31

LZ-G28

LZ-G32

LZ-G25
175 Jahre Belgische Dynastie – König Leopold II.
2007, 12½ EURO
Au999, 1,25 g, Ø 14 mm
Ⓓ Luc Luycx
PP: 6.455 Ex. € 200,00

LZ-G26
175 Jahre Münzprägung in Belgien
2007, 100 EURO
Au999, 15,55 g, Ø 29 mm
Ⓓ Luc Luycx und Didier Vanoverbeek
PP: 2.300 Ex. € 1.600,00

LZ-G27
Kulturelles Erbe Europas (I) – „Der blaue Vogel" von Maurice Maeterlinck
2008, 10 EURO
Ag925, 18,75 g, Ø 33 mm
Ⓓ Luc Luycx
PP: 18.159 Ex. € 85,00

LZ-G28
Kulturelles Erbe Europas (I) – „Der blaue Vogel" von Maurice Maeterlinck
2008, 50 EURO
Au999, 6,22 g, Ø 21 mm
Ⓓ Luc Luycx
PP: 2.506 Ex. € 500,00

LZ-G29
60. Jahrestag der Allgemeinen Erklärung der Menschenrechte
2008, 2 EURO
Ⓓ Luc Luycx
Stgl.: 5.000.000 Ex. € 7,00
Blister: 12.000 Ex. € 36,00
PP: 6.000 Ex. € 45,00

LZ-G30
Olympische Sommerspiele 2008, Peking
2008, 10 EURO
Ag925, 18,75 g, Ø 33 mm
Ⓓ Luc Luycx
PP: 10.000 Ex. € 55,00

LZ-G31
Olympische Sommerspiele 2008, Peking
2008, 25 EURO
Au999, 3,11 g, Ø 18 mm
PP: 4.050 Ex. € 340,00

LZ-G32
50 Jahre Schlümpfe und 80. Geburtstag von „Peyo" Pierre Culliford
2008, 5 EURO
Ag925, 14,6 g, Ø 30 mm
Ⓓ Luc Luycx
PP: 6.735 Ex. € 95,00
„50" und Schlumpf koloriert
PP: 7.000 Ex. € 165,00

LZ-G33

LZ-G37

LZ-G34

LZ-G38

LZ-G35

LZ-G39

LZ-G36

LZ-G40

LZ-G33

175 Jahre Belgische Dynastie – König Albert I.
2008, 12½ EURO
Au999, 1,25 g, Ø 14 mm
Ⓓ Luc Luycx

PP:	5.403 Ex.	€ 180,00

LZ-G34

50. Jahrestag der Weltausstellung von 1958
2008, 100 EURO
Au999, 15,55 g, Ø 29 mm
Ⓓ Luc Luycx und Didier Vanoverbeek

PP:	1.425 Ex.	€ 1.590,00

LZ-G35

10 Jahre Wirtschafts- und Währungsunion
2009, 2 EURO
Ⓓ Luc Luycx u. Georgios Stamatopoulos

Stgl.:	5.000.000 Ex.	€ 6,50
Blister:	6.000 Ex.	€ 23,00
PP:	6.000 Ex.	€ 33,00

LZ-G36

Kulturelles Erbe Europas (II) – „Lob der Torheit" von Erasmus von Rotterdam
2009, 10 EURO
Ag925, 18,75 g, Ø 33 mm
Ⓓ Luc Luycx

PP:	15.000 Ex.	€ 65,00

LZ-G37

Kulturelles Erbe Europas (II) – „Lob der Torheit" von Erasmus von Rotterdam
2009, 50 EURO
Au999, 6,22 g, Ø 21 mm
Ⓓ Luc Luycx

PP:	3.006 Ex.	€ 600,00

LZ-G38

75. Geburtstag von König Albert II.
2009, 10 EURO
Ag925, 18,75 g, Ø 33 mm
Ⓓ Luc Luycx

PP:	6.526 Ex.	€ 65,00

LZ-G39

Goldene Hochzeit von König Albert II. und Königin Paola
2009, 100 EURO
Au999, 15,55 g, Ø 29 mm
Ⓓ Luc Luycx

PP:	1.635 Ex.	€ 1.560,00

LZ-G40

200. Geburtstag von Louis Braille
2009, 2 EURO
Ⓓ Luc Luycx

Stgl.:	5.000.000 Ex.	€ 7,00
Blister:	6.000 Ex.	€ 23,00
PP:	6.000 Ex.	€ 35,00

LZ-G41

LZ-G42

LZ-G43

LZ-G44

LZ-G45

LZ-G46

LZ-G47

LZ-G48

LZ-G41
175 Jahre Belgische Dynastie – König Leopold III.
2009, 12½ EURO
Au999, 1,25 g, Ø 14 mm
Ⓓ Luc Luycx
PP: 5.002 Ex. € 150,00

LZ-G42
Heiligsprechung von Pater Damiaan
2009, 20 EURO
Ag925, 22,85 g, Ø 37 mm (im Blister)
Ⓓ Luc Luycx
PP: 6.500 Ex. € 75,00

LZ-G43
Europäische Architektur – 100 Jahre königliches Museum für Zentralafrika
2010, 10 EURO
Ag925, 18,75 g, Ø 33 mm
Ⓓ Luc Luycx
PP: 12.529 Ex. € 75,00

LZ-G44
Europäische Architektur – 100 Jahre königliches Museum für Zentralafrika
2010, 50 EURO
Au999, 6,22 g, Ø 21 mm
Ⓓ Luc Luycx
PP: 2.474 Ex. € 670,00

LZ-G45
50. Geburtstag von Prinz Philippe
2010, 100 EURO
Au999, 15,55 g, Ø 29 mm
Ⓓ Luc Luycx
PP: 1.839 Ex. € 1.600,00

LZ-G46
175 Jahre Eisenbahn in Belgien
2010, 5 EURO
Ag925, 14,60 g, Ø 30 mm
Ⓓ Luc Luycx
PP: 8.180 Ex. € 60,00

LZ-G47
100. Geburtstag von Django Reinhardt
2010, 10 EURO
Ag925, 18,75 g, Ø 33 mm
Ⓓ Luc Luycx
PP: 3.842 Ex. € 80,00

LZ-G48
EU-Ratspräsidentschaft
2010, 2 EURO
Ⓓ Luc Luycx
Stgl.: 5.000.000 Ex. € 6,50
Blister: 6.000 Ex. € 22,00
PP: 6.000 Ex. € 35,00

LZ-G49

LZ-G50

LZ-G51

LZ-G52

LZ-G53

LZ-G54

LZ-G55

LZ-G56

LZ-G49

Fernsehserie „Niklaas, ein Junge aus Flandern"
2010, 20 EURO
Ag925, 22,85 g, Ø 37 mm (im Blister)

PP:	23.886 Ex.	€ 80,00

LZ-G50

175 Jahre Belgische Dynastie – König Baudouin I.
2010, 12½ EURO
Au999, 1,25 g, Ø 14 mm

PP:	4.996 Ex.	€ 160,00

LZ-G51

100 Jahre Internationaler Frauentag
2011, 2 EURO
Ⓓ Luc Luycx

Stgl.:	5.000.000 Ex.	€ 6,50
Blister:	6.000 Ex.	€ 28,00
PP:	7.500 Ex.	€ 25,00

LZ-G52

Europäische Entdecker – Belgische Tiefseeforschung durch Auguste Piccard
2011, 10 EURO
Ag925, 18,75 g, Ø 33 mm
Ⓓ Luc Luycx

PP:	7.548 Ex.	€ 85,00

LZ-G53

Europäische Entdecker – Belgische Tiefseeforschung durch Auguste Piccard
2011, 50 EURO
Au999, 6,22 g, Ø 21 mm
Ⓓ Luc Luycx

PP:	1.010 Ex.	€ 680,00

LZ-G54

100 Jahre Eroberung des Südpols
2011, 10 EURO
Ag925, 18,75 g, Ø 33 mm
Ⓓ Luc Luycx

PP:	6.505 Ex.	€ 80,00

LZ-G55

100. Jahrestag der Eroberung des Südpols durch Roald Amundsen
2011, 50 EURO
Au999, 6,22 g, Ø 21 mm
Ⓓ Ingrid Austlid Rise

PP:	805 Ex.	€ 650,00

LZ-G56

100 Jahre Internationaler Frauentag – 50. Todestag von Hélène Dutrieu
2011, 5 EURO
Ag925, 14,60 g, Ø 30 mm
Ⓓ Luc Luycx

PP:	2.555 Ex.	€ 75,00

LZ-G57

LZ-G61

LZ-G58

LZ-G62

LZ-G59

LZ-G63

LZ-G60

LZ-G64

LZ-G57
150. Geburtstag von Victor Horta
2011, 100 EURO
Au999, 15,55 g,Ø 29 mm
Ⓓ Luc Luycx
PP: 585 Ex. € 1.560,00

LZ-G58
175 Jahre Belgische Dynastie – König Albert II.
2011, 12½ EURO
Au999, 1,25 g, Ø 14 mm
Ⓓ Luc Luycx
PP: 3.765 Ex. € 190,00

LZ-G59
10. Jahrestag der Einführung der Euro-Münzen und -Banknoten
2012, 2 EURO
Ⓓ Luc Luycx und Helmut Andexlinger
Stgl.: 5.000.000 Ex. € 6,00
Blister: 6.000 Ex. € 15,00
PP: 7.000 Ex. € 34,00

LZ-G60
Europäische Maler und Bildhauer – Paul Delvaux
2012, 10 EURO
Ag925, 18,75 g, Ø 33 mm
Ⓓ Luc Luycx
PP: 4.765 Ex. € 75,00

LZ-G61
Europäische Maler und Bildhauer – Paul Delvaux
2012, 50 EURO
Au999, 6,22 g, Ø 21 mm
Ⓓ Luc Luycx
PP: 730 Ex. € 700,00

LZ-G62
75 Jahre Königin-Elisabeth-Musikwettbewerb
2012, 2 EURO
Ⓓ Luc Luycx
Stgl.: 5.000.000 Ex. € 6,00
Blister: 6.000 Ex. € 27,50
PP: 7.000 Ex. € 32,00

LZ-G63
Olympische Sommerspiele 2012, London – 75. Todestag von Pierre Baron de Coubertin
2012, 10 EURO
Ag925, 18,75 g, Ø 33 mm
Ⓓ Luc Luycx
PP: 3.344 Ex. € 75,00

LZ-G64
500. Geburtstag von Gerhard Mercator
2012, 100 EURO
Au999, 15,55 g, Ø 29 mm
Ⓓ Luc Luycx
PP: 564 Ex. € 1.620,00

LZ-G65

LZ-G69

LZ-G66

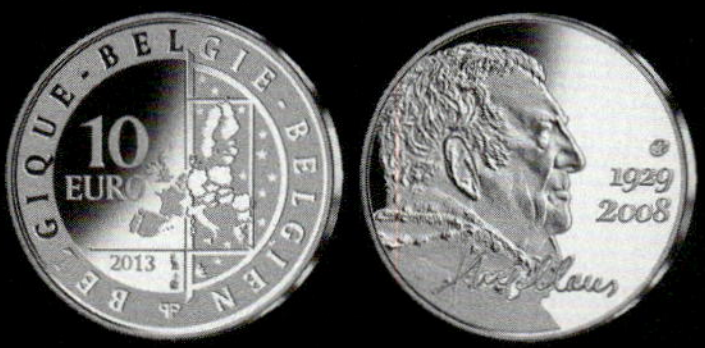

LZ-G70

LZ-G67

LZ-G71

LZ-G68

LZ-G72

LZ-G65
Belgische Königinnen –
Königin Paola Ruffo di Calabria
2012, 12½ EURO
Au999, 1,25 g, Ø 14 mm
Ⓓ Luc Luycx
PP: 2.050 Ex. € 160,00

LZ-G66
Europäische Schriftsteller –
Hugo Claus
2013, 10 EURO
Ag925, 18,75 g, Ø 33 mm
Ⓓ Luc Luycx
PP: 4.350 Ex. € 80,00

LZ-G67
Europäische Schriftsteller –
Hugo Claus
2013, 50 EURO
Au999, 6,22 g, Ø 21 mm
Ⓓ Luc Luycx
PP: 595 Ex. € 650,00

LZ-G68
100 Jahre Flandern-Rundfahrt
2013, 10 EURO
Ag925, 18,75 g, Ø 33 mm
Ⓓ Luc Luycx
PP: 2.800 Ex. € 80,00

LZ-G69
100. Jahrestag der Gründung des
Königlich Meteorologischen Instituts
2013, 2 EURO
Ⓓ Peter Denayer
Stgl.: 2.000.000 Ex. € 6,00
Blister: 5.000 Ex. € 30,00
PP: 5.000 Ex. € 44,00

LZ-G70
Belgische Königinnen –
Königin Fabiola de Mora y Aragón
2013, 12½ EURO
Au999, 1,25 g, Ø 14 mm
Ⓓ Luc Luycx
PP: 1.705 Ex. € 180,00

LZ-G71
20. Todestag von König Baudouin I.
2013, 100 EURO
Au999, 15,55 g, Ø 29 mm
Ⓓ Luc Luycx
PP: 345 Ex. € 1.570,00

LZ-G72
Thronbesteigung durch
Philippe von Belgien
2013, 20 EURO
Ag925, 22,85 g, Ø 37 mm (im Blister)
Ⓓ Luc Luycx
PP: 2.400 Ex. € 80,00

LZ-G73

LZ-G77

LZ-G74

LZ-G78

LZ-G75

LZ-G79

LZ-G76

LZ-G80

LZ-G73
75 Jahre Spirou-Comics
2013, 5 EURO
Ag925, 14,6 g, Ø 30 mm (im Blister)
Ⓓ Luc Luycx

PP:	2.000 Ex.	€ 75,00

Comicfigur koloriert

PP:	2.500 Ex.	€ 80,00

LZ-G74
Europäische Musiker –
200. Geburtstag von Adolphe Sax
2014, 10 EURO
Ag925, 18,75 g, Ø 33 mm
Ⓓ Luc Luycx und Elles Kloosterman

PP:	3.756 Ex.	€ 70,00

LZ-G75
Europäische Musiker –
200. Geburtstag von Adolphe Sax
2014, 50 EURO
Au999, 6,22 g, Ø 21 mm
Ⓓ Luc Luycx

PP:	699 Ex.	€ 690,00

LZ-G76
100. Jahrestag des Ausbruchs des Ersten Weltkrieges
2014, 2 EURO
Ⓓ Luc Luycx

Stgl.:	1.700.000 Ex.	€ 6,00
Blister:	6.000 Ex.	€ 100,00
PP:	6.000 Ex.	€ 100,00

LZ-G77
100. Jahrestag des Ausbruchs des Ersten Weltkrieges
Ⓓ Luc Luycx
2014, 10 EURO
Ag925, 18,75 g, Ø 33 mm

PP:	2.860 Ex.	€ 70,00

LZ-G78
150 Jahre Belgisches Rotes Kreuz
2014, 2 EURO
Ⓓ Luc Luycx

Stgl.:	50.000 Ex.	€ 23,00
Coin card:	225.000 Ex.	€ 23,00
PP:	12.500 Ex.	€ 35,00

LZ-G79
Belgische Königinnen – Königin Astrid
2014, 12½ EURO
Au999, 1,25 g, Ø 14 mm
Ⓓ Luc Luycx

PP:	1.350 Ex.	€ 240,00

LZ-G80
25. Jahrestag des Falls der Berliner Mauer
2014, 20 EURO
Ag925, 22,85 g, Ø 37 mm
Ⓓ Luc Luycx und Thomas Zettler

PP:	6.825 Ex.	€ 75,00

LZ-G81

LZ-G85

LZ-G82

LZ-G86

LZ-G83

LZ-G87

LZ-G84

LZ-G88

LZ-G81
500 Geburtstag von Andreas Vesalius
2014, 100 EURO
Au999, 15,55 g, Ø 29 mm
Ⓓ Luc Luycx
PP: 322 Ex. € 1.610,00

LZ-G82
Verleihung des Nobelpreises für Physik an François Englert (Belgien) und Peter Ware Higgs (Großbritannien) für die Entdeckung des Higgs-Boson im Jahr 1964
2014, 5 EURO
Ag925, 14,6 g, Ø 30 mm (im Blister)
Ⓓ Luc Luycx
PP: 1.805 Ex. € 65,00

LZ-G83
70 Jahre Frieden in Europa
2015, 10 EURO
Ag925, 18,75 g, Ø 33 mm
Ⓓ Luc Luycx
PP: 7.500 Ex. € 75,00

LZ-G84
70 Jahre Frieden in Europa
2015, 50 EURO
Au999, 6,22 g, Ø 21 mm
Ⓓ Luc Luycx
PP: 920 Ex. € 660,00

LZ-G85
Die Entführung der Europa (griechischen Mythologie)
2015, 20 EURO
Ag925, 22,85 g, Ø 37 mm
PP: 6.000 Ex. € 70,00

LZ-G86
200. Jahrestag der Schlacht bei Waterloo
2015, 2½ EURO
CuZn, 11 g, Ø 25,5 mm
Ⓓ Luc Luycx
Coin card: 100.000 Ex. € 25,00
sowie im Kursmünzensatz LZ-AK1 2015

LZ-G87
200. Jahrestag der Schlacht bei Waterloo
2015, 10 EURO
Ag925, 18,75 g, Ø 33 mm
Ⓓ Luc Luycx
PP: 9.200 Ex. € 70,00

LZ-G88
500. Jahrestag des feierlichen Einzugs von Kaiser Karl V. in belgische Städte
2015, 25 EURO
Au999, 3,11 g, Ø 18 mm
Ⓓ Luc Luycx
PP: 650 Ex. € 310,00

LZ-G89

LZ-G90

LZ-G91

LZ-G92

LZ-G93

LZ-G94

LZ-G95

LZ-G96

LZ-G89
Europäisches Jahr für Entwicklung
2015, 2 EURO
Ⓓ Luc Luycx
Coin card: 235.000 Ex. € 17,50
(2 Sprachvarianten der coin card)
PP: 15.000 Ex. € 36,00

LZ-G90
Marguerite De Riemaecker,
erste Ministerin in Belgien (1965)
2015, 5 EURO
Ag925, 14,6 g, Ø 30 mm (im Blister)
Ⓓ Luc Luycx
PP: 1.400 Ex. € 65,00

LZ-G91
Belgische Königinnen – Königin Mathilde
2015, 12½ EURO
Au999, 1,25 g, Ø 14 mm
Ⓓ Luc Luycx
PP: 1.500 Ex. a 170,00

LZ-G92
König Philippe
2015, 12½ EURO
Au999, 1,25 g, Ø 14 mm
Ⓓ Luc Luycx
PP: 1.500 Ex. a 170,00

LZ-G93
König Philippe
2015, 100 EURO
Au999, 15,55 g, Ø 29 mm
Ⓓ Luc Luycx
PP: 350 Ex. € 1.670,00

LZ-G94
Mons – Kulturhauptstadt Europas 2015
2015, 5 EURO
CuNiZn, 12,05 g, Ø 30 mm (im Blister)
Ⓓ Luc Luycx
Stgl: 7.500 Ex. € 20,00
siehe auch Kursmünzensatz
LZ-SK7 2015

LZ-G95
30 Jahre Flagge der Europäischen Union
2015, 2 EURO
Ⓓ Georgios Stamatopoulos
Coin card: 405.000 Ex. € 8,50
PP: 7.500 Ex. € 42,00
sowie im Kursmünzensatz LZ-SK7 2015

LZ-G96
Olympische Sommerspiele 2016,
Rio de Janeiro
2016, 2 EURO
Ⓓ Luc Luycx
Stgl.: 30.000 Ex. € 15,00
Coin card: 325.000 Ex. € 18,50
(2 Sprachvarianten der coin card)
PP: 15.000 Ex. € 38,00
sowie im Kursmünzensatz LZ-AK1 2016

LZ-G97

LZ-G98

LZ-G99

LZ-G100

LZ-G101

LZ-G102

LZ-G103

LZ-G104

LZ-G97
Olympische Sommerspiele 2016,
Rio de Janeiro
2016, 10 EURO
Ag925, 18,75 g, Ø 33 mm
Ⓓ Luc Luycx und Vincent Hontoir
PP: 10.000 Ex. € 70,00

LZ-G98
Erster Weltkrieg – Kommission für das Belgische Hilfswerk
2016, 20 EURO
Ag925, 22,85 g, Ø 37 mm
Ⓓ Luc Luycx
PP: 2.500 Ex. € 75,00

LZ-G99
Tag der vermissten Kinder – 20 Jahre Stiftung „Child Focus"
2016, 2 EURO
Ⓓ Luc Luycx
Stgl.: 1.000.000 Ex. € 15,00
Blister: 10.000 Ex. € 22,00
PP: 10.000 Ex. € 30,00

LZ-G100
175 Jahre Numismatische Gesellschaft
2016, 25 EURO
Au999, 3,22 g, Ø 18 mm
Ⓓ Luc Luycx
PP: 500 Ex. € 370,00

LZ-G101
Belgische Königinnen – Königin Elisabeth
2016, 12½ EURO
Au999, 1,25 g, Ø 14 mm
Ⓓ Luc Luycx
PP: 2.000 Ex. € 170,00

LZ-G102
100. Todestag von Émile Verhaeren
2016, 5 EURO
Ag925, 14,6 g, Ø 30 mm
PP: 2.000 Ex. € 70,00

LZ-G103
100 Jahre Relativitätstheorie von Albert Einstein
2016, 10 EURO
Ag925, 18,75 g, Ø 33 mm
Ⓓ Luc Luycx
PP: 7.500 Ex € 75,00

LZ-G104
100 Jahre Relativitätstheorie von Albert Einstein
2016, 50 EURO
Au999, 6,22 g, Ø 21 mm
Ⓓ Luc Luycx
PP: 750 Ex. € 650,00

LZ-G105

LZ-G106

LZ-G107

LZ-G108

LZ-G109

LZ-G110

LZ-G111

LZ-G112

LZ-G105
50. Todestag von Georges Lemaître, Vater der Big-Bang-Theorie
2016, 5 EURO
CuNi, 12 g, Ø 30 mm (im Blister)
Ⓓ Luc Luycx
Stgl.: 6.000 Ex. € 22,00

LZ-G106
100. Todestag von Gabrielle Petit
2016, 100 EURO
Au999, 15,55 g, Ø 29 mm
Ⓓ Luc Luycx
PP: 300 Ex. € 1.800,00

LZ-G107
Jean „Toots" Thielemans
2017, 20 EURO
Ag925, 22,85 g, Ø 37 mm
Ⓓ Luc Luycx
PP: 5.000 Ex. € 75,00

LZ-G108
Das Zeitalter von Eisen und Glas – Hauptbahnhof Antwerpen
2017, 10 EURO
Ag925, 18,75 g, Ø 33 mm
Ⓓ Luc Luycx
PP: 5.000 Ex. € 75,00

LZ-G109
Das Zeitalter von Eisen und Glas – Hauptbahnhof Antwerpen
2017, 50 EURO
Au999, 6,22 g, Ø 21 mm
Ⓓ Luc Luycx
PP: 750 Ex. € 550,00

LZ-G110
200 Jahre Universität Lüttich
2017, 2 EURO
Ⓓ Luc Luycx
Coin card: 175.000 Ex. € 16,00
(2 Sprachvarianten der coin card)
PP: 5.000 Ex. € 37,00
sowie im Kursmünzensatz LZ-AK1 2017

LZ-G111
50. Jahrestag der ersten Herztransplantation
2017, 5 EURO
Ag925, 14,6 g, Ø 30 mm
Ⓓ Luc Luycx
PP: 5.000 Ex. € 130,00

LZ-G112
25 Jahre Vertrag von Maastricht
2017, 25 EURO
Au999, 3,11 g, Ø 18 mm
Ⓓ Luc Luycx
PP: 750 Ex. € 290,00

LZ-G113

LZ-G117

LZ-G114

LZ-G118

LZ-G115

LZ-G119

LZ-G116

LZ-G120

LZ-G113

200 Jahre Universität Gent
2017, 2 EURO
Ⓓ Luc Luycx
Coin card: 200.000 Ex.
€ 17,00
(2 Sprachvarianten der coin card)
PP: 5.000 Ex. € 35,00
sowie im Kursmünzensatz LZ-AK1 2017

LZ-G114

60 Jahre Gaston-Comics
2017, 5 EURO
CuNi, 12 g, Ø 30 mm (im Blister)
Ⓓ Luc Luycx
PP: 7.500 Ex. € 31,00

LZ-G115

150. Jahrestag der Veröffentlichung „Die Geschichte von Tyll Ulenspiegel und Lamme Goedzak" von Charles De Coster
2017, 10 EURO
Ag925, 18,75 g, Ø 33 mm
Ⓓ Luc Luycx
PP: 5.000 Ex. € 75,00

LZ-G116

Belgische Königinnen – Marie Henriette von Österreich
2017, 12½ EURO
Au999, 1,25 g, Ø 14 mm
Ⓓ Luc Luycx
PP: 2.000 Ex. € 210,00

LZ-G117

200. Geburtstag von Joseph Poelaert
2017, 20 EURO
Ag925, 22,85 g, Ø 37 mm
Ⓓ Luc Luycx
PP: 2.000 Ex. € 75,00

LZ-G118

50. Todestag von René Magritte
2017, 100 EURO
Au999, 15,55 g, Ø 29 mm
Ⓓ Luc Luycx
PP: 500 Ex. € 1.400,00

LZ-G119

Das Zeitalter des Barock und Rokoko – Peter Paul Rubens
2018, 10 EURO
Ag925, 18,75 g, Ø 33 mm
Ⓓ Luc Luycx
PP: 7.500 Ex. € 85,00

LZ-G120

Das Zeitalter des Barock und Rokoko – Peter Paul Rubens
2018, 50 EURO
Au999, 6,22 g, Ø 21 mm
Ⓓ Luc Luycx
PP: 1.000 Ex. € 725,00

LZ-G121

LZ-G125

LZ-G122

LZ-G126

LZ-G123

LZ-G127

LZ-G124

LZ-G128

LZ-G121
Die belgische Fußballnationalmannschaft „Red Devils"
2018, 2½ EURO
CuZn, 10,5 g, Ø 25,65 mm
Coin card: 500.000 Ex. € 20,00
(2 Sprachvarianten der coin card)

LZ-G122
50. Jahrestag der Ereignisse vom Mai 1968 in Belgien
2018, 2 EURO
Ⓓ Luc Luycx
Coin card: 250.000 Ex. € 16,00
(2 Sprachvarianten der coin card)
PP: 7.500 Ex. € 45,00

LZ-G-123
Belgische Königinnen – Königin Louise d'Orléans
2018, 12½ EURO
AU999, 1,25 g, Ø 14 mm
Ⓓ Luc Luycx
PP: 2.500 Ex. € 180,00

LZ-G124
10. Todestag von Hugo Claus
2018, 25 EURO
AU999, 3,11 g, Ø 18 mm
Ⓓ Luc Luycx
PP: 1.500 Ex. € 540,00

LZ-G125
25. Todestag von König Baudouin
2018, 100 EURO
Au999, 15,55 g, Ø 29 mm
Ⓓ Luc Luycx
PP: 750 Ex. € 1.500,00

LZ-G126
60 Jahre Schlümpfe
2018, 5 EURO
Ag925, 14,6 g, Ø 30 mm
Ⓓ Luc Luycx
PP: 6.250 Ex. € 85,00
„60" und Schlumpf koloriert
PP: 6.250 Ex. € 85,00

LZ-G127
50. Jahrestag des Starts des Satelliten ESRO-2B
2018, 2 EURO
Ⓓ Luc Luycx
Coin card: 250.000 Ex. € 18,00
(2 Sprachvarianten der coin card)
PP: 7.500 Ex. € 55,00

LZ-G128
50. Jahrestag des Starts des Satelliten ESRO-2B
2018, 20 EURO
AG925, 22,85 g, Ø 37 mm
Ⓓ Luc Luycx
PP: 5.000 Ex. € 130,00

LZ-G129

LZ-G130

LZ-G131

LZ-G132

LZ-G133

LZ-G134

LZ-G135

LZ-G136

LZ-G129
400 Jahre Pfandleihhaus „Berg der Barmherzigkeit" in Brüssel
2018, 2½ EURO
CuZn, 10,5 g, Ø 25,65 mm
Ⓓ Luc Luycx
Coin card: 50.000 Ex. € 16,00
(2 Sprachvarianten der coin card)

LZ-G130
40. Todestag von Jacques Brel
2018, 10 EURO
Ag925, 18,75 g, Ø 33 mm
Ⓓ Luc Luycx
PP: 5.000 Ex. € 95,00

LZ-G131
100 Jahre Waffenstillstand und Ende des Ersten Weltkriegs
2018, 5 EURO
CuNi, 12 g, Ø 30 mm
Ⓓ Luc Luycx
Coin card: 100.000 Ex. € 25,00
(2 Sprachvarianten der coin card)

LZ-G132
450. Todestag von Pieter Bruegel dem Älteren
2019, 2 EURO
Ⓓ Luc Luycx
Coin card: 150.000 Ex. € 18,00
(2 Sprachvarianten der coin card)
PP: 5.500 Ex. € 65,00

LZ-G133
Das Zeitalter der Renaissance – Pieter Bruegel der Ältere
2019, 10 EURO
Ag925, 18,75 g, Ø 33 mm
Ⓓ Luc Luycx
PP: 5.000 Ex. € 95,00

LZ-G134
Das Zeitalter der Renaissance – Pieter Bruegel der Ältere
2019, 50 EURO
Au999, 6,22 g, Ø 21 mm
Ⓓ Luc Luycx
PP: 1.000 Ex. € 600,00

LZ-G135
90 Jahre „Tim und Struppi"
2019, 5 EURO
CuNi, 12,7 g, Ø 30,1 mm
Ⓓ Luc Luycx
Coin card: 6.250 Ex. € 90,00
Lagerfeuer koloriert
Coin card: 6.250 Ex. € 100,00

LZ-G136
Der Grand Départ der Tour de France in Brüssel und 100 Jahre „Gelbes Trikot"
2019, 2½ EURO
CuZn, 10,5 g, Ø 25,65 mm
Ⓓ Luc Luycx
Coin card: 100.000 Ex.* € 18,00
(2 Sprachvarianten der coin card)
* sowie im LZ-AK1 2019

LZ-G137

LZ-G138

LZ-G139

LZ-G140

LZ-G141

LZ-G142

LZ-G143

LZ-G144

LZ-G137
90. Geburtstag von Audrey Hepburn
2019, 25 EURO
Au999, 3,11 g, Ø 18 mm
Ⓓ Luc Luycx
PP: 1.000 Ex. € 850,00

LZ-G138
25 Jahre Europäisches Währungsinstitut
2019, 2 EURO
Ⓓ Luc Luycx
Coin card: 150.000 Ex. € 17,00
(2 Sprachvarianten der coin card)
PP: 5.000 Ex. € 60,00

LZ-G139
75. Jahrestag der Landung der Alliierten in der Normandie
2019, 5 EURO
CuNi, 12 g, Ø 30 mm
Ⓓ Luc Luycx
Coin card: 12.500 Ex. € 38,00
(2 Sprachvarianten der coin card)

LZ-G140
50 Jahre erste bemannte Mondlandung
2019, 5 EURO
Ag925, 14,6 g, Ø 30 mm
Ⓓ Luc Luycx
PP: 5.000 Ex. € 120,00

LZ-G141
100. Geburtstag von Albéric „Briek" Schotte
2019, 10 EURO
Ag925, 18,75 g, Ø 33 mm
Ⓓ Luc Luycx
PP: 3.000 Ex. € 96,00

LZ-G142
400 Jahre „Manneken Pis"
2019, 2½ EURO
CuZn, 10,5 g, Ø 25,65 mm
Ⓓ Luc Luycx
Coin card: 100.000 Ex.* € 19,00
(2 Sprachvarianten der coin card)
* sowie im LZ-AK1 2019

LZ-G143
30. Jahrestag des Falls der Berliner Mauer
2019, 12½ EURO
AU999, 1,25 g, Ø 14 mm
Ⓓ Luc Luycx
PP: 2.500 Ex. € 150,00

LZ-G144
Brügge – Historischer Stadtkern – 20 Jahre UNESCO Welterbe
2020, 20 EURO
AG925, 22,85 g, Ø 37 mm
Ⓓ Luc Luycx
PP: 2.500 Ex. € 96,00

LZ-G145

LZ-G149

LZ-G146

LZ-G150

LZ-G147

LZ-G151

LZ-G148

LZ-G152

LZ-G145

75 Jahre Suske en Wiske
2020, 5 EURO
CuNi, 12,7 g, Ø 30,1 mm
Ⓓ Luc Luycx
Coin card: 2 x 6.250 Ex.* € 33,00
* jeweils 6.250 Ex. High-Relief und 6.250 Ex. in Farbe

LZ-G146

Internationales Jahr der Pflanzengesundheit
2020, 2 EURO
Ⓓ Luc Luycx
Coin card: 150.000 Ex. € 19,00
(Coin card mit französischer oder niederländischer Beschriftung)
PP: 5.000 Ex. € 51,00

LZ-G147

100 Jahre Olympische Spiele in Antwerpen 1920–2020
2020, 2½ EURO
CuZn, 10,5 g, Ø 25,65 mm
Ⓓ Luc Luycx
Coin card: 2 x 25.000 Ex.* € 16,00
* jeweils 25.000 Ex. High-Relief und 25.000 Ex. in Farbe

LZ-G148

75 Jahre Frieden und Freiheit in Europa
2020, 2½ EURO
CuZn, 10,5 g, Ø 25,65 mm
Ⓓ Luc Luycx
Coin card: 50.000 Ex. € 17,00

LZ-G149

185. Jahrestag der Ersten Eisenbahn auf dem Europäischen Festland
2020, 5 EURO
Ag925, 14,6 g, Ø 30 mm
Ⓓ Luc Luycx
PP: 5.000 Ex. € 83,00

LZ-G150

150. Geburtstag von Jane Brigode
2020, 12½ EURO
AU999, 1,25 g, Ø 14 mm
Ⓓ Luc Luycx
PP: 2.500 Ex. € 190,00

LZ-G151

500. Geburtstag von Christoffel Plantijn
2020, 10 EURO
Ag925, 18,75 g, Ø 33 mm
Ⓓ Luc Luycx
PP: 3.000 Ex. € 92,00

LZ-G152

Jan van Eyck
2020, 2 EURO
Ⓓ Luc Luycx
Stgl.: 150.000 Ex. € 17,00
PP: 5.000 Ex. € 46,00

LZ-G153

LZ-G157

LZ-G154

LZ-G158

LZ-G155

LZ-G159

LZ-G156

LZ-G160

LZ-G153
Gotik –
Jan van Eyck Jahr 2020
2020, 10 EURO
Ag925, 18,75 g, Ø 33 mm
Ⓓ Luc Luycx
PP: 3.000 Ex. € 93,00

LZ-G154
Gotik –
Jan van Eyck Jahr 2020
2020, 50 EURO
Au999, 6,22 g, Ø 21 mm
Ⓓ Luc Luycx
PP: 1.000 Ex. € 650,00

LZ-G155
100 Jahre Wirtschaftsunion
Belgien-Luxemburg (BLEU)
2021, 2 EURO
Ⓓ Luc Luycx
Stgl.: 150.000 Ex. € 17,00
PP: 5.000 Ex. € 44,00

LZ-G156
175. Geburtstag Charles Van Depoele
2021, 5 EURO
Ag925, 14,6 g, Ø 30 mm
Ⓓ Luc Luycx
PP: 5.000 Ex. € 75,00

LZ-G157
500 Jahre Carolus V.
2021, 2 EURO
Ⓓ Luc Luycx
Stgl.: 150.000 Ex. € –,–
PP: 5.000 Ex. € –,–

LZ-G158
500 Jahre Carolus V.
2021, 10 EURO
Ag925, 18,75 g, Ø 33 mm
Ⓓ Luc Luycx
PP: 5.000 Ex. € –,–

LZ-G159
500 Jahre Carolus V.
2021, 50 EURO
Au999, 6,22 g, Ø 21 mm
Ⓓ Luc Luycx
PP: 1.000 Ex. € –,–

LZ-G160
5 Jahre immaterielles Erbe
der belgischen Bierkultur
2021, 2½ EURO
CuZn, 10,5 g, Ø 25,65 mm
Ⓓ Luc Luycx
Stgl.: 20.000 Ex. € 20,00

LZ-G161

LZ-G162

LZ-G163

LZ-G164

LZ-G165

LZ-G166

LZ-G167

LZ-G161
UEFA EURO 2020 | Belgien 2021
2021, 2½ EURO
CuZn, 10,5 g, Ø 25,65 mm
Ⓓ Luc Luycx
Coin card: 50.000 Ex. € 21,00

LZ-G162
75 Jahre Blake & Mortimer
2021, 5 EURO
CuNi, 12,7 g, Ø 30,1 mm
Ⓓ Luc Luycx
Coin card: 2 x 7.500 Ex.* € 22,00
* jeweils 7.500 Ex. in Stgl. und in Farbe

LZ-G163
75 Jahre Blake & Mortimer
2021, 25 EURO
Au999, 3,11 g, Ø 18 mm
Ⓓ Luc Luycx
PP: 1.000 Ex. € 600,00

LZ-G164
Team Belgien Olympische Spiele Tokio
2021, 5 EURO
CuNi, 12,7 g, Ø 30,1 mm
Ⓓ Luc Luycx
Coin card: 12.500 Ex. € 20,00

LZ-G165
Europäisches Eisenbahnjahr 2021
2021, 5 EURO
CuNi, 12,7 g, Ø 30,1 mm
Ⓓ Luc Luycx
Coin card: 12.500 Ex.* € 19,00
* jeweils 6.250 Ex. in Stgl. und 6.250 Ex. in Farbe

LZ-G166
100. Geburtstag von Roger Raveel
2021, 20 EURO
Ag925, 22,85 g, Ø 37 mm
PP: 2.500 Ex. € 160,00

LZ-G167
Diamantenstadt Antwerpen
2021, 12½ EURO
Au999, 1,25 g, Ø 14 mm
Ⓓ Luc Luycx
PP: 2.500 Ex. € –,–

Vorschau

– 35 Jahre Erasmus-Programm (2 EURO, Gemeinschaftsausgabe)

DEUTSCHLAND

Bildquelle: © Berlin Tourismus Marketing GmbH

Bundesrepublik

Fläche: 357.582 km²

Hauptstadt: Berlin

Einwohnerzahl: 83,2 Mio.

Beitrittsjahr zur EU: 1958

Bisherige Währung: Deutsche Mark

Bildmotiv: Brandenburger Tor in Berlin

LX-K1	1 Cent	
Jahr	**Auflage**	**Stgl.**
2002 A	800.000.000	1,00
D	840.000.000	1,10
F	960.000.000	1,20
G	560.000.000	1,10
J	840.000.000	1,00
2003 A	nur aus Sätzen	6,50
D	nur aus Sätzen	7,50
F	nur aus Sätzen	7,50
G	nur aus Sätzen	8,00
J	nur aus Sätzen	8,00
2004 A	280.000.000	1,10
D	294.000.000	1,10
F	336.000.000	1,10
G	196.000.000	1,10
J	294.000.000	1,00
2005 A	120.000.000	1,10
D	126.000.000	1,10
F	144.000.000	1,00
G	84.000.000	1,00
J	126.000.000	1,00
2006 A	nur aus Sätzen	7,00
D	nur aus Sätzen	9,00
F	nur aus Sätzen	9,00
G	nur aus Sätzen	9,00
J	nur aus Sätzen	9,00
2007 A	119.400.000	1,40
D	125.370.000	1,40
F	143.280.000	1,40
G	83.580.000	1,20
J	125.370.000	1,20
2008 A	101.200.000	1,20
D	106.260.000	1,20
F	121.440.000	1,20
G	70.840.000	1,30
J	106.260.000	1,20
2009 A	100.000.000	1,20
D	105.000.000	1,20
F	120.000.000	1,20
G	70.000.000	1,20
J	105.000.000	1,20
2010 A	94.400.000	1,20
D	99.120.000	1,20
F	113.280.000	1,20
G	66.080.000	1,00
J	99.120.000	1,20
2011 A	118.400.000	1,20
D	124.320.000	1,20
F	142.080.000	1,30
G	82.880.000	1,00
J	124.320.000	1,30
2012 A	104.200.000	1,40
D	109.410.000	1,40
F	125.040.000	1,30
G	72.940.000	1,20
J	109.410.000	1,20
2013 A	60.000.000	1,20
D	63.000.000	1,20
F	72.000.000	1,20
G	42.000.000	1,20
J	63.000.000	1,20
2014 A	66.000.000	1,10
D	69.300.000	1,10
F	79.200.000	1,10
G	46.200.000	1,10
J	69.300.000	1,00

LX-K1	1 Cent	
Jahr	**Auflage**	**Stgl.**
2015 A	86.200.000	1,10
D	90.510.000	1,00
F	103.440.000	1,10
G	60.340.000	1,00
J	90.510.000	1,10
2016 A	116.600.000	1,00
D	122.430.000	1,40
F	139.920.000	1,00
G	81.620.000	1,00
J	122.430.000	1,10
2017 A	81.600.000	0,80
D	85.680.000	1,10
F	97.920.000	1,00
G	57.120.000	1,00
J	85.680.000	1,20
2018 A	90.600.000	1,00
D	95.130.000	1,10
F	108.720.000	1,50
G	63.420.000	1,10
J	95.130.000	1,20
2019 A	71.100.000	1,50
D	76.170.000	1,50
F	85.380.000	1,50
G	49.680.000	1,50
J	74.670.000	1,50
2020 A	49.000.000	1,50
D	51.450.000	1,50
F	58.800.000	2,10
G	34.300.000	1,50
J	51.450.000	1,50
2021 A	51.040.000	1,50
D	53.970.000	1,90
F	61.680.000	1,60
G	35.980.000	1,60
J	53.970.000	1,50

Bei den hier angegebenen Auflagezahlen handelt es sich um von der Bundesbank veröffentlichte Soll-Zahlen der erteilten Prägeaufträge, in welchen die Münzen aus Kursmünzensätze nicht enthalten sind.

LX-K2 2 Cent

Jahr		Auflage	Stgl.
2002	A	360.000.000	1,00
	D	483.000.000	1,10
	F	507.800.000	1,00
	G	311.800.000	1,00
	J	419.400.000	1,00
2003	A	200.000.000	1,10
	D	105.000.000	1,10
	F	164.200.000	1,10
	G	80.200.000	1,40
	J	168.600.000	1,10
2004	A	127.000.000	1,10
	D	133.350.000	1,10
	F	152.400.000	1,10
	G	88.900.000	1,10
	J	133.350.000	1,00
2005	A	73.000.000	1,10
	D	76.650.000	1,10
	F	87.600.000	1,00
	G	51.100.000	1,00
	J	76.650.000	1,00
2006	A	108.000.000	1,20
	D	113.400.000	1,20
	F	129.600.000	1,20
	G	75.600.000	1,20
	J	148.400.000	1,20
2007	A	100.000.000	1,40
	D	105.000.000	1,40
	F	120.000.000	1,40
	G	70.000.000	1,20
	J	105.000.000	1,20
2008	A	80.000.000	1,20
	D	84.000.000	1,20
	F	96.000.000	1,20
	G	56.000.000	1,20
	J	84.000.000	1,30
2009	A	59.000.000	1,30
	D	61.950.000	1,40
	F	70.800.000	1,30
	G	41.300.000	1,30
	J	61.950.000	1,40
2010	A	72.800.000	1,20
	D	76.440.000	1,20
	F	87.360.000	1,20
	G	50.960.000	1,10
	J	76.440.000	1,20
2011	A	100.400.000	1,30
	D	105.420.000	1,10
	F	120.480.000	1,30
	G	70.280.000	1,10
	J	105.420.000	1,40
2012	A	77.400.000	1,40
	D	81.270.000	1,40
	F	92.880.000	1,30
	G	54.180.000	1,20
	J	81.270.000	1,20
2013	A	60.000.000	1,00
	D	63.000.000	1,10
	F	72.000.000	1,20
	G	42.000.000	1,30
	J	63.000.000	1,50
2014	A	61.800.000	1,30
	D	64.890.000	1,10
	F	74.160.000	1,10
	G	43.260.000	1,10
	J	64.890.000	1,10
2015	A	76.000.000	1,10
	D	79.800.000	1,90
	F	91.200.000	1,00
	G	53.200.000	1,00
	J	79.800.000	1,20
2016	A	101.400.000	1,30
	D	106.470.000	2,00
	F	121.680.000	1,00
	G	70.980.000	1,20
	J	106.470.000	1,10
2017	A	72.200.000	1,00
	D	75.810.000	1,20
	F	86.640.000	1,10
	G	50.540.000	1,00
	J	75.810.000	1,20
2018	A	95.800.000	1,00
	D	100.590.000	1,10
	F	114.960.000	1,40
	G	67.060.000	1,10
	J	100.590.000	1,40
2019	A	83.700.000	1,40
	D	89.400.000	1,50
	F	100.500.000	1,50
	G	58.500.000	1,20
	J	87.900.000	1,40
2020	A	65.800.000	2,00
	D	69.090.000	2,00
	F	78.960.000	2,00
	G	46.060.000	2,00
	J	69.090.000	2,00
2021	A	97.600.000	2,00
	D	102.480.000	2,00
	F	117.120.000	2,00
	G	68.320.000	2,00
	J	102.480.000	2,00

Durch in der Bundesbank-Statistik nicht berücksichtigte Änderungen der Soll-Zahlen kommt es in einigen Fällen vor, dass auch mit „nur aus Sätzen" gekennzeichnete Münzen im Umlauf anzutreffen sind.

LX-K3	5 Cent	
Jahr	**Auflage**	**Stgl.**
2002 A	480.000.000	1,10
D	504.000.000	1,10
F	576.000.000	1,00
G	336.000.000	1,00
J	504.000.000	1,00
2003 A	nur aus Sätzen	7,50
D	nur aus Sätzen	7,50
F	nur aus Sätzen	7,50
G	nur aus Sätzen	7,50
J	nur aus Sätzen	8,50
2004 A	112.000.000	1,10
D	117.600.000	1,10
F	134.400.000	1,10
G	78.400.000	1,10
J	117.600.000	1,10
2005 A	44.000.000	1,00
D	46.200.000	1,00
F	52.800.000	1,00
G	30.800.000	1,00
J	46.200.000	1,10
2006 A	27.000.000	1,10
D	28.350.000	1,10
F	32.400.000	1,20
G	18.900.000	1,20
J	28.350.000	1,20
2007 A	52.400.000	2,00
D	55.020.000	1,50
F	62.880.000	1,30
G	36.680.000	1,20
J	55.020.000	1,30
2008 A	29.200.000	1,30
D	30.660.000	1,20
F	35.040.000	1,30
G	20.440.000	1,30
J	30.660.000	1,30
2009 A	39.600.000	1,30
D	41.580.000	1,40
F	47.520.000	1,30
G	27.720.000	1,30
J	41.580.000	1,30
2010 A	39.800.000	1,20
D	41.790.000	1,10
F	47.760.000	1,20
G	27.860.000	1,00
J	41.790.000	1,70
2011 A	59.200.000	1,10
D	62.160.000	1,10
F	71.040.000	1,30
G	41.440.000	1,20
J	62.160.000	1,40
2012 A	41.800.000	1,20
D	43.890.000	1,40
F	50.160.000	1,40
G	29.260.000	1,50
J	43.890.000	1,20
2013 A	32.000.000	1,10
D	33.600.000	1,10
F	38.400.000	1,30
G	22.400.000	1,20
J	33.600.000	1,50
2014 A	32.000.000	1,10
D	33.600.000	1,10
F	38.400.000	1,10
G	22.400.000	1,00
J	33.600.000	1,20

LX-K3	5 Cent	
Jahr	**Auflage**	**Stgl.**
2015 A	32.800.000	1,20
D	34.440.000	1,40
F	39.360.000	1,00
G	22.960.000	1,10
J	34.440.000	1,20
2016 A	49.200.000	1,00
D	51.660.000	1,50
F	59.040.000	1,00
G	34.440.000	1,20
J	51.660.000	1,20
2017 A	30.000.000	1,00
D	31.500.000	1,30
F	36.000.000	1,00
G	21.000.000	1,20
J	31.500.000	1,20
2018 A	40.600.000	1,00
D	42.630.000	1,20
F	48.720.000	1,40
G	28.420.000	1,20
J	42.630.000	1,50
2019 A	40.050.000	2,00
D	43.570.000	2,00
F	48.120.000	2,00
G	27.950.000	2,00
J	42.070.000	2,00
2020 A	19.600.000	2,00
D	20.580.000	2,00
F	23.520.000	2,00
G	13.720.000	2,00
J	20.580.000	2,00
2021 A	47.600.000	2,00
D	49.980.000	2,00
F	57.120.000	2,00
G	33.320.000	2,00
J	49.980.000	2,00

Bei den hier angegebenen Auflagezahlen handelt es sich um von der Bundesbank veröffentlichte Soll-Zahlen der erteilten Prägeaufträge, in welchen die Münzen aus Kursmünzensätze nicht enthalten sind.

LX-K4.1 10 Cent

Jahr	Auflage	Stgl.
2002 A	696.150.000	1,20
D	721.950.000	1,20
F	838.800.000	1,20
G	494.300.000	1,10
J	758.640.000	1,20
2003 A	50.660.000	1,40
D	50.850.000	1,50
F	6.000.000	3,50
G	13.000.000	1,60
J	25.500.000	1,40
2004 A	nur aus Sätzen	7,50
D	11.200.000	1,90
F	51.360.000	1,90
G	15.460.000	1,90
J	nur aus Sätzen	7,50
2005 A	nur aus Sätzen	6,00
D	nur aus Sätzen	6,50
F	nur aus Sätzen	6,00
G	nur aus Sätzen	6,00
J	nur aus Sätzen	7,50
2006 A	nur aus Sätzen	6,50
D	nur aus Sätzen	7,50
F	nur aus Sätzen	7,50
G	nur aus Sätzen	7,50
J	nur aus Sätzen	7,50

LX-K4.2 10 Cent (*neue Europakarte)

Jahr	Auflage	Stgl.
2007 A	nur aus Sätzen	7,50
D	nur aus Sätzen	8,50
F	nur aus Sätzen	8,00
G	nur aus Sätzen	8,00
J	nur aus Sätzen	8,00
2008 A	nur aus Sätzen	7,50
D	nur aus Sätzen	7,50
F	nur aus Sätzen	8,50
G	nur aus Sätzen	8,00
J	nur aus Sätzen	8,50
2009 A	nur aus Sätzen	8,00
D	nur aus Sätzen	9,50
F	nur aus Sätzen	8,00
G	nur aus Sätzen	8,00
J	nur aus Sätzen	8,00
2010 A	nur aus Sätzen	9,00
D	nur aus Sätzen	9,50
F	nur aus Sätzen	8,50
G	nur aus Sätzen	8,50
J	nur aus Sätzen	8,50
2011 A	nur aus Sätzen	6,50
D	nur aus Sätzen	7,00
F	nur aus Sätzen	7,00
G	nur aus Sätzen	7,00
J	nur aus Sätzen	7,00
2012 A	nur aus Sätzen	9,00
D	nur aus Sätzen	7,50
F	nur aus Sätzen	7,50
G	nur aus Sätzen	7,50
J	nur aus Sätzen	7,50
2013 A	nur aus Sätzen	6,00
D	nur aus Sätzen	6,00
F	nur aus Sätzen	6,00
G	nur aus Sätzen	6,00
J	nur aus Sätzen	6,00
2014 A	nur aus Sätzen	5,50
D	nur aus Sätzen	6,00
F	nur aus Sätzen	5,50
G	nur aus Sätzen	6,00
J	nur aus Sätzen	6,00

LX-K4.2 10 Cent (*neue Europakarte)

Jahr	Auflage	Stgl.
2015 A	nur aus Sätzen	5,50
D	nur aus Sätzen	4,50
F	nur aus Sätzen	4,80
G	nur aus Sätzen	4,50
J	nur aus Sätzen	4,50
2016 A	nur aus Sätzen	6,00
D	nur aus Sätzen	5,00
F	nur aus Sätzen	5,00
G	nur aus Sätzen	6,00
J	nur aus Sätzen	5,50
2017 A	25.200.000	2,00
D	26.460.000	2,00
F	30.240.000	2,00
G	17.640.000	2,00
J	26.460.000	2,00
2018 A	24.000.000	2,00
D	25.200.000	2,00
F	28.800.000	2,00
G	16.800.000	2,00
J	25.200.000	2,00
2019 A	29.500.000	2,00
D	32.490.000	2,30
F	35.460.000	2,00
G	20.560.000	2,00
J	30.990.000	2,00
2020 A	39.800.000	2,00
D	41.790.000	2,00
F	47.760.000	2,00
G	27.860.000	2,00
J	41.790.000	2,00
2021 A	29.600.000	2,00
D	31.080.000	2,00
F	35.520.000	2,00
G	20.720.000	2,00
J	31.080.000	2,00

Durch in der Bundesbank-Statistik nicht berücksichtigte Änderungen der Soll-Zahlen kommt es in einigen Fällen vor, dass auch mit „nur aus Sätzen" gekennzeichnete Münzen im Umlauf anzutreffen sind.

LX-K5.1 20 Cent		
Jahr	**Auflage**	**Stgl.**
2002 A	378.150.000	1,50
D	367.000.000	1,50
F	421.600.000	1,50
G	251.900.000	1,50
J	441.000.000	1,50
2003 A	41.860.000	1,60
D	24.100.000	1,70
F	82.400.000	2,30
G	42.100.000	1,60
J	nur aus Sätzen	8,50
2004 A	nur aus Sätzen	7,50
D	49.760.000	2,60
F	nur aus Sätzen	6,00
G	nur aus Sätzen	6,00
J	nur aus Sätzen	8,00
2005 A	8.000.000	2,60
D	8.400.000	2,50
F	9.600.000	2,60
G	5.600.000	4,10
J	8.400.000	2,50
2006 A	39.000.000	2,20
D	40.950.000	2,20
F	46.800.000	2,00
G	27.300.000	2,00
J	40.950.000	2,00
2007 F	nicht bekannt*	150,00

LX-K5.2 20 Cent (*neue Europakarte)		
Jahr	**Auflage**	**Stgl.**
2007 A	21.600.000	2,40
D	22.680.000	2,30
F	25.920.000	2,50
G	15.120.000	3,00
J	22.930.000	120,00
2008 A	15.800.000	2,00
D	16.590.000	1,80
F	18.960.000	2,10
G	11.060.000	2,30
J	16.340.000	2,10
2009 A	21.600.000	2,40
D	22.680.000	2,40
F	25.920.000	2,10
G	15.120.000	2,10
J	22.680.000	2,00
2010 A	24.400.000	4,50
D	25.620.000	2,70
F	29.280.000	2,40
G	17.080.000	1,70
J	25.620.000	2,00
2011 A	33.000.000	3,00
D	34.650.000	2,20
F	39.600.000	2,40
G	23.100.000	2,00
J	34.650.000	2,00
2012 A	21.200.000	2,60
D	22.260.000	2,40
F	25.440.000	2,20
G	14.840.000	2,40
J	22.260.000	2,70
2013 A	16.000.000	2,10
D	16.800.000	2,00
F	19.200.000	2,40
G	11.200.000	2,10
J	16.800.000	2,00
2014 A	19.200.000	2,00
D	20.160.000	2,00
F	23.040.000	2,00
G	13.440.000	2,00
J	20.160.000	2,00
2015 A	22.800.000	2,00
D	23.940.000	2,00
F	27.360.000	2,00
G	15.960.000	2,00
J	23.940.000	2,40
2016 A	38.400.000	2,90
D	40.320.000	2,00
F	46.080.000	2,00
G	26.880.000	3,20
J	40.320.000	3,10
2017 A	21.600.000	2,00
D	22.680.000	2,00
F	25.920.000	2,00
G	15.120.000	2,00
J	22.680.000	2,00
2018 A	28.400.000	2,00
D	29.820.000	2,00
F	34.080.000	2,00
G	19.880.000	2,00
J	29.820.000	2,00
2019 A	33.800.000	2,00
D	37.010.000	2,00
F	40.620.000	2,00
G	23.570.000	2,00
J	35.510.000	2,20
2020 A	23.080.000	2,40
D	24.990.000	2,00
F	28.560.000	2,00
G	16.600.000	2,00
J	24.990.000	2,00
2021 A	30.000.000	2,20
D	31.500.000	2,20
F	36.000.000	2,60
G	21.000.000	2,60
J	31.500.000	2,40

Bei den hier angegebenen Auflagezahlen handelt es sich um von der Bundesbank veröffentlichte Soll-Zahlen der erteilten Prägeaufträge, in welchen die Münzen aus Kursmünzensätze nicht enthalten sind.

* In der Staatlichen Münze Stuttgart (Münzzeichen „F“) wurde bei einem Teil der Auflage der Prägestempel mit der „alten“ Europakarte (siehe S. 9) verwendet.

LX-K6.1 50 Cent		
Jahr	**Auflage**	**Stgl.**
2002 A	337.750.000	2,50
D	370.240.000	2,50
F	430.480.000	2,50
G	256.560.000	2,50
J	401.400.000	2,50
2003 A	nur aus Sätzen	7,50
D	70.620.000	5,00
F	nur aus Sätzen	7,00
G	nur aus Sätzen	8,00
J	39.600.000	2,90
2004 A	82.260.000	3,20
D	nur aus Sätzen	10,00
F	73.520.000	3,20
G	37.440.000	3,30
J	nur aus Sätzen	8,50
2005 A	nur aus Sätzen	6,00
D	nur aus Sätzen	6,00
F	nur aus Sätzen	6,00
G	nur aus Sätzen	6,00
J	nur aus Sätzen	7,00
2006 A	nur aus Sätzen	7,50
D	nur aus Sätzen	7,50
F	nur aus Sätzen	7,50
G	nur aus Sätzen	7,50
J	nur aus Sätzen	7,50

LX-K6.2 50 Cent (*neue Europakarte)		
Jahr	**Auflage**	**Stgl.**
2007 A	nur aus Sätzen	8,00
D	nur aus Sätzen	9,00
F	nur aus Sätzen	8,50
G	nur aus Sätzen	7,50
J	nur aus Sätzen	8,00
2008 A	nur aus Sätzen	9,00
D	nur aus Sätzen	7,50
F	nur aus Sätzen	8,00
G	nur aus Sätzen	8,50
J	nur aus Sätzen	8,50
2009 A	nur aus Sätzen	8,00
D	nur aus Sätzen	8,00
F	nur aus Sätzen	7,50
G	nur aus Sätzen	7,50
J	nur aus Sätzen	7,50
2010 A	nur aus Sätzen	7,50
D	nur aus Sätzen	7,50
F	nur aus Sätzen	8,00
G	nur aus Sätzen	9,50
J	nur aus Sätzen	8,50
2011 A	nur aus Sätzen	8,00
D	nur aus Sätzen	6,50
F	nur aus Sätzen	5,50
G	nur aus Sätzen	8,00
J	nur aus Sätzen	8,00
2012 A	nur aus Sätzen	8,50
D	nur aus Sätzen	6,50
F	nur aus Sätzen	7,50
G	nur aus Sätzen	8,50
J	nur aus Sätzen	8,00
2013 A	nur aus Sätzen	6,00
D	nur aus Sätzen	6,00
F	nur aus Sätzen	6,00
G	nur aus Sätzen	6,00
J	nur aus Sätzen	6,00
2014 A	nur aus Sätzen	5,50
D	nur aus Sätzen	5,50
F	nur aus Sätzen	5,50
G	nur aus Sätzen	5,50
J	nur aus Sätzen	6,00

LX-K6.2 50 Cent (*neue Europakarte)		
Jahr	**Auflage**	**Stgl.**
2015 A	nur aus Sätzen	5,00
D	nur aus Sätzen	5,50
F	nur aus Sätzen	5,00
G	nur aus Sätzen	5,00
J	nur aus Sätzen	5,00
2016 A	nur aus Sätzen	6,00
D	nur aus Sätzen	6,00
F	nur aus Sätzen	6,00
G	nur aus Sätzen	6,00
J	nur aus Sätzen	6,00
2017 A	nur aus Sätzen	4,70
D	nur aus Sätzen	6,00
F	nur aus Sätzen	6,00
G	nur aus Sätzen	6,00
J	nur aus Sätzen	6,00
2018 A	nur aus Sätzen	6,00
D	nur aus Sätzen	6,00
F	nur aus Sätzen	6,00
G	nur aus Sätzen	6,00
J	nur aus Sätzen	6,00
2019 A	nur aus Sätzen	6,00
D	nur aus Sätzen	6,00
F	nur aus Sätzen	6,00
G	nur aus Sätzen	6,00
J	nur aus Sätzen	6,00
2020 A	21.000 (KMS)	6,00
D	21.000 (KMS)	6,00
F	21.000 (KMS)	6,00
G	21.000 (KMS)	6,00
J	21.000 (KMS)	6,00
2021 A	nur aus Sätzen	6,50
D	nur aus Sätzen	6,00
F	nur aus Sätzen	6,50
G	nur aus Sätzen	6,50
J	nur aus Sätzen	6,50

Durch in der Bundesbank-Statistik nicht berücksichtigte Änderungen der Soll-Zahlen kommt es in einigen Fällen vor, dass auch mit „nur aus Sätzen" gekennzeichnete Münzen im Umlauf anzutreffen sind.

LX-K7.1 1 Euro

Jahr	Auflage	Stgl.
2002 A	367.900.000	4,00
D	372.600.000	4,00
F	439.800.000	4,00
G	266.350.000	4,00
J	372.310.000	4,00
2003 A	50.250.000	5,50
D	nur aus Sätzen	12,00
F	nur aus Sätzen	9,00
G	nur aus Sätzen	11,00
J	29.850.000	5,50
2004 A	21.860.000	6,00
D	89.260.000	6,00
F	88.200.000	6,00
G	41.650.000	6,00
J	nur aus Sätzen	10,00
2005 A	nur aus Sätzen	9,00
D	nur aus Sätzen	9,00
F	nur aus Sätzen	9,00
G	nur aus Sätzen	10,00
J	59.840.000	6,00
2006 A	nur aus Sätzen	7,50
D	nur aus Sätzen	9,00
F	nur aus Sätzen	7,00
G	nur aus Sätzen	7,00
J	nur aus Sätzen	7,50

LX-K7.2 1 Euro (*neue Europakarte)

Jahr	Auflage	Stgl.
2007 A	nur aus Sätzen	15,00
D	nur aus Sätzen	14,00
F	nur aus Sätzen	14,00
G	nur aus Sätzen	14,00
J	nur aus Sätzen	14,00
2008 A	nur aus Sätzen	14,00
D	nur aus Sätzen	14,00
F	nur aus Sätzen	14,00
G	nur aus Sätzen	14,00
J	nur aus Sätzen	14,00
2009 A	nur aus Sätzen	12,00
D	nur aus Sätzen	15,00
F	nur aus Sätzen	14,00
G	nur aus Sätzen	14,00
J	nur aus Sätzen	14,00
2010 A	nur aus Sätzen	14,00
D	nur aus Sätzen	16,00
F	nur aus Sätzen	14,00
G	nur aus Sätzen	14,00
J	nur aus Sätzen	14,00
2011 A	nur aus Sätzen	9,00
D	nur aus Sätzen	10,00
F	nur aus Sätzen	10,00
G	nur aus Sätzen	10,00
J	nur aus Sätzen	9,00
2012 A	nur aus Sätzen	12,00
D	nur aus Sätzen	11,00
F	nur aus Sätzen	12,00
G	nur aus Sätzen	12,00
J	nur aus Sätzen	11,00
2013 A	nur aus Sätzen	12,00
D	nur aus Sätzen	12,00
F	nur aus Sätzen	12,00
G	nur aus Sätzen	12,00
J	nur aus Sätzen	12,00
2014 A	nur aus Sätzen	10,00
D	nur aus Sätzen	9,00
F	nur aus Sätzen	9,00
G	nur aus Sätzen	9,00
J	nur aus Sätzen	9,00

LX-K7.2 1 Euro (*neue Europakarte)

Jahr	Auflage	Stgl.
2015 A	nur aus Sätzen	11,00
D	nur aus Sätzen	11,00
F	nur aus Sätzen	11,00
G	nur aus Sätzen	11,00
J	nur aus Sätzen	11,00
2016 A	nur aus Sätzen	9,50
D	nur aus Sätzen	9,50
F	nur aus Sätzen	9,50
G	nur aus Sätzen	9,00
J	nur aus Sätzen	10,00
2017 A	nur aus Sätzen	9,00
D	nur aus Sätzen	9,00
F	nur aus Sätzen	9,00
G	nur aus Sätzen	10,00
J	nur aus Sätzen	9,00
2018 A	nur aus Sätzen	13,50
D	nur aus Sätzen	12,00
F	nur aus Sätzen	12,00
G	nur aus Sätzen	13,50
J	nur aus Sätzen	12,00
2019 A	nur aus Sätzen	12,00
D	nur aus Sätzen	12,00
F	nur aus Sätzen	12,00
G	nur aus Sätzen	12,00
J	nur aus Sätzen	13,50
2020 A	21.000 (KMS)	13,50
D	21.000 (KMS)	13,50
F	21.000 (KMS)	13,50
G	21.000 (KMS)	13,50
J	21.000 (KMS)	13,50
2021 A	nur aus Sätzen	13,00
D	nur aus Sätzen	13,00
F	nur aus Sätzen	12,00
G	nur aus Sätzen	12,00
J	nur aus Sätzen	13,00

Bei den hier angegebenen Auflagezahlen handelt es sich um von der Bundesbank veröffentlichte Soll-Zahlen der erteilten Prägeaufträge, in welchen die Münzen aus Kursmünzensätze nicht enthalten sind.

LX-K8.1	2 Euro	
Jahr	**Auflage**	**Stgl.**
2002 A	238.920.000	9,00
D	231.300.000	8,00
F	281.090.000	8,00
G	180.950.000	8,00
J	257.820.000	10,00
2003 A	20.470.000	8,00
D	22.170.000	8,00
F	24.460.000	8,00
G	29.140.000	11,00
J	19.500.000	8,00
2004 A	31.570.000	9,50
D	19.840.000	8,00
F	nur aus Sätzen	19,00
G	nur aus Sätzen	18,00
J	22.510.000	9,50
2005 A	nur aus Sätzen	16,00
D	nur aus Sätzen	16,00
F	nur aus Sätzen	16,00
G	nur aus Sätzen	16,00
J	nur aus Sätzen	16,00
2006 A	nur aus Sätzen	18,00
D	nur aus Sätzen	19,00
F	nur aus Sätzen	17,00
G	nur aus Sätzen	20,00
J	nur aus Sätzen	17,00

LX-K8.2	2 Euro (*neue Europakarte)	
Jahr	**Auflage**	**Stgl.**
2007 A		–,–
D		–,–
F		–,–
G		–,–
J		–,–
2008 A	11.400.000	12,00
D	11.970.000	11,00
F	13.680.000	12,00
G	7.980.000	9,00
J	11.970.000	10,00
2009 A		–,–
D		–,–
F		–,–
G		–,–
J		–,–
2010 A	19.600.000	11,50
D	20.580.000	8,50
F	23.520.000	9,50
G	13.720.000	9,50
J	20.580.000	12,00
2011 A	23.800.000	8,00
D	24.990.000	9,00
F	28.560.000	9,00
G	16.660.000	12,00
J	24.990.000	9,50
2012 A		–,–
D		–,–
F		–,–
G		–,–
J		–,–
2013 A		–,–
D		–,–
F		–,–
G		–,–
J		–,–
2014 A	5.600.000	9,50
D	5.880.000	8,00
F	6.720.000	9,50
G	3.920.000	8,00
J	5.880.000	11,00

LX-K8.2	2 Euro (*neue Europakarte)	
Jahr	**Auflage**	**Stgl.**
2015 A		–,–
D		–,–
F		–,–
G		–,–
J		–,–
2016 A	14.200.000	9,00
D	14.910.000	9,00
F	17.040.000	10,00
G	9.940.000	9,00
J	14.910.000	13,00
2017 A	18.200.000	9,50
D	19.110.000	15,00
F	21.840.000	13,00
G	12.740.000	9,50
J	19.110.000	12,00
2018 A		–,–
D		–,–
F		–,–
G		–,–
J		–,–
2019 A	8.020.000	13,50
D	12.590.000	13,50
F	9.680.000	13,50
G	5.530.000	13,50
J	8.430.000	13,50
2020 A	16.000.000	13,50
D	16.800.000	13,50
F	19.200.000	18,00
G	11.200.000	16,00
J	16.800.000	13,50
2021 A	6.000.000	13,50
D	6.300.000	13,50
F	7.200.000	18,00
G	4.200.000	19,00
J	6.300.000	14,00

Durch in der Bundesbank-Statistik nicht berücksichtigte Änderungen der Soll-Zahlen kommt es in einigen Fällen vor, dass auch mit „nur aus Sätzen" gekennzeichnete Münzen im Umlauf anzutreffen sind.

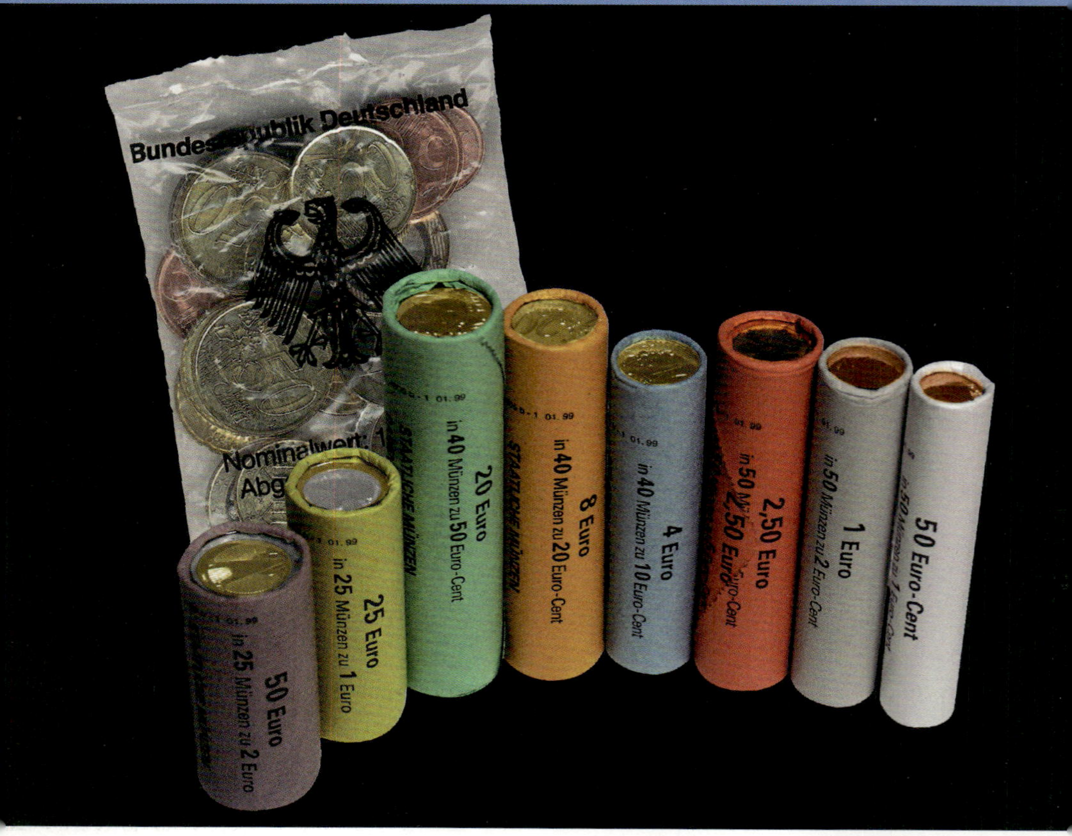

Inhalt des Starterpäckchens:

1 Cent (1x), 2 Cent (1x), 5 Cent (2x), 10 Cent (3x), 20 Cent (4x), 50 Cent (4x), 1 Euro (3x), 2 Euro (2x).

Die Starterkits wurden ab dem 17. Dezember 2001 an Privathaushalte zu einem Gegenwert von 20,00 DM ab_gegeben. Der Differenzbetrag von 1 Pfennig ging zu Lasten der öffentlichen Hand. Die Starterkits wurden von der Deutschen Bundesbank in Beuteln zu je 50 Stück ausgeliefert. Diese Beutel sind mit dem Münzzeichen der jeweiligen Prägestätte gekennzeichnet und verweisen auf den enthaltenen Nominalwert in Höhe von € 511,50.

Nominalwert: € 10,23

Jahr		Auflage	Stgl.
2002	A	12.142.150 Exemplare	26,00
	D	11.600.000 Exemplare	26,00
	F	12.120.000 Exemplare	23,00
	G	8.080.000 Exemplare	26,00
	J	9.600.000 Exemplare	26,00

Inhalt der Original-Rollen:

1 Cent	50 Exemplare	Nominal:	€ 0,50
2 Cent	50 Exemplare	Nominal:	€ 1,00
5 Cent	50 Exemplare	Nominal:	€ 2,50
10 Cent	40 Exemplare	Nominal:	€ 4,00
20 Cent	40 Exemplare	Nominal:	€ 8,00
50 Cent	40 Exemplare	Nominal:	€ 20,00
1 EURO	25 Exemplare	Nominal:	€ 25,00
2 EURO	25 Exemplare	Nominal:	€ 50,00

Sonderausgaben Kursmünzensätze

Jahressatz	Auflage	Stgl.
LX-SK1 (2004) 40 Jahre Vertrag über die deutsch-französische Zusammenarbeit (4 frz. + 4 dt. Münzen)	66.989	28,00

Kursmünzensätze	Jahr	Auflage	Stgl.
LX-AK1 2002	2002 A, D, F, G, J	je 135.000	14,00
LX-AK1 2003	2003 A, D, F, G, J	je 180.000	18,50
LX-AK1 2004	2004 A, D, F, G, J	je 106.000	18,50
LX-AK1 2005	2005 A, D, F, G, J	je 85.000	20,00
LX-AK1 2006*	2006 A	75.000	25,00
	2006 D, F, G, J	je 75.000	24,00
LX-AK1 2007**	2007 A, D, F, G, J	je 70.000	28,00
LX-AK1 2008*	2008 A, D, F, G, J	je 55.600	23,00
LX-AK1 2009**	2009 A, D, F, G, J	je 60.000	30,00
LX-AK1 2010*	2010 A	53.800	28,00
	2010 D, F, G, J	je 46.800	26,00
LX-AK1 2011*	2011 A	48.000	30,00
	2011 D, F, G, J	je 44.000	27,00
LX-AK1 2012**	2012 A	je 45.000	30,00
	2012 D, F, G, J	je 40.000	27,00
LX-AK1 2013**	2013 A, D, F, G, J	je 37.380	27,00
LX-AK1 2014*	2014 A, D, F, G, J	je 34.000	27,00
LX-AK1 2015**	2015 A	39.800	28,00
	2015 D, F, G, J	je 33.825	29,00
LX-AK1 2016*	2016 A	34.800	33,00
	2016 D, F, G, J	je 30.825	34,00
LX-AK1 2017*	2017 A	31.000	37,00
	2017 D, F, G, J	je 25.000	33,00
LX-AK1 2018**	2018 A	27.400	37,00
	2018 D, F, G, J	je 22.625	34,00

Kursmünzensätze	Jahr	Auflage	Stgl.
LX-AK1 2019*	2019 A	23.900	41,00
	2019 D, F, G, J	78.400	41,00
LX-AK1 2020	2020 A, D, F, G, J	je 21.000	42,00
LX-AK1 2021	2021 A	22.000	45,00
LX-AK1 2021	2021 D, F, G, J	je 22.000	40,00

* incl. einer 2-Euro-Gedenkmünze   ** incl. zwei 2-Euro-Gedenkmünzen, jedoch ohne 2-Euro-Kursmünze, da diese in diesem Jahr nicht geprägt wurde

Kursmünzensätze	Jahr	Auflage	PP
LX-AK2 2002	2002 A, D, F, G, J	je 100.000	21,00
LX-AK2 2003	2003 A, D, F, G, J	je 120.000	24,00
LX-AK2 2004	2004 A, D, F, G, J	je 106.000	20,00
LX-AK2 2005	2005 A, D, F, G, J	je 85.000	22,00
LX-AK2 2006*	2006 A, D, F, G, J	je 75.000	26,00
LX-AK2 2007**	2007 A, D, F, G, J	je 75.000	35,00
LX-AK2 2008*	2008 A, D, F, G, J	je 55.000	30,00
LX-AK2 2009**	2009 A, D, F, G, J	je 50.000	30,00
LX-AK2 2010*	2010 A	45.150	38,00
	2010 D, F, G, J	je 40.120	38,00
LX-AK2 2011*	2011 A	43.000	39,00
	2011 D, F, G, J	je 37.000	39,00
LX-AK2 2012**	2012 A	40.000	36,00
	2012 D, F, G, J	je 32.000	36,00
LX-AK2 2013**	2013 A, D, F, G, J	je 31.000	36,00
LX-AK2 2014*	2014 A, D, F, G, J	je 28.400	42,00
LX-AK2 2015**	2015 A	34.000	45,00
	2015 D, F, G, J	je 27.000	45,00
LX-AK2 2016*	2016 A	30.000	45,00
	2016 D, F, G, J	je 24.000	45,00
LX-AK2 2017*	2017 A	27.000	49,00
	2017 D, F, G, J	je 20.000	49,00
LX-AK2 2018**	2018 A	24.000	45,00
	2018 D, F, G, J	je 20.000	45,00

Kursmünzensätze	Jahr	Auflage	PP
LX-AK2 2019*	2019 A	21.000	45,00
	2019 D, F, G, J	66.000	45,00
LX-AK2 2020	2020 A, D, F, G, J	je 22.500	55,00
LX-AK2 2021	2021 A, D, F, G, J	je 22.500	70,00

* incl. einer 2-Euro-Gedenkmünze   ** incl. zwei 2-Euro-Gedenkmünzen, jedoch ohne 2-Euro-Kursmünze, da diese in diesem Jahr nicht geprägt wurde

LX-G1

LX-G2

LX-G3

LX-G4

LX-G5

LX-G6

LX-G7

LX-G8

LX-G1

Übergang zur Währungsunion – Einführung des EURO
2002 F, 10 EURO
Ag925, 18,00 g, Ø 32,5 mm
Ⓓ Erich Ott
Rand: „IM ZEICHEN DER EINIGUNG EUROPAS"

Stgl.:	2.000.000 Ex.	€ 45,00
PP:	400.000 Ex.	€ 65,00

LX-G2

100 Jahre U-Bahn in Deutschland
2002 D, 10 EURO
Ⓓ Bodo Broschat
Ag925, 18,00 g, Ø 32,5 mm
Rand: „HISTORISCH UND ZUKUNFTSWEISEND"

Stgl.:	2.000.000 Ex.	€ 45,00
PP:	400.000 Ex.	€ 65,00

LX-G3

Kunstausstellung „documenta" in Kassel
2002 J, 10 EURO
Ag925, 18,00 g, Ø 32,5 mm
Ⓓ František Chochola
Rand: das Wort „KUNST" in neun Sprachen

Stgl.:	2.000.000 Ex.	€ 45,00
PP:	300.000 Ex.	€ 65,00

LX-G4

Übergang zur Währungsunion – Einführung des EURO
2002 A-J, 100 EURO
Au999, 15,55 g, Ø 28 mm
Ⓓ Anton Zvone Jezovšek

Stgl.:	500.000 Ex. (100.000 je Prägestätte)	€ 1.440,00

LX-G5

Übergang zur Währungsunion – Einführung des EURO
2002 A-J, 200 EURO
Au999, 31,10 g, Ø 32,5 mm
Ⓓ Anton Zvone Jezovšek
Rand: „IM ZEICHEN DER EINIGUNG EUROPAS"

Stgl.:	100.000 Ex. (20.000 je Prägestätte)	€ 3.500,00

LX-G6

Museumsinsel Berlin
2002 A, 10 EURO
Ag925, 18,00 g, Ø 32,5 mm
Ⓓ Anton Zvone Jezovšek
Rand: „FREISTÄTTE FÜR KUNST UND WISSENSCHAFT"

Stgl.:	2.000.000 Ex.	€ 45,00
PP:	280.000 Ex.	€ 90,00

LX-G7

50 Jahre Deutsches Fernsehen
2002 G, 10 EURO
Ag925, 18,00 g, Ø 32,5 mm
Ⓓ Jordi Truxa Regel
Rand: „INFORMATION BILDUNG UNTERHALTUNG"

Stgl.:	2.000.000 Ex.	€ 45,00
PP:	290.000 Ex.	€ 60,00

LX-G8

100 Jahre Deutsches Museum München
2003 D, 10 EURO
Ag925, 18,00 g, Ø 32,5 mm
Ⓓ Victor Benjamin Huster
Rand: „SAMMELN AUSSTELLEN FORSCHEN BILDEN"

Stgl.:	2.050.000 Ex.	€ 38,50
PP:	350.000 Ex.	€ 55,00

LX-G9

LX-G13

LX-G10

LX-G14

LX-G11

LX-G15

LX-G12

LX-G16

LX-G9

200. Geburtstag von Justus von Liebig
2003 J, 10 EURO
Ag925, 18,00 g, Ø 32,5 mm
Ⓓ Bodo Broschat
Rand: „FORSCHEN LEHREN ANWENDEN"

Stgl.:	2.050.000 Ex.	€ 38,50
PP:	350.000 Ex.	€ 55,00

LX-G10

FIFA-Fußball-WM 2006, Deutschland (I)
2003 A-J*, 10 EURO
Ag925, 18,00 g, Ø 32,5 mm
Ⓓ Erich Ott und Lucia Maria Hardegen
Rand: „DIE WELT ZU GAST BEI FREUNDEN A D F G J"

Stgl.:	3.550.000 Ex. (710.000 je Prägestätte)	€ 38,50
PP:	400.000 Ex. (80.000 je Prägestätte)	€ 55,00

* Die E's in der Randschrift kennzeichnen mit einem verkürzten Mittelstrich den jeweiligen Prägeort: DI**E** (Berlin „A") W**E**LT (München „D") ZU GAST B**E**I (Stuttgart „F") FR**E**UND**E**N (Karlsruhe „G", Hamburg „J").

LX-G11

50. Jahrestag des Volksaufstandes vom 17. Juni 1953
2003 A, 10 EURO
Ag925, 18,00 g, Ø 32,5 mm
Ⓓ Hans Joachim Dobler
Rand: „ERINNERUNG AN DEN VOLKSAUFSTAND IN DER DDR"

Stgl.:	2.050.000 Ex.	€ 38,50
PP:	350.000 Ex.	€ 55,00

LX-G12

Industrielandschaft Ruhrgebiet
2003 F, 10 EURO
Ag925, 18,00 g, Ø 32,5 mm
Ⓓ Hans Joachim Dobler
Rand: „RUHRPOTT KULTURLANDSCHAFT"

Stgl.:	2.050.000 Ex.	€ 38,50
PP:	350.000 Ex.	€ 55,00

LX-G13

UNESCO-Weltkulturerbe (I) – Stadt Quedlinburg
2003 A-J, 100 EURO
Au999, 15,55 g, Ø 28 mm
Ⓓ Agatha Kill

Stgl.:	400.000 Ex. (80.000 je Prägestätte)	€ 1.440,00

LX-G14

200. Geburtstag von Gottfried von Semper
2003 G, 10 EURO
Ag925, 18,00 g, Ø 32,5 mm
Ⓓ Michael Otto
Rand: „ARCHITEKT FORSCHER KOSMOPOLIT DEMOKRAT"

Stgl.:	2.050.000 Ex.	€ 45,00
PP:	350.000 Ex.	€ 55,00

LX-G15

FIFA-Fußball-WM 2006, Deutschland (II)
2004 A-J* (siehe Hinweis nach LX-G10)
10 EURO
Ag925, 18,00 g, Ø 32,5 mm
Ⓓ Erich Ott und Lucia Maria Hardegen
Rand: „DIE WELT ZU GAST BEI FREUNDEN A D F G J"

Stgl.:	4.000.000 Ex. (800.000 je Prägestätte)	€ 38,50
PP:	400.000 Ex. (80.000 je Prägestätte)	€ 55,00

LX-G16

Bauhaus Dessau
2004 A, 10 EURO
Ag925, 18,00 g, Ø 32,5 mm
Ⓓ Heinz Hoyer
Rand: „KUNST TECHNIK LEHRE"

Stgl.:	1.800.000 Ex.	€ 38,50
PP:	300.000 Ex.	€ 55,00

LX-G17
Erweiterung der Europäischen Union
2004 G, 10 EURO
Ag925, 18,00 g, Ø 32,5 mm
Ⓓ Aase Thorsen
Rand: „FREUDE SCHÖNER GÖTTERFUNKEN"
Stgl.: 1.800.000 Ex. € 38,50
PP: 300.000 Ex. € 60,00

LX-G18
Nationalparke Wattenmeer
2004 J, 10 EURO
Ag925, 18,00 g, Ø 32,5 mm
Ⓓ Dietrich Dorfstecher
Rand: „MEERESGRUND TRIFFT HORIZONT"
Stgl.: 1.800.000 Ex. € 38,50
PP: 300.000 Ex. € 55,00

LX-G19
200. Geburtstag von Eduard Mörike
2004 F, 10 EURO
Ag925, 18,00 g, Ø 32,5 mm
Ⓓ Erich Ott
Rand: „OHNE DAS SCHÖNE * WAS SOLL DER GEWINN *"
Stgl.: 1.800.000 Ex. € 38,50
PP: 300.000 Ex. € 55,00

LX-G20
UNESCO-Weltkulturerbe (II) – Stadt Bamberg
2004 A-J, 100 EURO
Au999, 15,55 g, Ø 28 mm
Ⓓ Ulrich Böhme
Stgl.: 400.000 Ex. € 1.450,00
(80.000 je Prägestätte)

LX-G21
Columbus – Europas Labor für die Internationale Raumstation ISS
2004 D, 10 EURO
Ag925, 18,00 g, Ø 32,5 mm
Ⓓ František Chochola
Rand: „RAUMFAHRT VERBINDET DIE WELT"
Stgl.: 1.800.000 Ex. € 38,50
PP: 300.000 Ex. € 55,00

LX-G22
FIFA-Fußball-WM 2006, Deutschland (III)
2005 A-J* (siehe Hinweis nach LX-G10)
10 EURO
Ag925, 18,00 g, Ø 32,5 mm
Ⓓ Erich Ott und Lucia Maria Hardegen
Rand: „DIE WELT ZU GAST BEI FREUNDEN A D F G J"
Stgl.: 4.000.000 Ex. € 38,50
(800.000 je Prägestätte)
PP: 330.000 Ex. € 55,00
(66.000 je Prägestätte)

LX-G23
Nationalpark Bayerischer Wald
2005 D, 10 EURO
Ag925, 18,00 g, Ø 32,5 mm
Ⓓ Bodo Broschat
Rand: „GRENZENLOSE WALDWILDNIS"
Stgl.: 1.800.000 Ex. € 38,50
PP: 270.000 Ex. € 55,00

LX-G24
200. Todestag von Friedrich von Schiller
2005 G, 10 EURO
Ag925, 18,00 g, Ø 32,5 mm
Ⓓ Carsten Theumer
Rand: „ERNST IST DAS LEBEN * HEITER IST DIE KUNST *"
Stgl.: 1.800.000 Ex. € 38,50
PP: 270.000 Ex. € 55,00

LX-G25

LX-G29

LX-G26

LX-G30

LX-G27

LX-G31

LX-G28

LX-G32

LX-G25

Albert Einstein – 100 Jahre Relativität • Atome • Quanten
2005 J, 10 EURO
Ag925, 18,00 g, Ø 32,5 mm
Ⓓ Heinz Hoyer
Rand: „NICHT AUFHÖREN ZU FRAGEN"
Stgl.: 1.800.000 Ex. € 38,50
PP: 270.000 Ex. € 55,00

LX-G26

1200 Jahre Magdeburg
2005 A, 10 EURO
Ag925, 18,00 g, Ø 32,5 mm
Ⓓ Heinz Hoyer
Rand: „MAGADOBURG 805 MAGDEBURG 2005"
Stgl.: 1.800.000 Ex. € 38,50
PP: 270.000 Ex. € 55,00

LX-G27

FIFA-Fußball-WM 2006, Deutschland (IV)
2005 A-J, 100 EURO
Au999, 15,55 g, Ø 28 mm
Ⓓ Erich Ott und Heinz Hoyer
Stgl.: 350.000 Ex. € 1.450,00 (70.000 je Prägestätte)

LX-G28

100. Jahrestag der Verleihung des Friedensnobelpreises an Bertha von Suttner
2005 F, 10 EURO
Ag925, 18,00 g, Ø 32,5 mm
Ⓓ Bodo Broschat
Rand: „EIPENH PAX FRIEDEN EIPENH PAX FRIEDEN"
Stgl.: 1.800.000 Ex. € 38,50
PP: 270.000 Ex. € 55,00

LX-G29

250. Geburtstag von Wolfgang Amadeus Mozart
2006 D, 10 EURO
Ag925, 18,00 g, Ø 32,5 mm
Ⓓ Jordi Truxa Regel
Rand: „MOZART - DIE WELT HAT EINEN SINN -"
Stgl.: 1.600.000 Ex. € 38,50
PP: 270.000 Ex. € 55,00

LX-G30

Wahrzeichen der Bundesländer (I) – Schleswig-Holstein: Holstentor, Lübeck
2006 A-J, 2 EURO
Ⓓ Luc Luycx und Heinz Hoyer
Stgl.: 30.000.000 Ex. (A 6.000.000, D 6.300.000, F 7.200.000, G 4.200.000, J 6.300.000)
€ 12,00 (A, G), € 13,00 (J), € 9,00 (D, F)
PP: nur aus Kursmünzensatz LX-AK2 und Gedenkmünzensatz LX-AG3

LX-G31

FIFA-Fußball-WM 2006, Deutschland (V)
2006 A-J* (siehe Hinweis nach LX-G10)
10 EURO
Ag925, 18,00 g, Ø 32,5 mm
Ⓓ Erich Ott und Lucia Maria Hardegen
Rand: „DIE WELT ZU GAST BEI FREUNDEN A D F G J"
Stgl.: 4.000.000 Ex. € 38,50 (800.000 je Prägestätte)
PP: 400.000 Ex. € 55,00 (Prägestätte Karlsruhe „G")

LX-G32

225. Geburtstag von Karl Friedrich Schinkel
2006 F, 10 EURO
Ag925, 18,00 g, Ø 32,5 mm
Ⓓ Axel Bertram
Rand: „DER MENSCH BILDE SICH IN ALLEM SCHÖN"
Stgl.: 1.600.000 Ex. € 38,50
PP: 260.000 Ex. € 55,00

LX-G33

LX-G37

LX-G34

LX-G38

LX-G35

LX-G39

LX-G36

LX-G40

LX-G33
800 Jahre Dresden
2006 A, 10 EURO
Ag925, 18,00 g, Ø 32,5 mm
Ⓓ Heinz Hoyer

Rand:	„1206 • 1485 • 1547 • 1697 • 1832 • 1945 • 1989 • 2006"	
Stgl.:	1.600.000 Ex.	€ 38,50
PP:	240.000 Ex.	€ 55,00

LX-G34
650 Jahre Städtehanse
2006 J, 10 EURO
Ag925, 18,00 g, Ø 32,5 mm
Ⓓ Erich Ott

Rand:	„~ WANDEL DURCH HANDEL ~ VON DER HANSE NACH EUROPA ~"	
Stgl.:	1.600.000 Ex.	€ 38,50
PP:	240.000 Ex.	€ 55,00

LX-G35
UNESCO-Weltkulturerbe (III) – Klassisches Weimar
2006 A-J, 100 EURO
Au999, 15,55 g, Ø 28 mm
Ⓓ Dietrich Dorfstecher

Stgl.:	350.000 Ex. (70.000 je Prägestätte)	€ 1.460,00

LX-G36
50 Jahre Bundesland Saarland
2007 G, 10 EURO
Ag925, 18,00 g, Ø 32,5 mm
Ⓓ Erika Binz Blanke

Rand:	„DEUTSCHLAND ★ FRANKREICH ★ EUROPA ★"	
Stgl.:	1.600.000 Ex.	€ 38,50
PP:	240.000 Ex.	€ 55,00

LX-G37
Wahrzeichen der Bundesländer (II) – Mecklenburg-Vorpommern: Schweriner Schloss
2007 A-J, 2 EURO
Ⓓ Luc Luycx und Heinz Hoyer

Stgl.:	30.000.000 Ex. (A 1.040.000, D 11.840.000, F 11.850.000, G 4.200.000, J 1.070.000) € 12,00 (A, J), € 11,00 (G), € 8,00 (D), € 7,00 (F)
PP :	nur aus Kursmünzensatz LX-AK2 und Gedenkmünzensatz LX-AG3

LX-G38
50 Jahre Unterzeichnung der Römischen Verträge
2007 F, 10 EURO
Ag925, 18,00 g, Ø 32,5 mm
Ⓓ Carsten Mahn

Rand:	„EUROPÄISCHE UNION • IN VIELFALT GEEINT • "	
Stgl.:	1.600.000 Ex.	€ 38,50
PP:	240.000 Ex.	€ 55,00

LX-G39
50 Jahre Unterzeichnung der Römischen Verträge
2007 A-J, 2 EURO
Ⓓ Luc Luycx und Helmut Andexlinger

Stgl.:	30.000.000 Ex. (A 1.000.000, D 14.500.000, F 8.000.000, G 5.000.000, J 1.500.000) € 11,00 (A), € 9,00 (G, J), € 8,00 (F), € 7,00 (D)
PP:	nur aus Kursmünzensatz LX-AK2 und Gedenkmünzensatz LX-AG3

LX-G40
175. Geburtstag von Wilhelm Busch
2007 D, 10 EURO
Ag925, 18,00 g, Ø 32,5 mm
Ⓓ Othmar Kukula

Rand:	„WER RUDERT, SIEHT DEN GRUND NICHT •"	
Stgl.:	1.600.000 Ex.	€ 38,50
PP:	239.600 Ex.	€ 55,00

LX-G41

LX-G42

LX-G43

LX-G44

LX-G45

LX-G46

LX-G47

LX-G48

LX-G41
50 Jahre Deutsche Bundesbank
2007 J, 10 EURO
Ag925, 18,00 g, Ø 32,5 mm
Ⓓ Susanne Kraißler
Rand: „PREISSTABILITÄT GEWÄHRLEISTEN ★"
Stgl.: 1.600.000 Ex. € 38,50
PP: 240.949 Ex. € 55,00

LX-G42
UNESCO-Weltkulturerbe (IV) – Hansestadt Lübeck
2007 A-J, 100 EURO
Au999, 15,55 g, Ø 28 mm
Ⓓ Bodo Broschat
Stgl.: 330.000 Ex. € 1.440,00
(66.000 je Prägestätte)

LX-G43
800. Geburtstag v. Elisabeth v. Thüringen
2007 A, 10 EURO
Ag925, 18,00 g, Ø 32,5 mm
Ⓓ Barbara Gunhild Ruppel
Rand: „WIR SOLLEN DIE MENSCHEN FROH MACHEN ★"
Stgl.: 1.600.000 Ex. € 38,50
PP: 239.600 Ex. € 55,00

LX-G44
Wahrzeichen der Bundesländer (III) – Hamburg: Hauptkirche St. Michaelis
2008 A-J, 2 EURO
Ⓓ Luc Luycx und Erich Ott
Stgl.: 30.000.000 Ex.
(A 1.000.000, D 8.900.000, F 9.600.000, G 4.200.000, J 6.300.000)
€ 11,00 (A), € 7,00 (G, J), € 6,00 (D, F)
PP: nur aus Kursmünzensatz LX-AK2 und Gedenkmünzensatz LX-AG3

Bei einem Teil der Auflage kam in der Staatlichen Münze Stuttgart (Münzzeichen „F") versehentlich der Prägestempel mit der „alten" Europakarte (siehe S. 9) zum Einsatz.
Stgl.: ca. 75.000 Ex. € 60,00

LX-G45
200. Geburtstag von Carl Spitzweg
2008 D, 10 EURO
Ag925, 18,00 g, Ø 32,5 mm
Ⓓ Hannes Dauer
Rand: „ACH, DIE VERGANGENHEIT IST SCHÖN"
Stgl.: 1.500.000 Ex. € 38,50
PP: 228.600 Ex. € 55,00

LX-G46
150. Geburtstag von Max Planck
2008 F, 10 EURO
Ag925, 18,00 g, Ø 32,5 mm
Ⓓ Michael Otto
Rand: „DEM ANWENDEN MUSS DAS ERKENNEN VORAUSGEHEN"
Stgl.: 1.500.000 Ex. € 38,50
PP: 228.600 Ex. € 55,00

LX-G47
125. Geburtstag von Franz Kafka
2008 G, 10 EURO
Ag925, 18,00 g, Ø 32,5 mm
Ⓓ František Chochola
Rand: „EIN KÄFIG GING EINEN VOGEL SUCHEN"
Stgl.: 1.500.000 Ex. € 38,50
PP: 228.600 Ex. € 55,00

LX-G48
50 Jahre Segelschulschiff Gorch Fock II
2008 J, 10 EURO
Ag925, 18,00 g, Ø 32,5 mm
Ⓓ František Chochola
Rand: „SEEFAHRT IST NOT"
Stgl.: 1.500.000 Ex. € 38,50
PP: 228.600 Ex. € 55,00

LX-G49

LX-G50

LX-G51

LX-G52

LX-G53

LX-G54

LX-G55

LX-G56

LX-G49

Himmelsscheibe von Nebra
2008 A, 10 EURO
Ag925, 18,00 g, Ø 32,5 mm
Ⓓ Bodo Broschat

Rand: „DER GESCHMIEDETE HIMMEL IM HERZEN EUROPAS"

Stgl.: 1.500.000 Ex. € 38,50
PP: 228.600 Ex. € 55,00

LX-G50

UNESCO-Weltkulturerbe (V) – Goslar-Bergwerk Rammelsberg
2008 A-J, 100 EURO
Au999, 15,55 g, Ø 28 mm
Ⓓ Wolfgang Theodor Doehm

Stgl.: 320.000 Ex. € 1.420,00
(64.000 je Prägestätte)

LX-G51

10 Jahre Europäische Wirtschafts- und Währungsunion
2009 A-J, 2 EURO
Ⓓ Luc Luycx u. Georgios Stamatopoulos

Stgl.: 30.000.000 Ex. € 7,50
(A 6.000.000, D 6.300.000, F 7.200.000, G 4.200.000, J 6.300.000)
PP: nur aus Gedenkmünzensatz LX-AG3 und aus Kursmünzensatz LX-AK2

LX-G52

Wahrzeichen der Bundesländer (IV) – Saarland: Ludwigskirche, Alt-Saarbrücken
2009 A-J, 2 EURO
Ⓓ Luc Luycx und Friedrich Brenner

Stgl.: 30.000.000 Ex. € 7,00
(A 6.000.000, D 6.300.000, F 7.200.000, G 4.200.000, J 6.300.000)
PP: nur aus Kursmünzensatz LX-AK2 und Gedenkmünzensatz LX-AG3

LX-G53

IAAF-Leichtathletik-WM, Berlin
2009 A-J*, 10 EURO
Ag925, 18,00 g, Ø 32,5 mm
Ⓓ Bodo Broschat

Rand: „SPORT BEWEGT DIE WELT A D F G J"

Stgl.: 1.690.000 Ex. € 40,00
PP: 200.000 Ex. € 110,00
(40.000 je Prägestätte)

Die 10 EURO-Münzen zur IAAF-Leichtathletik-WM wurden in der Randinschrift mit einem Morsecode versehen, anhand dem die Münzen den fünf Prägestätten zugeordnet werden können: • – (Berlin „A"), – •• (München „D"), •• – • (Stuttgart „F"), – – • (Karlsruhe „G") und • – – – (Hamburg „J").

LX-G54

400 Jahre Keplersche Gesetze
2009 F, 10 EURO
Ag925, 18,00 g, Ø 32,5 mm
Ⓓ Ulrich Böhme

Rand: „ASTRONOMIA NOVA – WENDE ZUR HIMMELSMECHANIK ★"

Stgl.: 1.643.000 Ex. € 38,50
PP: 200.000 Ex. € 55,00

LX-G55

100 Jahre Internationale Luftfahrtausstellung (ILA)
2009 D, 10 EURO
Ag925, 18,00 g, Ø 32,5 mm
Ⓓ Bodo Broschat

Rand: „FASZINATION FLIEGEN ★ TRADITION ★ INNOVATION ★"

Stgl.: 1.650.000 Ex. € 38,50
PP: 200.000 Ex. € 55,00

LX-G56

600 Jahre Universität Leipzig
2009 A, 10 EURO
Ag925, 18,00 g, Ø 32,5 mm
Ⓓ Dietrich Dorfstecher

Rand: „AUS TRADITION GRENZEN ÜBERSCHREITEN"

Stgl.: 1.613.000 Ex. € 38,50
PP: 200.000 Ex. € 55,00

LX-G57

LX-G58

LX-G59

LX-G60

LX-G61

LX-G62

LX-G63

LX-G64

LX-G57
100 Jahre Deutsches Jugendherbergswerk
2009 G, 10 EURO
Ag925, 18,00 g, Ø 32,5 mm
Ⓓ Joachim Dobler
Rand: „BEGEGNUNG GEMEINSCHAFT TOLERANZ •"
Stgl.: 1.610.000 Ex. € 38,50
PP: 200.000 Ex. € 55,00

LX-G58
100. Geburtstag von Marion Gräfin Dönhoff
2009 J, 10 EURO
Ag925, 18,00 g, Ø 32,5 mm
Ⓓ Christian Höpfner
Rand: „★ LIEBEN OHNE ZU BESITZEN ★"
Stgl.: 1.600.000 Ex. € 38,50
PP: 200.000 Ex. € 55,00

LX-G59
UNESCO-Weltkulturerbe (VI) – Römische Baudenkmäler, Dom und Liebfrauenkirche in Trier
2009 A-J, 100 EURO
Au999, 15,55 g, Ø 28 mm
Ⓓ Michael Otto
Stgl.: 320.000 Ex. € 1.450,00
(64.000 je Prägestätte)

LX-G60
Wahrzeichen der Bundesländer (V) – Bremen: Rathaus und Roland
2010 A-J, 2 EURO
Ⓓ Luc Luycx und Bodo Broschat
Stgl.: 30.000.000 Ex. € 6,50
(A 6.000.000, D 6.300.000, F 7.200.000, G 4.200.000, J 6.300.000)
PP: nur aus Kursmünzensatz LX-AK2 und Gedenkmünzensatz LX-AG3

LX-G61
200. Geburtstag von Robert Schumann
2010 J, 10 EURO
Ag925, 18,00 g, Ø 32,5 mm
Ⓓ Christian Höpfner
Rand: „TÖNE SIND HÖHERE WORTE •"
Stgl.: 1.700.000 Ex. € 38,50
PP: 182.900 Ex. € 55,00

LX-G62
100. Geburtstag von Konrad Zuse
2010 G, 10 EURO
Ag925, 18,00 g, Ø 32,5 mm
Ⓓ Heinz Hoyer
Rand: „KONRAD ZUSE – VISIONÄR ZWISCHEN NULL UND EINS •"
Stgl.: 1.706.000 Ex. € 38,50
PP: 182.900 Ex. € 55,00

LX-G63
Deutscher Wald (I) – Eiche
2010 A-J, 20 EURO
Au999, 3,89 g, Ø 17,5 mm
Ⓓ František Chochola und Heinz Hoyer
Stgl.: 200.000 Ex. € 480,00
(40.000 je Prägestätte)

LX-G64
300 Jahre Porzellanherstellung in Deutschland
2010 F, 10 EURO
Ag925, 18,00 g, Ø 32,5 mm
Ⓓ Ulrich Böhme
Rand: „ZAUBER DER ZERBRECHLICHKEIT"
Stgl.: 1.749.000 Ex. € 38,50
PP: 182.900 Ex. € 55,00

LX-G65

LX-G66

LX-G67

LX-G68

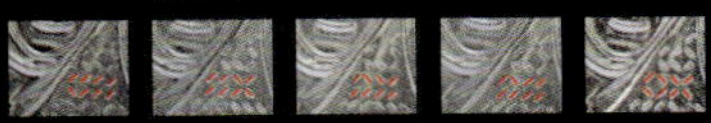

A D F G J

LX-G69

LX-G70

LX-G71

LX-G72

LX-G65

20 Jahre Deutsche Einheit
2010 A, 10 EURO
Ag925, 18,00 g, Ø 32,5 mm
Ⓓ Erich Ott
Rand: „Einigkeit und Recht und Freiheit"
Stgl.: 2.100.000 Ex. € 38,50
PP: 184.200 Ex. € 55,00

LX-G66

UNESCO-Weltkulturerbe (VII) – Würzburger Residenz und Hofgarten
2010 A-J, 100 EURO
Au999, 15,55 g, Ø 28 mm
Ⓓ Dietrich Dorfstecher
Stgl.: 320.000 Ex. € 1.460,00 (64.000 je Prägestätte)

LX-G67

175 Jahre Eisenbahn in Deutschland
2010 D, 10 EURO
Ag925, 18,00 g, Ø 32,5 mm
Ⓓ Bodo Broschat
Rand: „AUF VEREINTEN GLEISEN ★ 1835–2010 ★"
Stgl.: 2.041.000 Ex. € 38,50
PP: 186.000 Ex. € 55,00

LX-G68

Alpine Ski-WM 2011, Garmisch-Partenkirchen
2010 A-J*, 10 EURO
Ag925, 18,00 g, Ø 32,5 mm
Ⓓ Bodo Broschat
Rand: „FESTSPIELE IM SCHNEE"
Stgl.: 2.000.000 Ex. € 38,50
PP: 209.100 Ex. € 75,00

***LX-G68 Unterscheidung der Prägestätten**
Eine Zuordnung der Münze zu den 5 Prägestätten ist bei dieser Ausgabe nicht über die Münzzeichen, sondern über das Strichmuster im Trikot des Skifahrers möglich.

LX-G69

Wahrzeichen der Bundesländer (VI) – Nordrhein-Westfalen: Kölner Dom
2011 A-J, 2 EURO
Ⓓ Luc Luycx und Heinz Hoyer
Stgl.: 30.000.000 Ex. € 6,50 (A 6.000.000, D 6.300.000, F 7.200.000, G 4.200.000, J 6.300.000)
PP: nur aus Kursmünzensatz LX-AK2 und Gedenkmünzensatz LX-AG3

LX-G70

200. Geburtstag von Franz Liszt
2011 G, 10 EURO
Ag625, 16,00 g, Ø 32,5 mm
Ⓓ Michael Otto
Rand: „GENIE OBLIGE – GENIE VERPFLICHTET •"
Stgl.: 2.187.000 Ex. € 38,50
PP: 200.000 Ex. € 55,00

Ab LX-G71 bis zum Jahr 2015 wurden die 10-Euro-Münzen in zwei verschiedenen Legierungen hergestellt. Silber-Münzen tragen die zusätzliche Inschrift „SILBER 625".

LX-G71

Frauenfußball-WM 2011, Deutschland
2011 A-J*, 10 EURO
Ⓓ Alina Hoyer
Rand: „- DIE ZUKUNFT DES FUSSBALLS IST WEIBLICH -"
CuNi, 14,00 g, Ø 32,5 mm,
Stgl.: 1.989.000 Ex. € 22,00
Ag625, 16,00 g, Ø 32,5 mm,
PP: 235.000 Ex. € 75,00

* Je nach Prägestätte befindet sich in der Randinschrift an einem der fünf „S" oben ein kleiner Balken. DIE ZUKUNFT DE**S** (Berlin „A") FU**SS**-BALL**S** (München „D", Stuttgart „F", Karlsruhe „G") I**S**T (Hamburg „J") WEIBLICH.

LX-G72

125 Jahre Automobil
2011 F, 10 EURO
Ⓓ Jordi Truxa Regel
Rand: „- WAS UNS BEWEGT -"
CuNi, 14,00 g, Ø 32,5 mm
Stgl.: 1.881.000 Ex. € 22,00
Ag625, 16,00 g, Ø 32,5 mm,
PP: 223.000 Ex. € 75,00

LX-G73

LX-G74

LX-G75

LX-G76

LX-G77

LX-G78

LX-G79

LX-G80

LX-G73

Deutscher Wald (II) – Buche
2011 A-J, 20 EURO
Au999, 3,89 g, Ø 17,5 mm
Ⓓ František Chochola
Stgl.: 200.000 Ex. € 380,00
(40.000 je Prägestätte)

LX-G74

500 Jahre Eulenspiegel-Historien
2011 D, 10 EURO
Ⓓ Friedrich Brenner
Rand: „SO BIN ICH DOCH HIE GEWESEN"

CuNi, 14,00 g, Ø 32,5 mm
Stgl.: 1.800.000 Ex. € 22,00

Ag625, 16,00 g, Ø 32,5 mm
PP: 223.000 Ex. € 50,00

LX-G75

150 Jahre Entdeckung des Urvogels Archaeopteryx
2011 A, 10 EURO
Ⓓ Barbara Gunhild Ruppel
Rand: „ARCHAEOPTERYX - ZEUGE DER EVOLUTION"

CuNi, 14,00 g, Ø 32,5 mm
Stgl.: 1.870.000 Ex. € 22,00

Ag625, 16,00 g, Ø 32,5 mm
PP: 223.000 Ex. € 50,00

LX-G76

100 Jahre Hamburger Elbtunnel
2011 J, 10 EURO
Ⓓ Herwig Otto
Rand: „VERBINDUNG VON STADT UND HAFEN"

CuNi, 14,00 g, Ø 32,5 mm
Stgl.: 1.900.000 Ex. € 22,00

Ag625, 16,00 g, Ø 32,5 mm
PP: 223.000 Ex. € 50,00

LX-G77

UNESCO-Weltkulturerbe (VIII) – Wartburg
2011 A-J, 100 EURO
Au999, 15,55 g, Ø 28 mm
Ⓓ Wolfgang Reuter
Stgl.: 300.000 Ex. € 1.440,00
(60.000 je Prägestätte)

LX-G78

10. Jahrestag der Einführung der Euro-Münzen und -Banknoten
2012 A-J, 2 EURO
Ⓓ Luc Luycx und Helmut Andexlinger
Stgl.: 30.000.000 Ex. € 6,50
(A 6.000.000, D 6.300.000, F 7.200.000, G 4.200.000, J 6.300.000)
PP: nur aus Kursmünzensatz LX-AK2 und Gedenkmünzensatz LX-AG3

LX-G79

Wahrzeichen der Bundesländer (VII) – Bayern: Schloss Neuschwanstein
2012 A-J, 2 EURO
Ⓓ Luc Luycx und Erich Ott
Stgl.: 30.000.000 Ex. € 6,50
(A 6.000.000, D 6.300.000, F 7.200.000, G 4.200.000, J 6.300.000)
PP: nur aus Kursmünzensatz LX-AK2 und Gedenkmünzensatz LX-AG3

LX-G80

300. Geburtstag von Friedrich dem Großen
2012 A, 10 EURO
Ⓓ Erich Ott
Rand: „*MICH MEINEN MITBÜRGERN NÜTZLICH ERWEISEN*"

CuNi, 14,00 g, Ø 32,5 mm
Stgl.: 1.727.000 Ex. € 22,00
Ag625, 16,00 g, Ø 32,5 mm
PP: 170.000 Ex. € 45,00

LX-G81

LX-G85

LX-G82

LX-G86

LX-G83

LX-G87

LX-G84

LX-G88

LX-G81

50 Jahre Deutsche Welthungerhilfe
2012 G, 10 EURO
Ⓓ Elena Gerber
Rand: „*HILFE ZUR SELBSTHILFE*"

CuNi, 14,00 g, Ø 32,5 mm
Stgl.: 1.579.000 Ex. € 22,00

Ag625, 16,00 g, Ø 32,5 mm
PP: 160.000 Ex. € 45,00

LX-G82

200 Jahre Grimms Märchen (I) – Jacob und Wilhelm Grimm
2012 F, 10 EURO
Ⓓ Christian Höpfner
Rand: „*UND WENN SIE NICHT GESTORBEN SIND...*"

CuNi, 14,00 g, Ø 32,5 mm
Stgl.: 1.488.000 Ex. € 22,00

Ag625, 16,00 g, Ø 32,5 mm
PP: 160.000 Ex. € 45,00

LX-G83

Deutscher Wald (III) – Fichte
2012 A-J, 20 EURO
Au999, 3,89 g, Ø 17,5 mm
Ⓓ František Chochola
Stgl.: 200.000 Ex. € 425,00
(40.000 je Prägestätte)

LX-G84

100 Jahre Deutsche Nationalbibliothek
2012 D, 10 EURO
Ⓓ Victor Benjamin Huster
Rand: „BÜCHER SIND DER EINGANG ZUR WELT ★"

CuNi, 14,00 g, Ø 32,5 mm
Stgl.: 1.436.500 Ex. € 22,00

Ag625, 16,00 g, Ø 32,5 mm
PP: 150.000 Ex. € 45,00

LX-G85

UNESCO-Weltkulturerbe (IX) – Dom zu Aachen
2012 A-J, 100 EURO
Au999, 15,55 g, Ø 28 mm
Ⓓ Erich Ott
Stgl.: 270.000 Ex. € 1.440,00
(54.000 je Prägestätte)

LX-G86

150. Geburtstag von Gerhart Hauptmann
2012 J, 10 EURO
Ⓓ Jordi Truxa Regel
Rand: „* A JEDER MENSCH HAT HALT 'NE SEHNSUCHT *"

CuNi, 14,00 g, Ø 32,5 mm
Stgl.: 1.432.000 Ex. € 22,00

Ag625, 16,00 g, Ø 32,5 mm
PP: 140.000 Ex. € 45,00

LX-G87

50 Jahre Élysée-Vertrag
2013 A-J, 2 EURO
Ⓓ Luc Luycx und Stefanie Lindner
Stgl.: 11.000.000 Ex. € 6,50
(A 2.200.000, D 2.310.000, F 2.640.000, G 1.540.000, J 2.310.000)
PP: nur aus Kursmünzensatz LX-AK2 und Gedenkmünzensatz LX-AG3)

LX-G88

Wahrzeichen der Bundesländer (VIII) – Baden-Württemberg: Kloster Maulbronn
2013 A-J, 2 EURO
Ⓓ Luc Luycx und Eugen Ruhl
Stgl.: 30.000.000 Ex. € 6,50
(A 6.000.000, D 6.300.000, F 7.200.000, G 4.200.000, J 6.300.000)
PP: nur aus Kursmünzensatz LX-AK2 und Gedenkmünzensatz LX-AG3

LX-G89

LX-G90

LX-G91

LX-G92

LX-G93

LX-G94

LX-G95

LX-G96

LX-G89

200 Jahre Grimms Märchen (II) – Schneewittchen

2013 J, 10 EURO

Rand: „SPIEGLEIN, SPIEGLEIN AN DER WAND ...“

CuNi, 14,00 g, Ø 32,5 mm

Ⓓ Bastian Prillwitz

Stgl.: 1.292.000 Ex. € 22,00

Ag625, 16,00 g, Ø 32,5 mm

PP: 200.000 Ex. € 45,00

LX-G90

150 Jahre Rotes Kreuz

2013 A, 10 EURO

Ⓓ Bodo Broschat

Rand: „AUS LIEBE ZUM MENSCHEN“

CuNi, 14,00 g, Ø 32,5 mm

Stgl.: 1.297.000 Ex. € 22,00

Ag625, 16,00 g, Ø 32,5 mm

PP: 200.000 Ex. € 45,00

LX-G91

200. Geburtstag von Richard Wagner

2013 D, 10 EURO

Ⓓ Erich Ott

Rand: „WANDEL UND WECHSEL LIEBT, WER LEBT“

CuNi, 14,00 g, Ø 32,5 mm

Stgl.: 1.255.000 Ex. € 22,00

Ag625, 16,00 g, Ø 32,5 mm

PP: 210.000 Ex. € 45,00

LX-G92

Deutscher Wald (IV) – Kiefer

2013 A-J, 20 EURO

Au999, 3,89 g, Ø 17,5 mm

Ⓓ František Chochola

Stgl.: 200.000 Ex. € 390,00
(40.000 je Prägestätte)

LX-G93

UNESCO-Weltkulturerbe (X) – Gartenreich Dessau-Wörlitz

2013 A-J, 100 EURO

Au999, 15,55 g, Ø 28 mm

Ⓓ Lorenz Crössmann

Stgl.: 200.000 Ex. € 1.450,00
(40.000 je Prägestätte)

LX-G94

200. Geburtstag von Georg Büchner

2013 F, 10 EURO

Ⓓ Eugen Ruhl

Rand: „ICH BIN SO JUNG UND DIE WELT IST SO ALT“

CuNi, 14,00 g, Ø 32,5 mm

Stgl.: 1.283.500 Ex. € 25,00

Ag625, 16,00 g, Ø 32,5 mm

PP: 200.000 Ex. € 45,00

LX-G95

125 Jahre Strahlen elektrischer Kraft – Heinrich Hertz

2013 G 10 EURO

Ⓓ Othmar Kukula

Rand: „LICHT IST EINE ELEKTRISCHE ERSCHEINUNG“

CuNi, 14,00 g, Ø 32,5 mm

Stgl.: 1.270.500 Ex. € 22,00

Ag625, 16,00 g, Ø 32,5 mm

PP: 200.000 Ex. € 40,00

LX-G96

200 Jahre Grimms Märchen (III) – Hänsel und Gretel

2014 G, 10 EURO

Ⓓ Marianne Dietz

Rand: „KNUPER, KNUPER, KNEISCHEN ...“

CuNi, 14,00 g, Ø 32,5 mm

Stgl.: 1.220.000 Ex. € 22,00

Ag625, 16,00 g, Ø 32,5 mm

PP: 195.000 Ex. € 40,00

LX-G97

LX-G101

LX-G98

LX-G102

LX-G99

LX-G103

LX-G100

LX-G104

LX-G97
Wahrzeichen der Bundesländer (IX) – Niedersachsen: Stiftskirche St. Michaelis, Hildesheim
2014 A-J, 2 EURO
Ⓓ Luc Luycx und Erich Ott
Stgl.: 30.000.000 Ex. € 6,50
(A 6.000.000, D 6.300.000, F 7.200.000, G 4.200.000, J 6.300.000)
PP: nur aus Kursmünzensatz LX-AK2 und Gedenkmünzensatz LX-AG3

LX-G98
250. Geburtstag von Johann Gottfried Schadow
2014 A, 10 EURO
Ⓓ Bodo Broschat
Rand: „LUST HABEN WIR KÜNSTLER NUR ZU UNSERER ARBEIT"
CuNi, 14,00 g, Ø 32,5 mm
Stgl.: 1.185.000 Ex. € 22,00
Ag625, 16,00 g, Ø 32,5 mm
PP: 195.000 Ex. € 40,00

LX-G99
150. Geburtstag von Richard Strauss
2014 D, 10 EURO
Ⓓ Erich Ott
Rand: „TON UND WORT SIND BRUDER UND SCHWESTER"
CuNi, 14,00 g, Ø 32,5 mm
Stgl.: 1.202.000 Ex. € 22,00
Ag625, 16,00 g, Ø 32,5 mm
PP: 185.000 Ex. € 40,00

LX-G100
Deutscher Wald (V) – Kastanie
2014 A-J, 20 EURO
Au999, 3,89 g, Ø 17,5 mm
Ⓓ František Chochola und Heinz Hoyer
Stgl.: 200.000 Ex. € 400,00
(40.000 je Prägestätte)

LX-G101
600 Jahre Konstanzer Konzil
2014 F, 10 EURO
Ⓓ Katrin Pannicke
Rand: „PRO UNIONE AC REFORMATIONE ECCLESIAE"
CuNi, 14,00 g, Ø 32,5 mm
Stgl.: 1.186.000 Ex. € 22,00
Ag625, 16,00 g, Ø 32,5 mm
PP: 185.000 Ex. € 40,00

LX-G102
UNESCO-Weltkulturerbe (XI) – Kloster Lorsch
2014 A-J, 100 EURO
Au999, 15,55 g, Ø 28 mm
Ⓓ František Chochola
Stgl.: 200.000 Ex. € 1.440,00
(40.000 je Prägestätte)

LX-G103
300 Jahre Fahrenheit-Skala
2014 J, 10 EURO
Ⓓ Victor Benjamin Huster
Rand: „EIN MEILENSTEIN DER MESSTECHNIK"
CuNi, 14,00 g, Ø 32,5 mm
Stgl.: 1.133.000 Ex. € 22,00
Ag625, 16,00 g, Ø 32,5 mm
PP: 185.000 Ex. € 40,00

LX-G104
25 Jahre Deutsche Einheit
2015 A-J, 2 EURO
Ⓓ Luc Luycx und Bernd Wendhut
Stgl.: 30.000.000 Ex. € 6,50
(A 6.000.000, D 6.300.000, F 7.200.000, G 4.200.000, J 6.300.000)
PP: nur aus Kursmünzensatz LX-AK2 und Gedenkmünzensatz LX-AG3)

LX-G109

LX-G106

LX-G110

LX-G107

LX-G111

LX-G108

LX-G112

LX-G105

Wahrzeichen der Bundesländer (X) – Hessen: Paulskirche, Frankfurt am Main
2015 A-J, 2 EURO
Ⓓ Luc Luycx und Heinz Hoyer

Stgl.: 30.000.000 Ex. € 6,50
(A 6.000.000, D 6.300.000, F 7.200.000, G 4.200.000, J 6.300.000)

PP: nur aus Kursmünzensatz LX-AK2 und Gedenkmünzensatz LX-AG3

LX-G106

200 Jahre Grimms Märchen (IV) – Dornröschen
2015 D, 10 EURO
Ⓓ Marianne Dietz

Rand: „EIN HUNDERTJÄHRIGER TIEFER SCHLAF“

CuNi, 14,00 g, Ø 32,5 mm
Stgl.: 1.103.000 Ex. € 24,00

Ag625, 16,00 g, Ø 32,5 mm
PP: 180.000 Ex. € 40,00

LX-G107

200. Geburtstag von Otto von Bismarck
2015 A, 10 EURO
Ⓓ Michael Otto

Rand: „DIE POLITIK IST DIE LEHRE VOM MÖGLICHEN“

CuNi, 14,00 g, Ø 32,5 mm
Stgl.: 1.078.000 Ex. € 22,00

Ag625, 16,00 g, Ø 32,5 mm
PP: 180.000 Ex. € 40,00

LX-G108

150 Jahre Deutsche Gesellschaft zur Rettung Schiffbrüchiger
2015 J, 10 EURO
Ⓓ Joachim Dimanski

Rand: „FREIWILLIG · UNABHÄNGIG · SPENDENFINANZIERT ·“

CuNi, 14,00 g, Ø 32,5 mm
Stgl.: 1.068.000 Ex. € 24,00

Ag625, 16,00 g, Ø 32,5 mm
PP: 175.000 Ex. € 40,00

LX-G109

Deutscher Wald (VI) – Linde
2015 A-J, 20 EURO
Au999, 3,89 g, Ø 17,5 mm
Ⓓ František Chochola

Stgl.: 200.000 Ex. € 400,00
(40.000 je Prägestätte)

LX-G110

1000 Jahre Leipzig
2015 F, 10 EURO
Ⓓ Anne Karen Hentschel

Rand: „Bürgersinn · Bürgerfleiss · Bürgerstolz ·“

CuNi, 14,00 g, Ø 32,5 mm
Stgl.: 1.054.000 Ex. € 22,00

Ag625, 16,00 g, Ø 32,5 mm
PP: 175.000 Ex. € 40,00

LX-G111

500. Geburtstag von Lucas Cranach d. J.
2015 G, 10 EURO
Ⓓ Erich Ott

Rand: „DEM FUERTREFFLICHEN MALER“

CuNi, 14,00 g, Ø 32,5 mm
Stgl.: 1.032.000 Ex. € 22,00

Ag625, 16,00 g, Ø 32,5 mm
PP: 175.000 Ex. € 40,00

LX-G112

UNESCO-Weltkulturerbe (XII) – Oberes Mittelrheintal
2015 A-J, 100 EURO
Au999, 15,55 g, Ø 28 mm
Ⓓ Friedrich Brenner

Stgl.: 163.000 Ex. € 1.490,00
(32.600 je Prägestätte)

LX-G113

LX-G117

LX-G114

LX-G118

LX-G115

LX-G119

LX-G116

LX-G120

LX-G113
25 Jahre Deutsche Einheit
2015 A-J, 25 EURO
Ag999, 18 g, Ø 32,5 mm
Ⓓ Bernd Wendhut
Rand: „EINIGKEIT UND RECHT UND FREIHEIT"
Stgl.: 1.500.000 Ex. € 60,00
(300.000 Ex. je Prägestätte)
PP: ca. 250.000 Ex.* € 110,00
(50.000 Ex. je Prägestätte),
*incl. der Münzen aus dem Gedenkmünzensatz LX-AG3

LX-G114
30 Jahre Flagge der Europäischen Union
2015 A-J, 2 EURO
Ⓓ Luc Luycx u. Georgios Stamatopoulos
Stgl.: 30.000.000 Ex. € 6,50
(A 6.000.000, D 6.300.000, F 7.200.000, G 4.200.000, J 6.300.000)
PP: nur aus Gedenkmünzensatz LX-AG3

LX-G115
200 Jahre Grimms Märchen (V) – Rotkäppchen
2016 A, 20 EURO
Ag925, 18 g, Ø 32,5 mm
Ⓓ Elena Gerber
Rand: „... UND LAUF NICHT VOM WEG AB"
Stgl.: 1.082.000 Ex. € 43,00
PP: 171.000 Ex. € 60,00

LX-G116
Wahrzeichen der Bundesländer (XI) – Sachsen: Dresdner Zwinger
2016 A-J, 2 EURO
Ⓓ Luc Luycx und Jordi Truxa Regel
Stgl.: 30.000.000 Ex. € 6,50
(A 6.000.000, D 6.300.000, F 7.200.000, G 4.200.000, J 6.300.000)
PP: nur aus Kursmünzensatz LX-AK2 und Gedenkmünzensatz LX-AG3

LX-G117
125. Geburtstag von Nelly Sachs
2016 F, 20 EURO
Ag925, 18 g, Ø 32,5 mm
Ⓓ Georg Mann
Rand: „FRIEDEN DU LEISESTE ALLER GEBURTEN"
Stgl.: 952.000 Ex. € 38,00
PP: 155.000 Ex. € 65,00

LX-G118
Planet Erde
2016 A-J, 5 EURO
CuNi, Polymerring*, 9 g, Ø 27,25 mm
Ⓓ Alina Hoyer und Stefan Klein
Rand: „BLAUER PLANET ERDE • BLAUER PLANET ERDE •"
Stgl.: 2.000.000 Ex. € 80,00
(400.000 Ex. je Prägestätte)
PP: 250.000 Ex. € 170,00
(50.000 Ex. je Prägestätte)

* Der Farbton des Polymerrings ist für jede Prägestätte unterschiedlich.

LX-G119
Heimische Vögel (I) – Nachtigall
2016 A-J, 20 EURO
Au999, 3,89 g, Ø 17,5 mm
Ⓓ Adelheid Fuss und Bodo Broschat
Stgl.: 200.000 Ex. € 380,00
(40.000 je Prägestätte)

LX-G120
200. Geburtstag von Ernst Litfaß
2016 D, 20 EURO
Ag925, 18 g, Ø 32,5 mm
Ⓓ Susanne Jünger
Rand: „RUNDUM INFORMIERT RUNDUM NFORMIERT"
Stgl.: 943.000 Ex. € 42,00
PP: 150.000 Ex. € 65,00

LX-G121

LX-G125

LX-G122

LX-G126

LX-G123

LX-G127

LX-G124

LX-G128

LX-G121
UNESCO-Weltkulturerbe (XIII) – Altstadt Regensburg mit Stadtamhof
2016 A-J, 100 EURO
Au999, 15,55 g, Ø 28 mm
Ⓓ Friedrich Brenner
Stgl.: 147.000 Ex. € 1.580,00
(29.400 je Prägestätte)

LX-G122
175 Jahre Deutschlandlied
2016 J, 20 EURO
Ag925, 18 g, Ø 32,5 mm
Ⓓ Claudius Riedmiller
Rand: „SIND DES GLUECKES UNTERPFAND ..."
Stgl.: 972.000 Ex. € 42,00
PP: 150.000 Ex. € 65,00

LX-G123
125. Geburtstag von Otto Dix
2016 G, 20 EURO
Ag925, 18 g, Ø 32,5 mm
Ⓓ Friedrich Brenner
Rand: „DU MUSST ALLES SELBER SEIN!"
Stgl.: 938.000 Ex. € 38,00
PP: 150.000 Ex. € 65,00

LX-G124
Wahrzeichen der Bundesländer (XII) – Rheinland-Pfalz: Porta Nigra, Trier
2017 A-J, 2 EURO
Ⓓ Luc Luycx und František Chochola
Stgl.: 30.000.000 Ex. € 6,50
(A 6.000.000, D 6.300.000, F 7.200.000, G 4.200.000, J 6.300.000)
PP: nur aus Kursmünzensatz LX-AK2 und Gedenkmünzensatz LX-AG3

LX-G125
200 Jahre Grimms Märchen (VI) – Bremer Stadtmusikanten
2017 J, 20 EURO
Ag925, 18 g, Ø 32,5 mm
Ⓓ Elena Gerber
Rand: „ETWAS BESSERES ALS DEN TOD FINDEST DU ÜBERALL"
Stgl.: 997.000 Ex. € 43,00
PP: 145.000 Ex. € 65,00

LX-G126
500 Jahre Reformation
2017 A, 20 EURO
Ag925, 18 g, Ø 32,5 mm
Ⓓ Patrick Niesel
Rand: „HIER STEHE ICH, ICH KANN NICHT ANDERS"
Stgl.: 1.030.000 Ex. € 44,00
PP: 145.000 Ex. € 60,00

LX-G127
Klimazonen der Erde (I) – Tropische Zone
2017 A-J, 5 EURO
CuNi, Polymerring*, 9 g, Ø 27,25 mm
Ⓓ Stefanie Radtke
Rand: „KLIMAZONEN DER ERDE •"
Stgl.: 2.000.000 Ex. € 40,00
(400.000 Ex. je Prägestätte)
PP: 300.000 Ex.
(60.000 Ex. je Prägestätte)
Mzz. A € 95,00
Mzz. D, F, G, J je € 95,00

* Der Farbton des Polymerrings ist für jede Prägestätte unterschiedlich.

LX-G128
50 Jahre Deutsche Sporthilfe
2017 D, 20 EURO
Ag925, 18 g, Ø 32,5 mm
Ⓓ Adelheid Fuss
Rand: „LEISTUNG. FAIRPLAY. MITEINANDER."
Stgl.: 935.000 Ex. € 43,00
PP: 130.000 Ex. € 65,00

LX-G129

LX-G133

LX-G130

LX-G134

LX-G131

LX-G135

LX-G132

LX-G136

LX-G129
„Lutherrose", 500 Jahre Reformation
2017 A-J, 50 EURO
Au999, 7,78 g, Ø 20 mm
Ⓓ Adelheid Fuss
Stgl.: ca. 150.000 Ex. € 790,00
(30.000 je Prägestätte)

LX-G130
Laufmaschine von Karl Drais 1817
2017 G, 20 EURO
Ag925, 18 g, Ø 32,5 mm
Ⓓ Friedrich Brenner
Rand: „200 JAHRE ZWEIRADPRINZIP"
Stgl.: 907.000 Ex. € 42,00
PP: 130.000 Ex. € 65,00

LX-G131
Heimische Vögel (II) – Pirol
2017 A-J, 20 EURO
Au999, 3,89 g, Ø 17,5 mm
Ⓓ Adelheid Fuss u. František Chochola
Stgl.: 168.000 Ex. € 500,00
(33.600 je Prägestätte)

LX-G132
UNESCO-Weltkulturerbe (XIV) – Luthergedenkstätten in Eisleben und Wittenberg
2017 A-J, 100 EURO
Au999, 15,55 g, Ø 28 mm
Ⓓ Bastian Prillwitz
Stgl.: 158.000 Ex. € 1.490,00
(31.600 je Prägestätte)

LX-G133
300. Geburtstag
Johann Joachim Winckelmann
2017 F, 20 EURO
Ag925, 18 g, Ø 32,5 mm
Ⓓ André Witting
Rand: „EDLE EINFALT UND STILLE GRÖSSE"
Stgl.: 888.000 Ex. € 38,00
PP: 130.000 Ex. € 65,00

LX-G134
200 Jahre Grimms Märchen (VII) – Froschkönig
2018 F, 20 EURO
Ag925, 18 g, Ø 32,5 mm
Ⓓ Anne Karen Hentschel
Rand: „KÖNIGSTOCHTER JÜNGSTE MACH MIR AUF!"
Stgl.: 919.000 Ex. € 57,00
PP: 130.000 Ex. € 65,00

LX-G135
100. Geburtstag Helmut Schmidt
2018 A-J, 2 EURO
Ⓓ Luc Luycx und Bodo Broschat
Stgl.: ca. 30.000.000 Ex. € 6,50
(A 6.000.000, D 6.300.000, F 7.200.000, G 4.200.000, J 6.300.000)
PP: nur aus Kursmünzensatz LX-AK2 und Gedenkmünzensatz LX-AG3

LX-G136
Wahrzeichen der Bundesländer (XIII) – Berlin: Schloss Charlottenburg
2018 A-J, 2 EURO
Ⓓ Luc Luycx und Bodo Broschat
Stgl.: ca. 30.000.000 Ex. € 6,50
(A 6.000.000, D 6.300.000, F 7.200.000, G 4.200.000, J 6.300.000)
PP: nur aus Kursmünzensatz LX-AK2 und Gedenkmünzensatz LX-AG3

LX-G137

LX-G138

LX-G139

LX-G140

LX-G141

LX-G142

LX-G143

LX-G144

LX-G137
275 Jahre Gewandhausorchester
2018 G, 20 EURO
Ag925, 18 g, Ø 32,5 mm
Ⓓ Lucia Maria Hardegen
Rand: „• RES SEVERA VERUM GAUDIUM"
Stgl.: 877.000 Ex. € 38,00
PP: 125.000 Ex. € 60,00

LX-G138
Klimazonen der Erde (II): Subtropische Zone
2018 A-J, 5 EURO
CuNi, Polymerring*, 9 g, Ø 27,25 mm
Ⓓ Stefanie Radtke und Patrick Niesel
Rand: „KLIMAZONEN DER ERDE •"
Stgl.: 3.000.000 Ex. € 20,00
(600.000 je Prägestätte)
PP: 400.000 Ex. € 60,00
(80.000 je Prägestätte)

* Der Farbton des Polymerrings ist für jede Prägestätte unterschiedlich.

LX-G139
800 Jahre Hansestadt Rostock
2018 J, 20 EURO
Ag925, 18 g, Ø 32,5 mm
Ⓓ Anne Karen Hentschel
Rand: „SIT INTRA TE CONCORDIA ET PUBLICA FELICITAS •"
Stgl.: 864.000 Ex. € 45,00
PP: 125.000 Ex. € 65,00

LX-G140
Heimische Vögel (III) – Uhu
2018 A-J, 20 EURO
Au999, 3,89 g, Ø 17,5 mm
Ⓓ Adelheid Fuss
Stgl.: 150.000 Ex. € 1.200,00
(30.000 je Prägestätte)

LX-G141
Musikinstrumente (I) – Kontrabass
2018 A-J, 50 EURO
Au999, 7,78 g, Ø 22 mm
Ⓓ Erich Ott
Stgl.: 101.750 Ex. € 780,00
(20.350 je Prägestätte)

LX-G142
150. Geburtstag Peter Behrens
2018 A, 20 EURO
Ag925, 18 g, Ø 32,5 mm
Ⓓ Anna Steinmann
Rand: „IM UEBRIGEN AUTODIDAKT •"
Stgl.: 831.000 Ex. € 38,00
PP: 117.000 Ex. € 65,00

LX-G143
UNESCO-Weltkulturerbe (XV) – Schlösser Augustusburg und Falkenlust in Brühl
2018 A-J, 100 EURO
Au999, 15,55 g, Ø ca. 28 mm
Ⓓ Bastian Prillwitz
Stgl.: 135.500 Ex. € 1.550,00
(27.100 je Prägestätte)

LX-G144
100. Geburtstag Ernst Otto Fischer
2018 D, 20 EURO
Ag925, 18 g, Ø 32,5 mm
Ⓓ Katrin Pannicke
Rand: „NATURWISSENSCHAFTEN SIND WEDER GUT NOCH BOESE •"
Stgl.: 827.000 Ex. € 40,00
PP: 117.000 Ex. € 65,00

LX-G145

LX-G149

LX-G146

LX-G150

LX-G147

LX-G151

LX-G148

LX-G152

LX-G145
100 Jahre Frauenwahlrecht
2019 D, 20 EURO
Ag925, 18 g, Ø 32,5 mm
Ⓓ Anne Karen Hentschel
Rand: „HERAUS MIT DEM FRAUENWAHLRECHT •"
Stgl.: 786.000 Ex. € 40,00
PP: 120.000 Ex. € 65,00

LX-G146
70. Jahrestag der Gründung des Bundesrates
2019 A-J, 2 EURO
Ⓓ Luc Luycx und Michael Otto
Stgl.: ca. 30.000.000 Ex. € 5,00
(A 6.000.000, D 6.300.000, F 7.200.000, G 4.200.000, J 6.300.000)
PP: nur aus Kursmünzensatz LX-AK2 und Gedenkmünzensatz LX-AG3

LX-G147
100 Jahre Bauhaus
2019 J, 20 EURO
Ag925, 18 g, Ø 32,5 mm
Ⓓ Bastian Prillwitz
Rand: „DIE WELT NEU DENKEN ▲ ■ ●"
Stgl.: 790.000 Ex. € 45,00
PP: 109.000 Ex. € 65,00

LX-G148
Luft bewegt (I): In der Luft
2019 A-J, 10 EURO
CuNi25, Polymerring, CuNi19
9,8 g, Ø 28,75 mm
Ⓓ Andre Witting und Natalie Tekampe
Rand: „LUFT BEWEGT •"
Stgl.: 1.500.000 Ex. € 30,00
(300.000 je Prägestätte)
PP: 250.000 Ex. € 60,00
(50.000 je Prägestätte)

LX-G149
200 Jahre Grimms Märchen (VIII) – Tapferes Schneiderlein
2019 G, 20 EURO
Ag925, 18 g, Ø 32,5 mm
Ⓓ Marianne Dietz
Rand: „SIEBENE AUF EINEN STREICH! "
Stgl.: 814.000 Ex. € 40,00
PP: 114.000 Ex. € 65,00

LX-G150
Heimische Vögel (IV) – Wanderfalke
2019 A-J, 20 EURO
Au999, 3,89 g, Ø 17,5 mm
Ⓓ Bodo Broschat und Adelheid Fuss
Stgl.: 152.000 Ex. € 550,00

LX-G151
100 Jahre Weimarer Reichsverfassung
2019 A, 20 EURO
Ag925, 18 g, Ø 32,5 mm
Ⓓ František Chochola
Rand: „NATIONALVERSAMMLUNG WEIMAR 1919 • "
Stgl.: 864.000 Ex. € 40,00
PP: 112.000 Ex. € 65,00

Bei der Ausgabe „100 Jahre Weimarer Reichsverfassung" handelt es sich um die erste deutsche Münze mit Kolorierung.

LX-G152
Musikinstrumente (II) – Hammerflügel
2019 A-J, 50 EURO
Au999, 7,78 g, Ø 22 mm
Ⓓ Erich Ott
Stgl.: 88.500 Ex. € 1.200,00

LX-G153

LX-G157

LX-G154

LX-G158

LX-G155

LX-G159

LX-G156

LX-G160

LX-G153

250. Geburtstag von Alexander von Humboldt
2019 F, 20 EURO
Ag925, 18 g, Ø 32,5 mm
Ⓓ Carsten Theumer
Rand: „ALLES IST WECHSELWIRKUNG •"

Stgl.:	790.100 Ex.	€ 40,00
PP:	109.000 Ex.	€ 90,00

LX-G154

Klimazonen der Erde (III): Gemäßigte Zone
2019 A-J, 5 EURO
CuNi, Polymerring*, 9 g, Ø 27,25 mm
Ⓓ Stefanie Radtke und Peter Lasch
Rand: „KLIMAZONEN DER ERDE •"

Stgl.:	3.000.000 Ex. (600.000 je Prägestätte)	€ 20,00
PP:	400.000 Ex. (80.000 je Prägestätte)	€ 40,00

* Der Farbton des Polymerrings ist für jede Prägestätte unterschiedlich.

LX-G155

UNESCO-Weltkulturerbe (XVI) – Dom zu Speyer
2019 A-J, 100 EURO
Au999, 15,55 g, Ø ca. 28 mm
Ⓓ Bodo Broschat

Stgl.:	155.015 Ex.	€ 1.700,00

LX-G156

30. Jahrestag des Falls der Berliner Mauer
2019 A-J, 2 EURO
Ⓓ Luc Luycx und die Monnaie de Paris

Stgl.:	ca. 30.000.000 Ex. (A 6.530.000, D 4.200.000, F 7.840.000, G 4.570.000, J 6.860.000)	€ 4,90
PP:	nur aus Gedenkmünzensatz LX-AG3	

LX-G157

200 Jahre Grimms Märchen (IX) – Der Wolf und die sieben Geislein
2020 D, 20 EURO
Ag925, 18 g, Ø 32,5 mm
Ⓓ Adelheid Fuss
Rand: „DU BIST DER WOLF •"

Blister:	max. 45.000 Ex.	€ 40,00
PP:	max. 120.000 Ex.	€ 64,00

LX-G158

Wahrzeichen der Bundesländer (XIV) – Brandenburg: Schloss Sanssouci
2020 A-J, 2 EURO
Ⓓ Luc Luycx und Jordi Truxa

Stgl.:	ca. 30.000.000 Ex. (A 6.000.000, D 6.300.000, F 7.200.000, G 4.200.000, J 6.300.000)	€ 5,00
Blister:	max. 30.000 Ex.	€ 60,00
PP:	max. 40.000 Ex.	€ 60,00

LX-G159

250. Geburtstag von Ludwig van Beethoven
2020 F, 20 EURO
Ag925, 18 g, Ø 32,5 mm
Ⓓ Hannes Dauer
Rand: „WAHRE KUNST BLEIBT UNVERGAENGLICH •"

Blister:	max. 45.000 Ex.	€ 40,00
PP:	max. 120.000 Ex.	€ 67,00

LX-G160

Luft bewegt (II): An Land
2020 A-J, 10 EURO
CuZnSN, Polymerring, CuNi
9,8 g, Ø 28,75 mm
Ⓓ Andre Witting
Rand: „LUFT BEWEGT •"

Stgl.:	1.500.000 Ex.	€ 21,00
PP:	250.000 Ex.	€ 50,00

LX-G161

LX-G162

LX-G163

LX-G164

LX-G165

LX-G166

LX-G167

LX-G168

LX-G161

300. Geburtstag von
Freiherr von Münchhausen
2020 A, 20 EURO
Ag925, 18 g, Ø 32,5 mm,
mit Farbapplikation
Ⓓ František Chochola

Rand: „MIT TAPFERKEIT UND GEGENWART DES GEISTES •"

Blister: max. 45.000 Ex. € 40,00
PP: max. 120.000 Ex. € 67,00

LX-G162

Heimische Vögel (V) – Weißstorch
2020 A-J, 20 EURO
Au999, 3,89 g, Ø 17,5 mm
Ⓓ Adelheid Fuss

Stgl.: max. 165.000 Ex. € 450,00

LX-G163

900 Jahre Freiburg
2020 G, 20 EURO
Ag925, 18 g, Ø 32,5 mm
Ⓓ Bastian Prillwitz

Rand: „DER BUERGER WOHL SEI OBERSTES GESETZ +"

Blister: max. 45.000 Ex. € 40,00
PP: max. 120.000 Ex. € 62,00

LX-G164

Musikinstrumente (III) – Orchesterhorn
2020 A-J, 50 EURO
Au999, 7,78 g, Ø 22 mm
Ⓓ Erich Ott und Jordi Truxa

Stgl.: max. 120.000 Ex. € 1.000,00

LX-G165

Säulen der Demokratie (I) –
Einigkeit – Paulskirche
2020 A-J, 100 EURO
Au999, 15,55 g, Ø 28 mm
Ⓓ André Witting und Bastian Prillwitz

Stgl.: max. 175.000 Ex. € 1.400,00

LX-G166

50 Jahre Kniefall von Warschau
2020 A-J, 2 EURO
Ⓓ Luc Luycx und Bodo Broschat

Stgl.: ca. 30.000.000 Ex. € 5,00
(A 6.000.000, D 6.300.000, F 7.200.000, G 4.200.000, J 6.300.000)
Blister: max. 30.000 Ex. € 37,00
PP: max. 40.000 Ex. € 60,00

LX-G167

Klimazonen der Erde (IV):
Subpolare Zone
2020 A-J, 5 EURO
CuNi, Polymerring*, 9 g, Ø 27,25 mm
Ⓓ Stefanie Radtke und Natalie Tekampe

Rand: „KLIMAZONEN DER ERDE •"

Stgl.: 2.000.000 Ex. € 17,00
(400.000 je Prägestätte)
PP: 400.000 Ex. € 47,00
(80.000 je Prägestätte)

* Der Farbton des Polymerrings ist für jede Prägestätte unterschiedlich.

LX-G168

Wahrzeichen der Bundesländer (XV) –
Sachsen-Anhalt: Magdeburger Dom
2021 A-J, 2 EURO
Ⓓ Luc Luycx und Michael Otto

Stgl.: € 5,00
Blister: € 44,00
PP: € 80,00

LX-G169

LX-G173

LX-G170

LX-G174

LX-G171

LX-G175

LX-G172

LX-G176

LX-G169

200 Jahre Grimms Märchen (X) – Frau Holle

2021, 20 EURO

Ag925, 18 g, Ø 32,5 mm

Ⓓ Jordi Truxa

Rand: „DAS IST ZUR BELOHNUNG DEINER DIENSTE"

Blister:	max. 41.000 Ex.	€ 40,00
PP:	max. 120.000 Ex.	€ 75,00

LX-G170

50 Jahre die Sendung mit der Maus

2021, 20 EURO

Ag925, 18 g, Ø 32,5 mm

Ⓓ Andre Witting und WDR mediagroup GmbH / Staatliche Münze Berlin

Rand: „LACH- UND SACHGESCHICHTEN"

Blister:	max. 41.000 Ex.	€ 42,00
PP:	max. 120.000 Ex.	€ 85,00

LX-G171

Luft bewegt (III): Auf dem Wasser

2021 A-J, 10 EURO

CuZnSN, Polymerring, CuNi

9,8 g, Ø 28,75 mm

Ⓓ Andre Witting und Daniel Engelberg

Rand: „LUFT BEWEGT •"

Stgl.:	1.500.000 Ex.	€ 26,00
PP:	250.000 Ex.	€ 49,00

LX-G172

100. Geburtstag von Sophie Scholl

2021, 20 EURO

Ag925, 18 g, Ø 32,5 mm

Ⓓ Olaf Stoy

Rand: „EIN GEFÜHL WAS RECHT UND UNRECHT IST"

Blister:	max. 41.000 Ex.	€ 39,00
PP:	max. 120.000 Ex.	€ 75,00

LX-G173

200. Geburtstag von Sebastian Kneipp

2021, 20 EURO

Ag925, 18 g, Ø 32,5 mm

Ⓓ František Chochola

Rand: „DIE NATUR IST DIE BESTE MEDIZIN"

Blister:	max. 41.000 Ex.	€ 40,00
PP:	max. 120.000 Ex.	€ 70,00

LX-G174

Fußball-Europameisterschaft

2021, 20 EURO

Ag925, 18 g, Ø 32,5 mm

Ⓓ Thomas Serres und Erich Ott

Rand: „EIN TURNIER FUER EUROPA - EIN TURNIER FUER FANS"

Blister:	max. 41.000 Ex.	€ 41,00
PP:	max. 120.000 Ex.	€ 70,00

LX-G175

Heimische Vögel (VI) – Schwarzspecht

2021 A-J, 20 EURO

Au999, 3,89 g, Ø 17,5 mm

Ⓓ František Chochola

Stgl.:	max. 165.000 Ex.	€ 450,00

LX-G176

Musikinstrumente (IV) – Pauke

2021 A-J, 50 EURO

Au999, 7,78 g, Ø 22 mm

Ⓓ Erich Ott und Elena Gerber

Stgl.:	max. 120.000 Ex.	€ 850,00

LX-G177

LX-G178

LX-G179

LX-G177

Klimazonen der Erde (V):
Polare Zone
2021 A-J, 5 EURO
CuNi, Polymerring*, 9 g, Ø 27,25 mm
Ⓓ Stefanie Radtke und Natalie Tekampe

Rand: „KLIMAZONEN DER ERDE •"

Stgl.: 2.000.000 Ex. € 16,00
(400.000 je Prägestätte)

PP: 400.000 Ex. € 47,00
(80.000 je Prägestätte)

* Der Farbton des Polymerrings ist für jede Prägestätte unterschiedlich.

LX-G178

Säulen der Demokratie (II) –
Recht – Bundesverfassungsgericht
2021 A-J, 100 EURO
Au999, 15,55 g, Ø 28 mm
Ⓓ André Witting und Bastian Prillwitz

Stgl.: max. 175.000 Ex. € –,–

LX-G179

Weihnachten – Geburt Christi
2021, 25 EURO
Ag999, 22 g, Ø 30 mm,
Tellerprägung
Ⓓ Adelheid Fuss

Stgl.: 1.000.000 Ex. € –,–

PP: 200.000 Ex. € –,–

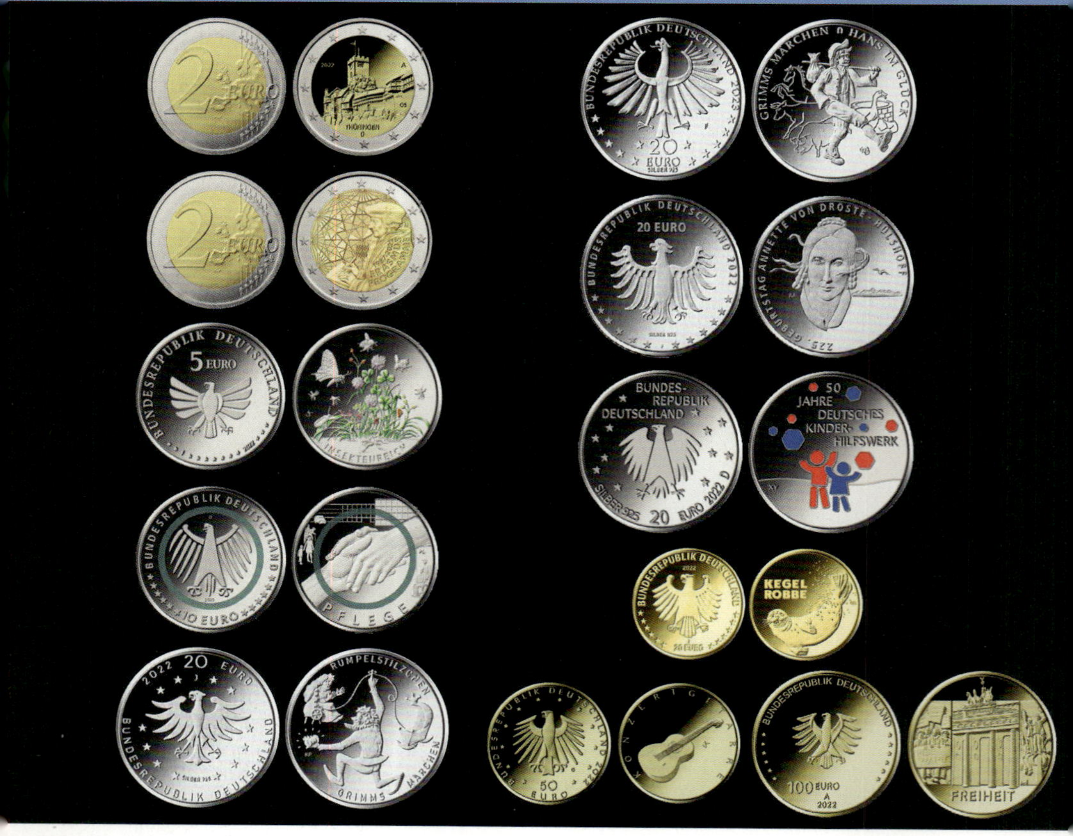

Vorschau

2 EURO,
Wahrzeichen der Bundesländer

2022 Thüringen:
Wartburg bei Eisenach

2 EURO,
Gemeinschaftsausgabe

2022 35 Jahre Erasmus-Programm

5 EURO

2022 Insektenreich

10 EURO
Im Dienste der Gesellschaft

2022 Pflege

20 EURO,
200 Jahre Grimms Märchen

2022 Rumpelstilzchen
2023 Hans im Glück

20 EURO

2022 1200 Jahre K oster Corvey
2022 225. Geburtstag von
Annette von Droste-Hülshoff
2022 50 Jahre Kinderhilfe

20 EURO,
Die Rückkehr der Wildtiere

2022 Kegelrobbe

25 EURO

2022 Herrnhuter Stern

50 EURO,
Musikinstrumente

2022 Konzertgitarre

100 EURO,
Säulen der Demokratie

2022 Freiheit –
Brandenburger Tor

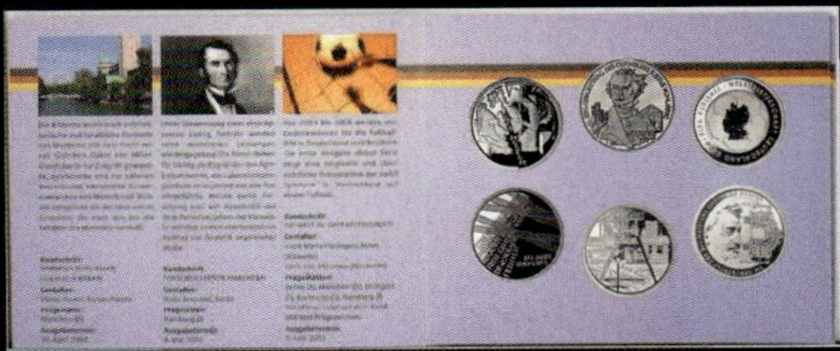

10-Euro-Gedenkmünzensätze			
enthält alle 10-Euro-Gedenkmünzen des entsprechenden Jahres	Jahr	Auflage	PP
LX-AG1 2002 (5 Münzen)	2002	60.000	415,00
LX-AG1 2003 (6 Münzen)	2003	60.000	230,00
LX-AG1 2004 (6 Münzen)	2004	80.000	230,00
LX-AG1 2005 (6 Münzen)	2005	80.000	245,00
LX-AG1 2006 (5 Münzen)	2006	80.000	235,00
LX-AG1 2007 (5 Münzen)	2007	75.000	235,00
LX-AG1 2008 (5 Münzen)	2008	75.000	250,00
LX-AG1 2009 (6 Münzen)	2009	75.000	285,00
LX-AG1 2010 (6 Münzen)	2010	57.900	285,00
LX-AG1 2011 (6 Münzen)	2011	63.000	250,00
LX-AG1 2012 (5 Münzen)	2012	60.000	280,00
LX-AG1 2013 (5 Münzen)	2013	55.000	200,00
LX-AG1 2014 (5 Münzen)	2014	60.000	180,00
LX-AG1 2015 (5 Münzen)	2015	60.000	180,00

20-Euro-Gedenkmünzensätze			
enthält alle 20-Euro-Gedenkmünzen des entsprechenden Jahres	Jahr	Auflage	PP
LX-AG1 2016 (5 Münzen)	2016	55.000	310,00
LX-AG1 2017 (5 Münzen)	2017	49.000	310,00
LX-AG1 2018 (5 Münzen)	2018	45.500	305,00
LX-AG1 2019 (5 Münzen)	2019	44.100	305,00

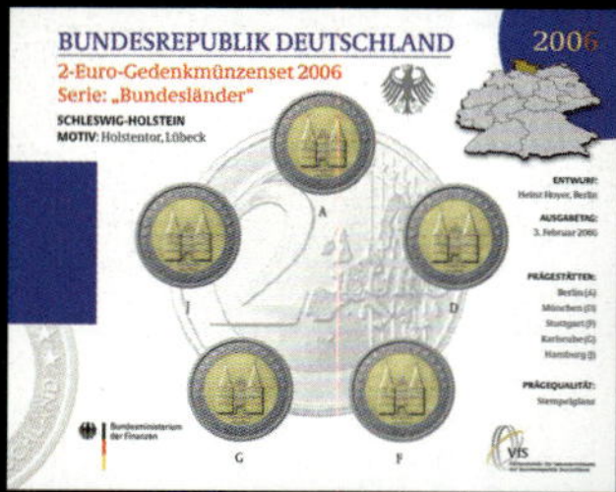

Gedenkmünzensätze (Stempelglanz)

enthält die entsprechende Gedenkmünze von allen fünf Prägestätten

		Jahr	Auflage	Stgl.
LX-AG2 2006	(LX-G30 A–J)	2006	60.000	95,00
LX-AG2 2007	(LX-G37 A–J)	2007	60.000	70,00
LX-AG2 2008	(LX-G44 A–J)	2008	50.000	45,00
LX-AG2 2009	(LX-G52 A–J)	2009	50.000	45,00
LX-AG2 2010	(LX-G60 A–J)	2010	45.000	40,00
LX-AG2 2011	(LX-G69 A–J)	2011	47.000	40,00
LX-AG2 2012	(LX-G79 A–J)	2012	47.000	38,00
LX-AG2 2013	(LX-G88 A–J)	2013	47.000	38,00
LX-AG2 2014	(LX-G97 A–J)	2014	47.000	35,00
LX-AG2 2015	(LX-G105 A–J)	2015	40.000	35,00
LX-AG2 2016	(LX-G116 A–J)	2016	35.000	35,00
LX-AG2 2017	(LX-G124 A–J)	2017	34.000	35,00
LX-AG2 2018/1	(LX-G135 A–J)	2018	30.000	45,00
LX-AG2 2018/2	(LX-G136 A–J)	2018	33.000	35,00
LX-AG2 2019/1	(LX-G146 A–J)	2019	26.400	49,00
LX-AG2 2019/2	(LX-G156 A–J)	2019	26.400	49,00

Gedenkmünzensätze (Spiegelglanz)

enthält die entsprechende Gedenkmünze von allen fünf Prägestätten

		Jahr	Auflage	PP
LX-AG3 2006	(LX-G30 A–J)	2006	55.000	250,00
LX-AG3 2007/1	(LX-G37 A–J)	2007	55.000	155,00
LX-AG3 2007/2	(LX-G39 A–J)	2007	20.000	335,00
LX-AG3 2008	(LX-G44 A–J)	2008	55.000	110,00
LX-AG3 2009/1	(LX-G51 A–J)	2009	20.000	280,00
LX-AG3 2009/2	(LX-G52 A–J)	2009	50.000	100,00
LX-AG3 2010	(LX-G60 A–J)	2010	50.800	100,00
LX-AG3 2011	(LX-G69 A–J)	2011	55.000	80,00
LX-AG3 2012/1	(LX-G78 A–J)	2012	55.000	65,00
LX-AG3 2012/2	(LX-G79 A–J)	2012	55.000	65,00
LX-AG3 2013/1	(LX-G87 A–J)	2013	50.000	60,00
LX-AG3 2013/2	(LX-G88 A–J)	2013	55.000	60,00
LX-AG3 2014	(LX-G97 A–J)	2014	55.000	60,00
LX-AG3 2015/1	(LX-G104 A–J)	2015	40.000	60,00
LX-AG3 2015/2	(LX-G105 A–J)	2015	50.000	60,00
LX-AG3 2015/3	(LX-G113 A–J)	2015	35.000	525,00
LX-AG3 2015/4	(LX-G114 A–J)	2015	25.000	130,00
LX-AG3 2016	(LX-G116 A–J)	2016	43.000	60,00
LX-AG3 2017	(LX-G124 A–J)	2017	41.000	60,00
LX-AG3 2018/1	(LX-G135 A–J)	2018	40.000	90,00
LX-AG3 2018/2	(LX-G136 A–J)	2018	39.000	60,00
LX-AG3 2019/1	(LX-G146 A–J)	2019	37.200	66,00
LX-AG3 2019/2	(LX-G156 A–J)	2019	33.000	83,00

ESTLAND

Republik

Fläche: 45.339 km²

Hauptstadt: Tallinn

Einwohnerzahl: 1,3 Mio.

Beitrittsjahr zur EU: 2004

Bisherige Währung: Estnische Krone

Bildmotiv: Sängerwiese in Tallinn

LD-K1	1 Cent	
Jahr	**Auflage**	**Stgl.**
2011	32.000.000	1,10
2012	25.000.000	1,00
2015	14.000.000	1,00
2016	nur aus Sätzen	5,20
2017	29.000.000	1,30
2018	500.000	0,90
2019	10.000.000	1,30
2020		–,–

LD-K2	2 Cent	
Jahr	**Auflage**	**Stgl.**
2011	30.000.000	1,10
2012	25.000.000	1,00
2015	17.100.000	1,00
2016	nur aus Sätzen	4,80
2017	9.000.000	1,20
2018	8.500.000	1,00
2019		–,–
2020	2.000.000	1,10

LD-K3	5 Cent	
Jahr	**Auflage**	**Stgl.**
2011	30.000.000	1,20
2016	nur aus Sätzen	4,30
2017	4.550.000	1,20
2018	4.500.000	0,90
2019		–,–
2020		–,–

LD-K4	10 Cent	
Jahr	**Auflage**	**Stgl.**
2011	30.000.000	1,40
2016	nur aus Sätzen	4,50
2018	500.000	1,40

LD-K5	20 Cent	
Jahr	**Auflage**	**Stgl.**
2011	25.000.000	2,00
2016	nur aus Sätzen	4,70
2017	3.250.000	1,60
2018	4.000.000	1,80
2020	1.500.000	1,70

LD-K6	50 Cent	
Jahr	**Auflage**	**Stgl.**
2011	20.000.000	3,00
2016	nur aus Sätzen	5,00
2018	500.000	2,80
2020		–,–

LD-K7	1 Euro	
Jahr	**Auflage**	**Stgl.**
2011	16.000.000	4,20
2016	nur aus Sätzen	8,60
2018	500.0000	5,30
2020		–,–

LD-K8	2 Euro	
Jahr	**Auflage**	**Stgl.**
2011	11.000.000	6,30
2016	nur aus Sätzen	44,00
2018	500.000	8,70
2020	1.750.000	–,–

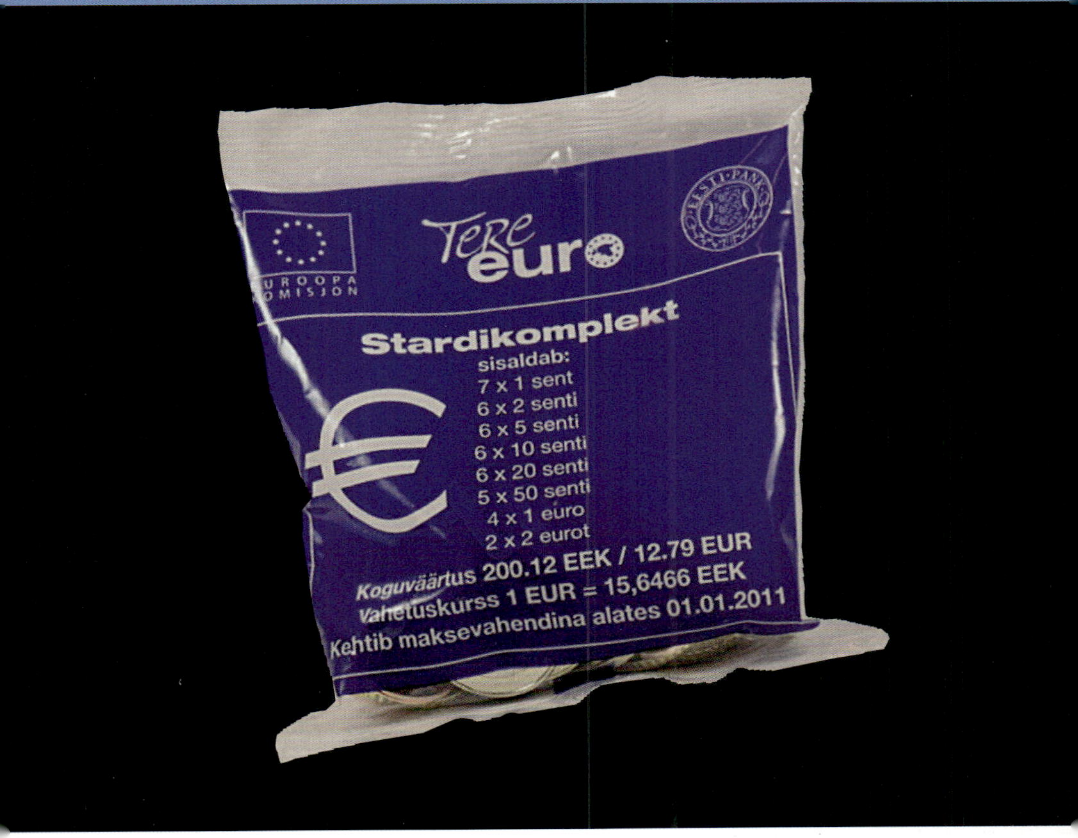

Inhalt des Starterpäckchens:

1 Cent (7x), 2 Cent (6x), 5 Cent (6x), 10 Cent (6x), 20 Cent (6x), 50 Cent (5x), 1 Euro (4x), 2 Euro (2x).

Die Starterkits wurden ab dem 1. Dezember 2010 an Privathaushalte zu einem Gegenwert von 200,00 EEK abgegeben.

Jahr	Auflage	Stgl.
2011	600.000 Exemplare	€ 45,00

Inhalt der Original-Rollen:

1 Cent	50 Exemplare	Nominal:	€ 0,50
2 Cent	50 Exemplare	Nominal:	€ 1,00
5 Cent	50 Exemplare	Nominal:	€ 2,50
10 Cent	40 Exemplare	Nominal:	€ 4,00
20 Cent	40 Exemplare	Nominal:	€ 8,00
50 Cent	40 Exemplare	Nominal:	€ 20,00
1 EURO	25 Exemplare	Nominal:	€ 25,00
2 EURO	25 Exemplare	Nominal:	€ 50,00

Kursmünzensätze	Jahr	Auflage	Stgl.
LD-AK1 2011	2011	50.000	30,00
LD-AK1 2016	2016	20.000	58,00
LD-AK1 2018 (incl. LD-G17 und G18)	2018	5.000	180,00

Kursmünzensätze	Jahr	Auflage	PP
LD-AK2 2011	2011	3.500	175,00

LD-G1

LD-G2

LD-G3

LD-G4

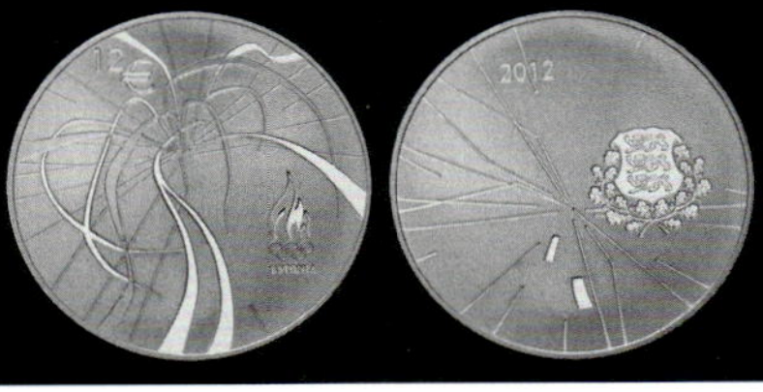

LD-G5

LD-G6

LD-G7

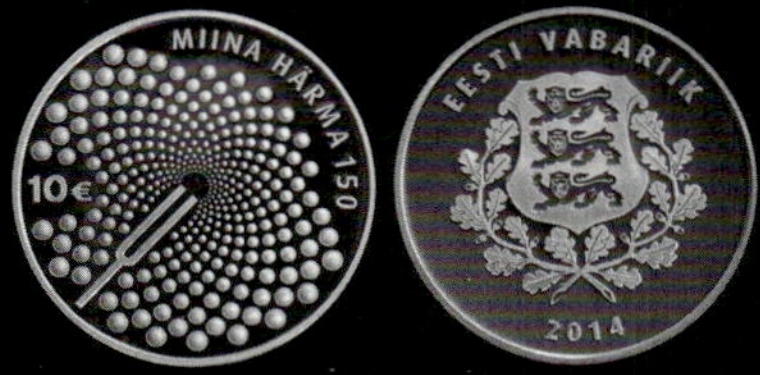

LD-G8

LD-G1
Die Einführung des Euro – Estlands Zukunft
2011, 10 EURO
Ag999 mit Diamant, 28,8 g, Ø 38,61 mm
Ⓓ Simson von Seakyl
PP: max. 30.000 Ex. € 100,00

LD-G2
Die Einführung des Euro – Estlands Beitritt
2011, 20 EURO
Au999/Ag999, 14,6 g, Ø 27,25 mm
Ⓓ Priit Pärn
PP: max. 10.000 Ex. € 1.500,00

LD-G3
10. Jahrestag der Einführung der Euro-Münzen und -Banknoten
2012, 2 EURO
Ⓓ Luc Luycx und Helmut Andexlinger
Stgl.: 2.000.000 Ex. € 6,50

LD-G4
Olympische Sommerspiele 2012, London
2012, 12 EURO
Ag999, 28,28 g, Ø 38,61 mm
Ⓓ Liis Dvorjanski
PP: max. 7.500 Ex. € 90,00

LD-G5
100. Geburtstag von Raimond Valgre
2013, 7 EURO
Ag925, 28,28 g, Ø 38,61 mm
Ⓓ Berbel Lätt
PP: 7.500 Ex. € 85,00

LD-G6
Olympische Winterspiele 2014, Sotschi
2014, 10 EURO
Ag925, 28,28 g, Ø 38,61 mm
Ⓓ Taavet Kohal
PP: 7.500 Ex. € 80,00

LD-G7
150. Geburtstag von Miina Härma
2014, 10 EURO
Ag925, 28,28 g, Ø 38,61 mm
Ⓓ Jaano Ester
PP: 7.500 Ex. € 80,00

LD-G8
150. Geburtstag von Eduard Vilde
2015, 10 EURO
Ag925, 28,28 g, Ø 38,61 mm
Ⓓ Mait Luidalepp
PP: 5.000 Ex. € 80,00

LD-G9

LD-G13

LD-G10

LD-G14

LD-G11

LD-G15

LD-G12

LD-G16

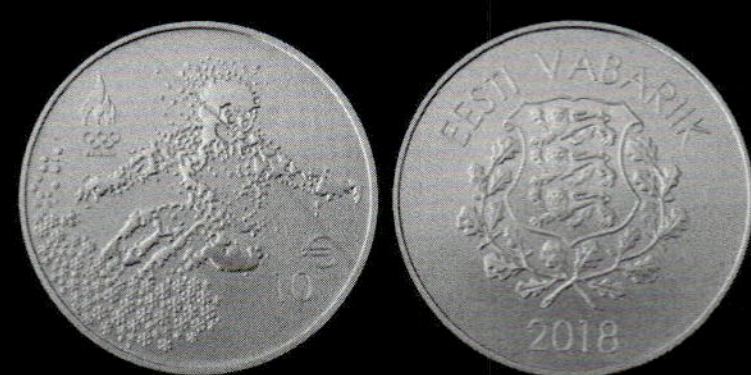

LD-G9

30 Jahre Flagge der Europäischen Union
2015, 2 EURO
Ⓓ Luc Luycx und Georgios Stamatopoulos
Stgl.: 3.465.000 Ex. € 8,00
Coin card: 3.500 Ex. € 45,00

LD-G10

100. Geburtstag von Paul Keres
2016, 2 EURO
Ⓓ Luc Luycx und Riho Luuse
Stgl.: 495.000 Ex. € 8,00
Coin card: 5.000 Ex. € 120,00

LD-G11

150. Geburtstag von Jaan Poska
2016, 10 EURO
Ag925, 28,28 g, Ø 38,61 mm
Ⓓ Mall Nukke
PP: 4.000 Ex. € 95,00

LD-G12

Olympische Sommerspiele 2016, Rio de Janeiro
2016, 10 EURO
Ag925, 28,28 g, Ø 38,61 mm
Ⓓ Martin Pärn
PP: 5.000 Ex. € 95,00

LD-G13

Estnische Hansestädte – Tallinn
2017, 8 EURO
Ag925, 28,28 g, Ø 38,61 mm
Ⓓ Riho Luuse
PP: 5.000 Ex. € 95,00

LD-G14

Estnische Hansestädte – Tallinn
2017, 25 EURO
Ⓓ Riho Luuse
Au999, 3,11 g, Ø 18 mm
PP: 2.000 Ex. € 490,00

LD-G15

Estlands Weg in die Unabhängigkeit
2017, 2 EURO
Ⓓ Luc Luycx und Jaan Meristo
Stgl.: 1.490.000 Ex. € 6,50
Coin card: 10.000 Ex. € 25,00

LD-G16

Olympische Winterspiele 2018, Pyeongchang
2018, 10 EURO
Ⓓ Carmen Testa
Ag925, 28,28 g, Ø 38,61 mm
PP: 2.000 Ex. € 320,00

LD-G17

LD-G18

LD-G19

LD-G20

LD-G21

LD-G22

LD-G23

LD-G24

LD-G17
100 Jahre Unabhängigkeit
der baltischen Staaten (Gemeinschafts-
ausgabe mit Lettland und Litauen)
2018, 2 EURO
Ⓓ Luc Luycx und Justas Petrulis

Stgl.:	490.000 Ex.	€ 8,00
Coin card:	10.000 Ex.	€ 45,00

LD-G18
100 Jahre Republik Estland
2018, 2 EURO
Ⓓ Luc Luycx, Ionel Lehari und
Meelis Opmann

Stgl.:	1.307.800 Ex.	€ 7,00
Coin card:	10.000 Ex.	€ 30,00

LD-G19
100 Jahre Republik Estland
2018, 10 EURO
Ⓓ Margus Kadarik und Toomas Niklus
Ag925, 28,28 g, Ø 38,61 mm

PP:	7.000 Ex.	€ 160,00

LD-G20
100 Jahre Republik Estland
2018, 100 EURO
Au999, 5,65 g, Ø 22 mm
Ⓓ Tiiu Pirsko und Mati Veermets

PP:	3.000 Ex.	€ 950,00

LD-G21
150. Geburtstag von Jaan Tõnisson
2018, 15 EURO
Ⓓ Sebastian Mikołajczak
Ag925, 28,28 g, Ø 38,61 mm

PP:	3.000 Ex.	€ 95,00

LD-G22
150 Jahre estnisches Liederfest
2019, 2 EURO
Ⓓ Luc Luycx und Grete-Lisette Gulbis

Stgl.:	990.000 Ex.	€ 6,00
Coin card:	10.000 Ex.	€ 30,00

LD-G23
200. Geburtstag von
Johann Voldemar Jannsen
2019, 12 EURO
Ⓓ Heino Prunsvelt
Ag925, 28,28 g, Ø 38,61 mm

PP:	4.000 Ex.	€ 95,00

LD-G24
Estnische Hansestädte: Viljandi
2019, 8 EURO
Ⓓ Elisabeth Juusu
Ag925, 28,28 g, Ø 38,61 mm

PP:	4.000 Ex.	€ 90,00

LD-G25

LD-G26

LD-G27

LD-G28

LD-G29

LD-G30

LD-G31

LD-G32

LD-G25
100 Jahre Universität Tartu
2019, 2 EURO
Ⓓ Luc Luycx und Indrek Ilves
Stgl.: 1.000.000 Ex. € 7,00
Coin card: 7.500 Ex. € 27,00

LD-G26
Jüri Jaakson
2020, 15 EURO
Ⓓ Anna Roomet, Risto Tali und Rait Siska
Ag925, 28,28 g, Ø 38,61 mm
PP: 3.000 Ex. € 120,00

LD-G27
200 Jahre Entdeckung von Antarktika
2020, 2 EURO
Ⓓ Luc Luycx, Tiiu Pirsko und Mati Veermets
Stgl.: 740.000 Ex. € 6,00
Coin card: 10.000 Ex. € 26,00

LD-G28
100 Jahre Friedensvertrag von Tartu
2020, 2 EURO
Ⓓ Luc Luycx und Ivar Sakk
Stgl.: 990.000 Ex. € 7,00
Coin card: 10.000 Ex. € 28,00

LD-G29
Hansestädte – Hansestadt Pärnu
2021, 8 EURO
Ⓓ Aidi Mesi
Ag925, 28,28 g, Ø 38,61 mm
PP: 4.000 Ex. € 95,00

LD-G30
Olympische Spiele
2021, 8 EURO
Ⓓ Ander Avila
Ag925, 28,28 g, Ø 38,61 mm
PP: 3.000 Ex. € 110,00

LD-G31
Finno-Ugrische Völker
2021, 2 EURO
Ⓓ Luc Luycx, Al Paldrok und Madis Põldsaar
Stgl.: 1.000.000 Ex. € 5,50
Coin card: 12.000 Ex. € 22,00

LD-G32
150. Geburtstag von Friedrich Karl Akel
2021, 15 EURO
Ⓓ Kristo Kooskora
Ag925, 28,28 g, Ø 38,61 mm
PP: 3.000 Ex. € 100,00

LD-G33

LD-G33
Der Wolf
2021, 2 EURO
Ⓓ Luc Luycx und Maria Meos

Stgl.:	1.000.000 Ex.	€ –,–
Coin card:	12.000 Ex.	€ –,–

Vorschau

2 EURO
2022 150. Jahrestag der Gründung der Gesellschaft der Estnischen Literaten

8 EURO
2022 XXIV. Olympische Winterspiele in Peking

15 EURO
2022 150. Geburtstag von Johan Pitka

25 EURO
2022 Die Livländische Diät

NOTIZEN

FINNLAND

Bildquelle: Botschaft von Finnland

Republik

Fläche: 338.465 km^2

Hauptstadt: Helsinki

Einwohnerzahl: 5,5 Mio.

Beitrittsjahr zur EU: 1995

Bisherige Währung: Finnmark

Bildmotiv: Dom von Helsinki

LL-K1.1 1 Cent

Jahr	Auflage	Stgl.
1999	8.100.000	1,60
2000	7.600.000	1,50
2001	500.000	9,00
2002	659.000	6,00
2003	6.790.000	1,80
2004	9.690.000	1,50
2005	5.800.000	1,30
2006	4.000.000	1,60

LL-K1.2 1 Cent (*neue Gestaltung)

Jahr	Auflage	Stgl.
2007	3.000.000	1,40
2008	1.500.000	1,30
2009	1.000.000	1,40
2010	800.000	1,50
2011	800.000	1,60
2012	800.000	3,00
2013	400.000	1,80
2014	200.000	3,40
2015	200.000	3,30
2016	200.000	2,90
2017	100.000	3,20
2018	50.000	3,00
2019	nur aus Sätzen	–,–
2020		7,50
2021	nur aus Sätzen	14,00

LL-K2.1 2 Cent

Jahr	Auflage	Stgl.
1999	1.785.000	5,00
2000	13.937.000	1,40
2001	500.000	6,50
2002	659.000	6,50
2003	6.790.000	1,70
2004	8.024.000	1,50
2005	5.800.000	1,40
2006	4.000.000	1,70

LL-K2.2 2 Cent (*neue Gestaltung)

Jahr	Auflage	Stgl.
2007	3.000.000	1,40
2008	1.500.000	1,20
2009	1.000.000	1,40
2010	800.000	1,50
2011	800.000	1,50
2012	800.000	3,00
2013	400.000	1,80
2014	200.000	3,30
2015	200.000	3,10
2016	200.000	3,20
2017	100.000	3,00
2018	50.000	3,00
2019	nur aus Sätzen	–,–
2020		6,50
2021	nur aus Sätzen	7,00

LL-K3.1 5 Cent

Jahr	Auflage	Stgl.
1999	63.380.000	1,60
2000	56.660.000	1,40
2001	213.756.000	1,80
2002	101.824.000	1,80
2003	790.000	4,00
2004	629.000	3,50
2005	800.000	2,30
2006	1.000.000	2,30

LL-K3.2 5 Cent (*neue Gestaltung)

Jahr	Auflage	Stgl.
2007	1.000.000	2,20
2008	1.000.000	1,90
2009	1.000.000	1,80
2010	800.000	1,90
2011	800.000	1,90
2012	800.000	1,90
2013	400.000	1,70
2014	13.780.000	3,00
2015	200.000	3,20
2016	200.000	3,20
2017	10.180.000	3,00
2018	50.000	3,10
2019	7.980.000	19,00
2020		5,50
2021	nur aus Sätzen	8,00

LL-K4.1 10 Cent

Jahr	Auflage	Stgl.
1999	133.520.000	1,60
2000	167.449.000	2,10
2001	14.730.000	6,00
2002	1.499.000	18,00
2003	790.000	7,00
2004	629.000	3,00
2005	800.000	2,20
2006	1.000.000	2,70

LL-K4.2 10 Cent (*neue Gestaltung)

Jahr	Auflage	Stgl.
2007	1.000.000	2,10
2008	1.000.000	2,10
2009	1.000.000	1,80
2010	800.000	1,90
2011	800.000	1,80
2012	10.800.000	1,70
2013	400.000	4,50
2014	200.000	3,10
2015	10.200.000	3,00
2016	200.000	3,00
2017	100.000	3,00
2018	50.000	3,00
2019	nur aus Sätzen	–,–
2020		6,00
2021	nur aus Sätzen	6,50

LL-K5.1 20 Cent		
Jahr	**Auflage**	**Stgl.**
1999	42.350.000	2,80
2000	500.000	16,50
2001	121.763.000	2,60
2002	100.759.000	3,20
2003	790.000	7,50
2004	629.000	3,00
2005	800.000	2,90
2006	1.000.000	2,70

LL-K5.2 20 Cent (*neue Gestaltung)		
Jahr	**Auflage**	**Stgl.**
2007	1.000.000	2,40
2008	1.000.000	2,50
2009	1.000.000	2,30
2010	800.000	2,30
2011	8.800.000	2,30
2012	10.800.000	2,30
2013	400.000	2,30
2014	200.000	7,50
2015	10.200.000	3,20
2016	200.000	3,10
2017	100.000	3,00
2018	50.000	3,10
2019	nur aus Sätzen	–,–
2020		6,00
2021	nur aus Sätzen	6,50

LL-K6.1 50 Cent		
Jahr	**Auflage**	**Stgl.**
1999	20.696.000	4,10
2000	67.097.000	3,00
2001	4.432.000	7,50
2002	1.147.000	9,50
2003	790.000	9,00
2004	629.000	4,00
2005	4.800.000	3,20
2006	6.850.000	3,30

LL-K6.2 50 Cent (*neue Gestaltung)		
Jahr	**Auflage**	**Stgl.**
2007	1.000.000	3,30
2008	8.000.000	3,10
2009	7.000.000	3,00
2010	800.000	3,00
2011	3.800.000	3,30
2012	4.800.000	3,50
2013	400.000	3,00
2014	200.000	4,20
2015	200.000	3,70
2016	200.000	3,50
2017	100.000	3,40
2018	50.000	3,40
2019	nur aus Sätzen	–,–
2020		6,50
2021	nur aus Sätzen	7,00

LL-K7.1 1 Euro		
Jahr	**Auflage**	**Stgl.**
1999	16.210.000	7,50
2000	36.639.000	4,90
2001	13.862.000	6,00
2002	14.114.000	7,50
2003	790.000	16,00
2004	5.529.000	5,00
2005	7.935.000	5,00
2006	1.705.000	7,50

LL-K7.2 1 Euro (*neue Gestaltung)		
Jahr	**Auflage**	**Stgl.**
2007	1.000.000	5,50
2008	1.000.000	5,00
2009	1.000.000	4,40
2010	800.000	4,50
2011	800.000	6,00
2012	800.000	7,00
2013	400.000	7,50
2014	200.000	7,50
2015	200.000	7,50
2016	200.000	7,50
2017	100.000	7,50
2018	50.000	8,00
2019	nur aus Sätzen	–,–
2020		15,00
2021	nur aus Sätzen	16,00

LL-K8.1 2 Euro		
Jahr	**Auflage**	**Stgl.**
1999	16.090.000	11,00
2000	8.680.000	21,00
2001	29.132.000	9,50
2002	1.386.000	51,00
2003	9.080.000	8,50
2004	9.029.000	9,00
2005	8.800.000	9,00
2006	8.445.000	9,00

LL-K8.2 2 Euro (*neue Gestaltung)		
Jahr	**Auflage**	**Stgl.**
2006	55.000**	280,00
2007	5.200.000	10,50
2008	8.300.000	9,00
2009	6.300.000	9,00
2010	4.000.000	8,50
2011	5.200.000	8,00
2012	3.300.000	9,00
2013	900.000	11,00
2014	200.000	23,00
2015	200.000	22,00
2016	200.000	24,00
2017	100.000	20,00
2018	50.000	19,50
2019	nur aus Sätzen	19,50
2020		70,00
2021	nur aus Sätzen	70,00

* Neue Gestaltung (ab 2007): die nationale Seite der Münzen wurde um das Länderkürzel „FI" ergänzt und das Münzmeisterzeichen „M" wurde durch das Emblem der Finnischen Münze (ein Füllhorn) ersetzt.

** Bei der Prägung der 2-Euro-Münze des Jahres 2006 (alte nationale Seite) kam versehentlich auch der Prägestempel mit der neuen Europakarte zu Einsatz

Inhalt des Starterpäckchens:

1 Cent (1x), 2 Cent (1x), 5 Cent (1x), 10 Cent (1x), 20 Cent (1x), 50 Cent (1x), 1 Euro (1x), 2 Euro (1x).

Die Starterkits wurden ab dem 15. Dezember 2001 an Privathaushalte zu einem Gegenwert von 23 FIM abgegeben.

Jahr	Auflage	Stgl.
1999–2001	500.000 Exemplare	€ 50,00

Inhalt der Original-Rollen:			
1 Cent	50 Exemplare	Nominal:	€ 0,50
2 Cent	50 Exemplare	Nominal:	€ 1,00
5 Cent	50 Exemplare	Nominal:	€ 2,50
10 Cent	40 Exemplare	Nominal:	€ 4,00
20 Cent	40 Exemplare	Nominal:	€ 8,00
50 Cent	40 Exemplare	Nominal:	€ 20,00
1 EURO	25 Exemplare	Nominal:	€ 25,00
2 EURO	25 Exemplare	Nominal:	€ 50,00

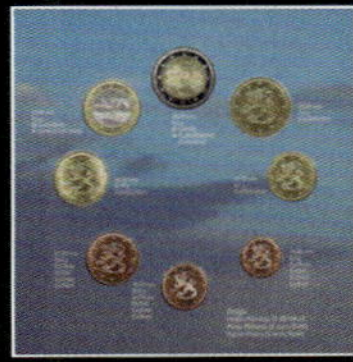

Kursmünzensätze	Jahr	Auflage	Stgl.
LL-AK1 1999 – 2001	1999 – 2001 3 Jahrgänge	75.000	75,00
LL-AK1 2002	2002	130.000	65,00
LL-AK1 2003	2003	175.000	27,00
LL-AK1 2004/I	2004	55.000	35,00
LL-AK1 2004/II (incl. LL-G9)	2004	55.000	86,00
LL-AK1 2005/I	2005	55.000	33,00
LL-AK1 2005/II (incl. LL-G14)	2005	30.000	40,00
LL-AK1 2006/I (incl. LL-G15)	2006	55.000	30,00
LL-AK1 2006/II (incl. LL-G22)	2006	25.000	48,00
LL-AK1 2007/I	2007	30.000	34,00
LL-AK1 2007/II (incl. LL-G27)	2007	20.000	45,00
LL-AK1 2008/I	2008	30.000	33,00
LL-AK1 2008/II (incl. LL-G32)	2008	20.000	40,00
LL-AK1 2009/I	2009	30.000	40,00
LL-AK1 2009/II* (incl. LL-G34 und LL-G38)	2009	20.000	52,00
LL-AK1 2010/I	2010	30.000	42,00
LL-AK1 2010/II (incl. LL-G43)	2010	15.000	48,00

Kursmünzensätze	Jahr	Auflage	Stgl.
LL-AK1 2011/I	2011	20.000	42,00
LL-AK1 2011/II (incl. LL-G57)	2011	15.000	49,00
LL-AK1 2012/I	2012	25.000	43,00
LL-AK1 2012/II* (incl. LL-G62, G69)	2012	10.000	49,00
LL-AK1 2013/I	2013	15.000	46,00
LL-AK1 2013/II* (incl. LL-G83, LL-G89)	2013	12.000	52,00
LL-AK1 2014/I	2014	15.000	46,00
LL-AK1 2014/II* (incl. LL-G93, G105)	2014	7.000	59,00
LL-AK1 2015/I	2015	15.000	50,00
LL-AK1 2015/II* (incl. LL-G110, G123, G126)	2015	7.000	52,00
LL-AK1 2016/I	2016	10.000	46,00
LL-AK1 2016/II* (incl. LL-G138, G147)	2016	5.000	48,00
LL-AK1 2017/I	2017	10.000	47,00
LL-AK1 2017/II* (incl. LL-G150, G162)	2017	5.000	48,00
LL-AK1 2018/I	2018	5.000	62,00
LL-AK1 2018/II* (incl. LL-G168, G182)	2018	5.000	56,00

* ohne 2-Euro-Kursmünze (LL-K8.2)

Kursmünzensätze	Jahr	Auflage	PP
LL-AK2 1999 – 2001	1999 – 2001	15.000	300,00
LL-AK2 2002/I (Gedenkmedaille in Ag)	2002	8.000	84,00
LL-AK2 2002/II (Gedenkmedaille in Au)	2002	8.000	650,00
LL-AK2 2003/I (Gedenkmedaille in Ag)	2003	8.000	125,00
LL-AK2 2003/II DPQ-Satz* mit Gedenkmedaille in Ag und Diamantsplitter	2003	1.000	600,00
LL-AK2 2003/III DPQ-Satz** mit Gedenkmedaille in Au	2003	5.000	740,00
LL-AK2 2004 (incl. LL-G9)	2004	5.000	440,00
LL-AK2 2005 (incl. LL-G14)	2005	3.000	230,00
LL-AK2 2006 (incl. LL-G22)	2006	3.300	750,00
LL-AK2 2007 (incl. LL-G24)	2007	2.500	210,00
LL-AK2 2008 (incl. LL-G32)	2008	2.500	145,00
LL-AK2 2009* (incl. LL-G34 und LL-G38)	2009	2.500	145,00
LL-AK2 2010 (incl. LL-G43)	2010	2.000	205,00

Kursmünzensätze	Jahr	Auflage	PP
LL-AK2 2011 (incl. LL-G57)	2011	2.000	180,00
LL-AK2 2012 (incl. LL-G62, LL-G69)	2012	2.000	145,00
LL-AK2 2013 (incl. LL-G83, LL-G89)	2013	1.800	130,00
LL-AK2 2014 (incl. LL-G93, LL-G105)	2014	1.200	130,00
LL-AK2 2015 (incl. LL-G110, LL-G123 und LL-G126)	2015	1.200	150,00
LL-AK2 2016 (incl. LL-G138, LL-G147)	2016	1.200	140,00
LL-AK2 2017 (incl. LL-G150, LL-G162)	2017	1.000	135,00
LL-AK2 2018 (incl. LL-G168, LL-G182)	2018	1.000	150,00
LL-AK2 2020	2020	500	–,–
LL-AK2 2021	2021	1.000	–,–

* ohne 2-Euro-Kursmünze (LL-K8.2)

** DPQ (Diamant Proof Quality): die Verwendung von diamantpolierten Ronden soll den Münzen einen seidigen Glanz geben.

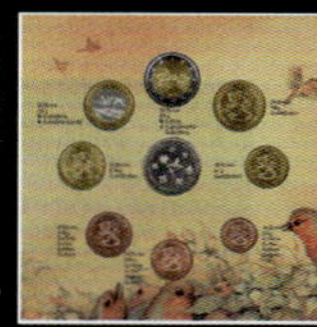

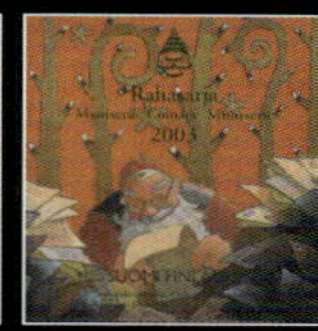

Kursmünzensätze	Jahr	Auflage	Stgl.
Baby-Satz			
LL-SK1 2003	2003	1.000 – 5.000	40,00
LL-SK1 2004	2004	1.000 – 5.000	90,00
LL-SK1 2005	2005	1.000 – 5.000	62,00
LL-SK1 2007	2007	1.000 – 5.000	50,00
LL-SK1 2008	2008	1.000 – 5.000	69,00
LL-SK1 2009	2009	1.000 – 5.000	37,00
LL-SK1 2010	2010	1.000 – 5.000	35,00
LL-SK1 2011	2011	1.000 – 5.000	35,00
LL-SK1 2012	2012	1.000 – 5.000	45,00
LL-SK1 2013	2013	1.000 – 5.000	45,00
LL-SK1 2014	2014	1.000 – 5.000	45,00
LL-SK1 2015	2015	1.000 – 5.000	45,00
LL-SK1 2016	2016	1.000 – 5.000	45,00
LL-SK1 2017	2017	1.000 – 5.000	48,00
LL-SK1 2018	2018	1.000 – 5.000	48,00
Eishockey-WM			
LL-SK2 2003	2003	15.000	39,00
LL-SK2 2012	2012	30.000	48,00
LL-SK2 2013 (incl. LL-G67)	2013	30.000	48,00
Weihnachten			
LL-SK3 2003	2003	30.000	49,00
LL-SK3 2014	2014	3.000	49,00

Kursmünzensätze	Jahr	Auflage	Stgl.
Weihnachten			
LL-SK3 2015	2015	1.000	55,00
LL-SK3 2016	2016	3.000	49,00
LL-SK3 2017	2017	400	45,00
LL-SK3 2018	2018	500	45,00
Studenten-Satz			
LL-SK4 2003	2003	500 – 4.000	69,00
LL-SK4 2004	2004	500 – 4.000	58,00
LL-SK4 2005	2005	500 – 4.000	80,00
LL-SK4 2006	2006	500 – 4.000	75,00
LL-SK4 2007	2007	500 – 4.000	45,00
LL-SK4 2008	2008	500 – 4.000	40,00
LL-SK4 2009	2009	500 – 4.000	40,00
LL-SK4 2010	2010	500 – 4.000	45,00
LL-SK4 2011	2011	500 – 4.000	38,00
LL-SK4 2012	2012	500 – 4.000	38,00
LL-SK4 2013	2013	500 – 4.000	45,00
LL-SK4 2014	2014	500 – 4.000	45,00
LL-SK4 2015	2015	500 – 4.000	50,00
LL-SK4 2016	2016	500 – 4.000	45,00
LL-SK4 2017	2017	500 – 4.000	45,00
LL-SK4 2018	2018	500 – 4.000	66,00

Kursmünzensätze	Jahr	Auflage	Stgl.
Hochzeits-Satz			
LL-SK5 2007	2007	500 – 3.000	50,00
LL-SK5 2008	2008	500 – 3.000	45,00
LL-SK5 2009	2009	500 – 3.000	34,00
LL-SK5 2010	2010	500 – 3.000	34,00
LL-SK5 2011	2011	500 – 3.000	38,00
LL-SK5 2012	2012	500 – 3.000	49,00
LL-SK5 2013	2013	500 – 3.000	45,00
LL-SK5 2014	2014	500 – 3.000	45,00
LL-SK5 2015	2015	500 – 3.000	50,00
LL-SK5 2016	2016	500 – 3.000	45,00
LL-SK5 2017	2017	500 – 3.000	45,00
LL-SK5 2018	2018	500 – 3.000	67,00
LL-SK5 2020	2020	500 – 3.000	149,00
LL-SK5 2021	2021	1.500	83,00
Eurovision Song Contest			
LL-SK6 (incl. LL-G24)	2007	20.000	36,00
150 Jahre			
Finnische Münze			
LL-SK7	2010	7.000	40,00
Konfirmations-Satz			
LL-SK8 2014	2014	500 – 1.200	46,00
LL-SK8 2015	2015	500 – 1.200	52,00
LL-SK8 2016	2016	500 – 1.200	49,00

Kursmünzensätze	Jahr	Auflage	Stgl.
Konfirmations-Satz			
LL-SK8 2017	2017	500 – 1.200	49,00
LL-SK8 2018	2018	500 – 1.200	60,00
Herzliche Grüße			
LL-SK9 2013	2013	500 – 15.000	46,00
LL-SK9 2014	2014	500 – 15.000	46,00
LL-SK9 2015	2015	500 – 15.000	52,00
LL-SK9 2016	2016	500 – 15.000	46,00
LL-SK9 2017	2017	500 – 15.000	46,00
LL-SK9 2018	2018	500 – 15.000	63,00
Hemulen (Mumintroll) LL-SK10	2014	30.000	50,00
Muumins - Oursea LL-SK11	2020	3.000	80,00
Muumins - Rahani LL-SK11	2020	1.000	285,00
Baby-Set / Mein erstes Geld /			
Muumins - Rahani LL-SK11	2021	1.500	120,00
75 Jahre Frieden LL-SK12	2020	1.000	310,00
Univers. u. Gesellschaft LL-SK13	2020	3.000	200,00
Der Nordstern LL-SK14	2020	3.000	86,00
Herzlichen Glückwunsch			
LL-SK15 2020	2020	1.000	190,00
LL-SK15 2021	2021	1.500	77,00
Finnischer Journalistenverband			
LL-SK16	2021	3.000	85,00
Finnische Schären LL-SK17	2021	3.000	–,–

LL-G1

LL-G2

LL-G3

LL-G4

LL-G5

LL-G6

LL-G7

LL-G8

LL-G1

200. Geburtstag von Elias Lönnrot
2002, 10 EURO
Ag925, 27,4 g, Ø 38,6 mm
Ⓓ Pertti Kalervo Mäkinen

Stgl.:	40.000 Ex.	€ 45,00
PP:	40.000 Ex.	€ 50,00

LL-G2

50 Jahre Olympische Sommerspiele von Helsinki
2002, 10 EURO
Ag925, 27,4 g, Ø 38,6 mm
Ⓓ Erkki Vainio und Hannu Veijalainen

Stgl.:	10.000 Ex.	€ 45,00
PP:	34.800 Ex.	€ 50,00

LL-G3

Mitternachtssonne in Lappland
2002, 100 EURO
Au900, 8,6 g, Ø 22 mm
Ⓓ Toivo Antero Jaatinen
Rand: glatt mit Seriennummer

PP:	25.000 Ex.	€ 850,00

LL-G4

200. Todestag von Anders Chydenius
2003, 10 EURO
Ag925, 27,4 g, Ø 38,6 mm
Ⓓ Tero Lounas

Stgl.:	30.000 Ex.	€ 40,00
PP:	30.000 Ex.	€ 65,00

LL-G5

Eishockey-WM 2003, Finnland
2003, 5 EURO
CuAlNi/CuNi, 20 g, Ø 35 mm
Ⓓ Pertti Kalervo Mäkinen

Stgl.:	150.000 Ex.	€ 75,00

LL-G6

300 Jahre St. Petersburg, Karl Gustaf Freiherr von Mannerheim
2003, 10 EURO
Ag925, 27,40 g, Ø 38,6 mm
Ⓓ Anneli Irene Marita Sipiläinen

Stgl.:	7.100 Ex.	€ 60,00
PP:	27.900 Ex.	€ 65,00

LL-G7

Kunst und Design Serie – Numismatik
2003, 50 EURO
Ag925/Au750, 12,8 g, Ø 27,25 mm
Ⓓ Matti Kalevi Peltokangas

PP:	10.600 Ex.	€ 490,00

LL-G8

100. Geburtstag von Johan Ludvig Runeberg
2004, 10 EURO
Ag925, 27,4 g, Ø 38,6 mm
Ⓓ Heli Ursula Kauhanen

Stgl.:	5.600 Ex.	€ 40,00
PP:	22.700 Ex.	€ 45,00

LL-G9

LL-G10

LL-G11

LL-G12

LL-G13

LL-G14

LL-G15

LL-G16

LL-G9
Erweiterung der Europäischen Union
2004, 2 EURO
Ⓓ Luc Luycx und Pertti Kalervo Mäkinen
Stgl.: 995.000 Ex. € 60,00
PP: nur im Kursmünzensatz LL-AK2 2004

LL-G10
Tove Jansson und die Mumin
2004, 10 EURO
Ag925, 27,4 g, Ø 38,6 mm
Ⓓ Pertti Kalervo Mäkinen
Stgl.: 50.000 Ex. € 55,00
PP: 20.000 Ex. € 55,00

LL-G11
150. Geburtstag von Albert Edelfelt
2004, 100 EURO
Au900, 8,6 g, Ø 22 mm
Ⓓ Pertti Kalervo Mäkinen
PP: 8.500 Ex. € 850,00

LL-G12
60 Jahre Frieden und Freiheit in Europa
2005, 10 EURO
Ag925, 25,5 g, Ø 38,6 mm
Ⓓ Pertti Kalervo Mäkinen
Stgl.: 5.000 Ex. € 60,00
PP: 55.000 Ex. € 80,00

LL-G13
Leichtathletik-WM 2005, Helsinki
2005, 20 EURO
Au900, 1,73 g, Ø 13,9 mm
Ⓓ Pertti Kalervo Mäkinen
PP: 30.000 Ex. € 180,00

LL-G14
Leichtathletik-WM 2005, Helsinki
2005, 5 EURO
CuNi/Nord. Gold, 19,8 g, Ø 35 mm
Ⓓ Tapio Kettunen
Stgl.: 170.000 Ex. (und im LL-AK1 2005/II) € 25,00
PP: im Kursmünzensatz LL-AK2 2005, sowie im „Welcome-WM-Satz"

„Welcome-WM-Satz" mit LL-G13 und LL-G14
PP: 2.005 Ex. € 335,00

LL-G15
60 Jahre Vereinte Nationen (UNO) – 50 Jahre Mitgliedschaft in den Vereinten Nationen
2005, 2 EURO
Ⓓ Luc Luycx und Tapio Kettunen
Stgl.: 2.000.000 Ex. € 8,00

LL-G16
Finnische Filmkunst – „Der unbekannte Soldat"
2005, 10 EURO
Ag925, 25,5 g, Ø 38,6 mm
Ⓓ Reijo Juhani Paavilainen
Stgl.: 25.000 Ex. € 80,00
PP: 15.000 Ex. € 100,00

LL-G17

LL-G21

LL-G18

LL-G22

LL-G19

LL-G23

LL-G20

LL-G24

LL-G17
Große Europäer –
125. Todestag von
Johan Vilhelm Snellman
2006, 10 EURO
Ag925, 25,5 g, Ø 38,6 mm
Ⓓ Tapio Kettunen

Stgl.:	7.000 Ex.	€ 65,00
PP:	29.000 Ex.	€ 45,00

LL-G18
100 Jahre Finnische Parlamentsreform
2006, 10 EURO
Ag925, 25,5 g, Ø 38,6 mm
Ⓓ Pertti Kalervo Mäkinen

Stgl.:	10.000 Ex.	€ 55,00
PP:	20.000 Ex.	€ 60,00

LL-G19
150. Jahrestag der Demilitarisierung Ålands
2006, 5 EURO
Nord. Gold, 18,7 g, Ø 35 mm
Ⓓ Pertti Kalervo Mäkinen

Stgl.:	55.000 Ex.	€ 25,00

LL-G20
EU-Ratspräsidentschaft
2006, 5 EURO
CuAlNi/CuNi, 9,81 g, Ø 27,25 mm
Ⓓ Reijo Juhani Paavilainen

Stgl.:	100.000 Ex.	€ 23,00

LL-G21
EU-Ratspräsidentschaft
2006, 50 EURO
Ag925/Au750, 12,8 g, Ø 27,25 mm
Ⓓ Reijo Juhani Paavilainen

Stgl.:	8.000 Ex.	€ 600,00

LL-G22
100 Jahre allgemeines und gleichberechtigtes Wahlrecht
2006, 2 EURO
Ⓓ Luc Luycx und Pertti Kalervo Mäkinen

Stgl.:	2.496.700 Ex.	€ 7,50
PP:	nur aus Kursmünzensatz LL-AK2 2006	

LL-G23
Europäische Errungenschaften – 100. Geburtstag von Adolf Erik Nordenskiöld
2007, 10 EURO
Ag925, 25,5 g, Ø 38,6 mm
Ⓓ Reijo Juhani Paavilainen

Stgl.:	7.000 Ex.	€ 40,00
PP:	33.000 Ex.	€ 55,00

LL-G24
50 Jahre Römische Verträge
2007, 2 EURO
Ⓓ Luc Luycx und Helmut Andexlinger

Stgl.:	1.397.500 Ex.	€ 11,00
PP:	nur aus Kursmünzensatz LL-AK2 2C07	

LL-G25

LL-G29

LL-G26

LL-G30

LL-G27

LL-G31

LL-G28

LL-G32

LL-G25

450. Todestag von Mikael Agricola
2007, 10 EURO
Ag925, 25,5 g, Ø 38,6 mm
Ⓓ Reijo Juhani Paavilainen

Stgl.:	6.000 Ex.	€ 55,00
PP:	24.000 Ex.	€ 65,00

LL-G26

90 Jahre Unabhängigkeit
2007, 2 EURO
Ⓓ Luc Luycx u. Reijo Juhani Paavilainen

Stgl.:	1.980.000 Ex.	€ 8,00
PP:	20.000 Ex.	€ 30,00

LL-G27

90 Jahre Unabhängigkeit
2007, 5 EURO
CuNi/CuAlNi, 19,81 g,Ø 35 mm
Ⓓ Reijo Juhani Paavilainen

Stgl.:	130.000 Ex.	€ 23,50
PP:	20.000 Ex.	€ 50,00

LL-G28

90 Jahre Unabhängigkeit
2007, 100 EURO
Au900, 8,48 g, Ø 22 mm
Ⓓ Reijo Juhani Paavilainen

PP:	9.000 Ex.	€ 980,00

LL-G29

Kulturelles Erbe Europas (I) –
90 Jahre Finnische Flagge
2008, 10 EURO
Ag925, 25,5 g, Ø 38,6 mm
Ⓓ Tapio Kettunen

Stgl.:	9.000 Ex.	€ 55,00
PP:	26.000 Ex.	€ 65,00

LL-G30

100 Jahre Finnische Akademie
der Wissenschaften und
100 Jahre Technische Universität Helsinki
2008, 5 EURO
Nord. Gold/CuNi, 19,6 g, Ø 35 mm
Ⓓ Tapio Kettunen

Stgl.:	25.000 Ex.	€ 25,00
PP:	20.000 Ex.	€ 45,00

LL-G31

100. Geburtstag von Mika Waltari
2008, 10 EURO
Ag925, 25,5 g, Ø 38,6 mm
Ⓓ Reijo Juhani Paavilainen

Stgl.:	5.000 Ex.	€ 65,00
PP:	15.000 Ex.	€ 65,00

LL-G32

60. Jahrestag der Allgemeinen Erklärung
der Menschenrechte
2008, 2 EURO
Ⓓ Luc Luycx und Tapio Kettunen

Stgl.:	1.475.000 Ex.	€ 9,00
PP:	20.000 Ex.*	€ 45,00

*sowie im Kursmünzensatz LL-AK2

LL-G33

LL-G37

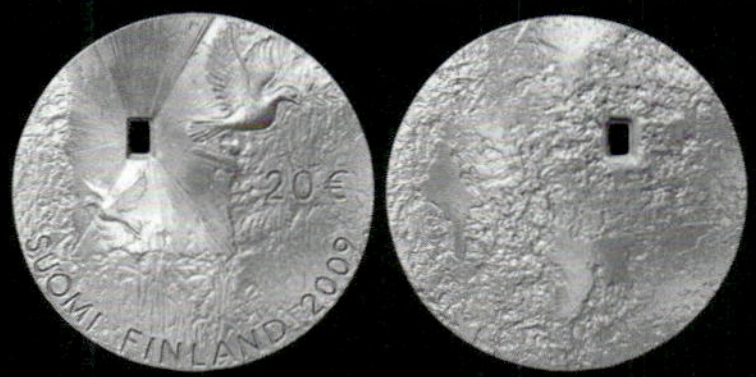

LL-G34

LL-G38

LL-G35

LL-G39

LL-G36

LL-G40

LL-G33
Finnischer Krieg (1808/09) und Beginn der Autonomie
2008, 100 EURO
Au900, 8,48 g, Ø 22 mm
Ⓓ Reijo Juhani Paavilainen

PP:	9.000 Ex.	€ 1.100,00

LL-G34
10 Jahre Wirtschafts- und Währungsunion
2009, 2 EURO
Ⓓ Luc Luycx und Georgios Stamatopoulos

Stgl.:	1.372.500 Ex.	€ 7,00
PP:	27.500 Ex.	€ 40,00

LL-G35
Kulturelles Erbe Europas (II) – 200. Geburtstag von Friedrich Pacius
2009, 10 EURO
Ag925, 25,5 g, Ø 38,6 mm
Ⓓ Pertti Kalervo Mäkinen

Stgl.:	7.000 Ex.	€ 60,00
PP:	28.000 Ex.	€ 70,00

LL-G36
200. Jahrestag des Reichstages von Porvoo
2009, 100 EURO
Au917, 6,78 g, Ø 22 mm
Ⓓ Reijo Juhani Paavilainen

PP:	7.500 Ex.	€ 850,00

LL-G37
Ethik-Serie – Frieden und Sicherheit
2009, 20 EURO
Ag925, 33,62 g, Ø 38,61 mm
Ⓓ Tapio Kettunen

Stgl.:	3.500 Ex.	€ 120,00
PP:	11.500 Ex.	€ 165,00

LL-G38
200. Jahrestag der Autonomie und Errichtung der zentralen Regierungsinstitutionen
2009, 2 EURO
Ⓓ Luc Luycx u. Reijo Juhani Paavilainen

Stgl.:	1.575.000 Ex.	€ 7,00
PP:	22.500 Ex.*	€ 40,00

* sowie im Kursmünzensatz LL-AK2

LL-G39
200 Jahre Staatsrat
2009, 10 EURO
Ag925, 33,62 g, Ø 38,61 mm
Ⓓ Reijo Juhani Paavilainend

Stgl.:	5.000 Ex.	€ 85,00
PP:	15.000 Ex.	€ 85,00

LL-G40
Europäische Architektur – 100. Geburtstag von Eero Saarinen
2010, 10 EURO
Ag925, 25,5 g, Ø 38,6 mm
Ⓓ Juha Kauko

Stgl.:	6.000 Ex.	€ 65,00
PP:	20.000 Ex.	€ 65,00

LL-G41

LL-G45

LL-G42

LL-G46

LL-G43

LL-G47

LL-G44

LL-G48

LL-G41
Minna Canth und die Gleichberechtigung
2010, 10 EURO
Ag925, 25,5 g, Ø 38,6 mm
Ⓓ Reijo Juhani Paavilainen
Stgl.: 6.000 Ex. € 65,00
PP: 14.000 Ex. € 70,00

LL-G42
150 Jahre finnische Währung
2010, 100 EURO
Au917, 5,65 g, Ø 22 mm
Ⓓ Reijo Juhani Paavilainen
PP: 7.000 Ex. € 770,00

LL-G43
150 Jahre finnische Währung
2010, 2 EURO
Ⓓ Luc Luycx u. Reijo Juhani Paavilainen
Stgl.: 1.575.000 Ex. € 10,00
PP: 23.000 Ex.* € 50,00
* sowie im Kursmünzensatz LL-AK2

LL-G44
100. Geburtstag von Konsta Jylhän
2010, 10 EURO
Ag925, 25,5 g, Ø 38,6 mm
Ⓓ Reijo Juhani Paavilainen
Stgl.: 5.000 Ex. € 65,00
PP: 10.000 Ex. € 75,00

LL-G45
Handwerk und Kultur der historischen Landschaften Finnlands (I) – Eigentliches Finnland: Holzarbeiten
2010, 5 EURO
CuAlNi/CuNi, 9,8 g, Ø 27,25 mm
Ⓓ Nora Tapper
Stgl.: 90.000 Ex. € 30,00
PP: 30.000 Ex. € 35,00

LL-G46
Ethik-Serie – Kinder und Kreativität
2010, 20 EURO
Ag925, 33,62 g, Ø 38,61 mm
Ⓓ Roope Määtta
Stgl.: 3.500 Ex. € 100,00
PP: 10.000 Ex. € 120,00

LL-G47
Handwerk und Kultur der historischen Landschaften Finnlands (II) – Satakunta: Klöppeln
2010, 5 EURO
CuAlNi/CuNi, 9,8 g, Ø 27,25 mm
Ⓓ Nora Tapper
Stgl.: 90.000 Ex. € 30,00
PP: 30.000 Ex. € 35,00

LL-G48
100. Geburtstag von Kaj Franck
2011, 10 EURO
Ag925, 25,5 g, Ø 38,6 mm
Ⓓ Reijo Juhani Paavilainen
Stgl.: 5.000 Ex. € 70,00
PP: 10.000 Ex. € 90,00

LL-G49
Europäische Entdecker –
Pehr Kalm
2011, 10 EURO
Ag925, 25,5 g, Ø 38,6 mm
Ⓓ Erkki Vainio

Stgl.:	6.000 Ex.	€ 65,00
PP:	14.000 Ex.	€ 75,00

LL-G50
Handwerk und Kultur der historischen Landschaften Finnlands (III) –
Häme: Jagd
2011, 5 EURO
CuAlNi/CuNi, 9,8 g, Ø 27,25 mm
Ⓓ Nora Tapper

Stgl.:	100.000 Ex.	€ 17,00
PP:	20.000 Ex.	€ 30,00

LL-G51
Handwerk und Kultur der historischen Landschaften Finnlands (IV) –
Savo: Landwirtschaft
2011, 5 EURO
CuAlNi/CuNi, 9,8 g, Ø 27,25 mm
Ⓓ Nora Tapper

Stgl.:	100.000 Ex.	€ 17,00
PP:	20.000 Ex.	€ 30,00

LL-G52
125. Geburtstag von Hella Wuolijoki
2011, 10 EURO
Ag925, 25,5 g, Ø 38,6 mm
Ⓓ Petri Neuvonen

Stgl.:	5.000 Ex.	€ 75,00
PP:	7.000 Ex.	€ 90,00

LL-G53
200 Jahre Bank von Finnland
2011, 100 EURO
Au917, 5,65 g, Ø 22 mm
Ⓓ Hannu Veijalainen

PP:	8.000 Ex.	€ 740,00

LL-G54
Handwerk und Kultur der historischen Landschaften Finnlands (V) – Uusimataa:
Industrialisierung
2011, 5 EURO
CuAlNi/CuNi, 9,8 g, Ø 27,25 mm
Ⓓ Petri Neuvonen

Stgl.:	100.000 Ex.	€ 17,00
PP:	20.000 Ex.	€ 30,00

LL-G55
Handwerk und Kultur der historischen Landschaften Finnlands (VI) – Karelien:
Handarbeiten aus Birke
2011, 5 EURO
CuAlNi/CuNi, 9,8 g, Ø 27,25 mm
Ⓓ Nora Taper

Stgl.:	100.000 Ex.	€ 17,00
PP:	20.000 Ex.	€ 30,00

LL-G56
150. Geburtstag von Juhani Aho
2011, 10 EURO
Ag500, 25,5 g, Ø 38,6 mm
Ⓓ Reijo Juhani Paavilainen

Stgl.:	8.000 Ex.	€ 60,00
	Ag925, 25,5 g, Ø 38,6 mm	
PP:	7.000 Ex.	€ 90,00

LL-G57

LL-G58

LL-G59

LL-G60

LL-G61

LL-G62

LL-G63

LL-G64

LL-G57

200 Jahre Bank von Finnland
2011, 2 EURO
Ⓓ Luc Luycx und Hannu Veijalainen

Stgl.:	1.475.000 Ex.	€ 6,50
PP:	23.000 Ex.*	€ 37,00

*sowie im Kursmünzensatz LL-AK2

LL-G58

Ethik-Serie – Schutz der Ostsee
2011, 20 EURO
Ag500, 33,62 g, Ø 38,61 mm
Ⓓ Essi Kulju

Stgl.:	8.000 Ex.	€ 95,00

Ag925, 33,62 g, Ø 38,61 mm

PP:	7.000 Ex.	€ 110,00

LL-G59

Handwerk und Kultur der historischen Landschaften Finnlands (VII) – Österbotten: Teerbrennerei
2011, 5 EURO
CuAlNi/CuNi, 9,8 g, Ø 27,25 mm
Ⓓ Nora Tapper

Stgl.:	100.000 Ex.	€ 17,00
PP:	20.000 Ex.	€ 30,00

LL-G60

Handwerk und Kultur der historischen Landschaften Finnlands (VIII) – Lappland: Samische Mythologie
2011, 5 EURO
CuAlNi/CuNi, 9,8 g, Ø 27,25 mm
Ⓓ Nora Tapper

Stgl.:	100.000 Ex.	€ 17,00
PP:	20.000 Ex.	€ 30,00

LL-G61

Handwerk und Kultur der historischen Landschaften Finnlands (IX) – Åland: Fischerei
2011, 5 EURO
CuAlNi/CuNi, 9,8 g, Ø 27,25 mm
Ⓓ Nora Tapper

Stgl.:	100.000 Ex.	€ 17,00
PP:	20.000 Ex.	€ 30,00

LL-G62

10. Jahrestag der Einführung der Euro-Münzen und -Banknoten
2012, 2 EURO
Ⓓ Luc Luycx und Helmut Andexlinger

Stgl.:	1.475.000 Ex.	€ 6,00
PP:	23.000 Ex.*	€ 40,00

*sowie im Kursmünzensatz LL-AK2

LL-G63

Hesinki, Welthauptstadt des Designs
2012, 5 EURO
Nord. Gold, 9 g, Ø 27,25 mm
Ⓓ Henna Lamberg

Stgl.:	100.000 Ex.	€ 16,50

LL-G64

Hesinki, Welthauptstadt des Designs
2012, 50 EURO
Ag925/Au750, 10,8 g, Ø 27,25 mm
Ⓓ Henna Lamberg

PP:	5.000 Ex.	€ 800,00

LL-G65

LL-G69

LL-G66

LL-G70

LL-G67

LL-G71

LL-G68

LL-G72

LL-G65

Europäische Maler und Bildhauer – 150. Geburtstag von Henrik Wigström
2012, 10 EURO
Ag925, 25,5 g, Ø 38,6 mm
Ⓓ Pertti Kalervo Mäkinen

Stgl.:	15.000 Ex.	€ 70,00
PP:	15.000 Ex.	€ 80,00

LL-G66

Ethik-Serie – Gleichheit und Toleranz
2012, 20 EURO
Ag925, 33,62 g, Ø 38,6 mm
Ⓓ Katri Piri

Stgl.:	20.000 Ex.	€ 120,00
PP:	20.000 Ex.	€ 140,00

LL-G67

Eishockey-WM 2012, Stockholm
2012, 5 EURO
CuAlNi/CuNi, 9,8 g, Ø 27,25 mm
Ⓓ Petri Neuvonen

Stgl.:	180.000 Ex.	€ 14,50
PP:	20.000 Ex.	€ 35,00

LL-G68

100. Geburtstag von Armi Ratia
2012, 10 EURO
Ag925, 25,5 g, Ø 38,6 mm
Ⓓ Kari Markkanen

Stgl.:	20.000 Ex.	€ 85,00
PP:	20.000 Ex.	€ 120,00

LL-G69

150. Geburtstag von Helene Schjerfbeck
2012, 2 EURO
Ⓓ Luc Luycx und Erja Tielinen

Stgl.:	1.987.000 Ex.	€ 6,50
PP:	11.000 Ex.*	€ 49,00

*sowie im Kursmünzensatz LL-AK2

LL-G70

Natur des Nordens (I) – Flora: Gletscher-Hahnenfuß
2012, 5 EURO
CuAlNi/CuNi, 9,8 g, Ø 27,25 mm
Ⓓ Reijo Juhani Paavilainen

Stgl.:	50.000 Ex.	€ 15,00
PP:	7.000 Ex.	€ 40,00

LL-G71

Nordische Natur (II) – Fauna: Spuren des Polarfuchses
2012, 5 EURO
CuAlNi/CuNi, 9,8 g, Ø 27,25 mm
Ⓓ Reijo Juhani Paavilainen

Stgl.:	50.000 Ex.	€ 15,00
PP:	7.000 Ex.	€ 40,00

LL-G72

Nordische Natur (I I) – Winter: Polarlicht
2012, 5 EURO
CuAlNi/CuNi, 9,8 g, Ø 27,25 mm
Ⓓ Reijo Juhani Paavilainen

Stgl.:	50.000 Ex.	€ 15,00
PP:	7.000 Ex.	€ 40,00

LL-G73
125. Geburtstag von Arvo Ylppö
2012, 10 EURO
Ag925, 25,5 g, Ø 38,6 mm
Ⓓ Reijo Juhani Paavilainen

Stgl.:	20.000 Ex.	€ 95,00
PP:	20.000 Ex.	€ 110,00

LL-G74
Bauwerke der historischen Landschaften Finnlands (I) – Lappland: Holzfäller Kerzenbrücke
2012, 5 EURO
CuAlNi/CuNi, 9,8 g, Ø 27,25 mm
Ⓓ Petri Neuvonen und Nora Tapper

Stgl.:	55.000 Ex.	€ 13,50
PP:	10.000 Ex.	€ 38,00

LL-G75
Bauwerke der historischen Landschaften Finnlands (II) – Uusimataa: Helsinki- und Uspenski-Kathedrale
2012, 5 EURO
CuAlNi/CuNi, 9,8 g, Ø 27,25 mm
Ⓓ Petri Neuvonen und Nora Tapper

Stgl.:	55.000 Ex.	€ 13,50
PP:	10.000 Ex.	€ 38,00

LL-G76
Europäische Schriftsteller – Frans Eemil Sillanpää
2013, 10 EURO
Ag925, 25,5 g, Ø 38,6 mm
Ⓓ Pekka Rytkönen und Reijo Juhani Paavilainen

PP:	20.000 Ex.	€ 120,00

LL-G77
150. Geburtstag von Sophie Mannerheim
2013, 10 EURO
Ag925, 25,5 g, Ø 38,6 mm
Ⓓ Tero Lounas

PP:	17.000 Ex.	€ 130,00

LL-G78
Bauwerke der historischen Landschaften Finnlands (III) – Åland: Sälskär Leuchtturm
2013, 5 EURO
CuAlNi/CuNi, 9,8 g, Ø 27,25 mm
Ⓓ Petri Neuvonen und Nora Tapper

Stgl.:	55.000 Ex.	€ 13,50
PP:	10.000 Ex.	€ 35,00

LL-G79
Bauwerke der historischen Landschaften Finnlands (IV) – Satakunta: Steingrabhügel
2013, 5 EURO
CuAlNi/CuNi, 9,8 g, Ø 27,25 mm
Ⓓ Petri Neuvonen und Nora Tapper

Stgl.:	55.000 Ex.	€ 13,50
PP:	10.000 Ex.	€ 35,00

LL-G80
Bauwerke der historischen Landschaften Finnlands (V) – Eigentliches Finnland: Kathedrale von Turku
2013, 5 EURO
CuAlNi/CuNi, 9,8 g, Ø 27,25 mm
Ⓓ Petri Neuvonen und Nora Tapper

Stgl.:	55.000 Ex.	€ 13,50
PP:	10.000 Ex.	€ 35,00

LL-G81

LL-G82

LL-G83

LL-G84

LL-G85

LL-G86

LL-G87

LL-G88

LL-G81
Natur des Nordens (IV) –
Sommer: Mitternachtssonne
2013, 5 EURO
CuAlNi/CuNi, 9,8 g, Ø 27,25 mm
Ⓓ Reijo Juhani Paavilainen

Stgl.:	50.000 Ex.	€ 13,50
PP:	7.000 Ex.	€ 35,00

LL-G82
Ethik-Serie – Kulturelle Vielfalt
2013, 20 EURO
Ag925, 33,62 g, Ø 38,6 mm
Ⓓ Hannu Veijalainen

PP:	15.000 Ex.	€ 125,00

LL-G83
150 Jahre Parlament von 1863
2013, 2 EURO
Ⓓ Luc Luycx und Petri Neuvonen

Stgl.:	989.000 Ex.	€ 6,50
PP:	9.200 Ex.*	€ 50,00

*sowie im Kursmünzensatz LL-AK2

LL-G84
150 Jahre Parlament von 1863
2013, 100 EURO
Au917, 5,65 g, Ø 22 mm
Ⓓ Reijo Juhani Paavilainen

PP:	6.000 Ex.*	€ 520,00

** davon 200 Ex. nummeriert*

LL-G85
Bauwerke der historischen Landschaften
Finnlands (VI) – Karelien:
Wasserkraftwerk am Imatrafall
2013, 5 EURO
CuAlNi/CuNi, 9,8 g, Ø 27,25 mm
Ⓓ Petri Neuvonen und Nora Tapper

Stgl.:	55.000 Ex.	€ 13,50
PP:	10.000 Ex.	€ 35,00

LL-G86
Bauwerke der historischen Landschaften
Finnlands (VII) – Savo: Olafsburg
2013, 5 EURO
CuAlNi/CuNi, 9,8 g, Ø 27,25 mm
Ⓓ Petri Neuvonen und Nora Tapper

Stgl.:	55.000 Ex.	€ 13,50
PP:	10.000 Ex.	€ 35,00

LL-G87
Bauwerke der historischen Landschaften
Finnlands (VIII) – Häme: Feldsteinkirche
St. Laurentius
2013, 5 EURO
CuAlNi/CuNi, 9,8 g, Ø 27,25 mm
Ⓓ Petri Neuvonen und Nora Tapper

Stgl.:	55.000 Ex.	€ 13,50
PP:	10.000 Ex.	€ 35,00

LL-G88
Bauwerke der historischen Landschaften
Finnlands (IX) – Österbotten:
traditionelles Haus
2013, 5 EURO
CuAlNi/CuNi, 9,8 g, Ø 27,25 mm
Ⓓ Petri Neuvonen und Nora Tapper

Stgl.:	55.000 Ex.	€ 13,50
PP:	10.000 Ex.	€ 35,00

LL-G89

LL-G93

LL-G90

LL-G94

LL-G91

LL-G95

LL-G92

LL-G96

LL-G89

125. Geburtstag von Frans Eemil Sillanpää
2013, 2 EURO
Ⓓ Luc Luycx u. Reijo Juhani Paavilainen
Stgl.: 1.489.000 Ex. € 6,50
PP: 9.200 Ex.* € 45,00
*sowie im Kursmünzensatz LL-AK2

LL-G90

150. Geburtstag von Eero Järnefelt
2013, 10 EURO
Ag925, 25,5 g, Ø 38,6 mm
Ⓓ Petri Neuvonen
PP: 17.000 Ex. € 120,00

LL-G91

100. Geburtstag von Tove Jansson
2014, 10 EURO
Ag500, 10 g, Ø 28,5 mm
Ⓓ Jarkko Roth
PP: 25.000 Ex. € 60,00

LL-G92

100. Geburtstag von Tove Jansson
2014, 20 EURO
Ag925, 25,5 g, Ø 38,6 mm
Ⓓ Jarkko Roth
PP: 5.000 Ex.* € 100,00
** davon 100 Ex. nummeriert, die eine Antioxidationsbeschichtung mit nSilver® besitzen*

LL-G93

100. Geburtstag von Tove Jansson
2014, 2 EURO
Ⓓ Luc Luycx und Jari Lepistö
Stgl.: 1.489.000 Ex. € 6,50
PP: 9.800 Ex.* € 45,00
*sowie im Kursmünzensatz LL-AK2

LL-G94

Natur des Nordens (V) – Wildnis: Kiefernzweig
2014, 5 EURO
CuAlNi/CuNi, 9,8 g, Ø 27,25 mm
Ⓓ Reijo Juhani Paavilainen
Stgl.: 50.000 Ex. € 13,50
PP: 7.000 Ex. € 35,00

LL-G95

Natur des Nordens (VI) – Gewässer: Qualle und Seetang
2014, 5 EURO
CuAlNi/CuNi, 9,8 g, Ø 27,25 mm
Ⓓ Reijo Juhani Paavilainen
Stgl.: 50.000 Ex. € 14,50
PP: 7.000 Ex. € 35,00

LL-G96

Numismatik – 150 Jahre Finnische Mark
2014, 100 EURO
Au917, 5,65 g, Ø 22 mm
Ⓓ Hannu Veijalainen
PP: 6.000 Ex.* € 580,00
** davon 100 Ex. nummeriert*

LL-G97

LL-G98

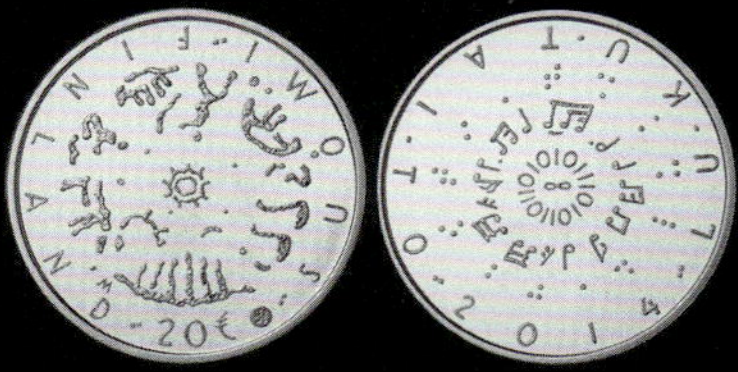

LL-G99

LL-G100

LL-G101

LL-G102

LL-G103

LL-G104

LL-G97
Ethik-Serie – Alphabetisierung
2014, 10 EURO
Ag500, 10 g, Ø 28,5 mm
Ⓓ Pertti Kalervo Mäkinen
PP: 10.000 Ex. € 60,00

LL-G98
Ethik-Serie – Alphabetisierung
2014, 20 EURO
Ag925, 25,5 g, Ø 38,6 mm
Ⓓ Pertti Kalervo Mäkinen
PP: 5.000 Ex. € 95,00

LL-G99
Tiere der historischen Landschaften Finnlands (I) – Savo: Prachttaucher
2014, 5 EURO
CuAlNi/CuNi, 9,8 g, Ø 27,25 mm
Ⓓ Erkki Vainio und Nora Tapper
Stgl.: 35.000 Ex. € 13,50
PP: 10.000 Ex. € 38,50

LL-G100
Tiere der historischen Landschaften Finnlands (II) – Karelien: Kuckuck
2014, 5 EURO
CuAlNi/CuNi, 9,8 g, Ø 27,25 mm
Ⓓ Erkki Vainio und Nora Tapper
Stgl.: 35.000 Ex. € 13,50
PP: 10.000 Ex. € 38,50

LL-G101
Tiere der historischen Landschaften Finnlands (III) – Åland: Seeadler
2014, 5 EURO
CuAlNi/CuNi, 9,8 g, Ø 27,25 mm
Ⓓ Erkki Vainio und Nora Tapper
Stgl.: 35.000 Ex. € 13,50
PP: 10.000 Ex. € 38,50

LL-G102
Tiere der historischen Landschaften Finnlands (IV) – Eigentliches Finnland: Fuchs
2014, 5 EURO
CuAlNi/CuNi, 9,8 g, Ø 27,25 mm
Ⓓ Erkki Vainio und Nora Tapper
Stgl.: 35.000 Ex. € 13,50
PP: 10.000 Ex. € 38,50

LL-G103
100. Geburtstag von Ilmari Tapiovaara
2014, 10 EURO
Ag500, 10 g, Ø 23,5 mm
Ⓓ Harri Koskinen
PP: 10.000 Ex. € 60,00

LL-G104
100. Geburtstag von Ilmari Tapiovaara
2014, 20 EURO
Ag925, 25,5 g, Ø 38,6 mm
Ⓓ Harri Koskinen
PP: 5.000 Ex. € 95,00

LL-G105

LL-G106

LL-G107

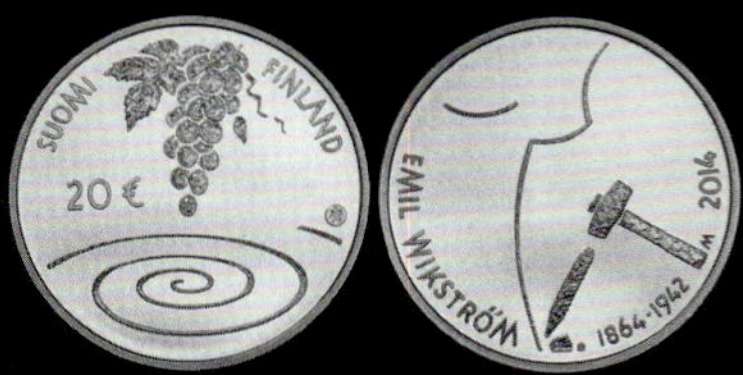

LL-G108

LL-G109

LL-G110

LL-G111

LL-G112

LL-G105

100. Geburtstag von Ilmari Tapiovaara
2014, 2 EURO
Ⓓ Luc Luycx und Harri Koskinen

Stgl.:	989.000 Ex.	€ 6,50
PP:	9.800 Ex.*	€ 40,00

*sowie im Kursmünzensatz LL-AK2

LL-G106

150. Geburtstag von Emil Wikström
2014, 10 EURO
Ag500, 10 g, Ø 28,5 mm
Ⓓ Pertti Kalervo Mäkinen

PP:	10.000 Ex.	€ 60,00

LL-G107

150. Geburtstag von Emil Wikström
2014, 20 EURO
Ag925, 25,5 g, Ø 38,6 mm
Ⓓ Pertti Kalervo Mäkinen

PP:	5.000 Ex.	€ 95,00

LL-G108

150. Geburtstag von Jean Sibelius
2015, 10 EURO
Ag500, 10 g, Ø 28,5 mm
Ⓓ Nora Tapper

PP:	10.000 Ex.	€ 60,00

LL-G109

150. Geburtstag von Jean Sibelius
2015, 100 EURO
Au917, 5,65 g, Ø 22 mm
Ⓓ Nora Tapper

PP:	5.000 Ex.	€ 650,00

LL-G110

150. Geburtstag von Jean Sibelius
2015, 2 EURO
Ⓓ Luc Luycx und Nora Tapper

Stgl.:	989.000 Ex.	€ 6,50
PP:	9.800 Ex.*	€ 50,00

* sowie im Kursmünzensatz LL-AK2

LL-G111

Tiere der historischen Landschaften Finnlands (V) – Satakunta: Biber
2015, 5 EURO
CuAlNi/CuNi, 9,8 g, Ø 27,25 mm
Ⓓ Erkki Vainio und Nora Tapper

Stgl.:	35.000 Ex.	€ 13,50
PP:	10.000 Ex.	€ 38,50

LL-G112

Tiere der historischen Landschaften Finnlands (VI) – Lappland: Rentier
2015, 5 EURO
CuAlNi/CuNi, 9,8 g, Ø 27,25 mm
Ⓓ Erkki Vainio und Nora Tapper

Stgl.:	35.000 Ex.	€ 13,50
PP:	10.000 Ex.	€ 38,50

LL-G113

LL-G117

LL-G114

LL-G118

LL-G115

LL-G119

LL-G116

LL-G120

LL-G113
Tiere der historischen Landschaften Finnlands (VII) – Uusimataa: Igel
2015, 5 EURO
CuAlNi/CuNi, 9,8 g, Ø 27,25 mm
Ⓓ Erkki Vainio und Nora Tapper
Stgl.: 35.000 Ex. € 13,50
PP: 10.000 Ex. € 38,50

LL-G114
Tiere der historischen Landschaften Finnlands (VIII) – Österbotten: Hermelin
2015, 5 EURO
CuAlNi/CuNi, 9,8 g, Ø 27,25 mm
Ⓓ Erkki Vainio und Nora Tapper
Stgl.: 35.000 Ex. € 13,50
PP: 10.000 Ex. € 38,50

LL-G115
Tiere der historischen Landschaften Finnlands (VIII) – Häme: Luchs
2015, 5 EURO
CuAlNi/CuNi, 9,8 g, Ø 27,25 mm
Ⓓ Erkki Vainio und Nora Tapper
Stgl.: 35.000 Ex. € 13,50
PP: 10.000 Ex. € 38,50

LL-G116
„Sisu", die finnische Tugend der Beharrlichkeit
2015, 10 EURO
Ag500, 10 g, Ø 28,5 mm
Ⓓ Tapio Kettunen
PP: 25.000 Ex.* € 60,00
** davon 100 Ex. nummeriert*

LL-G117
„Sisu", die finnische Tugend der Beharrlichkeit
2015, 20 EURO
Ag925, 25,5 g, Ø 38,6 mm
Ⓓ Tapio Kettunen
PP: 5.000 Ex.* € 80,00
** davon 50 Ex. nummeriert*

LL-G118
70 Jahre Frieden in Europa
2015, 10 EURO
Ag925, 17 g, Ø 33 mm
Ⓓ Petri Neuvonen
PP: 10.000 Ex.* € 70,00
** davon 70 Ex. nummeriert*

LL-G119
Sport (I) – Gymnastik
2015, 5 EURO
CuAlNi/CuNi, 9,8 g, Ø 27,25 mm
Ⓓ Nora Tapper
Stgl.: 50.000 Ex. € 13,50
PP: 10.000 Ex. € 38,50

LL-G120
Sport (II) – Basketball
2015, 5 EURO
CuAlNi/CuNi, 9,8 g, Ø 27,25 mm
Ⓓ Nora Tapper
Stgl.: 50.000 Ex. € 13,50
PP: 10.000 Ex. € 38,50

LL-G121

LL-G125

LL-G122

LL-G126

LL-G123

LL-G127

LL-G124

LL-G128

LL-G121
Sport (III) – Eiskunstlauf
2015, 5 EURO
CuAlNi/CuNi, 9,8 g, Ø 27,25 mm
Ⓓ Nora Tapper
Stgl.: 50.000 Ex. € 13,50
PP: 10.000 Ex. € 38,50

LL-G122
Sport (IV) – Volleyball
2015, 5 EURO
CuAlNi/CuNi, 9,8 g, Ø 27,25 mm
Ⓓ Nora Tapper
Stgl.: 50.000 Ex. € 13,50
PP: 10.000 Ex. € 38,50

LL-G123
30 Jahre Flagge der Europäischen Union
2015, 2 EURO
Ⓓ Luc Luycx u. Georgios Stamatopoulos
Stgl.: 489.000 Ex. € 6,50
PP: 9.800 Ex.* € 45,00
*sowie im Kursmünzensatz LL-AK2

LL-G124
100. Geburtstag von Tapio Wirkkala
2015, 10 EURO
Ag500, 10 g, Ø 28,5 mm
Ⓓ Aimo Katajamäki
PP: 10.000 Ex.* € 60,00
** davon 100 Ex. nummeriert*

LL-G125
100. Geburtstag von Tapio Wirkkala
2015, 20 EURO
Ag925, 25,5 g, Ø 38,6 mm
Ⓓ Aimo Katajamäki
PP: 5.000 Ex.* € 100,00
** davon 100 Ex. nummeriert*

LL-G126
150. Geburtstag von
Akseli Gallen-Kallela
2015, 2 EURO
Ⓓ Luc Luycx u. Hannu Veijalainen
Stgl.: 489.000 Ex. € 6,50
PP: 9.800 Ex.* € 45,00
*sowie im Kursmünzensatz LL-AK2

LL-G127
150. Geburtstag von
Akseli Gallen-Kallela
2015, 10 EURO
Ag500, 10 g, Ø 28,5 mm
Ⓓ Hannu Veijalainen
PP: 10.000 Ex.* € 60,00
** davon 100 Ex. nummeriert*

LL-G128
150. Geburtstag von
Akseli Gallen-Kallela
2015, 20 EURO
Ag925, 25,5 g, Ø 38,6 mm
Ⓓ Hannu Veijalainen
PP: 5.000 Ex.* € 65,00
** davon 100 Ex. nummeriert*

LL-G129

LL-G130

LL-G131

LL-G132

LL-G133

LL-G134

LL-G135

LL-G136

LL-G129
150. Geburtstag von Karl Fazer
2016, 10 EURO
Ag500, 10 g, Ø 28,5 mm
Ⓓ Kirsti Doukas
PP: 10.000 Ex.* € 60,00
** davon 150 Ex. nummeriert*

LL-G130
150. Geburtstag von Karl Fazer
2016, 20 EURO
Ag925, 25,5 g, Ø 38,6 mm
Ⓓ Kirsti Doukas
PP: 5.000 Ex.* € 95,00
** davon 150 Ex. nummeriert*

LL-G131
Sport (V) – Eishockey
2016, 5 EURO
CuAlNi/CuNi, 9,8 g, Ø 27,25 mm
Ⓓ Nora Tapper
Stgl.: 50.000 Ex. € 13,50
PP: 10.000 Ex. € 38,50

LL-G132
Sport (VI) – Skilanglauf
2016, 5 EURO
CuAlNi/CuNi, 9,8 g, Ø 27,25 mm
Ⓓ Nora Tapper
Stgl.: 50.000 Ex. € 13,50
PP: 10.000 Ex. € 38,50

LL-G133
Sport (VII) – Skispringen
2016, 5 EURO
CuAlNi/CuNi, 9,8 g, Ø 27,25 mm
Ⓓ Nora Tapper
Stgl.: 50.000 Ex. € 13,50
PP: 10.000 Ex. € 38,50

LL-G134
Sport (VIII) – Fußball
2016, 5 EURO
CuAlNi/CuNi, 9,8 g, Ø 27,25 mm
Ⓓ Nora Tapper
Stgl.: 50.000 Ex. € 13,50
PP: 10.000 Ex. € 38,50

LL-G135
Sport (IX) – Leichtathletik
2016, 5 EURO
CuAlNi/CuNi, 9,8 g, Ø 27,25 mm
Ⓓ Nora Tapper
Stgl.: 50.000 Ex. € 13,50
PP: 10.000 Ex. € 38,50

LL-G136
Uno Cygnaeus, „Vater der finnischen Volksschule" – 150 Jahre Volksschule
2016, 10 EURO
Ag500, 10 g, Ø 28,5 mm
Ⓓ Petri Neuvonen
PP: 10.000 Ex.* € 60,00
** davon 100 Ex. nummeriert*

LL-G137

LL-G141

LL-G138

LL-G142

LL-G139

LL-G143

LL-G140

LL-G144

LL-G137

Uno Cygnaeus, „Vater der finnischen Volksschule" – 150 Jahre Volksschule

2016, 20 EURO

Ag925, 25,5 g, Ø 38,6 mm

Ⓓ Petri Neuvonen

PP: 5.000 Ex.* € 95,00

** davon 100 Ex. nummeriert*

LL-G138

90. Todestag von Eino Leino

2016, 2 EURO

Ⓓ Luc Luycx und Pertti Kalervo Mäkinen

Stgl.: 989.000 Ex. € 6,50

PP: 9.800 Ex.* € 45,00

*sowie im Kursmünzensatz LL-AK2

LL-G139

90. Todestag von Eino Leino

2016, 100 EURO

Au917, 5,65 g, Ø 22 mm

Ⓓ Pertti Kalervo Mäkinen

PP: 5.000 Ex. € 650,00

LL-G140

Das Zeitalter der Gegenwart in Europa – Alvar Aalto (Architekt)

2016, 10 EURO

Ag500, 10 g, Ø 28,5 mm

Ⓓ Aimo Katajamäki

PP: 10.000 Ex.* € 70,00

** davon 100 Ex. nummeriert*

LL-G141

Finnische Präsidenten (I) – Kaarlo Juho Ståhlberg

2016, 5 EURO

CuAlNi/CuNi, 9,8 g, Ø 27,25 mm

Ⓓ Tero Lounas

Stgl.: 30.000 Ex. € 13,50

PP: 6.000 Ex. € 38,50

LL-G142

Finnische Präsidenten (II) – Lauri Kristian Relander

2016, 5 EURO

CuAlNi/CuNi, 9,8 g, Ø 27,25 mm

Ⓓ Tero Lounas

Stgl.: 30.000 Ex. € 13,50

PP: 6.000 Ex. € 38,50

LL-G143

Finnische Präsidenten (III) – Pehr Evind Svinhufvud

2016, 5 EURO

CuAlNi/CuNi, 9,8 g, Ø 27,25 mm

Ⓓ Tero Lounas

Stgl.: 30.000 Ex. € 13,50

PP: 6.000 Ex. € 38,50

LL-G144

Finnische Präsidenten (IV) – Kyösti Kallio

2016, 5 EURO

CuAlNi/CuNi, 9,8 g, Ø 27,25 mm

Ⓓ Tero Lounas

Stgl.: 30.000 Ex. € 13,50

PP: 6.000 Ex. € 38,50

LL-G145

LL-G146

LL-G147

LL-G148

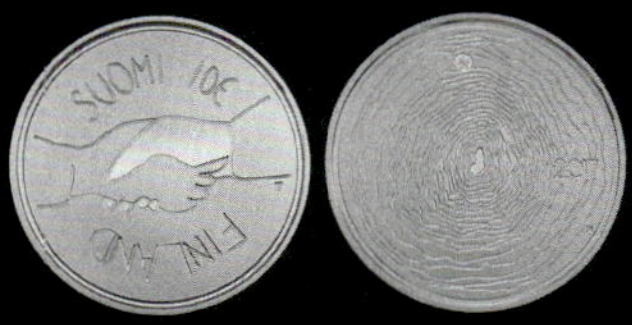

LL-G149

LL-G150

LL-G151

LL-G152

LL-G145
Finnische Arbeit
2016, 10 EURO
Ag500, 10 g, Ø 28,5 mm
Ⓓ Sauli Suomela

PP:	10.000 Ex.*	€ 70,00

** davon 100 Ex. nummeriert*

LL-G146
Finnische Arbeit
2016, 20 EURO
Ag925, 25,5 g, Ø 38,6 mm
Ⓓ Sauli Suomela

PP:	5.000 Ex.*	€ 95,00

** davon 100 Ex. nummeriert*

LL-G147
100. Geburtstag von
Georg Henrik von Wright
2016, 2 EURO
Ⓓ Luc Luycx und Nota Tapper

Stgl.:	989.000 Ex.	€ 6,50
PP:	9.800 Ex.*	€ 45,00

*sowie im Kursmünzensatz LL-AK2

LL-G148
100 Jahre Unabhängigkeit
2017, 10 EURO
Ag500, 10 g, Ø 28,5 mm
Ⓓ Jennifer Tuomisto und
Saara Peltomäki

PP:	10.000 Ex.*	€ 60,00

** davon 100 Ex. nummeriert*

LL-G149
100 Jahre Unabhängigkeit
2017, 100 EURO
Au917, 5,65 g, Ø 22 mm
Ⓓ Simon Örnberg

PP:	3.000 Ex.	€ 800,00

LL-G150
100 Jahre Unabhängigkeit
2017, 2 EURO
Ⓓ Luc Luycx und Simon Örnberg

Stgl.:	2.489.000 Ex.	€ 6,50
PP:	9.800 Ex.*	€ 55,00

*sowie im Kursmünzensatz LL-AK2

LL-G151
Das Zeitalter von Eisen und
Glas – Finnischer Pavillon,
Weltausstellung Paris 1900
2017, 10 EURO
Ag925, 17 g, Ø 33 mm
Ⓓ Erkki Vainio

PP:	10.000 Ex.*	€ 75,00

** davon 100 Ex. nummeriert*

LL-G152
Finnische Präsidenten (V) –
Risto Ryti
2017, 5 EURO
CuAlNi/CuNi, 9,8 g, Ø 27,25 mm
Ⓓ Tero Lounas

Stgl.:	30.000 Ex.	€ 16,00
PP:	6.000 Ex.	€ 38,50

LL-G153

LL-G154

LL-G155

LL-G156

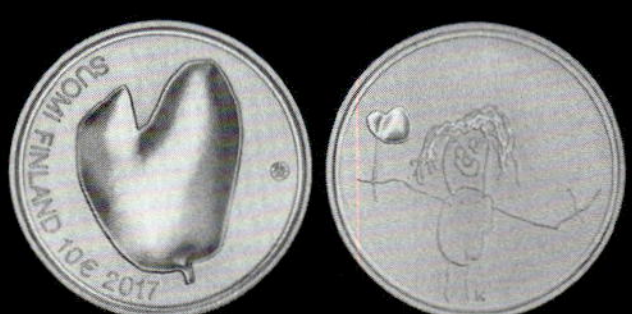

LL-G157

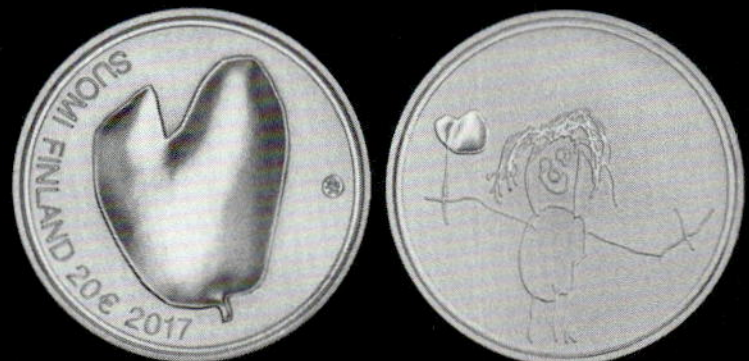

LL-G158

LL-G159

LL-G160

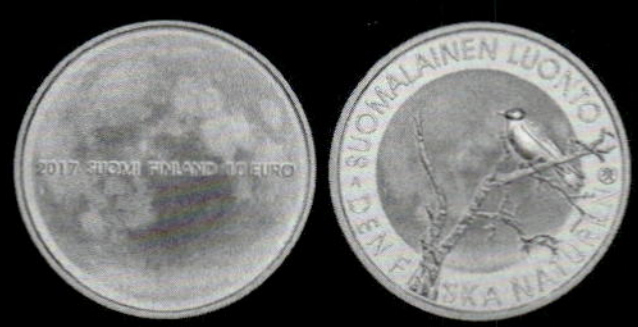

LL-G153

Finnische Präsidenten (VI) –
Carl Gustaf Emil Mannerheim
2017, 5 EURO
CuAlNi/CuNi, 9,8 g, Ø 27,25 mm
Ⓓ Tero Lounas

Stgl.:	30.000 Ex.	€ 16,00
PP:	6.000 Ex.	€ 38,50

LL-G154

Finnische Präsidenten (VII) –
Juho Kusta Paasikivi
2017, 5 EURO
CuAlNi/CuNi, 9,8 g, Ø 27,25 mm
Ⓓ Tero Lounas

Stgl.:	30.000 Ex.	€ 15,00
PP:	6.000 Ex.	€ 38,50

LL-G155

Finnische Präsidenten (VIII) –
Urho Kaleva Kekkonen
2017, 5 EURO
CuAlNi/CuNi, 9,8 g, Ø 27,25 mm
Ⓓ Tero Lounas

Stgl.:	30.000 Ex.	€ 15,00
PP:	6.000 Ex.	€ 38,50

LL-G156

Mütter
2017, 10 EURO
Ag500, 10 g, Ø 28,5 mm
Ⓓ Aleksei Kulagin

PP:	10.000 Ex.*	€ 60,00

** davon 100 Ex. nummeriert*

LL-G157

Mütter
2017, 20 EURO
Ag925, 25,5 g, Ø 38,6 mm
Ⓓ Aleksei Kulagin

PP:	5.000 Ex.*	€ 120,00

** davon 100 Ex. nummeriert*

LL-G158

Finnischer Tango
2017, 10 EURO
Ag500, 10 g, Ø 28,5 mm
Ⓓ Erkki Vainio

PP:	10.000 Ex.*	€ 60,00

** davon 100 Ex. nummeriert*

LL-G159

Finnischer Tango
2017, 20 EURO
Ag925, 25,5 g, Ø 38,6 mm
Ⓓ Erkki Vainio

PP:	5.000 Ex.*	€ 120,00

** davon 100 Ex. nummeriert*

LL-G160

Finnische Natur – Krähe
2017, 10 EURO
Ag500, 10 g, Ø 28,5 mm
Ⓓ Kari Auvinen

PP:	10.000 Ex.*	€ 60,00

** davon 100 Ex. nummeriert*

LL-G161

LL-G162

LL-G163

LL-G164

LL-G165

LL-G166

LL-G167

LL-G168

LL-G161
Finnische Natur – Krähe
2017, 20 EURO
Ag925, 25,5 g, Ø 38,6 mm
Ⓓ Kari Auvinen
PP: 5.000 Ex.* € 95,00
** davon 100 Ex. nummeriert*

LL-G162
Finnische Natur – Krähe
2017, 2 EURO
Ⓓ Luc Luycx und Kari Auvinen
Stgl.: 489.000 Ex. € 6,50
PP: 9.800 Ex.* € 100,00
*sowie im Kursmünzensatz LL-AK2

LL-G163
100 Jahre Unabhängigkeit
2017, 20 EURO
Ag925, 25,5 g, Ø 38,6 mm
Ⓓ Ilkka Suppanen
PP: 2.017 Ex. € 200,00

LL-G164
200. Geburtstag von Zacharias Topelius
2018, 10 EURO
Ag500, 10 g, Ø 28,5 mm
Ⓓ Erja Tielinen
PP: 8.000 Ex. € 55,00

LL-G165
200. Geburtstag von Zacharias Topelius
2018, 20 EURO
Ag925, 25,5 g, Ø 38,6 mm
Ⓓ Erja Tielinen
PP: 4.000 Ex.* € 90,00
** davon 100 Ex. nummeriert*

LL-G166
Samische Kultur
2018, 10 EURO
Ag500, 10 g, Ø 28,5 mm
Ⓓ Inka Maarika Kangasniemi
PP: 8.000 Ex. € 60,00

LL-G167
Samische Kultur
2018, 20 EURO
Ag925, 25,5 g, Ø 38,6 mm
Ⓓ Inka Maarika Kangasniemi
PP: 4.000 Ex.* € 90,00
** davon 100 Ex. nummeriert*

LL-G168
Koli-Nationalpark
2018, 2 EURO
Ⓓ Luc Luycx und Erkki Vainio
Stgl.: 989.000 Ex. € 7,50
PP: 11.000 Ex.* € 45,00
* sowie im Kursmünzensatz LL-AK2

LL-G169

LL-G173

LL-G170

LL-G174

LL-G171

LL-G175

LL-G172

LL-G176

LL-G169
Finnische Nationallandschaften (I) –
Koli-Nationalpark
2018, 5 EURO
CuAlNi/CuNi, 9,8 g, Ø 27,25 mm
Ⓓ Mari Metso und Erkki Vainio

Stgl.:	15.000 Ex.	€ 15,00
PP:	3.000 Ex.	€ 42,00

LL-G170
Finnische Nationallandschaften (II) –
Maritimes Helsinki
2018, 5 EURO
CuAlNi/CuNi, 9,8 g, Ø 27,25 mm
Ⓓ Mari Metso und Erkki Vainio

Stgl.:	15.000 Ex.	€ 15,00
PP:	3.000 Ex.	€ 38,50

LL-G171
Finnische Nationallandschaften (III) –
Os Punkaharju
2018, 5 EURO
CuAlNi/CuNi, 9,8 g, Ø 27,25 mm
Ⓓ Mari Metso und Erkki Vainio

Stgl.:	15.000 Ex.	€ 13,50
PP:	3.000 Ex.	€ 38,50

LL-G172
Finnische Nationallandschaften (IV) –
Pallastunturi-Fjells
2018, 5 EURO
CuAlNi/CuNi, 9,8 g, Ø 27,25 mm
Ⓓ Mari Metso und Erkki Vainio

Stgl.:	15.000 Ex.	€ 13,50
PP:	3.000 Ex.	€ 38,50

LL-G173
Finnische Nationallandschaften (V) –
Schärenmeer
2018, 5 EURO
CuAlNi/CuNi, 9,8 g, Ø 27,25 mm
Ⓓ Mari Metso und Erkki Vainio

Stgl.:	15.000 Ex.	€ 13,50
PP:	3.000 Ex.	€ 38,50

LL-G174
Finnische Nationallandschaften (VI) –
Tammerkoski-Stromschnellen
2018, 5 EURO
CuAlNi/CuNi, 9,8 g, Ø 27,25 mm
Ⓓ Mari Metso und Erkki Vainio

Stgl.:	15.000 Ex.	€ 13,50
PP:	3.000 Ex.	€ 38,50

LL-G175
Finnische Nationallandschaften (VII) –
Natur- und Kulturlandschaft am
Oulankajoki-Fluss
2018, 5 EURO
CuAlNi/CuNi, 9,8 g, Ø 27,25 mm
Ⓓ Mari Metso und Erkki Vainio

Stgl.:	15.000 Ex.	€ 13,50
PP:	3.000 Ex.	€ 38,50

LL-G176
Finnische Nationallandschaften (VIII) –
Flusstal des Porvoonjoki und
die Altstadt von Porvoo
2018, 5 EURO
CuAlNi/CuNi, 9,8 g, Ø 27,25 mm
Ⓓ Mari Metso und Erkki Vainio

Stgl.:	15.000 Ex.	€ 16,00
PP:	3.000 Ex.	€ 42,00

LL-G177

LL-G181

LL-G178

LL-G182

LL-G179

LL-G183

LL-G180

LL-G184

LL-G177
Finnische Nationallandschaften (IX) – Burg Olavinlinna mit Pihlajavesi-See
2018, 5 EURO
CuAlNi/CuNi, 9,8 g, Ø 27,25 mm
Ⓓ Mari Metso und Erkki Vainio

Stgl.:	15.000 Ex.	€ 14,00
PP:	3.000 Ex.	€ 40,00

LL-G178
Das Zeitalter des Barock und Rokoko – Augustin Ehrensvärd und die Festung Suomenlinna (Schwedenburg)
2018, 10 EURO
Ag500, 10 g, Ø 28,5 mm
Ⓓ Erkki Vainio

PP:	8.000 Ex.*	€ 60,00

* *davon 100 Ex. nummeriert*

LL-G179
Finnland in 100 Jahren – „Blue Bioeconomy" (Hannu Veijalainen)
2018, 100 EURO
Au917, 5,65 g, Ø 22 mm
Ⓓ Hannu Veijalainen

PP:	3.000 Ex.*	€ 850,00

* *davon 100 Ex. nummeriert*

LL-G180
Finnische Saunakultur
2018, 10 EURO
Ag500, 10 g, Ø 28,5 mm
Ⓓ Mari Metso und Erkki Vainio

PP:	8.000 Ex.	€ 60,00

LL-G181
Finnische Saunakultur
2018, 20 EURO
Ag925, 25,5 g, Ø 38,6 mm
Ⓓ Mari Metso und Erkki Vainio

PP:	4.000 Ex.*	€ 110,00

* *davon 100 Ex. nummeriert*

LL-G182
Finnische Saunakultur
2018, 2 EURO
Ⓓ Luc Luycx und Erkki Vainio

Stgl.:	989.000 Ex.	€ 6,50
PP:	11.000 Ex.*	€ 45,00

* sowie im Kursmünzensatz LL-AK2

LL-G183
Finnische Präsidenten (IX) – Mauno Koivisto
2018, 5 EURO
CuAlNi/CuNi, 9,8 g, Ø 27,25 mm
Ⓓ Tero Lounas

Stgl.:	30.000 Ex.	€ 120,00
PP:	6.000 Ex.	€ 38,50

LL-G184
100 Jahre finnische Verfassung
2019, 100 EURO
Au917, 5,65 g, Ø 22 mm
Ⓓ Dario Vidal

PP:	1.300 Ex.*	€ 900,00

* *davon 100 Ex. nummeriert*

LL-G185

LL-G189

LL-G186

LL-G190

LL-G187

LL-G191

LL-G188

LL-G192

LL-G185
100 Jahre finnische Verfassung
2019, 2 EURO
Ⓓ Luc Luycx und Dario Vidal
Stgl.: 500.000 Ex. € 35,00

LL-G186
100 Jahre Universität Turku
2020, 100 EURO
Au917, 5,65 g, Ø 22 mm
Ⓓ Petri Neuvonen
PP: 1.920 Ex. € 1.020,00

LL-G187
100 Jahre Universität Turku
2020, 2 EURO
Ⓓ Luc Luycx und Petri Neuvonen
Stgl.: 800.000 Ex. € 11,00
PP: 5.000 Ex. € 40,00

LL-G188
100. Geburtstag von Väinö Linna
2020, 2 EURO
Ⓓ Luc Luycx und Petri Neuvonen
Stgl.: 800.000 Ex. € 11,00

LL-G189
100. Geburtstag von Väinö Linna
2020, 20 EURO
Ag925, 33,62 g, Ø 38,60 mm
PP: 1.920 Ex. € 140,00

LL-G190
100 Jahre Mannerheim League
2020, 20 EURO
Ag925, 25,50 g, Ø 38,60 mm
PP: 2.000 Ex. € 130,00

LL-G191
Journalismus
2021, 2 EURO
Ⓓ Luc Luycx
Stgl.: 800.000 Ex. € 10,00
PP: 7.000 Ex. € 43,00

LL-G192
Das Schulpflichtgesetz 100 Jahre
2021, 20 EURO
Ag, 33,62 g, Ø 38,61 mm
PP: 1.643 Ex. € 150,00

LL-G193

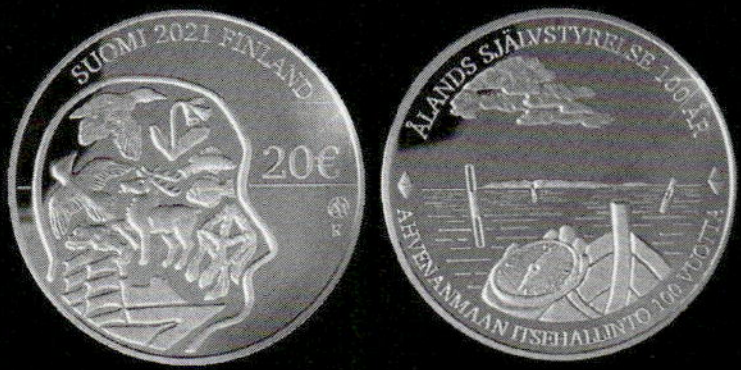

LL-G194

LL-G195

LL-G193
100. Jahrestag der Autonomie von Åland
2021, 20 EURO
Ag, 33,62 g, Ø 38,61 mm
PP: 1.500 Ex. € 150,00

LL-G194
100. Jahrestag der Autonomie von Åland
2021, 2 EURO
Ⓓ Luc Luycx
Stgl.: 800.000 Ex. € 12,00

LL-G195
Journalismus und Freie Presse
als Unterstützung der Finnischen
Demokratie
2021, 100 EURO
Au917, 5,65 g, Ø 22 mm
PP: 950 Ex.* € 1.000,00
** davon 300 Ex. numeriert*

Vorschau 2022
- 35 Jahre Erasmus-Programm (2 EURO, Gemeinschaftsausgabe)
- 100 Jahre Nationalballett in Finnland (2 EURO)

2-Euro-Gedenkmünzensatz

Enthält die sieben 2-Euro-Gedenkmünzen, die von 2004 bis 2009 herausgegeben wurden

	Jahr	Auflage	Stgl.
LL-AG1 7 Münzen	2004 – 09	9.600*	125,00

* Die Auflagenhöhe der Münzen aus dem Set ist bei der Auflagenhöhe der Einzelmünzen bereits enthalten.

FRANKREICH

Bildquelle: Franceguide

Republik

Fläche: 632.733 km²

Hauptstadt: Paris

Einwohnerzahl: 67,4 Mio.

Beitrittsjahr zur EU: 1958

Bisherige Währung: Französischer Franc

Bildmotiv: Eiffelturm in Paris

LU-K1	1 Cent	
Jahr	Auflage	Stgl.
1999	794.016.000	1,10
2000	605.232.000	1,50
2001	300.646.580	2,70
2002	110.000	23,00
2003	160.017.000	1,30
2004	400.032.000	1,40
2005	240.206.000	1,30
2006	343.010.000	1,20
2007	320.142.000	1,40
2008	462.673.100	1,20
2009	436.330.000	1,20
2010	335.556.000	1,20
2011	320.118.000	2,30
2012	358.566.000	1,50
2013	282.960.000	2,30
2014	365.046.000	2,30
2015	287.280.000	1,50
2016	293.800.000	1,60
2017	270.000.000	1,50
2018	207.000.000	4,50
2019	176.762.000	2,40
2020		1,80
2021		3,20

LU-K3	5 Cent	
Jahr	Auflage	Stgl.
1999	616.192.000	1,50
2000	280.064.000	1,70
2001	217.289.477	3,70
2002	186.283.000	2,30
2003	100.977.000	1,70
2004	60.162.000	1,50
2005	20.174.000	2,30
2006	132.049.000	1,50
2007	130.062.000	1,50
2008	218.232.000	1,50
2009	184.710.000	1,50
2010	184.232.000	1,50
2011	144.900.000	2,40
2012	139.104.000	2,30
2013	147.168.000	1,90
2014	130.032.000	2,30
2015	97.020.000	1,50
2016	142.000.000	2,40
2017	130.000.000	1,50
2018	75.600.000	4,50
2019	105.930.000	2,40
2020		1,80
2021		3,30

LU-K2	2 Cent	
Jahr	Auflage	Stgl.
1999	702.069.000	1,10
2000	510.120.000	1,60
2001	249.075.580	2,30
2002	nur aus Sätzen	24,00
2003	160.062.000	1,30
2004	300.024.000	1,40
2005	260.187.000	1,30
2006	283.177.500	1,30
2007	220.350.000	1,40
2008	386.532.000	1,30
2009	343.120.000	1,30
2010	277.041.000	1,30
2011	250.128.000	2,40
2012	277.668.000	2,30
2013	220.644.000	1,70
2014	209.952.000	2,30
2015	199.260.000	1,50
2016	192.500.000	1,20
2017	200.000.000	1,50
2018	142.600.000	1,20
2019	161.280.000	2,40
2020		1,80
2021		3,20

LU-K4.1	10 Cent	
Jahr	Auflage	Stgl.
1999	447.249.000	2,00
2000	297.432.000	2,10
2001	144.478.261	2,50
2002	206.646.000	2,80
2003	180.717.000	1,50
2004	1.468.800	9,50
2005	43.576.850	3,00
2006	60.223.000	4,00

LU-K4.2	10 Cent (neue Europakarte)	
Jahr	Auflage	Stgl.
2007	90.950.800	3,00
2008	178.706.400	3,00
2009	142.710.000	3,00
2010	76.153.000	3,10
2011	99.878.000	2,70
2012	77.357.000	2,40
2013	139.780.000	2,40
2014	35.006.400	2,90
2015	70.990.000	1,60
2016	115.900.000	2,40
2017	90.000.000	1,80
2018	99.300.000	2,30
2019	77.011.200	3,40
2020		2,00
2021		2,50

LU-K5.1 20 Cent		
Jahr	**Auflage**	**Stgl.**
1999	454.291.200	2,30
2000	148.953.600	6,50
2001	256.307.108	3,00
2002	191.996.000	3,00
2003	nur aus Sätzen	8,50
2004	nur aus Sätzen	13,50
2005	nur aus Sätzen	10,50
2006	nur aus Sätzen	15,00

LU-K5.2 20 Cent (neue Europakarte)		
Jahr	**Auflage**	**Stgl.**
2007	40.157.600	3,10
2008	25.537.600	3,40
2009	82.660.000	4,50
2010	108.024.000	9,50
2011	54.936.000	3,90
2012	nur aus Sätzen	13,50
2013	27.048.000	2,70
2014	45.024.000	13,00
2015	27.720.000	7,50
2016	nur aus Sätzen	15,00
2017	13.000.000	4,50
2018	79.800.000	4,50
2019	60.825.600	3,40
2020		2,10
2021		3,40

LU-K7.1 1 Euro		
Jahr	**Auflage**	**Stgl.**
1999	301.050.000	7,00
2000	297.270.000	7,00
2001	150.216.624	8,00
2002	129.324.000	9,00
2003	nur aus Sätzen	11,50
2004	nur aus Sätzen	14,00
2005	nur aus Sätzen	11,50
2006	nur aus Sätzen	13,50

LU-K7.2 1 Euro (neue Europakarte)		
Jahr	**Auflage**	**Stgl.**
2007	nur aus Sätzen	21,00
2008	nur aus Sätzen	19,00
2009	nur aus Sätzen	17,00
2010	nur aus Sätzen	17,00
2011	nur aus Sätzen	26,00
2012	nur aus Sätzen	30,00
2013	nur aus Sätzen	45,00
2014	nur aus Sätzen	24,00
2015	nur aus Sätzen	24,00
2016	nur aus Sätzen	23,00
2017	nur aus Sätzen	25,00
2018	nur aus Sätzen	29,00
2019	nur aus Sätzen	21,00
2020		20,00
2021		28,00

LU-K6.1 50 Cent		
Jahr	**Auflage**	**Stgl.**
1999	105.753.600	5,00
2000	179.496.000	7,50
2001	276.252.274	4,10
2002	226.384.000	4,50
2003	nur aus Sätzen	7,50
2004	nur aus Sätzen	8,50
2005	nur aus Sätzen	9,00
2006	nur aus Sätzen	7,50

LU-K6.2 50 Cent (neue Europakarte)		
Jahr	**Auflage**	**Stgl.**
2007	nur aus Sätzen	12,00
2008	nur aus Sätzen	13,50
2009	nur aus Sätzen	12,00
2010	nur aus Sätzen	9,50
2011	nur aus Sätzen	17,00
2012	nur aus Sätzen	17,00
2013	nur aus Sätzen	24,00
2014	nur aus Sätzen	15,00
2015	nur aus Sätzen	15,50
2016	nur aus Sätzen	15,00
2017	nur aus Sätzen	19,00
2018	26.900.000	12,00
2019	17.760.000	15,00
2020		15,00
2021		15,00

LU-K8.1 2 Euro		
Jahr	**Auflage**	**Stgl.**
1999	56.695.000	37,00
2000	171.120.000	13,50
2001	237.915.793	7,50
2002	153.606.500	10,00
2003	nur aus Sätzen	37,00
2004	nur aus Sätzen	42,00
2005	nur aus Sätzen	47,00
2006	nur aus Sätzen	60,00

LU-K8.2 2 Euro (neue Europakarte)		
Jahr	**Auflage**	**Stgl.**
2007	nur aus Sätzen	70,00
2008	nur aus Sätzen	75,00
2009	nur aus Sätzen	60,00
2010	nur aus Sätzen	53,00
2011	36.024.000	15,00
2012	36.936.000	15,00
2013	17.302.500	13,00
2014	8.892.000	28,00
2015	13.000.000	13,00
2016	20.088.000	12,00
2017	30.012.000	15,00
2018	49.480.000	13,00
2019	36.450.000	55,00
2020		60,00
2021		24,00

Inhalt des Starterpäckchens:

1 Cent (6x), 2 Cent (7x), 5 Cent (5x), 10 Cent (5x), 20 Cent (7x), 50 Cent (4x), 1 Euro (3x), 2 Euro (4x).

Die Starterkits wurden ab dem 14. Dezember 2001 an Privathaushalte zu einem Gegenwert von 100,00 FRF abgegeben.

Jahr	Auflage	Stgl.
1999–2001	53.000.000 Exemplare	€ 40,00

Inhalt der Original-Rollen:

1 Cent	50 Exemplare	Nominal:	€ 0,50
2 Cent	50 Exemplare	Nominal:	€ 1,00
5 Cent	50 Exemplare	Nominal:	€ 2,50
10 Cent	40 Exemplare	Nominal:	€ 4,00
20 Cent	40 Exemplare	Nominal:	€ 8,00
50 Cent	40 Exemplare	Nominal:	€ 20,00
1 EURO	25 Exemplare	Nominal:	€ 25,00
2 EURO	25 Exemplare	Nominal:	€ 50,00

Kursmünzensätze	Jahr	Auflage	Stgl.
LU-AK1 1999	1999	35.000	90,00
LU-AK1 2000	2000	35.000	75,00
LU-AK1 2001	2001	35.000	80,00
LU-AK1 2002	2002	145.563	30,00
LU-AK1 2003	2003	109.407	30,00
LU-AK1 2004	2004	120.000	40,00
LU-AK1 2005	2005	69.999	50,00
LU-AK1 2006	2006	50.270	55,00
LU-AK1 2007	2007	49.976	60,00
LU-AK1 2008	2008	50.000	50,00
LU-AK1 2009	2009	47.323	45,00
LU-AK1 2010	2010	44.814	45,00
LU-AK1 2011	2011	35.657	60,00
LU-AK1 2012	2012	28.465	65,00
LU-AK1 2013	2013	25.000	75,00
LU-AK1 2014	2014	25.000	65,00
LU-AK1 2015	2015	25.000	65,00
LU-AK1 2016	2016	25.000	65,00
LU-AK1 2017	2017	25.000	65,00
LU-AK1 2018	2018	25.000	50,00
LU-AK1 2019	2019	15.000	55,00
LU-AK1 2020	2020	15.000	65,00
LU-AK1 2021	2021	15.000	54,00

Kursmünzensätze	Jahr	Auflage	PP
LU-AK2 1999	1999	15.000	100,00
LU-AK2 2000	2000	15.000	80,00
LU-AK2 2001	2001	15.000	90,00
LU-AK2 2002	2002	21.453	90,00
LU-AK2 2003	2003	15.200	85,00
LU-AK2 2004 (incl. LU-G89 2004)	2004	11.033	170,00
LU-AK2 2005 (incl. LU-G89 2005)	2005	8.519	175,00
LU-AK2 2006 (incl. LU-G89 2006)	2006	9.811	220,00
LU-AK2 2007 (incl. LU-G263)	2007	7.500	350,00
LU-AK2 2008 (incl. LU-G326 2008)	2008	7.500	200,00
LU-AK2 2009 (incl. LU-G326 2009)	2009	7.500	170,00
LU-AK2 2010 (incl. LU-G326 2010)	2010	8.992	145,00
LU-AK2 2011 (incl. LU-G485)	2011	9.000	160,00
LU-AK2 2012 (incl. LU-G602)	2012	7.804	140,00
LU-AK2 2013/I (incl. LU-G726)	2013	6.661	150,00
LU-AK2 2013/II (incl. LU-G691)	2013	315	1.600,00
LU-AK2 2014 (incl. LU-G746)	2014	7.500	140,00
LU-AK2 2015 (incl. LU-G823)	2015	7.500	135,00
LU-AK2 2016 (incl. LU-G921)	2016	7.500	135,00
LU-AK2 2017 (incl. LU-G1029)	2017	7.500	160,00
LU-AK2 2018	2018	7.500	110,00
LU-AK2 2019	2019	7.500	110,00
LU-AK2 2020	2020	7.500	110,00
LU-AK2 2021	2021	7.500	110,00

Kursmünzensätze	Jahr	Auflage	Stgl.
Kleiner Prinz, Kursmünzensatz mit farbiger Medaille			
LU-AK3 2002	2002	19.727	40,00
LU-AK3 2003	2003	10.094	48,00
LU-AK3 2004	2004	5.399	54,00
Souvenir, Kursmünzensatz mit farbiger Medaille			
LU-AK4 2003 „La Tour Eiffel“	2003	12.638	50,00
LU-AK4 2004 „La Provence“	2004	3.704	80,00
LU-AK4 2005 „Das Garonne-Tal und die Bordeaux-Wein-Klassifikation“	2005	2.541	75,00
Jean Giraud / Moebius LU-AK5	2005	2.611	65,00

Die Monnaie de Paris fertigt zu besonderen Anlässen sogenannte Mini-Kursmünzensätze (MINISET BU) in einer Auflage von 500 Stück. Diese bedingen einen Preisaufschlag von etwa 25 % auf den Standard-Kursmünzensatz (LU-AK1).

Kursmünzensätze Sonderausgaben

Kursmünzensätze	Jahr	Auflage	Stgl.
40 Jahre Vertrag über dt.-franz. Zusammenarbeit (4 frz. und 4 dt. Münzen) LU-SK1 * In Deutschland wurden 60.000 und in Frankreich 6.989 Sätze verkauft. Siehe: Deutschland LX-SK1	2003	66.989*	30,00

LU-G1

LU-G2

LU-G3

LU-G4

LU-G5

LU-G6

LU-G7

LU-G8

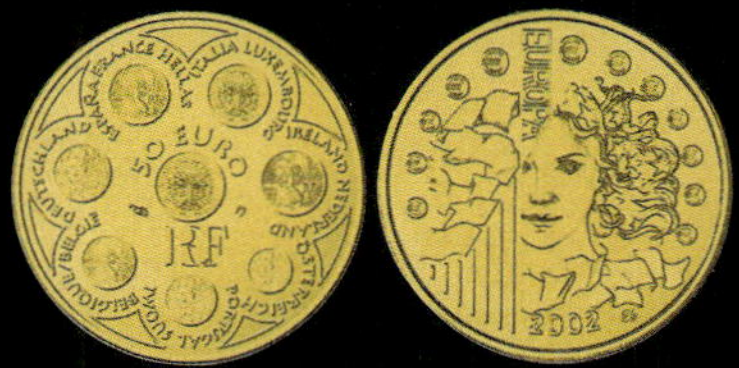

LU-G1
Kinder-Euro
2002, ¼ EURO
Cu, 12,5 g, Ø 30 mm
Ⓓ École Jean Jaurès
(Blisterverpackung)
Stgl.: 61.431 Ex. € 13,00

LU-G2
Kinder-Euro
2002, ¼ EURO
Ag900, 13 g, Ø 30 mm
Ⓓ École Jean Jaurès
PP: 10.000 Ex. € 50,00

LU-G3
Kinder-Euro
2002, ¼ EURO
Au999, 3,11 g, Ø 15 mm
Ⓓ École Jean Jaurès
PP: 5.000 Ex. € 320,00

LU-G4
Europa-Serie 2002 –
Europäische Währungsunion
2002, ¼ EURO
Ag900, 13 g, Ø 30 mm
(Blisterverpackung)
Stgl: 20.000 Ex. € 55,00

LU-G5
Europa-Serie 2002 –
Europäische Währungsunion
2002, 1½ EURO
Ag900, 22,2 g, Ø 37 mm
PP: 50.000 Ex. € 75,00

LU-G6
Europa-Serie 2002 –
Europäische Währungsunion
2002, 10 EURO
Au920, 8,45 g, Ø 22 mm
PP: 3.000 Ex. € 810,00

LU-G7
Europa-Serie 2002 –
Europäische Währungsunion
2002, 20 EURO
Au920, 17 g, Ø 31 mm
PP: 3.000 Ex. € 1.490,00

LU-G8
Europa-Serie 2002 –
Europäische Währungsunion
2002, 50 EURO
Au999, 31,1 g, Ø 37 mm
PP: 2.000 Ex. € 3.000,00

LU-G9

LU-G10

LU-G11

LU-G12

LU-G13

LU-G14

LU-G15

LU-G16

LU-G9
Europa-Serie 2002 –
Europäische Währungsunion
2002, 100 EURO
Au999, 155,5 g, Ø 50 mm
PP: 99 Ex. € 24.850,00

LU-G10
FIFA-Fußball-WM 2002, Japan-Korea
2002, ¼ EURO
Ag900, 13 g, Ø 30 mm
Ⓓ Joaquin Jimenez
Stgl.: 9.033 Ex. € 50,00

LU-G11
75. Jahrestag der ersten Alleinüberquerung des Atlantiks von New York nach Paris ohne Zwischenlandung durch Charles Lindbergh
2002, 1½ EURO
Ag900, 22,2 g, Ø 37 mm
Ⓓ Joaquin Jimenez
PP: 10.000 Ex. € 80,00

LU-G12
75. Jahrestag der ersten Alleinüberquerung des Atlantiks von New York nach Paris ohne Zwischenlandung durch Charles Lindbergh
2002, 20 EURO
Ⓓ Joaquin Jimenez
Au920, 17,0 g, Ø 31 mm
PP: 1.000 Ex. € 1.730,00

LU-G13
75. Jahrestag der ersten Alleinüberquerung des Atlantiks von New York nach Paris ohne Zwischenlandung durch Charles Lindbergh
2002, 100 EURO
Ⓓ Joaquin Jimenez
Au999, 155,5 g, Ø 50 mm
PP: 99 Ex. € 19.900,00

LU-G14
200. Geburtstag von Victor Hugo – Gavroche
2002, 1½ EURO
Ag900, 22,2 g, Ø 37 mm
PP: 10.000 Ex. € 90,00

LU-G15
200. Geburtstag von Victor Hugo – Gavroche
2002, 20 EURO
Ag950, 155,5 g, Ø 50 mm
PP: 500 Ex. € 900,00

LU-G16
200. Geburtstag von Victor Hugo – Gavroche
2002, 20 EURO
Au920, 17 g, Ø 31 mm
PP: 2.000 Ex. € 2.250,00

LU-G17

LU-G18

LU-G19

LU-G20

LU-G21

LU-G22

LU-G23

LU-G24

LU-G17
Bedeutende Bauwerke in Frankreich – Montmartre
2002, 1½ EURO
Ag900, 22,2 g, Ø 37 mm
PP: 8.096 Ex. € 75,00

LU-G18
Bedeutende Bauwerke in Frankreich – Montmartre
2002, 20 EURO
Au920, 17 g, Ø 31 mm
PP: 1.000 Ex. € 1.820,00

LU-G19
Bedeutende Bauwerke in Frankreich – Abtei Mont Saint Michel
2002, 1½ EURO
Ag900, 22,2 g, Ø 37 mm
PP: 9.520 Ex. € 75,00

LU-G20
Bedeutende Bauwerke in Frankreich – Abtei Mont Saint Michel
2002, 20 EURO
Au920, 17 g, Ø 31 mm
PP: 1.000 Ex. € 1.460,00

LU-G21
Europäische Märchen – Aschenputtel
2002, 1½ EURO
Ag900, 22,2 g, Ø 37 mm
PP: 9.987 Ex. € 80,00

LU-G22
Europäische Märchen – Aschenputtel
2002, 20 EURO
Au920, 17 g, Ø 31 mm
PP: 926 Ex. € 1.440,00

LU-G23
Europäische Märchen – Pinocchio
2002, 1½ EURO
Ag900, 22,2 g, Ø 37 mm
PP: 9.928 Ex. € 80,00

LU-G24
Europäische Märchen – Pinocchio
2002, 20 EURO
Au920, 17 g, Ø 31 mm
PP: 1.000 Ex. € 1.480,00

LU-G25

LU-G26

LU-G27

LU-G28

LU-G29

LU-G30

LU-G31

LU-G32

LU-G25
Europäische Märchen – Schneewittchen
2002, 1½ EURO
Ag900, 22,2 g, Ø 37 mm
PP: 9.761 Ex. € 80,00

LU-G26
Europäische Märchen – Schneewittchen
2002, 20 EURO
Au920, 17 g, Ø 31 mm
PP: 950 Ex. € 1.490,00

LU-G27
Säerin 2002 – Abschied vom Franken
2002, 5 EURO
Ag900/Au750, 24,9 g, Ø 37 mm
PP: 8.408 Ex. € 240,00

LU-G28
Säerin 2002 – Abschied vom Franken
2002, 20 EURO
Au920, 17 g, Ø 31 mm
PP: 4.182 Ex. € 1.440,00

LU-G29
100 Jahre „Tour de France" –
Radrennfahrer 1903–2003
2003, ¼ EURO
Ag900, 13 g, Ø 30 mm
(Blisterverpackung)
Stgl.: 71.257 Ex. € 32,50

LU-G30
100 Jahre „Tour de France" –
Radrennfahrer 1903–2003
2003, 1½ EURO
Ag900, 22,2 g, Ø 37 mm
PP: 22.905 Ex. € 50,00

LU-G31
100 Jahre „Tour de France" –
Radrennfahrer 1903–2003
2003, 10 EURO
Au920, 8,45 g, Ø 22 mm
PP: 4.364 Ex. € 690,00

LU-G32
100 Jahre „Tour de France" –
Radrennfahrer 1903–2003
2003, 20 EURO
Au920, 17 g, Ø 31 mm
PP: 3.057 Ex. € 1.440,00

LU-G33

LU-G37

LU-G34

LU-G38

LU-G35

LU-G39

LU-G36

LU-G40

LU-G33
100 Jahre „Tour de France" –
Radrennfahrer 1903–2003
2003, 50 EURO
Au999, 31,1 g, Ø 37 mm
PP: 2.002 Ex. € 2.900,000

LU-G34
100 Jahre „Tour de France" – Zeitfahren
2003, 1½ EURO
Ag900, 22,2 g, Ø 37 mm
PP: 16.063 Ex. € 50,00

LU-G35
100 Jahre „Tour de France" –
Zeitfahren
2003, 20 EURO
Au920, 17 g, Ø 31 mm
PP: 2.107 Ex. € 1.480,00

LU-G36
100 Jahre „Tour de France" – Sprint
2003, 1½ EURO
Ag900, 22,2 g, Ø 37 mm
PP: 15.934 Ex. € 50,00

LU-G37
100 Jahre „Tour de France" – Sprint
2003, 20 EURO
Au920, 17 g, Ø 31 mm
PP: 2.100 Ex. € 1.600,00

LU-G38
100 Jahre „Tour de France" –
Bergwertung
2003, 1½ EURO
Ag900, 22,2 g, Ø 37 mm
PP: 16.317 Ex. € 50,00

LU-G39
100 Jahre „Tour de France" –
Bergwertung
2003, 20 EURO
Au920, 17 g, Ø 31 mm
PP: 2.103 Ex. € 1.580,00

LU-G40
100 Jahre „Tour de France" –
Zieleinfahrt
2003, 1½ EURO
Ag900, 22,2 g, Ø 37 mm
PP: 16.532 Ex. € 50,00

LU-G41

LU-G42

LU-G43

LU-44

LU-G45

LU-G46

LU-G47

LU-G48

LU-G41
100 Jahre „Tour de France" –
Zieleinfahrt
2003, 20 EURO
Au920, 17 g, Ø 31 mm
PP: 2.127 Ex. € 1.550,00

LU-G42
Europa-Serie 2003 –
1. Jahrestag des Euro
2003, ¼ EURO
Ag900, 13 g, Ø 30 mm
Ⓓ Fabienne Courtiade
(Blisterverpackung)
Stgl.: 16.035 Ex. € 27,50

LU-G43
Europa-Serie 2003 –
1. Jahrestag des Euro
2003, 1½ EURO
Ag900, 22,2 g, Ø 37 mm
Ⓓ Fabienne Courtiade
PP: 24.501 Ex. € 65,00

LU-G44
Europa-Serie 2003 –
1. Jahrestag des Euro
2003, 10 EURO
Au920, 8,45 g, Ø 22 mm
Ⓓ Fabienne Courtiade
PP: 7.000 Ex. € 720,00

LU-G45
Europa-Serie 2003 –
1. Jahrestag des Euro
2003, 20 EURO
Au920, 17 g, Ø 31 mm
Ⓓ Fabienne Courtiade
PP: 2.322 Ex. € 1.590,00

LU-G46
Europa-Serie 2003 –
1. Jahrestag des Euro
2003, 50 EURO
Ag950, 1 kg, Ø 100 mm
Ⓓ Fabienne Courtiade
Rand: „Le 1er anniversaire de l'euro"
PP: 5.528 Ex. € 1.400,00

LU-G47
Europa-Serie 2003 –
1. Jahrestag des Euro
2003, 50 EURO
Au999, 31,1 g, Ø 37 mm
Ⓓ Fabienne Courtiade
PP: 2.000 Ex. € 2.910,00

LU-G48
Europa-Serie 2003 –
1. Jahrestag des Euro
2003, 100 EURO
Au999, 155,5 g, Ø 50 mm
Ⓓ Fabienne Courtiade
PP: 99 Ex. € 16.280,00

LU-G49

LU-G50

LU-G51

LU-G52

LU-G53

LU-G54

LU-G55

LU-G56

LU-G49
Europäische Märchen –
Dornröschen
2003, 1½ EURO
Ag900, 22,2 g, Ø 37 mm
PP: 3.246 Ex. € 195,00

LU-G50
Europäische Märchen –
Dornröschen
2003, 20 EURO
Au920, 17 g, Ø 31 mm
PP: 309 Ex. € 1.750,00

LU-G51
Europäische Märchen –
Hänsel und Gretel
2003, 1½ EURO
Ag900, 22,2 g, Ø 37 mm
PP: 3.124 Ex. € 195,00

LU-G52
Europäische Märchen –
Hänsel und Gretel
2003, 20 EURO
Au920, 17 g, Ø 31 mm
PP: 310 Ex. € 1.830,00

LU-G53
Europäische Märchen –
Alice im Wunderland
2003, 1½ EURO
Ag900, 22,2 g, Ø 37 mm
PP: 3.096 Ex. € 195,00

LU-G54
Europäische Märchen –
Alice im Wunderland
2003, 20 EURO
Au920, 17 g, Ø 31 mm
PP: 314 Ex. € 1.770,00

LU-G55
Leichtathletik-WM, Paris – Laufen
2003, 1,5 EURO
Ag900, 22,2 g, Ø 37 mm
PP: 4.425 Ex. € 70,00

LU-G56
Leichtathletik-WM, Paris – Laufen
2003, 20 EURO
Au920, 17 g, Ø 31 mm
PP: 1.165 Ex. € 1.510,00

LU-G57

LU-G58

LU-G59

LU-G60

LU-G61

LU-G62

LU-G63

LU-G64

LU-G57
Leichtathletik-WM, Paris – Laufen
2003, 100 EURO
Au999, 155,5 g, Ø 50 mm
PP: 369 Ex. € 16.250,00

LU-G58
Leichtathletik-WM, Paris – Springen
2003, 1½ EURO
Ag900, 22,2 g, Ø 37 mm
PP: 4.169 Ex. € 70,00

LU-G59
Leichtathletik-WM, Paris – Springen
2003, 20 EURO
Au920, 17 g, Ø 31 mm
PP: 863 Ex. € 1.730,00

LU-G60
Leichtathletik-WM, Paris – Stoßen
2003, 1½ EURO
Ag900, 22,2 g, Ø 37 mm
PP: 4.195 Ex. € 70,00

LU-G61
Leichtathletik-WM, Paris – Stoßen
2003, 20 EURO
Au920, 17 g, Ø 31 mm
PP: 867 Ex. € 1.420,00

LU-G62
Olympische Sommerspiele 2004, Athen
2003, 1½ EURO
Ag900, 22,2 g, Ø 37 mm
Ⓓ Fabienne Courtiade
PP: 21.788 Ex. € 55,00

LU-G63
Olympische Sommerspiele 2004, Athen
2003, 10 EURO
Au920, 8,45 g, Ø 22 mm
Ⓓ Fabienne Courtiade
PP: 1.635 Ex. € 740,00

LU-G64
Olympische Sommerspiele 2004, Athen
2003, 20 EURO
Au920, 17 g, Ø 31 mm
Ⓓ Fabienne Courtiade
PP: 334 Ex. € 1.250,00

LU-G65

LU-G69

LU-G66

LU-G70

LU-G67

LU-G71

LU-G68

LU-G72

LU-G65
200. Jahrestag des Verkaufs von Louisiana an die USA
2003, 1½ EURO
Ag900, 22,2 g, Ø 37 mm
PP: 5.589 Ex. € 85,00

LU-G66
200. Jahrestag des Verkaufs von Louisiana an die USA
2003, 20 EURO
Au920, 17 g, Ø 31 mm
PP: 761 Ex. € 1.500,00

LU-G67
200. Jahrestag des Verkaufs von Louisiana an die USA
2003, 100 EURO
Au999, 155,5 g, Ø 50 mm
PP: 99 Ex. € 17.500,00

LU-G68
Säerin 2003
2003, 1½ EURO
Ag900, 22,2 g, Ø 37 mm
PP: 6.100 Ex. € 130,00

LU-G69
Säerin 2003
2003, 5 EURO
Ag900/Au750, 24,9 g, Ø 37 mm
PP: 2.504 Ex. € 180,00

LU-G70
Säerin 2003
2003, 10 EURO
Au920, 8,45 g, Ø 22 mm
PP: 5.779 Ex. € 1.020,00

LU-G71
Säerin 2003
2003, 20 EURO
Au920, 17 g, Ø 31 mm
PP: 1.166 Ex. € 1.480,00

LU-G72
200. Jahrestag der französischen Münzreform von 1803
2003, ¼ EURO
Au920, 3,11 g, Ø 15 mm
PP: 1.143 Ex. € 300,00

LU-G73

LU-G77

LU-G74

LU-G78

LU-G75

LU-G79

LU-G76

LU-G80

LU-G73
200. Jahrestag der französischen Münzreform von 1803
2003, 1½ EURO
Ag900, 22,2 g, Ø 37 mm
PP: 7.713 Ex. € 75,00

LU-G74
200. Jahrestag der französischen Münzreform von 1803
2003, 10 EURO
Au920, 8,45 g, Ø 22 mm
PP: 1.761 Ex. € 800,00

LU-G75
500 Jahre „Mona Lisa" von Leonardo da Vinci
2003, 1½ EURO
Ag900, 22,2 g, Ø 37 mm
PP: 8.139 Ex. € 80,00

LU-G76
500 Jahre „Mona Lisa" von Leonardo da Vinci
2003, 20 EURO
Ag950, 155,5 g, Ø 50 mm
PP: 999 Ex. € 700,00

LU-G77
500 Jahre „Mona Lisa" von Leonardo da Vinci
2003, 20 EURO
Au920, 17 g, Ø 31 mm
PP: 808 Ex. € 1.440,00

LU-G78
500 Jahre „Mona Lisa" von Leonardo da Vinci
2003, 100 EURO
Au999, 155,5 g, Ø 50 mm
PP: 99 Ex. € 16.400,00

LU-G79
100. Todestag von Paul Gauguin
2003, 1½ EURO
Ag900, 22,2 g, Ø 37 mm
Ⓓ Fabienne Courtiade
PP: 3.198 Ex. € 245,00

LU-G80
100. Todestag von Paul Gauguin
2003, 20 EURO
Au920, 17 g, Ø 31,1 mm
Ⓓ Fabienne Courtiade
PP: 628 Ex. € 1.470,00

LU-G81

LU-G82

LU-G83

LU-G84

LU-G85

LU-G86

LU-G87

LU-G88

LU-G81
Weltreisen – Orient Express
2003, 1½ EURO
Ag900, 22,2 g, Ø 37 mm
Ⓓ Cécile Renault
PP: 3.821 Ex. € 95,00

LU-G82
Weltreisen – Orient Express
2003, 20 EURO
Au920, 17 g, Ø 31 mm
Ⓓ Cécile Renault
PP: 402 Ex. € 1.450,00

LU-G83
Weltreisen – Passagierschiff „Normandie"
2003, 1½ EURO
Ag900, 22,2 g, Ø 37 mm
Ⓓ Cécile Renault
PP: 2.422 Ex. € 95,00

LU-G84
Weltreisen – Passagierschiff „Normandie"
2003, 20 EURO
Au920, 17 g, Ø 31 mm
Ⓓ Cécile Renault
PP: 389 Ex. € 1.400,00

LU-G85
Weltreisen – Langstreckenflug von Paris nach Tokio durch Maryse Hilsz
2003, 1½ EURO
Ag900, 22,2 g, Ø 37 mm
Ⓓ Cécile Renault
PP: 2.285 Ex. € 95,00

LU-G86
Weltreisen – Langstreckenflug von Paris nach Tokio durch Maryse Hilsz
2003, 20 EURO
Au920, 17 g, Ø 31 mm
Ⓓ Cécile Renault
PP: 580 Ex. € 1.510,00

LU-G87
Bedeutende Bauwerke in Frankreich – Schloss Chambord
2003, 1½ EURO
Ag900, 22,2 g, Ø 37 mm
PP: 3.094 Ex. € 65,00

LU-G88
Bedeutende Bauwerke in Frankreich – Schloss Chambord
2003, 20 EURO
Au920, 17 g, Ø 31 mm
PP: 561 Ex. € 1.360,00

LU-G89

LU-G93

LU-G90

LU-G94

LU-G91

LU-G95

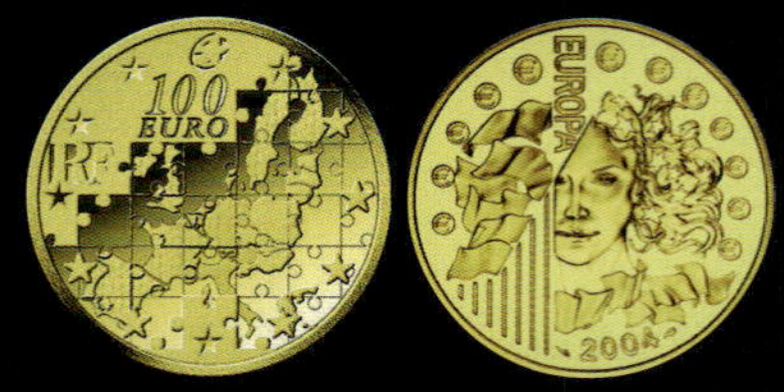

LU-G92

LU-G96

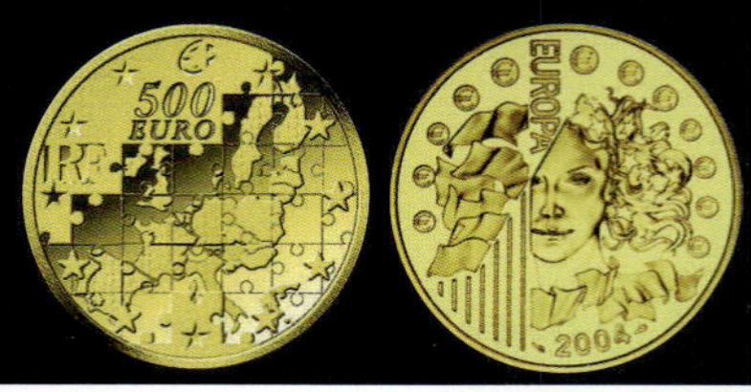

LU-G89 2004, LU-G89 2005, LU-G89 2006

Panthéon
2004/06 , 5 EURO
Ag900, 12 g, Ø 29 mm
Ⓓ Joaquin Jimenez
Preis: nur aus Kursmünzensatz LU-AK2 2004 bis 2006

LU-G90

Europa-Serie 2004 –
Erweiterung der Europäischen Union
2004, ¼ EURO
Ag900, 13 g, Ø 30 mm
Ⓓ Fabienne Courtiade
(Blisterverpackung)
Stgl.: 10.066 Ex. € 40,00

LU-G91

Europa-Serie 2004 –
Erweiterung der Europäischen Union
2004, 1½ EURO
Ag900, 22,2 g, Ø 37 mm
Ⓓ Fabienne Courtiade
PP: 40.000 Ex. € 90,00

LU-G92

Europa-Serie 2004 –
Erweiterung der Europäischen Union
2004, 10 EURO
Au920, 8,45 g, Ø 22 mm
Ⓓ Fabienne Courtiade
PP: 4.814 Ex. € 760,00

LU-G93

Europa-Serie 2004 –
Erweiterung der Europäischen Union
2004, 20 EURO
Au920, 17 g, Ø 31 mm
Ⓓ Fabienne Courtiade
PP: 1.286 Ex. € 1.500,00

LU-G94

Europa-Serie 2004 –
Erweiterung der Europäischen Union
2004, 50 EURO
Au999, 31,1 g, Ø 37 mm
Ⓓ Fabienne Courtiade
PP: 618 Ex. € 2.990,00

LU-G95

Europa-Serie 2004 –
Erweiterung der Europäischen Union
2004, 100 EURO,
Au999, 155,5 g, Ø 50 mm
Ⓓ Fabienne Courtiade
PP: 99 Ex. € 19.600,00

LU-G96

Europa-Serie 2004 –
Erweiterung der Europäischen Union
2004, 500 EURO
Au999, 1 kg, Ø 85 mm
Ⓓ Fabienne Courtiade
PP: 43 Ex. € 100.000,00

LU-G97

LU-G98

LU-G99

LU-G100

LU-G101

LU-G102

LU-G103

LU-G104

LU-G97

Säerin 2004 – Marianne
2004, 1½ EURO
Ag900, 22,2 g, Ø 37 mm
Ⓓ Jean Luc Maréchal

PP: 5.000 Ex. € 140,00

LU-G98

Säerin 2004 – Marianne
2004, 5 EURO
Ag900/Au750, 24,9 g, Ø 37 mm
Ⓓ Jean Luc Maréchal

PP: 2.159 Ex. € 245,00

LU-G99

Säerin 2004 – Marianne
2004, 20 EURO
Au920, 17 g, Ø 31 mm
Ⓓ Jean Luc Maréchal

PP: 874 Ex. € 1.510,00

LU-G100

100 Jahre Weltfußballverband FIFA
2004, 1½ EURO
Ag900, 22,2 g, Ø 37 mm
Ⓓ Joaquin Jimenez

PP: 15.572 Ex. € 80,00

LU-G101

100 Jahre Weltfußballverband FIFA
2004, 10 EURO
Au920, 8,45 g, Ø 22 mm
Ⓓ Joaquin Jimenez

PP: 3.097 Ex. € 700,00

LU-G102

60. Jahrestag der Landung der Alliierten in der Normandie (D-Day)
2004, 1½ EURO
Ag900, 22,2 g, Ø 37 mm
Ⓓ Joaquin Jimenez

PP: 8.343 Ex. € 80,00

LU-G103

60. Jahrestag der Landung der Alliierten in der Normandie (D-Day)
2004, 20 EURO
Au920, 17 g, Ø 31 mm
Ⓓ Joaquin Jimenez

PP: 531 Ex. € 1.530,00

LU-G104

60. Jahrestag der Landung der Alliierten in der Normandie (D-Day)
2004, 100 EURO
Au999, 155,5 g, Ø 50 mm
Ⓓ Joaquin Jimenez

PP: 65 Ex. € 17.900,00

LU-G105

LU-G109

LU-G106

LU-G110

LU-G107

LU-G111

LU-G108

LU-G112

LU-G105
Bedeutende Bauwerke in Frankreich – Papstpalast in Avignon
2004, 1½ EURO
Ag900, 22,2 g, Ø 37 mm
PP: 3.504 Ex. € 80,00

LU-G106
Bedeutende Bauwerke in Frankreich – Papstpalast in Avignon
2004, 20 EURO
Au920, 17 g, Ø 31 mm
PP: 595 Ex. € 1.520,00

LU-G107
100. Jahrestag des Bündnisvertrages („Entente cordiale") zwischen Frankreich und Großbritannien
2004, 1½ EURO
Ag900, 22,2 g, Ø 37 mm
PP: 4.022 Ex. € 285,00

LU-G108
100. Jahrestag des Bündnisvertrages („Entente cordiale") zwischen Frankreich und Großbritannien
2004, 20 EURO
Au920, 17 g, Ø 31 mm
PP: 339 Ex. € 3.550,00

LU-G109
400. Jahrestag der Ankunft von Samuel de Champlain in Canada
2004, ¼ EURO
Ag900, 22,2 g, Ø 37 mm
Ⓓ Nicolas Cozon
Stgl.: 15.105 Ex. € 48,00

LU-G110
200. Jahrestag der Kaiserkrönung Napoleons I.
2004, 1½ EURO
Ag900, 22,2 g,
Ø 37 mm
PP: 9.705 Ex. € 85,00

LU-G111
200. Jahrestag der Kaiserkrönung Napoleons I.
2004, 10 EURO
Au920, 6,41 g, Ø 21 mm
PP: 1.938 Ex. € 660,00

LU-G112
200. Jahrestag der Kaiserkrönung Napoleons I.
2004, 50 EURO
Au999, 31,1 g, Ø 37 mm
PP: 1.260 Ex. € 2.920,00

LU-G113

LU-G114

LU-G115

LU-G116

LU-G117

LU-G118

LU-G119

LU-G120

LU-G113
200. Jahrestag der Kaiserkrönung Napoleons I.
2004, 100 EURO
Au999, 155,5 g, Ø 50 mm
PP: 99 Ex. € 15.500,00

LU-G114
Weltreisen – Schifffahrtsgesellschaft Messageries Maritimes
2004, 1½ EURO
Ag900, 22,2 g, Ø 37 mm
PP: 1.758 Ex. € 140,00

LU-G115
Weltreisen – Schifffahrtsgesellschaft Messageries Maritimes
2004, 20 EURO
Au920, 17 g, Ø 31 mm
PP: 281 Ex. € 1.600,00

LU-G116
Weltreisen – Transsibirische Eisenbahn
2004, 1½ EURO
Ag900, 22,2 g, Ø 37 mm
PP: 2.958 Ex. € 140,00

LU-G117
Weltreisen – Transsibirische Eisenbahn
2004, 20 EURO
Au920, 17 g, Ø 31 mm
PP: 299 Ex. € 1.640,00

LU-G118
Weltreisen – Die „Gelbe Expedition" (Beirut–Peking) von Citroën
2004, 1½ EURO
Ag900, 22,2 g, Ø 37 mm
PP: 1.743 Ex. € 140,00

LU-G119
Weltreisen – Die „Gelbe Expedition" (Beirut–Peking) von Citroën
2004, 20 EURO
Au920, 17 g, Ø 31 mm
PP: 273 Ex. € 1.670,00

LU-G120
Weltreisen – Fluggesellschaft Grands Express Aériens
2004, 1½ EURO
Ag900, 22,2 g, Ø 37 mm
PP: 1.648 Ex. € 140,00

LU-G121

LU-G122

LU-G123

LU-G124

LU-G125

LU-G126

LU-G127

LU-G128

LU-G121
Weltreisen – Fluggesellschaft
Grands Express Aériens
2004, 20 EURO,
Au920, 17 g, Ø 31 mm
PP: 273 Ex. € 1.600,00

LU-G122
Europäische Märchen – Peter Pan
2004, 1½ EURO
Ag900, 22,2 g, Ø 37 mm
PP: 2.469 Ex. € 320,00

LU-G123
Europäische Märchen – Peter Pan
2004, 20 EURO
Au920, 17 g, Ø 31 mm
PP: 362 Ex. € 1.700,00

LU-G124
Europäische Märchen – Aladin und die Wunderlampe
2004, 1½ EURO
Ag900, 22,2 g, Ø 37 mm
PP: 2.222 Ex. € 320,00

LU-G125
Europäische Märchen – Aladin und die Wunderlampe
2004, 20 EURO
Au920, 17 g, Ø 31 mm
PP: 316 Ex. € 1.820,00

LU-G126
100. Todestag von Frédéric Auguste Bartholdi – 120 Jahre Freiheitsstatue
2004, 1½ EURO
Ag900, 22,2 g, Ø 37 mm
PP: 3.303 Ex. € 90,00

LU-G127
100. Todestag von Frédéric Auguste Bartholdi – 120 Jahre Freiheitsstatue
2004, 20 EURO
Ag950, 155,5 g, Ø 50 mm
PP: 999 Ex. € 380,00

LU-G128
100. Todestag von Frédéric Auguste Bartholdi – 120 Jahre Freiheitsstatue
2004, 20 EURO
Au920, 17 g, Ø 31 mm
PP: 320 Ex. € 1.680,00

LU-G129

LU-G130

LU-G131

LU-G132

LU-G133

LU-G134

LU-G135

LU-G136

LU-G129
100. Todestag von Frédéric Auguste Bartholdi – 120 Jahre Freiheitsstatue
2004, 100 EURO
Au999, 155,5 g, Ø 50 mm
PP: 99 Ex. € 15.900,00

LU-G130
Französisch-Chinesische Kulturjahre – Bedeutende Bauwerke
2004, ¼ EURO
Ag900, 22,2 g, Ø 37 mm
Stgl.: 10.000 Ex. € 85,00

LU-G131
200. Jahrestag der Schlacht von Austerlitz
2005, 1½ EURO
Ag900, 22,2 g, Ø 37 mm
PP: 7.203 Ex. € 115,00

LU-G132
200. Jahrestag der Schlacht von Austerlitz
2005, 10 EURO
Au900, 6,41 g, Ø 21 mm
PP: 451 Ex. € 690,00

LU-G133
200. Jahrestag der Schlacht von Austerlitz
2005, 20 EURO
Au920, 17 g, Ø 31 mm
PP: 1.481 Ex. € 1.420,00

LU-G134
200. Jahrestag der Schlacht von Austerlitz
2005, 100 EURO
Au999, 155,5 g, Ø 50 mm
PP: 76 Ex. € 15.100,00

LU-G135
60 Jahre Frieden und Freiheit in Europa
2005, 1½ EURO
Ag900, 22,2 g, Ø 37 mm
Ⓓ Nicolas Cozon
PP: 44.552 Ex. € 75,00

LU-G136
60 Jahre Frieden und Freiheit in Europa
2005, 10 EURO
Au920, 8,45 g, Ø 22 mm
Ⓓ Nicolas Cozon
PP: 3.000 Ex. € 750,00

LU-G137

LU-G141

LU-G138

LU-G142

LU-G139

LU-G143

LU-G140

LU-G144

LU-G137

60 Jahre Frieden und Freiheit in Europa
2005, 100 EURO
Au999, 155,5 g, Ø 50 mm
Ⓓ Nicolas Cozon
PP: 90 Ex. € 17.750,00

LU-G138

Olympische Winterspiele 2006, Turin – Biathlon
2005, 1½ EURO
Ag900, 22,2 g, Ø 37 mm
PP: 14.903 Ex. € 55,00

LU-G139

Olympische Winterspiele 2006, Turin – Biathlon
2005, 10 EURO
Au920, 8,45 g, Ø 22 mm
PP: 766 Ex. € 740,00

LU-G140

Europa-Serie 2005 – 50 Jahre Flagge des Europarates
2005, 1½ EURO
Ag900, 22,2 g, Ø 37 mm
Ⓓ Fabienne Courtiade
PP: 7.861 Ex. € 65,00

LU-G141

Europa-Serie 2005 – 50 Jahre Flagge des Europarates
2005, 10 EURO
Au920, 8,45 g, Ø 22 mm
Ⓓ Fabienne Courtiade
PP: 1.798 Ex. € 730,00

LU-G142

Europa-Serie 2005 – 50 Jahre Flagge des Europarates
2005, 50 EURO
Au999/850, 31,4 g, Ø 37 mm
Ⓓ Fabienne Courtiade
PP: 500 Ex. € 3.650,00

LU-G143

Europa-Serie 2005 – 50 Jahre Flagge des Europarates
2005, 100 EURO
Au999/850, 156 g, Ø 50 mm
Ⓓ Fabienne Courtiade
PP: 99 Ex. € 17.900,00

LU-G144

FIFA-Fußball-WM 2006, Deutschland
2005, 1½ EURO
Ag900, 22,2 g, Ø 37 mm
PP: 18.851 Ex. € 70,00

LU-G145

LU-G146

LU-G147

LU-G148

LU-G149

LU-G150

LU-G151

LU-G152

LU-G145
FIFA-Fußball-WM 2006, Deutschland
2005, 10 EURO
Au920, 8,45 g, Ø 22 mm
PP: 7.548 Ex. € 670,00

LU-G146
FIFA-Fußball-WM 2006, Deutschland
2005, 20 EURO
Au920, 17 g, Ø 31 mm
PP: 102 Ex. € 7.020,00

LU-G147
150 Jahre Klassifizierung
der Bordeaux-Weine
2005, 1½ EURO
Ag900, 22,2 g, Ø 37 mm
Ⓓ Magdalena Dobrucka
PP: 2.882 Ex. € 75,00

LU-G148
150 Jahre Klassifizierung
der Bordeaux-Weine
2005, 10 EURO
Au920, 8,45 g, Ø 22 mm
Ⓓ Magdalena Dobrucka
PP: 500 Ex. € 930,00

LU-G149
Säerin 2005 – 100 Jahre Trennung
von Kirche und Staat
2005, 1½ EURO
Ag900, 22,2 g, Ø 37 mm
Ⓓ Hervée Duetthe
PP: 3.110 Ex. € 60,00

LU-G150
Säerin 2005 – 100 Jahre Trennung
von Kirche und Staat
2005, 20 EURO
Au920, 17 g, Ø 31 mm
Ⓓ Hervée Duetthe
PP: 426 Ex. € 1.480,00

LU-G151
100. Todestag von Jules Verne –
Die phantastische Welt des Jules Verne
2005, ¼ EURO
CuAlNi, 11 g, Ø 30 mm
(Blisterverpackung)
Stgl.: 22.256 Ex. € 11,50

LU-G152
100. Todestag von Jules Verne –
„In 80 Tagen um die Welt"
2005, 1½ EURO
Ag900, 22,2 g, Ø 37 mm
PP: 4.998 Ex. € 175,00

LU-G153

LU-G157

LU-G154

LU-G158

LU-G155

LU-G159

LU-G156

LU-G160

LU-G153
100. Todestag von Jules Verne –
„In 80 Tagen um die Welt"
2005, 10 EURO
Au920, 8,45 g, Ø 22 mm
PP: 611 Ex. € 685,00

LU-G154
100. Todestag von Jules Verne –
„In 80 Tagen um die Welt"
2005, 20 EURO
Ag950, 155,5 g, Ø 50 mm
PP: 500 Ex. € 485,00

LU-G155
100. Todestag von Jules Verne –
„In 80 Tagen um die Welt"
2005, 100 EURO
Au999, 155,5 g, Ø 50 mm
PP: 80 Ex. € 11.000,00

LU-G156
100. Todestag von Jules Verne –
„20.000 Meilen unter dem Meer"
2005, 1½ EURO
Ag900, 22,2 g, Ø 37 mm
PP: 4.462 Ex. € 180,00

LU-G157
100. Todestag von Jules Verne –
„20.000 Meilen unter dem Meer"
2005, 10 EURO
Au920, 8,45 g, Ø 22 mm
PP: 490 Ex. € 840,00

LU-G158
100. Todestag von Jules Verne –
„20.000 Meilen unter dem Meer"
2005, 20 EURO
Ag950, 155,5 g, Ø 50 mm
PP: 500 Ex. € 485,00

LU-G159
100. Todestag von Jules Verne –
„20.000 Meilen unter dem Meer"
2005, 100 EURO
Au999, 155,5 g, Ø 50 mm
PP: 71 Ex. € 16.900,00

LU-G160
100. Todestag von Jules Verne –
„Von der Erde zum Mond"
2005, 1½ EURO
Ag900, 22,2 g, Ø 37 mm
PP: 4.336 Ex. € 180,00

LU-G161

LU-G162

LU-G163

LU-G164

LU-G165

LU-G166

LU-G167

LU-G168

LU-G161
100. Todestag von Jules Verne –
„Von der Erde zum Mond“
2005, 10 EURO
Au920, 8,45 g, Ø 22 mm
PP: 414 Ex. € 820,00

LU-G162
100. Todestag von Jules Verne –
„Von der Erde zum Mond“
2005, 20 EURO
Ag950, 155,5 g, Ø 50 mm
PP: 500 Ex. € 485,00

LU-G163
100. Todestag von Jules Verne –
„Von der Erde zum Mond“
2005, 100 EURO
Au999, 155,5 g, Ø 50 mm
PP: 71 Ex. € 17.590,00

LU-G164
195. Geburtstag von Frédéric Chopin
2005, 1½ EURO
Ag900, 22,2 g, Ø 37 mm
PP: 3.000 Ex. € 250,00

LU-G165
195. Geburtstag von Frédéric Chopin
2005, 20 EURO
Au920, 17 g, Ø 31 mm
PP: 500 Ex. € 3.450,00

LU-G166
Chinesisches Jahr des Hundes (2006)
2005, ¼ EURO
Ag900, 22,2 g, Ø 37 mm
Stgl.: 10.000 Ex. € 90,00

LU-G167
Französisch-Chinesische Kulturjahre –
Bauwerke von Shanghai
2005, ¼ EURO
Ag900, 22,2 g, Ø 37 mm
Stgl.: 10.000 Ex. € 50,00

LU-G168
300. Geburtstag von Benjamin Franklin
2005, ¼ EURO
Ag900, 22,2 g, Ø 37 mm
Ⓓ Quentin Sternberg
Stgl.: 6.398 Ex. € 55,00

LU-G169

LU-G170

LU-G171

LU-G172

LU-G173

LU-G174

LU-G175

LU-G176

LU-G169
300. Geburtstag von Benjamin Franklin
2005, 10 EURO
Au920, 8,45 g, Ø 22 mm
Ⓓ Quentin Sternberg
PP: 1.000 Ex. € 770,00

LU-G170
300. Geburtstag von Benjamin Franklin
2005, 20 EURO
Ag950, 155,5 g, Ø 50 mm
Ⓓ Quentin Sternberg
PP: 500 Ex. € 490,00

LU-G171
300. Geburtstag von Benjamin Franklin
2005, 100 EURO
Au900, 155,5 g, Ø 50 mm
Ⓓ Quentin Sternberg
PP: 99 Ex. € 15.700,00

LU-G172
Hello Kitty – Kitty auf dem Champs-Elysées
2006, 1½ EURO
Ag900, 22,2 g, Ø 37 mm
PP: 3.999 Ex. € 330,00

LU-G173
Hello Kitty – Kitty im Café
2006, 1½ EURO
Ag900, 22,2 g, Ø 37 mm
PP: 3.999 Ex. € 330,00

LU-G174
Hello Kitty – Kitty in Paris
2006, 1½ EURO
Ag900, 22,2 g, Ø 37 mm
PP: 4.000 Ex. € 330,00

LU-G175
Hello Kitty – Kitty im Theater
2006, 10 EURO
Au920, 8,45 g, Ø 22 mm
PP: 1.000 Ex. € 1.500,00

LU-G176
Hello Kitty – Kitty in Versailles
2006, 50 EURO
Au999, 31,1 g, Ø 37 mm
PP: 1.000 Ex. € 3.740,00

LU-G177

LU-G178

LU-G179

LU-G180

LU-G181

LU-G182

LU-G183

LU-G184

LU-G177
Olympische Sommerspiele 2008,
Peking – Florett
2006, 1½ EURO
Ag900, 22,2 g, Ø 37 mm
PP: 10.000 Ex. € 110,00

LU-G178
Olympische Sommerspiele 2008,
Peking – Florett
2006, 10 EURO
Au920, 8,45 g, Ø 22 mm
PP: 1.000 Ex. € 770,00

LU-G179
Renault – Formel-1-Weltmeister 2005
in der Konstrukteurswertung
2006, 1½ EURO
Ag900, 22,2 g, Ø 37 mm
Ⓓ Joaquin Jimenez
PP: 10.000 Ex. € 150,00

LU-G180
Europa-Serie 2006 –
Große Europäer:
120. Geburtstag von Robert Schuman
2006, 1½ EURO
Ag900, 22,2 g, Ø 37 mm
PP: 31.517 Ex. € 60,00

LU-G181
Europa-Serie 2006 –
Große Europäer:
120. Geburtstag von Robert Schuman
2006, 10 EURO
Au920, 8,45 g, Ø 22 mm
PP: 3.000 Ex. € 880,00

LU-G182
Europa-Serie 2006 –
Große Europäer:
120. Geburtstag von Robert Schuman
2006, 50 EURO
Au999/850, 33 g, Ø 37 mm
PP: 500 Ex. € 3.090,00

LU-G183
Europa-Serie 2006 –
Große Europäer:
120. Geburtstag von Robert Schuman
2006, 100 EURO
Au999/850, 159 g, Ø 50 mm
PP: 99 Ex. € 16.600,00

LU-G184
100. Todestag von Jules Verne –
„Der Kurier des Zaren"
2006, 1½ EURO
Ag900, 22,2 g, Ø 37 mm
PP: 2.468 Ex. € 170,00

LU-G185

LU-G186

LU-G187

LU-G188

LU-G189

LU-G190

LU-G191

LU-G192

LU-G185
100. Todestag von Jules Verne –
„Der Kurier des Zaren"
2006, 10 EURO
Au920, 8,45 g, Ø 22 mm
PP: 500 Ex. € 740,00

LU-G186
100. Todestag von Jules Verne –
„Der Kurier des Zaren"
2006, 20 EURO
Ag950, 155,5 g, Ø 50 mm
PP: 500 Ex. € 410,00

LU-G187
100. Todestag von Jules Verne –
„Fünf Wochen im Ballon"
2006, 1½ EURO
Ag900, 22,2 g, Ø 37 mm
PP: 2.287 Ex. € 170,00

LU-G188
100. Todestag von Jules Verne –
„Fünf Wochen im Ballon"
2006, 10 EURO
Au920, 8,45 g, Ø 22 mm
PP: 500 Ex. € 750,00

LU-G189
100. Todestag von Jules Verne –
„Fünf Wochen im Ballon"
2006, 20 EURO
Ag950, 155,5 g, Ø 50 mm
PP: 500 Ex. € 485,00

LU-G190
100. Todestag von Jules Verne –
„Reise zum Mittelpunkt der Erde"
2006, 1½ EURO
Ag900, 22,2 g, Ø 37 mm
PP: 2.411 Ex. € 170,00

LU-G191
100. Todestag von Jules Verne –
„Reise zum Mittelpunkt der Erde"
2006, 10 EURO
Au920, 8,45 g, Ø 22 mm
PP: 500 Ex. € 720,00

LU-G192
100. Todestag von Jules Verne –
„Reise zum Mittelpunkt der Erde"
2006, 20 EURO
Ag950, 155,5 g, Ø 50 mm
PP: 500 Ex. € 525,00

LU-G193

LU-G197

LU-G194

LU-G198

LU-G195

LU-G199

LU-G196

LU-G200

LU-G193
100. Todestag von Jules Verne –
„Reise zum Mittelpunkt der Erde"
2006, 100 EURO
Au999, 155,5 g, Ø 50 mm
PP: 92 Ex. € 18.150,00

LU-G194
100 Jahre „Großer Preis von Frankreich"
(bis 1967 „Grand Prix de l'A.C.F.")
2006, 1½ EURO
Ag900, 22,2 g, Ø 37 mm
PP: 4.235 Ex. € 55,00

LU-G195
100 Jahre „Großer Preis von Frankreich"
(bis 1967 „Grand Prix de l'A.C.F.")
2006, 10 EURO
Au920, 8,45 g, Ø 22 mm
PP: 500 Ex. € 750,00

LU-G196
100. Todestag von Paul Cézanne
2006, 1½ EURO
Ag900, 22,2 g, Ø 37 mm
PP: 5.000 Ex. € 75,00

LU-G197
100. Todestag von Paul Cézanne
2006, 20 EURO
Ag950, 155,5 g, Ø 50 mm
PP: 500 Ex. € 470,00

LU-G198
100. Todestag von Paul Cézanne
2006, 20 EURO
Au920, 17 g, Ø 31 mm
PP: 500 Ex. € 1.875,00

LU-G199
100. Todestag von Paul Cézanne
2006, 100 EURO
Au999, 155,5 g, Ø 50 mm
PP: 99 Ex. € 15.960,00

LU-G200
10 Jahre TGV-Spendenaktion
„Pièces Jaunes"
2006, ¼ EURO
Ag900, 22,2 g, Ø 37 mm
(Blisterverpackung)
Stgl.: 3.005 Ex. € 32,50

LU-G201

LU-G202

LU-G203

LU-G204

LU-G205

LU-G206

LU-G207

LU-G208

LU-G201

Jean-Baptiste Jules Bernadotte, Marschall von Frankreich sowie König von Schweden und Norwegen
2006, ¼ EURO
Ag900, 22,2 g, Ø 37 mm
Stgl.: 7.798 Ex. € 40,00

LU-G202

Jean-Baptiste Jules Bernadotte, Marschall von Frankreich sowie König von Schweden und Norwegen
2006, 10 EURO
Au920, 8,45 g, Ø 22 mm
Stgl.: 1.000 Ex. € 750,00

LU-G203

Bedeutende Bauwerke in Frankreich – 200 Jahre Triumphbogen
2006, 1½ EURO
Ag900, 22,2 g, Ø 37 mm
PP: 3.620 Ex. € 60,00

LU-G204

Bedeutende Bauwerke in Frankreich – 200 Jahre Triumphbogen
2006, 10 EURO
Au920, 8,45 g, Ø 22 mm
PP: 500 Ex. € 760,00

LU-G205

Bedeutende Bauwerke in Frankreich – 200 Jahre Triumphbogen
2006, 20 EURO
Ag950, 155,5 g, Ø 50 mm
PP: 500 Ex. € 450,00

LU-G206

Bedeutende Bauwerke in Frankreich – 300 Jahre Invalidendom
2006, 1½ EURO
Ag900, 22,2 g, Ø 37 mm
PP: 2.891 Ex. € 55,00

LU-G207

Bedeutende Bauwerke in Frankreich – 300 Jahre Invalidendom
2006, 10 EURO
Au920, 8,45 g, Ø 22 mm
PP: 500 Ex. € 760,00

LU-G208

250. Geburtstag von Wolfgang Amadeus Mozart
2006, ¼ EURO
Ag900, 22,2 g, Ø 37 mm
Stgl.: 5.000 Ex. € 110,00

LU-G209

LU-G210

LU-G211

LU-G212

LU-G213

LU-G214

LU-G215

LU-G216

LU-G209
250. Geburtstag von
Wolfgang Amadeus Mozart
2006, 10 EURO
Au920, 8,45 g, Ø 22 mm
PP: 1.000 Ex. € 1.000,00

LU-G210
250. Geburtstag von
Wolfgang Amadeus Mozart
2006, 20 EURO
Ag950, 155,5 g, Ø 50 mm
PP: 500 Ex. € 500,00

LU-G211
Säerin 2006 – 25. Jahrestag der
Abschaffung der Todesstrafe
2006, 1½ EURO
Ⓓ Alain Teste
Ag900, 22,2 g, Ø 37 mm
PP: 3.110 Ex. € 55,00

LU-G212
Säerin 2006 – 25. Jahrestag der
Abschaffung der Todesstrafe
2006, 20 EURO
Au920, 17 g, Ø 31 mm
Ⓓ Alain Teste
PP: 652 Ex. € 1.460,00

LU-G213
Säerin 2006 – 25. Jahrestag der
Abschaffung der Todesstrafe
2006, 50 EURO
Au999/850, 31,35 g, Ø 37 mm
Ⓓ Alain Teste
PP: 500 Ex. € 3.520,00

LU-G214
Säerin 2006 – 25. Jahrestag der
Abschaffung der Todesstrafe
2006, 100 EURO
Au999/850, 155,85 g, Ø 50 mm
Ⓓ Alain Teste
PP: 99 Ex. € 16.900,00

LU-G215
500 Jahre Petersdom in Rom
2006, 1½ EURO
Ag900, 22,2 g, Ø 37 mm
PP: 5.000 Ex. € 55,00

LU-G216
500 Jahre Petersdom in Rom
2006, 10 EURO
Au920, 8,45 g, Ø 22 mm
PP: 1.000 Ex. € 740,00

LU-G217

LU-G221

LU-G218

LU-G222

LU-G219

LU-G223

LU-G220

LU-G224

LU-G217
500 Jahre Petersdom in Rom
2006, 50 EURO
Au999, 31,1 g, Ø 37 mm
PP: 500 Ex. € 3.120,00

LU-G218
500 Jahre Petersdom in Rom
2006, 100 EURO
Au999, 155,5 g, Ø 50 mm
PP: 99 Ex. € 17.200,00

LU-G219
100 Jahre Professorinnen an der Sorbonne-Universität – Marie Curie
2006, 20 EURO
Ag950, 155,5 g, Ø 50 mm
PP: 500 Ex. € 550,00

LU-G220
100 Jahre Professorinnen an der Sorbonne-Universität – Marie Curie
2006, 20 EURO
Au920, 17 g, Ø 31 mm
PP: 500 Ex. € 1.850,00

LU-G221
120. Jahrestag der Hochzeit von Marie Amélie von Orléans mit Kronprinz Carlos I. von Portugal
2006, 1½ EURO
Ag900, 22,2 g, Ø 37 mm
PP: 3.000 Ex. € 260,00

LU-G222
120. Jahrestag der Hochzeit von Marie Amélie von Orléans mit Kronprinz Carlos I. von Portugal
2006, 10 EURO
Au920, 8,45 g, Ø 22 mm
PP: 500 Ex. € 1.640,00

LU-G223
Chinesisches Jahr des Schweines (2007)
2006, ¼ EURO
Ag900, 22,2 g, Ø 37 mm
Stgl.: 9.954 Ex. € 40,00

LU-G224
Chinesisches Jahr des Schweines (2007)
2006, 10 EURO
Au920, 8,45 g, Ø 22 mm
PP: 500 Ex. € 1.080,00

LU-G225

LU-G229

LU-G226

LU-G230

LU-G227

LU-G231

LU-G228

LU-G232

LU-G225
Europäische Errungenschaften – 300. Todestag von Sébastien Le Prestre de Vauban
2007, ¼ EURO
Ag900, 13 g, Ø 30 mm
Ⓓ Fabienne Courtiade
Stgl.: 4.051 Ex. € 40,00

LU-G226
Europäische Errungenschaften – 300. Todestag von Sébastien Le Prestre de Vauban
2007, 1½ EURO
Ag900, 22,2 g, Ø 37 mm
Ⓓ Fabienne Courtiade
PP: 14.364 Ex. € 70,00

LU-G227
Europäische Errungenschaften – 300. Todestag von Sébastien Le Prestre de Vauban
2007, 10 EURO
Au920, 8,45 g, Ø 22 mm
Ⓓ Fabienne Courtiade
PP: 1.838 Ex. € 900,00

LU-G228
Europäische Errungenschaften – 300. Todestag von Sébastien Le Prestre de Vauban
2007, 20 EURO
Ag950, 155,5 g, Ø 50 mm
Ⓓ Fabienne Courtiade
PP: 485 Ex. € 450,00

LU-G229
60 Jahre „Der Kleine Prinz" von Antoine de Saint-Exupéry – Der Kleine Prinz und der Fuchs
2007, 1½ EURO
Ag900, 22,2 g, Ø 37 mm
PP: 3.000 Ex. € 1.350,00

LU-G230
60 Jahre „Der Kleine Prinz" von Antoine de Saint-Exupéry – Der Kleine Prinz liegt im Gras
2007, 1½ EURO
Ag900, 22,2 g, Ø 37 mm
PP: 3.000 Ex. € 1.350,00

LU-G231
60 Jahre „Der Kleine Prinz" von Antoine de Saint-Exupéry – Der Kleine Prinz auf seinem Planeten
2007, 1½ EURO
Ag900, 22,2 g, Ø 37 mm
PP: 3.000 Ex. € 1.350,00

LU-G232
60 Jahre „Der Kleine Prinz" von Antoine de Saint-Exupéry – Der Kleine Prinz und der Fuchs
2007, 20 EURO
Au920, 17 g, Ø 31 mm
PP: 1.961 Ex. € 1.500,00

LU-G233

LU-G234

LU-G235

LU-G236

LU-G237

LU-G238

LU-G239

LU-G240

LU-G233
60 Jahre „Der Kleine Prinz"
von Antoine de Saint-Exupéry –
Der Kleine Prinz liegt im Gras
2007, 20 EURO
Au920, 17 g, Ø 31 mm
PP: 1.475 Ex. € 1.350,00

LU-G234
60 Jahre „Der Kleine Prinz"
von Antoine de Saint-Exupéry –
Der Kleine Prinz auf seinem Planeten
2007, 50 EURO
Au999, 31,1 g, Ø 37 mm
PP: 1.491 Ex. € 3.690,00

LU-G235
50 Jahre Römische Verträge
2007, 2 EURO
Ⓓ Luc Luycx und Helmut Andexlinger
Stgl.: 9.400.000 Ex. € 7,50

LU-G236
Renault – Formel-1-Weltmeister 2006
in der Konstrukteurswertung
2007, 1½ EURO
Ag900, 22,2 g, Ø 37 mm
Ⓓ Joaquin Jimenez
PP: 4.554 Ex. € 65,00

LU-G237
Renault – Formel-1-Weltmeister 2006
in der Konstrukteurswertung
2007, 10 EURO
Au920, 8,45 g, Ø 22 mm
Ⓓ Joaquin Jimenez
PP: 500 Ex. € 970,00

LU-G238
König Artus Sage –
Der Wald von Brocéliande
2007, 20 EURO
Ag950, 155,55 g, Ø 50 mm
Ⓓ Jérôme Lereculey
PP: 498 Ex. € 485,00

LU-G239
König Artus Sage –
Der Wald von Brocéliande
2007, 20 EURO
Au920, 17 g, Ø 31 mm
Ⓓ Jérôme Lereculey
PP: 500 Ex. € 1.690,00

LU-G240
Olympische Sommerspiele 2008,
Peking – Reiten
2007, 1½ EURO
Ag900, 22,2 g, Ø 37 mm
PP: 10.000 Ex. € 90,00

LU-G241

LU-G242

LU-G243

LU-G244

LU-G245

LU-G246

LU-G247

LU-G248

LU-G241
Olympische Sommerspiele 2008,
Peking – Reiten
2007, 10 EURO,
Au920, 8,45 g, Ø 22 mm
PP: 1.000 Ex. € 740,00

LU-G242
4. Internationales Polarjahr (I) –
100. Geburtstag von Paul Émile Victor
2007, 1½ EURO
Ag900, 22,2 g, Ø 37 mm
PP: 5.000 Ex. € 80,00

LU-G243
4. Internationales Polarjahr (I) –
100. Geburtstag von Paul Émile Victor
2007, 10 EURO
Au920, 8,45 g, Ø 22 mm
PP: 500 Ex. € 750,00

LU-G244
60 Jahre Internationale Filmfestspiele
von Cannes
2007, 10 EURO
Au920, 8,45 g, Ø 22 mm
PP: 500 Ex. € 810,00

LU-G245
60 Jahre Internationale Filmfestspiele
von Cannes
2007, 20 EURO
Ag950, 155,5 g, Ø 50 mm
PP: 369 Ex. € 950,00

LU-G246
60 Jahre Internationale Filmfestspiele
von Cannes
2007, 100 EURO
Au999, 155,5 g, Ø 50 mm
PP: 39 Ex. € 16.900,00

LU-G247
Rugby-WM 2007, Frankreich
2007, ¼ EURO
Ag900, 13 g, Ø 30 mm
Stgl.: 4.944 Ex. € 55,00

LU-G248
Rugby-WM 2007, Frankreich
2007, 1½ EURO
Ag900, 22,2 g, Ø 37 mm
PP: 4.915 Ex. € 60,00

LU-G249

LU-G253

LU-G250

LU-G254

LU-G251

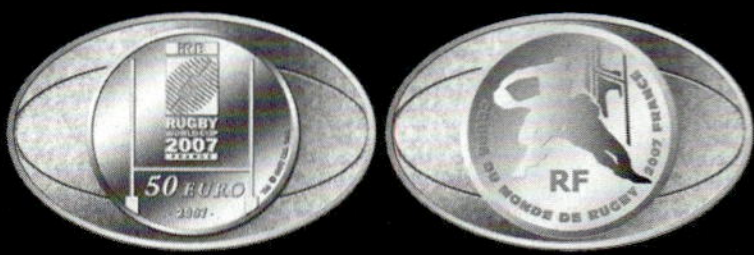

LU-G255

LU-G252

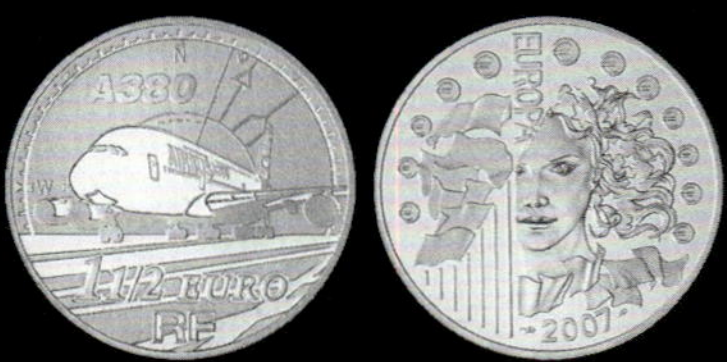

LU-G256

LU-G249
Rugby-WM 2007, Frankreich
2007, 10 EURO
Au920, 8,45 g, Ø 22 mm
PP: 500 Ex. € 730,00

LU-G250
Rugby-WM 2007, Frankreich
2007, 20 EURO
Au920, 17 g, Ø 31 mm
PP: 498 Ex. € 2.080,00

LU-G251
Rugby-WM 2007, Frankreich
2007, 50 EURO
Ag950, 1 kg, Ø 100 mm
PP: 298 Ex. € 2.800,00

LU-G252
Europa-Serie 2007 – Airbus A380
2007, 1½ EURO
Ag900, 22,2 g, Ø 37 mm
Ⓓ Joaquin Jimenez
PP: 5.000 Ex. € 265,00

LU-G253
Europa-Serie 2007 – Airbus A380
2007, 10 EURO
Au920, 8,45 g, Ø 22 mm
Ⓓ Joaquin Jimenez
PP: 1.000 Ex. € 950,00

LU-G254
Europa-Serie 2007 – Airbus A380
2007, 50 EURO
Au999/850, 31,1 g, Ø 37 mm
Ⓓ Joaquin Jimenez
PP: 500 Ex. € 2.990,00

LU-G255
Europa-Serie 2007 – Airbus A380
2007, 100 EURO
Au999/850, 155,5 g, Ø 50 mm
Ⓓ Joaquin Jimenez
PP: 98 Ex. € 16.500,00

LU-G256
250. Geburtstag von
Joseph Marquis de La Fayette
2007, ¼ EURO
Ag900, 13 g, Ø 30 mm
Stgl.: 4.740 Ex. € 48,00

LU-G257

LU-G261

LU-G258

LU-G262

LU-G259

LU-G263

LU-G260

LU-G264

LU-G257
250. Geburtstag von
Joseph Marquis de La Fayette
2007, 10 EURO
Au920, 8,45 g, Ø 22 mm
PP: 499 Ex. € 790,00

LU-G258
Bedeutende Bauwerke in Frankreich –
400 Jahre Pont-Neuf in Paris
2007, 1½ EURO
Ag900, 22,2 g, Ø 37 mm
PP: 3.000 Ex. € 110,00

LU-G259
Bedeutende Bauwerke in Frankreich –
400 Jahre Pont-Neuf in Paris
2007, 10 EURO
Au920, 8,45 g, Ø 22 mm
PP: 483 Ex. € 1.370,00

LU-G260
Bedeutende Bauwerke in Frankreich –
400 Jahre Pont-Neuf in Paris
2007, 20 EURO
Ag950, 155,5 g, Ø 50 mm
PP: 434 Ex. € 750,00

LU-G261
Französische Modeschöpfer –
50. Todestag von Christian Dior
2007, 1½ EURO
Ag900, 22,2 g, Ø 37 mm
PP: 3.000 Ex. € 110,00

LU-G262
Französische Modeschöpfer –
50. Todestag von Christian Dior
2007, 10 EURO
Au920, 8,45 g, Ø 22 mm
PP: 500 Ex. € 1.110,00

LU-G263
Panthéon
2007, 15 EURO
Ag900, 15 g, Ø 31 mm
Ⓓ Joaquin Jimenez
PP: nur aus Kursmünzensatz LU-AK2 2007

LU-G264
Maler des Impressionismus –
90. Todestag von Edgar Degas
2007, ¼ EURO
Ag900, 15 g, 30 x 21 mm
Stgl.: 5.000 Ex. € 100,00

LU-G265

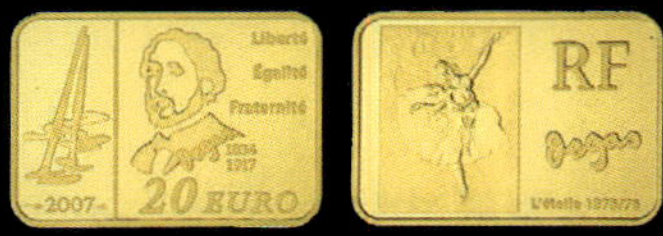

LU-G269

LU-G266

LU-G270

LU-G267

LU-G271

LU-G268

LU-G272

LU-G265
Maler des Impressionismus –
90. Todestag von Edgar Degas
2007, 20 EURO
Au920, 17 g, 30 x 21 mm
PP: 500 Ex. € 2.360,00

LU-G266
UNESCO-Weltkulturerbe –
Die Chinesische Mauer
2007, 1½ EURO
Ag900, 22,2 g, Ø 37 mm
PP: 4.960 Ex. € 100,00

LU-G267
UNESCO-Weltkulturerbe –
Die Chinesische Mauer
2007, 10 EURO
Au920, 8,45 g, Ø 22 mm
PP: 500 Ex. € 1.540,00

LU-G268
100. Geburtstag von „Hergé"
Georges Prosper Remi –
Tim und Struppi: Tim und Chang
2007, 1½ EURO
Ag900, 22,2 g, Ø 37 mm
PP: 4.648 Ex. € 85,00

LU-G269
100. Geburtstag von „Hergé"
Georges Prosper Remi – Tim und Struppi:
Tim und Professor Bienlein
2007, 1½ EURO
Ag900, 22,2 g, Ø 37 mm
PP: 4.799 Ex. € 85,00

LU-G270
100. Geburtstag von „Hergé"
Georges Prosper Remi – Tim und Struppi:
Tim und Kapitän Haddock
2007, 1½ EURO
Ag900, 22,2 g, Ø 37 mm
PP: 5.043 Ex. € 85,00

LU-G271
100. Geburtstag von „Hergé"
Georges Prosper Remi
2007, 10 EURO
Au920, 8,45 g, Ø 22 mm
PP: 985 Ex. € 1.010,00

LU-G272
100. Geburtstag von „Hergé"
Georges Prosper Remi
2007, 20 EURO
Ag950, 155,5 g, Ø 50 mm
PP: 488 Ex. € 850,00

LU-G273

LU-G277

LU-G274

LU-G278

LU-G275

LU-G279

LU-G276

LU-G280

LU-G273
100. Geburtstag von „Hergé"
Georges Prosper Remi
2007, 50 EURO
Au999, 31,1 g, Ø 37 mm
PP: 500 Ex. € 3.530,00

LU-G274
Aristides de Sousa Mendès
2007, 1½ EURO
Ag900, 22,2 g, Ø 37 mm
PP: 3.000 Ex. € 220,00

LU-G275
Aristides de Sousa Mendès
2007, 10 EURO
Au920, 8,45 g, Ø 22 mm
PP: 500 Ex. € 1.400,00

LU-G276
Stanislaus I. Leszczynski
2007, 20 EURO
Ag950, 155,5 g, Ø 50 mm
PP: 500 Ex. € 650,00

LU-G277
Stanislaus I. Leszczynski
2007, 20 EURO
Au920, 17 g, Ø 31 mm
PP: 500 Ex. € 1.650,00

LU-G278
Säerin 2007 – 5. Jahrestag des Euro
2007, 5 EURO
Ag900, 22,2 g, Ø 37 mm
PP: 5.000 Ex. € 120,00

LU-G279
Säerin 2007 – 5. Jahrestag des Euro
2007, 5 EURO
Ag950, 155,5 g, Ø 50 mm
PP: 493 Ex. € 1.400,00

LU-G280
Säerin 2007 – 5. Jahrestag des Euro
2007, 5 EURO
Au920, 17 g, Ø 31 mm
PP: 472 Ex. € 1.100,00

LU-G281

LU-G285

LU-G282

LU-G286

LU-G283

LU-G287

LU-G284

LU-G288

LU-G281
Säerin 2007 – 5. Jahrestag des Euro
2007, 5 EURO
Au999, 1,244 g, Ø 13,9 mm
PP: 9.951 Ex. € 150,00

LU-G282
50 Jahre „Astérix der Gallier" –
Festmahl
2007, 1½ EURO
Ag900, 22,2 g, Ø 37 mm
PP: 2.994 Ex. € 120,00

LU-G283
50 Jahre „Astérix der Gallier" –
Rückkehr von der Jagd
2007, 1½ EURO
Ag900, 22,2 g, Ø 37 mm
PP: 2.996 Ex. € 120,00

LU-G284
50 Jahre „Astérix der Gallier" –
Zaubertrank
2007, 1½ EURO
Ag900, 22,2 g, Ø 37 mm
PP: 2.296 Ex. € 120,00

LU-G285
50 Jahre „Astérix der Gallier" –
Freiheitsstatue
2007, 10 EURO
Au920, 8,45 g, Ø 22 mm
PP: 480 Ex. € 990,00

LU-G286
50 Jahre „Astérix der Gallier" –
Verteidigung des Dorfes
2007, 20 EURO
Ag950, 155,5 g, Ø 50 mm
PP: 500 Ex. € 850,00

LU-G287
50 Jahre „Astérix der Gallier" –
Astérix und Kleopatra
2007, 20 EURO
Au920, 17 g, Ø 31 mm
PP: 490 Ex. € 1.910,00

LU-G288
50 Jahre „Astérix der Gallier" –
Astérix und der Arvernerschild
2007, 50 EURO
Au999, 31,1 g, Ø 37 mm
PP: 500 Ex. € 3.690,00

LU-G289

LU-G293

LU-G290

LU-G294

LU-G291

LU-G295

LU-G292

LU-G296

LU-G289
Chinesisches Jahr der Ratte (2008)
2007, ¼ EURO
Ag900, 22,2 g, Ø 37 mm
Stgl.: 5.267 Ex. € 45,00

LU-G290
Chinesisches Jahr der Ratte (2008)
2007, 10 EURO
Au920, 8,45 g, Ø 22 mm
PP: 500 Ex. € 1.310,00

LU-G291
Kulturelles Erbe Europas (I)
– 50 Jahre Europäisches Parlament
2008, 1½ EURO
Ag900, 22,2 g, Ø 37 mm
PP: 13.802 Ex. € 65,00

LU-G292
Kulturelles Erbe Europas (I)
– 50 Jahre Europäisches Parlament
2008, 10 EURO
Au920, 8,45 g, Ø 22 mm
PP: 1.845 Ex. € 1.300,00

LU-G293
150 Jahre diplomatische Beziehungen
zwischen Frankreich und Japan –
Kanei Tsuho (japanische Münze)
2008, 1½ EURO
Ag900, 22,2 g, Ø 37 mm
PP: 4.873 Ex. € 95,00

LU-G294
150 Jahre diplomatische Beziehungen
zwischen Frankreich und Japan –
Kanei Tsuho (japanische Münze)
2008, 10 EURO
Au920, 8,45 g, Ø 22 mm
PP: 1.848 Ex. € 770,00

LU-G295
150 Jahre diplomatische Beziehungen
zwischen Frankreich und Japan –
Französische Malerei
2008, 1½ EURO
Ag900, 22,2 g, Ø 37 mm
PP: 4.866 Ex. € 95,00

LU-G296
150 Jahre diplomatische Beziehungen
zwischen Frankreich und Japan –
Französische Malerei
2008, 10 EURO
Au920, 8,45 g, Ø 22 mm
PP: 1.726 Ex. € 760,00

LU-G297

LU-G301

LU-G298

LU-G302

LU-G299

LU-G303

LU-G300

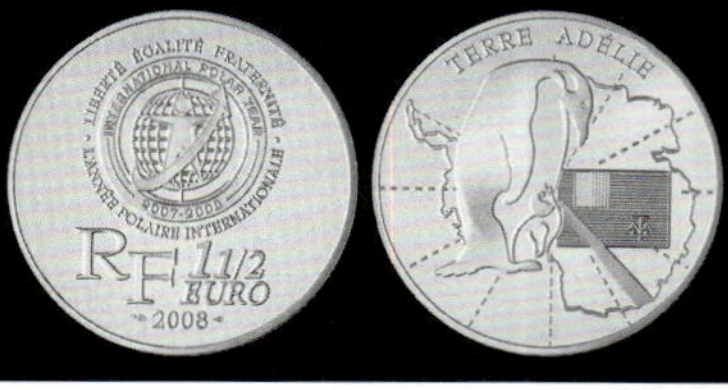

LU-G304

LU-G297

150 Jahre diplomatische Beziehungen zwischen Frankreich und Japan – Japanische Malerei

2008, 1½ EURO

Ag900, 22,2 g, Ø 37 mm

PP: 4.735 Ex. € 95,00

LU-G298

150 Jahre diplomatische Beziehungen zwischen Frankreich und Japan – Japanische Malerei

2008, 10 EURO

Au920, 8,45 g, Ø 22 mm

PP: 1.657 Ex. € 780,00

LU-G299

150 Jahre diplomatische Beziehungen zwischen Frankreich und Japan – Paris und Tokio

2008, 1½ EURO

Ag900, 22,2 g, Ø 37 mm

PP: 48.914 Ex. € 65,00

LU-G300

4. Internationales Polarjahr (II)

2008, 1½ EURO

Ag900, 22,2 g, Ø 37 mm

PP: 3.553 Ex. € 75,00

LU-G301

4. Internationales Polarjahr (II)

2008, 10 EURO

Au920, 8,45 g, Ø 22 mm

PP: 500 Ex. € 810,00

LU-G302

70 Jahre Spirou-Comics

2008, 1½ EURO

Ag900, 22,2 g, Ø 37 mm

PP: 3.672 Ex. € 115,00

LU-G303

70 Jahre Spirou-Comics

2008, 10 EURO

Au920, 8,45 g, Ø 22 mm

PP: 387 Ex. € 1.010,00

LU-G304

Maler des Impressionismus – 125. Todestag von Édouard Manet

2008, ¼ EURO

Ag900, 15 g, 30 x 21 mm

Stgl.: 7.695 Ex. € 50,00

LU-G305

LU-G306

LU-G307

LU-G308

LU-G309

LU-G310

LU-G311

LU-G312

LU-G305
Maler des Impressionismus –
125. Todestag von Édouard Manet
2008, 20 EURO
Au920, 17 g, 30 x 21 mm
PP: 500 Ex. € 2.010,00

LU-G306
150. Jahrestag der Marien-
erscheinungen in Lourdes
2008, 1½ EURO
Ag900, 22,2 g, Ø 37 mm
PP: 8.001 Ex. € 75,00

LU-G307
150. Jahrestag der Marien-
erscheinungen in Lourdes
2008, 10 EURO
Au920, 8,45 g, Ø 22 mm
PP: 999 Ex. € 1.310,00

LU-G308
150. Jahrestag der Marien-
erscheinungen in Lourdes
2008, 20 EURO
Ag950, 163,8 g, Ø 50 mm
PP: 500 Ex. € 700,00

LU-G309
150. Jahrestag der Marien-
erscheinungen in Lourdes
2008, 50 EURO
Au999, 31,1 g, Ø 37 mm
PP: 500 Ex. € 3.000,00

LU-G310
150. Jahrestag der Marien-
erscheinungen in Lourdes
2008, 100 EURO
Au999, 155,5 g, Ø 50 mm
PP: 99 Ex. € 16.700,00

LU-G311
Großseglerparade „Armada 2008“,
Rouen
2008, 1½ EURO
Ag900, 22,2 g, Ø 37 mm
PP: 2.790 Ex. € 60,00

LU-G312
Großseglerparade „Armada 2008“,
Rouen
2008, 10 EURO
Au920, 8,45 g, Ø 22 mm
PP: 500 Ex. € 770,00

LU-G313

LU-G314

LU-G315

LU-G316

LU-G317

LU-G318

LU-G319

LU-G320

LU-G313

Großseglerparade „Armada 2008", Rouen

2008, 20 EURO

Ag950, 163,8 g, Ø 50 mm

PP:	427 Ex.	€ 500,00

LU-G314

EU-Ratspräsidentschaft

2008, 2 EURO

Ⓓ Luc Luycx und Philippe Starck

Stgl.:	20.000.000 Ex.	€ 6,50
Blister:	10.936 Ex.	€ 40,00
PP:	10.000 Ex.	€ 46,00

LU-G315

Europa-Serie 2008 – EU-Ratspräsidentschaft

2008, 1½ EURO

Ag900, 22,2 g, Ø 37 mm

Ⓓ Philippe Starck

PP:	4.412 Ex.	€ 75,00

LU-G316

Europa-Serie 2008 – EU-Ratspräsidentschaft

2008, 10 EURO

Au920, 8,45 g, Ø 22 mm

Ⓓ Philippe Starck

PP:	999 Ex.	€ 1.040,00

LU-G317

Europa-Serie 2008 – EU-Ratspräsidentschaft

2008, 20 EURO

Ag950, 163,8 g, Ø 50 mm

Ⓓ Philippe Starck

PP:	439 Ex.	€ 700,00

LU-G318

Europa-Serie 2008 – EU-Ratspräsidentschaft

2008, 50 EURO

Au999, 31,1 g, Ø 37 mm

Ⓓ Philippe Starck

PP:	497 Ex.	€ 2.870,00

LU-G319

Europa-Serie 2008 – EU-Ratspräsidentschaft

2008, 100 EURO

Au999, 155,5 g, Ø 50 mm

Ⓓ Philippe Starck

PP:	99 Ex.	€ 16.600,00

LU-G320

Olympische Sommerspiele 2008, Peking – Schwimmen

2008, 1½ EURO

Ag900, 22,2 g, Ø 37 mm

PP:	3.824 Ex.	€ 75,00

LU-G321

LU-G322

LU-G323

LU-G324

LU-G325

LU-G326

LU-G327

LU-G328

LU-G321
Olympische Sommerspiele 2008, Peking – Schwimmen
2008, 10 EURO
Au920, 8,45 g, Ø 22 mm
PP: 988 Ex. € 1.050,00

LU-G322
Olympische Sommerspiele 2008, Peking – Schwimmen
2008, 100 EURO
Au999, 155,5 g, Ø 50 mm
PP: 98 Ex. € 17.100,00

LU-G323
UNESCO-Weltkulturerbe – Grand-Canyon-Nationalpark, USA
2008, 1½ EURO
Ag900, 22,2 g, Ø 37 mm
PP: 3.647 Ex. € 75,00

LU-G324
UNESCO-Weltkulturerbe – Grand-Canyon-Nationalpark, USA
2008, 10 EURO
Au920, 8,45 g, Ø 22 mm
PP: 500 Ex. € 840,00

LU-G325
Gold- und Silber-Euro – Säerin
2008, 5 EURO
Ag500, 10 g, Ø 27 mm
Ⓓ Joaquin Jimenez
Stgl.: 2.000.000 Ex. € 20,00

LU-G326 2008, 2009 u. 2010
Gold- und Silber-Euro – Säerin
2008–2010, 15 EURO
Ag900, 15 g, Ø 31 mm
Ⓓ Joaquin Jimenez
Stgl.: 500.000 Ex. € 40,00
PP: nur aus den Kursmünzensätzen LU-AK2 2008 bis 2010

LU-G327 2008, 2009, 2010
Gold- und Silber-Euro – Säerin
2008–2010, 100 EURO
Au999, 3,1 g, Ø 15 mm
Ⓓ Joaquin Jimenez
2008 Stgl.: 50.000 Ex. € 400,00
2009 Stgl.: 50.000 Ex. € 270,00
2010 Stgl.: 50.000 Ex. € 270,00

LU-G325 bis LU-G327, LU-G378 bis LU-G380, LU-G455 bis LU-G456
Legt man die Münzen dieser Serie in der richtigen Reihenfolge nebeneinanderlegt, dann scheint sich das Motiv der Säerin, wie bei einem Daumenkino, zu bewegen.

LU-G328
50 Jahre V. Republik
2008, 1½ EURO
Ag900, 22,2 g, Ø 37 mm
Ⓓ Joaquin Jimenez
PP: 6.631 Ex. € 60,00

LU-G329

LU-G330

LU-G331

LU-G332

LU-G333

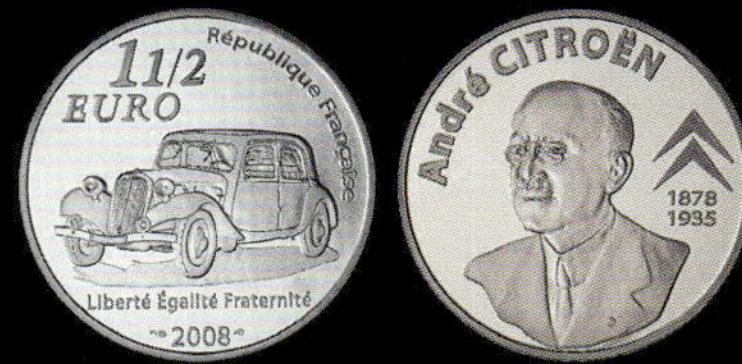

LU-G334

LU-G335

LU-G336

LU-G329
50 Jahre V. Republik
2008, 5 EURO
Au999, 1,244 g, Ø 13,9 mm
Ⓓ Joaquin Jimenez
PP: 9.757 Ex. € 250,00

LU-G330
50 Jahre V. Republik
2008, 10 EURO
Au920, 8,45 g, Ø 22 mm
Ⓓ Joaquin Jimenez
PP: 620 Ex. € 750,00

LU-G331
50 Jahre V. Republik
2008, 20 EURO
Ag950, 163,8 g, Ø 50 mm
Ⓓ Joaquin Jimenez
PP: 356 Ex. € 475,00

LU-G332
50 Jahre V. Republik
2008, 20 EURO
Au920, 17 g, Ø 31 mm
Ⓓ Joaquin Jimenez
PP: 499 Ex. € 1.450,00

LU-G333
Französische Industrieunternehmer –
130. Geburtstag von André Citroën
2008, 1½ EURO
Ag900, 22,2 g, Ø 37 mm
PP: 3.814 Ex. € 65,00

LU-G334
Französische Industrieunternehmer –
130. Geburtstag von André Citroën
2008, 10 EURO
Au920, 8,45 g, Ø 22 mm
PP: 500 Ex. € 760,00

LU-G335
Französische Industrieunternehmer –
130. Geburtstag von André Citroën
2008, 20 EURO
Ag950, 163,8 g, Ø 50 mm
PP: 421 Ex. € 400,00

LU-G336
Französische Modeschöpfer –
125. Geburtstag von
Gabrielle „Coco" Chanel
2008, 5 EURO
Ag900, 22,2 g, Ø 37 mm
Ⓓ Karl Lagerfeld
PP: 9.987 Ex. € 140,00

LU-G337

LU-G341

LU-G338

LU-G342

LU-G339

LU-G343

LU-G340

LU-G344

LU-G337
Französische Modeschöpfer –
125. Geburtstag von
Gabrielle „Coco" Chanel
2008, 5 EURO
Ag950, 163,8 g, Ø 50 mm
Ⓓ Karl Lagerfeld
PP: 499 Ex. € 700,00

LU-G338
Französische Modeschöpfer –
125. Geburtstag von
Gabrielle „Coco" Chanel
2008, 5 EURO
Au920, 8,45 g, Ø 22 mm
Ⓓ Karl Lagerfeld
PP: 500 Ex. € 1.780,00

LU-G339
Französische Modeschöpfer – 125.
Geburtstag von Gabrielle „Coco" Chanel
2008, 5 EURO
Au999, 155,5 g, Ø 50 mm
Ⓓ Karl Lagerfeld
PP: 99 Ex. € 20.000,00

LU-G340
Chinesisches Jahr des Ochsen (2009)
2008, 5 EURO
Ag900, 22,2 g, Ø 37 mm
Stgl.: 4.738 Ex. € 55,00

LU-G341
Chinesisches Jahr des Ochsen (2009)
2008, 50 EURO
Au920, 8,45 g, Ø 22 mm
PP: 497 Ex. € 940,00

LU-G342
10 Jahre Wirtschafts- u. Währungsunion
2009, 2 EURO
Ⓓ Luc Luycx u. Georgios Stamatopoulos
Stgl.: 10.000.000 Ex. € 9,00
Blister: 6.801 Ex. € 31,00
PP: 7.284 Ex. € 46,00

LU-G343
Europa-Serie 2009 – 20. Jahrestag
des Falls der Berliner Mauer
2009, 10 EURO
Ag900, 22,2 g, Ø 37 mm
PP: 10.000 Ex. € 95,00

LU-G344
Europa-Serie 2009 – 20. Jahrestag
des Falls der Berliner Mauer
2009, 50 EURO
Au920, 8,45 g, Ø 22 mm
PP: 1.000 Ex. € 1.200,00

LU-G345

LU-G349

LU-G346

LU-G350

LU-G347

LU-G351

LU-G348

LU-G352

LU-G345
Europa-Serie 2009 – 20. Jahrestag des Falls der Berliner Mauer
2009, 200 EURO
Au999, 31,1 g, Ø 37 mm
PP: 500 Ex. € 3.280,00

LU-G346
Europa-Serie 2009 – 20. Jahrestag des Falls der Berliner Mauer
2009, 500 EURO
Au999, 155,5 g, Ø 50 mm
PP: 99 Ex. € 20.200,00

LU-G347
Europa-Serie 2009 – 20. Jahrestag des Falls der Berliner Mauer
2009, 1.000 EURO
Au999, 311 g, Ø 65 mm
PP: 20 Ex. € 32.500,00

LU-G348
Olympische Winterspiele 2010, Vancouver – Ski Alpin
2009, 10 EURO
Ag900, 22,2 g, Ø 37 mm
PP: 10.000 Ex. € 48,00

LU-G349
Olympische Winterspiele 2010, Vancouver – Ski Alpin
2009, 50 EURO
Au920, 8,45 g, Ø 22 mm
PP: 974 Ex. € 970,00

LU-G350
Kulturelles Erbe Europas (II) – 40. Jahrestag des Erstfluges der Concorde
2009, 10 EURO
Ag900, 22,2 g, Ø 37 mm
PP: 15.077 Ex. € 75,00

LU-G351
Kulturelles Erbe Europas (II) – 40. Jahrestag des Erstfluges der Concorde
2009, 50 EURO
Ag950, 163,8 g, Ø 50 mm
PP: 1.000 Ex. € 1.220,00

LU-G352
Kulturelles Erbe Europas (II) – 40. Jahrestag des Erstfluges der Concorde
2009, 50 EURO
Au920, 8,45 g, Ø 22 mm
PP: 2.135 Ex. € 550,00

LU-G353

LU-G354

LU-G355

LU-G356

LU-G357

LU-G358

LU-G359

LU-G360

LU-G353

Kulturelles Erbe Europas (II)
– 40. Jahrestag des Erstfluges
der Concorde
2009, 500 EURO
Au999, 155,5 g, Ø 50 mm
PP: 90 Ex. € 16.900,00

LU-G354

Kulturelles Erbe Europas (II)
– 40. Jahrestag des Erstfluges
der Concorde
2009, 1.000 EURO
Au999, 311 g, Ø 65 mm
PP: 20 Ex. € 32.500,00

LU-G355

Französische Industrieunternehmer –
Gustave Eiffel; 120. Jahrestag der
Einweihung des Eiffelturms
2009, 10 EURO
Ag900, 20,89 g, Ø 37 mm
PP: 7.989 Ex. € 50,00

LU-G356

Französische Industrieunternehmer –
Gustave Eiffel; 120. Jahrestag der
Einweihung des Eiffelturms
2009, 20 EURO
Ag900, 44,4 g, Ø 37 mm
PP: 2.522 Ex. € 140,00

LU-G357

Französische Industrieunternehmer –
Gustave Eiffel; 120. Jahrestag der
Einweihung des Eiffelturms
2009, 50 EURO
Ag950, 163,8 g, Ø 50 mm
PP: 554 Ex. € 750,00

LU-G358

Französische Industrieunternehmer –
Gustave Eiffel; 120. Jahrestag der
Einweihung des Eiffelturms
2009, 50 EURO
Au920, 8,45 g, Ø 22 mm
PP: 793 Ex. € 840,00

LU-G359

Französische Industrieunternehmer –
Gustave Eiffel; 120. Jahrestag der
Einweihung des Eiffelturms
2009, 500 EURO
Au999, 155,5 g, Ø 50 mm
PP: 65 Ex. € 17.130,00

LU-G360

Maler des Impressionismus –
Claude Monet
2009, 5 EURO
Ag900, 15 g, 30 x 21 mm
Stgl.: 3.865 Ex. € 60,00

LU-G361

LU-G362

LU-G363

LU-G364

LU-G365

LU-G366

LU-G367

LU-G368

LU-G361
Maler des Impressionismus – Claude Monet
2009, 100 EURO
Au920, 17 g, 30 x 21 mm
PP: 361 Ex. € 1.150,00

LU-G362
Säerin 2009 – 50 Jahre Europäischer Gerichtshof für Menschenrechte
2009, 5 EURO
Au999, 1,244 g, Ø 13,9 mm
PP: 8.118 Ex. € 145,00

LU-G363
Säerin 2009 – 50 Jahre Europäischer Gerichtshof für Menschenrechte
2009, 10 EURO
Ag900, 22,2 g, Ø 37 mm
PP: 8.284 Ex. € 60,00

LU-G364
Säerin 2009 – 50 Jahre Europäischer Gerichtshof für Menschenrechte
2009, 50 EURO
Ag950, 163,8 g, Ø 50 mm
PP: 251 Ex. € 700,00

LU-G365
Säerin 2009 – 50 Jahre Europäischer Gerichtshof für Menschenrechte
2009, 50 EURO
Au920, 8,45 g, Ø 22 mm
PP: 500 Ex. € 700,00

LU-G366
Säerin 2009 – 50 Jahre Europäischer Gerichtshof für Menschenrechte
2009, 100 EURO
Au920, 17 g, Ø 31 mm
PP: 432 Ex. € 1.520,00

LU-G367
Säerin 2009 – 50 Jahre Europäischer Gerichtshof für Menschenrechte
2009, 200 EURO
Au999, 31,1 g, Ø 37 mm
PP: 500 Ex. € 2.990,00

LU-G368
FIFA-Fußball-WM 2010, Südafrika
2009, 10 EURO
Ag900, 22,2 g, Ø 37 mm
Ⓓ Joaquin Jimenez
PP: 6.404 Ex. € 70,00

LU-G369

LU-G370

LU-G371

LU-G372

LU-G373

LU-G374

LU-G375

LU-G376

LU-G369
FIFA-Fußball-WM 2010, Südafrika
2009, 50 EURO
Ag950, 163,8 g, Ø 50 mm
Ⓓ Joaquin Jimenez
PP: 135 Ex. € 750,00

LU-G370
FIFA-Fußball-WM 2010, Südafrika
2009, 50 EURO
Au920, 8,45 g, Ø 22 mm
Ⓓ Joaquin Jimenez
PP: 6.287 Ex. € 1.130,00

LU-G371
FIFA-Fußball-WM 2010, Südafrika
2009, 200 EURO
Au999, 31,1 g, Ø 37 mm
Ⓓ Joaquin Jimenez
PP: 125 Ex. € 4.740,00

LU-G372
FIFA-Fußball-WM 2010, Südafrika
2009, 500 EURO
Au999, 155,5 g, Ø 50 mm
Ⓓ Joaquin Jimenez
PP: 22 Ex. € 16.400,00

LU-G373
UNESCO-Weltkulturerbe –
Moskauer Kreml, Russland
2009, 10 EURO
Ag900, 22,2 g, Ø 37 mm
PP: 5.205 Ex. € 65,00

LU-G374
UNESCO-Weltkulturerbe –
Moskauer Kreml, Russland
2009, 50 EURO
Ag950, 163,8 g, Ø 50 mm
PP: 497 Ex. € 750,00

LU-G375
UNESCO-Weltkulturerbe –
Moskauer Kreml, Russland
2009, 50 EURO,
Au920, 8,45 g, Ø 22 mm
PP: 1.000 Ex. € 1.080,00

LU-G376
UNESCO-Weltkulturerbe –
Moskauer Kreml, Russland
2009, 500 EURO
Au999, 155,5 g, Ø 50 mm
PP: 99 Ex. € 18.280,00

LU-G377

LU-G378

LU-G379

LU-G380

LU-G381

LU-G382

LU-G383

LU-G384

LU-G377

UNESCO-Weltkulturerbe – Moskauer Kreml, Russland
2009, 5.000 EURO
Au999, 1 kg, Ø 85 mm
PP: 23 Ex. € 110.000,00

LU-G378 2009, 2010

Gold- und Silber-Euro – Säerin
2009–2010, 10 EURO
Ag900, 12 g, Ø 29 mm
Ⓓ Joaquin Jimenez
2009 Stgl.: 2.000.000 Ex. € 25,00
2010 Stgl.: 4.000.000 Ex. € 25,00

LU-G379

Gold- und Silber-Euro – Säerin
2009, 25 EURO
Ag900, 18 g, Ø 33 mm
Ⓓ Joaquin Jimenez
Stgl.: 250.000 Ex. € 55,00

LU-G380

Gold- und Silber-Euro – Säerin
2009, 250 EURO
Au920, 8,45 g, Ø 22 mm
Ⓓ Joaquin Jimenez
Stgl.: 25.000 Ex. € 670,00

LU-G325 bis LU-G327, LU-G378 bis LU-G380, LU-G455 bis LU-G456
Legt man die Münzen dieser Serie in der richtigen Reihenfolge nebeneinander, dann scheint sich das Motiv der Säerin wie bei einem Daumenkino zu bewegen.

LU-G381

Jahr der Astronomie – 40. Jahrestag der ersten bemannten Mondlandung
2009, 10 EURO
Ag900, 22,2 g, Ø 37 mm, gewölbte Form
PP: 9.996 Ex. € 110,00

LU-G382

Jahr der Astronomie – 40. Jahrestag der ersten bemannten Mondlandung
2009, 50 EURO
Ag950, 163,8 g, Ø 50 mm
PP: 371 Ex. € 600,00

LU-G383

Jahr der Astronomie – 40. Jahrestag der ersten bemannten Mondlandung
2009, 50 EURO
Au920, 8,45 g, Ø 22 mm
PP: 986 Ex. € 840,00

LU-G384

Jahr der Astronomie – 40. Jahrestag der ersten bemannten Mondlandung
2009, 200 EURO
Au999, 31,1 g, Ø 37 mm, gewölbte Form
PP: 1.000 Ex. € 3.900,00

LU-G385
Französische Industrieunternehmer –
Ettore Bugatti
2009, 10 EURO
Ag900, 22,2 g, Ø 37 mm
PP: 3.547 Ex. € 120,00

LU-G386
Französische Industrieunternehmer –
Ettore Bugatti
2009, 20 EURO
Ag900, 44,4 g, Ø 37 mm
PP: 781 Ex. € 180,00

LU-G387
Französische Industrieunternehmer –
Ettore Bugatti
2009, 50 EURO
Ag950, 163,8 g, Ø 50 mm
PP: 269 Ex. € 950,00

LU-G388
Französische Industrieunternehmer –
Ettore Bugatti
2009, 50 EURO
Au920, 8,45 g, Ø 22 mm
PP: 854 Ex. € 790,00

LU-G389
Französische Industrieunternehmer –
Ettore Bugatti
2009, 500 EURO
Au999, 155,5 g, Ø 50 mm
PP: 85 Ex. € 17.250,00

LU-G390
Französische Sportvereine –
Olympique Lyon
2009, 1½ EURO
CuAlNi, 11 g, Ø 30 mm
(Blisterverpackung)
Stgl.: 8.455 Ex. € 15,00

LU-G391
Französische Sportvereine –
Stade Français
2009, 10 EURO
Ag900, 22,2 g, Ø 37 mm
PP: 2.206 Ex. € 110,00

LU-G392
Französische Sportvereine –
Stade Français
2009, 50 EURO
Au920, 8,45 g, Ø 22 mm
PP: 325 Ex. € 880,00

LU-G393

LU-G394

LU-G395

LU-G396

LU-G397

LU-G398

LU-G399

LU-G400

LU-G393

Maler des Impressionismus – Pierre-Auguste Renoir
2009, 5 EURO
Ag900, 15 g, 30 x 21 mm
Stgl.: 2.799 Ex. € 65,00

LU-G394

Maler des Impressionismus – Pierre-Auguste Renoir
2009, 100 EURO
Au920, 17 g, 30 x 21 mm
PP: 317 Ex. € 1.640,00

LU-G395

Comic-Helden – Lucky Luke
2009, 10 EURO
Ag900, 22,2 g, Ø 37 mm
PP: 5.000 Ex. € 165,00

LU-G396

Comic-Helden – Lucky Luke
2009, 50 EURO
Au920, 8,45 g, Ø 22 mm
PP: 967 Ex. € 840,00

LU-G397

100 Jahre Curie-Institut, Paris
2009, 10 EURO
Ag900, 22,2 g, Ø 37 mm
PP: 10.000 Ex. € 120,00

LU-G398

100 Jahre Curie-Institut, Paris
2009, 20 EURO
Ag900, 44,4 g, Ø 37 mm
PP: 5.000 Ex. € 220,00

LU-G399

100 Jahre Curie-Institut, Paris
2009, 50 EURO
Ag950, 163,8 g, Ø 50 mm
PP: 500 Ex. € 500,00

LU-G400

100 Jahre Curie-Institut, Paris
2009, 50 EURO
Au920, 8,45 g, Ø 22 mm
PP: 1.000 Ex. € 960,00

LU-G401
100 Jahre Curie-Institut, Paris
2009, 500 EURO
Au999, 155,5 g, Ø 50 mm
PP: 99 Ex. € 17.900,00

LU-G402
Chinesisches Jahr des Tigers (2010)
2009, 5 EURO
Ag900, 22,2 g, Ø 37 mm
Stgl.: 8.072 Ex. € 48,00

LU-G403
Chinesisches Jahr des Tigers (2010)
2009, 50 EURO
Au920, 8,45 g, Ø 22 mm
PP: 500 Ex. € 860,00

LU-G404
Säerin 2010 – 50 Jahre Neuer Franc
2010, 5 EURO
Au999, 1,244 g, Ø 13,9 mm
PP: 8.451 Ex. € 150,00

LU-G405
Säerin 2010 – 50 Jahre Neuer Franc
2010, 10 EURO
Ag900, 22,2 g, Ø 37 mm
PP: 10.000 Ex. € 55,00

LU-G406
Säerin 2010 – 50 Jahre Neuer Franc
2010, 50 EURO
Au920, 8,45 g, Ø 22 mm
PP: 500 Ex. € 760,00

LU-G407
Säerin 2010 – 50 Jahre Neuer Franc
2010, 100 EURO
Au920, 17 g, Ø 31 mm
PP: 463 Ex. € 1.740,00

LU-G408
Säerin 2010 – 50 Jahre Neuer Franc
2010, 250 EURO
Au999, 62,2 g, Ø 37 mm
PP: 500 Ex. € 6.250,00

LU-G409

LU-G410

LU-G411

LU-G412

LU-G413

LU-G414

LU-G415

LU-G416

LU-G409
Europa-Serie 2010 –
1100 Jahre Abtei von Cluny
2010, 5 EURO
Au999, 0,5 g, Ø 11 mm
PP: 19.799 Ex. € 110,00

LU-G410
Europa-Serie 2010 –
1100 Jahre Abtei von Cluny
2010, 10 EURO
Ag900, 22,2 g, Ø 37 mm
PP: 7.456 Ex. € 60,00

LU-G411
Europa-Serie 2010 –
1100 Jahre Abtei von Cluny
2010, 50 EURO
Au920, 8,45 g, Ø 22 mm
PP: 1.000 Ex. € 750,00

LU-G412
Europa-Serie 2010 –
1100 Jahre Abtei von Cluny
2010, 200 EURO
Au999, 31,1 g, Ø 37 mm
PP: 500 Ex. € 3.310,00

LU-G413
Europa-Serie 2010 –
1100 Jahre Abtei von Cluny
2010, 1.000 EURO
Au999, 311 g, Ø 65 mm
PP: 39 Ex. € 30.800,00

LU-G414
Olympische Sommerspiele 2012, London
– Handball
2010, 10 EURO
Ag900, 22,2 g, Ø 37 mm
PP: 6.184 Ex. € 55,00

LU-G415
Olympische Sommerspiele 2012, London
– Handball
2010, 50 EURO
Au920, 8,45 g, Ø 22 mm
PP: 689 Ex. € 680,00

LU-G416
Olympische Sommerspiele 2012, London
– Handball
2010, 500 EURO
Au999, 155,5 g, Ø 50 mm
PP: 52 Ex. € 19.600,00

LU-G417

LU-G418

LU-G419

LU-G420

LU-G421

LU-G422

LU-G423

LU-G424

LU-G417
Französische Eisenbahnen und Bahnhöfe
– Bahnhof Lille Europe und der TGV
2010, 10 EURO
Ag900, 22,2 g, Ø 37 mm
PP: 6.331 Ex. € 55,00

LU-G418
Französische Eisenbahnen und Bahnhöfe
– Bahnhof Lille Europe und der TGV
2010, 20 EURO
Ag900, 44,4 g, Ø 37 mm
PP: 1.207 Ex. € 115,00

LU-G419
Französische Eisenbahnen und Bahnhöfe
– Bahnhof Lille Europe und der TGV
2010, 50 EURO
Ag950, 163,8 g, Ø 50 mm
PP: 268 Ex. € 760,00

LU-G420
Französische Eisenbahnen und Bahnhöfe
– Bahnhof Lille Europe und der TGV
2010, 50 EURO
Au920, 8,45 g, Ø 22 mm
PP: 596 Ex. € 650,00

LU-G421
Französische Eisenbahnen und Bahnhöfe
– Bahnhof Lille Europe und der TGV
2010, 200 EURO
Au999, 31,1 g, Ø 37 mm
PP: 500 Ex. € 2.850,00

LU-G422
100. Geburtstag von Mutter Teresa
2010, 10 EURO
Ag900, 22,2 g, Ø 37 mm
PP: 7.894 Ex. € 60,00

LU-G423
100. Geburtstag von Mutter Teresa
2010, 50 EURO
Au920, 8,45 g, Ø 22 mm
PP: 1.000 Ex. € 780,00

LU-G424
100. Geburtstag von Mutter Teresa
2010, 200 EURO
Au999, 31,1 g, Ø 37 mm
PP: 500 Ex. € 2.950,00

LU-G425

LU-G429

LU-G426

LU-G430

LU-G427

LU-G431

LU-G428

LU-G432

LU-G425

100. Geburtstag von Mutter Teresa
2010, 500 EURO
Au999, 155,5 g, Ø 50 mm
PP: 99 Ex. € 15.900,00

LU-G426

70. Jahrestag des „Aufrufs vom 18. Juni 1940"
2010, 2 EURO
Ⓓ Luc Luycx und Nicolas Cozon
Stgl.: 20.000.000 Ex. € 6,50
Blister: 13.423 Ex. € 43,00
PP: 9.894 Ex. € 50,00

LU-G427

Französische Industrieunternehmer – Marcel Dassault
2010, 10 EURO
CuNiZn, 20,89 g, Ø 37 mm
PP: 3.460 Ex. € 65,00

LU-G428

Französische Industrieunternehmer – Marcel Dassault
2010, 20 EURO
Ag900, 44,4 g, Ø 37 mm
PP: 1.513 Ex. € 130,00

LU-G429

Französische Industrieunternehmer – Marcel Dassault
2010, 50 EURO
Au920, 8,45 g, Ø 22 mm
PP: 518 Ex. € 780,00

LU-G430

Französische Industrieunternehmer – Marcel Dassault
2010, 100 EURO
Ag950, 327,6 g, Ø 75 mm
PP: 227 Ex. € 1.300,00

LU-G431

Französische Industrieunternehmer – Marcel Dassault
2010, 500 EURO
Au999, 155,5 g, Ø 50 mm
PP: 38 Ex. € 17.500,00

LU-G432

Europäische Architektur – Georges-Pompidou-Center
2010, 10 EURO
Ag900, 22,2 g, Ø 37 mm
Ⓓ Renzo Piano und Richard Rogers
PP: 9.935 Ex. € 60,00

LU-G433

LU-G437

LU-G434

LU-G438

LU-G435

LU-G439

LU-G436

LU-G440

LU-G433
Europäische Architektur –
Georges-Pompidou-Center
2010, 50 EURO
Ag950, 163,8 g, Ø 50 mm
Ⓓ Renzo Piano und Richard Rogers
PP: 269 Ex. € 750,00

LU-G434
Europäische Architektur –
Georges-Pompidou-Center
2010, 50 EURO
Au920, 8,45 g, Ø 22 mm
Ⓓ Renzo Piano und Richard Rogers
PP: 1.091 Ex. € 770,00

LU-G435
Europäische Architektur –
Georges-Pompidou-Center
2010, 200 EURO
Au999, 31,1 g, Ø 37 mm
Ⓓ Renzo Piano und Richard Rogers
PP: 364 Ex. € 2.990,00

LU-G436
Europäische Architektur –
Georges-Pompidou-Center
2010, 1.000 EURO
Au999, 311 g, Ø 65 mm
Ⓓ Renzo Piano und Richard Rogers
PP: 35 Ex. € 31.930,00

LU-G437
UNESCO-Weltkulturerbe –
Taj Mahal, Indien
2010, 10 EURO
Ag900, 22,2 g, Ø 37 mm
PP: 5.934 Ex. € 65,00

LU-G438
UNESCO-Weltkulturerbe –
Taj Mahal, Indien
2010, 50 EURO
Au920, 8,45 g, Ø 22 mm
PP: 1.000 Ex. € 810,00

LU-G439
UNESCO-Weltkulturerbe –
Taj Mahal, Indien
2010, 200 EURO
Au999, 31,1 g, Ø 37 mm
PP: 1.000 Ex. € 3.300,00

LU-G440
UNESCO-Weltkulturerbe –
Taj Mahal, Indien
2010, 500 EURO
Au999, 155,5 g, Ø 50 mm
PP: 99 Ex. € 17.750,00

LU-G441

LU-G445

LU-G442

LU-G446

LU-G443

LU-G447

LU-G444

LU-G448

LU-G441
UNESCO-Weltkulturerbe –
Taj Mahal, Indien
2010, 5.000 EURO
Au999 mit 68 Diamanten besetzt,
1 kg, Ø 85 mm
PP: 19 Ex. € 215.000,00

LU-G442
Maler der Moderne – Georges Braque
2010, 10 EURO
Ag900, 15 g, 30 x 21 mm
PP: 2.543 Ex. € 60,00

LU-G443
Maler der Moderne – Georges Braque
2010, 100 EURO
Au920, 17 g, 30 x 21 mm
PP: 411 Ex. € 1.580,00

LU-G444
Maler der Moderne – Georges Braque
2010, 500 EURO
Au999, 155,5 g, 53 x 37 mm
PP: 50 Ex. € 15.450,00

LU-G445
Französische Sportvereine –
Girondins de Bordeaux
2010, 1½ EURO
CuAlNi, 11 g, Ø 30 mm
(Blisterverpackung)
Stgl.: 4.897 Ex. € 15,00

LU-G446
Französische Sportvereine –
Stade Toulousain
2010, 10 EURO
Ag900, 22,2 g, Ø 37 mm
PP: 2.376 Ex. € 75,00

LU-G447
Französische Sportvereine –
Stade Toulousain
2010, 50 EURO
Au920, 8,45 g, Ø 22 mm
PP: 405 Ex. € 990,00

LU-G448
Comic-Helden – Blake & Mortimer
2010, 10 EURO
Ag900, 22,2 g, Ø 37 mm
PP: 5.793 Ex. € 60,00

LU-G449

LU-G450

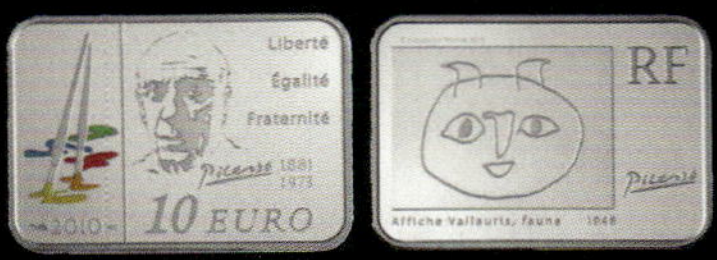

LU-G451

LU-G452

LU-G453

LU-G454

LU-G455

LU-G456

LU-G449
Comic-Helden – Blake & Mortimer
2010, 50 EURO
Au920, 8,45 g, Ø 22 mm
PP: 500 Ex. € 750,00

LU-G450
Maler der Moderne – Pablo Picasso
2010, 10 EURO
Ag900, 15 g, 30 x 21 mm
PP: 3.976 Ex. € 90,00

LU-G451
Maler der Moderne – Pablo Picasso
2010, 100 EURO
Au920, 17 g, 30 x 21 mm
PP: 500 Ex. € 1.590,00

LU-G452
Maler der Moderne – Pablo Picasso
2010, 500 EURO
Ag950, 1 kg, 106 x 74 mm
PP: 437 Ex. € 2.900,00

LU-G453
Maler der Moderne – Pablo Picasso
2010, 500 EURO
Au999, 155,5 g, 53 x 37 mm
PP: 97 Ex. € 17.900,00

LU-G454
Maler der Moderne – Pablo Picasso
2010, 5.000 EURO
Au999, 1 kg, 90 x 63 mm
PP: 8 Ex. € 165.000,00

LU-G455
Gold- und Silber-Euro – Säerin
2010, 50 EURO
Ag900, 36 g, Ø 41 mm
Ⓓ Joaquin Jimenez
Stgl.: 100.000 Ex. € 110,00

LU-G456
Gold- und Silber-Euro – Säerin
2010, 500 EURO
Au999, 12 g, Ø 31 mm
Ⓓ Joaquin Jimenez
Stgl.: 25.000 Ex. € 1.000,00

LU-G325 bis LU-G327, LU-G378 bis LU-G380, LU-G455 bis LU-G456
Legt man die Münzen dieser Serie in der richtigen Reihenfolge nebeneinander, dann scheint sich das Motiv der Säerin wie bei einem Daumenkino zu bewegen.

LU-G457

LU-G458

LU-G459

LU-G460

LU-G461

LU-G462

LU-G463

LU-G464

LU-G457
Regionen (I), Flaggen:
Aquitanien
2010, 10 EURO
Ag900, 10 g, Ø 29 mm
Ⓓ Joaquin Jimenez
Stgl.: 250.000 Ex. € 30,00

LU-G458
Regionen (I), Flaggen:
Auvergne
2010, 10 EURO
Ag900, 10 g, Ø 29 mm
Ⓓ Joaquin Jimenez
Stgl.: 100.000 Ex. € 30,00

LU-G459
Regionen (I), Flaggen:
Basse-Normandie
2010, 10 EURO
Ag900, 10 g, Ø 29 mm
Ⓓ Joaquin Jimenez
Stgl.: 100.000 Ex. € 30,00

LU-G460
Regionen (I), Flaggen:
Bretagne
2010, 10 EURO
Ag900, 10 g, Ø 29 mm
Ⓓ Joaquin Jimenez
Stgl.: 250.000 Ex. € 30,00

LU-G461
Regionen (I), Flaggen:
Burgund
2010, 10 EURO
Ag900, 10 g, Ø 29 mm
Ⓓ Joaquin Jimenez
Stgl.: 100.000 Ex. € 30,00

LU-G462
Regionen (I), Flaggen:
Centre
2010, 10 EURO
Ag900, 10 g, Ø 29 mm
Ⓓ Joaquin Jimenez
Stgl.: 100.000 Ex. € 30,00

LU-G463
Regionen (I), Flaggen:
Champagne-Ardenne
2010, 10 EURO
Ag900, 10 g, Ø 29 mm
Ⓓ Joaquin Jimenez
Stgl.: 50.000 Ex. € 30,00

LU-G464
Regionen (I), Flaggen:
Elsass
2010, 10 EURO
Ag900, 10 g, Ø 29 mm
Ⓓ Joaquin Jimenez
Stgl.: 125.000 Ex. € 30,00

LU-G465

LU-G466

LU-G467

LU-G468

LU-G469

LU-G470

LU-G471

LU-G472

LU-G465
Regionen (I), Flaggen:
Franche-Comté
2010, 10 EURO
Ag900, 10 g, Ø 29 mm
Ⓓ Joaquin Jimenez
Stgl.: 75.000 Ex. € 30,00

LU-G466
Regionen (I), Flaggen:
Französisch-Guayana
2010, 10 EURO
Ag900, 10 g, Ø 29 mm
Ⓓ Joaquin Jimenez
Stgl.: 50.000 Ex. € 30,00

LU-G467
Regionen (I), Flaggen:
Guadeloupe
2010, 10 EURO
Ag900, 10 g, Ø 29 mm
Ⓓ Joaquin Jimenez
Stgl.: 50.000 Ex. € 30,00

LU-G468
Regionen (I), Flaggen:
Haute-Normandie
2010, 10 EURO
Ag900, 10 g, Ø 29 mm
Ⓓ Joaquin Jimenez
Stgl.: 100.000 Ex. € 30,00

LU-G469
Regionen (I), Flaggen:
Île-de-France
2010, 10 EURO
Ag900, 10 g, Ø 29 mm
Ⓓ Joaquin Jimenez
Stgl.: 500.000 Ex. € 30,00

LU-G470
Regionen (I), Flaggen:
Korsika
2010, 10 EURO
Ag900, 10 g, Ø 29 mm
Ⓓ Joaquin Jimenez
Stgl.: 75.000 Ex. € 30,00

LU-G471
Regionen (I), Flaggen:
Languedoc-Roussillon
2010, 10 EURO
Ag900, 10 g, Ø 29 mm
Ⓓ Joaquin Jimenez
Stgl.: 200.000 Ex. € 30,00

LU-G472
Regionen (I), Flaggen:
Limousin
2010, 10 EURO
Ag900, 10 g, Ø 29 mm
Ⓓ Joaquin Jimenez
Stgl.: 75.000 Ex. € 30,00

LU-G473

LU-G477

LU-G474

LU-G478

LU-G475

LU-G479

LU-G476

LU-G480

LU-G473
Regionen (I), Flaggen:
Lothringen
2010, 10 EURO
Ag900, 10 g, Ø 29 mm
Ⓓ Joaquin Jimenez
Stgl.: 125.000 Ex. € 30,00

LU-G474
Regionen (I), Flaggen:
Martinique
2010, 10 EURO
Ag900, 10 g, Ø 29 mm
Ⓓ Joaquin Jimenez
Stgl.: 50.000 Ex. € 30,00

LU-G475
Regionen (I), Flaggen:
Midi-Pyrénées
2010, 10 EURO
Ag900, 10 g, Ø 29 mm
Ⓓ Joaquin Jimenez
Stgl.: 200.000 Ex. € 30,00

LU-G476
Regionen (I), Flaggen:
Nord-Pas-de-Calais
2010, 10 EURO
Ag900, 10 g, Ø 29 mm
Ⓓ Joaquin Jimenez
Stgl.: 250.000 Ex. € 30,00

LU-G477
Regionen (I), Flaggen:
Pays de la Loire
2010, 10 EURO
Ag900, 10 g, Ø 29 mm
Ⓓ Joaquin Jimenez
Stgl.: 200.000 Ex. € 30,00

LU-G478
Regionen (I), Flaggen:
Picardie
2010, 10 EURO
Ag900, 10 g, Ø 29 mm
Ⓓ Joaquin Jimenez
Stgl.: 100.000 Ex. € 30,00

LU-G479
Regionen (I), Flaggen:
Poitou-Charentes
2010, 10 EURO
Ag900, 10 g, Ø 29 mm
Ⓓ Joaquin Jimenez
Stgl.: 100.000 Ex. € 30,00

LU-G480
Regionen (I), Flaggen:
Provence-Alpes-Côte d'Azur
2010, 10 EURO
Ag900, 10 g, Ø 29 mm
Ⓓ Joaquin Jimenez
Stgl.: 350.000 Ex. € 30,00

LU-G481

LU-G485

LU-G482

LU-G486

LU-G483

LU-G487

LU-G484

LU-G488

LU-G481
Regionen (I), Flaggen:
Réunion
2010, 10 EURO
Ag900, 10 g, Ø 29 mm
Ⓓ Joaquin Jimenez
Stgl.: 75.000 Ex. € 30,00

LU-G482
Regionen (I), Flaggen:
Rhône-Alpes
2010, 10 EURO
Ag900, 10 g, Ø 29 mm
Ⓓ Joaquin Jimenez
Stgl.: 350.000 Ex. € 30,00

LU-G483
Chinesisches Jahr des Hasen (2011)
2010, 5 EURO
Ag900, 22,2 g, Ø 37 mm
Stgl.: 10.000 Ex. € 55,00

LU-G484
Chinesisches Jahr des Hasen (2011)
2010, 50 EURO
Au920, 8,45 g, Ø 22 mm
PP: 500 Ex. € 770,00

LU-G485
Europäische Entdecker –
Jacques Cartier
2011, 10 EURO
Ag900, 22,2 g, Ø 37 mm
PP: 30.000 Ex. € 65,00
(sowie im Kursmünzensatz
LU-AK2 2011)

LU-G486
Europäische Entdecker –
Jacques Cartier
2011, 50 EURO
Au920, 8,45 g, Ø 22 mm
PP: 3.000 Ex. € 770,00

LU-G487
Europäische Entdecker –
Jacques Cartier
2011, 200 EURO
Au999, 31,1 g, Ø 37 mm
PP: 500 Ex. € 3.100,00

LU-G488
Europäische Entdecker –
Jacques Cartier
2011, 500 EURO
Au999, 155,5 g, Ø 50 mm
PP: 99 Ex. € 17.900,00

LU-G489

LU-G493

LU-G490

LU-G494

LU-G491

LU-G495

LU-G492

LU-G496

LU-G489
Europäische Entdecker – Jacques Cartier
2011, 1.000 EURO
Au999, 311 g, Ø 65 mm
PP: 39 Ex. € 32.650,00

LU-G490
Säerin 2011 – 10 Jahrestag der Ausgabe der Starterkits
2011, 5 EURO
Au999, 1,244 g, Ø 13,9 mm
PP: 10.000 Ex. € 150,00

LU-G491
Säerin 2011 – 10 Jahrestag der Ausgabe der Starterkits
2011, 10 EURO
Ag900, 22,2 g, Ø 37 mm
PP: 10.000 Ex. € 65,00

LU-G492
Säerin 2011 – 10 Jahrestag der Ausgabe der Starterkits
2011, 50 EURO
Au920, 8,45 g, Ø 22 mm
PP: 3.000 Ex. € 785,00

LU-G493
Säerin 2011 – 10 Jahrestag der Ausgabe der Starterkits
2011, 100 EURO
Au920, 17 g, Ø 31 mm
PP: 500 Ex. € 1.540,00

LU-G494
Säerin 2011 – 10 Jahrestag der Ausgabe der Starterkits
2011, 250 EURO
Au999, 62,2 g, Ø 37 mm
PP: 500 Ex. € 11.200,00

LU-G495
Olympische Winterspiele 2014, Sotschi – Eiskunstlauf
2011, 10 EURO
Ag900, 22,2 g, Ø 37 mm
PP: 10.000 Ex. € 75,00

LU-G496
Olympische Winterspiele 2014, Sotschi – Eiskunstlauf
2011, 50 EURO
Au920, 8,45 g, Ø 22 mm
PP: 1.000 Ex. € 785,00

LU-G497

LU-G501

LU-G498

LU-G502

LU-G499

LU-G503

LU-G500

LU-G504

LU-G497
UNESCO-Weltkulturerbe – Schloss von Versailles
2011, 5 EURO
Au999, 0,5 g, Ø 11 mm
PP: 20.000 Ex. € 90,00

LU-G498
UNESCO-Weltkulturerbe – Schloss von Versailles
2011, 10 EURO
Ag900, 22,2 g, Ø 37 mm
PP: 20.000 Ex. € 65,00

LU-G499
UNESCO-Weltkulturerbe – Schloss von Versailles
2011, 50 EURO
Au920, 8,45 g, Ø 22 mm
PP: 1.000 Ex. € 790,00

LU-G500
UNESCO-Weltkulturerbe – Schloss von Versailles
2011, 500 EURO
Au999, 155,5 g, Ø 50 mm
PP: 99 Ex. € 19.000,00

LU-G501
UNESCO-Weltkulturerbe – Schloss von Versailles
2011, 5.000 EURO
Au999, 1 kg, Ø 85 mm
PP: 29 Ex. € 149.000,00

LU-G502
Regionen (I), Flaggen: Mayotte
2011, 10 EURO
Ag900, 10 g, Ø 29 mm
Ⓓ Joaquin Jimenez
Stgl.: 50.000 Ex. € 48,00

LU-G503
Maler der Moderne – Wassily Kandinsky
2011, 10 EURO
Ag900, 15 g, 30 x 21 mm
PP: 10.000 Ex. € 80,00

LU-G504
Maler der Moderne – Wassily Kandinsky
2011, 100 EURO
Au920, 17 g, 30 x 21 mm
PP: 500 Ex. € 1.420,00

LU-G505

LU-G509

LU-G506

LU-G510

LU-G507

LU-G511

LU-G508

LU-G512

LU-G505
Maler der Moderne – Wassily Kandinsky
2011, 500 EURO
Au999, 155,5 g, 53 x 37 mm
PP: 99 Ex. € 16.060,00

LU-G506
Französische Eisenbahnen und Bahnhöfe – Bahnhof von Metz, TGV und ICE
2011, 10 EURO
Ag900, 22,2 g, Ø 37 mm
PP: 10.000 Ex. € 70,00

LU-G507
Französische Eisenbahnen und Bahnhöfe – Bahnhof von Metz, TGV und ICE
2011, 20 EURO
Ag900, 44,4 g, Ø 37 mm
PP: 1.000 Ex. € 140,00

LU-G508
Französische Eisenbahnen und Bahnhöfe – Bahnhof von Metz, TGV und ICE
2011, 50 EURO
Ag950, 163,8 g, Ø 50 mm
PP: 500 Ex. € 580,00

LU-G509
Französische Eisenbahnen und Bahnhöfe – Bahnhof von Metz, TGV und ICE
2011, 50 EURO
Au920, 8,45 g, Ø 22 mm
PP: 1.000 Ex. € 785,00

LU-G510
Französische Eisenbahnen und Bahnhöfe – Bahnhof von Metz, TGV und ICE
2011, 200 EURO
Au999, 31,1 g, Ø 37 mm
PP: 500 Ex. € 3.000,00

LU-G511
1500 Jahre französische Geschichte – Chlodwig I.
2011, 10 EURO
Ag900, 22,2 g, Ø 37 mm
Ⓓ Christian Lacroix
PP: 20.000 Ex. € 75,00

LU-G512
1500 Jahre französische Geschichte – Chlodwig I.
2011, 50 EURO
Au920, 8,45 g, Ø 22 mm
Ⓓ Christian Lacroix
PP: 1.500 Ex. € 785,00

LU-G513

LU-G514

LU-G515

LU-G516

LU-G517

LU-G518

LU-G519

LU-G520

LU-G513
30 Jahre Musikfestspiele
2011, 2 EURO
Ⓓ Luc Luycx und Fabienne Courtiade

Stgl.:	10.000.000 Ex.	€ 6,00
Blister:	20.000 Ex.	€ 26,00
PP:	10.000 Ex.	€ 44,00

LU-G514
Europa-Serie 2011 –
30 Jahre Musikfestspiele
2011, 5 EURO
Au999, 0,5 g, Ø 11 mm
Ⓓ Fabienne Courtiade

PP:	20.000 Ex.	€ 135,00

LU-G515
Europa-Serie 2011 –
30 Jahre Musikfestspiele
2011, 10 EURO
Ag900, 22,2 g, Ø 37 mm
Ⓓ Fabienne Courtiade

PP:	10.000 Ex.	€ 65,00

LU-G516
Europa-Serie 2011 –
30 Jahre Musikfestspiele
2011, 50 EURO
Au920, 8,45 g, Ø 22 mm
Ⓓ Fabienne Courtiade

PP:	3.000 Ex.	€ 850,00

LU-G517
Europa-Serie 2011 –
30 Jahre Musikfestspiele
2011, 200 EURO
Au999, 31,1 g, Ø 37 mm
Ⓓ Fabienne Courtiade

PP:	500 Ex.	€ 3.100,00

LU-G518
Europa-Serie 2011 –
30 Jahre Musikfestspiele
2011, 1.000 EURO
Au999, 311 g, Ø 65 mm
Ⓓ Fabienne Courtiade

PP:	39 Ex.	€ 32.590,00

LU-G519
50 Jahre WWF – Korallenmöwe
2011, 10 EURO
Ag900, 22,2 g, Ø 37 mm

PP:	20.000 Ex.	€ 80,00

LU-G520
50 Jahre WWF – Korallenmöwe
2011, 50 EURO
Au920, 8,45 g, Ø 22 mm

PP:	1.000 Ex.	€ 785,00

LU-G521

LU-G525

LU-G522

LU-G526

LU-G523

LU-G527

LU-G524

LU-G528

LU-G521
50 Jahre WWF – Korallenmöwe
2011, 200 EURO
Au999, 31,1 g, Ø 37 mm
PP: 500 Ex. € 4.320,00

LU-G522
1500 Jahre französische Geschichte – Karl der Große
2011, 10 EURO
Ag900, 22,2 g, Ø 37 mm
Ⓓ Christian Lacroix
PP: 20.000 Ex. € 70,00

LU-G523
1500 Jahre französische Geschichte – Karl der Große
2011, 50 EURO
Au920, 8,45 g, Ø 22 mm
Ⓓ Christian Lacroix
PP: 1.500 Ex. € 785,00

LU-G524
1500 Jahre französische Geschichte – Karl der Kahle
2011, 10 EURO
Ag900, 22,2 g, Ø 37 mm
Ⓓ Christian Lacroix
PP: 20.000 Ex. € 65,00

LU-G525
1500 Jahre französische Geschichte – Karl der Kahle
2011, 50 EURO
Au920, 8,45 g, Ø 22 mm
Ⓓ Christian Lacroix
PP: 1.500 Ex. € 785,00

LU-G526
Gold- und Silber-Euro – Herkules
2011, 100 EURO
Ag900, 50 g, Ø 47 mm
Ⓓ Joaquin Jimenez
Stgl.: 50.000 Ex. € 230,00

LU-G527
Gold- und Silber-Euro – Herkules
2011, 1.000 EURO
Au999, 20 g, Ø 39 mm
Ⓓ Joaquin Jimenez
Stgl.: 10.000 Ex. € 2.000,00

Bisherige Ausgaben zur Serie „Gold- und Silber-Euro – Herkules": LU-G526 bis LU-G527, LU-G602 bis LU-G605, LU-G726 bis LU-G729

LU-G528
Maler der Moderne – Andy Warhol
2011, 10 EURO
Ag900, 22,2 g, Ø 37 mm
PP: 10.000 Ex. € 100,00

LU-G529

LU-G530

LU-G531

LU-G532

LU-G533

LU-G534

LU-G535

LU-G536

LU-G529
Maler der Moderne – Andy Warhol
2011, 100 EURO
Au920, 17 g, Ø 31 mm
PP: 500 Ex. € 2.040,00

LU-G530
Maler der Moderne – Andy Warhol
2011, 500 EURO
Au999, 155,5 g, 37 x 53 mm
PP: 99 Ex. € 20.080,00

LU-G531
Maler der Moderne – Andy Warhol
2011, 5.000 EURO
Au999, 1 kg, 63 x 90 mm
PP: 29 Ex. € 165.000,00

LU-G532
Regionen (II), Denkmäler:
Aquitanien
2011, 10 EURO
Ag500, 10 g, Ø 29 mm
Ⓓ Joaquin Jimenez
Stgl.: 150.000 Ex. € 20,00

LU-G533
Regionen (II), Denkmäler:
Auvergne
2011, 10 EURO
Ag500, 10 g, Ø 29 mm
Ⓓ Joaquin Jimenez
Stgl.: 80.000 Ex. € 20,00

LU-G534
Regionen (II), Denkmäler:
Basse-Normandie
2011, 10 EURO
Ag500, 10 g, Ø 29 mm
Ⓓ Joaquin Jimenez
Stgl.: 100.000 Ex. € 20,00

LU-G535
Regionen (II), Denkmäler:
Bretagne
2011, 10 EURO
Ag500, 10 g, Ø 29 mm
Ⓓ Joaquin Jimenez
Stgl.: 150.000 Ex. € 20,00

LU-G536
Regionen (II), Denkmäler:
Burgund
2011, 10 EURO
Ag500, 10 g, Ø 29 mm
Ⓓ Joaquin Jimenez
Stgl.: 80.000 Ex. € 20,00

LU-G537

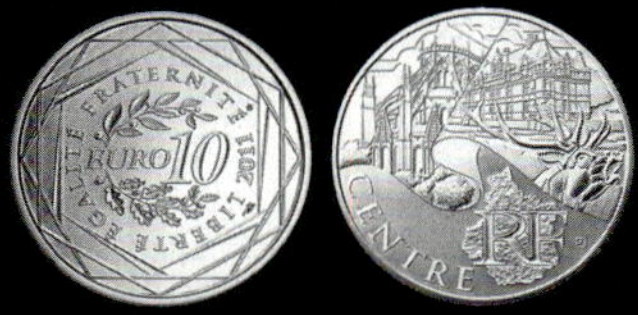

LU-G541

LU-G538

LU-G542

LU-G539

LU-G543

LU-G540

LU-G544

LU-G537
Regionen (II), Denkmäler:
Centre
2011, 10 EURO
Ag500, 10 g, Ø 29 mm
Ⓓ Joaquin Jimenez
Stgl.: 80.000 Ex. € 20,00

LU-G538
Regionen (II), Denkmäler:
Champagne-Ardenne
2011, 10 EURO
Ag500, 10 g, Ø 29 mm
Ⓓ Joaquin Jimenez
Stgl.: 50.000 Ex. € 20,00

LU-G539
Regionen (II), Denkmäler:
Elsass
2011, 10 EURO
Ag500, 10 g, Ø 29 mm
Ⓓ Joaquin Jimenez
Stgl.: 100.000 Ex. € 20,00

LU-G540
Regionen (II), Denkmäler:
Franche-Comté
2011, 10 EURO
Ag500, 10 g, Ø 29 mm
Ⓓ Joaquin Jimenez
Stgl.: 80.000 Ex. € 20,00

LU-G541
Regionen (II), Denkmäler:
Französisch-Guayana
2011, 10 EURO
Ag500, 10 g, Ø 29 mm
Ⓓ Joaquin Jimenez
Stgl.: 50.000 Ex. € 20,00

LU-G542
Regionen (II), Denkmäler:
Guadeloupe
2011, 10 EURO
Ag500, 10 g, Ø 29 mm
Ⓓ Joaquin Jimenez
Stgl.: 50.000 Ex. € 20,00

LU-G543
Regionen (II), Denkmäler:
Haute-Normandie
2011, 10 EURO
Ag500, 10 g, Ø 29 mm
Ⓓ Joaquin Jimenez
Stgl.: 80.000 Ex. € 20,00

LU-G544
Regionen (II), Denkmäler:
Île-de-France
2011, 10 EURO
Ag500, 10 g, Ø 29 mm
Ⓓ Joaquin Jimenez
Stgl.: 310.000 Ex. € 20,00

LU-G545
Regionen (II), Denkmäler:
Korsika
2011, 10 EURO
Ag500, 10 g, Ø 29 mm
Ⓓ Joaquin Jimenez
Stgl.: 80.000 Ex. € 20,00

LU-G546
Regionen (II), Denkmäler:
Languedoc-Roussillon
2011, 10 EURO
Ag500, 10 g, Ø 29 mm
Ⓓ Joaquin Jimenez
Stgl.: 120.000 Ex. € 20,00

LU-G547
Regionen (II), Denkmäler:
Limousin
2011, 10 EURO
Ag500, 10 g, Ø 29 mm
Ⓓ Joaquin Jimenez
Stgl.: 80.000 Ex. € 20,00

LU-G548
Regionen (II), Denkmäler:
Lothringen
2011, 10 EURO
Ag500, 10 g, Ø 29 mm
Ⓓ Joaquin Jimenez
Stgl.: 100.000 Ex. € 20,00

LU-G549
Regionen (II), Denkmäler:
Martinique
2011, 10 EURO
Ag500, 10 g, Ø 29 mm
Ⓓ Joaquin Jimenez
Stgl.: 50.000 Ex. € 20,00

LU-G550
Regionen (II), Denkmäler:
Mayotte
2011, 10 EURO
Ag500, 10 g, Ø 29 mm
Ⓓ Joaquin Jimenez
Stgl.: 50.000 Ex. € 20,00

LU-G551
Regionen (II), Denkmäler:
Midi-Pyrénées
2011, 10 EURO
Ag500, 10 g, Ø 29 mm
Ⓓ Joaquin Jimenez
Stgl.: 120.000 Ex. € 20,00

LU-G552
Regionen (II), Denkmäler:
Nord-Pas-de-Calais
2011, 10 EURO
Ag500, 10 g, Ø 29 mm
Ⓓ Joaquin Jimenez
Stgl.: 180.000 Ex. € 20,00

LU-G553

LU-G557

LU-G554

LU-G558

LU-G555

LU-G559

LU-G556

LU-G560

LU-G553
Regionen (II), Denkmäler:
Pays de la Loire
2011, 10 EURO
Ag500, 10 g, Ø 29 mm
Ⓓ Joaquin Jimenez
Stgl.: 150.000 Ex. € 20,00

LU-G554
Regionen (II), Denkmäler:
Picardie
2011, 10 EURO
Ag500, 10 g, Ø 29 mm
Ⓓ Joaquin Jimenez
Stgl.: 100.000 Ex. € 20,00

LU-G555
Regionen (II), Denkmäler:
Poitou-Charentes
2011, 10 EURO
Ag500, 10 g, Ø 29 mm
Ⓓ Joaquin Jimenez
Stgl.: 100.000 Ex. € 20,00

LU-G556
Regionen (II), Denkmäler:
Provence-Alpes-Côte d'Azur
2011, 10 EURO
Ag500, 10 g, Ø 29 mm
Ⓓ Joaquin Jimenez
Stgl.: 220.000 Ex. € 20,00

LU-G557
Regionen (II), Denkmäler:
Réunion
2011, 10 EURO
Ag500, 10 g, Ø 29 mm
Ⓓ Joaquin Jimenez
Stgl.: 70.000 Ex. € 20,00

LU-G558
Regionen (II), Denkmäler:
Rhône-Alpes
2011, 10 EURO
Ag500, 10 g, Ø 29 mm
Ⓓ Joaquin Jimenez
Stgl.: 220.000 Ex. € 20,00

LU-G559
Regionen (II)
2011, 200 EURO
Au999, 4 g, Ø 21 mm
Ⓓ Joaquin Jimenez
Stgl.: 50.000 Ex. € 420,00

LU-G560
Romanfiguren – Corsette
(aus „Die Elenden" von Victor Hugo)
2011, 10 EURO
Ag900, 22,2 g, Ø 37 mm
Ⓓ Joaquin Jimenez
PP: 10.000 Ex. € 95,00

LU-G561

LU-G562

LU-G563

LU-G564

LU-G565

LU-G566

LU-G567

LU-568

LU-G561
Romanfiguren – Corsette
(aus „Die Elenden" von Victor Hugo)
2011, 50 EURO
Au920, 8,45 g, Ø 22 mm
Ⓓ Joaquin Jimenez
PP: 3.000 Ex. € 785,00

LU-G562
Romanfiguren – Nana
(aus „Nana" von Émile Zola)
2011, 10 EURO
Ag900, 22,2 g, Ø 37 mm
Ⓓ Joaquin Jimenez
PP: 5.000 Ex. € 160,00

LU-G563
Romanfiguren – Nana
(aus „Nana" von Émile Zola)
2011, 50 EURO
Au920, 8,45 g, Ø 22 mm
Ⓓ Joaquin Jimenez
PP: 1.000 Ex. € 785,00

LU-G564
Romanfiguren – Meursault
(aus „Der Fremde" von Albert Camus)
2011, 10 EURO
Ag900, 22,2 g, Ø 37 mm
Ⓓ Joaquin Jimenez
PP: 5.000 Ex. € 100,00

LU-G565
Romanfiguren – Meursault
(aus „Der Fremde" von Albert Camus)
2011, 50 EURO
Au920, 8,45 g, Ø 22 mm
Ⓓ Joaquin Jimenez
PP: 1.000 Ex. € 785,00

LU-G566
Comic-Helden – „XIII"
2011, 10 EURO
Ag900, 22,2 g, Ø 37 mm
PP: 10.000 Ex. € 95,00

LU-G567
Comic-Helden – „XIII"
2011, 50 EURO
Au920, 8,45 g, Ø 22 mm
PP: 1.000 Ex. € 785,00

LU-G568
Comic-Helden – „XIII"
2011, 100 EURO
Ag950, 327,6 g, Ø 75 mm
PP: 500 Ex. € 1.200,00

LU-G569

LU-G570

LU-G571

LU-G572

LU-G573

LU-G574

LU-G575

LU-G576

LU-G569
Französische Sportvereine – Olympique Marseille
2011, 1½ EURO
CuAlNi, 11 g, Ø 30 mm
(Blisterverpackung)
Stgl.: 25.000 Ex. € 11,50

LU-G570
Französische Sportvereine – Racing Métro 92
2011, 10 EURO
Ag900, 22,2 g, Ø 37 mm
PP: 5.000 Ex. € 95,00

LU-G571
Französische Sportvereine – Racing Métro 92
2011, 50 EURO
Au920, 8,45 g, Ø 22 mm
PP: 500 Ex. € 1.200,00

LU-G572
Chinesisches Jahr des Drachen (2012)
2011, 10 EURO
Ag900, 22,2 g, Ø 37 mm
PP: 10.000 Ex. € 65,00

LU-G573
Chinesisches Jahr des Drachen (2012)
2011, 50 EURO
Au920, 8,45 g, Ø 22 mm
PP: 1.000 Ex. € 770,00

LU-G574
Chinesisches Jahr des Drachen (2012)
2011, 200 EURO
Au999, 31,1 g, Ø 37 mm
PP: 500 Ex. € 3.000,00

LU-G575
Chinesisches Jahr des Drachen (2012)
2011, 500 EURO
Au999, 155,5 g, Ø 50 mm
PP: 99 Ex. € 17.570,00

LU-G576
10. Jahrestag der Einführung der Euro-Münzen und -Banknoten
2012, 2 EURO
Ⓓ Luc Luycx und Helmut Andexlinger
Stgl.: 10.000.000 Ex. € 6,00
Blister: 10.000 Ex. € 32,00
PP: 10.000 Ex. € 50,00

LU-G577

LU-G578

LU-G579

LU-G580

LU-G581

LU-G582

LU-G583

LU-G584

LU-G577
Säerin 2012 –
10. Jahrestag der Einführung der Euro-Münzen und -Banknoten
2012, 5 EURO
Au999, 0,5 g, Ø 11 mm
Ⓓ Helmut Andexlinger
PP: 10.000 Ex. € 100,00

LU-G578
Säerin 2012 –
10. Jahrestag der Einführung der Euro-Münzen und -Banknoten
2012, 10 EURO
Ag900, 22,2 g, Ø 37 mm
Ⓓ Helmut Andexlinger
PP: 15.000 Ex. € 100,00

LU-G579
Säerin 2012 –
10. Jahrestag der Einführung der Euro-Münzen und -Banknoten
2012, 50 EURO
Au920, 8,45 g, Ø 22 mm
Ⓓ Helmut Andexlinger
PP: 1.000 Ex. € 760,00

LU-G580
Säerin 2012 –
10. Jahrestag der Einführung der Euro-Münzen und -Banknoten
2012, 100 EURO
Au920, 17 g, Ø 31 mm
Ⓓ Helmut Andexlinger
PP: 500 Ex. € 1.500,00

LU-G581
Säerin 2012 –
10. Jahrestag der Einführung der Euro-Münzen und -Banknoten
2012, 250 EURO
Au999, 62,2 g, Ø 37 mm
Ⓓ Helmut Andexlinger
PP: 500 Ex. € 6.170,00

LU-G582
Europa-Serie 2012 –
Deutsch-französische Freundschaft:
20. Jahrestag der Gründung des Eurokorps
2012, 5 EURO
Au999, 0,5 g, Ø 11 mm
PP: 10.000 Ex. € 100,00

LU-G583
Europa-Serie 2012 –
Deutsch-französische Freundschaft:
20. Jahrestag der Gründung des Eurokorps
2012, 10 EURO
Ag900, 22,2 g, Ø 37 mm
PP: 10.000 Ex. € 130,00

LU-G584
Europa-Serie 2012 –
Deutsch-französische Freundschaft:
20. Jahrestag der Gründung des Eurokorps
2012, 50 EURO
Au920, 8,45 g, Ø 22 mm
PP: 1.500 Ex. € 750,00

LU-G585

LU-G586

LU-G587

LU-G588

LU-G589

LU-G590

LU-G591

LU-G592

LU-G585
Europa-Serie 2012 –
Deutsch-französische Freundschaft:
20. Jahrestag der Gründung
des Eurokorps
2012, 200 EURO
Au999, 31,1 g, Ø 37 mm
PP: 500 Ex. € 3.150,00

LU-G586
Europa-Serie 2012 –
Deutsch-französische Freundschaft:
20. Jahrestag der Gründung
des Eurokorps
2012, 500 EURO
Au999, 155,6 g, Ø 50 mm
PP: 99 Ex. € 17.500,00

LU-G587
Europa-Serie 2012 –
Deutsch-französische Freundschaft:
20. Jahrestag der Gründung
des Eurokorps
2012, 1.000 EURO
Au999, 311 g, Ø 65 mm
PP: 39 Ex. € 30.900,00

LU-G588
1500 Jahre französische Geschichte –
Hugo Capet
2012, 10 EURO
Ag900, 22,2 g, Ø 37 mm
Ⓓ Christian Lacroix
PP: 20.000 Ex. € 85,00

LU-G589
1500 Jahre französische Geschichte –
Hugo Capet
2012, 50 EURO
Au920, 8,45 g, Ø 22 mm
Ⓓ Christian Lacroix
PP: 1.500 Ex. € 750,00

LU-G590
1500 Jahre französische Geschichte –
Philipp II. August
2012, 10 EURO
Ag900, 22,2 g, Ø 37 mm
Ⓓ Christian Lacroix
PP: 20.000 Ex. € 75,00

LU-G591
1500 Jahre französische Geschichte –
Philipp II. August
2012, 50 EURO
Au920, 8,45 g, Ø 22 mm
Ⓓ Christian Lacroix
PP: 1.500 Ex. € 750,00

LU-G592
1500 Jahre französische Geschichte –
Ludwig IX.
2012, 10 EURO
Ag900, 22,2 g, Ø 37 mm
Ⓓ Christian Lacroix
PP: 20.000 Ex. € 75,00

LU-G593

LU-G594

LU-G595

LU-G596

LU-G597

LU-G598

LU-G599

LU-G600

LU-G593
1500 Jahre französische Geschichte – Ludwig IX.
2012, 50 EURO
Au920, 8,45 g, Ø 22 mm
Ⓓ Christian Lacroix
PP: 1.500 Ex. € 750,00

LU-G594
Olympische Sommerspiele 2012, London – Judo
2012, 10 EURO
Ag900, 22,2 g, Ø 37 mm
PP: 20.000 Ex. € 75,00

LU-G595
Olympische Sommerspiele 2012, London – Judo
2012, 50 EURO
Au920, 8,45 g, Ø 22 mm
PP: 1.000 Ex. € 750,00

LU-G596
Olympische Sommerspiele 2012, London – Judo
2012, 200 EURO
Au999, 31,1 g, Ø 37 mm
PP: 500 Ex. € 3.000,00

LU-G597
Französische Eisenbahnen und Bahnhöfe – Bahnhof Lyon-Saint-Exupéry, TGV Sud-Est und Duplex
2012, 10 EURO
Ag900, 22,2 g, Ø 37 mm
PP: 5.000 Ex. € 75,00

LU-G598
Französische Eisenbahnen und Bahnhöfe – Bahnhof Lyon-Saint-Exupéry, TGV Sud-Est und Duplex
2012, 20 EURO
Ag900, 44,4 g, Ø 37 mm
PP: 1.000 Ex. € 180,00

LU-G599
Französische Eisenbahnen und Bahnhöfe – Bahnhof Lyon-Saint-Exupéry, TGV Sud-Est und Duplex
2012, 50 EURO
Ag950, 163,8 g, Ø 50 mm
PP: 500 Ex. € 720,00

LU-G600
Französische Eisenbahnen und Bahnhöfe – Bahnhof Lyon-Sairt-Exupéry, TGV Sud-Est und Duplex
2012, 50 EURO
Au920, 8,45 g, Ø 22 mm
PP: 1.000 Ex. € 750,00

LU-G601

LU-G602

LU-G603

LU-G604

LU-G605

LU-G606

LU-G607

LU-G608

LU-G601

Französische Eisenbahnen
und Bahnhöfe –
Bahnhof Lyon-Saint-Exupéry,
TGV Sud-Est und Duplex
2012, 200 EURO
Au999, 31,1 g, Ø 37 mm
PP: 500 Ex. € 3.350,00

LU-G602

Gold- und Silber-Euro – Herkules
2012, 10 EURO
Ag500, 10 g, Ø 29 mm
Ⓓ Joaquin Jimenez
Stgl.: 500.000 Ex. € 23,50
PP: 10.000 Ex. € 44,00
(sowie im Kursmünzensatz
LU-AK2 2012)

LU-G603

Gold- und Silber-Euro – Herkules
2012, 100 EURO
Ag900, 50 g, Ø 47 mm
Ⓓ Joaquin Jimenez
Stgl.: 50.000 Ex. € 200,00

LU-G604

Gold- und Silber-Euro – Herkules
2012, 1.000 EURO
Au999, 20 g, Ø 39 mm
Ⓓ Joaquin Jimenez
Stgl.: 10.000 Ex. € 2.000,00

LU-G605

Gold- und Silber-Euro – Herkules
2012, 5.000 EURO
Au999, 75 g, Ø 45 mm
Ⓓ Joaquin Jimenez
Stgl.: 2.000 Ex. € 9.350,00

Bisherige Ausgaben zur Serie „Gold- und Silber-Euro – Herkules": LU-G526 bis LU-G527, LU-G602 bis LU-G605, LU-G726 bis LU-G729

LU-G606

Regionen (III), Persönlichkeiten:
Aquitanien
2012, 10 EURO
Ag500, 10 g, Ø 29 mm
Ⓓ Joaquin Jimenez
Stgl.: 140.000 Ex. € 20,00

LU-G607

Regionen (III), Persönlichkeiten:
Auvergne
2012, 10 EURO
Ag500, 10 g, Ø 29 mm
Ⓓ Joaquin Jimenez
Stgl.: 122.500 Ex. € 20,00

LU-G608

Regionen (III), Persönlichkeiten:
Basse-Normandie
2012, 10 EURO
Ag500, 10 g, Ø 29 mm
Ⓓ Joaquin Jimenez
Stgl.: 70.000 Ex. € 20,00

LU-G609

LU-G610

LU-G611

LU-G612

LU-G613

LU-G614

LU-G615

LU-G616

LU-G609
Regionen (III), Persönlichkeiten: Bretagne
2012, 10 EURO
Ag500, 10 g, Ø 29 mm
Ⓓ Joaquin Jimenez
Stgl.: 140.000 Ex. € 20,00

LU-G610
Regionen (III), Persönlichkeiten: Burgund
2012, 10 EURO
Ag500, 10 g, Ø 29 mm
Ⓓ Joaquin Jimenez
Stgl.: 122.500 Ex. € 20,00

LU-G611
Regionen (III), Persönlichkeiten: Centre
2012, 10 EURO
Ag500, 10 g, Ø 29 mm
Ⓓ Joaquin Jimenez
Stgl.: 140.000 Ex. € 20,00

LU-G612
Regionen (III), Persönlichkeiten: Champagne-Ardenne
2012, 10 EURO
Ag500, 10 g, Ø 29 mm
Ⓓ Joaquin Jimenez
Stgl.: 70.000 Ex. € 20,00

LU-G613
Regionen (III), Persönlichkeiten: Elsass
2012, 10 EURO
Ag500, 10 g, Ø 29 mm
Ⓓ Joaquin Jimenez
Stgl.: 122.500 Ex. € 20,00

LU-G614
Regionen (III), Persönlichkeiten: Franche-Comté
2012, 10 EURO
Ag500, 10 g, Ø 29 mm
Ⓓ Joaquin Jimenez
Stgl.: 70.000 Ex. € 20,00

LU-G615
Regionen (III), Persönlichkeiten: Französisch-Guayana
2012, 10 EURO
Ag500, 10 g, Ø 29 mm
Ⓓ Joaquin Jimenez
Stgl.: 70.000 Ex. € 20,00

LU-G616
Regionen (III), Persönlichkeiten: Guadeloupe
2012, 10 EURO
Ag500, 10 g, Ø 29 mm
Ⓓ Joaquin Jimenez
Stgl.: 70.000 Ex. € 20,00

LU-G617

LU-G621

LU-G618

LU-G622

LU-G619

LU-G623

LU-G620

LU-G624

LU-G617
Regionen (III), Persönlichkeiten:
Haute-Normandie
2012, 10 EURO
Ag500, 10 g, Ø 29 mm
Ⓓ Joaquin Jimenez
Stgl.: 122.500 Ex. € 20,00

LU-G618
Regionen (III), Persönlichkeiten:
Île-de-France
2012, 10 EURO
Ag500, 10 g, Ø 29 mm
Ⓓ Joaquin Jimenez
Stgl.: 420.000 Ex. € 20,00

LU-G619
Regionen (III), Persönlichkeiten:
Korsika
2012, 10 EURO
Ag500, 10 g, Ø 29 mm
Ⓓ Joaquin Jimenez
Stgl.: 122.500 Ex. € 20,00

LU-G620
Regionen (III), Persönlichkeiten:
Languedoc-Roussillon
2012, 10 EURO
Ag500, 10 g, Ø 29 mm
Ⓓ Joaquin Jimenez
Stgl.: 122.500 Ex. € 20,00

LU-G621
Regionen (III), Persönlichkeiten: Limousin
2012, 10 EURO
Ag500, 10 g, Ø 29 mm
Ⓓ Joaquin Jimenez
Stgl.: 70.000 Ex. € 20,00

LU-G622
Regionen (III), Persönlichkeiten:
Lothringen
2012, 10 EURO
Ag500, 10 g, Ø 29 mm
Ⓓ Joaquin Jimenez
Stgl.: 140.000 Ex. € 20,00

LU-G623
Regionen (III), Persönlichkeiten:
Martinique
2012, 10 EURO
Ag500, 10 g, Ø 29 mm
Ⓓ Joaquin Jimenez
Stgl.: 70.000 Ex. € 20,00

LU-G624
Regionen (III), Persönlichkeiten: Mayotte
2012, 10 EURO
Ag500, 10 g, Ø 29 mm
Ⓓ Joaquin Jimenez
Stgl.: 70.000 Ex. € 20,00

LU-G625

LU-G626

LU-G627

LU-G628

LU-G629

LU-G630

LU-G631

LU-G632

LU-G625
Regionen (III), Persönlichkeiten:
Midi-Pyrénées
2012, 10 EURO
Ag500, 10 g, Ø 29 mm
Ⓓ Joaquin Jimenez
Stgl.: 157.500 Ex. € 20,00

LU-G626
Regionen (III), Persönlichkeiten:
Nord-Pas-de-Calais
2012, 10 EURO
Ag500, 10 g, Ø 29 mm
Ⓓ Joaquin Jimenez
Stgl.: 140.000 Ex. € 20,00

LU-G627
Regionen (III), Persönlichkeiten:
Pays de la Loire
2012, 10 EURO
Ag500, 10 g, Ø 29 mm
Ⓓ Joaquin Jimenez
Stgl.: 105.000 Ex. € 20,00

LU-G628
Regionen (III), Persönlichkeiten:
Picardie
2012, 10 EURO
Ag500, 10 g, Ø 29 mm
Ⓓ Joaquin Jimenez
Stgl.: 140.000 Ex. € 20,00

LU-G629
Regionen (III), Persönlichkeiten:
Poitou-Charentes
2012, 10 EURO
Ag500, 10 g, Ø 29 mm
Ⓓ Joaquin Jimenez
Stgl.: 105.000 Ex. € 20,00

LU-G630
Regionen (III), Persönlichkeiten:
Provence-Alpes-Côte d'Azur
2012, 10 EURO
Ag500, 10 g, Ø 29 mm
Ⓓ Joaquin Jimenez
Stgl.: 227.500 Ex. € 20,00

LU-G631
Regionen (III), Persönlichkeiten:
Réunion
2012, 10 EURO
Ag500, 10 g, Ø 29 mm
Ⓓ Joaquin Jimenez
Stgl.: 105.000 Ex. € 20,00

LU-G632
Regionen (III), Persönlichkeiten:
Rhône-Alpes
2012, 10 EURO
Ag500, 10 g, Ø 29 mm
Ⓓ Joaquin Jimenez
Stgl.: 245.000 Ex. € 20,00

LU-G633

LU-G634

LU-G635

LU-G636

LU-G637

LU-G638

LU-G639

LU-G640

LU-G633
Regionen (III)
2012, 200 EURO
Au999, 4 g, Ø 21 mm
Ⓓ Joaquin Jimenez

Stgl.:	50.000 Ex.	€ 415,00

LU-G634
100. Geburtstag von Abbé Pierre
2012, 2 EURO
Ⓓ Luc Luycx und Joaquin Jimenez

Stgl.:	1.000.000 Ex.	€ 9,00
Blister:	10.000 Ex.	€ 29,00
PP:	10.000 Ex.	€ 55,00

LU-G635
100. Geburtstag von Abbé Pierre
2012, 5 EURO
Au999, 1,244 g, Ø 13,9 mm

PP:	10.000 Ex.	€ 140,00

LU-G636
100. Geburtstag von Abbé Pierre
2012, 10 EURO
Ag900, 22,2 g, Ø 37 mm

PP:	10.000 Ex.	€ 100,00

LU-G637
100. Geburtstag von Abbé Pierre
2012, 50 EURO
Au920, 8,45 g, Ø 22 mm

PP:	1.000 Ex.	€ 750,00

LU-G638
100. Geburtstag von Abbé Pierre
2012, 200 EURO
Au999, 31,1 g, Ø 37 mm

PP:	500 Ex.	€ 3.150,00

LU-G639
100. Geburtstag von Abbé Pierre
2012, 500 EURO
Au999, 155,5 g, Ø 50 mm

PP:	99 Ex.	€ 15.500,00

LU-G640
Französische Schiffe –
Fregatte „Hermione“
2012, 10 EURO
Ag900, 22,2 g, Ø 37 mm

PP:	10.000 Ex.	€ 75,00

LU-G641

LU-G642

LU-G643

LU-G644

LU-G645

LU-G646

LU-G647

LU-G648

LU-G641
Französische Schiffe –
Fregatte „Hermione“
2012, 50 EURO
Ag950, 163,8 g, Ø 50 mm
PP: 500 Ex. € 670,00

LU-G642
Französische Schiffe –
Fregatte „Hermione“
2012, 50 EURO
Au920, 8,45 g, Ø 22 mm
PP: 1.500 Ex. € 750,00

LU-G643
Französische Schiffe –
Kreuzer „Jeanne d'Arc“
2012, 10 EURO
Ag900, 22,2 g, Ø 37 mm
PP: 10.000 Ex. € 75,00

LU-G644
Französische Schiffe –
Kreuzer „Jeanne d'Arc“
2012, 50 EURO
Ag950, 163,8 g, Ø 50 mm
PP: 500 Ex. € 770,00

LU-G645
Französische Schiffe –
Kreuzer „Jeanne d'Arc“
2012, 50 EURO
Au920, 8,45 g, Ø 22 mm
PP: 1.500 Ex. € 750,00

LU-G646
Französische Schiffe –
Transatlantik Linienschiff „France“
2012, 10 EURO
Ag900, 22,2 g, Ø 37 mm
PP: 10.000 Ex. € 75,00

LU-G647
Französische Schiffe –
Transatlantik Linienschiff „France“
2012, 50 EURO
Ag950, 163,8 g, Ø 50 mm
PP: 500 Ex. € 680,00

LU-G648
Französische Schiffe –
Transatlantik Linienschiff „France“
2012, 50 EURO
Au920, 8,45 g, Ø 22 mm
PP: 1.500 Ex. € 750,00

LU-G649

LU-G650

LU-G651

LU-G652

LU-G653

LU-G654

LU-G655

LU-G656

LU-G649
UNESCO-Weltkulturerbe –
Tempel von Abu Simbel,
die Sphinx und die Pyramiden
von Kairo, Ägypten
2012, 5 EURO
Au999, 0,5 g, Ø 11 mm
PP: 10.000 Ex. € 95,00

LU-G650
UNESCO-Weltkulturerbe –
Tempel von Abu Simbel,
die Sphinx und die Pyramiden
von Kairo, Ägypten
2012, 10 EURO
Ag900, 22,2 g, Ø 37 mm
PP: 10.000 Ex. € 85,00

LU-G651
UNESCO-Weltkulturerbe –
Tempel von Abu Simbel,
die Sphinx und die Pyramiden
von Kairo, Ägypten
2012, 50 EURO
Ag950, 163,8 g, Ø 50 mm
PP: 500 Ex. € 600,00

LU-G652
UNESCO-Weltkulturerbe –
Tempel von Abu Simbel,
die Sphinx und die Pyramiden
von Kairo, Ägypten
2012, 50 EURO
Au920, 8,45 g, Ø 22 mm
PP: 1.500 Ex. € 750,00

LU-G653
UNESCO-Weltkulturerbe –
Tempel von Abu Simbel,
die Sphinx und die Pyramiden
von Kairo, Ägypten
2012, 500 EURO
Au999, 155,5 g, Ø 50 mm
PP: 99 Ex. € 19.800,00

LU-G654
UNESCO-Weltkulturerbe –
Tempel von Abu Simbel,
die Sphinx und die Pyramiden
von Kairo, Ägypten
2012, 5.000 EURO
Au999, 1 kg, Ø 85 mm
PP: 29 Ex. € 185.000,00

LU-G655
Romanfiguren – Cyrano de Bergerac
(aus „Cyrano de Bergerac“ von
Edmond Rostand)
2012, 10 EURO
Ag900, 22,2 g, Ø 37 mm
Ⓓ Joaquin Jimenez
PP: 5.000 Ex. € 85,00

LU-G656
Romanfiguren – Cyrano de Bergerac
(aus „Cyrano de Bergerac“ von
Edmond Rostand)
2012, 50 EURO
Ⓓ Joaquin Jimenez
Au920, 8,45 g, Ø 22 mm
PP: 1.000 Ex. € 750,00

LU-G657

LU-G658

LU-G659

LU-G660

LU-G661

LU-G662

LU-G663

LU-G664

LU-G657
Romanfiguren – D'Artagnan
(aus „Die drei Musketiere" von Alexandre Dumas)
2012, 10 EURO
Ag900, 22,2 g, Ø 37 mm
Ⓓ Joaquin Jimenez
PP: 5.000 Ex. € 75,00

LU-G658
Romanfiguren – D'Artagnan
(aus „Die drei Musketiere" von Alexandre Dumas)
2012, 50 EURO
Au920, 8,45 g, Ø 22 mm
Ⓓ Joaquin Jimenez
PP: 1.000 Ex. € 750,00

LU-G659
Romanfiguren – „Gestiefelter Kater"
(aus „Der gestiefelte Kater" von Charles Perrault)
2012, 10 EURO
Ag900, 22,2 g, Ø 37 mm
Ⓓ Joaquin Jimenez
PP: 5.000 Ex. € 100,00

LU-G660
Romanfiguren – „Gestiefelter Kater"
(aus „Der gestiefelte Kater" von Charles Perrault)
2012, 50 EURO
Au920, 8,45 g, Ø 22 mm
Ⓓ Joaquin Jimenez
PP: 1.000 Ex. € 820,00

LU-G661
Comic-Helden – Largo Winch
2012, 10 EURO
Ag900, 22,2 g, Ø 37 mm
PP: 5.000 Ex. € 95,00

LU-G662
Comic-Helden – Largo Winch
2012, 50 EURO
Au920, 8,45 g, Ø 22 mm
PP: 500 Ex. € 880,00

LU-G663
Französische Sportvereine – Paris-Saint-Germair
2012, 1½ EURO
CuAlNi, 11 g, Ø 30 mm
(Blisterverpackung)
Stgl.: 25.000 Ex. € 13,00

LU-G664
Französische Sportvereine – Rugby Club Toulonnais
2012, 10 EURO
Ag900, 22,2 g, Ø 37 mm
PP: 5.000 Ex. € 75,00

LU-G665

LU-G666

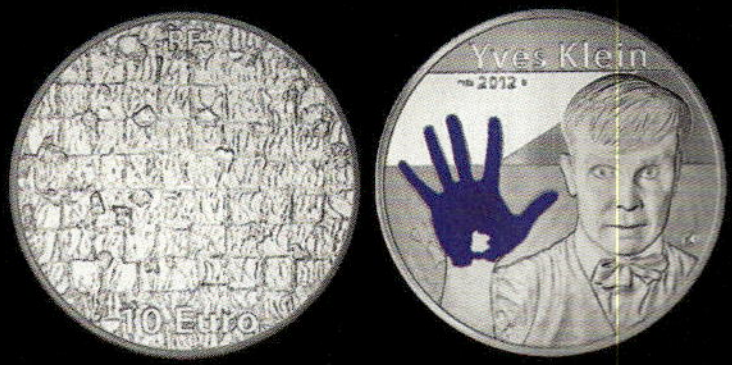

LU-G667

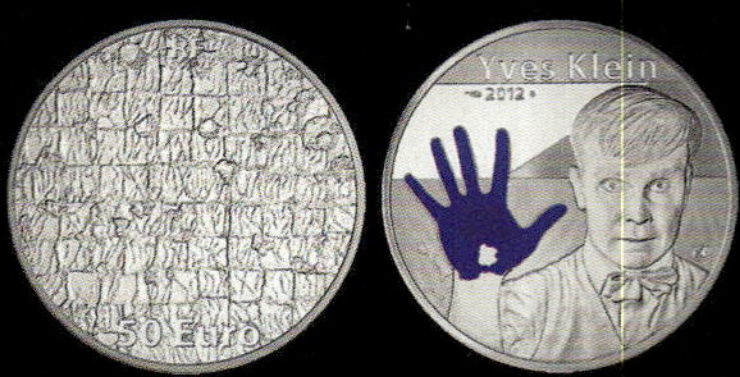

LU-G668

LU-G669

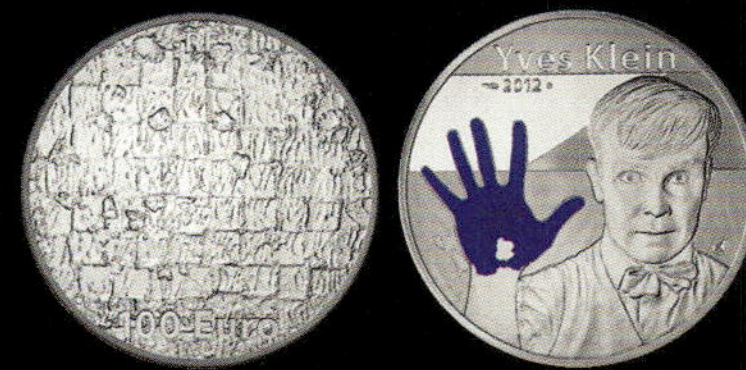

LU-G670

LU-G671

LU-G672

LU-G665
Französische Sportvereine – Rugby Club Toulonnais
2012, 50 EURO
Au920, 8,45 g, Ø 22 mm
PP: 500 Ex. € 810,00

LU-G666
Europäische Maler und Bildhauer – Yves Klein
2012, 10 EURO
Au900, 22,2 g, Ø 37 mm
PP: 30.000 Ex. € 90,00

LU-G667
Europäische Maler und Bildhauer – Yves Klein
2012, 50 EURO,
Ag950, 163,8 g, Ø 50 mm
PP: 500 Ex. € 700,00

LU-G668
Europäische Maler und Bildhauer – Yves Klein
2012, 50 EURO
Au920, 8,45 g, Ø 22 mm
PP: 1.000 Ex. € 750,00

LU-G669
Europäische Maler und Bildhauer – Yves Klein
2012, 100 EURO
Ag950, 327,6 g, Ø 75 mm
PP: 500 Ex. € 1.300,00

LU-G670
Europäische Maler und Bildhauer – Yves Klein
2012, 500 EURO
Au999, 155,5 g, Ø 50 mm
PP: 99 Ex. € 16.300,00

LU-G671
Chinesisches Jahr der Schlange (2013)
2012, 10 EURO
Ag900, 22,2 g, Ø 37 mm
PP: 10.000 Ex. € 80,00

LU-G672
Chinesisches Jahr der Schlange (2013)
2012, 50 EURO
Au920, 8,45 g, Ø 22 mm
PP: 1.000 Ex. € 750,00

LU-G673

LU-G677

LU-G674

LU-G678

LU-G675

LU-G679

LU-G676

LU-G680

LU-G673
Die sieben Künste – Der Tanz, Rudolf Nurejew, Opéra Garnier
2013, 10 EURO
Ag900, 22,2 g, Ø 37 mm
Ⓓ Christian Lacroix
PP: 10.000 Ex. € 85,00

LU-G674
Die sieben Künste – Der Tanz, Rudolf Nurejew, Opéra Garnier
2013, 50 EURO
Au920, 8,45 g, Ø 22 mm
Ⓓ Christian Lacroix
PP: 2.000 Ex. € 775,00

LU-G675
50 Jahre Élysée-Vertrag
2013, 2 EURO
Ⓓ Luc Luycx und Stefanie Lindner
Stgl.: 10.000.000 Ex. € 5,50
Blister: 10.000 Ex. € 33,00
PP: 10.000 Ex. € 40,00

LU-G676
Europa-Serie 2013 – 50 Jahre Élysée-Vertrag
2013, 5 EURO
Au999, 0,5 g, Ø 11 mm
Ⓓ Stefanie Lindner
PP: 10.000 Ex. € 100,00

LU-G677
Europa-Serie 2013 – 50 Jahre Élysée-Vertrag
2013, 10 EURO
Ag900, 22,2 g, Ø 37 mm
Ⓓ Stefanie Lindner
PP: 10.000 Ex. € 70,00

LU-G678
Europa-Serie 2013 – 50 Jahre Élysée-Vertrag
2013, 50 EURO
Au920, 8,45 g, Ø 22 mm
Ⓓ Stefanie Lindner
PP: 1.500 Ex. € 775,00

LU-G679
Europa-Serie 2013 – 50 Jahre Élysée-Vertrag
2013, 200 EURO
Au999, 31,1 g, Ø 37 mm
Ⓓ Stefanie Lindner
PP: 500 Ex. € 3.030,00

LU-G680
Europa-Serie 2013 – 50 Jahre Élysée-Vertrag
2013, 500 EURO
Au999, 155,5 g, Ø 50 mm
Ⓓ Stefanie Lindner
PP: 99 Ex. € 15.620,00

LU-G681

LU-G682

LU-G683

LU-G684

LU-G685

LU-G686

LU-G687

LU-G688

LU-G681
Olympische Winterspiele 2014, Sotschi – Snowboarding
2013, 10 EURO
Ag900, 22,2 g, Ø 37 mm
PP: 5.000 Ex. € 80,00

LU-G682
Olympische Winterspiele 2014, Sotschi – Snowboarding
2013, 50 EURO
Au920, 8,45 g, Ø 22 mm
PP: 500 Ex. € 775,00

LU-G683
UNESCO-Weltkulturerbe – 850 Jahre Kathedrale Notre-Dame in Paris
2013, 5 EURO
Au999, 0,5 g, Ø 11 mm
PP: 15.000 Ex. € 100,00

LU-G684
UNESCO-Weltkulturerbe – 850 Jahre Kathedrale Notre-Dame in Paris
2013, 10 EURO
Ag900*, 22,2 g, Ø 37 mm
PP: 10.000 Ex. € 110,00
* mit eingesetztem blauem Schmelzglas

LU-G685
UNESCO-Weltkulturerbe – 850 Jahre Kathedrale Notre-Dame in Paris
2013, 50 EURO
Ag950, 163,8 g, Ø 50 mm
PP: 850 Ex. € 850,00

LU-G686
UNESCO-Weltkulturerbe – 850 Jahre Kathedrale Notre-Dame in Paris
2013, 50 EURO
Au920, 8,45 g, Ø 22 mm
PP: 1.000 Ex. € 790,00

LU-G687
UNESCO-Weltkulturerbe – 850 Jahre Kathedrale Notre-Dame in Paris
2013, 200 EURO
Au999, 31,1 g, Ø 37 mm
PP: 500 Ex. € 3.060,00

LU-G688
UNESCO-Weltkulturerbe – 850 Jahre Kathedrale Notre-Dame in Paris
2013, 5.000 EURO
Au999, 1 kg, Ø 85 mm
PP: 29 Ex. € 145.000,00

LU-G689

LU-G690

LU-G691

LU-G692

LU-G693

LU-G694

LU-G695

LU-G696

LU-G689
Säerin 2013 –
„MétaLmorphoses" Projekt und
40 Jahre Münze in Pessac
2013, 10 EURO
Ag900, 22,2 g, Ø 37 mm
Ⓓ Joaquin Jimenez
PP: 10.000 Ex. € 75,00

LU-G690
Säerin 2013 –
„MétaLmorphoses" Projekt und
40 Jahre Münze in Pessac
2013, 50 EURO
Au920, 8,45 g, Ø 22 mm
Ⓓ Joaquin Jimenez
PP: 1.000 Ex. € 790,00

LU-G691
Säerin 2013 –
„MétaLmorphoses" Projekt und
40 Jahre Münze in Pessac
2013, 100 EURO
Au920, 17 g, Ø 31 mm
Ⓓ Joaquin Jimenez
PP: 500 Ex. € 1.580,00
(sowie im Kursmünzensatz
LU-AK2 2013/II)

LU-G692
100. Radrennen „Tour de France"
2013, 5 EURO
Au999, 0,5 g, Ø 11 mm
Ⓓ Joaquin Jimenez
PP: 15.000 Ex. € 100,00

LU-G693
100. Radrennen „Tour de France" –
Gelbes Trikot (Gesamtwertung)
2013, 10 EURO
Ag900, 22,2 g, Ø 37 mm
Ⓓ Joaquin Jimenez
PP: 20.000 Ex. € 85,00

LU-G694
100. Radrennen „Tour de France" –
Grünes Trikot (Punktewertung)
2013, 10 EURO
Ag900, 22,2 g, Ø 37 mm
Ⓓ Joaquin Jimenez
PP: 10.000 Ex. € 85,00

LU-G695
100. Radrennen „Tour de France" –
Weißes Trikot (Nachwuchswertung)
2013, 10 EURO
Ag900, 22,2 g, Ø 37 mm
Ⓓ Joaquin Jimenez
PP: 10.000 Ex. € 95,00

LU-G696
100. Radrennen „Tour de France" –
Gepunktetes Trikot (Bergwertung)
2013, 10 EURO
Ag900, 22,2 g, Ø 37 mm
Ⓓ Joaquin Jimenez
PP: 10.000 Ex. € 85,00

LU-G697

LU-G701

LU-G698

LU-G702

LU-G699

LU-G703

LU-G700

LU-G704

LU-G697

100. Radrennen „Tour de France"
2013, 50 EURO
Au920, 8,45 g, Ø 22 mm
Ⓓ Joaquin Jimenez
PP: 1.500 Ex. € 800,00

LU-G698

100. Radrennen „Tour de France"
2013, 200 EURO
Au999, 31,1 g, Ø 37 mm
Ⓓ Joaquin Jimenez
PP: 500 Ex. € 2.940,00

LU-G699

100. Radrennen „Tour de France"
2013, 500 EURO
Au999, 155,5 g, Ø 50 mm
Ⓓ Joaquin Jimenez
PP: 99 Ex. € 15.200,00

LU-G700

1500 Jahre französische Geschichte – Ludwig XI.
2013, 10 EURO
Ag900, 22,2 g, Ø 37 mm
Ⓓ Christian Lacroix
PP: 10.000 Ex. € 70,00

LU-G701

1500 Jahre französische Geschichte – Ludwig XI.
2013, 50 EURO
Au920, 8,45 g, Ø 22 mm
Ⓓ Christian Lacroix
PP: 1.500 Ex. € 775,00

LU-G702

1500 Jahre französische Geschichte – Franz I.
2013, 10 EURO
Ag900, 22,2 g, Ø 37 mm
Ⓓ Christian Lacroix
PP: 10.000 Ex. € 110,00

LU-G703

1500 Jahre französische Geschichte – Franz I.
2013, 50 EURO
Au920, 8,45 g, Ø 22 mm
Ⓓ Christian Lacroix
PP: 1.500 Ex. € 775,00

LU-G704

1500 Jahre französische Geschichte – Heinrich IV.
2013, 10 EURO
Ag900, 22,2 g, Ø 37 mm
Ⓓ Christian Lacroix
PP: 10.000 Ex. € 80,00

LU-G705

LU-G706

LU-G707

LU-G708

LU-G709

LU-G710

LU-G711

LU-G712

LU-G705
1500 Jahre französische Geschichte – Heinrich IV.
2013, 50 EURO
Au920, 8,45 g, Ø 22 mm
Ⓓ Christian Lacroix
PP: 1.500 Ex. € 760,00

LU-G706
Werte der Republik – Freiheit
2013, 5 EURO
Ag333, 7,3 g, Ø 26 mm
Ⓓ Joaquin Jimenez
Stgl.: 2.000.000 Ex. € 12,00

LU-G707
Werte der Republik (I) – Gleichheit
2013, 5 EURO
Ag333, 7,3 g, Ø 26 mm
Ⓓ Joaquin Jimenez
Stgl.: 2.000.000 Ex. € 12,00

LU-G708
Werte der Republik (I) – Brüderlichkeit
2013, 5 EURO
Ag333, 7,3 g, Ø 26 mm
Ⓓ Joaquin Jimenez
Stgl.: 2.000.000 Ex. € 12,00

LU-G709
Werte der Republik (I) – Gerechtigkeit
2013, 25 EURO
Ag500, 18 g, Ø 33 mm
Ⓓ Joaquin Jimenez
Stgl.: 100.000 Ex. € 55,00

LU-G710
Werte der Republik (I) – Trennung von Kirche und Staat
2013, 25 EURO
Ag500, 18 g, Ø 33 mm
Ⓓ Joaquin Jimenez
Stgl.: 100.000 Ex. € 55,00

LU-G711
Werte der Republik (I) – Respekt
2013, 25 EURO
Ag500, 18 g, Ø 33 mm
Ⓓ Joaquin Jimenez
Stgl.: 100.000 Ex. € 55,00

LU-G712
Werte der Republik (I) – Frieden
2013, 250 EURO
Au999, 3,89 g, Ø 23 mm
Ⓓ Joaquin Jimenez
Stgl.: 500.000 Ex. € 485,00

LU-G713

LU-G717

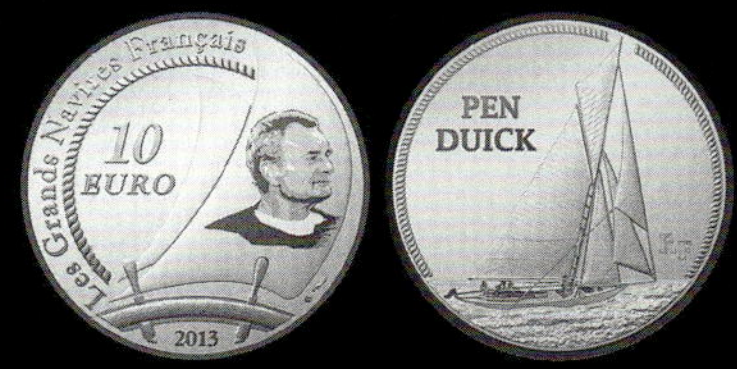

LU-G714

LU-G718

LU-G715

LU-G719

LU-G716

LU-G720

LU-G713
Werte der Republik (I) – Die Republik
2013, 500 EURO
Au999, 7,78 g, Ø 29 mm
Ⓓ Joaquin Jimenez

Stgl.:	25.000 Ex.	€ 900,00

LU-G714
Französische Eisenbahnen und Bahnhöfe – Nordbahnhof (Paris) und Bahnhof St. Pancras (London), Le Shuttle und Eurostar
2013, 10 EURO
Ag900, 22,2 g, Ø 37 mm

PP:	5.000 Ex.	€ 85,00

LU-G715
Französische Eisenbahnen und Bahnhöfe – Nordbahnhof (Paris) und Bahnhof St. Pancras (London), Le Shuttle und Eurostar
2013, 50 EURO
Au920, 8,45 g, Ø 22 mm

PP:	500 Ex.	€ 775,00

LU-G716
150. Geburtstag von Baron Pierre de Coubertin
2013, 2 EURO
Ⓓ Luc Luycx und Joaquin Jimenez

Stgl.:	1.000.000 Ex.	€ 7,00
Blister:	10.000 Ex.	€ 27,00
PP:	10.000 Ex.	€ 47,00

LU-G717
Französische Schiffe – Yacht „Pen Duick"
2013, 10 EURO
Ag900, 22,2 g, Ø 37 mm

PP:	10.000 Ex.	€ 110,00

LU-G718
Französische Schiffe – Yacht „Pen Duick"
2013, 50 EURO
Ag950, 163,8 g, Ø 50 mm

PP:	500 Ex.	€ 1.200,00

LU-G719
Französische Schiffe – Yacht „Pen Duick"
2013, 50 EURO
Au920, 8,45 g, Ø 22 mm

PP:	1.000 Ex.	€ 970,00

LU-G720
Französische Schiffe – Fregatte „Gloire"
2013, 10 EURO
Ag900, 22,2 g, Ø 37 mm

PP:	10.000 Ex.	€ 85,00

LU-G721

LU-G722

LU-G723

LU-G724

LU-G725

LU-G726

LU-G727

LU-G728

LU-G721
Französische Schiffe –
Fregatte „Gloire"
2013, 50 EURO
Ag950, 163,8 g, Ø 50 mm
PP: 500 Ex. € 950,00

LU-G722
Französische Schiffe –
Fregatte „Gloire"
2013, 50 EURO
Au920, 8,45 g, Ø 22 mm
PP: 1.000 Ex. € 1.080,00

LU-G723
Französische Schiffe –
Dampfer „Amazone"
2013, 10 EURO
Ag900, 22,2 g, Ø 37 mm
PP: 10.000 Ex. € 60,00

LU-G724
Französische Schiffe –
Dampfer „Amazone"
2013, 50 EURO
Ag950, 163,8 g, Ø 50 mm
PP: 500 Ex. € 800,00

LU-G725
Französische Schiffe –
Dampfer „Amazone"
2013, 50 EURO
Au920, 8,45 g, Ø 22 mm
PP: 1.000 Ex. € 1.120,00

LU-G726
Gold- und Silber-Euro – Herkules
2013, 10 EURO,
Ag500, 10 g, Ø 29 mm
Ⓓ Joaquin Jimenez
Stgl.: 500.000 Ex. € 23,00
PP: nur aus Kursmünzensatz
LU-AK2 2013/I

LU-G727
Gold- und Silber-Euro – Herkules
2013, 100 EURO
Ag900, 50 g, Ø 47 mm
Ⓓ Joaquin Jimenez
Stgl.: 50.000 Ex. € 200,00

LU-G728
Gold- und Silber-Euro – Herkules
2013, 1.000 EURO
Au999, 17 g, Ø 39 mm
Ⓓ Joaquin Jimenez
Stgl.: 10.000 Ex. € 1.900,00

LU-G729

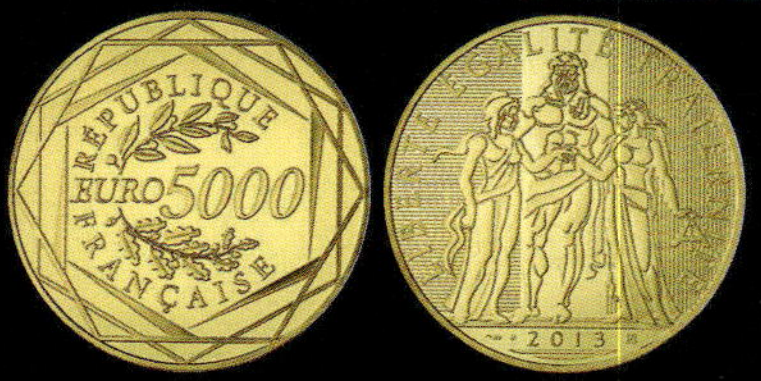

LU-G733

LU-G730

LU-G734

LU-G731

LU-G735

LU-G732

LU-G736

LU-G729
Gold- und Silber-Euro – Herkules
2013, 5.000 EURO
Au999, 75 g, Ø 45 mm
Ⓓ Joaquin Jimenez
Stgl.: 2.000 Ex. € 9.000,00

Bisherige Ausgaben zur Serie „Gold- und Silber-Euro – Herkules": LU-G526 bis LU-G527, LU-G602 bis LU-G605, LU-G726 bis LU-G729

LU-G730
Romanfiguren – Emma
(aus „Madame Bovary"
von Gustave Flaubert)
2013, 10 EURO
Ag900, 22,2 g, Ø 37 mm
Ⓓ Joaquin Jimenez
PP: 5.000 Ex. € 110,00

LU-G731
Romanfiguren – Emma
(aus „Madame Bovary"
von Gustave Flaubert)
2013, 50 EURO
Au920, 8,45 g, Ø 22 mm
Ⓓ Joaquin Jimenez
PP: 500 Ex. € 690,00

LU-G732
Romanfiguren – Odette de Crécy
(aus „Auf der Suche nach der
verlorenen Zeit" von Marcel Proust)
2013, 10 EURO
Ag900, 22,2 g, Ø 37 mm
Ⓓ Joaquin Jimenez
PP: 5.000 Ex. € 70,00

LU-G733
Romanfiguren – Odette de Crécy
(aus „Auf der Suche nach der
verlorenen Zeit" von Marcel Proust)
2013, 50 EURO
Au920, 8,45 g, Ø 22 mm
Ⓓ Joaquin Jimenez
PP: 500 Ex. € 700,00

LU-G734
Romanfiguren – Julien Sorel
(aus „Rot und Schwarz" von
„Stendhal" Marie-Henri Beyle)
2013, 10 EURO
Ag900, 22,2 g, Ø 37 mm
Ⓓ Joaquin Jimenez
PP: 5.000 Ex. € 120,00

LU-G735
Romanfiguren – Julien Sorel
(aus „Rot und Schwarz" von
„Stendhal" Marie-Henri Beyle)
2013, 50 EURO
Au920, 8,45 g, Ø 22 mm
Ⓓ Joaquin Jimenez
PP: 500 Ex. € 750,00

LU-G736
Comic-Helden – Asterix
2013, 10 EURO
Ag900, 22,2 g, Ø 37 mm
PP: 10.000 Ex. € 90,00

LU-G737

LU-G738

LU-G739

LU-G740

LU-G741

LU-G742

LU-G743

LU-G744

LU-G737
Comic-Helden – Asterix
2013, 50 EURO
Au920, 8,45 g, Ø 22 mm
PP: 1.000 Ex. € 880,00

LU-G738
Comic-Helden – Asterix
2013, 100 EURO
Au920, 17 g, Ø 31 mm
PP: 500 Ex. € 1.750,00

LU-G739
Chinesisches Jahr des Pferdes (2014)
2013, 10 EURO
Ag900, 22,2 g, Ø 37 mm
PP: 10.000 Ex. € 80,00

LU-G740
Chinesisches Jahr des Pferdes (2014)
2013, 50 EURO
Au920, 8,45 g, Ø 22 mm
PP: 1.000 Ex. € 730,00

LU-G741
Chinesisches Jahr des Pferdes (2014)
2013, 200 EURO
Au999, 31,1 g, Ø 37 mm
PP: 500 Ex. € 2.870,00

LU-G742
Säerin 2014 – Französische Münzen:
Das Frühmittelalter; Denar von 864
(aus der Regierungszeit Karl des Kahlen)
2014, 5 EURO
Au999, 0,5 g, Ø 11 mm
PP: 10.000 Ex. € 90,00

LU-G743
Säerin 2014 – Französische Münzen:
Das Frühmittelalter; Denar von 864
(aus der Regierungszeit Karl des Kahlen)
2014, 10 EURO
Ag900, 22,2 g, Ø 37 mm
PP: 10.000 Ex. € 70,00

LU-G744
Säerin 2014 – Französische Münzen:
Das Frühmittelalter; Denar von 864
(aus der Regierungszeit Karl des Kahlen)
2014, 50 EURO
Au920, 8,45 g, Ø 22 mm
PP: 1.000 Ex. € 780,00

LU-G745

LU-G746

LU-G747

LU-G748

LU-G749

LU-G750

LU-G751

LU-G752

LU-G745
Säerin 2014 – Französische Münzen: Das Frühmittelalter; Denar von 864 (aus der Regierungszeit Karl des Kahlen)
2014, 100 EURO
Au920, 17 g, Ø 31 mm
PP: 500 Ex. € 1.440,00

LU-G746
Gold- und Silber-Euro – Gallischer Hahn (I)
2014, 10 EURO
Ag333, 17 g, Ø 31 mm
Ⓓ Joaquin Jimenez
Stgl.: 500.000 Ex. € 23,00
PP: 10.000 Ex. € 40,00
(sowie im Kursmünzensatz LU-AK2 2014)

LU-G747
Gold- und Silber-Euro – Gallischer Hahn (I)
2014, 100 EURO
Ag900, 50 g, Ø 47 mm
Ⓓ Joaquin Jimenez
Stgl.: 50.000 Ex. € 220,00

LU-G748
Gold- und Silber-Euro – Gallischer Hahn (I)
2014, 250 EURO
Au999, 4,5 g, Ø 23 mm
Ⓓ Joaquin Jimenez
Stgl.: 21.909 Ex. € 460,00

LU-G749
Gold- und Silber-Euro – Gallischer Hahn (I)
2014, 1.000 EURO
Au999, 20 g, Ø 39 mm
Ⓓ Joaquin Jimenez
Stgl.: 7.731 Ex. € 1.900,00

LU-G750
Gold- und Silber-Euro – Gallischer Hahn (I)
2014, 5.000 EURO
Au999, 100 g, Ø 45 mm
Ⓓ Joaquin Jimenez
Stgl.: 1.953 Ex. € 9.500,00

LU-G751
Europa-Serie 2014 – 50 Jahre europäische Weltraumforschung
2014, 5 EURO
Au999, 0,5 g, Ø 11 mm
Ⓓ Joaquin Jimenez
PP: 10.000 Ex. € 100,00

LU-G752
Europa-Serie 2014 – 50 Jahre europäische Weltraumforschung
2014, 10 EURO
Ag900, 22,2 g, Ø 37 mm
Ⓓ Joaquin Jimenez
PP: 5.000 Ex. € 90,00

LU-G753

LU-G757

LU-G754

LU-G758

LU-G755

LU-G759

LU-G756

LU-G760

LU-G753
Europa-Serie 2014 – 50 Jahre europäische Weltraumforschung
2014, 50 EURO
Au920, 8,45 g, Ø 22 mm
Ⓓ Joaquin Jimenez
PP: 1.000 Ex. € 910,00

LU-G754
Europa-Serie 2014 – 50 Jahre europäische Weltraumforschung
2014, 200 EURO
Au999, 31,1 g, Ø 37 mm
Ⓓ Joaquin Jimenez
PP: 500 Ex. € 3.030,00

LU-G755
Europa-Serie 2014 – 50 Jahre europäische Weltraumforschung
2014, 500 EURO
Au999, 155,5 g, Ø 50 mm
Ⓓ Joaquin Jimenez
PP: 99 Ex. € 16.200,00

LU-G756
50 Jahre diplomatische Beziehungen zwischen Frankreich und China
2014, 10 EURO
Ag900, 22,2 g, Ø 37 mm
Ⓓ Joaquin Jimenez
PP: 8.888 Ex. € 70,00

LU-G757
50 Jahre diplomatische Beziehungen zwischen Frankreich und China
2014, 50 EURO
Au920, 8,45 g, Ø 22 mm
Ⓓ Joaquin Jimenez
PP: 888 Ex. € 760,00

LU-G758
UNESCO-Weltkulturerbe – Die Ufer der Seine (I): Eiffelturm und Palais de Chaillot
2014, 10 EURO
Ag900, 22,2 g, Ø 37 mm
Ⓓ Joaquin Jimenez
PP: 5.000 Ex. € 70,00

LU-G759
UNESCO-Weltkulturerbe – Die Ufer der Seine (I): Eiffelturm und Palais de Chaillot
2014, 50 EURO
Ag950, 163,8 g, Ø 50 mm
Ⓓ Joaquin Jimenez
PP: 500 Ex. € 500,00

LU-G760
UNESCO-Weltkulturerbe – Die Ufer der Seine (I): Eiffelturm und Palais de Chaillot
2014, 50 EURO
Au920, 8,45 g, Ø 22 mm
Ⓓ Joaquin Jimenez
PP: 1.000 Ex. € 780,00

LU-G761

LU-G765

LU-G762

LU-G766

LU-G763

LU-G767

LU-G764

LU-G768

LU-G761
UNESCO-Weltkulturerbe –
Die Ufer der Seine (I):
Eiffelturm und Palais de Chaillot
2014, 200 EURO
Au999, 31,1 g, Ø 37 mm
Ⓓ Joaquin Jimenez
PP: 500 Ex. € 3.300,00

LU-G762
UNESCO-Weltkulturerbe –
Die Ufer der Seine (I):
Eiffelturm und Palais de Chaillot
2014, 500 EURO
Au999, 155,5 g, Ø 50 mm
Ⓓ Joaquin Jimenez
PP: 99 Ex. € 16.500,00

LU-G763
1500 Jahre französische Geschichte –
Ludwig XIV.
2014, 10 EURO
Ag900, 22,2 g, Ø 37 mm
Ⓓ Christian Lacroix
PP: 10.000 Ex. € 70,00

LU-G764
1500 Jahre französische Geschichte –
Ludwig XIV.
2014, 50 EURO
Au920, 8,45 g, Ø 22 mm
Ⓓ Christian Lacroix
PP: 1.500 Ex. € 710,00

LU-G765
1500 Jahre französische Geschichte –
Ludwig XIV.
2014, 200 EURO
Au999, 31,1 g, Ø 37 mm
Ⓓ Christian Lacroix
PP: 500 Ex. € 3.250,00

LU-G766
1500 Jahre französische Geschichte –
Napoleon I.
2014, 10 EURO
Ag900, 22,2 g, Ø 37 mm
Ⓓ Christian Lacroix
PP: 10.000 Ex. € 70,00

LU-G767
1500 Jahre französische Geschichte –
Napoleon I.
2014, 50 EURO
Au920, 8,45 g, Ø 22 mm
Ⓓ Christian Lacroix
PP: 1.500 Ex. € 720,00

LU-G768
1500 Jahre französische Geschichte –
Napoleon III.
2014, 10 EURO
Ag900, 22,2 g, Ø 37 mm
Ⓓ Christian Lacroix
PP: 10.000 Ex. € 90,00

LU-G769

LU-G773

LU-G770

LU-G774

LU-G771

LU-G775

LU-G772

LU-G776

LU-G769
1.500 Jahre französische Geschichte – Napoleon III.
2014, 50 EURO
Au920, 8,45 g, Ø 22 mm
Ⓓ Christian Lacroix
PP: 1.500 Ex. € 700,00

LU-G770
Comic-Helden – „Der kleine Nick", Ferien
2014, 10 EURO
Ag900, 22,2 g, Ø 37 mm
PP: 5.000 Ex. € 110,00

LU-G771
Comic-Helden – „Der kleine Nick", Schulanfang
2014, 10 EURO
Ag900, 22,2 g, Ø 37 mm
PP: 5.000 Ex. € 75,00

LU-G772
Comic-Helden – „Der kleine Nick", Zuhause
2014, 50 EURO
Au920, 8,45 g, Ø 22 mm
PP: 1.500 Ex. € 1.000,00

LU-G773
FIFA-Fußball-WM 2014, Brasilien
2014, 5 EURO
Au999, 0,5 g, Ø 11 mm
Ⓓ Joaquin Jimenez
PP: 5.000 Ex. € 110,00

LU-G774
FIFA-Fußball-WM 2014, Brasilien
2014, 10 EURO
Ag900, 22,2 g, Ø 37 mm, gewölbte Form
Ⓓ Joaquin Jimenez
PP: 10.000 Ex. € 90,00

LU-G775
FIFA-Fußball-WM 2014, Brasilien
2014, 50 EURO
Au920, 8,45 g, Ø 22 mm
Ⓓ Joaquin Jimenez
PP: 3.000 Ex. € 940,00

LU-G776
FIFA-Fußball-WM 2014, Brasilien
2014, 200 EURO
Au999, 31,1 g, Ø 37 mm, gewölbte Form
Ⓓ Joaquin Jimenez
PP: 500 Ex. € 3.360,00

LU-G777

LU-G778

LU-G779

LU-G780

LU-G781

LU-G782

LU-G783

LU-G784

LU-G777
FIFA-Fußball-WM 2014, Brasilien
2014, 500 EURO
Au999, 155,5 g, Ø 50 mm
Ⓓ Joaquin Jimenez
PP: 99 Ex. € 17.000,00

LU-G778
Französische Schiffe –
Segelschiff „Pourquoi pas?"
2014, 10 EURO
Ag900, 22,2 g, Ø 37 mm
PP: 5.000 Ex. € 70,00

LU-G779
Französische Schiffe –
Segelschiff „Pourquoi pas?"
2014, 50 EURO
Ag950, 163,8 g, Ø 50 mm
PP: 250 Ex. € 525,00

LU-G780
Französische Schiffe –
Segelschiff „Pourquoi pas?"
2014, 50 EURO
Au920, 8.45 g, Ø 22 mm
PP: 1.000 Ex. € 900,00

LU-G781
Französische Schiffe –
Atom-U-Boot „Le Redoutable"
2014, 10 EURO
Ag900, 22,2 g, Ø 37 mm
PP: 5.000 Ex. € 70,00

LU-G782
Französische Schiffe –
Atom-U-Boot „Le Redoutable"
2014, 50 EURO
Ag950, 163,8 g, Ø 50 mm
PP: 250 Ex. € 1.100,00

LU-G783
Französische Schiffe –
Atom-U-Boot „Le Redoutable"
2014, 50 EURO
Au920, 8,45 g, Ø 22 mm
PP: 1.000 Ex. € 900,00

LU-G784
Französische Schiffe –
Passagierschiff „Normandie"
2014, 10 EURO
Ag900, 22,2 g, Ø 37 mm
PP: 5.000 Ex. € 100,00

LU-G785

LU-G786

LU-G787

LU-G788

LU-G789

LU-G790

LU-G791

LU-G792

LU-G785
Französische Schiffe –
Passagierschiff „Normandie"
2014, 50 EURO
Ag950, 163,8 g, Ø 50 mm

PP:	250 Ex.	€ 525,00

LU-G786
Französische Schiffe –
Passagierschiff „Normandie"
2014, 50 EURO
Au920, 8,45 g, Ø 22 mm

PP:	1.000 Ex.	€ 710,00

LU-G787
70. Jahrestag der Landung der Alliierten in der Normandie (D-Day)
2014, 2 EURO
Ⓓ Luc Luycx und Joaquin Jimenez

Stgl.:	3.000.000 Ex.	€ 6,50
Blister:	10.000 Ex.	€ 80,00
PP:	10.000 Ex.	€ 250,00

LU-G788
Europäische Musiker –
Die sieben Künste – Die Musik:
Jean-Philippe Rameau,
Königliche Oper in Versailles
2014, 10 EURO
Ag900, 22,2 g, Ø 37 mm
Ⓓ Christian Lacroix

PP:	5.000 Ex.	€ 70,00

LU-G789
Europäische Musiker –
Die sieben Künste – Die Musik:
Jean-Philippe Rameau,
Königliche Oper in Versailles
2014, 50 EURO
Au920, 8,45 g, Ø 22 mm
Ⓓ Christian Lacroix

PP:	1.000 Ex.	€ 870,00

LU-G790
Werte der Republik (II) – Freiheit
Jean-Jacques Sempé: Frühling
2014, 10 EURO
Ag333, 17 g, Ø 31 mm
Ⓓ Jean Jacques Sempé

Stgl.:	250.000 Ex.	€ 30,00

LU-G791
Werte der Republik (II) – Gleichheit
Jean-Jacques Sempé: Frühling
2014, 10 EURO
Ag333, 17 g, Ø 31 mm
Ⓓ Jean Jacques Sempé

Stgl.:	250.000 Ex.	€ 30,00

LU-G792
Werte der Republik (II) – Brüderlichkeit
Jean-Jacques Sempé: Frühling
2014, 10 EURO
Ag333, 17 g, Ø 31 mm
Ⓓ Jean Jacques Sempé

Stgl.:	250.000 Ex.	€ 30,00

LU-G793

LU-G797

LU-G794

LU-G798

LU-G795

LU-G799

LU-G796

LU-G800

LU-G793
Werte der Republik (II) – Freiheit
Jean-Jacques Sempé: Sommer
2014, 10 EURO
Ag333, 17 g, Ø 31 mm
Ⓓ Jean Jacques Sempé
Stgl.: 250.000 Ex. € 30,00

LU-G794
Werte der Republik (II) – Gleichheit
Jean-Jacques Sempé: Sommer
2014, 10 EURO
Ag333, 17 g, Ø 31 mm
Ⓓ Jean Jacques Sempé
Stgl.: 250.000 Ex. € 30,00

LU-G795
Werte der Republik (II) – Brüderlichkeit
Jean-Jacques Sempé: Sommer
2014, 10 EURO
Ag333, 17 g, Ø 31 mm
Ⓓ Jean Jacques Sempé
Stgl.: 250.000 Ex. € 30,00

LU-G796
Werte der Republik (II) – Frieden
J.-J. Sempé: Frühling und Sommer
2014, 50 EURO
Ag900, 41 g, Ø 41 mm
Ⓓ Jean Jacques Sempé
Stgl.: 50.000 Ex. € 950,00

LU-G797
Werte der Republik (II) – Freiheit
Jean-Jacques Sempé: Herbst
2014, 10 EURO
Ag333, 17 g, Ø 31 mm
Ⓓ Jean Jacques Sempé
Stgl.: 250.000 Ex. € 30,00

LU-G798
Werte der Republik (II) – Gleichheit
Jean-Jacques Sempé: Herbst
2014, 10 EURO
Ag333, 17 g, Ø 31 mm
Ⓓ Jean Jacques Sempé
Stgl.: 250.000 Ex. € 30,00

LU-G799
Werte der Republik (II) – Brüderlichkeit
Jean-Jacques Sempé: Herbst
2014, 10 EURO
Ag333, 17 g, Ø 31 mm
Ⓓ Jean Jacques Sempé
Stgl.: 250.000 Ex. € 30,00

LU-G800
Werte der Republik (II) – Freiheit
Jean-Jacques Sempé: Winter
2014, 10 EURO
Ag333, 17 g, Ø 31 mm
Ⓓ Jean Jacques Sempé
Stgl.: 250.000 Ex. € 30,00

LU-G801

LU-G805

LU-G802

LU-G806

LU-G803

LU-G807

LU-G804

LU-G808

LU-G801
Werte der Republik (II) – Gleichheit
Jean-Jacques Sempé: Winter
2014, 10 EURO
Ag333, 17 g, Ø 31 mm
Ⓓ Jean Jacques Sempé
Stgl.: 250.000 Ex. € 30,00

LU-G802
Werte der Republik (II) – Brüderlichkeit
Jean-Jacques Sempé: Winter
2014, 10 EURO
Ag333, 17 g, Ø 31 mm
Ⓓ Jean Jacques Sempé
Stgl.: 250.000 Ex. € 30,00

LU-G803
Werte der Republik (II) – Frieden
Jean-Jacques Sempé: Herbst und Winter
2014, 50 EURO
Ag900, 41 g, Ø 41 mm
Ⓓ Jean Jacques Sempé
Stgl.: 50.000 Ex. € 110,00

LU-G804
Werte der Republik (II) – Die Republik
Jean-Jacques Sempé
2014, 500 EURO
Au999, 9 g, Ø 29 mm
Ⓓ Jean Jacques Sempé
Stgl.: 10.043 Ex. € 900,00

LU-G805
100. Jahrestag des Ersten Weltkrieges – Mobilmachung
2014, 10 EURO
Ag900, 22,2 g, Ø 37 mm
PP: 10.000 Ex. € 70,00

LU-G806
100. Jahrestag des Ersten Weltkrieges – Mobilmachung
2014, 50 EURO
Ag950, 163,8 g, Ø 50 mm
PP: 500 Ex. € 600,00

LU-G807
100. Jahrestag des Ersten Weltkrieges – Mobilmachung
2014, 50 EURO
Au920, 8,45 g, Ø 22 mm
PP: 1.914 Ex. € 730,00

LU-G808
100. Jahrestag des Ersten Weltkrieges – Mobilmachung
2014, 200 EURO
Au999, 31,1 g, Ø 37 mm
PP: 500 Ex. € 3.390,00

LU-G809

LU-G813

LU-G810

LU-G814

LU-G811

LU-G815

LU-G812

LU-G816

LU-G809
Romanfiguren – Eugène de Rastignac (aus dem Romanzyklus „Die menschliche Komödie" von Honoré de Balzac)
2014, 10 EURO
Ag900, 22,2 g, Ø 37 mm
Ⓓ Joaquin Jimenez

PP:	5.000 Ex.	€ 110,00

LU-G810
Romanfiguren – Eugène de Rastignac (aus dem Romanzyklus „Die menschliche Komödie" von Honoré de Balzac)
2014, 50 EURO
Au920, 8,45 g, Ø 22 mm
Ⓓ Joaquin Jimenez

PP:	500 Ex.	€ 950,00

LU-G811
Romanfiguren – Candide (aus „Candide oder der Optimismus" von Voltaire)
2014, 10 EURO
Ag900, 22,2 g, Ø 37 mm
Ⓓ Joaquin Jimenez

PP:	5.000 Ex.	€ 90,00

LU-G812
Romanfiguren – Candide (aus „Candide oder der Optimismus" von Voltaire)
2014, 50 EURO
Au920, 8,45 g, Ø 22 mm
Ⓓ Joaquin Jimenez

PP:	500 Ex.	€ 700,00

LU-G813
Romanfiguren – Harpagon (aus „Der Geizhals" von Molière)
2014, 10 EURO
Ag900, 22,2 g, Ø 37 mm
Ⓓ Joaquin Jimenez

PP:	5.000 Ex.	€ 100,00

LU-G814
Romanfiguren – Harpagon (aus „Der Geizhals" von Molière)
2014, 50 EURO
Au920, 8,45 g, Ø 22 mm
Ⓓ Joaquin Jimenez

PP:	500 Ex.	€ 700,00

LU-G815
Welt-AIDS-Tag
2014, 2 EURO
Ⓓ Luc Luycx und Cécile Renault

Stgl.:	3.000.000 Ex.	€ 6,50
Blister:	10.000 Ex.*	€ 55,00
PP:	10.000 Ex.*	€ 100,00

* *Die Münzen aus Blistern und die in PP-Ausführung besitzen ein rot koloriertes Motivteil (Schleife).*

LU-G816
Großartiges aus Frankreich – 250 Jahre Kristallglas-Herstellung in Baccarat
2014, 10 EURO
Ag900, 22,2 g, Ø 37 mm

PP:	10.000 Ex.	€ 95,00

LU-G817

LU-G818

LU-G819

LU-G820

LU-G821

LU-G822

LU-G823

LU-G824

LU-G817
Großartiges aus Frankreich –
250 Jahre Kristallglas-Herstellung
in Baccarat
2014, 50 EURO
Ag950, 163,8 g, Ø 50 mm
PP: 500 Ex. € 600,00

LU-G818
Großartiges aus Frankreich –
250 Jahre Kristallglas-Herstellung
in Baccarat
2014, 50 EURO
Au920, 8,45 g, Ø 22 mm
PP: 1.000 Ex. € 650,00

LU-G819
Großartiges aus Frankreich –
250 Jahre Kristallglas-Herstellung
in Baccarat
2014, 200 EURO
Au999, 31,1 g, Ø 37 mm
PP: 500 Ex. € 3.440,00

LU-G820
Großartiges aus Frankreich –
250 Jahre Kristallglas-Herstellung
in Baccarat
2014, 5.000 EURO*
Au999, 1 kg, Ø 85 mm,
PP: 11 Ex. € 180.000,00

**Die Münze wird mit einem oktagonal geschliffenem Kristall geliefert, der an einer Seite einen Schlitz besitzt, in den die Münze eingesteckt werden kann.*

LU-G821
Chinesisches Jahr der Ziege (2015)
2014, 10 EURO
Ag900, 22,2 g, Ø 37 mm
PP: 5.000 Ex. € 80,00

LU-G822
Chinesisches Jahr der Ziege (2015)
2014, 50 EURO
Au920, 8,45 g, Ø 22 mm
PP: 500 Ex. € 750,00

LU-G823
Gold- und Silber-Euro –
Gallischer Hahn (II)
2015, 10 EURO
Ag333, 17 g, Ø 31 mm
Ⓓ Joaquin Jimenez
Stgl.: 500.000 Ex. € 23,00
PP: 10.000 Ex. € 40,00
(sowie im Kursmünzensatz
LU-AK2 2015)

LU-G824
Gold- und Silber-Euro –
Gallischer Hahn (II)
2015, 100 EURO
Ag900, 50 g, Ø 47 mm
Ⓓ Joaquin Jimenez
Stgl.: 15.000 Ex. € 200,00

LU-G825

LU-G829

LU-G826

LU-G830

LU-G827

LU-G831

LU-G828

LU-G832

LU-G825
Gold- und Silber-Euro –
Gallischer Hahn (II)
2015, 100 EURO
Au999, 1,8 g, Ø 16 mm
Ⓓ Joaquin Jimenez

Stgl.:	20.243 Ex.	€ 230,00

LU-G826
Gold- und Silber-Euro –
Gallischer Hahn (II)
2015, 250 EURO
Au999, 4,5 g, Ø 23 mm
Ⓓ Joaquin Jimenez

Stgl.:	12.713 Ex.	€ 450,00

LU-G827
Gold- und Silber-Euro –
Gallischer Hahn (II)
2015, 1.000 EURO
Ag999, 20 g, Ø 39 mm
Ⓓ Joaquin Jimenez

Stgl.:	5.819 Ex.	€ 1.890,00

LU-G828
Gold- und Silber-Euro –
Gallischer Hahn (II)
2015, 5.000 EURO
Ag999, 100 g, Ø 45 mm
Ⓓ Joaquin Jimenez

Stgl.:	2.000 Ex.	€ 8.920,00

LU-G829
70 Jahre Frieden in Europa
2015, 2 EURO
Ⓓ Luc Luycx und Joaquin Jimenez

Stgl.:	4.000.000 Ex.	€ 6,50
Blister:	10.000 Ex.	€ 20,00
PP:	10.000 Ex.	€ 49,00

LU-G830
Europa-Serie 2015 –
70 Jahre Frieden in Europa
2015, 5 EURO
Au999, 0,5 g, Ø 11 mm
Ⓓ Joaquin Jimenez

PP:	5.000 Ex.	€ 100,00

LU-G831
Europa-Serie 2015 –
70 Jahre Frieden in Europa
2015, 10 EURO
Ag900, 22,2 g, Ø 37 mm
Ⓓ Joaquin Jimenez

PP:	10.000 Ex.	€ 70,00

LU-G832
Europa-Serie 2015 –
70 Jahre Frieden in Europa
2015, 50 EURO
Au920, 8,45 g, Ø 22 mm
Ⓓ Joaquin Jimenez

PP:	1.000 Ex.	€ 770,00

LU-G833

LU-G837

LU-G834

LU-G838

LU-G835

LU-G839

LU-G836

LU-G840

LU-G833
Europa-Serie 2015 –
70 Jahre Frieden in Europa
2015, 200 EURO
Au999, 31,1 g, Ø 37 mm
Ⓓ Joaquin Jimenez
PP: 500 Ex. € 2.850,00

LU-G834
Europa-Serie 2015 –
70 Jahre Frieden in Europa
2015, 500 EURO
Au999, 155,5 g, Ø 50 mm
Ⓓ Joaquin Jimenez
PP: 99 Ex. € 16.500,00

LU-G835
Säerin 2015 – Französische Münzen:
Das Spätmittelalter; Der erste Franc –
„Franc à cheval" von 1360 (aus der
Regierungszeit von König Johann II.)
2015, 10 EURO
Ag900, 22,2 g, Ø 37 mm
PP: 5.000 Ex. € 75,00

LU-G836
Säerin 2015 – Französische Münzen:
Das Spätmittelalter; Der erste Franc –
„Franc à cheval" von 1360 (aus der
Regierungszeit von König Johann II.)
2015, 10 EURO
Au999, 3,11 g, Ø 15 mm
PP: 5.000 Ex. € 330,00

LU-G837
Säerin 2015 – Französische Münzen:
Das Spätmittelalter; Der erste Franc –
„Franc à cheval" von 1360 (aus der
Regierungszeit von König Johann II.)
2015, 50 EURO
Au920, 8,45 g, Ø 22 mm
PP: 1.000 Ex. € 750,00

LU-G838
Säerin 2015 – Französische Münzen:
Das Spätmittelalter; Der erste Franc –
„Franc à cheval" von 1360 (aus der
Regierungszeit von König Johann II.)
2015, 100 EURO
Au920, 17 g, Ø 31 mm
PP: 500 Ex. € 1.520,00

LU-G839
UNESCO-Weltkulturerbe –
Die Ufer der Seine (II):
Invalidendom und Grand Palais
2015, 5 EURO
Au999, 0,5 g, Ø 11 mm
Ⓓ Joaquin Jimenez
PP: 5.000 Ex. € 100,00

LU-G840
UNESCO-Weltkulturerbe –
Die Ufer der Seine (II):
Invalidendom und Grand Palais
2015, 10 EURO
Ag900*, 22,2 g, Ø 37 mm
Ⓓ Joaquin Jimenez
PP: 5.000 Ex. € 90,00
** Teile des Motivs wurden vergoldet bzw. mit Rhodium geschwärzt.*

LU-G841

LU-G842

LU-G843

LU-G844

LU-G845

LU-G846

LU-G847
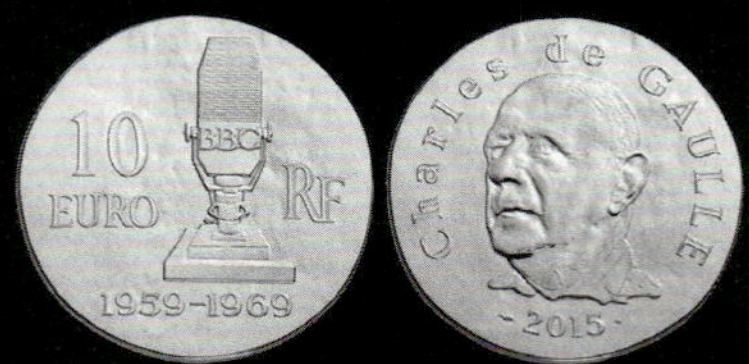

LU-G848

LU-G841
UNESCO-Weltkulturerbe –
Die Ufer der Seine (II):
Invalidendom und Grand Palais
2015, 50 EURO
Ag950*, 163,8 g, Ø 50 mm
Ⓓ Joaquin Jimenez
PP: 500 Ex. € 600,00
** Teile des Motivs wurden vergoldet bzw. mit Rhodium geschwärzt.*

LU-G842
UNESCO-Weltkulturerbe –
Die Ufer der Seine (II):
Invalidendom und Grand Palais
2015, 50 EURO
Au920, 8,45 g, Ø 22 mm
Ⓓ Joaquin Jimenez
PP: 2.000 Ex. € 750,00

LU-G843
UNESCO-Weltkulturerbe –
Die Ufer der Seine (II):
Invalidendom und Grand Palais
2015, 200 EURO
Au999, 31,1 g, Ø 37 mm
Ⓓ Joaquin Jimenez
PP: 500 Ex. € 2.900,00

LU-G844
UNESCO-Weltkulturerbe –
Die Ufer der Seine (II):
Invalidendom und Grand Palais
2015, 500 EURO
Au999, 155,5 g, Ø 50 mm
Ⓓ Joaquin Jimenez
PP: 99 Ex. € 15.700,00

LU-G845
1500 Jahre französische Geschichte –
Raymond Poincaré
2015, 10 EURO
Ag900, 22,2 g, Ø 37 mm
Ⓓ Christian Lacroix
PP: 5.000 Ex. € 70,00

LU-G846
1500 Jahre französische Geschichte –
Raymond Poincaré
2015, 50 EURO
Au920, 8,45 g, Ø 22 mm
Ⓓ Christian Lacroix
PP: 1.000 Ex. € 750,00

LU-G847
1500 Jahre französische Geschichte –
Charles de Gaulle
2015, 10 EURO
Ag900, 22,2 g, Ø 37 mm
Ⓓ Christian Lacroix
PP: 5.000 Ex. € 70,00

LU-G848
1500 Jahre französische Geschichte –
Charles de Gaulle
2015, 50 EURO
Au920, 8,45 g, Ø 22 mm
Ⓓ Christian Lacroix
PP: 1.000 Ex. € 770,00

LU-G849

LU-G850

LU-G851

LU-G852

LU-G853

LU-G854

LU-G855

LU-G856

LU-G849
1500 Jahre französische Geschichte – Charles de Gaulle
2015, 200 EURO
Au999, 31,1 g, Ø 37 mm
Ⓓ Christian Lacroix
PP: 500 Ex. € 3.080,00

LU-G850
1500 Jahre französische Geschichte – François Mitterrand
2015, 10 EURO
Ag900, 22,2 g, Ø 37 mm
Ⓓ Christian Lacroix
PP: 5.000 Ex. € 70,00

LU-G851
1500 Jahre französische Geschichte – François Mitterrand
2015, 50 EURO
Au920, 8,45 g, Ø 22 mm
Ⓓ Christian Lacroix
PP: 1.000 Ex. € 750,00

LU-G852
Werte der Republik (III) – Asterix (I)
Freiheit: Asterix in Pose der Freiheitsstatue (aus „Die große Überfahrt")
2015, 10 EURO
Ag333, 17 g, Ø 31 mm
Stgl.: 125.000 Ex. € 34,00

LU-G853
Werte der Republik (III) – Asterix (I)
Freiheit: Obelix befreit einen Gefangenen von seinen Fußketten (aus „Asterix bei den Briten")
2015, 10 EURO
Ag333, 17 g, Ø 31 mm
Stgl.: 125.000 Ex. € 30,00

LU-G854
Werte der Republik (III) – Asterix (I)
Freiheit: Asterix und Obelix lachen (aus „Das Geschenk Cäsars")
2015, 10 EURO
Ag333, 17 g, Ø 31 mm
Stgl.: 125.000 Ex. € 30,00

LU-G855
Werte der Republik (III) – Asterix (I)
Freiheit: Gutemine verteidigt sich gegen ihren Gatten, den Häuptlings Majestix (aus „Asterix und Maestria")
2015, 10 EURO
Ag333, 17 g, Ø 31 mm
Stgl.: 125.000 Ex. € 30,00

LU-G856
Werte der Republik (III) – Asterix (I)
Gleichheit: Der Dorfälteste Methusalix beteiligt sich an der Küchenarbeit (aus „Streit um Asterix")
2015, 10 EURO
Ag333, 17 g, Ø 31 mm
Stgl.: 125.000 Ex. € 30,00

LU-G857

LU-G861

LU-G858

LU-G862

LU-G859

LU-G863

LU-G860

LU-G864

LU-G857
Werte der Republik (III) – Asterix (I)
Gleichheit: Majestix und der Kneipenwirt Orthopädix beanspruchen die gleiche Redezeit (aus „Das Geschenk Cäsars")
2015, 10 EURO
Ag333, 17 g, Ø 31 mm
Stgl.: 125.000 Ex. € 27,00

LU-G858
Werte der Republik (III) – Asterix (I)
Gleichheit: Asterix und Obelix rudern gemeinsam (aus „Asterix bei den Olympischen Spielen")
2015, 10 EURO
Ag333, 17 g, Ø 31 mm
Stgl.: 125.000 Ex. € 34,00

LU-G859
Werte der Republik (III) – Asterix (I)
Gleichheit: Aufteilung des Zaubertrankes an alle Dorfbewohner (aus „Der Seher")
2015, 10 EURO
Ag333, 17 g, Ø 31 mm
Stgl.: 125.000 Ex. € 30,00

LU-G860
Werte der Republik (III) – Asterix (I)
Brüderlichkeit: Miraculix, der Druide des Dorfes, trifft einen Griechen (aus „Asterix bei den Olympischen Spielen")
2015, 10 EURO
Ag333, 17 g, Ø 31 mm
Stgl.: 125.000 Ex. € 30,00

LU-G861
Werte der Republik (III) – Asterix (I)
Brüderlichkeit: Verbrüderung mit den Briten (aus „Asterix bei den Briten")
2015, 10 EURO
Ag333, 17 g, Ø 31 mm
Stgl.: 125.000 Ex. € 26,00

LU-G862
Werte der Republik (III) – Asterix (I)
Brüderlichkeit: Verbrüderung mit den Belgiern
(aus „Asterix bei den Belgiern")
2015, 10 EURO
Ag333, 17 g, Ø 31 mm
Stgl.: 125.000 Ex. € 27,00

LU-G863
Werte der Republik (III) – Asterix (I)
Brüderlichkeit: Verbrüderung mit den Spaniern
(aus „Asterix in Spanien")
2015, 10 EURO
Ag333, 17 g, Ø 31 mm
Stgl.: 125.000 Ex. € 30,00

LU-G864
Werte der Republik (III) – Asterix (I)
Frieden: Festbankett
(aus „Der Sohn des Asterix")
2015, 50 EURO
Ag900, 41 g, Ø 41 mm
Stgl.: 50.000 Ex. € 110,00

LU-G865

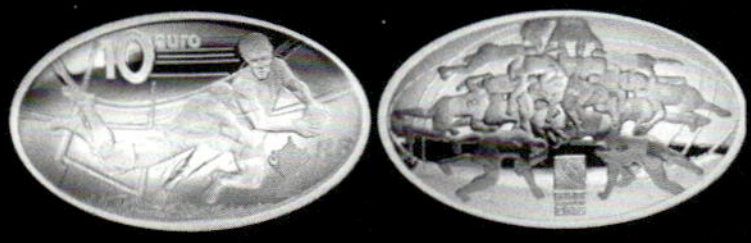

LU-G866

LU-G867

LU-G868

LU-G869

LU-G870

LU-G871

LU-G872

LU-G865
Rugby-WM 2015, England
2015, 10 EURO
Ag900, 22,2 g, 24x38 mm (oval), in gewölbter Form
PP: 5.000 Ex. € 85,00

LU-G866
Rugby-WM 2015, England
2015, 50 EURO
Au920, 8,45 g, Ø 22 mm
PP: 1.000 Ex. € 750,00

LU-G867
Rugby-WM 2015, England
2015, 200 EURO
Au999, 31,1 g, Ø 24x38 mm (oval), in gewölbter Form
PP: 500 Ex. € 4.760,00

LU-G868
Rugby-WM 2015, England
2015, 500 EURO
Au999, 155,5 g, Ø 50 mm
PP: 99 Ex. € 15.400,00

LU-G869
Französische Schiffe – Flaggschiff „Soleil Royal“
2015, 10 EURO
Ag900, 22,2 g, Ø 37 mm
PP: 3.000 Ex. € 70,00

LU-G870
Französische Schiffe – Flaggschiff „Soleil Royal“
2015, 50 EURO
Ag950, 163,8 g, Ø 50 mm
PP: 250 Ex. € 900,00

LU-G871
Französische Schiffe – Flaggschiff „Soleil Royal“
2015, 50 EURO
Au920, 8,45 g, Ø 22 mm
PP: 500 Ex. € 890,00

LU-G872
Französische Schiffe – Kreuzer „Colbert“
2015, 10 EURO
Ag900, 22,2 g, Ø 37 mm
PP: 3.000 Ex. € 70,00

LU-G873

LU-G874

LU-G875

LU-G876

LU-G877

LU-G878

LU-G879

LU-G880

LU-G873
Französische Schiffe –
Kreuzer „Colbert"
2015, 50 EURO
Ag950, 163,8 g, Ø 50 mm
PP: 250 Ex. € 700,00

LU-G874
Französische Schiffe –
Kreuzer „Colbert"
2015, 50 EURO
Au920, 8,45 g, Ø 22 mm
PP: 500 Ex. € 820,00

LU-G875
Französische Schiffe –
Ozeandampfer „Gironde"
2015, 10 EURO
Ag900, 22,2 g, Ø 37 mm
PP: 3.000 Ex. € 70,00

LU-G876
Französische Schiffe –
Ozeandampfer „Gironde"
2015, 50 EURO
Ag950, 163,8 g, Ø 50 mm
PP: 250 Ex. € 700,00

LU-G877
Französische Schiffe –
Ozeandampfer „Gironde"
2015, 50 EURO
Au920, 8,45 g, Ø 22 mm
PP: 500 Ex. € 880,00

LU-G878
100. Jahrestag des Ersten Weltkrieges
– Weihnachtliche Waffenruhe
2015, 10 EURO
Ag900, 22,2 g, Ø 37 mm
PP: 10.000 Ex. € 70,00

LU-G879
100. Jahrestag des Ersten Weltkrieges
– Weihnachtliche Waffenruhe
2015, 50 EURO
Ag950, 163,8 g, Ø 50 mm
PP: 500 Ex. € 600,00

LU-G880
100. Jahrestag des Ersten Weltkrieges
– Weihnachtliche Waffenruhe
2015, 50 EURO
Au920, 8,45 g, Ø 22 mm
PP: 1.915 Ex. € 750,00

LU-G881

LU-G882

LU-G883

LU-G884

LU-G885

LU-G886

LU-G887

LU-G888

LU-G881
100. Jahrestag des Ersten Weltkrieges – Weihnachtliche Waffenruhe
2015, 200 EURO
Au999, 31,1 g, Ø 37 mm
PP: 500 Ex. € 2.800,00

LU-G882
Die sieben Künste – Die Architektur: Charles-Édouard Jeanneret-Gris, genannt Le Corbusier; Wohneinheit „Cité Radieuse" in Marseille
2015, 10 EURO
Ag900, 22,2 g, Ø 37 mm
Ⓓ Christian Lacroix
PP: 5.000 Ex. € 70,00

LU-G883
Die sieben Künste – Die Architektur: Charles-Édouard Jeanneret-Gris, genannt Le Corbusier; Wohneinheit „Cité Radieuse" in Marseille
2015, 50 EURO
Au920, 8,45 g, Ø 22 mm
Ⓓ Christian Lacroix
PP: 500 Ex. € 750,00

LU-G884
225. Jahrestag des Föderationsfestes
2015, 2 EURO
Ⓓ Luc Luycx und Joaquin Jimenez
Stgl.: 4.000.000 Ex. € 5,50
Blister: 10.000 Ex.* € 150,00
PP: 10.000 Ex.* € 260,00
* *Die Münzen aus Blistern und die in PP-Ausführung besitzen ein koloriertes Motivteil (Kokarde).*

LU-G885
Franz. Comics – „Der Kleine Prinz" Wildvögel (Sprung zurück zu den Sternen)
2015, 5 EURO
Au999, 1,244 g, Ø 14 mm
PP: 5.000 Ex. € 200,00

LU-G886
Franz. Comics – „Der Kleine Prinz" Zeichne mir ein Schaf
2015, 10 EURO
Ag900, 22,2 g, Ø 37 mm
PP: 5.000 Ex. € 120,00

LU-G887
Franz. Comics – „Der Kleine Prinz" Das Wesentliche ist für die Augen unsichtbar.
2015, 10 EURO
Ag900, 22,2 g, Ø 37 mm
PP: 5.000 Ex. € 110,00

LU-G888
Franz. Comics – „Der Kleine Prinz" Sterne sind Führer
2015, 10 EURO
Ag900, 22,2 g, Ø 37 mm
PP: 5.000 Ex € 110,00

LU-G889

LU-G893

LU-G890

LU-G894

LU-G891

LU-G895

LU-G892

LU-G896

LU-G889
Franz. Comics – „Der Kleine Prinz"
Zeichne mir ein Schaf
2015, 50 EURO
Au920, 8,45 g, Ø 22 mm
PP: 2.000 Ex. € 650,00

LU-G890
Franz. Comics – „Der Kleine Prinz"
Das Wesentliche ist für die Augen unsichtbar
2015, 50 EURO
Au920, 8,45 g, Ø 22 mm
PP: 2.000 Ex. € 750,00

LU-G891
Franz. Comics – „Der Kleine Prinz"
Sterne sind Führer
2015, 50 EURO
Au920, 8,45 g, Ø 22 mm
PP: 2.000 Ex. € 750,00

LU-G892
Franz. Comics – „Der Kleine Prinz"
Wildvögel
(Sprung zurück zu den Sternen)
2015, 200 EURO
Au999, 31,1 g, Ø 37 mm
PP: 1.000 Ex. € 3.010,00

LU-G893
Romanfiguren – Tristan und Isolde
(aus „Tristan und Isolde")
2015, 10 EURO
Ag900, 22,2 g, Ø 37 mm
Ⓓ Joaquin Jimenez
PP: 3.000 Ex. € 80,00

LU-G894
Romanfiguren – Tristan und Isolde
(aus „Tristan und Isolde")
2015, 50 EURO
Au920, 8,45 g, Ø 22 mm
Ⓓ Joaquin Jimenez
PP: 500 Ex. € 750,00

LU-G895
Romanfiguren – Chimène
(aus „Le Cid")
2015, 10 EURO
Ag900, 22,2 g, Ø 37 mm
Ⓓ Joaquin Jimenez
PP: 3.000 Ex. € 100,00

LU-G896
Romanfiguren – Chimène
(aus „Le Cid")
2015, 50 EURO
Au920, 8,45 g, Ø 22 mm
Ⓓ Joaquin Jimenez
PP: 500 Ex. € 750,00

LU-G897

LU-G898

LU-G899

LU-G900

LU-G901

LU-G902

LU-G903

LU-G904

LU-G897
Romanfiguren – Manon Lescaut
(aus „Die Geschichte des Chevalier des Grieux und der Manon Lescaut" von Abbé Prévosts)
2015, 10 EURO
Ag900, 22,2 g, Ø 37 mm
Ⓓ Joaquin Jimenez
PP: 3.000 Ex. € 65,00

LU-G898
Romanfiguren – Manon Lescaut
(aus „Die Geschichte des Chevalier des Grieux und der Manon Lescaut" von Abbé Prévosts)
2015, 50 EURO
Au920, 8,45 g, Ø 22 mm
Ⓓ Joaquin Jimenez
PP: 500 Ex. € 750,00

LU-G899
Werte der Republik (III) – Asterix (II)
Freiheit: Methusalix demonstriert (aus „Das Geschenk Cäsars")
2015, 10 EURO
Ag333, 17 g, Ø 31 mm
Stgl.: 125.000 Ex. € 30,00

LU-G900
Werte der Republik (III) – Asterix (II)
Freiheit: Obelix befreit sich aus dem Verlies (aus „Die goldene Sichel")
2015, 10 EURO
Ag333, 17 g, Ø 31 mm
Stgl.: 125.000 Ex. € 30,00

LU-G901
Werte der Republik (III) – Asterix (II)
Freiheit: Asterix befreit sich von seinen Ketten (aus „Tour de France")
2015, 10 EURO
Ag333, 17 g, Ø 31 mm
Stgl.: 125.000 Ex. € 30,00

LU-G902
Werte der Republik (III) – Asterix (II)
Freiheit: Asterix und Obelix reiten (aus „Tour de France")
2015, 10 EURO
Ag333, 17 g, Ø 31 mm
Stgl.: 125.000 Ex. € 33,00

LU-G903
Werte der Republik (III) – Asterix (II)
Gleichheit: Cäsar verbeugt sich vor Kleopatra (aus „Asterix und Kleopatra")
2015, 10 EURO
Ag333, 17 g, Ø 31 mm
Stgl.: 125.000 Ex. € 35,00

LU-G904
Werte der Republik (III) – Asterix (II)
Gleichheit: Obelix und Mrs. Geriatrix verbünden sich gegen die Römer (aus „Der Seher")
2015, 10 EURO
Ag333, 17 g, Ø 31 mm
Stgl.: 125.000 Ex. € 27,00

LU-G905

LU-G909

LU-G906

LU-G910

LU-G907

LU-G911

LU-G908

LU-G912

LU-G905
Werte der Republik (III) – Asterix (II)
Gleichheit: Die Dorfbewohner agieren als Gruppe (aus „Die Trabantenstadt")
2015, 10 EURO
Ag333, 17 g, Ø 31 mm
Stgl.: 125.000 Ex. € 33,00

LU-G906
Werte der Republik (III) – Asterix (II)
Gleichheit: Aufteilung des Zaubertrankes an alle Dorfbewohner
(aus „Asterix als Gladiator")
2015, 10 EURO
Ag333, 17 g, Ø 31 mm
Stgl.: 125.000 Ex. € 30,00

LU-G907
Werte der Republik (III) – Asterix (II)
Brüderlichkeit: Asterix und die berühmte römische Schauspielerin Latraviata
(aus „Asterix und Latraviata")
2015, 10 EURO
Ag333, 17 g, Ø 31 mm
Stgl.: 125.000 Ex. € 30,00

LU-G908
Werte der Republik (III) – Asterix (II)
Brüderlichkeit: Verbrüderung mit den Schweizern
(aus „Asterix bei den Schweizern")
2015 10 EURO
Ag333, 17 g, Ø 31 mm
Stgl.: 125.000 Ex. € 33,00

LU-G909
Werte der Republik (III) – Asterix (II)
Brüderlichkeit: Idefix verbrüdert sich mit der dänischen Dogge Møpsen
(aus „Die große Überfahrt")
2015, 10 EURO
Ag333, 17 g, Ø 31 mm
Stgl.: 125.000 Ex. € 30,00

LU-G910
Werte der Republik (III) – Asterix (II)
Brüderlichkeit: Verbrüderung mit den Normannen
(aus „Asterix und die Normannen")
2015, 10 EURO
Ag333, 17 g, Ø 31 mm
Stgl.: 125.000 Ex. € 30,00

LU-G911
Werte der Republik (III) – Asterix (II)
Frieden: Idéfix hält einen Olivenzweig im Maul (aus „Tour de France")
2015, 50 EURO
Ag900, 41 g, Ø 41 mm
Stgl.: 50.000 Ex. € 130,00

LU-G912
Werte der Republik (III) – Asterix (II)
Republik
2015, 500 EURO
Au999, 9 g, Ø 29 mm
Stgl.: 6.839 Ex. € 850,00

LU-G913

LU-G914

LU-G915

LU-G916

LU-G917

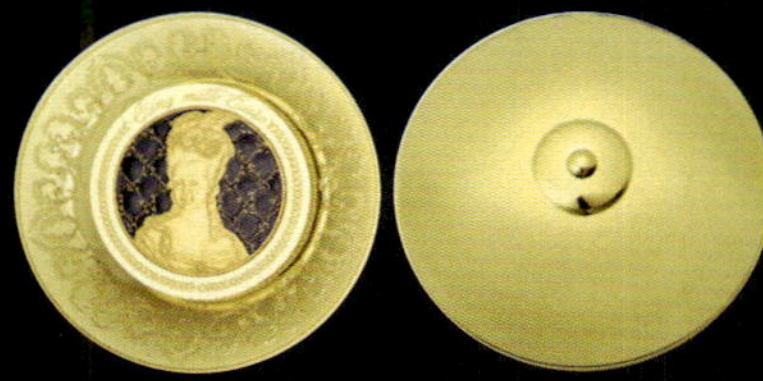

LU-G918

LU-G919

LU-G920

LU-G913

Großartiges aus Frankreich – Porzellanmanufaktur Sèvres
2015, 10 EURO
Ag900, mit Keramikeinsatz, 16,7 g, Ø 37 mm

PP: 10.000 Ex. € 280,00

LU-G914

Großartiges aus Frankreich – Porzellanmanufaktur Sèvres
2015, 50 EURO
Au920, mit blauem Harzauftrag, 8,45 g, Ø 22 mm

PP: 1.000 Ex. € 800,00

LU-G915

Großartiges aus Frankreich – Porzellanmanufaktur Sèvres
2015, 200 EURO
Au999, mit Keramikeinsatz, 31,104 g, Ø 37 mm

PP: 500 Ex. € 3.880,00

LU-G916

Großartiges aus Frankreich – Porzellanmanufaktur Sèvres
2015, 500 EURO
Au999, mit blauem Harzauftrag, 155,5 g, Ø 50 mm

PP: 99 Ex. € 16.000,00

LU-G917

Großartiges aus Frankreich – Porzellanmanufaktur Sèvres
2015, 5.000 EURO
Au999, mit blauer „grand-feu"-Glasur, 1 kg, Ø 85 mm, in gewölbter Form

PP: 16 Ex. € 200.000,00

LU-G918

30 Jahre Flagge der Europäischen Union
2015, 2 EURO
Ⓓ Luc Luycx u. Georgios Stamatopoulos

Stgl.:	4.000.000 Ex.	€ 5,50
Blister:	10.000 Ex.	€ 90,00
PP:	10.000 Ex.	€ 230,00

LU-G919

Chinesisches Jahr des Affen (2016)
2015, 10 EURO
Ag900, 22,2 g, Ø 37 mm

PP: 5.000 Ex. € 75,00

LU-G920

Chinesisches Jahr ces Affen (2016)
2015, 50 EURO
Au920, 8,45 g, Ø 22 mm

PP: 500 Ex. € 880,00

LU-G921

LU-G922

LU-G923

LU-G924

LU-G925

LU-G926

LU-G927

LU-G928

LU-G921
Gold- und Silber-Euro –
Gallischer Hahn (III)
2016, 10 EURO
Ag333, 17 g, Ø 31 mm
Ⓓ Joaquin Jimenez
Stgl.: 250.000 Ex. € 27,00
PP: 10.000 Ex. € 44,00
(sowie im Kursmünzensatz
LU-AK2 2016)

LU-G922
Gold- und Silber-Euro –
Gallischer Hahn (III)
2016, 100 EURO
Ag900, 50 g, Ø 47 mm
Ⓓ Joaquin Jimenez
Stgl.: 15.000 Ex. € 190,00

LU-G923
Gold- und Silber-Euro –
Gallischer Hahn (III)
2016, 250 EURO
Au999, 4,5 g, Ø 23 mm
Ⓓ Joaquin Jimenez
Stgl.: 11.200 Ex. € 450,00

LU-G924
Gold- und Silber-Euro –
Gallischer Hahn (III)
2016, 1.000 EURO
Ag999, 20 g, Ø 39 mm
Ⓓ Joaquin Jimenez
Stgl.: 10.000 Ex. € 1.860,00

LU-G925
Gold- und Silber-Euro –
Gallischer Hahn (III)
2016, 5.000 EURO
Ag999, 100 g, Ø 45 mm
Ⓓ Joaquin Jimenez
Stgl.: 2.000 Ex. € 9.100,00

LU-G926
Das Zeitalter der Gegenwart
in Europa – Yves Saint Laurent und
das Centre Pompidou in Paris
2016, 5 EURO
Au999, 0,5 g, Ø 11 mm
PP: 5.000 Ex. € 140,00

LU-G927
Das Zeitalter der Gegenwart
in Europa – Yves Saint Laurent und
das Centre Pompidou in Paris
2016, 10 EURO
Ag900, 22,2 g, Ø 37 mm
PP: 10.000 Ex. € 85,00

LU-G928
Das Zeitalter der Gegenwart
in Europa – Yves Saint Laurent und
das Centre Pompidou in Paris
2016, 50 EURO
Au920, 8,45 g, Ø 22 mm
PP: 1.000 Ex. € 800,00

LU-G929

LU-G930

LU-G931

LU-G932

LU-G933

LU-G934

LU-G935

LU-G936

LU-G929
Das Zeitalter der Gegenwart in Europa – Yves Saint Laurent und das Centre Pompidou in Paris
2016, 200 EURO
Au999, 31,1 g, Ø 37 mm
PP: 500 Ex. € 3.260,00

LU-G930
Das Zeitalter der Gegenwart in Europa – Yves Saint Laurent und das Centre Pompidou in Paris
2016, 500 EURO
Au999, 155,5 g, Ø 50 mm
PP: 99 Ex. € 16.450,00

LU-G931
Säerin 2016 – Französische Münzen: Die Renaissance; Teston (Silbermünze aus der Regierungszeit von Franz I.)
2016, 10 EURO
Ag900, 22,2 g, Ø 37 mm
PP: 5.000 Ex. € 75,00

LU-G932
Säerin 2016 – Französische Münzen: Die Renaissance; Teston (Silbermünze aus der Regierungszeit von Franz I.)
2016, 10 EURO
Au999, 3,11 g, Ø 15 mm
PP: 5.000 Ex. € 360,00

LU-G933
Säerin 2016 – Französische Münzen: Die Renaissance; Teston (Silbermünze aus der Regierungszeit von Franz I.)
2016, 50 EURO
Au920, 8,45 g, Ø 22 mm
PP: 1.000 Ex. € 775,00

LU-G934
Säerin 2016 – Französische Münzen: Die Renaissance; Teston (Silbermünze aus der Regierungszeit von Franz I.)
2016, 100 EURO
Au920, 17 g, Ø 31 mm
PP: 500 Ex. € 1.540,00

LU-G935
Fußball-EM, Frankreich
2016, 2 EURO
Ⓓ Luc Luycx und Joaquin Jimenez
Stgl.: 10.000.000 Ex. € 6,50
Blister: 10.000 Ex. € 28,00
PP: 10.000 Ex. € 120,00

LU-G936
Fußball-EM, Frankreich
2016, 10 EURO
Ag333, 17 g, Ø 31 mm
Ⓓ Joaquin Jimenez
Stgl.: 250.000 Ex. € 22,00

LU-G937

LU-G938

LU-G939

LU-G940

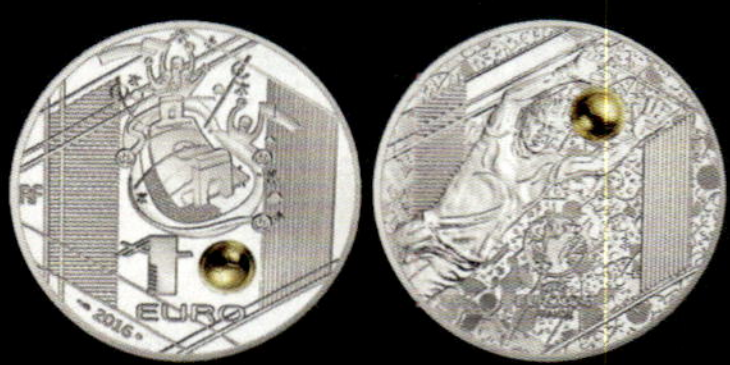

LU-G941

LU-G942

LU-G943

LU-G944

LU-G937
Fußball-EM, Frankreich
2016, 100 EURO
Au999, 1,8 g, Ø 16 mm
Ⓓ Joaquin Jimenez
Stgl.: 20.000 Ex. € 200,00

LU-G938
Fußball-EM, Frankreich – Stadion
2016, 5 EURO
Au999, 0,5 g, Ø 11 mm
Ⓓ Joaquin Jimenez
PP: 5.000 Ex. € 110,00

LU-G939
Fußball-EM, Frankreich – Kopfball
2016, 10 EURO
Ag900 (Ball plastisch und teilvergoldet), 22,7 g, Ø 37 mm
Ⓓ Joaquin Jimenez
PP: 10.000 Ex. € 100,00

LU-G940
Fußball-EM, Frankreich – Torwart
2016, 10 EURO
Ag900 (Ball plastisch und teilvergoldet), 22,7 g, Ø 37 mm
Ⓓ Joaquin Jimenez
PP: 10.000 Ex. € 100,00

LU-G941
Fußball-EM, Frankreich – Schuss
2016, 10 EURO
Ag900 (Ball plastisch und teilvergoldet), 22,7 g, Ø 37 mm
Ⓓ Joaquin Jimenez
PP: 10.000 Ex. € 110,00

LU-G942
Fußball-EM, Frankreich – Schuss
2016, 50 EURO
Ag950, 163,8 g, Ø 50 mm
Ⓓ Joaquin Jimenez
PP: 500 Ex. € 700,00

LU-G943
Fußball-EM, Frankreich – Schuss
2016, 50 EURO
Au920, 8,45 g, Ø 22 mm
Ⓓ Joaquin Jimenez
PP: 2.000 Ex. € 830,00

LU-G944
Fußball-EM, Frankreich – Schuss
2016, 200 EURO
Au999 (Ball plastisch und in 750er Weißgold), 31,1 g, Ø 37 mm
Ⓓ Joaquin Jimenez
PP: 500 Ex. € 3.220,00

LU-G945

LU-G949

LU-G946

LU-G950

LU-G947

LU-G951

LU-G948

LU-G952

LU-G945
Fußball-EM, Frankreich – Stadion
2016, 500 EURO
Au999, 155,5 g, Ø 50 mm
Ⓓ Joaquin Jimenez
PP: 99 Ex. € 16.000,00

LU-G946
Die schöne Reise des Kleinen Prinzen (I)
Beim Fischen am Meer
in Mont-Saint-Michel
2016, 10 EURO
Ag333, 17 g, Ø 31 mm
Ⓓ Joaquin Jimenez
Stgl.: 250.000 Ex. € 27,00

LU-G947
Die schöne Reise des Kleinen Prinzen (I)
Als Seiltänzer – Hafen von La Rochelle
2016, 10 EURO
Ag333, 17 g, Ø 31 mm
Ⓓ Joaquin Jimenez
Stgl.: 110.000 Ex. € 30,00

LU-G948
Die schöne Reise des Kleinen Prinzen (I)
Fahrt in einer Pinasse
2016, 10 EURO
Ag333, 17 g, Ø 31 mm
Ⓓ Joaquin Jimenez
Stgl.: 80.000 Ex. € 27,00

LU-G949
Die schöne Reise des Kleinen Prinzen (I)
Beim baskischen Pelota-Spiel
2016, 10 EURO
Ag333, 17 g, Ø 31 mm
Ⓓ Joaquin Jimenez
Stgl.: 110.000 Ex. € 30,00

LU-G950
Die schöne Reise des Kleinen Prinzen (I)
Besuch der Schlösser an der Loire
2016, 10 EURO
Ag333, 17 g, Ø 31 mm
Ⓓ Joaquin Jimenez
Stgl.: 150.000 Ex. € 30,00

LU-G951
Die schöne Reise des Kleinen Prinzen (I)
Beim Drachensteigen lassen
an den Stränden des Nordens
2016, 10 EURO
Ag333, 17 g, Ø 31 mm
Stgl.: 110.000 Ex. € 26,00

LU-G952
Die schöne Reise des Kleinen Prinzen (I)
Besuch von Notre Dame
2016, 10 EURO
Ag333, 17 g, Ø 31 mm
Stgl.: 150.000 Ex. € 30,00

LU-G953

LU-G957

LU-G954

LU-G958

LU-G955

LU-G959

LU-G956

LU-G960

LU-G953
Die schöne Reise des Kleinen Prinzen (I)
Der Maler am Montmartre
2016, 10 EURO
Ag333, 17 g, Ø 31 mm
Stgl.: 150.000 Ex. € 27,00

LU-G954
Die schöne Reise des Kleinen Prinzen (I)
Besuch des Marktes auf
dem Place Bellecour in Lyon
2016, 10 EURO
Ag333, 17 g, Ø 31 mm
Stgl.: 80.000 Ex. € 30,00

LU-G955
Die schöne Reise des Kleinen Prinzen (I)
Beim Boule spielen
am Alten Hafen von Marseille
2016, 10 EURO
Ag333, 17 g, Ø 31 mm
Stgl.: 100.000 Ex. € 30,00

LU-G956
Die schöne Reise des Kleinen Prinzen (I)
Beim drehen eines Films in Cannes
2016, 10 EURO
Ag333, 17 g, Ø 31 mm
Stgl.: 100.000 Ex. € 30,00

LU-G957
Die schöne Reise des Kleinen Prinzen (I)
Am Meer von Korsika
2016, 10 EURO
Ag333, 17 g, Ø 31 mm
Stgl.: 110.000 Ex. € 27,00

LU-G958
Die schöne Reise des Kleinen Prinzen (I)
Der Kleine Prinz und das Schaf
2016, 50 EURO
Ag900, 41 g, Ø 41 mm
Stgl.: 50.000 Ex. € 120,00

LU-G959
Die schöne Reise des Kleinen Prinzen (I)
Der Kleine Prinz und die Rose
2016, 50 EURO
Ag900, 41 g, Ø 41 mm
Stgl.: 25.000 Ex. € 125,00

LU-G960
Die schöne Reise des Kleinen Prinzen (II)
Beim Segeln in der Bretagne
2016, 10 EURO
Ag333, 17 g, Ø 31 mm
Stgl.: 100.000 Ex. € 30,00

LU-G961

LU-G962

LU-G963

LU-G964

LU-G965

LU-G966

LU-G967

LU-G968

LU-G961
Die schöne Reise des Kleinen Prinzen (II)
Fischfang in Honfleur
2016, 10 EURO
Ag333, 17 g, Ø 31 mm
Stgl.: 80.000 Ex. € 30,00

LU-G962
Die schöne Reise des Kleinen Prinzen (II)
Beim 24-Stunden-Rennen von Le Mans
2016, 10 EURO
Ag333, 17 g, Ø 31 mm
Stgl.: 100.000 Ex. € 27,00

LU-G963
Die schöne Reise des Kleinen Prinzen (II)
Mit dem Flugzeug über Toulouse
2016, 10 EURO
Ag333, 17 g, Ø 31 mm
Stgl.: 150.000 Ex. € 27,00

LU-G964
Die schöne Reise des Kleinen Prinzen (II)
Im Straßencafé am Eiffelturm
2016, 10 EURO
Ag333, 17 g, Ø 31 mm
Stgl.: 150.000 Ex. € 26,00

LU-G965
Die schöne Reise des Kleinen Prinzen (II)
Im Schlossgarten von Versailles
2016, 10 EURO
Ag333, 17 g, Ø 31 mm
Stgl.: 150.000 Ex. € 27,00

LU-G966
Die schöne Reise des Kleinen Prinzen (II)
Ballonfahrt über
den Naturpark Volcans d'Auvergne
2016, 10 EURO
Ag333, 17 g, Ø 31 mm
Stgl.: 80.000 Ex. € 25,00

LU-G967
Die schöne Reise des Kleinen Prinzen (II)
Ausritt im Naturparadies Camargue
2016, 10 EURO
Ag333, 17 g, Ø 31 mm
Stgl.: 150.000 Ex. € 26,00

LU-G968
Die schöne Reise des Kleinen Prinzen (II)
Hospices de Beaune
(ehemaliges Krankenhaus)
2016, 10 EURO
Ag333, 17 g, Ø 31 mm
Stgl.: 80.000 Ex. € 25,00

LU-G969

LU-G970

LU-G971

LU-G972

LU-G973

LU-G974

LU-G975

LU-G976

LU-G969
Die schöne Reise des Kleinen Prinzen (II)
Bei der Weinlese –
Kathedrale von Reims
2016, 10 EURO
Ag333, 17 g, Ø 31 mm
Stgl.: 110.000 Ex. € 30,00

LU-G970
Die schöne Reise des Kleinen Prinzen (II)
Auf dem Weihnachtsmarkt in Straßburg
2016, 10 EURO
Ag333, 17 g, Ø 31 mm
Stgl.: 100.000 Ex. € 27,00

LU-G971
Die schöne Reise des Kleinen Prinzen (II)
Schlittenfahrt
2016, 10 EURO
Ag333, 17 g, Ø 31 mm
Stgl.: 250.000 Ex. € 30,00

LU-G972
Die schöne Reise des Kleinen Prinzen (II)
Vögel
2016, 50 EURO
Ag900, 41 g, Ø 41 mm
Stgl.: 50.000 Ex. € 110,00

LU-G973
Die schöne Reise des Kleinen Prinzen (II)
Der Kleine König und der Fuchs
2016, 50 EURO
Ag900, 41 g, Ø 41 mm
Stgl.: 25.000 Ex. € 125,00

LU-G974
Die schöne Reise des Kleinen Prinzen (II)
2016, 250 EURO
Au999, 4,5 g, Ø 23 mm
Stgl.: 50.000 Ex. € 500,00

LU-G975
Pariser Schätze – Opéra Garnier
2016, 10 EURO
Ag900*, 22,2 g, Ø 37 mm
PP: 3.000 Ex. € 100,00
** Teile des Motivs wurden vergoldet*

LU-G976
Pariser Schätze – Opéra Garnier
2016, 50 EURO
Ag950**, 163,8 g, Ø 50 mm
PP: 250 Ex. € 600,00
*** Teile des Motivs wurden vergoldet*

LU-G977

LU-G978

LU-G979

LU-G980

LU-G981

LU-G982

LU-G983

LU-G984

LU-G977
Bedeutende Frauen Frankreichs –
Königin Clotilde
2016, 10 EURO
Ag900, 22,2 g, Ø 37 mm
Ⓓ Christian Lacroix
PP: 5.000 Ex. € 70,00

LU-G978
Bedeutende Frauen Frankreichs –
Königin Clotilde
2016, 50 EURO
Au920, 8,45 g, Ø 22 mm
Ⓓ Christian Lacroix
PP: 1.000 Ex. € 775,00

LU-G979
Bedeutende Frauen Frankreichs –
Königin Mathilde
2016, 10 EURO
Ag900, 22,2 g, Ø 37 mm
Ⓓ Christian Lacroix
PP: 5.000 Ex. € 70,00

LU-G980
Bedeutende Frauen Frankreichs –
Königin Mathilde
2016, 50 EURO
Au920, 8,45 g, Ø 22 mm
Ⓓ Christian Lacroix
PP: 1.000 Ex. € 775,00

LU-G981
Bedeutende Frauen Frankreichs –
Königin Mathilde
2016, 200 EURO
Au999, 31,1 g, Ø 37 mm
Ⓓ Christian Lacroix
PP: 500 Ex. € 2.900,00

LU-G982
Bedeutende Frauen Frankreichs –
Jeanne d'Arc
2016, 10 EURO
Ag900, 22,2 g, Ø 37 mm
Ⓓ Christian Lacroix
PP: 5.000 Ex. € 70,00

LU-G983
Bedeutende Frauen Frankreichs –
Jeanne d'Arc
2016, 50 EURO
Au920, 8,45 g, Ø 22 mm
Ⓓ Christian Lacroix
PP: 1.000 Ex. € 775,00

LU-G984
Bedeutende Frauen Frankreichs –
Jeanne d'Arc
2016, 200 EURO
Au999, 31,1 g, Ø 37 mm
Ⓓ Christian Lacroix
PP: 500 Ex. € 3.100,00

LU-G985

LU-G986

LU-G987

LU-G988

LU-G989

LU-G990

LU-G991

LU-G992

LU-G985
Französische Schiffe –
Dreimastbark „Belém“
2015, 10 EURO
Ag900, 22,2 g, Ø 37 mm
PP: 3.000 Ex. € 85,00

LU-G986
Französische Schiffe –
Dreimastbark „Belém“
2015, 50 EURO
Ag950, 163,8 g, Ø 50 mm
PP: 250 Ex. € 750,00

LU-G987
Französische Schiffe –
Dreimastbark „Belém“
2015, 50 EURO
Au920, 8,45 g, Ø 22 mm
PP: 500 Ex. € 775,00

LU-G988
Französische Schiffe –
Flugzeugträger „Charles de Gaulle“
2015, 10 EURO
Ag900, 22.2 g, Ø 37 mm
PP: 3.000 Ex. € 70,00

LU-G989
Französische Schiffe –
Flugzeugträger „Charles de Gaulle“
2015, 50 EURO
Ag950, 163,8 g, Ø 50 mm
PP: 250 Ex. € 750,00

LU-G990
Französische Schiffe –
Flugzeugträger „Charles de Gaulle“
2015, 50 EURO
Au920, 8,45 g, Ø 22 mm
PP: 500 Ex. € 775,00

LU-G991
Französische Schiffe –
Ozeandampfer „Île de France“
2015, 10 EURO
Ag900, 22,2 g, Ø 37 mm
PP: 3.000 Ex. € 80,00

LU-G992
Französische Schiffe –
Ozeandampfer „Île de France“
2015, 50 EURO
Ag950, 163,8 g, Ø 50 mm
PP: 250 Ex. € 700,00

LU-G993

LU-G994

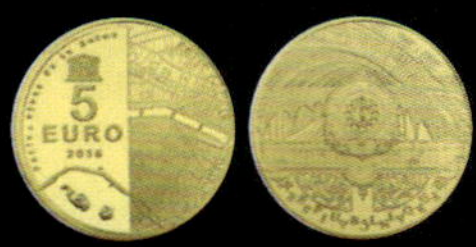

LU-G995

LU-G996

LU-G997

LU-G998

LU-G999

LU-G1000

LU-G993
Französische Schiffe –
Ozeandampfer „Île de France"
2015, 50 EURO
Au920, 8,45 g, Ø 22 mm
PP: 500 Ex. € 775,00

LU-G994
UNESCO-Weltkulturerbe –
Die Ufer der Seine (III):
Petit Palais und Musée d'Orsay
2016, 5 EURO
Au999, 0,5 g, Ø 11 mm
Ⓓ Joaquin Jimenez
PP: 5.000 Ex. € 100,00

LU-G995
UNESCO-Weltkulturerbe –
Die Ufer der Seine (III):
Petit Palais und Musée d'Orsay
2016, 10 EURO
Ag900, 22,2 g, Ø 37 mm
Ⓓ Joaquin Jimenez
PP: 5.000 Ex. € 100,00

LU-G996
UNESCO-Weltkulturerbe –
Die Ufer der Seine (III):
Petit Palais und Musée d'Orsay
2016, 50 EURO
Ag950, 163,8 g, Ø 50 mm
Ⓓ Joaquin Jimenez
PP: 500 Ex. € 700,00

LU-G997
UNESCO-Weltkulturerbe –
Die Ufer der Seine (III):
Petit Palais und Musée d'Orsay
2016, 50 EURO
Au920, 8,45 g, Ø 22 mm
Ⓓ Joaquin Jimenez
PP: 2.000 Ex. € 775,00

LU-G998
UNESCO-Weltkulturerbe –
Die Ufer der Seine (III):
Petit Palais und Musée d'Orsay
2016, 200 EURO
Au999, 31,1 g, Ø 37 mm
Ⓓ Joaquin Jimenez
PP: 500 Ex. € 3.250,00

LU-G999
100. Jahrestag des Ersten Weltkrieges
– Die Schlacht um Verdun (1916)
2016, 10 EURO
Ag900, 22,2 g, Ø 37 mm
PP: 5.000 Ex. € 70,00

LU-G1000
100. Jahrestag des Ersten Weltkrieges
– Die Schlacht um Verdun (1916)
2016, 50 EURO
Au920, 8,45 g, Ø 22 mm
PP: 1.916 Ex. € 775,00

LU-G1001

LU-G1005

LU-G1002

LU-G1006

LU-G1003

LU-G1007

LU-G1004

LU-G1008

LU-G1001

100. Jahrestag des Ersten Weltkrieges – Die Schlacht um Verdun (1916)
2016, 200 EURO
Au999, 31,1 g, Ø 37 mm

PP:	500 Ex.	€ 2.900,00

LU-G1002

100. Geburtstag und 20. Todestag von François Mitterrand
2016, 2 EURO
Ⓓ Luc Luycx und Joaquin Jimenez

Stgl.:	10.000.000 Ex.	€ 6,50
Blister:	10.000 Ex.	€ 27,00
PP:	10.000 Ex.	€ 55,00

LU-G1003

Großartiges aus Frankreich – 110 Jahre Van Cleef & Arpels
2016, 10 EURO
Ag900, 22,2 g, Ø 40 mm

PP:	5.000 Ex.	€ 150,00

LU-G1004

Großartiges aus Frankreich – 110 Jahre Van Cleef & Arpels
2016, 50 EURO
Ag950, 163,8 g, Ø 50 mm

PP:	500 Ex.	€ 750,00

LU-G1005

Großartiges aus Frankreich – 110 Jahre Van Cleef & Arpels
2016, 50 EURO
Au920, 8,45 g, Ø 22 mm

PP:	1.000 Ex.	€ 830,00

LU-G1006

Großartiges aus Frankreich – 110 Jahre Van Cleef & Arpels
2016, 200 EURO
Au999, 31,1 g, Ø 40 mm

PP:	500 Ex.	€ 3.460,00

LU-G1007

Großartiges aus Frankreich – 110 Jahre Van Cleef & Arpels
2016, 500 EURO
Au999, 155,5 g, Ø 50 mm

PP:	99 Ex.	€ 16.250,00

LU-G1008

Großartiges aus Frankreich – 110 Jahre Van Cleef & Arpels
2016, 5.000 EURO
Au999, 1 kg, Ø 85 mm,

PP:	29 Ex.	€ 165.000,00

LU-G1009

LU-G1013

LU-G1010

LU-G1014

LU-G1011

LU-G1015

LU-G1012

LU-G1016

LU-G1009
Micky Maus im Wandel der Zeit
2016, 10 EURO
Ag900, 22,2 g, Ø 37 mm
PP: 3.000 Ex. € 180,00

LU-G1010
Micky Maus im Wandel der Zeit
2016, 50 EURO
Ag950, 163,8 g, Ø 50 mm
PP: 500 Ex. € 950,00

LU-G1011
Micky Maus im Wandel der Zeit
2016, 50 EURO
Au920, 8,45 g, Ø 22 mm
PP: 1.000 Ex. € 890,00

LU-G1012
Micky Maus im Wandel der Zeit
2016, 200 EURO
Au999, 31,1 g, Ø 37 mm
PP: 500 Ex. € 3.750,00

LU-G1013
Micky Maus im Wandel der Zeit
2016, 500 EURO
Au999, 155,5 g, Ø 50 mm
PP: 99 Ex. € 16.750,00

LU-G1014
Die sieben Künste – Der Film: Jean Gabin und der Bahnhof Saint-Lazare
2016, 10 EURO
Ag900, 22,2 g, Ø 37 mm
Ⓓ Christian Lacroix
PP: 5.000 Ex. € 75,00

LU-G1015
Die sieben Künste – Der Film: Jean Gabin und der Bahnhof Saint-Lazare
2016, 50 EURO
Au920, 8,45 g, Ø 22 mm
Ⓓ Christian Lacroix
PP: 500 Ex. € 860,00

LU-G1016
Pariser Schätze – Institut de France
2016, 10 EURO
Ag900*, 22,2 g, Ø 37 mm
PP: 3.000 Ex. € 110,00
** Teile des Motivs wurden vergoldet*

LU-G1017

LU-G1021

LU-G1018

LU-G1022

LU-G1019

LU-G1023

LU-G1020

LU-G1024

LU-G1017
Pariser Schätze – Institut de France
2016, 50 EURO
Ag950*, 163,8 g, Ø 50 mm
PP: 250 Ex. € 750,00
** Teile des Motivs wurden vergoldet*

LU-G1018
Chinesisches Jahr des Hahns (2017)
2016, 10 EURO
Ag900, 22,2 g, Ø 37 mm
PP: 5.000 Ex. € 70,00

LU-G1019
Chinesisches Jahr des Hahns (2017)
2016, 50 EURO
Au920, 8,45 g, Ø 22 mm
PP: 500 Ex. € 830,00

LU-G1020
Gold- und Silber-Euro –
Marianne: Freiheit
2017, 20 EURO
Ag900, 18 g, Ø 33 mm
Ⓓ Joaquin Jimenez
Stgl.: 100.000 Ex. € 45,00
PP: 10.000 Ex. € 60,00

LU-G1021
Gold- und Silber-Euro –
Marianne: Freiheit
2017, 100 EURO
Ag900, 50 g, Ø 47 mm
Ⓓ Joaquin Jimenez
Stgl.: 15.000 Ex. € 185,00

LU-G1022
Gold- und Silber-Euro –
Marianne: Freiheit
2017, 250 EURO
Au999, 3,75 g, Ø 23 mm
Ⓓ Joaquin Jimenez
Stgl.: 25.000 Ex. € 460,00

LU-G1023
Gold- und Silber-Euro –
Marianne: Freiheit
2017, 1.000 EURO
Au999, 17 g, Ø 39 mm
Ⓓ Joaquin Jimenez
Stgl.: 10.000 Ex. € 1.700,00

LU-G1024
Gold- und Silber-Euro –
Marianne: Freiheit
2017, 5.000 EURO
Au999, 85 g, Ø 45 mm
Ⓓ Joaquin Jimenez
PP: 2.000 Ex. € 8.230,00

LU-G1025

LU-G1029

LU-G1026

LU-G1030

LU-G1027

LU-G1031

LU-G1028

LU-G1032

LU-G1025
Säerin 2017 – Französische Münzen: Das Ancien Régime; Louis d'or (eine ab Ludwig XIII. geprägte Goldmünze)
2017, 10 EURO
Ag900, 22,2 g, Ø 37 mm
PP: 5.000 Ex. € 70,00

LU-G1026
Säerin 2017 – Französische Münzen: Das Ancien Régime; Louis d'or (eine ab Ludwig XIII. geprägte Goldmünze)
2017, 50 EURO
Au999, 7,78 g, Ø 22 mm
PP: 1.000 Ex. € 750,00

LU-G1027
Säerin 2017 – Französische Münzen: Das Ancien Régime; Louis d'or (eine ab Ludwig XIII. geprägte Goldmünze)
2017, 100 EURO
Au999, 15,55 g, Ø 31 mm
PP: 500 Ex. € 1.710,00

LU-G1028
100. Todestag von Auguste Rodin
2017, 2 EURO
Ⓓ Luc Luycx und Joaquin Jimenez
Stgl.: 10.000.000 Ex. € 5,50
Blister: 10.000 Ex. € 24,00
PP: 10.000 Ex. € 40,00

LU-G1029
100. Todestag von Auguste Rodin
2017, 10 EURO
Ag333, 17 g, Ø 31 mm
Ⓓ Joaquin Jimenez
Stgl.: 150.000 Ex. € 22,00
PP: nur aus Kursmünzensatz LU-AK2 2017

LU-G1030
100. Todestag von Auguste Rodin
2017, 100 EURO
Ag900, 50 g, Ø 47 mm
Ⓓ Joaquin Jimenez
Stgl.: 10.000 Ex. € 190,00

LU-G1031
Das Zeitalter von Eisen und Glas – Victor Hugo, Eiffelturm sowie das Gemälde „Die Freiheit führt das Volk"
2017, 5 EURO
Au999, 0,5 g, Ø 11 mm
Ⓓ Joaquin Jimenez
PP: 5.000 Ex. € 120,00

LU-G1032
Das Zeitalter von Eisen und Glas – Victor Hugo, Eiffelturm sowie das Gemälde „Die Freiheit führt das Volk"
2017, 10 EURO
Ag900, 22,2 g, Ø 37 mm
Ⓓ Joaquin Jimenez
PP: 20.000 Ex. € 85,00

LU-G1033

LU-G1034

LU-G1035

LU-G1036

LU-G1037

LU-G1038

LU-G1039

LU-G1040

LU-G1033

Das Zeitalter von Eisen und Glas – Victor Hugo, Eiffelturm sowie das Gemälde „Die Freiheit führt das Volk"
2017, 50 EURO
Ag950, 163,8 g, Ø 50 mm
Ⓓ Joaquin Jimenez
PP: 500 Ex. € 625,00

LU-G1034

Das Zeitalter von Eisen und Glas – Victor Hugo, Eiffelturm sowie das Gemälde „Die Freiheit führt das Volk"
2017, 50 EURO
Au999, 7,78 g, Ø 22 mm
Ⓓ Joaquin Jimenez
PP: 1.000 Ex. € 900,00

LU-G1035

Das Zeitalter von Eisen und Glas – Victor Hugo, Eiffelturm sowie das Gemälde „Die Freiheit führt das Volk"
2017, 200 EURO
Au999, 31,1 g, Ø 37 mm
Ⓓ Joaquin Jimenez
PP: 500 Ex. € 3.580,00

LU-G1036

Das Zeitalter von Eisen und Glas – Victor Hugo, Eiffelturm sowie das Gemälde „Die Freiheit führt das Volk"
2017, 500 EURO
Au999, 155,5 g, Ø 50 mm
Ⓓ Joaquin Jimenez
PP: 99 Ex. € 17.250,00

LU-G1037

Pariser Schätze –
Die Freiheitsstatue von Paris
2017, 10 EURO
Ag900*, 22,2 g, Ø 37 mm
PP: 3.000 Ex. € 95,00
** Teile des Motivs wurden vergoldet*

LU-G1038

Pariser Schätze –
Die Freiheitsstatue von Paris
2017, 50 EURO
Ag950**, 163,8 g, Ø 50 mm
PP: 1.000 Ex. € 625,00
*** Teile des Motivs wurden vergoldet*

LU-G1039

Pariser Schätze –
Die Freiheitsstatue von Paris
2017, 200 EURO
Au999, 31,1 g, Ø 37 mm
PP: 250 Ex. € 3.620,00

LU-G1040

Pariser Schätze –
Die Freiheitsstatue von Paris
2017, 500 EURO
Ag999***, 1 kg, Ø 100 mm
PP: 500 Ex. € 2.800,00
**** Teile des Motivs wurden vergoldet*

LU-G1041

LU-G1042

LU-G1043

LU-G1044

LU-G1045

LU-G1046

LU-G1047

LU-G1048

LU-G1041
Pariser Schätze –
Die Freiheitsstatue von Paris
2017, 500 EURO
Au999, 155,5 g, Ø 50 mm
PP: 99 Ex. € 16.800,00

LU-G1042
Pariser Schätze – „Génie de la Bastille"
2017, 10 EURO
Ag900*, 22,2 g, Ø 37 mm
PP: 3.000 Ex. € 95,00
** Teile des Motivs wurden vergoldet*

LU-G1043
Pariser Schätze – „Génie de la Bastille"
2017, 50 EURO
Ag950**, 163,8 g, Ø 50 mm
PP: 250 Ex. € 625,00
*** Teile des Motivs wurden vergoldet*

LU-G1044
Bedeutende Frauen Frankreichs –
Caterina de' Medici
2017, 10 EURO
Ag900, 22,2 g, Ø 37 mm
Ⓓ Christian Lacroix
PP: 5.000 Ex. € 70,00

LU-G1045
Bedeutende Frauen Frankreichs –
Caterina de' Medici
2017, 50 EURO
Au999, 7,78 g, Ø 22 mm
Ⓓ Christian Lacroix
PP: 1.000 Ex. € 820,00

LU-G1046
Bedeutende Frauen Frankreichs –
Madame de Pompadour
2017, 10 EURO
Ag900, 22,2 g, Ø 37 mm
Ⓓ Christian Lacroix
PP: 5.000 Ex. € 70,00

LU-G1047
Bedeutende Frauen Frankreichs –
Madame de Pompadour
2017, 50 EURO
Au999, 7,78 g, Ø 22 mm
Ⓓ Christian Lacroix
PP: 1.000 Ex. € 790,00

LU-G1048
Bedeutende Frauen Frankreichs –
Olympe de Gouges
2017, 10 EURO
Ag900, 22,2 g, Ø 37 mm
Ⓓ Christian Lacroix
PP: 5.000 Ex. € 70,00

LU-G1049

LU-G1053

LU-G1050

LU-G1054

LU-G1051

LU-G1055

LU-G1052

LU-G1056

LU-G1049
Bedeutende Frauen Frankreichs – Olympe de Gouges
2017, 50 EURO
Au999, 7,78 g, Ø 22 mm
Ⓓ Christian Lacroix
PP: 1.000 Ex. € 840,00

LU-G1050
Frankreich, gesehen mit den Augen von Jean-Paul Gaultier (I) – Die Hauptstadt Paris
2017, 10 EURO
Ag333, 17 g, Ø 31 mm
Stgl.: 120.000 Ex. € 22,00

LU-G1051
Frankreich, gesehen mit den Augen von Jean-Paul Gaultier (I) – Champagne, eine prickelnde Region
2017, 10 EURO
Ag333, 17 g, Ø 31 mm
Stgl.: 100.000 Ex. € 22,00

LU-G1052
Frankreich, gesehen mit den Augen von Jean-Paul Gaultier (I) – Die Vulkane der Auvergne
2017, 10 EURO
Ag333, 17 g, Ø 31 mm
Stgl.: 90.000 Ex. € 22,00

LU-G1053
Frankreich, gesehen mit den Augen von Jean-Paul Gaultier (I) – Leuchtendes Lyon
2017, 10 EURO
Ag333, 17 g, Ø 31 mm
Stgl.: 120.000 Ex. € 22,00

LU-G1054
Frankreich, gesehen mit den Augen von Jean-Paul Gaultier (I) – Korsika
2017, 10 EURO
Ag333, 17 g, Ø 31 mm
Stgl.: 100.000 Ex. € 22,00

LU-G1055
Frankreich, gesehen mit den Augen von Jean-Paul Gaultier (I) – Das siegreiche Orléans
2017, 10 EURO
Ag333, 17 g, Ø 31 mm
Stgl.: 100.000 Ex. € 22,00

LU-G1056
Frankreich, gesehen mit den Augen von Jean-Paul Gaultier (I) – Strahlende Provence
2017, 10 EURO
Ag333, 17 g, Ø 31 mm
Stgl.: 170.000 Ex. € 22,00

LU-G1057

LU-G1061

LU-G1058

LU-G1062

LU-G1059

LU-G1063

LU-G1060

LU-G1064

LU-G1057
Frankreich, gesehen mit den Augen von Jean-Paul Gaultier (I) – Inspirierende Normandie
2017, 10 EURO
Ag333, 17 g, Ø 31 mm
Stgl.: 120.000 Ex. € 22,00

LU-G1058
Frankreich, gesehen mit den Augen von Jean-Paul Gaultier (I) – Fischen in der Bretagne
2017, 10 EURO
Ag333, 17 g, Ø 31 mm
Stgl.: 120.000 Ex. € 22,00

LU-G1059
Frankreich, gesehen mit den Augen von Jean-Paul Gaultier (I) – Baskenland
2017, 10 EURO
Ag333, 17 g, Ø 31 mm
Stgl.: 100.000 Ex. € 22,00

LU-G1060
Frankreich, gesehen mit den Augen von Jean-Paul Gaultier (I) – Volkstanz in Roussillon
2017, 10 EURO
Ag333, 17 g, Ø 31 mm
Stgl.: 100.000 Ex. € 22,00

LU-G1061
Frankreich, gesehen mit den Augen von Jean-Paul Gaultier (I) – Bezauberndes Languedoc
2017, 10 EURO
Ag333, 17 g, Ø 31 mm
Stgl.: 100.000 Ex. € 22,00

LU-G1062
Frankreich, gesehen mit den Augen von Jean-Paul Gaultier (I) – Nationalfeiertag 14. Juli
2017, 50 EURO
Ag900, 41 g, Ø 41 mm
Stgl.: 50.000 Ex. € 135,00

LU-G1063
Frankreich, gesehen mit den Augen von Jean-Paul Gaultier (I) – Der Hahn als Seemann
2017, 50 EURO
Ag900, 41 g, Ø 41 mm
Stgl.: 25.000 Ex. € 145,00

LU-G1064
Frankreich, gesehen mit den Augen von Jean-Paul Gaultier (I) – Frankreich
2017, 200 EURO
Au999, 3 g, Ø 20 mm
Stgl.: 25.000 Ex. € 425,00

LU-G1065

LU-G1069

LU-G1066

LU-G1070

LU-G1067

LU-G1071

LU-G1068

LU-G1072

LU-G1065
Frankreich, gesehen mit den Augen von Jean-Paul Gaultier (II) – Universelles Paris
2017, 10 EURO
Ag333, 17 g, Ø 31 mm
Stgl.: 170.000 Ex. € 22,00

LU-G1066
Frankreich, gesehen mit den Augen von Jean-Paul Gaultier (II) – Mutiges Lorraine
2017, 10 EURO
Ag333, 17 g, Ø 31 mm
Stgl.: 90.000 Ex. € 22,00

LU-G1067
Frankreich, gesehen mit den Augen von Jean-Paul Gaultier (II) – Elsass für Feinschmecker
2017, 10 EURO
Ag333, 17 g, Ø 31 mm
Stgl.: 90.000 Ex. € 22,00

LU-G1068
Frankreich, gesehen mit den Augen von Jean-Paul Gaultier (II) – Jahrgangsweine aus Burgund
2017, 10 EURO
Ag333, 17 g, Ø 31 mm
Stgl.: 90.000 Ex. € 22,00

LU-G1069
Frankreich, gesehen mit den Augen von Jean-Paul Gaultier (II) – Die hohen Alpen
2017, 10 EURO
Ag333, 17 g, Ø 31 mm
Stgl.: 90.000 Ex. € 22,00

LU-G1070
Frankreich, gesehen mit den Augen von Jean-Paul Gaultier (II) – Frischer Norden
2017, 10 EURO
Ag333, 17 g, Ø 31 mm
Stgl.: 80.000 Ex. € 22,00

LU-G1071
Frankreich, gesehen mit den Augen von Jean-Paul Gaultier (II) – Bretagne
2017, 10 EURO
Ag333, 17 g, Ø 31 mm
Stgl.: 90.000 Ex. € 22,00

LU-G1072
Frankreich, gesehen mit den Augen von Jean-Paul Gaultier (II) – Glitzernde Übersee
2017, 10 EURO
Ag333, 17 g, Ø 31 mm
Stgl.: 90.000 Ex. € 22,00

LU-G1073

LU-G1074

LU-G1075

LU-G1076

LU-G1077

LU-G1078

LU-G1079

LU-G1080

LU-G1073
Frankreich, gesehen mit den Augen von Jean-Paul Gaultier (II) – Königliche Touraine
2017, 10 EURO
Ag333, 17 g, Ø 31 mm
Stgl.: 80.000 Ex. € 22,00

LU-G1074
Frankreich, gesehen mit den Augen von Jean-Paul Gaultier (II) – Legendäre Côte d'Azur
2017, 10 EURO
Ag333, 17 g, Ø 31 mm
Stgl.: 100.000 Ex. € 22,00

LU-G1075
Frankreich, gesehen mit den Augen von Jean-Paul Gaultier (II) – Das neue Aquitanien
2017, 10 EURO
Ag333, 17 g, Ø 31 mm
Stgl.: 100.000 Ex. € 22,00

LU-G1076
Frankreich, gesehen mit den Augen von Jean-Paul Gaultier (II) – Erobserndes Toulouse
2017, 10 EURO
Ag333, 17 g, Ø 31 mm
Stgl.: 90.000 Ex. € 22,00

LU-G1077
Frankreich, gesehen mit den Augen von Jean-Paul Gaultier (II) – Die Marseillaise
2017, 50 EURO
Ag900, 41 g, Ø 41 mm
Stgl.: 50.000 Ex. € 115,00

LU-G1078
Frankreich, gesehen mit den Augen von Jean-Paul Gaultier (II) – Die Henne im Korsett
2017, 50 EURO
Ag900, 41 g, Ø 41 mm
Stgl.: 25.000 Ex. € 110,00

LU-G1079
Geschichte der Luftfchrt – „Airbus A380"
2017, 10 EURO
Ag900, 22,2 g, Ø 37 mm
Ⓓ Joaquin Jimenez
PP: 3.000 Ex. € 75,00

LU-G1080
Geschichte der Luftfahrt – „Airbus A380"
2017, 50 EURO
Ag900, 163,8 g, Ø 50 mm
Ⓓ Joaquin Jimenez
PP: 250 Ex. € 625,00

LU-G1081

LU-G1085

LU-G1082

LU-G1086

LU-G1083

LU-G1087

LU-G1084

LU-G1088

LU-G1081
Geschichte der Luftfahrt –
„Airbus A380"
2017, 50 EURO
Au999, 7,78 g, Ø 22 mm
Ⓓ Joaquin Jimenez
PP: 500 Ex. € 840,00

LU-G1082
Geschichte der Luftfahrt –
„Airbus A380"
2017, 200 EURO
Au999, 31,1 g, Ø 37 mm
Ⓓ Joaquin Jimenez
PP: 500 Ex. € 3.400,00

LU-G1083
Geschichte der Luftfahrt –
„Spirit of St. Louis"
2017, 10 EURO
Ag900, 22,2 g, Ø 37 mm
Ⓓ Joaquin Jimenez
PP: 3.000 Ex. € 75,00

LU-G1084
Geschichte der Luftfahrt –
„Spirit of St. Louis"
2017, 50 EURO
Ag900, 163,8 g, Ø 50 mm
Ⓓ Joaquin Jimenez
PP: 250 Ex. € 575,00

LU-G1085
Geschichte der Luftfahrt –
„Spirit of St. Louis"
2017, 50 EURO
Au999, 7,78 g, Ø 22 mm
Ⓓ Joaquin Jimenez
PP: 500 Ex. € 850,00

LU-G1086
Geschichte der Luftfahrt –
„Spirit of St. Louis"
2017, 200 EURO
Au999, 31,1 g, Ø 37 mm
Ⓓ Joaquin Jimenez
PP: 500 Ex. € 3.560,00

LU-G1087
UNESCO-Weltkulturerbe – Die Ufer der Seine (IV): Place de la Concorde und Nationalversammlung
2017, 5 EURO
Au999, 0,5 g, Ø 11 mm
Ⓓ Joaquin Jimenez
PP: 5.000 Ex. € 110,00

LU-G1088
UNESCO-Weltkulturerbe – Die Ufer der Seine (IV): Place de la Concorde und Nationalversammlung
2017, 10 EURO
Ag900*, 22,2 g, Ø 37 mm
Ⓓ Joaquin Jimenez
PP: 5.000 Ex. € 95,00
* *Teile des Motivs wurden vergoldet*

LU-G1089
UNESCO-Weltkulturerbe – Die Ufer der Seine (IV): Place de la Concorde und Nationalversammlung
2017, 50 EURO
Ag950*, 163,8 g, Ø 50 mm
Ⓓ Joaquin Jimenez
PP: 500 Ex. € 625,00
** Teile des Motivs wurden vergoldet*

LU-G1090
UNESCO-Weltkulturerbe – Die Ufer der Seine (IV): Place de la Concorde und Nationalversammlung
2017, 50 EURO
Ⓓ Joaquin Jimenez
Au999, 7,78 g, Ø 22 mm
PP: 2.000 Ex. € 820,00

LU-G1091
UNESCO-Weltkulturerbe – Die Ufer der Seine (IV): Place de la Concorde und Nationalversammlung
2017, 200 EURO
Au999, 31,1 g, Ø 37 mm
Ⓓ Joaquin Jimenez
PP: 500 Ex. € 3.520,00

LU-G1092
100. Jahrestag des Ersten Weltkrieges – Moderne Kriegsführung (2017)
2017, 10 EURO
Ag900, 22,2 g, Ø 37 mm
PP: 5.000 Ex. € 70,00

LU-G1093
100. Jahrestag des Ersten Weltkrieges – Moderne Kriegsführung (2017)
2017, 50 EURO
Au999, 7,78 g, Ø 22 mm
PP: 1.917 Ex. € 870,00

LU-G1094
100. Jahrestag des Ersten Weltkrieges – Moderne Kriegsführung (2017)
2017, 200 EURO
Au999, 31,1 g, Ø 37 mm
PP: 500 Ex. € 3.530,00

LU-G1095
30. Jahrestag der Erstausstrahung der Zeichentrickserie „DuckTales"
2017, 10 EURO
Ag900, 22,2 g, Ø 37 mm
PP: 3.000 Ex. € 155,00

LU-G1096
30. Jahrestag der Erstausstrahung der Zeichentrickserie „DuckTales"
2017, 50 EURO
Ag950, 163,8 g, Ø 50 mm
PP: 500 Ex. € 950,00

LU-G1097

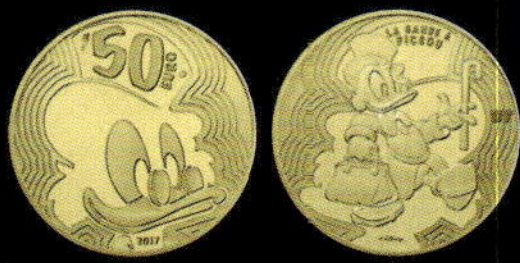

LU-G1101

LU-G1098

LU-G1102

LU-G1099

LU-G1103

LU-G1100

LU-G1104

LU-G1097

30. Jahrestag der Erstausstrahlung der Zeichentrickserie „DuckTales“
2017, 50 EURO
Au999, 7,78 g, Ø 22 mm
PP: 1.000 Ex. € 775,00

LU-G1098

30. Jahrestag der Erstausstrahlung der Zeichentrickserie „DuckTales“
2017, 200 EURO
Au999, 31,1 g, Ø 37 mm
PP: 500 Ex. € 3.710,00

LU-G1099

30. Jahrestag der Erstausstrahlung der Zeichentrickserie „DuckTales“
2017, 500 EURO
Au999, 155,5 g, Ø 50 mm
PP: 99 Ex. € 20.500,00

LU-G1100

Meisterwerke aus französischen Museen – „Das Frühstück im Grünen“, Gemälde von Édouard Manet
2017, 10 EURO
Ag900, 22,2 g, Ø 37 mm
PP: 5.000 Ex. € 70,00

LU-G1101

Meisterwerke aus französischen Museen – „Das Frühstück im Grünen“, Gemälde von Édouard Manet
2017, 50 EURO
Au999, 7,78 g, Ø 22 mm
PP: 500 Ex. € 830,00

LU-G1102

Meisterwerke aus französischen Museen – „Die Venus von Milo“, Statue (2. Jh.) eines unbekannten Künstlers
2017, 10 EURO
Ag900, 22,2 g, Ø 37 mm
PP: 5.000 Ex. € 70,00

LU-G1103

Meisterwerke aus französischen Museen – „Die Venus von Milo“, Statue (2. Jh.) eines unbekannten Künstlers
2017, 50 EURO
Au999, 7,78 g, Ø 22 mm
PP: 500 Ex. € 810,00

LU-G1104

Meisterwerke aus französischen Museen – „Die Venus von Milo“, Statue (2. Jh.) eines unbekannten Künstlers
2017, 200 EURO
Au999, 31,1 g, Ø 37 mm
PP: 250 Ex. € 3.590,00

LU-G1105

LU-G1106

LU-G1107

LU-G1108

LU-G1109

LU-G1110

LU-G1111

LU-G1112

LU-G1105
25 Jahre rosa Schleife, als Symbol des Kampfes gegen den Brustkrebs
2017, 2 EURO
Ⓓ Luc Luycx und Joaquin Jimenez

Stgl.:	10.000.000 Ex.	€ 6,50
Blister:	10.000 Ex.*	€ 500,00
PP:	10.000 Ex.*	€ 480,00

* *Die Münzen aus Blistern und die in PP-Ausführung besitzen ein koloriertes Motivteil (Schleife).*

LU-G1106
Die sieben Künste – Bildhauerei: Auguste Rodin und das Rodin-Museum
2017, 10 EURO
Ag900, 22,2 g, Ø 37 mm
Ⓓ Christian Lacroix

PP:	3.000 Ex.	€ 70,00

LU-G1107
Die sieben Künste – Bildhauerei: Auguste Rodin und das Rodin-Museum
2017, 50 EURO
Au999, 7,78 g, Ø 22 mm
Ⓓ Christian Lacroix

PP:	500 Ex.	€ 810,00

LU-G1108
Großartiges aus Frankreich – Restaurant Guy Savoy
2017, 10 EURO
Ag900, 22,2 g, Ø 37x28,4 mm (oval)
Ⓓ Joaquin Jimenez

PP:	5.000 Ex.	€ 100,00

LU-G1109
Großartiges aus Frankreich – Restaurant Guy Savoy
2017, 50 EURO
Ag950, 163,8 g, Ø 50 mm
Ⓓ Joaquin Jimenez

PP:	500 Ex.	€ 625,00

LU-G1110
Großartiges aus Frankreich – Restaurant Guy Savoy
2017, 50 EURO
Au999, 7,78 g, Ø 22 mm
Ⓓ Joaquin Jimenez

PP:	1.000 Ex.	€ 900,00

LU-G1111
Großartiges aus Frankreich – Restaurant Guy Savoy
2017, 200 EURO
Au999, 31,1 g, Ø 37x28,4 mm (oval)
Ⓓ Joaquin Jimenez

PP:	500 Ex.	€ 3.910,00

LU-G1112
Großartiges aus Frankreich – Restaurant Guy Savoy
2017, 500 EURO
Au999, 155,5 g, Ø 50 mm
Ⓓ Joaquin Jimenez

PP:	99 Ex.	€ 16.900,00

LU-G1113

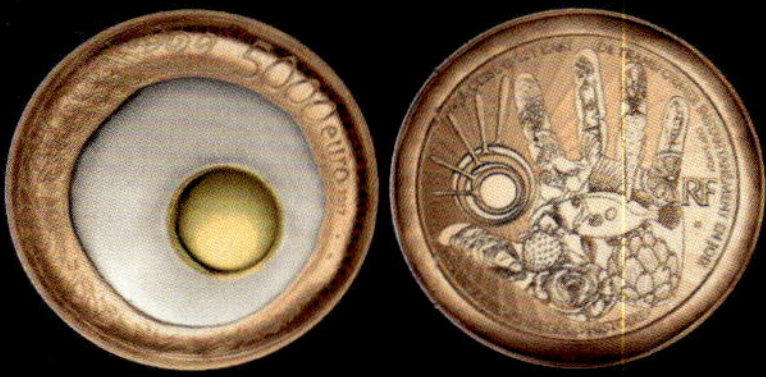

LU-G1117

LU-G1114

LU-G1118

LU-G1115

LU-G1119

LU-G1116

LU-G1120

LU-G1113
Großartiges aus Frankreich – Restaurant Guy Savoy
2017, 5.000 EURO
Au 999, 1 kg, Ø 100 mm
Ⓓ Joaquin Jimenez
(sowie ein Trüffel aus Ag950 und schwarzem Nickel)
PP: 11 Ex. € 185.000,00

LU-G1114
Chinesisches Jahr des Hundes (2018)
2017, 10 EURO
Ag900, 22,2 g, Ø 37 mm
PP: 5.000 Ex. € 70,00

LU-G1115
Chinesisches Jahr des Hundes (2018)
2017, 20 EURO
Ag999, 31,1 g, Ø 37 mm
PP: 5.000 Ex. € 120,00

LU-G1116
Chinesisches Jahr des Hundes (2018)
2017, 50 EURO
Au999, 7.78 g, Ø 22 mm
PP: 500 Ex. € 810,00

LU-G1117
Säerin 2018 – Französische Münzen: Die franz. Revolution, Ecu de 6 livres
2018, 5 EURO
Au999, 0,5 g, Ø 11 mm
PP: 5.000 Ex. € 120,00

LU-G1118
Säerin 2018 – Französische Münzen: Die franz. Revolution, Ecu de 6 livres
2018, 10 EURO
Ag900, 22,2 g, Ø 37 mm
PP: 3.000 Ex. € 70,00

LU-G1119
Säerin 2018 – Französische Münzen: Die franz. Revolution, Ecu de 6 livres
2018, 50 EURO
Au999, 7,78 g, Ø 22 mm
PP: 500 Ex. € 850,00

LU-G1120
Säerin 2018 – Französische Münzen: Die franz. Revolution, Ecu de 6 livres
2018, 100 EURO
Au999, 15,5 g, Ø 31 mm
PP: 250 Ex. € 1.700,00

LU-G1121

LU-G1122

LU-G1123

LU-G1124

LU-G1125

LU-G1126

LU-G1127

LU-G1128

LU-G1121
Gold- und Silber-Euro –
Marianne: Gleichheit
2018, 20 EURO
Ag900, 18 g, Ø 33 mm
Ⓓ Joaquin Jimenez
Stgl.: 75.000 Ex. € 45,00
PP: 10.000 Ex. € 60,00

LU-G1122
Gold- und Silber-Euro –
Marianne: Gleichheit
2018, 100 EURO
Ag900, 50 g, Ø 47 mm
Ⓓ Joaquin Jimenez
Stgl.: 10.000 Ex. € 180,00

LU-G1123
Gold- und Silber-Euro –
Marianne: Gleichheit
2018, 250 EURO
Au999, 3,75 g, Ø 23 mm
Ⓓ Joaquin Jimenez
Stgl.: 15.000 Ex. € 440,00

LU-G1124
Gold- und Silber-Euro –
Marianne: Gleichheit
2018, 1000 EURO
Au999, 17 g, Ø 39 mm
Ⓓ Joaquin Jimenez
Stgl.: 5.000 Ex. € 1.680,00

LU-G1125
Gold- und Silber-Euro –
Marianne: Gleichheit
2018, 5000 EURO
Au999, 85 g, Ø 45 mm
Ⓓ Joaquin Jimenez
PP: 1.000 Ex. € 8.500,00

LU-G1126
25 Jahre Vertrag von Maastricht
2018, 5 EURO
Au999, 0,5 g, Ø 11 mm
Ⓓ Joaquin Jimenez
PP: 50.000 Ex. € 85,00

LU-G1127
25 Jahre Vertrag von Maastricht
2018, 10 EURO
Ag900, 22,2 g, Ø 37 mm
Ⓓ Joaquin Jimenez
PP: 3.000 Ex. € 70,00

LU-G1128
Bedeutende Frauen Frankreichs –
Joséphine de Beauharnais
2018, 10 EURO
Ag900, 22,2 g, Ø 37 mm
Ⓓ Christian Lacroix
PP: 5.000 Ex. € 70,00

LU-G1129

LU-G1130

LU-G1131

LU-G1132

LU-G1133

LU-G1134

LU-G1135

LU-G1136

LU-G1129
Bedeutende Frauen Frankreichs –
Joséphine de Beauharnais
2018, 50 EURO
Au999, 7,78 g, Ø 22 mm
Ⓓ Christian Lacroix
PP: 1.000 Ex. € 800,00

LU-G1130
Bedeutende Frauen Frankreichs –
Désirée Clary
2018, 10 EURO
Ag900, 22,2 g, Ø 37 mm
Ⓓ Christian Lacroix
PP: 5.000 Ex. € 70,00

LU-G1131
Bedeutende Frauen Frankreichs –
Désirée Clary (1777–1860),
Königin von Schweden und Norwegen
2018, 50 EURO
Au999, 7,78 g, Ø 22 mm
Ⓓ Christian Lacroix
PP: 1.000 Ex. € 880,00

LU-G1132
Bedeutende Frauen Frankreichs –
George Sand
2018, 10 EURO
Ag900, 22,2 g, Ø 37 mm
Ⓓ Christian Lacroix
PP: 5.000 Ex. € 70,00

LU-G1133
Bedeutende Frauen Frankreichs –
George Sand
2018, 50 EURO
Au999, 7,78 g, Ø 22 mm
Ⓓ Christian Lacroix
PP: 1.000 Ex. € 800,00

LU-G1134
Bedeutende Frauen Frankreichs –
George Sand
2018, 200 EURO
Au999, 31,104 g, Ø 37 mm
Ⓓ Christian Lacroix
PP: 250 Ex. € 3.600,00

LU-G1135
100. Jahrestag der Beendigung
des Ersten Weltkrieges –
Der Waffenstillstand von 1918
2018, 10 EURO
Ag333, 17 g, Ø 31 mm
Ⓓ Joaquin Jimenez
Stgl.: 100.000 Ex. € 25,00

LU-G1136
100. Jahrestag der Beendigung
des Ersten Weltkrieges –
Der Waffenstillstand von 1918
2018, 100 EURO
Ag900, 50 g, Ø 47 mm
Ⓓ Joaquin Jimenez
Stgl.: 10.000 Ex. € 200,00

LU-G1137

LU-G1141

LU-G1138

LU-G1142

LU-G1139

LU-G1143

LU-G1140

LU-G1144

LU-G1137

Kornblume Frankreichs – Gedenken an die Opfer des Ersten Weltkrieges

2018, 2 EURO

Ⓓ Luc Luycx und Monnaie de Paris

Stgl.:	15.000.000 Ex.	€ 5,50
Blister:	10.000 Ex.*	€ 160,00
PP:	10.000 Ex.*	€ 470,00

* *Die Münzen aus Blistern und die in PP-Ausführung besitzen ein koloriertes Motivteil (Kornblume).*

LU-G1138

Mickey in Frankreich (I) –
Am Fuße der „eisernen Lady" (Eiffelturm)

2018, 10 EURO

Ag333, 17 g, Ø 31 mm

Stgl.: 95.000 Ex. € 29,00

LU-G1139

Mickey in Frankreich (I) –
Frei wie ein Vogel

2018, 10 EURO

Ag333, 17 g, Ø 31 mm

Stgl.: 95.000 Ex. € 22,00

LU-G1140

Mickey in Frankreich (I) –
Ausflug an die Loire

2018, 10 EURO

Ag333, 17 g, Ø 31 mm

Stgl.: 95.000 Ex. € 25,00

LU-G1141

Mickey in Frankreich (I) –
An der Brücke von Avignon

2018, 10 EURO

Ag333, 17 g, Ø 31 mm

Stgl.: 95.000 Ex. € 22,00

LU-G1142

Mickey in Frankreich (I) –
Zuerst am Seil

2018, 10 EURO

Ag333, 17 g, Ø 31 mm

Stgl.: 95.000 Ex. € 22,00

LU-G1143

Mickey in Frankreich (I) –
„Ruhe, Action!"

2018, 10 EURO

Ag333, 17 g, Ø 31 mm

Stgl.: 95.000 Ex € 22,00

LU-G1144

Mickey in Frankreich (I) –
Countdown

2018, 10 EURO

Ag333, 17 g, Ø 31 mm

Stgl.: 95.000 Ex € 22,00

LU-G1145

LU-G1149

LU-G1146

LU-G1150

LU-G1147

LU-G1151

LU-G1148

LU-G1152

LU-G1145
Mickey in Frankreich (I) –
Die schöne Wanderung
2018, 10 EURO
Ag333, 17 g, Ø 31 mm
Stgl.: 95.000 Ex. € 24,00

LU-G1146
Mickey in Frankreich (I) –
„Neue Welle"
2018, 10 EURO
Ag333, 17 g, Ø 31 mm
Stgl.: 95.000 Ex. € 22,00

LU-G1147
Mickey in Frankreich (I) –
Picknick in der Normandie
2018, 10 EURO
Ag333, 17 g, Ø 31 mm
Stgl.: 145.000 Ex. € 24,00

LU-G1148
Mickey in Frankreich (I) –
Nationalfeiertag 14. Juli
2018, 50 EURO
Ag900, 41 g, Ø 41 mm
Stgl.: [illegible]5.000 Ex. € 100,00

LU-G1149
Mickey in Frankreich (I) –
Mickey als Student
2018, 50 EURO
Ag900, 41 g, Ø 41 mm
Stgl.: 20.000 Ex. € 120,00

LU-G1150
Mickey in Frankreich (I) –
Frankreich
2018, 200 EURO
Au999, 3 g, Ø 20 mm
Stgl.: 20.000 Ex. € 380,00

LU-G1151
Mickey in Frankreich (II) –
Saint-Tropez, Provence-Alpes-Côte d'Azur
2018, 10 EURO
Ag333, 17 g, Ø 31 mm
Stgl.: 95.000 Ex. € 22,00

LU-G1152
Mickey in Frankreich (II) –
Okzitanien, Flug über Carcassonne
2018, 10 EURO
Ag333, 17 g, Ø 31 mm
Stgl.: 95.000 Ex. € 22,00

LU-G1153

LU-G1154

LU-G1155

LU-G1156

LU-G1157

LU-G1158

LU-G1159

LU-G1160

LU-G1153
Mickey in Frankreich (II) –
Kathedrale Notre-Dame von Paris
2018, 10 EURO
Ag333, 17 g, Ø 31 mm
Stgl.: 145.000 Ex. € 22,00

LU-G1154
Mickey in Frankreich (II) –
Straßburger Münster
2018, 10 EURO
Ag333, 17 g, Ø 31 mm
Stgl.: 95.000 Ex. € 22,00

LU-G1155
Mickey in Frankreich (II) –
Lothringen, Stanislas-Platz in Nancy
2018, 10 EURO
Ag333, 17 g, Ø 31 mm
Stgl.: 95.000 Ex. € 22,00

LU-G1156
Mickey in Frankreich (II) –
Ode an die Vulkane der Auvergne
2018, 10 EURO
Ag333, 17 g, Ø 31 mm
Stgl.: 95.000 Ex. € 22,00

LU-G1157
Mickey in Frankreich (II) –
„Les Rois de la Petite Reine", mit dem Fahrrad durch Lille
2018, 10 EURO
Ag333, 17 g, Ø 31 mm
Stgl.: 95.000 Ex. € 22,00

LU-G1158
Mickey in Frankreich (II) –
Turm von Arundel in Les Sables-d'Olonne
2018, 10 EURO
Ag333, 17 g, Ø 31 mm
Stgl.: 95.000 Ex. € 22,00

LU-G1159
Mickey in Frankreich (II) –
Robert-Surkouf-Denkmal in Saint-Malo
2018, 10 EURO
Ag333, 17 g, Ø 31 mm
Stgl.: 95.000 Ex € 22,00

LU-G1160
Mickey in Frankreich (II) –
Burgund, mit dem Auto durch Beaune
2018, 10 EURO
Ag333, 17 g, Ø 31 mm
Stgl.: 145.000 Ex. € 22,00

LU-G1161

LU-G1162

LU-G1163

LU-G1164

LU-G1165

LU-G1166

LU-G1167

LU-G1168

LU-G1161
Mickey in Frankreich (II) –
Montmartre
2018, 50 EURO
Ag900, 41 g, Ø 41 mm
Stgl.: 35.000 Ex. € 100,00

LU-G1162
Mickey in Frankreich (II) –
Champs Elysées
2018, 50 EURO
Ag900, 41 g, Ø 41 mm
Stgl.: 20.000 Ex. € 120,00

LU-G1163
FIFA Fußball-WM in Russland
2018, 5 EURO
Au999, 0,5 g, Ø 11 mm
Ⓓ Joaquin Jimenez
PP: 5.000 Ex. € 140,00

LU-G1164
FIFA Fußball-WM in Russland
2018, 10 EURO
Ag900, 22,2 g, Ø 37 mm
Ⓓ Joaquin Jimenez
PP: 50.000 Ex. € 110,00

LU-G1165
FIFA Fußball-WM in Russland
2018, 50 EURO
Au999, 7,78 g, Ø 22 mm
Ⓓ Joaquin Jimenez
PP: 3.000 Ex. € 910,00

LU-G1166
FIFA Fußball-WM in Russland
2018, 200 EURO
Au999, 31,104 g, Ø 37 mm
Ⓓ Joaquin Jimenez
PP: 500 Ex. € 4.150,00

LU-G1167
FIFA Fußball-WM in Russland
2018, 500 EURO
Au999, 155,5 g, Ø 50 mm
Ⓓ Joaquin Jimenez
PP: 99 Ex. € 17.700,00

LU-G1168
Geschichte der Luftfahrt –
„Dakota C47"
2018, 10 EURO
Ag900, 22,2 g, Ø 37 mm
PP: 3.000 Ex. € 80,00

LU-G1169

LU-G1173

LU-G1170

LU-G1174

LU-G1171

LU-G1175

LU-G1172

LU-G1176

LU-G1169
Geschichte der Luftfahrt –
„Dakota C47"
2018, 50 EURO
Ag950, 163,8 g, Ø 50 mm
PP: 250 Ex. € 700,00

LU-G1170
Geschichte der Luftfahrt –
„Dakota C47"
2018, 50 EURO
Au999, 7,78 g, Ø 22 mm
PP: 500 Ex. € 880,00

LU-G1171
Geschichte der Luftfahrt –
„Dakota C47"
2018, 200 EURO
Au999, 31,104 g, Ø 37 mm
PP: 500 Ex. € 3.600,00

LU-G1172
Geschichte der Luftfahrt –
„Dakota C47"
2018, 500 EURO
Au999, 155,5 g, Ø 50 mm
PP: 99 Ex. € 19.000,00

LU-G1173
Geschichte der Luftfahrt –
„Transall"
2018, 10 EURO
Ag900, 22,2 g, Ø 37 mm
PP: 3.000 Ex. € 70,00

LU-G1174
Geschichte der Luftfahrt –
„Transall"
2018, 50 EURO
Ag950, 163,8 g, Ø 50 mm
PP: 250 Ex. € 575,00

LU-G1175
Geschichte der Luftfahrt –
„Transall"
2018, 50 EURO
Au999, 7,78 g, Ø 22 mm
PP: 500 Ex. € 880,00

LU-G1176
Das Zeitalter des Barock
und Rokoko – Der Spiegelsaal von
Versailles, Voltaire und Ludwig XIV.,
der tanzende König
2018, 5 EURO
Au999, 0,5 g, Ø 11 mm
Ⓓ Joaquin Jimenez
PP: 5.000 Ex. € 110,00

LU-G1177

LU-G1181

LU-G1178

LU-G1182

LU-G1179

LU-G1183

LU-G1180

LU-G1184

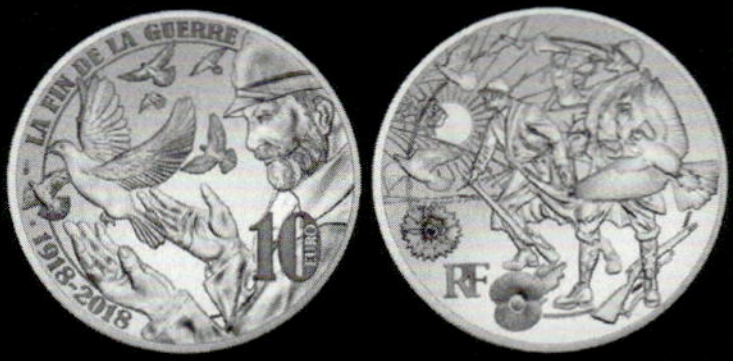

LU-G1177
Das Zeitalter des Barock
und Rokoko – Der Spiegelsaal von Versailles, Voltaire und Ludwig XIV., der tanzende König
2018, 10 EURO
Ag900*, 22,2 g, Ø 37 mm
Ⓓ Joaquin Jimenez
PP: 10.000 Ex. € 95,00
** Teile des Motivs wurden vergoldet*

LU-G1178
Das Zeitalter des Barock
und Rokoko – Der Spiegelsaal von Versailles, Voltaire und Ludwig XIV., der tanzende König
2018, 50 EURO
Ag950*, 163,8 g, Ø 50 mm
Ⓓ Joaquin Jimenez
PP: 500 Ex. € 700,00
** Teile des Motivs wurden vergoldet*

LU-G1179
Das Zeitalter des Barock
und Rokoko – Der Spiegelsaal von Versailles, Voltaire und Ludwig XIV., der tanzende König
2018, 50 EURO
Au999, 7.78 g, Ø 22 mm
Ⓓ Joaquin Jimenez
PP: 500 Ex. € 910,00

LU-G1180
Das Zeitalter des Barock
und Rokoko – Der Spiegelsaal von Versailles, Voltaire und Ludwig XIV., der tanzende König
2018, 200 EURO
Au999, 31,104 g, Ø 37 mm
Ⓓ Joaquin Jimenez
PP: 500 Ex. € 3.600,00

LU-G1181
Das Zeitalter des Barock
und Rokoko – Der Spiegelsaal von Versailles, Voltaire und Ludwig XIV., der tanzende König
2018, 500 EURO
Au999, 155,5 g, Ø 50 mm
Ⓓ Joaquin Jimenez
PP: 99 Ex. € 18.750,00

LU-G1182
100. Jahrestag des Ersten Weltkrieges – Die jubelnde Bevölkerung begrüßt Soldaten aus allen Nationen
2018, 10 EURO
Ag900, 22,2 g, Ø 37 mm
PP: 1.918 Ex.* € 170,00
** Die Münze ist auch Bestandteil zweier Gedenkboxensets (Auflage je 500 Ex.).*

LU-G1183
100. Jahrestag des Ersten Weltkrieges – Die jubelnde Bevölkerung begrüßt Soldaten aus allen Nationen
2018, 50 EURO
Au999, 7,78 g, Ø 22 mm
PP: 500 Ex. € 750,00

LU-G1184
100. Jahrestag des Ersten Weltkrieges – Das Ende des Krieges
2018, 10 EURO
Ag900, 22,2 g, Ø 37 mm
PP: 1.918 Ex. € 110,00

LU-G1185

LU-G1189

LU-G1186

LU-G1190

LU-G1187

LU-G1191

LU-G1188

LU-G1192

LU-G1185
100. Jahrestag des Ersten Weltkrieges – Das Ende des Krieges
2018, 50 EURO
Au999, 7,78 g, Ø 22 mm
PP: 600 Ex. € 1.180,00

LU-G1186
Pariser Schätze – Tor des Schlosses von Versailles
2018, 10 EURO
Ag900, 22,2 g, Ø 37 mm
PP: 2.500 Ex. € 95,00

LU-G1187
Pariser Schätze – Tor des Schlosses von Versailles
2018, 50 EURO
Ag950, 163,8 g, Ø 50 mm
PP: 250 Ex. € 700,00

LU-G1188
Pariser Schätze – Die Alexander-Brücke
2018, 10 EURO
Ag900, 22,2 g, Ø 37 mm
PP: 2.000 Ex. € 95,00

LU-G1189
Pariser Schätze – Die Alexander-Brücke
2018, 50 EURO
Ag950, 163,8 g, Ø 50 mm
PP: 250 Ex. € 700,00

LU-G1190
UNESCO-Weltkulturerbe – Die Ufer der Seine (V): Der Louvre und die Brücke der Künste
2018, 10 EURO
Ag900*, 22,2 g, Ø 37 mm
Ⓓ Joaquin Jimenez
PP: 5.000 Ex. € 120,00
** Teile des Motivs wurden vergoldet und schwarz rhodiniert*

LU-G1191
UNESCO-Weltkulturerbe – Die Ufer der Seine (V): Der Louvre und die Brücke der Künste
2018, 50 EURO
Ag950*, 163,8 g, Ø 50 mm
Ⓓ Joaquin Jimenez
PP: 500 Ex. € 650,00
** Teile des Motivs wurden vergoldet und schwarz rhodiniert*

LU-G1192
UNESCO-Weltkulturerbe – Die Ufer der Seine (V): Der Louvre und die Brücke der Künste
2018, 50 EURO
Au999, 7,78 g, Ø 22 mm
Ⓓ Joaquin Jimenez
PP: 2.000 Ex. € 910,00

LU-G1193

LU-G1197

LU-G1194

LU-G1198

LU-G1195

LU-G1199

LU-G1196

LU-G1200

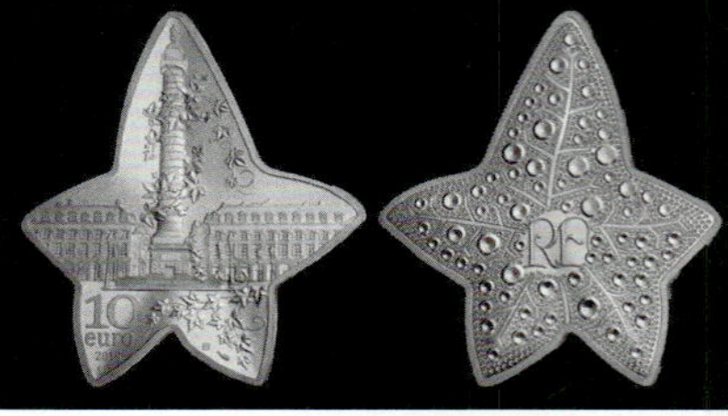

LU-G1193
UNESCO-Weltkulturerbe –
Die Ufer der Seine (V):
Der Louvre und die Brücke der Künste
2018, 200 EURO
Au999, 31,104 g, Ø 37 mm
Ⓓ Joaquin Jimenez
PP: 500 Ex. € 3.600,00

LU-G1194
UNESCO-Weltkulturerbe –
Die Ufer der Seine (V):
Der Louvre und die Brücke der Künste
2018, 500 EURO
Ag999, 1 kg, Ø 100 mm
Ⓓ Joaquin Jimenez
PP: 500 Ex. € 2.800,00

LU-G1195
Simone Veil (1927–2017), Politikerin
2018, 2 EURO
Ⓓ Luc Luycx und Joaquin Jimenez

Stgl.:	15.000.000 Ex.	€ 6,50
Blister:	10.000 Ex.	€ 28,00
PP:	10.000 Ex.	€ 36,00

LU-G1196
Meisterwerke aus franz. Museen –
„Ball im Moulin de la Galette",
Gemälde von Auguste Renoir
2018, 10 EURO
Ag900, 22,2 g, Ø 37 mm
PP: 2.000 Ex. € 80,00

LU-G1197
Meisterwerke aus franz. Museen –
„Ball im Moulin de la Galette",
Gemälde von Auguste Renoir
2018, 50 EURO
Au999, 7,78 g, Ø 22 mm
PP: 500 Ex. € 880,00

LU-G1198
Meisterwerke aus franz. Museen –
„Der Kuss", Skulptur von Auguste Rodin
2018, 10 EURO
Ag900, 22,2 g, Ø 37 mm
PP: 2.000 Ex. € 70,00

LU-G1199
Meisterwerke aus franz. Museen –
„Der Kuss", Skulptur von Auguste Rodin
2018, 50 EURO
Au999, 7,78 g, Ø 22 mm
PP: 500 Ex. € 880,00

LU-G1200
Großartiges aus Frankreich –
Maison Boucheron
2018, 10 EURO
Ag900, 22,2 g, Münze in Form
eines Efeublatts
PP: 5.000 Ex. € 110,00

LU-G1201

LU-G1202

LU-G1203

LU-G1204

LU-G1205

LU-G1206

LU-G1207

LU-G1208

LU-G1201
Großartiges aus Frankreich –
Maison Boucheron
2018, 50 EURO
Ag950, 163,8 g, Ø 50 mm
PP: 500 Ex. € 700,00

LU-G1202
Großartiges aus Frankreich –
Maison Boucheron
2018, 50 EURO
Au999, 7,78 g, Ø 22 mm
PP: 1.000 Ex. € 910,00

LU-G1203
Großartiges aus Frankreich –
Maison Boucheron
2018, 200 EURO
Au999, 31,104 g, Münze in Form eines Efeublatts
PP: 500 Ex. € 3.600,00

LU-G1204
Großartiges aus Frankreich –
Maison Boucheron
2018, 500 EURO
Au999, 155,5 g, Ø 50 mm
PP: 99 Ex. € 17.600,00

LU-G1205
Großartiges aus Frankreich –
Maison Boucheron
2018, 5.000 EURO
Au999 mit 31 Diamanten besetzt, 1 kg, 8-eckiges Polygon
PP: 11 Ex. € 185.000,00

LU-G1206
Mickey und seine Freunde –
Mickey und Minnie
2018, 10 EURO
Ag900, 22,2 g, Ø 37 mm
PP: 3.000 Ex. € 130,00

LU-G1207
Mickey und seine Freunde –
Mickey, Daisy, Donald, Goofy und Pluto
2018, 50 EURO
Ag950, 163,8 g, Ø 50 mm
PP: 500 Ex. € 700,00

LU-G1208
Mickey und seine Freunde –
Donald und Daisy
2018, 50 EURO
Au999, 7,78 g, Ø 22 mm
PP: 1.000 Ex. € 960,00

LU-G1209

LU-G1213

LU-G1210

LU-G1214

LU-G1211

LU-G1215

LU-G1212

LU-G1216

LU-G1209
Mickey und seine Freunde – Mickey und Minnie
2018, 200 EURO
Au999, 31,104 g, Ø 37 mm
PP: 500 Ex. € 3.630,00

LU-G1210
FIFA Fußball-WM in Russland – Weltmeister Frankreich
2018, 10 EURO
Ag333, 17 g, Ø 31 mm (im Blister)
Stgl.: 500.000 Ex. € 28,00

LU-G1211
FIFA Fußball-WM in Russland – Weltmeister Frankreich
2018, 10 EURO
Ag900, 22,2 g, Ø 37 mm
PP: 10.000 Ex. € 110,00

LU-G1212
FIFA Fußball-WM in Russland – Weltmeister Frankreich
2018, 50 EURO
Au999, 7,78 g, Ø 22 mm
PP: 2.000 Ex. € 890,00

LU-G1213
Die sieben Künste – Poesie: Guillaume Apollinaire, Wald voller Tannen – Eiffelturm
2018, 10 EURO
Ag900, 22,2 g, Ø 37 mm
PP: 1.000 Ex. € 170,00

LU-G1214
Die sieben Künste – Poesie: Guillaume Apollinaire, Wald voller Tannen – Eiffelturm
2018, 50 EURO
Au999, 7,78 g, Ø 22 mm
PP: 250 Ex. € 930,00

LU-G1215
Chinesisches Jahr des Schweins (2019)
2018, 10 EURO
Ag900, 22,2 g, Ø 37 mm
PP: 2.500 Ex. € 80,00

LU-G1216
Chinesisches Jahr des Schweins (2019)
2018, 20 EURO
Ag999, 44,4 g, Ø 37 mm
PP: 2.500 Ex. € 140,00

LU-G1217

LU-G1218

LU-G1219

LU-G1220

LU-G1221

LU-G1222

LU-G1223

LU-G1224

LU-G1217
Chinesisches Jahr des Schweins (2019)
2018, 50 EURO
Au999, 7,78 g, Ø 22 mm
PP: 888 Ex. € 880,00

LU-G1218
Säerin 2019 – Französische Münzen:
Das 1. Kaiserreich, „Franc Germinal"
2019, 5 EURO
Au999, 0,5 g, Ø 11 mm
PP: 2.000 Ex. € 140,00

LU-G1219
Säerin 2019 – Französische Münzen:
Das 1. Kaiserreich, „Franc Germinal"
2019, 10 EURO
Ag900, 22,2 g, Ø 37 mm
PP: 3.000 Ex. € 70,00

LU-G1220
Säerin 2019 – Französische Münzen:
Das 1. Kaiserreich, „Franc Germinal"
2019, 50 EURO
Au999, 7,78 g, Ø 22 mm
PP: 1.000 Ex. € 880,00

LU-G1221
Säerin 2019 – Französische Münzen:
Das 1. Kaiserreich, „Franc Germinal"
2019, 100 EURO
Au999, 15,55 g, Ø 31 mm
PP: 500 Ex. € 1.760,00

LU-G1222
Säerin 2019 – Französische Münzen:
Das 1. Kaiserreich, „Franc Germinal"
2019, 500 EURO
Au999, 155,5 g, Ø 50 mm
PP: 99 Ex. € 17.600,00

LU-G1223
Gold- und Silber-Euro –
Marianne: Brüderlichkeit
2019, 20 EURO
Ag900, 18 g, Ø 33 mm
Stgl.: 75.000 Ex. € 42,00
PP: 10.000 Ex. € 60,00

LU-G1224
Gold- und Silber-Euro –
Marianne: Brüderlichkeit
2019, 100 EURO
Ag900, 50 g, Ø 47 mm
Stgl.: 10.000 Ex. € 180,00

LU-G1225

LU-G1226

LU-G1227

LU-G1228

LU-G1229

LU-G1230

LU-G1231

LU-G1232

LU-G1225
Gold- und Silber-Euro –
Marianne: Brüderlichkeit
2019, 250 EURO
Au999, 3,75 g, Ø 23 mm
Stgl.: 15.000 Ex. € 410,00

LU-G1226
Gold- und Silber-Euro –
Marianne: Brüderlichkeit
2019, 1000 EURO
Au999, 17 g, Ø 39 mm
Stgl.: 5.000 Ex. € 1.800,00

LU-G1227
Gold- und Silber-Euro –
Marianne: Brüderlichkeit
2019, 5000 EURO
Au999, 85 g, Ø 45 mm
PP: 1.000 Ex. € 8.300,00

LU-G1228
30. Jahrestag des Falls
der Berliner Mauer
2019, 10 EURO
Ag333, 17 g, Ø 31 mm (im Folder)
Stgl.: 100.000 Ex. € 23,00

LU-G1229
30. Jahrestag des Falls
der Berliner Mauer
2019, 100 EURO
Ag900, 50 g, Ø 47 mm
Stgl.: 10.000 Ex. € 230,00

LU-G1230
30. Jahrestag des Falls
der Berliner Mauer
2019, 5 EURO
Au999, 0,5 g, Ø 11 mm
PP: 3.000 Ex. € 140,00

LU-G1231
30. Jahrestag des Falls
der Berliner Mauer
2019, 50 EURO
Au999, 7,78 g, Ø 22 mm
PP: 1.000 Ex. € 960,00

LU-G1232
30. Jahrestag des Falls
der Berliner Mauer
2019, 10 EURO
Ag900, 22,2 g, 35 × 48 mm
(in Form eines Mauersegments)
PP: 3.000 Ex. € 230,00

LU-G1233

LU-G1234

LU-G1235

LU-G1236

LU-G1237

LU-G1238

LU-G1239

LU-G1240

LU-G1233
30. Jahrestag des Falls
der Berliner Mauer
2019, 200 EURO
Au999, 31,104 g, 35×48 mm
(in Form eines Mauersegments)

PP:	500 Ex.	€ 4.500,00

LU-G1234
30. Jahrestag des Falls
der Berliner Mauer
2019, 2 EURO
Ⓓ Luc Luycx und Monnaie de Paris

Stgl.:	10.000.000 Ex.	€ 7,50
Blister:	10.000 Ex.	€ 23,00
PP:	10.000 Ex.	€ 40,00

LU-G1235
Bedeutende Frauen Frankreichs –
Marie Curie
2019, 10 EURO
Ag900, 22,2 g, Ø 37 mm

PP:	2.000 Ex.	€ 90,00

LU-G1236
Bedeutende Frauen Frankreichs –
Marie Curie
2019, 50 EURO
Au999, 7,78 g, Ø 22 mm

PP:	500 Ex.	€ 890,00

LU-G1237
Bedeutende Frauen Frankreichs –
Marie Curie
2019, 200 EURO
Au999, 31,104 g, Ø 37 mm

PP:	250 Ex.	€ 3.600,00

LU-G1238
Geschichte der Luftfahrt –
50. Jahestag des Erstflugs der
„Concorde"
2019, 10 EURO
Ag900, 22,2 g, Ø 37 mm

PP:	3.000 Ex.	€ 115,00

LU-G1239
Geschichte der Luftfahrt –
50. Jahestag des Erstflugs der
„Concorde"
2019, 50 EURO
Ag950, 163,8 g, Ø 50 mm

PP:	250 Ex.	€ 700,00

LU-G1240
Geschichte der Luftfahrt –
50. Jahestag des Erstflugs der
„Concorde"
2019, 50 EURO
Au999, 7,78 g, Ø 22 mm

PP:	500 Ex.	€ 880,00

LU-G1241

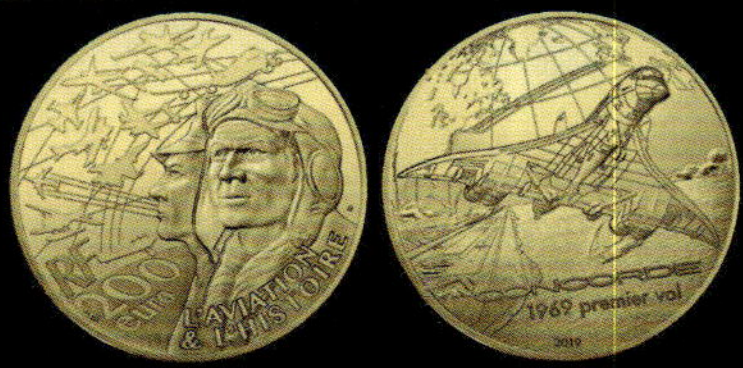

LU-G1245

LU-G1242

LU-G1246

LU-G1243

LU-G1247

LU-G1244

LU-G1248

LU-G1241
Geschichte der Luftfahrt –
50. Jahestag des Erstflugs der
„Concorde"
2019, 200 EURO
Au999, 31,104 g, Ø 37 mm
PP: 250 Ex. € 3.600,00

LU-G1242
Geschichte der Luftfahrt –
50. Jahestag des Erstflugs der
„Concorde"
2019, 500 EURO
Au999, 155,5 g, Ø 50 mm
PP: 99 Ex. € 19.000,00

LU-G1243
Geschichte der Luftfahrt –
„Lockheed P-38" und
Antoine de Saint-Exupéry
2019, 10 EURO
Ag900, 22,2 g, Ø 37 mm
PP: 2.000 Ex. € 110,00

LU-G1244
Geschichte der Luftfahrt –
„Lockheed P-38" und
Antoine de Saint-Exupéry
2019, 50 EURO
Au999, 7,78 g, Ø 22 mm
PP: 250 Ex. € 880,00

LU-G1245
Das Zeitalter der Renaissance – Leonardo da Vinci,
Franz I. und Schloss Amboise
2019, 5 EURO
Au999, 0,5 g, Ø 11 mm
PP: 2.000 Ex. € 100,00

LU-G1246
Das Zeitalter der Renaissance – Leonardo da Vinci,
Franz I. und Schloss Amboise
2019 10 EURO
Ag900, 22,2 g, Ø 37 mm
PP: 5.000 Ex. € 70,00

LU-G1247
Das Zeitalter der Renaissance – Leonardo da Vinci,
Franz I. und Schloss Amboise
2019, 50 EURO
Ag950, 163,8 g, Ø 50 mm
PP: 250 Ex. € 575,00

LU-G1248
Das Zeitalter der Renaissance – Leonardo da Vinci,
Franz I. und Schloss Amboise
2019, 50 EURO
Au999, 7,78 g, Ø 22 mm
PP: 500 Ex. € 900,00

LU-G1249

LU-G1250

LU-G1251

LU-G1252

LU-G1253

LU-G1254

LU-G1255

LU-G1256

LU-G1249

Das Zeitalter der Renaissance – Leonardo da Vinci, Franz I. und Schloss Amboise
2019, 200 EURO
Au999, 31,104 g, Ø 37 mm
PP: 250 Ex. € 3.750,00

LU-G1250

Geprägte französische Geschichte (I) – Triens aus der Zeit von Dagobert I. (um 608/610–639)
2019, 10 EURO
Ag333, 17 g, Ø 31 mm
Stgl.: 170.000 Ex. € 25,00

LU-G1251

Geprägte französische Geschichte (I) – Münze aus der Zeit von Wilhelm dem Eroberer (1027/28–1087)
2019, 10 EURO
Ag333, 17 g, Ø 31 mm
Stgl.: 170.000 Ex. € 24,00

LU-G1252

Geprägte französische Geschichte (I) – Die Templer: „Masse d'or" aus der Zeit Philipp IV. (1268–1314)
2019, 10 EURO
Ag333, 17 g, Ø 31 mm
Stgl.: 170.000 Ex. € 24,00

LU-G1253

Geprägte französische Geschichte (I) – Hundertjähriger Krieg (1337–1453): „Franc à Cheval", die erste französische Frankenmünze, die 1360 unter Johann II. eingeführt wurde
2019, 10 EURO
Ag333, 17 g, Ø 31 mm
Stgl.: 170.000 Ex. € 25,00

LU-G1254

Geprägte französische Geschichte (I) – D'Artagnan: 1665 unter Ludwig XIV. ausgegebene Medaille „Training der Musketiere"
2019, 10 EURO
Ag333, 17 g, Ø 31 mm
Stgl.: 170.000 Ex. € 25,00

LU-G1255

Geprägte französische Geschichte (I) – ¼ Écu aus der Zeit von Ludwig XIV. (1638–1715)
2019, 10 EURO
Ag333, 17 g, Ø 31 mm
Stgl.: 170.000 Ex. € 27,00

LU-G1256

Geprägte französische Geschichte (I) – 30 Sols aus der Zeit von Ludwig XVI. (1754–1793)
2019, 10 EURO
Ag333, 17 g, Ø 31 mm
Stgl.: 170.000 Ex. € 25,00

LU-G1257

LU-G1261

LU-G1258

LU-G1262

LU-G1259

LU-G1263

LU-G1260

LU-G1264

LU-G1257
Geprägte französische Geschichte (I) – Napoleon Bonaparte: „Franc Geminal" aus dem Jahr 11 (1802/1803)
2019, 10 EURO
Ag333, 17 g, Ø 31 mm
Stgl.: 170.000 Ex. € 27,00

LU-G1258
Geprägte französische Geschichte (I) – Medaille zur Pariser Weltausstellung 1889
2019, 10 EURO
Ag333, 17 g, Ø 31 mm
Stgl.: 170.000 Ex. € 29,00

LU-G1259
Geprägte französische Geschichte (I) – Sturm auf die Bastille am 14. Juli 1789: Münze aus dem Jahr 1790, zum ersten Jahrestag des Föderationstages
2019, 50 EURO
Ag900, 41 g, Ø 41 mm
Stgl.: 30.000 Ex. € 110,00

LU-G1260
Geprägte französische Geschichte (I) – Medaille zum 200. Jahrestag der Erklärung der Menschen- und Bürgerrechte am 26. August 1789
2019, 50 EURO
Ag900, 41 g, Ø 41 mm
Stgl.: 20.000 Ex. € 110,00

LU-G1261
Geprägte französische Geschichte (I) – Fünften Republik: 10-Franc-Münze aus dem Jahr 1976 mit einer Zeichnung (Karte Frankreichs mit den Buchstaben „RF") von Georges Mathieus
2019, 200 EURO
Au999, 3 g, Ø 20 mm
Ⓓ Monnaie de Paris
Stgl.: 20.000 Ex. € 3.700,00

LU-G1262
Geprägte französische Geschichte (II) – Stater aus der Zeit von Vercingétorix (ca. 82 v. Chr.–46 v. Chr.)
2019, 10 EURO
Ag333, 17 g, Ø 31 mm
Stgl.: 85.000 Ex. € 22,00

LU-G1263
Geprägte französische Geschichte (II) – Medaille aus dem 19. Jahrhundert mit Darstellung von Karl dem Großen (742–814)
2019, 10 EURO
Ag333, 17 g, Ø 31 mm
Stgl.: 85.000 Ex. € 27,00

LU-G1264
Geprägte französische Geschichte (II) – Siegel von Eleonore von Aquitanien (1122–1204)
2019, 10 EURO
Ag333, 17 g, Ø 31 mm
Stgl.: 85.000 Ex. € 22,00

LU-G1265

LU-G1269

LU-G1266

LU-G1270

LU-G1267

LU-G1271

LU-G1268

LU-G1272

LU-G1265
Geprägte französische Geschichte (II) – Die Päpste von Avignon: Gros aus der Zeit von Papst Clemens VI. (1291–1352)
2019, 10 EURO
Ag333, 17 g, Ø 31 mm
Stgl.: 85.000 Ex. € 25,00

LU-G1266
Geprägte französische Geschichte (II) – Jacques Cartier (1491–1557): Écu aus der Zeit von Franz I. (1494–1547)
2019, 10 EURO
Ag333, 17 g, Ø 31 mm
Stgl.: 85.000 Ex. € 26,00

LU-G1267
Geprägte französische Geschichte (II) – Franz I. (1494–1547): Medaille aus dem 20 Jahrhundert mit Darstellung von Leonardo da Vinci (1452–1519)
2019, 10 EURO
Ag333, 17 g, Ø 31 mm
Stgl.: 170.000 Ex. € 31,00

LU-G1268
Geprägte französische Geschichte (II) – Marquis de La Fayette (1757–1834): Louisd'or aus der Zeit von Ludwig XVI. (1754–1793)
2019, 10 EURO
Ag333, 17 g, Ø 31 mm
Stgl.: 85.000 Ex. € 29,00

LU-G1269
Geprägte französische Geschichte (II) – Die Verfassung von 1830: Essai zu einer 5-Francs-Münze aus der Zeit von Louis-Philippe I. (1773–1850)
2019, 10 EURO
Ag333, 17 g, Ø 31 mm
Stgl.: 150.000 Ex. € 22,00

LU-G1270
Geprägte französische Geschichte (II) – Charles de Gaulle (1890–1970): eine von Pierre-Alexandre Morlon gestaltete 1-Franc-Münze aus dem Jahr 1944
2019, 10 EURO
Ag333, 17 g, Ø 31 mm
Stgl.: 170.000 Ex. € 30,00

LU-G1271
Geprägte französische Geschichte (II) – Medaille aus dem 19. Jahrhundert mit Darstellung des von François Rude gestalteten Reliefs „Die Marseillaise"
2019, 50 EURO
Ag900, 41 g, Ø 41 mm
Stgl.: 30.000 Ex. € 110,00

LU-G1272
Geprägte französische Geschichte (II) – Medaille aus der Zeit des ersten Kaiserreichs, welche die Übergabe der Flagge durch Napoleon I. an die Armee zeigt
2019, 50 EURO
Ag900, 41 g, Ø 41 mm
Stgl.: 20.000 Ex € 120,00

LU-G1273

LU-G1277

LU-G1274

LU-G1278

LU-G1275

LU-G1279

LU-G1276

LU-G1280

LU-G1273
UNESCO-Weltkulturerbe –
550. Geburtstag von Vasco da Gama
(1469–1524) und
500 Jahre Turm von Belém
2019, 5 EURO
Au999, 0,5 g, Ø 11 mm
PP: 2.000 Ex. € 130,00

LU-G1274
UNESCO-Weltkulturerbe –
550. Geburtstag von Vasco da Gama
(1469–1524) und
500 Jahre Turm von Belém
2019, 10 EURO
Ag900, 22,2 g, Ø 37 mm
PP: 3.000 Ex. € 85,00

LU-G1275
UNESCO-Weltkulturerbe –
550. Geburtstag von Vasco da Gama
(1469–1524) und
500 Jahre Turm von Belém
2019, 50 EURO
Au999, 7,78 g, Ø 22 mm
PP: 500 Ex. € 920,00

LU-G1276
UNESCO-Weltkulturerbe –
550. Geburtstag von Vasco da Gama
(1469–1524) und
500 Jahre Turm von Belém
2019, 200 EURO
Au999, 31,104 g, Ø 37 mm
PP: 250 Ex. € 3.700,00

LU-G1277
Fußball-WM der Frauen 2019 –
Asien, Volleyschuß
2019, ¼ EURO
CuAlNi, 15,8 g, Ø 33,8 mm
Stgl.: 250.000 Ex. € 15,00

LU-G1278
Fußball-WM der Frauen 2019 –
Asien, Volleyschuß
2019, 10 EURO
Ag900, 22,2 g, Ø 37 mm
PP: 10.000 Ex. € 110,00

LU-G1279
Fußball-WM der Frauen 2019 –
Asien, Volleyschuß
2019, 50 EURO
Au999, 7,78 g, Ø 22 mm
PP: 2.000 Ex. € 1.050,00

LU-G1280
Fußball-WM der Frauen 2019 –
Asien, Volleyschuß
2019, 200 EURO
Au999, 31,104 g, Ø 37 mm
PP: 1.000 Ex. € 4.400,00

LU-G1281

LU-G1282

LU-G1283

LU-G1284

LU-G1285

LU-G1286

LU-G1287

LU-G1288

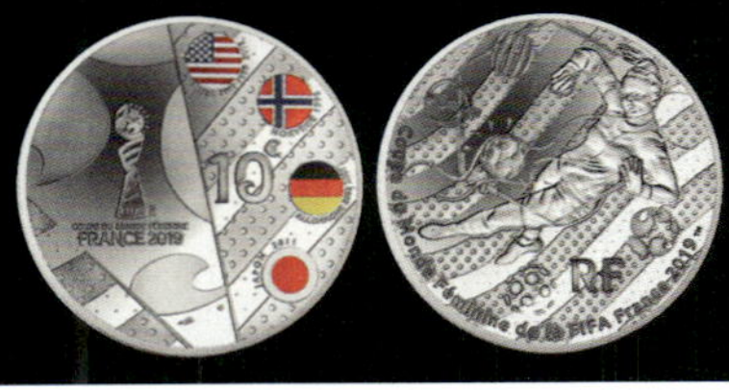

LU-G1281
Fußball-WM der Frauen 2019 –
Afrika, Dribbling
2019, ¼ EURO
CuAlNi, 15,8 g, Ø 33,8 mm
Stgl.: 250.000 Ex. € 15,00

LU-G1282
Fußball-WM der Frauen 2019 –
Afrika, Dribbling
2019, 10 EURO
Ag900, 22,2 g, Ø 37 mm
PP: 10.000 Ex. € 120,00

LU-G1283
Fußball-WM der Frauen 2019 –
Afrika, Dribbling
2019, 50 EURO
Au999, 7,78 g, Ø 22 mm
PP: 2.000 Ex. € 1.060,00

LU-G1284
Fußball-WM der Frauen 2019 –
Amerika, Volley mit der Hacke
2019, ¼ EURO
CuAlNi, 15,8 g, Ø 33,8 mm
Stgl.: 250.000 Ex. € 15,00

LU-G1285
Fußball-WM der Frauen 2019 –
Amerika, Volley mit der Hacke
2019, 10 EURO
Ag900, 22,2 g, Ø 37 mm
PP: 10.000 Ex. € 120,00

LU-G1286
Fußball-WM der Frauen 2019 –
Amerika, Volley mit der Hacke
2019, 50 EURO
Au999, 7,78 g, Ø 22 mm
PP: 2.000 Ex. € 1.100,00

LU-G1287
Fußball-WM der Frauen 2019 –
Europa, Torwartin
2019, ¼ EURO
CuAlNi, 15,8 g, Ø 33,8 mm
Stgl.: 250.000 Ex. € 15,00

LU-G1288
Fußball-WM der Frauen 2019 –
Europa, Torwartin
2019, 10 EURO
Ag900, 22,2 g, Ø 37 mm
PP: 10.000 Ex. € 130,00

LU-G1289

LU-G1293

LU-G1290

LU-G1294

LU-G1291

LU-G1295

LU-G1292

LU-G1296

LU-G1289
Fußball-WM der Frauen 2019 –
Europa, Torwartin
2019, 500 EURO
Au999, 155,5 g, Ø 50 mm
PP: 99 Ex. € 17.500,00

LU-G1290
Meisterwerke aus franz. Museen –
„Mona Lisa“ von Leonardo da Vinci
2019, 10 EURO
Ag900, 22,2 g, ?×? × ? mm
PP: 3.000 Ex. € 320,00

LU-G1291
Meisterwerke aus franz. Museen –
„Mona Lisa“ von Leonardo da Vinci
2019, 20 EURO
Ag999, 31,8 g, Ø 37 mm
PP: 3.000 Ex. € 240,00

LU-G1292
Meisterwerke aus franz. Museen –
„Mona Lisa“ von Leonardo da Vinci
2019, 50 EURO
Au999, 7,78 g, Ø 22 mm
PP: 1.000 Ex. € 890,00

LU-G1293
Meisterwerke aus franz. Museen –
„Mona Lisa“ von Leonardo da Vinci
2019, 200 EURO
Au999, 31,104 g, Ø 37 mm
PP: 500 Ex. € 3.680,00

LU-G1294
Meisterwerke aus franz. Museen –
„Mona Lisa“ von Leonardo da Vinci
2019, 250 EURO
Ag999, 500 g, 96×60×9 mm
PP: 300 Ex. € 2.600,00

LU-G1295
Meisterwerke aus franz. Museen –
„Mona Lisa“ von Leonardo da Vinci
2019, 500 EURO
Au999, 155,5 g, Ø 50 mm
PP: 50 Ex. € 20.500,00

LU-G1296
Meisterwerke aus franz. Museen –
„Mona Lisa“ von Leonardo da Vinci
2019, 5.000 EURO
Au999, 1 kg, Ø 100 mm
PP: 19 Ex. € 200.000,00

LU-G1297

LU-G1298

LU-G1299

LU-G1300

LU-G1301

LU-G1302

LU-G1303

LU-G1304

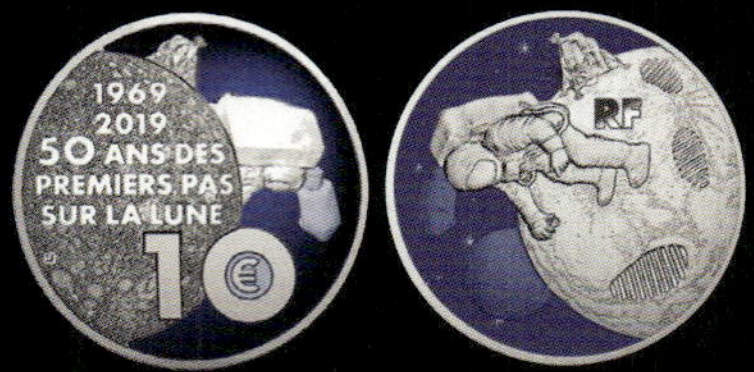

LU-G1297
Meisterwerke aus franz. Museen –
„Nike von Samothrake"
2019, 10 EURO
Ag900, 22,2 g, Ø 37 mm
PP: 2.000 Ex. € 100,00

LU-G1298
Meisterwerke aus franz. Museen –
„Nike von Samothrake"
2019, 50 EURO
Au999, 7,78 g, Ø 22 mm
PP: 300 Ex. € 890,00

LU-G1299
75. Jahrestag der Landung der Alliierten in der Normandie
2019, 10 EURO
Ag900, 22,2 g, Ø 37 mm
PP: 5.000 Ex. € 90,00

LU-G1300
75. Jahrestag der Landung der Alliierten in der Normandie
2019, 50 EURO
Au999, 7,78 g, Ø 22 mm
PP: 500 Ex. € 880,00

LU-G1301
75. Jahrestag der Landung der Alliierten in der Normandie
2019, 50 EURO
Fairmined* Au999, 7,78 g, Ø 22 mm
PP: 750 Ex. € 900,00
* verantwortungsvoll gefördertes Gold

LU-G1302
75. Jahrestag der Landung der Alliierten in der Normandie
2019, 200 EURO
Au999, 31,104 g, Ø 37 mm
PP: 250 Ex. € 3.600,00

LU-G1303
75. Jahrestag der Landung der Alliierten in der Normandie
2019, 200 EURO
Fairmined* Au999, 31,104 g, Ø 37 mm
PP: 99 Ex. € 3.400,00
* verantwortungsvoll gefördertes Gold

LU-G1304
50. Jahrestag der ersten bemannten Mondlandung
2019, 10 EURO
Ag900**, 17 g, Ø 37 mm
PP: 5.000 Ex. € 145,00
** mit Einlage aus blauem Kunstharz

LU-G1305

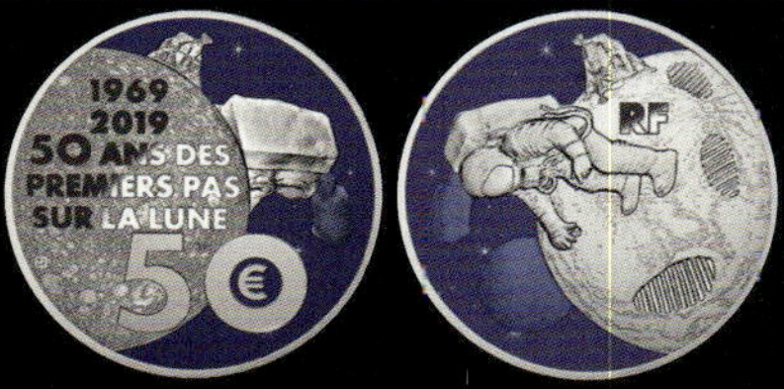

LU-G1306

LU-G1307

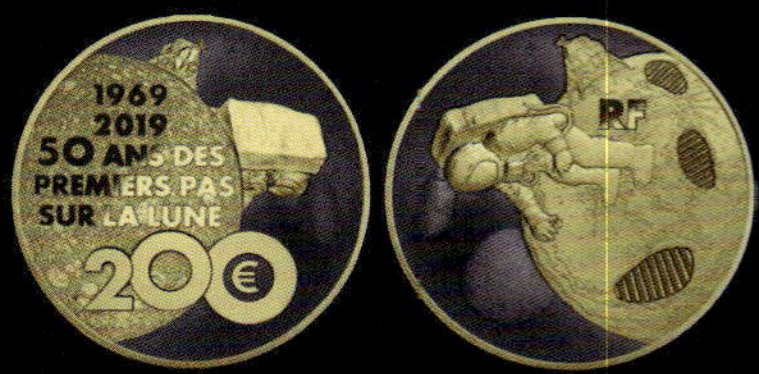

LU-G1308

LU-G1309

LU-G1310

LU-G1311

LU-G1312

LU-G1305
50. Jahrestag der ersten bemannten Mondlandung
2019, 50 EURO
Ag950*, 163,8 g, Ø 50 mm
PP: 250 Ex. € 830,00
* mit Einlage aus blauem Kunstharz

LU-G1306
50. Jahrestag der ersten bemannten Mondlandung
2019, 50 EURO
Au999, 7,78 g, Ø 22 mm
PP: 500 Ex. € 960,00

LU-G1307
50. Jahrestag der ersten bemannten Mondlandung
2019, 200 EURO
Au999*, 31,104 g, Ø 37 mm
PP: 250 Ex. € 3.600,00
* mit Einlage aus blauem Kunstharz

LU-G1308
Wiederaufbau der Kathedrale Notre-Dame in Paris
2019, 10 EURO
Ag900, 22,2 g, Ø 37 mm
PP: 5.000 Ex. € 150,00

LU-G1309
Wiederaufbau der Kathedrale Notre-Dame in Paris
2019, 50 EURO
Au999, 7,78 g, Ø 22 mm
PP: 500 Ex. € 900,00

LU-G1310
Wiederaufbau der Kathedrale Notre-Dame in Paris
2019, 200 EURO
Au999, 31,104 g, Ø 37 mm
PP: 250 Ex. € 3.700,00

LU-G1311
60 Jahre Astérix
2019, 2 EURO
Coin card:** 300.000 Ex. € 36,00
PP: 10.000 Ex. € 130,00
** Die coin card erschien in drei verschiedenen Motiven (Astérix & Idéfix, Astérix & Obélix, Obélix). Auflage je Motiv: 100.000 Ex.

LU-G1312
60 Jahre Astérix – Idefix
2019, 10 EURO
Ag900, 22,2 g, Ø 37 mm
PP: 3.000 Ex. € 75,00

LU-G1313

LU-G1314

LU-G1315

LU-G1316

LU-G1317

LU-G1318

LU-G1319

LU-G1320

LU-G1313
60 Jahre Astérix
2019, 10 EURO
Ag900, 22,2 g, Ø 37 mm
PP: 3.000 Ex. € –,–

LU-G1314
60 Jahre Astérix – Obelix
2019, 50 EURO
Au999, 7,78 g, Ø 22 mm
PP: 500 Ex. € 970,00

LU-G1315
60 Jahre Astérix – Asterix
2019, 100 EURO
Au999, 15,55 g, Ø 31 mm
PP: 500 Ex. € 2.100,00

LU-G1316
Pariser Schätze – 130 Jahre Eiffelturm: Der Eiffelturm als Leuchtturm von Paris und der Trocadero-Garten
2019, 10 EURO
Ag900*, 22,2 g, Ø 37 mm
PP: 3.000 Ex. € 240,00
** Teile des Motivs wurden vergoldet und schwarz rhodiniert*

LU-G1317
Pariser Schätze – 130 Jahre Eiffelturm: Der Eiffelturm als Leuchtturm von Paris und der Trocadero-Garten
2019, 50 EURO
Ag950*, 163,8 g, Ø 50 mm
PP: 250 Ex. € 730,00
** Teile des Motivs wurden vergoldet und schwarz rhodiniert*

LU-G1318
Pariser Schätze – 130 Jahre Eiffelturm: Der Eiffelturm als Leuchtturm von Paris und der Trocadero-Garten
2019, 200 EURO
Au999*, 31,104 g, Ø 37 mm
PP: 500 Ex. € 3.650,00
** Teile des Motivs wurden vergoldet und schwarz rhodiniert*

LU-G1319
Pariser Schätze – 130 Jahre Eiffelturm: Der Eiffelturm als Leuchtturm von Paris und der Trocadero-Garten
2019, 500 EURO
Ag999*, 1 kg, Ø 100 mm
PP: 250 Ex. € 3.000,00
** Teile des Motivs wurden vergoldet und schwarz rhodiniert*

LU-G1320
Chinesisches Jahr der Ratte (2020)
2019, 10 EURO
Ag900, 22,2 g, Ø 37 mm
PP: 2.500 Ex. € 250,00

LU-G1321

LU-G1325

LU-G1322

LU-G1326

LU-G1323

LU-G1327

LU-G1324

LU-G1328

LU-G1321
Chinesisches Jahr der Ratte (2020)
2019, 20 EURO
Ag999, 44,4 g, Ø 37 mm
PP: 2.500 Ex. € 140,00

LU-G1322
Chinesisches Jahr der Ratte (2020)
2019, 50 EURO
Au999, 7,78 g, Ø 22 mm
PP: 888 Ex. € 800,00

LU-G1323
Geprägte französische Geschichte – Neuer Franc
2020, 10 EURO
Ag900, 22,2 g, Ø 37 mm
PP: 3.000 Ex. € 70,00

LU-G1324
Geprägte französische Geschichte – Neuer Franc
2020, 50 EURO
Au999, 7,78 g, Ø 22 mm
PP: 500 Ex. € 1.000,00

LU-G1325
Geprägte französische Geschichte – Neuer Franc
2020, 100 EURO
Au999, 15,55 g, Ø 31 mm
PP: 250 Ex. € 2.200,00

LU-G1326
Französische Natur – Eiche
2020, 20 EURO
Ag900, 18 g, Ø 33 mm
Ⓓ Joaquin Gimenez
Stgl.: 75.000 Ex. € 48,00
PP: 10.000 Ex. € 65,00

LU-G1327
Französische Natur – Eiche
2020, 100 EURO
Ag900, 50 g, Ø 47 mm
Ⓓ Joaquin Gimenez
PP: 10.000 Ex. € 210,00

LU-G1328
Französische Natur – Eiche
2020, 250 EURO
Au999, 3,75 g, Ø 23 mm
Ⓓ Joaquin Gimenez
Stgl.: 15.000 Ex. € 460,00

LU-G1329

LU-G1330

LU-G1331

LU-G1332

LU-G1333

LU-G1334

LU-G1335

LU-G1336

LU-G1329
Französische Natur – Eiche
2020, 1.000 EURO
Au999, 15 g, Ø 39 mm
Ⓓ Joaquin Gimenez
Stgl.: 5.000 Ex. € 1.850,00

LU-G1330
Französische Natur – Eiche
2020, 2.500 EURO
Au999, 30 g, Ø 41 mm
Ⓓ Joaquin Gimenez
Stgl.: 2.000 Ex. € 3.800,00

LU-G1331
Französische Natur – Eiche
2020, 5.000 EURO
Au999, 75 g, Ø 45 mm
Ⓓ Joaquin Gimenez
Stgl.: 1.000 Ex. € –,–

LU-G1332
Charles de Gaulle
2020, 2 EURO
Ⓓ Luc Luycx und Joaquin Gimenez
Blister: 10.000 Ex. € 5,50
PP: 10.000 Ex. € 24,00

LU-G1333
Charles de Gaulle
2020, 10 EURO
Ag333, 17 g, Ø 31 mm
Ⓓ Joaquin Gimenez
Stgl.: 80.600 Ex. € 28,00
Blister: 19.400 Ex. € 28,00

LU-G1334
Charles de Gaulle
2020, 100 EURO
Ag900, 50 g, Ø 47 mm
Ⓓ Joaquin Gimenez
Stgl.: 10.000 Ex. € 222,00

LU-G1335
Die Schlümpfe – Schlumpfinchen
2020, 10 EURO
Ag333, 17 g, Ø 31 mm,
mit Farbapplikation
PP: 75.000 Ex. € 45,00

LU-G1336
Die Schlümpfe – Doktorschlumpf
2020, 10 EURO
Ag333, 17 g, Ø 31 mm,
PP: 75.000 Ex. € 30,00

LU-G1337

LU-G1338

LU-G1339

LU-G1340

LU-G1341

LU-G1342

LU-G1343

LU-G1344

LU-G1337
Die Schlümpfe – Lazy Smurf
2020, 10 EURO
Ag333, 17 g, Ø 31 mm,
mit Farbapplikation
PP: 75.000 Ex. € 40,00

LU-G1338
Die Schlümpfe – Postschlumpf
2020, 10 EURO
Ag333, 17 g, Ø 31 mm,
mit Farbapplikation
PP: 75.000 Ex. € 35,00

LU-G1339
Die Schlümpfe – Brillenschlumpf
2020, 10 EURO
Ag333, 17 g, Ø 31 mm
PP: 75.000 Ex. € 40,00

LU-G1340
Die Schlümpfe – Muskelschlumpf
2020, 10 EURO
Ag333, 17 g, Ø 31 mm
PP: 75.000 Ex. € 33,00

LU-G1341
Die Schlümpfe – Schneiderschlumpf
2020, 10 EURO
Ag333, 17 g, Ø 31 mm
PP: 75.000 Ex. € 32,00

LU-G1342
Die Schlümpfe – Miesepeterschlumpf
2020, 10 EURO
Ag333, 17 g, Ø 31 mm
PP: 75.000 Ex. € 36,00

LU-G1343
Die Schlümpfe – Dichterschlumpf
2020, 10 EURO
Ag333, 17 g, Ø 31 mm
PP: 75.000 Ex. € 38,00

LU-G1344
Die Schlümpfe – Gargamel und Azrael
2020, 10 EURO
Ag333, 17 g, Ø 31 mm,
mit Farbapplikation
PP: 75.000 Ex. € 37,00

LU-G1345

LU-G1346

LU-G1347

LU-G1348

LU-G1349

LU-G1350

LU-G1351

LU-G1352

LU-G1345
Die Schlümpfe – Baby Schlumpf
2020, 50 EURO
Ag900, 41 g, Ø 41 mm,
mit Farbapplikation
Ⓓ Joaquin Gimenez
Blister: 20.000 Ex. € 150,00

LU-G1346
Die Schlümpfe – Papa Schlumpf
2020, 50 EURO
Ag900, 41 g, Ø 41 mm,
mit Farbapplikation
Ⓓ Joaquin Gimenez
Blister: 20.000 Ex. € 133,00

LU-G1347
Die Schlümpfe –
Der Runde Tanz der Schlümpfe
2020, 200 EURO
Au999, 3 g, Ø 20 mm
Ⓓ Joaquin Gimenez
Stgl.: 10.000 Ex. € 460,00

LU-G1348
Europa –
Zeitalter der Gotik in Europa /
Buntglasfenster von Notre Dame
2020, 5 EURO
Au999, 0,5 g, Ø 11 mm
PP: 2.000 Ex. € 120,00

LU-G1349
Europa –
Zeitalter der Gotik in Europa /
Buntglasfenster von Notre Dame
2020, 10 EURO
Ag900, 22,2 g, Ø 37 mm,
mit Farbapplikation
Ⓓ Joaquin Gimenez
PP: 5.000 Ex. € 90,00

LU-G1350
Europa –
Zeitalter der Gotik in Europa /
Buntglasfenster von Notre Dame
2020, 50 EURO
Au999, 7,78 g, Ø 22 mm
PP: 500 Ex. € 940,00

LU-G1351
Europa –
Zeitalter der Gotik in Europa /
Buntglasfenster von Notre Dame
2020, 200 EURO
Au999, 31,104 g, Ø 37 mm
PP: 500 Ex. € 3.600,00

LU-G1352
Meisterwerke aus franz. Museen –
Selbstportrait von Van Gogh
2020, 10 EURO
Ag900, 22,2 g, 33×29,1 mm,
rechteckig
PP: 3.000 Ex. € 110,00

LU-G1353

LU-G1354

LU-G1355

LU-G1356

LU-G1357

LU-G1358

LU-G1359

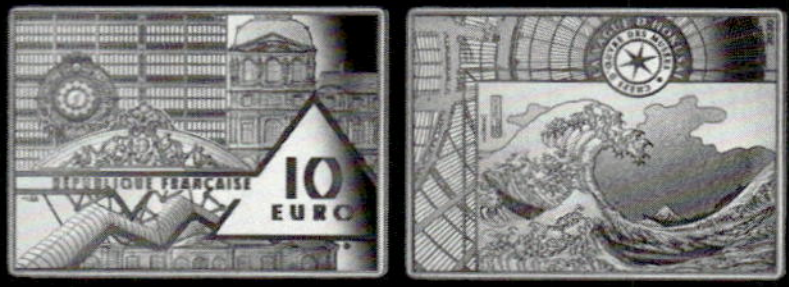

LU-G1360

LU-G1353
Meisterwerke aus franz. Museen –
Guernica
2020, 10 EURO
Ag900, 22,2 g, 38×29,1 mm,
rechteckig
PP: 3.000 Ex. € 115,00

LU-G1354
Meisterwerke aus franz. Museen –
Selbstportrait von Van Gogh
2020, 50 EURO
Au999, 7,78 g, Ø 22 mm,
rechteckig
PP: 1.500 Ex. € 1.000,00

LU-G1355
Meisterwerke aus franz. Museen –
Guernica
2020, 50 EURO
Au999, 7,78 g, Ø 22 mm,
rechteckig
PP: 1.500 Ex. € 990,00

LU-G1356
Bedeutende Frauen Frankreichs –
Sœur Emmanuelle
2020, 10 EURO
Ag900, 22.2 g, Ø 37 mm
PP: 2.000 Ex. € 81,00

LU-G1357
Bedeutende Frauen Frankreichs –
Sœur Emmanuelle
2020, 50 EURO
Au999, 7,78 g, Ø 22 mm
PP: 500 Ex. € 81,00

LU-G1358
Bedeutende Frauen Frankreichs –
Sœur Emmanuelle
2020, 200 EURO
Au999, 31,104 g, Ø 37 mm
PP: 250 Ex. € 3.650,00

LU-G1359
Meisterwerke aus franz. Museen –
Die Welle von Hokusai
2020, 10 EURO
Ag900, 22,2 g, 38×29,1 mm,
rechteckig
PP: 3.000 Ex. € 140,00

LU-G1360
Meisterwerke aus franz. Museen –
Die Welle von Hokusai
2020, 50 EURO
Au999, 7,78 g, 18×23 mm,
rechteckig
PP: 1.500 Ex. € 970,00

LU-G1361

LU-G1362

LU-G1363

LU-G1364

LU-G1365

LU-G1366

LU-G1367

LU-G1368

LU-G1361
Meisterwerke aus franz. Museen –
Die Welle von Hokusai
2020, 200 EURO
Au999, 31,104 g, 38×29 mm,
rechteckig
PP: 750 Ex. € 3.550,00

LU-G1362
Bedeutende Ereignisse der
Menschheitsgeschichte –
240. Jahrestag der Ankunft des
Marquis de La Fayette in Boston
2020, 10 EURO
Ag900, 22,2 g, Ø 37 mm
PP: 2.500 Ex. € 93,00

LU-G1363
Bedeutende Ereignisse der
Menschheitsgeschichte –
240. Jahrestag der Ankunft des
Marquis de La Fayette in Boston
2020, 25 EURO
Ag999, 62,21 g, Ø 44 mm,
Hochrelief, Achteckig
Ⓓ Dumarest
PP: 1.500 Ex. € 300,00

LU-G1364
Bedeutende Ereignisse der
Menschheitsgeschichte –
240. Jahrestag der Ankunft des
Marquis de La Fayette in Boston
2020, 50 EURO
Au999, 7,78 g, Ø 22 mm
PP: 500 Ex. € 940,00

LU-G1365
Bedeutende Ereignisse der
Menschheitsgeschichte –
240. Jahrestag der Ankunft des
Marquis de La Fayette in Boston
2020, 200 EURO
Au999, 31,104 g, Ø 37 mm,
achteckig
PP: 250 Ex. € 4.500,00

LU-G1366
UNESCO-Weltkulturerbe –
Olympia
2020, 10 EURO
Ag900, 22,2 g, Ø 37 mm
PP: 3.000 Ex. € 95,00

LU-G1367
UNESCO-Weltkulturerbe –
Olympia
2020, 50 EURO
Au999, 7,78 g, Ø 22 mm
PP: 1.500 Ex. € 850,00

LU-G1368
Bedeutende Ereignisse der
Menschheitsgeschichte –
Frieden
2020, 10 EURO
Au999*, 3,11 g, Ø 15 mm
Ⓓ Eugène Daub, Joaquin Gimenez
PP: 1.500 Ex. € 130,00
* Fairtrade-Gold

LU-G1369

LU-G1370

LU-G1371

LU-G1372

LU-G1373

LU-G1374

LU-G1375

LU-G1376

LU-G1369
Bedeutende Ereignisse der Menschheitsgeschichte – Frieden
2020, 50 EURO
Au999*, 7,78 g, Ø 22 mm
Ⓓ Eugène Daub, Joaquin Gimenez
PP: 1.000 Ex. € 990,00
* Fairtrade-Gold

LU-G1370
Bedeutende Ereignisse der Menschheitsgeschichte – Frieden
2020, 100 EURO
Au999*, 15,55 g, Ø 31 mm
Ⓓ Eugène Daub, Joaquin Gimenez
PP: 150 Ex. € 3.200,00
* Fairtrade-Gold

LU-G1371
Bedeutende Ereignisse der Menschheitsgeschichte – Frieden
2020, 200 EURO
Au999*, 31,104 g, Ø 37 mm
Ⓓ Eugène Daub, Joaquin Gimenez
PP: 250 Ex. € 4.500,00
* Fairtrade-Gold

LU-G1372
UNESCO-Weltkulturerbe – Mont Saint-Michel
2020, 10 EURO
Ag900, 22,2 g, Ø 37 mm
PP: 3.000 Ex. € 260,00

LU-G1373
UNESCO-Weltkulturerbe – Mont Saint-Michel
2020, 50 EURO
Au999, 7,78 g, Ø 22 mm
PP: 1.500 Ex. € 1.000,00

LU-G1374
Bedeutende Ereignisse der Menschheitsgeschichte – 75 Jahre Sieg / Frieden
2020, 10 EURO
Ag900, 22,2 g, Ø 37 mm, trapezförmig
Ⓓ Joaquin Gimenez
PP: 5.000 Ex. € 120,00

LU-G1375
Bedeutende Ereignisse der Menschheitsgeschichte – 75 Jahre Sieg / Frieden
2020, 50 EURO
Au999, 7,78 g, Ø 22 mm
Ⓓ Joaquin Gimenez
PP: 500 Ex. € 980,00

LU-G1376
Bedeutende Ereignisse der Menschheitsgeschichte – 75 Jahre Sieg / Frieden
2020, 200 EURO
Au999, 31,104 g, Ø 37 mm, trapezförmig
PP: 250 Ex. € 4.750,00

LU-G1377

LU-G1378

LU-G1379

LU-G1380

LU-G1381

LU-G1382

LU-G1383

LU-G1384

LU-G1377
Internationale Paare –
Mitterrand - Kohl
2020, 10 EURO
Ag900, 22,2 g, Ø 37 mm,
mit Farbapplikation
PP: 3.000 Ex. € 90,00

LU-G1378
Internationale Paare –
Mitterrand - Kohl
2020, 50 EURO
Au999, 7,78 g, Ø 22 mm
PP: 500 Ex. € 990,00

LU-G1379
Geschichte der Luftfahrt –
Spitfire
2020, 10 EURO
Ag900, 22,2 g, Ø 37 mm
PP: 3.000 Ex. € 89,00

LU-G1380
Geschichte der Luftfahrt –
Spitfire
2020, 50 EURO
Ag950, 163,8 g, Ø 50 mm
PP: 250 Ex. € 690,00

LU-G1381
Geschichte der Luftfahrt –
Spitfire
2020, 50 EURO
Au999, 7,78 g, Ø 22 mm
PP: 50 Ex. € 980,00

LU-G1382
Jacques Chirac
2020, 10 EURO
Ag333, 17 g, Ø 31 mm
Stgl.: 100.000 Ex. € 26,00

LU-G1383
Jacques Chirac
2020, 20 EURO
Ag900, 18 g, Ø 33 mm
PP: 10.000 Ex. € 73,00

LU-G1384
Medizinische Forschung
2020, 2 EURO
Stgl.: 300.000 Ex. € 18,00
PP: 10.000 Ex. € 41,00

LU-G1385

LU-G1389

LU-G1386

LU-G1390

LU-G1387

LU-G1391

LU-G1388

LU-G1392

LU-G1385
UNESCO-Weltkulturerbe – Mont Fuji
2020, 10 EURO
Ag900, 22,2 g, Ø 37 mm
PP: 3.000 Ex. € 140,00

LU-G1386
UNESCO-Weltkulturerbe – Mont Fuji
2020, 50 EURO
Au999, 7,78 g, Ø 22 mm
PP: 500 Ex. € 940,00

LU-G1387
UNESCO-Weltkulturerbe – Mont Fuji
2020, 200 EURO
Au999, 31,104 g, Ø 37 mm
PP: 750 Ex. € 3.600,00

LU-G1388
600. Geburtstag der Verbotenen Stadt
2020, ¼ EURO
CuAlNi, 15,8 g, Ø 34 mm
BU: 1.000.000 Ex. € 109,00

LU-G1389
600. Geburtstag der Verbotenen Stadt
2020, 10 EURO
Ag900, 22,2 g, Ø 37 mm
PP: 3.000 Ex. € 130,00

LU-G1390
600. Geburtstag der Verbotenen Stadt
2020, 50 EURO
Au999, 7,78 g, Ø 22 mm
PP: 500 Ex. € 1.000,00

LU-G1391
Großartiges aus Frankreich – Berluti – Penny Loafer
2020, 5 EURO
Ag999, 3,11 g, Ø 20 mm
PP: 1.000 Ex. € 160,00

LU-G1392
Großartiges aus Frankreich – Berluti – Penny Loafer
2020, 10 EURO
Au999, 3,11 g, Ø 20 mm
PP: 200 Ex. € 850,00

LU-G1393

LU-G1394

LU-G1395

LU-G1396

LU-G1397

LU-G1398

LU-G1399

LU-G1400

LU-G1393
Großartiges aus Frankreich – Berluti
2020, 10 EURO
Ag900, 22,2 g, Ø 37 mm
PP: 2.000 Ex. € 110,00

LU-G1394
Großartiges aus Frankreich – Berluti
2020, 200 EURO
Au999, 31,104 g, Ø 37 mm
PP: 250 Ex. € 3.500,00

LU-G1395
Großartiges aus Frankreich – Berluti
2020, 500 EURO
Ag999,9, 1 kg, Ø 100 mm, auf der Vorderseite befindet sich das Berluti-Emblem in einer Ledereinlage
PP: 125 Ex. € 4.460,00

LU-G1396
Johnny Hallyday
2020, ¼ EURO
CuAlNi, 15,8 g, Ø 34 mm
BU: 50.000 Ex. € 11,00

LU-G1397
Johnny Hallyday
2020, 10 EURO
Ag900, 22,2 g, Ø 37 mm
PP: 7.500 Ex. € 110,00

LU-G1398
Johnny Hallyday
2020, 50 EURO
Au999, 7,78 g, Ø 22 mm
PP: 500 Ex. € 1.100,00

LU-G1399
Chinesisches Jahr des Büffel (2021)
2020, 10 EURO
Ag900, 22,2 g, Ø 37 mm
PP: 3.000 Ex. € 83,00

LU-G1400
Chinesisches Jahr des Büffel (2021)
2020, 20 EURO
Ag999, 44,4 g, Ø 37 mm
PP: 3.000 Ex. € 140,00

LU-G1401

LU-G1402

LU-G1403

LU-G1404

LU-G1405

LU-G1406

LU-G1407

LU-G1408

LU-G1401
Chinesisches Jahr des Büffel (2021)
2020, 50 EURO
Au999, 7,78 g, Ø 22 mm
PP: 888 Ex. € 940,00

LU-G1402
Lucky Luke – 75 Jahre
2020, 10 EURO
Ag999, 22,2 g, Ø 37 mm
PP: 3.000 Ex. € 100,00

LU-G1403
Lucky Luke – 75 Jahre
2021, 50 EURO
Au999, 7,78 g, Ø 22 mm
PP: 500 Ex. € 1.000,00

LU-G1404
Pariser Schätze – Champs-Elysées
2020, 10 EURO
Ag900*, 22,2 g, Ø 37 mm
PP: 2.500 Ex. € 140,00
** Teile des Motivs wurden vergoldet*

LU-G1405
Pariser Schätze – Champs-Elysées
2020, 50 EURO
Ag950*, 163,8 g, Ø 50 mm
PP: 250 Ex. € 750,00
** Teile des Motivs wurden vergoldet*

LU-G1406
Pariser Schätze – Champs-Elysées
2020, 50 EURO
Au999, 7,78 g, Ø 22 mm
PP: 2500 Ex. € 1.000,00

LU-G1407
Die Schlümpfe – Eitler Schlumpf
2020, 10 EURO
Ag333, 17 g, Ø 31 mm,
mit Farbapplikation
PP: 75.000 Ex. € –,–

LU-G1408
Die Schlümpfe – Reporterschlumpf
2020, 10 EURO
Ag333, 17 g, Ø 31 mm
PP: 75.000 Ex. € –,–

LU-G1409

LU-G1413

LU-G1410

LU-G1414

LU-G1411

LU-G1415

LU-G1412

LU-G1416

LU-G1409
Die Schlümpfe – Tolpatschiger Schlumpf
2020, 10 EURO
Ag333, 17 g, Ø 31 mm
PP: 75.000 Ex. € –,–

LU-G1410
Die Schlümpfe – Verliebter Schlumpf
2020, 50 EURO
Ag900, 41 g, Ø 41 mm,
mit Farbapplikation
Blister: 20.000 Ex. € –,–

LU-G1411
Die Schlümpfe – Gieriger Schlumpf
2020, 50 EURO
Ag900, 41 g, Ø 41 mm,
mit Farbapplikation
Blister: 20.000 Ex. € –,–

LU-G1412
Die Schlümpfe – Bauernschlumpf
2020, 10 EURO
Ag333, 17 g, Ø 31 mm
PP: 75.000 Ex. € –,–

LU-G1413
Die Schlümpfe – Heimwerkerschlumpf
2020, 10 EURO
Ag333, 17 g, Ø 31 mm
PP: 75.000 Ex. € –,–

LU-G1414
Die Schlümpfe – Kosmonautenschlumpf
2020, 10 EURO
Ag333, 17 g, Ø 31 mm
PP: 75.000 Ex. € –,–

LU-G1415
Die Schlümpfe – Malerschlumpf
2020, 10 EURO
Ag333, 17 g, Ø 31 mm,
mit Farbapplikation
PP: 75.000 Ex. € –,–

LU-G1416
Die Schlümpfe – Musikerschlumpf
2020, 10 EURO
Ag333, 17 g, Ø 31 mm,
mit Farbapplikation
PP: 75.000 Ex. € –,–

LU-G1417

LU-G1421

LU-G1418

LU-G1422

LU-G1419

LU-G1423

LU-G1420

LU-G1424

LU-G1417
Die Schlümpfe – Finanzschlumpf
2020, 10 EURO
Ag333, 17 g, Ø 31 mm,
mit Farbapplikation
PP: 75.000 Ex. € –,–

LU-G1418
Die Schlümpfe – Scherzbold Schlumpf
2020, 10 EURO
Ag333, 17 g, Ø 31 mm,
mit Farbapplikation
PP: 75.000 Ex. € –,–

LU-G1419
Die Schlümpfe –
Freiheit, Gleichheit, Brüderlichkeit
2020, 200 EURO
Au999, 3 g, Ø 20 mm
Stgl.: 10.000 Ex. € –,–

LU-G1420
20 Jahre Starterkit
2021, 10 EURO
Ag999, 22,2 g, 38×29,1 mm,
rechteckig
PP: 3.000 Ex. € 120,00

LU-G1421
20 Jahre Starterkit
2021, 50 EURO
Au999, 7,78 g, 23×17,7 mm,
rechteckig
PP: 500 Ex. € 1.000,00

LU-G1422
20 Jahre Starterkit
2021, 100 EURO
Au999, 15,55 g, Ø 31 mm
PP: 250 Ex. € 1.900,00

LU-G1423
Lucky Luke – 75 Jahre
2021, 50 EURO
Ag999, 155,5 g, Ø 50 mm,
mit Farbapplikation
PP: 250 Ex. € 1.300,00

LU-G1424
Lucky Luke – 75 Jahre
2021, 100 EURO
Au999, 15,55 g, Ø 31 mm
PP: 250 Ex. € 2.300,00

LU-G1425

LU-G1426

LU-G1427

LU-G1428

LU-G1429

LU-G1430

LU-G1431

LU-G1432

LU-G1425
Der kleine Prinz – 75. Jahrestag –
Der kleine Prinz und der Fuchs
2021, 10 EURO
Ag999, 22,2 g, Ø 37 mm,
mit Farbapplikation
PP: 5.000 Ex. € 120,00

LU-G1426
Der kleine Prinz – 75. Jahrestag –
Der kleine Prinz auf dem Mond
2021, 10 EURO
Ag999, 22,2 g, Ø 37 mm,
mit Farbapplikation
PP: 5.000 Ex. € 120,00

LU-G1427
Der kleine Prinz – 75. Jahrestag –
Der kleine Prinz und sein Meisterwerk
2021, 10 EURO
Ag999, 22,2 g, Ø 37 mm,
mit Farbapplikation
PP: 5.000 Ex. € 120,00

LU-G1428
Der kleine Prinz – 75. Jahrestag
2021, 5 EURO
Au999, 0,5 g, Ø 11 mm
PP: 5.000 Ex. € 160,00

LU-G1429
Der kleine Prinz – 75. Jahrestag –
Der kleine Prinz und der Fuchs
2021, 50 EURO
Au999, 7,78 g, Ø 22 mm
PP: 2.000 Ex. € 900,00

LU-G1430
Der kleine Prinz – 75. Jahrestag –
Der kleine Prinz auf dem Mond
2021, 50 EURO
Au999, 7,78 g, Ø 22 mm
PP: 2.000 Ex. € 950,00

LU-G1431
Der kleine Prinz – 75. Jahrestag –
Der kleine Prinz und sein Meisterwerk
2021, 50 EURO
Au999, 7,78 g, Ø 22 mm
PP: 2.000 Ex. € 950,00

LU-G1432
Der kleine Prinz – 75. Jahrestag
2021, 200 EURO
Au999, 31,1 g, Ø 37 mm
PP: 1.000 Ex. € 3.700,00

LU-G1433

LU-G1434

LU-G1435

LU-G1436

LU-G1437

LU-G1438

LU-G1439

LU-G1440

LU-G1433
Französische Natur – Lorbeer
2021, 20 EURO
Ag900, 18 g, Ø 33 mm
Ⓓ Joaquin Gimenez

Stgl.:	75.000 Ex.	€ 50,00
PP:	10.000 Ex.	€ 80,00

LU-G1434
Französische Natur – Lorbeer
2021, 100 EURO
Ag900, 50 g, Ø 47 mm
Ⓓ Joaquin Gimenez

PP:	10.000 Ex.	€ 190,00

LU-G1435
Französische Natur – Lorbeer
2021, 250 EURO
Au999, 3 g, Ø 23 mm
Ⓓ Joaquin Gimenez

Stgl.:	15.000 Ex.	€ 410,00

LU-G1436
Französische Natur – Lorbeer
2021, 1.000 EURO
Au999, 15 g, Ø 39 mm
Ⓓ Joaquin Gimenez

Stgl.:	5.000 Ex.	€ 2.000,00

LU-G1437
Französische Natur – Lorbeer
2021, 5.000 EURO
Au999, 60 g, Ø 45 mm
Ⓓ Joaquin Gimenez

PP:	1.000 Ex.	€ –,–

LU-G1438
75 Jahre UNICEF
2021, 2 EURO

Stgl.:	7.500.000 Ex.	€ 6,00
Blister:	10.000 Ex.	€ 19,00
PP:	10.000 Ex.	€ 31,00

LU-G1439
Harry Potter und der Stein der Weisen
2021, 10 EURO
Ag333, 17 g, Ø 31 mm,
mit Farbapplikation

Stgl.:	75.000 Ex.	€ 27,00

LU-G1440
Harry Potter und die Kammer
des Schreckens
2021, 10 EURO
Ag333, 17 g, Ø 31 mm,
mit Farbapplikation

Stgl.:	75.000 Ex.	€ 34,00

LU-G1441

LU-G1445

LU-G1442

LU-G1446

LU-G1443

LU-G1447

LU-G1444

LU-G1448

LU-G1441
Harry Potter und der Gefangene von Askaban
2021, 10 EURO
Ag333, 17 g, Ø 31 mm, mit Farbapplikation
Stgl.: 75.000 Ex. € 33,00

LU-G1442
Harry Potter und der Feuerkelch
2021, 10 EURO
Ag333, 17 g, Ø 31 mm, mit Farbapplikation
Stgl.: 75.000 Ex. € 31,00

LU-G1443
Harry Potter und der Stein der Weisen
2021, 10 EURO
Ag333, 17 g, Ø 31 mm
Stgl.: 75.000 Ex. € 37,00

LU-G1444
Harry Potter und die Kammer des Schreckens
2021, 10 EURO
Ag333, 17 g, Ø 31 mm
Stgl.: 75.000 Ex. € 29,00

LU-G1445
Harry Potter und der Gefangene von Askaban
2021, 10 EURO
Ag333, 17 g, Ø 31 mm
Stgl.: 75.000 Ex. € 37,00

LU-G1446
Harry Potter und der Feuerkelch
2021, 10 EURO
Ag333, 17 g, Ø 31 mm
Stgl.: 75.000 Ex. € 36,00

LU-G1447
Harry Potter – Die drei Zauberer
2021, 10 EURO
Ag333, 17 g, Ø 31 mm
Stgl.: 75.000 Ex. € 29,00

LU-G1448
Harry Potter
2021, 10 EURO
Ag999, 22,2 g, Ø 37 mm
PP: 5.000 Ex. € 120,00

LU-G1449

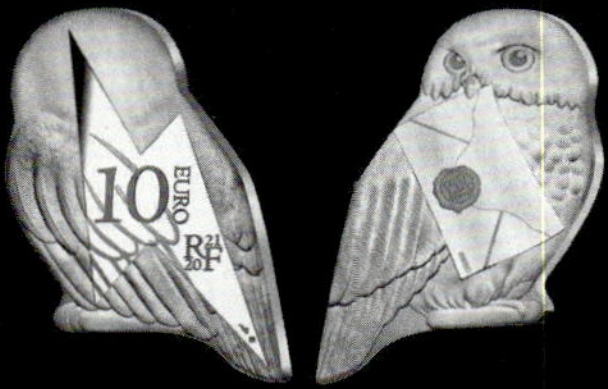

LU-G1450

LU-G1451

LU-G1452

LU-G1453

LU-G1454

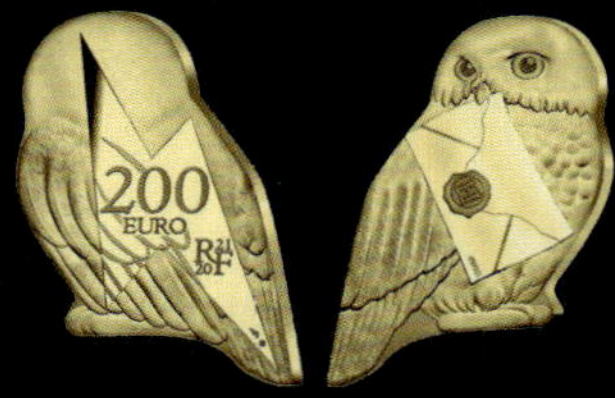

LU-G1455

LU-G1456

LU-G1449
Harry Potter – Hedwig
2021, 10 EURO
Ag999, 22,2 g, Ø 56 mm,
Eulenform
PP: 5.000 Ex. € 130,00

LU-G1450
Harry Potter – Wappen von Hogwarts
2021, 50 EURO
Ag900, 41 g, Ø 41 mm,
mit Farbapplikation
Stgl.: 20.000 Ex. € 120,00

LU-G1451
Harry Potte- – Hogwarts
2021, 50 EURO
Ag900, 41 g, Ø 41 mm,
mit Farbapplikation
Stgl.: 20 000 Ex. € 120,00

LU-G1452
Harry Potter
2021, 50 EJRO
Au999, 7,78 g, Ø 22 mm
PP: 1.000 Ex. € 1.100,00

LU-G1453
Harry Potter – Die drei Zauberer
2021, 50 EURO
Ag999, 155,5 g, Ø 50 mm
PP: 500 Ex. € 1.000,00

LU-G1454
Harry Potter – Hedwig
2021, 200 EURO
Au999, 31,1 g, Ø 56 mm,
Eulenform
PP: 250 Ex. € 4.000,00

LU-G1455
Harry Potter
2021, 250 EURO
Ag999, 3 g, Ø 20 mm
Stgl.: 10.000 Ex. € 430,00

LU-G1456
Harry Potter – Die drei Zauberer
2021, 500 EURO
Au999, 6 g, Ø 27 mm
Stgl.: 5.000 Ex. € 800,00

LU-G1457

LU-G1458

LU-G1459

LU-G1460

LU-G1461

LU-G1462

LU-G1463

LU-G1464

LU-G1457
Große Ereignisse der Geschichte
und Menschheit –
Napoleon I – 200. Todestag
2021, 5 EURO
Au999, 0,5 g, Ø 11 mm
PP: 2.000 Ex. € –,–

LU-G1458
Große Ereignisse der Geschichte
und Menschheit –
Napoleon I – 200. Todestag
2021, 10 EURO
Ag999, 22,2 g, Ø 37 mm,
Hutform
PP: 3.000 Ex. € 270,00

LU-G1459
Große Ereignisse der Geschichte
und Menschheit –
Napoleon I – 200. Todestag
2021, 10 EURO
Ag333, 17 g, Ø 31 mm
Stgl.: 75.000 Ex. € –,–

LU-G1460
Große Ereignisse der Geschichte
und Menschheit –
Napoleon I – 200. Todestag
2021, 20 EURO
Ag999, 31,1 g, Ø 37 mm
PP: 3.000 Ex. € 240,00

LU-G1461
Große Ereignisse der Geschichte
und Menschheit –
Napoleon I – 200. Todestag
2021, 50 EURO
Au999, 7,78 g, Ø 22 mm
PP: 750 Ex. € 1.100,00

LU-G1462
Große Ereignisse der Geschichte
und Menschheit –
Napoleon I – 200. Todestag
2021, 50 EURO
Ag999, 155,5 g, Ø 50 mm
PP: 250 Ex. € 1.100,00

LU-G1463
Große Ereignisse der Geschichte
und Menschheit –
Napoleon I – 200. Todestag
2021, 100 EURO
Ag900, 50 g, Ø 47 mm
Stgl.: 5.000 Ex. € 250,00

LU-G1464
Große Ereignisse der Geschichte
und Menschheit –
Napoleon I – 200. Todestag
2021, 200 EURO
Au999, 31,1 g, Ø 37 mm,
Hutform
PP: 250 Ex. € –,–

LU-G1465

LU-G1466

LU-G1467

LU-G1468

LU-G1469

LU-G1470

LU-G1471

LU-G1472

LU-G1465
Große Ereignisse der Geschichte und Menschheit – Napoleon I – 200. Todestag
2021, 200 EURO
Au999, 31,104 g, Ø 37 mm
PP: 500 Ex. € 4.900,00

LU-G1466
Louvre – Krönung von Napoleon I.
2021, ¼ EURO
CuAlNi, 15,8 g, Ø 34 mm
Stgl.: 500.000 Ex. € 12,00

LU-G1467
Louvre – Krönung von Napoleon I.
2021, 10 EURO
Ag999, 22,2 g, Ø 37 mm
PP: 2.500 Ex. € 120,00

LU-G1468
Louvre – Krönung von Napoleon I.
2021, 50 EURO
Au999, 7,78 g, Ø 22 mm
PP: 500 Ex. € 1.200,00

LU-G1469
Louvre – Krönung von Napoleon I.
2021, 50 EURO
Ag999, 155,5 g, Ø 50 mm
PP: 250 Ex. € –,–

LU-G1470
UNESCO – Magellan und das manuelinische Zeitalter
2021, 5 EURO
Au999, 0,5 g, Ø 11 mm
PP: 2.000 Ex. € 150,00

LU-G1471
UNESCO – Magellan und das manuelinische Zeitalter
2021, 10 EURO
Ag999, 22,2 g, Ø 37 mm
PP: 3.000 Ex. € 120,00

LU-G1472
UNESCO – Magellan und das manuelinische Zeitalter
2021, 50 EURO
Au999, 7,78 g, Ø 22 mm
PP: 500 Ex. € 950,00

LU-G1473

LU-G1474

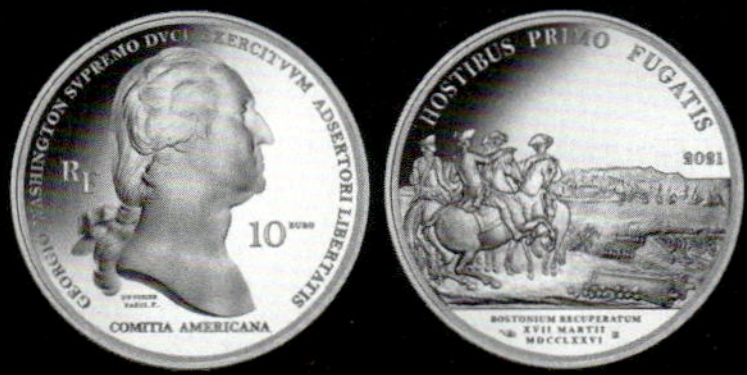

LU-G1475

LU-G1476

LU-G1477

LU-G1478

LU-G1479

LU-G1480

LU-G1473
UNESCO – Magellan und das manuelinische Zeitalter
2021, 200 EURO
Au999, 31,1 g, Ø 37 mm
PP: 250 Ex. € 3.800,00

LU-G1474
Große Ereignisse der Geschichte und Menschheit – Ankunft von Washington in Boston
2021, 10 EURO
Ag999, 22,2 g, Ø 37 mm
PP: 2.500 Ex. € 90,00

LU-G1475
Große Ereignisse der Geschichte und Menschheit – Ankunft von Washington in Boston
2021, 25 EURO
Ag999, 62,21 g, Ø 41 mm
PP: 1.500 Ex. € 400,00

LU-G1476
Große Ereignisse der Geschichte und Menschheit – Ankunft von Washington in Boston
2021, 50 EURO
Au999, 7,78 g, Ø 22 mm
PP: 500 Ex. € 1.000,00

LU-G1477
Große Ereignisse der Geschichte und Menschheit – Ankunft von Washington in Boston
2021, 200 EURO
Au999, 31,1 g, Ø 34 mm
PP: 250 Ex. € 4.100,00

LU-G1478
L'art de la plume – 400. Geburtstag von Jean de la Fontaine
2021, 5 EURO
Au999, 0,5 g, Ø 11 mm
PP: 2.000 Ex. € 120,00

LU-G1479
L'art de la plume – 400. Geburtstag von Jean de la Fontaine
2021, 10 EURO
Ag999, 22,2 g, Ø 37 mm
PP: 3.000 Ex € 75,00

LU-G1480
L'art de la plume – 400. Geburtstag von Jean de la Fontaine
2021, 10 EURO
Ag333, 17 g, Ø 31 mm
Stgl.: 75.000 Ex. € 29,00

LU-G1481

LU-G1482

LU-G1483

LU-G1484

LU-G1485

LU-G1486

LU-G1487

LU-G1488

LU-G1481
L'art de la plume –
400. Geburtstag von
Jean de la Fontaine
2021, 20 EURO
Ag999, 31,1 g, Ø 37 mm
PP: 3.000 Ex. € 140,00

LU-G1482
L'art de la plume –
400. Geburtstag von
Jean de la Fontaine
2021, 50 EURO
Au999, 7,78 g, Ø 22 mm
PP: 500 Ex. € 950,00

LU-G1483
L'art de la plume –
400. Geburtstag von
Jean de la Fontaine
2021, 100 EURO
Ag900, 50 g, Ø 47 mm
Stgl.: 10.000 Ex. € 200,00

LU-G1484
Geschichte der Luftfahrt –
Mustang P51
2021, 10 EURO
Ag999, 22,2 g, Ø 37 mm
PP: 2.500 Ex. € 100,00

LU-G1485
Geschichte der Luftfahrt –
Mustang P51
2021, 20 EURO
Ag999, 44,4 g, Ø 37 mm
PP: 1.500 Ex. € –,–

LU-G1486
Geschichte der Luftfahrt –
Mustang P51
2021, 50 EURO
Au999, 7,78 g, Ø 22 mm
PP: 500 Ex. € 850,00

LU-G1487
Geschichte der Luftfahrt –
Mustang P51
2021, 50 EURO
Ag999, 155,5 g, Ø 50 mm
PP: 250 Ex. € 650,00

LU-G1488
Meisterwerke aus franz. Museen –
Das Mädchen mit dem Perlenohrring
2021, 10 EURO
Ag999, 22,2 g, 90×69 mm,
PP: 3.000 Ex. € 110,00

LU-G1489

LU-G1490

LU-G1491

LU-G1492

LU-G1493

LU-G1494

LU-G1495

LU-G1496

LU-G1489
Meisterwerke aus franz. Museen –
Das Mädchen mit dem Perlenohrring
2021, 50 EURO
Au999, 7,78 g, 90 × 69 mm,
PP: 500 Ex. € 1.100,00

LU-G1490
Meisterwerke aus franz. Museen –
Das Mädchen mit dem Perlenohrring
2021, 50 EURO
Ag999, 100 g, 90 × 69 mm,
PP: 500 Ex. € 500,00

LU-G1491
Meisterwerke aus franz. Museen –
Das Mädchen mit dem Perlenohrring
2021, 250 EURO
Ag999, 300 g, 90 × 69 mm,
PP: 500 Ex. € 2.100,00

LU-G1492
L'art de la plume –
Dante Alighieri – 700. Todestag
2021, 20 EURO
Ag999, 31,1 g, Ø 37 mm
PP: 3.000 Ex. € –,–

LU-G1493
L'art de la plume –
Dante Alighieri – 700. Todestag
2021, 50 EURO
Au999, 7,78 g, Ø 22 mm
PP: 500 Ex. € –,–

LU-G1494
Olympische Spiele –
Übergabe von Tokio an Paris 2024
2021, ¼ EURO
Cu, 17,1 g, Ø 34 mm
Stgl.: 1.000.000 Ex. € –,–

LU-G1495
Olympische Spiele –
Olympische Spiele 2024 in Paris
2021, 2 EURO
Blister: 500.000 Ex.* € –,–
PP: 10.000 Ex. € –,–
** 5 verschiedene Blister-Motive*

LU-G1496
Olympische Spiele –
Übergabe von Tokio an Paris 2024
2021, 10 EURO
Ag999, 22,2 g, Ø 37 mm
PP: 30.000 Ex. € –,–

LU-G1497

LU-G1501

LU-G1498

LU-G1502

LU-G1499

LU-G1503

LU-G1500

LU-G1497

Olympische Spiele –
Olympische Spiele 2024 in Paris –
Marianne
2021, 10 EURO
Ag500, 17 g, Ø ?? mm, sechseckig
Stgl.: 10.000 Ex. € –,–

LU-G1498

Olympische Spiele –
Übergabe von Tokio an Paris 2024
2021, 50 EURO
Au999, 7,78 g, Ø 22 mm
PP: 2.000 Ex. € –,–

LU-G1499

Olympische Spiele –
Übergabe von Tokio an Paris 2024
2021, 200 EURO
Au999, 31,104 g, Ø 37 mm
PP: 1.000 Ex. € –,–

LU-G1500

Olympische Spiele –
Olympische Spiele 2024 in Paris –
Marianne
2021, 250 EURO
Au999, 3 g, Ø 18 mm, sechseckig
PP: 15.000 Ex. € –,–

LU-G1501

Chinesisches Jahr des Tigers (2022)
2021, 10 EURO
Ag900, 22,2 g, Ø 37 mm
PP: 3.000 Ex. € –,–

LU-G1502

Chinesisches Jahr des Tigers (2022)
2021, 20 EURO
Ag999, 44,4 g, Ø 37 mm
PP: 3.000 Ex. € –,–

LU-G1503

Chinesisches Jahr des Tigers (2022)
2021, 50 EURO
Au999, 7,78 g, Ø 22 mm
PP: 888 Ex. € –,–

Vorschau 2021

September

- Meisterwerke aus französischen Museen: La Persistance de la Mémoire – Dali

November

- Internationale Paare – Churchill / De Gaulle
- Bedeutende Frauen Frankreichs – Simone Veil

Dezember

- Französische EU-Ratspräsidentschaft
- Olympische Sommerspiele in Paris 2024 – Team France

Vorschau 2022

2-Euro-Gedenkmünze
35 Jahre Erasmus-Programm (Gemeinschaftsausgabe)

2-Euro-Gedenkmünze
Olympische Sommerspiele in Paris 2024 – 2/4

Vorschau 2023

2-Euro-Gedenkmünze
Olympische Sommerspiele in Paris 2024 – 3/4

2-Euro-Gedenkmünze
Olympische Sommerspiele in Paris 2024 – 4/4

GRIECHENLAND

Bildquelle: Fremdenverkehr Griechenland

Republik

Fläche: 132.000 km^2

Hauptstadt: Athen

Einwohnerzahl: 10,7 Mio.

Beitrittsjahr zur EU: 1981

Bisherige Währung: Griechische Drachme

Bildmotiv: Parthenon auf der Akropolis, Athen

LY-K1	1 Cent	
Jahr	Auflage	Stgl.
2002	101.000.000	1,40
2002F	15.000.000	8,50
2003	35.200.000	1,10
2004	45.000.000	1,30
2005	15.000.000	1,30
2006	45.000.000	1,10
2007	60.000.000	1,20
2008	24.000.000	1,30
2009	50.000.000	1,30
2010	27.000.000	1,20
2011	35.000.000	1,30
2012	48.000.000	1,50
2013	44.000.000	1,20
2014	45.000.000	1,30
2015	25.000.000	1,50
2016	49.000.000	1,20
2017	30.000.000	3,00
2018	39.000.000	3,00
2019	41.000.000	1,90
2020	50.000.000	1,70
2021		3,40

F = Geprägt in Frankreich, Münzzeichen „F" im 10-Uhr-Stern

LY-K3	5 Cent	
Jahr	Auflage	Stgl.
2002	211.000.000	1,10
2002F	90.000.000	3,00
2003	750.000	7,00
2004	250.000	5,00
2005	1.000.000	2,50
2006	50.000.000	1,10
2007	55.000.000	1,20
2008	50.000.000	1,20
2009	38.000.000	1,30
2010	5.000.000	1,20
2011	34.000.000	1,30
2012	5.000.000	1,50
2013	nur aus Sätzen	22,00
2014	18.000.000	1,40
2015	10.000.000	1,60
2016	27.000.000	1,30
2017	8.000.000	3,00
2018	15.000.000	3,00
2019	36.000.000	1,90
2020	13.000.000	1,60
2021		3,00

F = Geprägt in Frankreich, Münzzeichen „F" im 2-Uhr-Stern

LY-K2	2 Cent	
Jahr	Auflage	Stgl.
2002	176.000.000	1,20
2002F	8.000.000	4,50
2003	9.500.000	1,10
2004	25.000.000	1,50
2005	15.000.000	1,20
2006	45.000.000	1,10
2007	25.000.000	1,30
2008	68.000.000	1,20
2009	16.000.000	1,30
2010	31.000.000	1,20
2011	47.000.000	1,20
2012	34.000.000	1,50
2013	41.000.000	1,10
2014	25.000.000	1,20
2015	32.000.000	1,50
2016	52.000.000	1,20
2017	34.000.000	3,00
2018	14.000.000	3,00
2019	35.000.000	1,90
2020	43.000.000	1,70
2021		2,90

F = Geprägt in Frankreich, Münzzeichen „F" im 2-Uhr-Stern

LY-K4.1	10 Cent	
Jahr	Auflage	Stgl.
2002	138.000.000	1,30
2002F	100.000.000	3,00
2003	600.000	3,10
2004	10.000.000	1,80
2005	25.000.000	1,60
2006	45.000.000	1,10

F = Geprägt in Frankreich, Münzzeichen „F" im 8-Uhr-Stern

LY-K4.2	10 Cent (neue Europakarte)	
Jahr	Auflage	Stgl.
2007	63.000.000	1,50
2008	40.000.000	1,40
2009	46.000.000	1,40
2010	5.000.000	1,40
2011	36.000.000	1,40
2012	nur aus Sätzen	10,50
2013	19.000.000	1,20
2014	nur aus Sätzen	5,50
2015	nur aus Sätzen	4,90
2016	17.000.000	4,50
2017	15.000.000	4,50
2018	14.000.000	4,50
2019	24.000.000	2,30
2020	40.000.000	2,20
2021		3,10

LY-K5.1 20 Cent

Jahr	Auflage	Stgl.
2002	209.000.000	1,70
2002E	120.000.000	3,00
2003	800.000	4,40
2004	500.000	5,00
2005	1.000.000	3,00
2006	1.000.000	1,60

E = Geprägt in Spanien, Münzzeichen „E" im 8-Uhr-Stern

LY-K5.2 20 Cent (neue Europakarte)

Jahr	Auflage	Stgl.
2007	1.000.000	2,40
2008	20.000.000	2,00
2009	24.000.000	1,50
2010	12.000.000	3,80
2011	1.000.000	2,40
2012	nur aus Sätzen	7,50
2013	nur aus Sätzen	7,50
2014	nur aus Sätzen	5,50
2015	nur aus Sätzen	4,70
2016	nur aus Sätzen	4,60
2017	nur aus Sätzen	4,50
2018	nur aus Sätzen	4,50
2019	12.000.000	1,90
2020	32.000.000	2,30
2021		3,60

LY-K6.1 50 Cent

Jahr	Auflage	Stgl.
2002	93.000.000	2,80
2002F	70.000.000	4,50
2003	700.000	4,70
2004	500.000	5,50
2005	1.000.000	3,60
2006	1.000.000	3,10

F = Geprägt in Frankreich, Münzzeichen „F" im 8-Uhr-Stern

LY-K6.2 50 Cent (neue Europakarte)

Jahr	Auflage	Stgl.
2007	1.000.000	3,30
2008	10.000.000	2,90
2009	7.000.000	2,90
2010	6.000.000	5,50
2011	7.000.000	3,00
2012	nur aus Sätzen	7,50
2013	nur aus Sätzen	7,50
2014	nur aus Sätzen	6,00
2015	nur aus Sätzen	5,50
2016	nur aus Sätzen	4,90
2017	nur aus Sätzen	4,60
2018	nur aus Sätzen	4,50
2019	3.000.000	2,40
2020	7.000.000	2,90
2021		3,60

LY-K7.1 1 Euro

Jahr	Auflage	Stgl.
2002	61.500.000	6,00
2002S	50.000.000	5,50
2003	11.700.000	6,00
2004	10.000.000	4,80
2005	10.000.000	6,00
2006	10.000.000	4,50

S = Geprägt in Finnland, Münzzeichen „S" im 6-Uhr-Stern

LY-K7.2 1 Euro (neue Europakarte)

Jahr	Auflage	Stgl.
2007	24.000.000	4,50
2008	4.000.000	5,00
2009	18.000.000	7,50
2010	11.000.000	7,50
2011	1.000.000	4,90
2012	nur aus Sätzen	13,50
2013	nur aus Sätzen	13,50
2014	nur aus Sätzen	14,00
2015	nur aus Sätzen	14,00
2016	nur aus Sätzen	13,50
2017	nur aus Sätzen	13,50
2018	nur aus Sätzen	11,00
2019	nur aus Sätzen	10,00
2020	10.000 (KMS)	9,00
2021		10,00

LY-K8.1 2 Euro

Jahr	Auflage	Stgl.
2002	75.400.000	7,00
2002S	70.000.000	7,50
2003	550.000	12,00
2004	nur aus Sätzen	90,00
2005	1.000.000	12,50
2006	1.000.000	10,50

S = Geprägt in Finnland, Münzzeichen „S" im 6-Uhr-Stern

LY-K8.2 2 Euro (neue Europakarte)

Jahr	Auflage	Stgl.
2007	nur aus Sätzen	100,00
2008	1.000.000	9,00
2009	1.000.000	9,00
2010	1.000.000	10,50
2011	nur aus Sätzen	46,00
2012	nur aus Sätzen	47,00
2013	nur aus Sätzen	55,00
2014	nur aus Sätzen	50,00
2015	nur aus Sätzen	65,00
2016	nur aus Sätzen	40,00
2017	nur aus Sätzen	37,00
2018	nur aus Sätzen	40,00
2019	nur aus Sätzen	42,00
2020	10.000 (KMS)	37,00
2021		34,00

Inhalt des Starterpäckchens:

1 Cent (5x), 2 Cent (6x), 5 Cent (6x), 10 Cent (8x), 20 Cent (7x), 50 Cent (6x), 1 Euro (5x), 2 Euro (2x).

Die Starterkits wurden ab dem 15. Dezember 2001 an Privathaushalte zu einem Gegenwert von 5.000,00 GRD abgegeben.

In den Starterkits befinden sich überwiegend die im Ausland geprägten Münzen (Münzzeichen F, E oder S).

Jahr	Auflage	Stgl.
2002	3.000.000 Exemplare	€ 46,00

Inhalt der Original-Rollen:

1 Cent	50 Exemplare	Nominal:	€ 0,50
2 Cent	50 Exemplare	Nominal:	€ 1,00
5 Cent	50 Exemplare	Nominal:	€ 2,50
10 Cent	40 Exemplare	Nominal:	€ 4,00
20 Cent	40 Exemplare	Nominal:	€ 8,00
50 Cent	40 Exemplare	Nominal:	€ 20,00
1 EURO	25 Exemplare	Nominal:	€ 25,00
2 EURO	25 Exemplare	Nominal:	€ 50,00

Kursmünzensätze	Jahr	Auflage	Stgl.
LY-AK1 2002	2002	50.000	29,00
LY-AK1 2003	2003	50.000	50,00
LY-AK1 2004	2004	30.000	105,00
LY-AK1 2005	2005	25.000	50,00
LY-AK1 2006	2006	25.000	55,00
LY-AK1 2007	2007	15.000	115,00
LY-AK1 2008	2008	15.000	50,00
LY-AK1 2009/I	2009	7.500	64,00
LY-AK1 2009/II (incl. LY-G39)*	2009	7.500	36,00
LY-AK1 2010/I	2010	7.500	63,00
LY-AK1 2010/II (incl. LY-G42)*	2010	7.500	50,00
LY-AK1 2011/I	2011	15.000	90,00
LY-AK1 2011/II (incl. LY-G45)*	2011	5.000	65,00
LY-AK1 2012	2012	20.000	70,00
LY-AK1 2013	2013	20.000	62,00
LY-AK1 2014	2014	13.000	56,00
LY-AK1 2015	2015	15.000	75,00
LY-AK1 2016	2016	15.000	44,00
LY-AK1 2017	2017	15.000	45,00
LY-AK1 2018	2018	15.000	42,00
LY-AK1 2019	2019	10.000	45,00
LY-AK1 2020	2020	10.000	40,00
LY-AK1 2021	2021	10.000	35,00

* enthält nicht die 2-Euro-Kursmünze

Kursmünzensätze	Jahr	Auflage	Stgl.
LY-AK2 2003 (incl. LY-G7)	2003	50.000	120,00
LY-AK2 2005 (incl. LY-G29)	2005	25.000	100,00
LY-AK2 2006 (incl. LY-G32)	2006	25.000	77,00
LY-AK2 2007/I (incl. LY-G36)	2007	5.000	180,00
LY-AK2 2007/II (incl. LY-G37)	2007	5.000	150,00
LY-AK2 2008 (incl. LY-G38)	2008	10.000	95,00
LY-AK2 2009/I (incl. LY-G40)	2009	5.000	95,00
LY-AK2 2009/II (incl. LY-G41)	2009	5.000	95,00
LY-AK2 2010/I (incl.LY-G43)	2010	5.000	68,00
LY-AK2 2010/II (incl. LY-G44)	2010	5.000	90,00
LY-AK2 2011/I (incl. LY-G46)	2011	7.500	96,00
LY-AK2 2011/II (incl. LY-G47)	2011	7.500	92,00
LY-AK2 2012 (incl. LY-G52)	2012	10.000	95,00

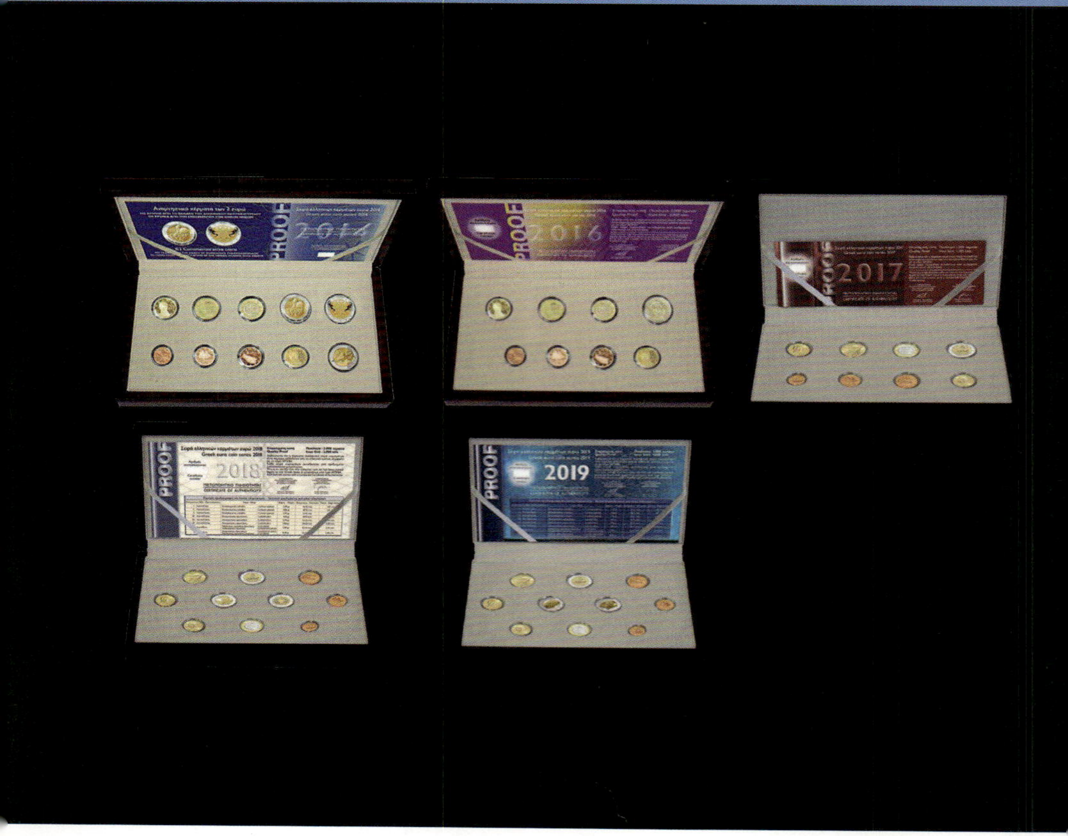

Kursmünzensätze	Jahr	Auflage	PP
LY-AK3 2011	2011	2.500	225,00
LY-AK3 2012 (incl. LY-G51)	2012	2.500	185,00
LY-AK3 2013 (incl. LY-G60 u. G61)	2013	4.000	240,00
LY-AK3 2014 (incl. LY-G70 u. G71)	2014	2.500	245,00
LY-AK3 2015	2015	2.000	150,00
LY-AK3 2016	2016	2.000	165,00
LY-AK3 2017	2017	1.200	175,00
LY-AK3 2018 (incl. LY-G114 u. G115)	2018	2.000	185,00
LY-AK3 2019 (incl. LY-G123 u. G124)	2019	1.500	210,00

LY-G1

LY-G2

LY-G3

LY-G4

LY-G5

LY-G6

LY-G7

LY-G8

LY-G1

Olympische Sommerspiele 2004, Athen
– Laufen
2003, 10 EURO
Ag925, 34 g, Ø 40 mm
Ⓓ Panagiotis Gravvalos
PP: 68.000 Ex. € 115,00

LY-G2

Olympische Sommerspiele 2004, Athen
– Diskuswerfen
2003, 10 EURO
Ag925, 34 g, Ø 40 mm
Ⓓ Panagiotis Gravvalos
PP: 68.000 Ex. € 115,00

LY-G3

Olympische Sommerspiele 2004, Athen
– Palast von Knossos, Kreta
2003, 100 EURO
Au999, 10 g, Ø 25 mm
Ⓓ Panagiotis Gravvalos
PP: 28.000 Ex. € 920,00

LY-G4

Olympische Sommerspiele 2004, Athen
– Speerwerfen
2003, 10 EURO
Ag925, 34 g, Ø 40 mm
Ⓓ Panagiotis Gravvalos
PP: 68.000 Ex. € 115,00

LY-G5

Olympische Sommerspiele 2004, Athen
– Weitsprung
2003, 10 EURO
Ag925, 34 g, Ø 40 mm
Ⓓ Panagiotis Gravvalos
PP: 68.000 Ex. € 115,00

LY-G6

Olympische Sommerspiele 2004, Athen
– Krypta, Olympia
2003, 100 EURO
Au999, 10 g, Ø 25 mm
Ⓓ Panagiotis Gravvalos
PP: 28.000 Ex. € 1.030,00

LY-G7

EU-Ratspräsidentschaft
2003, 10 EURO
Ag925, 9,75 g, Ø 28,25 mm
Ⓓ Georgios Stamatopoulos
PP: nur aus Kursmünzensatz LY-AK2 2003

LY-G8

Olympische Sommerspiele 2004, Athen
– Staffellauf
2003, 10 EURO
Ag925, 34 g, Ø 40 mm
Ⓓ Panagiotis Gravvalos
PP: 68.000 Ex. € 115,00

LY-G9

LY-G13

LY-G10

LY-G14

LY-G11

LY-G15

LY-G12

LY-G16

LY-G9

Olympische Sommerspiele 2004, Athen
– Reiten
2003, 10 EURO
Ag925, 34 g, Ø 40 mm
Ⓓ Panagiotis Gravvalos
PP: 68.000 Ex. € 115,00

LY-G10

Olympische Sommerspiele 2004, Athen
– Panathenäisches Stadion, Athen
2003, 100 EURO
Au999, 10 g, Ø 25 mm
Ⓓ Panagiotis Gravvalos
PP: 28.000 Ex. € 970,00

LY-G11

Olympische Sommerspiele 2004, Athen
– Rhythmische Sportgymnastik
2003, 10 EURO
Ag925, 34 g, Ø 40 mm
Ⓓ Panagiotis Gravvalos
PP: 68.000 Ex. € 115,00

LY-G12

Olympische Sommerspiele 2004, Athen
– Schwimmen
2003, 10 EURO
Ag925, 34 g, Ø 40 mm
Ⓓ Panagiotis Gravvalos
PP: 63.000 Ex. € 115,00

LY-G13

Olympische Sommerspiele 2004, Athen
– Zappeion, Athen
2003, 100 EURO
Au999, 10 g, Ø 25 mm
Ⓓ Panagiotis Gravvalos
PP: 28.000 Ex. € 980,00

LY-G14

75 Jahre Bank von Griechenland
2003, 20 EURO
Ag925, 24 g, Ø 37 mm
Ⓓ Nikos Nikolaou
PP: 15.000 Ex. € 225,00

LY-G15

75 Jahre Bank von Griechenland
2003, 200 EURO
Au916, 17 g, Ø 28 mm
Ⓓ Nikos Nikolaou
PP: 1.000 Ex. € 5.750,00

LY-G16

Olympische Sommerspiele 2004, Athen
– Gewichtheben
2004, 10 EURO
Ag925, 34 g, Ø 40 mm
Ⓓ Panagiotis Gravvalos
PP: 68.000 Ex. € 80,00

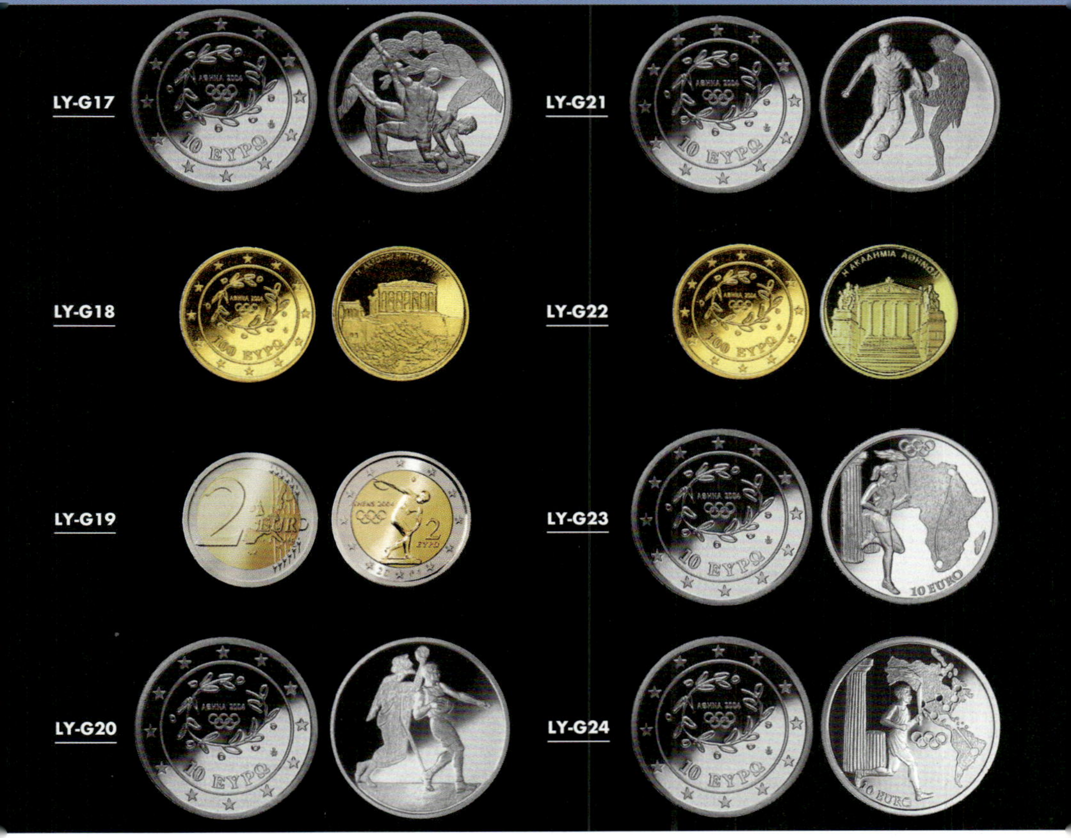

LY-G17
Olympische Sommerspiele 2004, Athen
– Ringen
2004, 10 EURO
Ag925, 34 g, Ø 40 mm
Ⓓ Panagiotis Gravvalos
PP: 68.000 Ex. € 80,00

LY-G18
Olympische Sommerspiele 2004, Athen
– Akropolis, Athen
2004, 100 EURO
Au999, 10 g, Ø 25 mm
Ⓓ Panagiotis Gravvalos
PP: 28.000 Ex. € 1.020,00

LY-G19
Olympische Sommerspiele 2004, Athen
– Diskuswerfer des Myron
2004, 2 EURO
Ⓓ Luc Luycx und Panagiotis Gravvalos
Stgl.: 34.500.000 Ex. € 8,00
Coin card: 500.000 Ex. € 14,00

LY-G20
Olympische Sommerspiele 2004, Athen
– Handball
2004, 10 EURO
Ag925, 34 g, Ø 40 mm
Ⓓ Panagiotis Gravvalos
PP: 68.000 Ex. € 80,00

LY-G21
Olympische Sommerspiele 2004, Athen
– Fußball
2004, 10 EURO
Ag925, 34 g, Ø 40 mm
Ⓓ Panagiotis Gravvalos
PP: 68.000 Ex. € 80,00

LY-G22
Olympische Sommerspiele 2004, Athen
– Akademie, Athen
2004, 100 EURO
Au999, 10 g, Ø 25 mm
Ⓓ Panagiotis Gravvalos
PP: 28.000 Ex. € 980,00

LY-G23
Olympische Sommerspiele 2004, Athen
– Fackellauf, Afrika
2004, 10 EURO
Ag925, 34 g, Ø 40 mm
PP: 10.000 Ex., siehe Satzpreis LY-G23 bis LY-G28

LY-G24
Olympische Sommerspiele 2004, Athen
– Fackellauf, Amerika
2004, 10 EURO
Ag925, 34 g, Ø 40 mm
PP: 10.000 Ex., siehe Satzpreis LY-G23 bis LY-G28

LY-G25

LY-G29

LY-G26

LY-G30

LY-G27

LY-G31

LY-G28

LY-G32

LY-G25

Olympische Sommerspiele 2004, Athen
– Fackellauf, Asien
2004, 10 EURO
Ag925, 34 g, Ø 40 mm
PP: 10.000 Ex., siehe Satzpreis LY-G23 bis LY-G28

LY-G26

Olympische Sommerspiele 2004, Athen
– Fackellauf, Australien
2004, 10 EURO
Ag925, 34 g, Ø 40 mm
PP: 10.000 Ex., siehe Satzpreis LY-G23 bis LY-G28

LY-G27

Olympische Sommerspiele 2004, Athen
– Entfachung der olympischen Flamme
2004, 100 EURO
Au999, 10 g, Ø 25 mm
PP: 10.000 Ex., siehe Satzpreis LY-G23 bis LY-G28

LY-G28

Olympische Sommerspiele 2004, Athen
– Ankunft zur Eröffnungszeremonie
2004, 100 EURO
Au999, 10 g, Ø 25 mm
PP: 10.000 Ex., siehe Satzpreis LY-G23 bis LY-G28

LY-G23 bis LY-G28

Fackellauf-Satz
(Torch Collection)
(4 x 10 Euro und
2 x 100 Euro) € 2.000,00

LY-G29

Kampf der Titanen, Natur und Olymp
2005, 10 EURO
Ag925, 9,75 g, Ø 28,25 mm
Ⓓ Panagiotis Gravvalos
PP: nur aus Kursmünzensatz LY-AK2 2005

LY-G30

Nationalpark Olymp – Dion
2006, 10 EURO
Ag925, 34 g, Ø 40 mm
Ⓓ Panagiotis Gravvalos
PP: 5.000 Ex. € 130,00

LY-G31

Nationalpark Olymp – Dias (Zeus)
2006, 10 EURO
Ag925, 34 g, Ø 40 mm
Ⓓ Panagiotis Gravvalos
PP: 5.000 Ex. € 130,00

LY-G32

Patras, Kulturhauptstadt Europas
2006, 10 EURO
Ag925, 9,75 g, Ø 28,25 mm
Ⓓ Panagiotis Gravvalos
PP: nur aus Kursmünzensatz LY-AK2 2006

LY-G33

LY-G34

LY-G35

LY-G36

LY-G37

LY-G38

LY-G39

LY-G40

LY-G33
50 Jahre Römische Verträge
2007, 2 EURO
Ⓓ Luc Luycx und Helmut Andexlinger
Stgl.: 4.000.000 Ex. € 7,00

LY-G34
Nationalpark Mt. Pindos – Schwarzkiefern
2007, 10 EURO
Ag925, 34 g, Ø 40 mm
Ⓓ Georgios Stamatopoulos
PP: 5.000 Ex. € 155,00

LY-G35
Nationalpark Mt. Pindos – Vögel und Wildblumen
2007, 10 EURO
Ag925, 34 g, Ø 40 mm
Ⓓ Georgios Stamatopoulos
PP: 5.000 Ex. € 145,00

LY-G36
50. Todestag von Nikos Kazantzakis
2007, 10 EURO
Ag925, 9,75 g, Ø 28,25 mm
Ⓓ Georgios Stamatopoulos
PP: nur aus Kursmünzensatz LY-AK2 2007/I

LY-G37
30. Todestag von Maria Callas
2007, 10 EURO
Ag925, 9,75 g, Ø 28,25 mm
Ⓓ Georgios Stamatopoulos
PP: nur aus Kursmünzensatz LY-AK2 2007/II

LY-G38
Eröffnung des Neuen Akropolis-Museums in Athen
2008, 10 EURO
Ag925, 9,75 g, Ø 28,25 mm
Ⓓ Georgios Stamatopoulos
PP: nur aus Kursmünzensatz LY-AK2 2008

LY-G39
10 Jahre Wirtschafts- und Währungsunion
2009, 2 EURO
Ⓓ Luc Luycx u. Georgios Stamatopoulos
Stgl: 4.000.000 Ex. € 6,50

LY-G40
100. Geburtstag von Yannis Ritsos
2009, 10 EURO
Ag925, 9,75 g, Ø 28,25 mm
Ⓓ Georgios Stamatopoulos
PP: nur aus Kursmünzensatz LY-AK2 2009/I

LY-G41

LY-G42

LY-G43

LY-G44

LY-G45

LY-G46

LY-G47

LY-G48

LY-G41
Internationales Jahr der Astronomie
2009, 10 EURO
Ag925, 9,75 g, Ø 28,25 mm
Ⓓ Georgios Stamatopoulos
PP: nur aus Kursmünzensatz LY-AK2 2009/II

LY-G42
2500 Jahre Schlacht von Marathon
2010, 2 EURO
Ⓓ Luc Luycx u. Georgios Stamatopoulos
Stgl.: 2.500.000 Ex. € 6,50

LY-G43
100. Geburtstag von Sofia Vembo
2010, 10 EURO
Ag925, 9,75 g, Ø 28,25 mm
Ⓓ Georgios Stamatopoulos
PP: nur aus Kursmünzensatz LY-AK2 2010/I

LY-G44
Internationales Jahr der biologischen Vielfalt
2010, 10 EURO
Ag925, 9,75 g, Ø 28,25 mm
Ⓓ Georgios Stamatopoulos
PP: nur aus Kursmünzensatz LY-AK2 2010/II

LY-G45
Special Olympics 2012, Athen
2011, 2 EURO
Ⓓ Luc Luycx u. Georgios Stamatopoulos
Stgl.: 1.000.000 Ex. € 6,00

LY-G46
Special Olympics 2011, Athen – Panathenäisches Stadion, Athen
2011, 10 EURO
Ag925, 9,75 g, Ø 28,25 mm
Ⓓ Georgios Stamatopoulos
PP: nur aus Kursmünzensatz LY-AK2 2010/I

LY-G47
Special Olympics 2011, Athen – Akropolis, Athen
2011, 10 EURO
Ag925, 9,75 g, Ø 28,25 mm
Ⓓ Georgios Stamatopoulos
PP: nur aus Kursmünzensatz LY-AK2 2010/II

LY-G48
Special Olympics 2011, Athen – Fackelträger
2011, 10 EURO
Ag925, 34 g, Ø 40 mm
Ⓓ Georgios Stamatopoulos
PP: 2.000 Ex. € 300,00

LY-G49
Special Olympics 2011, Athen –
Wettkampfszene
2011, 10 EURO
Ag925, 34 g, Ø 40 mm
Ⓓ Georgios Stamatopoulos

PP:	2.000 Ex.	€ 300,00

LY-G50
Special Olympics 2011, Athen
Panathenäisches Stadion, Athen
2011, 100 EURO
Au917, 7,99 g, Ø 22,1 mm
Ⓓ Georgios Stamatopoulos

PP:	1.000 Ex.	€ 2.200,00

LY-G51
10. Jahrestag der Einführung
der Euro-Münzen und -Banknoten
2012, 2 EURO
Ⓓ Luc Luycx und Helmut Andexlinger

Stgl.:	995.000 Ex.	€ 7,00
Blister:	5.000 Ex.	€ 25,00
PP:	nur aus Kursmünzensatz LY-AK3 2012	

LY-G52
50. Todestag von George Nicolas
Papanicolaou
2012, 10 EURO
Ag925, 9,75 g, Ø 28,25 mm
Ⓓ Georgios Stamatopoulos

PP:	nur aus Kursmünzensatz LY-AK2 2012

LY-G53
100. Jahrestag der Befreiung
Thessalonikis
2012, 100 EURO
Au917, 7,99 g, Ø 22,1 mm
Ⓓ Georgios Stamatopoulos

PP:	1.500 Ex.	€ 1.800,00

LY-G54
100. Jahrestag des Ausbruchs
der Balkankriege
2012, 100 EURO
Au917, 7,99 g, Ø 22,1 mm
Ⓓ Georgios Stamatopoulos

PP:	1.500 Ex.	€ 2.200,00

LY-G55
Griechische Kultur –
Tragödiendichter: Aischylos
2012, 10 EURO
Ag925, 34,1 g, Ø 40 mm
Ⓓ Georgios Stamatopoulos

PP:	5.000 Ex.	€ 175,00

LY-G56
Griechische Kultur –
Philosophen: Sokrates
2012, 10 EURO
Ag925, 34,1 g, Ø 40 mm
Ⓓ Georgios Stamatopoulos

PP:	5.000 Ex.	€ 175,00

LY-G57

LY-G58

LY-G59

LY-G60

LY-G61

LY-G62

LY-G63

LY-G64

LY-G57
Kulturelles Erbe –
Archäologische Stätte von Pella
2012, 50 EURO
Au999, 1 g, Ø 14 mm
Ⓓ Georgios Stamatopoulos
PP: 4.000 Ex. € 180,00

LY-G58
Griechische Kultur –
Philosophen: Pythagoras von Samos
2013, 10 EURO
Ag925, 34,1 g, Ø 40 mm
Ⓓ Georgios Stamatopoulos
PP: 1.000 Ex. € 275,00

LY-G59
Griechische Kultur –
Tragödiendichter: Sophokles
2013, 10 EURO
Ag925, 34,1 g, Ø 40 mm
Ⓓ Georgios Stamatopoulos
PP: 1.000 Ex. € 320,00

LY-G60
2400 Jahre Platonische Akademie
2013, 2 EURO
Ⓓ Luc Luycx u. Georgios Stamatopoulos
Stgl.: 742.500 Ex. € 6,50
Blister: 7.500 Ex. € 20,00
PP: nur aus Kursmünzensatz LY-AK3 2013

LY-G61
100. Jahrestag des Beitritts Kretas
zu Griechenland
2013, 2 EURO
Ⓓ Luc Luycx u. Georgios Stamatopoulos
Stgl.: 742.500 Ex. € 6,50
Blister: 7.500 Ex. € 20,00
PP: nur aus Kursmünzensatz LY-AK3 2013

LY-G62
Griechische Kultur –
Mediziner: Hippokrates von Kos
2013, 10 EURO
Ag925, 34,1 g, Ø 40 mm
Ⓓ Georgios Stamatopoulos
PP: 1.200 Ex. € 320,00

LY-G63
Griechische Kultur –
Mediziner: Hippokrates von Kos
2013, 200 EURO
Au917, 7,99 g, Ø 22,1 mm
Ⓓ Georgios Stamatopoulos
PP: 1.200 Ex. € 1.800,00

LY-G64
Kulturelles Erbe –
Mykenische archäologischen Stätte
von Tiryns
2013, 50 EURO
Au999, 1 g, Ø 14 mm
Ⓓ Georgios Stamatopoulos
PP: 1.000 Ex. € 290,00

LY-G65
150. Geburtstag und 80. Todestag von Konstantínos Pétrou Kaváfis
2013, 5 EURO
CuZnNi, 18,8 g, Ø 30,5 mm
Ⓓ Georgios Stamatopoulos
Stgl.: 10.000 Ex. im Blister € 25,00

LY-G66
EU-Ratspräsidentschaft
2014, 10 EURO
Ag925, 34,1 g, Ø 40 mm
Ⓓ Georgios Stamatopoulos
PP: 5.000 Ex. € 120,00

LY-G67
Griechische Kultur – Tragödiendichter: Euripides
2014, 10 EURO
Ag925, 34,1 g, Ø 40 mm
Ⓓ Georgios Stamatopoulos
PP: 1.200 Ex. € 310,00

LY-G68
Griechische Kultur – Philosophen: Aristoteles
2014, 10 EURO
Ag925, 34,1 g, Ø 40 mm
Ⓓ Georgios Stamatopoulos
PP: 1.200 Ex. € 310,00

LY-G69
Griechische Kultur – Philosophen: Aristoteles
2014, 200 EURO
Au917, 7,99 g, Ø 22,1 mm
Ⓓ Georgios Stamatopoulos
PP: 600 Ex. € 1.800,00

LY-G70
150. Jahrestag der Vereinigung der Ionischen Inseln mit Griechenland
2014, 2 EURO
Ⓓ Luc Luycx und Maria Andonatou
Stgl.: 740.000 Ex. € 6,50
Blister: 7.500 Ex. € 20,00
PP: nur aus Kursmünzensatz LY-AK3 2014

LY-G71
400. Todestag von Dominikos Theotokopoulos, genannt El Greco
2014, 2 EURO
Ⓓ Luc Luycx u. Georgios Stamatopoulos
Stgl.: 740.000 Ex. € 6,50
Blister: 7.500 Ex. € 20,00
PP: nur aus Kursmünzensatz LY-AK3 2014

LY-G72
Griechische Mythologie – Die Götter des Olymp: Zeus
2014, 100 EURO
Au999, 3,88 g, Ø 17,5 mm
Ⓓ Maria Andonatou
PP: 1.000 Ex. € 650,00

LY-G73

LY-G74

LY-G75

LY-G76

LY-G77

LY-G78

LY-G79

LY-G80

LY-G73
Kulturelles Erbe –
Zivilisation der Kykladen
2014, 50 EURO
Au999, 1 g, Ø 14 mm
Ⓓ Maria Andonatou
PP: 1.000 Ex. € 380,00

LY-G74
200. Jahrestag der Gründung der „Filiki Eteria" (Gesellschaft der Freunde)
2014, 5 EURO
CuZnNi, 18,8 g, Ø 30,5 mm, im Blister
Ⓓ Georgios Stamatopoulos
Stgl.: 7.500 Ex. € 20,00

LY-G75
Griechische Kultur –
Philosophen: Archimedes
2015, 10 EURO
Ag925, 34,1 g, Ø 40 mm
Ⓓ Georgios Stamatopoulos
PP: 1.500 Ex. € 180,00

LY-G76
Griechische Kultur –
Philosophen: Archimedes
2015, 200 EURO
Au916, 7.98 g, Ø 22,1 mm
Ⓓ Georgios Stamatopoulos
PP: 750 Ex. € 1.390,00

LY-G77
Griechische Kultur –
Komödiendichter: Aristophanes
2015, 10 EURO
Ag925, 34,1 g, Ø 40 mm
Ⓓ Georgios Stamatopoulos
PP: 1.500 Ex. € 180,00

LY-G78
Kulturelles Erbe – Delphi
2015, 50 EURO
Au999, 1 g, Ø 14 mm
Ⓓ Maria Andonatou
PP: 1.000 Ex. € 160,00

LY-G79
Griechische Mythologie –
Die Götter des Olymp: Hera
2015, 100 EURO
Au999, 3,89 g, Ø 17,5 mm
Ⓓ Maria Andonatou
PP: 1.000 Ex. € 900,00

LY-G80
Internationales Jahr des Lichts und der lichtbasierten Technologien
2015, 6 EURO
Ag925, 10 g, Ø 28,5 mm
Ⓓ Maria Andonatou
PP: 1.000 Ex. € 180,00

LY-G81

LY-G85

LY-G82

LY-G86

LY-G83

LY-G87

LY-G84

LY-G88

LY-G81
30 Jahre Flagge der Europäischen Union
2015, 2 EURO
Ⓓ Luc Luycx u. Georgios Stamatopoulos

Stgl.:	741.000 Ex.	€ 6,50
Blister:	7.500 Ex.	€ 15,00
PP:	1.500 Ex.	€ 180,00

LY-G82
75. Todestag von Spyridon Louis
2015, 2 EURO
Ⓓ Luc Luycx u. Georgios Stamatopoulos

Stgl.:	741.000 Ex.	€ 6,50
Blister:	7.500 Ex.	€ 15,00
PP:	1.500 Ex.	€ 200,00

LY-G83
100. Geburtstag von Vasilis Tsitsanis
2015, 5 EURO
CuZnNi, 18,8 g, Ø 30,5 mm, im Blister
Ⓓ Georgios Stamatopoulos

Stgl.:	7.500 Ex.	€ 18,50

LY-G84
Griechische Kultur –
Philosophen: Demokritos
2016, 10 EURO
Ag925, 34,1 g, Ø 40 mm
Ⓓ Georgios Stamatopoulos

PP:	2.000 Ex.	€ 155,00

LY-G85
Griechische Kultur –
Philosophen: Demokritos
2016, 200 EURO
Au916, 7,98 g, Ø 22,1 mm
Ⓓ Georgios Stamatopoulos

PP:	1.000 Ex.	€ 860,00

LY-G86
Griechische Kultur –
Komödiendichter: Menander
2016, 10 EURO
Ag925, 34,1 g, Ø 40 mm
Ⓓ Georgios Stamatopoulos

PP:	2.000 Ex.	€ 130,00

LY-G87
Kulturelles Erbe – Olympia
2016, 50 EURO
Au999, 1 g, Ø 14 mm
Ⓓ Maria Andonatou

PP:	1.500 Ex.	€ 170,00

LY-G88
Griechische Mythologie –
Die Götter des Olymp: Poseidon
2016, 100 EURO
Au999, 3,89 g, Ø 17,5 mm
Ⓓ Maria Andonatou

PP:	1.200 Ex.	€ 790,00

LY-G89

LY-G90

LY-G91

LY-G92

LY-G93

LY-G94

LY-G95

LY-G96

LY-G89
120. Geburtstag von Dimitri Mitropoulos
2016, 2 EURO
Ⓓ Luc Luycx u. Georgios Stamatopoulos

Stgl.:	742.000 Ex.	€ 6,50
Blister:	6.500 Ex.	€ 16,00
PP:	1.500 Ex.	€ 130,00

LY-G90
150. Jahrestag der Tragödie um das Arkádi Kloster im Kampf um Unabhängigkeit vom Osmanischen Reich
2016, 2 EURO
Ⓓ Luc Luycx u. Georgios Stamatopoulos

Stgl.:	742.000 Ex.	€ 6,50
Blister:	6.500 Ex.	€ 18,00
PP:	1.500 Ex.	€ 180,00

LY-G91
100. Geburtstag von Yannis Moralis
2016, 5 EURO
CuZnNi, 18,8 g, Ø 30,5 mm, im Blister
Ⓓ Georgios Stamatopoulos

Stgl.:	6.500 Ex.	€ 18,50

LY-G92
50 Jahre Fernsehen in Griechenland
2016, 6 EURO
Ag925, 10 g, Ø 28,5 mm
Ⓓ Maria Andonatou

PP:	1.500 Ex.	€ 130,00

LY-G93
Das Zeitalter von Eisen und Glas – Dionysios Solomos, Stahlbrücke über den Kanal von Korinth, die ersten Olympischen Spiele der Neuzeit (1896)
2017, 10 EURO
Ag925, 31,1 g, Ø 38,61 mm
Ⓓ Georgios Stamatopoulos

PP:	5.000 Ex.	€ 130,00

LY-G94
Griechische Kultur – Philosophen: Diogenes
2017, 10 EURO
Ag925, 34,1 g, Ø 40 mm
Ⓓ Georgios Stamatopoulos

PP:	2.000 Ex.	€ 130,00

LY-G95
Griechische Kultur – Philosophen: Diogenes
2017, 200 EURO
Au916, Ag53, 7,98 g, Ø 22,1 mm
Ⓓ Georgios Stamatopoulos

PP:	1.000 Ex.	€ 900,00

LY-G96
Griechische Kultur – Lyrische Dichterinnen: Sappho
2017, 10 EURO
Ag925, 34,1 g, Ø 40 mm
Ⓓ Georgios Stamatopoulos

PP:	2.000 Ex.	€ 160,00

LY-G97

LY-G101

LY-G98

LY-G102

LY-G99

LY-G103

LY-G100

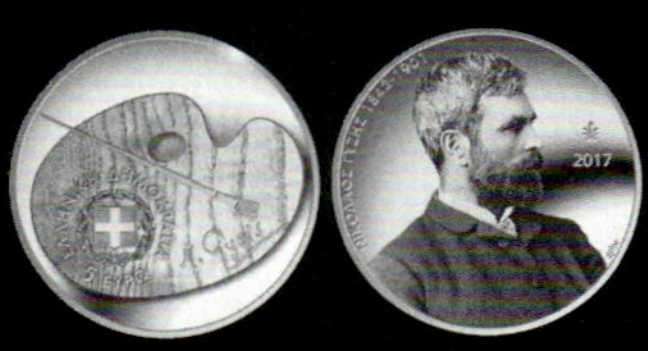

LY-G104

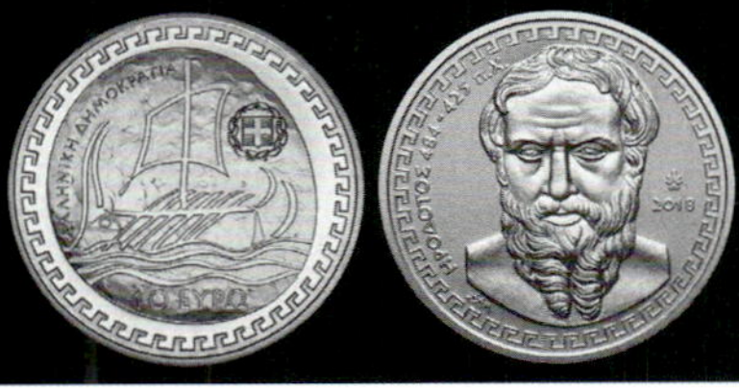

LY-G97
Griechische Mythologie –
Die Götter des Olymp: Athena
2017, 100 EURO
Au999, 3,89 g, Ø 17,5 mm
Ⓓ Maria Andonatou

PP:	1.200 Ex.	€ 700,00

LY-G98
60. Todestag von Nikos Kazantzakis
2017, 2 EURO
Ⓓ Luc Luycx u. Georgios Stamatopoulos

Stgl.:	744.000 Ex.	€ 6,50
Blister:	4.500 Ex.	€ 14,00
PP:	1.500 Ex.	€ 105,00

LY-G99
Archäologische Stätte von Philippi
2017, 2 EURO
Ⓓ Luc Luycx u. Georgios Stamatopoulos

Stgl.:	744.000 Ex.	€ 6,50
Blister:	4.500 Ex.	€ 17,00
PP:	1.500 Ex.	€ 105,00

LY-G100
175. Geburtstag von Nikolaus Gysis
2017, 5 EURO
Ⓓ Georgios Stamatopoulos
CuZnNi, 18,8 g, Ø 30,5 mm, im Blister

Stgl.:	5.000 Ex.	€ 30,00

LY-G101
Internationales Jahr des nachhaltigen
Tourismus für Entwicklung
2017, 6 EURO
Ag925, 10 g, Ø 28,5 mm
Ⓓ Maria Andonatou

PP:	1.500 Ex.	€ 90,00

LY-G102
Kulturelles Erbe – Minoan Zivilisation
2017, 50 EURO
Au999, 1 g, Ø 14 mm
Ⓓ Maria Andonatou

PP:	1.500 Ex.	€ 210,00

LY-G103
Das Zeitalter des Bcrock und
Rokoko – Adamantios Korais
2018, 10 EURO
Ag925, 31,1 g, Ø 38,61 mm
Ⓓ Georgios Stama-opoulos

PP:	5.000 Ex.	€ 125,00

LY-G104
Griechische Kultur –
Historiker: Herodot von Halikarnassos
2018, 10 EURO
Ag925, 34,1 g, Ø 40 mm
Ⓓ Georgios Stamatopoulos

PP:	2.000 Ex.	€ 155,00

LY-G105

LY-G106

LY-G107

LY-G108

LY-G109

LY-G110

LY-G111

LY-G112

LY-G105
Griechische Kultur –
Historiker: Herodot von Halikarnassos
2018, 200 EURO
Au917, Ag53, 7,98 g, Ø 22,1 mm
Ⓓ Georgios Stamatopoulos
PP: 1.000 Ex. € 1.000,00

LY-G106
Griechische Kultur –
Lyrische Dichter: Pindar
2018, 10 EURO
Ag925, 34,1 g, Ø 40 mm
Ⓓ Georgios Stamatopoulos
PP: 2.000 Ex. € 170,00

LY-G107
Jahr der Mathematik –
Hundertjahrfeier der hellenischen mathematischen Gesellschaft
2018, 6 EURO
Ag925, 10 g, Ø 28,5 mm
Ⓓ Maria Andonatou
PP: 1.500 Ex. € 120,00

LY-G108
Berühmte griechische Ökonomen –
Angelos Angelopoulos
2018, 6 EURO
Ag925, 10 g, Ø 28,5 mm
Ⓓ Georgios Stamatopoulos
PP: 1.500 Ex. € –,–

LY-G109
Berühmte griechische Ökonomen –
Andreas Andreadis
2018, 6 EURO
Ag925, 10 g, Ø 28,5 mm
Ⓓ Georgios Stamatopoulos
PP: 1.500 Ex. € –,–

LY-G110
Berühmte griechische Ökonomen –
Kyriakos Varvaressos
2018, 6 EURO
Ag925, 10 g, Ø 28,5 mm
Ⓓ Georgios Stamatopoulos
PP: 1.500 Ex. € –,–

LY-G111
Berühmte griechische Ökonomen –
Xenophon Zolotas
2018, 6 EURO
Ag925, 10 g, Ø 28,5 mm
Ⓓ Georgios Stamatopoulos
PP: 1.500 Ex. € –,–

LY-G112
Berühmte griechische Ökonomen –
Dionysios Karagiorgas
2018, 6 EURO
Ag925, 10 g, Ø 28,5 mm
Ⓓ Georgios Stamatopoulos
PP: 1.500 Ex. € –,–

LY-G113

LY-G114

LY-G115

LY-G116

LY-G117

LY-G118

LY-G119

LY-G120

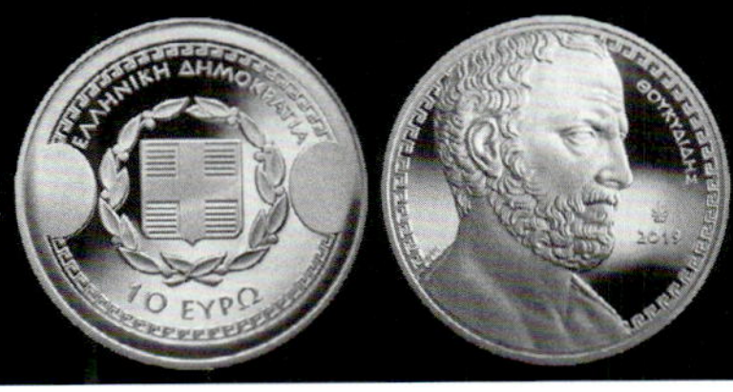

LY-G113
Berühmte griechische Ökonomen – Ioannis Pesmazoglou
2018, 6 EURO
Ag925, 10 g, Ø 28,5 mm
Ⓓ Georgios Stamatopoulos
PP: 1.500 Ex. € –,–

Satz LY-G108–LYG113 € 390,00

LY-G114
70. Jahrestag der Union der Dodekanes-Inseln mit Griechenland
2018, 2 EURO
Ⓓ Luc Luycx u. Georgios Stamatopoulos
Stgl.: 748.000 Ex. € 6,50
PP: nur aus Kursmünzensatz LY-AK3

LY-G115
75. Todestag von Kostís Palamás
2018, 2 EURO
Ⓓ Luc Luycx u. Georgios Stamatopoulos
Stgl.: 748.000 Ex. € 6,50
PP: nur aus Kursmünzensatz LY-AK3

LY-G116
Griechische Mythologie – Die Götter des Olymp: Apollo
2018, 100 EURO
Au999, 3,89 g, Ø 17,5 mm
Ⓓ Maria Andonatou
PP: 1.200 Ex. € 470,00

LY-G117
Kulturelles Erbe – Der Tempel von Poseidon in Sounion
2018, 50 EURO
Au999, 1 g, Ø 14 mm
Ⓓ Maria Andonatou
PP: 1.500 Ex. € 170,00

LY-G118
100 Jahre Kreditanstalt der Gebietskörperschaften (CDLF)
2019, 6 EURO
CuZnNi, 18,8 g, Ø 30,5 mm, im Folder
Ⓓ Georgios Stamatopoulos
PP: 4.000 Ex. € 65,00

LY-G119
Das Zeitalter der Renaissance – Dominikos Theotokopoulos, genannt El Greco
2019, 10 EURO
Ag925, 31,1 g, Ø 38,61 mm
Ⓓ Georgios Stamatopoulos
PP: 5.000 Ex. € 130,00

LY-G120
Griechische Kultur – Historiker: Thucydides
2019, 10 EURO
Ag925, 34,1 g, Ø 40 mm
Ⓓ Georgios Stamatopoulos
PP: 1.200 Ex. € 160,00

LY-G121

LY-G122

LY-G123

LY-G124

LY-G125

LY-G126

LY-G127

LY-G128

LY-G121
Griechische Kultur –
Historiker: Thucydides
2019, 200 EURO
Au917, Ag53, 7,98 g, Ø 22,1 mm
Ⓓ Georgios Stamatopoulos
PP: 750 Ex. € 1.200,00

LY-G122
Griechische Mythologie –
Die Götter des Olymp: Demeter
2019, 100 EURO
Au999, 3,89 g, Ø 17,5 mm
Ⓓ Maria Andonatou
PP: 1.200 Ex. € 440,00

LY-G123
100. Geburtstag von Manolis Andronikos
2019, 2 EURO
Ⓓ Luc Luycx u. Georgios Stamatopoulos
Stgl.: 748.500 Ex. € 6,50
PP: nur aus Kursmünzensatz LY-AK3

LY-G124
150. Todestag von Andreas Kalvos
2019, 2 EURO
Ⓓ Luc Luycx u. Georgios Stamatopoulos
Stgl.: 748.500 Ex. € 6,50
PP: nur aus Kursmünzensatz LY-AK3

LY-G125
Griechische Kultur –
Lyrische Dichter: Alkaios von Lesbos
2019, 10 EURO
Ag925, 34,1 g, Ø 40 mm
Ⓓ Georgios Stamatopoulos
PP: 1.200 Ex. € 200,00

LY-G126
50. Jahrestag der ersten bemannten Mondlandung
2019, 6 EURO
Ag925, 10 g, Ø 28,5 mm
Ⓓ Maria Andonatou
PP: 1.200 Ex. € 240,00

LY-G127
Kulturelles Erbe – Heraion von Samos
2019, 50 EURO
Au999, 1 g, Ø 14 mm
Ⓓ Maria Andonatou
PP: 1.500 Ex. € 160,00

LY-G128
Umwelt – Einheimische griechische Flora: Tulpe von Goulimis
2019, 5 EURO
CuZnNi, 18,8 g, Ø 30,5 mm, im Folder
Ⓓ Maria Andonatou
PP: 5.000 Ex. € 38,00

LY-G129

LY-G130

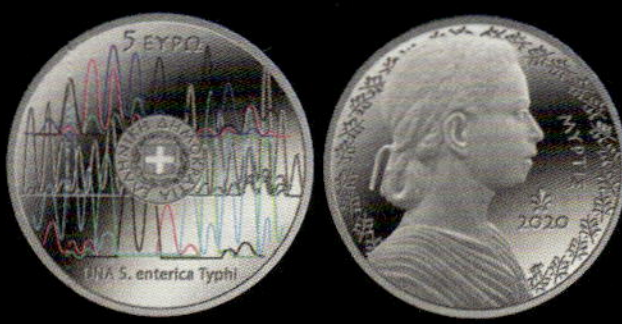

LY-G131

LY-G132

LY-G133

LY-G134

LY-G135

LY-G136

LY-G129
Jahrhundertfeier der Wirtschaftsuniversität Athen
2020, 5 EURO
Ag333, 17 g, Ø 31 mm, im Folder
Ⓓ Georgios Stamatopoulos
PP: 6.000 Ex. € 49,00

LY-G130
Myrtis
2020, 5 EURO
Ag925, 10 g, Ø 30 mm
Ⓓ Georgios Stamatopoulos
PP: 2.500 Ex. € 98,00

LY-G131
2.500 Jahrestag der Schlacht von Salamis
2020, 10 EURO
Ag925, 34,1 g, Ø 40 mm
Ⓓ Georgios Stamatopoulos
PP: 3.000 Ex. € 140,00

LY-G132
2.500 Jahrestag der Schlacht von Thermopylae
2020, 10 EURO
Ag925, 34,1 g, Ø 40 mm
Ⓓ Georgios Stamatopoulos
PP: 3.000 Ex. € 300,00

LY-G133
Persische Kriege
2020, 200 EURO
Au917/Ag53, 7,98 g, Ø 22,1 mm
Ⓓ Georgios Stamatopoulos
PP: 750 Ex. € 2.100,00

LY-G134
2.500 Jahrestag der Schlacht von Thermopylae
2020, 2 EURO
Ⓓ Luc Luycx u. Georgios Stamatopoulos
Stgl.: 735.000 Ex. € 6,00
Blister: 10.000 Ex. € 24,00
PP: 5.000 Ex. € 120,00

LY-G135
Gotik
2020, 10 EURO
Ag925, 38,61 g, Ø 31,1 mm
Ⓓ Georgios Stamatopoulos
PP: 5.000 Ex. € 130,00

LY-G136
100. Jahrestag der Vereinigung Thrakiens mit Griechenland
2020, 2 EURO
Ⓓ Luc Luycx u. Georgios Stamatopoulos
Stgl.: 743.000 Ex. € 6,00
Blister: 5.000 Ex. € 20,00
PP: 2.000 Ex. € 140,00

LY-G137

LY-G138

LY-G139

LY-G140

LY-G141

LY-G142

LY-G143

LY-G144

LY-G137
Umwelt – Einheimische griechische Flora: Iris Hellenica
2020, 5 EURO
CuZnNi, 18,8 g, Ø 30,5 mm, im Folder
Ⓓ Maria Andonatou
PP: 5.000 Ex. € 27,00

LY-G138
75. Jahrestag der Gründung der Nationalen Rundfunkanstalt
2020, 6 EURO
Ag925, 10 g, Ø 28,5 mm
Ⓓ Maria Andonatou
PP: 1.200 Ex. € 140,00

LY-G139
150. Geburtstag von Theophilos
2020, 5 EURO
Ag333, 17 g, Ø 31 mm, im Folder
Ⓓ Georgios Stamatopoulos
PP: 5.000 Ex. € 24,00

LY-G140
Griechische Mythologie – Die Götter des Olymp: Hermes
2020, 100 EURO
Au999, 3,89 g, Ø 17,5 mm
Ⓓ Maria Andonatou
PP: 1.200 Ex. € 500,00

LY-G141
Kulturelles Erbe – Historische Stadt Messene
2020, 50 EURO
Au999, 1 g, Ø 14 mm
Ⓓ Maria Andonatou
PP: 1.500 Ex. € 180,00

LY-G142
200. Jahrestag der griechischen Revolution
2021, 2 EURO
Ⓓ Luc Luycx u. Georgios Stamatopoulos
Stgl.: 1.500.000 Ex. € 6,50
Blister: 20.000 Ex. € 20,00
PP: 10.000 Ex. € 45,00

LY-G143
Griechische Mythologie – Die Götter des Olymp: Aphrodite
2021, 100 EURO
Au999, 3,89 g, Ø 17,5 mm
Ⓓ Maria Andonatou
PP: 1.200 Ex. € –,–

LY-G144
Bevölkerung – Wohnungszählung
2021, 5 EURO
Ag925, 10 g, Ø 30 mm
Ⓓ Georgios Stamatopoulos
PP: 2.000 Ex. € 95,00

LY-G145

LY-G149

LY-G146

LY-G150

LY-G147

LY-G151

LY-G148

LY-G152

LY-G145
Umwelt – Einheimische griechische Flora: Campanula saxatilis
2021, 5 EURO
Ag333, 17 g, Ø 31 mm, im Folder
Ⓓ Maria Andonatou
PP: 5.000 Ex. € –,–

LY-G146
Kulturelles Erbe – Die Portara von Naxos
2021, 50 EURO
Au999, 1 g, Ø 14 mm
Ⓓ Maria Andonatou
PP: 1.500 Ex. € –,–

LY-G147
Die ersten Münzen des griechischen Staates – Die Drachme
2021, 5 EURO
CuNi, 9 g, Ø 22,5 mm
Ⓓ Georgios Stamatopoulos
PP: 125.000 Ex. € 140,00

LY-G148
Die ersten Münzen des griechischen Staates – Der Phönix
2021, 5 EURO
CuNi, 9 g, Ø 22,5 mm
Ⓓ Georgios Stamatopoulos
PP: 125.000 Ex. € 120,00

LY-G149
Die Flaggen Griechenlands – Die Flagge der Freundschaftsgesellschaft (Philike Etaireia)
2021, 200 EURO
Au917/Ag53, 7,98 g, Ø 22,1 mm
Ⓓ Maria Andonatou
PP: 1.000 Ex. € –,–

LY-G150
Die Flaggen Griechenlands – Die griechische Flagge von 1821
2021, 200 EURO
Au917/Ag53, 7,98 g, Ø 22,1 mm
Ⓓ Maria Andonatou
PP: 1.000 Ex. € –,–

LY-G151
Die Flaggen Griechenlands – Die griechische Flagge von 1822
2021, 200 EURO
Au917/Ag53, 7,98 g, Ø 22,1 mm
Ⓓ Maria Andonatou
PP: 1.000 Ex. € –,–

LY-G152
Die Flaggen Griechenlands – Die zeitgenössische griechische Flagge
2021, 200 EURO
Au917/Ag53, 7,98 g, Ø 22,1 mm
Ⓓ Maria Andonatou
PP: 1.000 Ex. € –,–

LY-G153

LY-G157

LY-G154

LY-G158

LY-G155

LY-G159

LY-G156

LY-G160

LY-G153

200 Jahre Griechische Revolution – Theodoros Kolokotronis
2021, 10 EURO
Ag925, 34,1 g, Ø 40 mm
PP: 4.000 Ex. € 650,00

LY-G154

200 Jahre Griechische Revolution – Integration der Ionischen Inseln
2021, 10 EURO
Ag925, 34,1 g, Ø 40 mm
PP: 4.000 Ex. € 600,00

LY-G155

200 Jahre Griechische Revolution – Integration von Thesallien
2021, 10 EURO
Ag925, 34,1 g, Ø 40 mm
PP: 4.000 Ex. € 550,00

LY-G156

200 Jahre Griechische Revolution – Integration von Epirus
2021, 10 EURO
Ag925, 34,1 g, Ø 40 mm
PP: 4.000 Ex. € 600,00

LY-G157

200 Jahre Griechische Revolution – Integration von Mazedonien
2021, 10 EURO
Ag925, 34,1 g, Ø 40 mm
PP: 4.000 Ex. € 550,00

LY-G158

200 Jahre Griechische Revolution – Integration von Kreta
2021, 10 EURO
Ag925, 34,1 g, Ø 40 mm
PP: 4.000 Ex. € 600,00

LY-G159

200 Jahre Griechische Revolution – Integration von Thrakien
2021, 10 EURO
Ag925, 34,1 g, Ø 40 mm
PP: 4.000 Ex. € 650,00

LY-G160

200 Jahre Griechische Revolution – Integration der Dodekanes-Inseln
2021, 10 EURO
Ag925, 34,1 g, Ø 40 mm
PP: 4.000 Ex. € 60,00

Vorschau 2022

– 35 Jahre Erasmus-Programm (2 EURO, Gemeinschaftsausgabe)

IRLAND

Bildquelle: © Fáilte Ireland

Republik

Fläche: 70.273 km²

Hauptstadt: Dublin

Einwohnerzahl: 4,9 Mio.

Beitrittsjahr zur EU: 1973

Bisherige Währung: Irisches Pfund

Bildmotiv: Trinity College, Dublin

LT-K1	1 Cent	
Jahr	Auflage	Stgl.
2002	404.340.000	1,10
2003	77.900.000	1,10
2004	174.830.000	1,10
2005	128.550.000	1,10
2006	110.930.000	1,00
2007	163.800.000	1,50
2008	46.120.000	1,90
2009	52.170.000	2,10
2010	10.920.000	3,00
2011	40.950.000	1,60
2012	61.370.000	1,70
2013	61.464.000	1,90
2014	35.131.000	2,30
2015	40.000	3,00
2016	210.000	3,00
2017	9.170	3,00
2018	19.980	3,30
2019	nur aus Sätzen	3,10
2020		3,80
2021		5,00

LT-K3	5 Cent	
Jahr	Auflage	Stgl.
2002	456.270.000	1,10
2003	48.350.000	1,10
2004	82.330.000	1,10
2005	56.510.000	1,20
2006	89.770.000	1,10
2007	136.210.000	1,70
2008	61.870.000	2,10
2009	11.300.000	3,00
2010	990.000	2,60
2011	990.000	3,00
2012	1.020.000	3,00
2013	1.042.000	3,00
2014	1.055.000	3,00
2015	1.100.000	3,00
2016	80.000	3,00
2017	782.980	3,00
2018	30.066.180	3,70
2019	30.000.000	2,00
2020		3,80
2021		4,80

LT-K2	2 Cent	
Jahr	Auflage	Stgl.
2002	354.640.000	1,10
2003	177.290.000	1,20
2004	143.000.000	1,10
2005	74.650.000	1,00
2006	26.550.000	1,00
2007	200.940.000	1,50
2008	35.800.000	1,80
2009	44.250.000	2,30
2010	3.470.000	2,40
2011	4.700.000	3,00
2012	11.910.000	3,00
2013	34.799.000	3,00
2014	3.112.000	3,00
2015	40.000	3,00
2016	160.000	3,00
2017	9.120	3,00
2018	19.990	4,10
2019	nur aus Sätzen	3,80
2020		3,80
2021		4,70

LT-K4.1	10 Cent	
Jahr	Auflage	Stgl.
2002	275.910.000	1,50
2003	133.820.000	2,10
2004	36.770.000	1,70
2005	7.150.000	2,30
2006	9.600.000	1,60

LT-K4.2	10 Cent (neue Europakarte)	
Jahr	Auflage	Stgl.
2007	76.990.000	2,20
2008	56.530.000	3,50
2009	11.740.000	3,30
2010	1.050.000	2,80
2011	920.000	3,00
2012	1.060.000	3,00
2013	936.000	3,00
2014	1.080.000	3,00
2015	9.160.000	3,00
2016	2.280.000	3,00
2017	189.255	3,00
2018	179.800	4,30
2019	10.000.000	2,50
2020		3,90
2021		4,90

Die Münzen aus Kursmünzensätzen sind in den angegebenen Auflagehöhen nicht enthalten.

LT-K5.1 20 Cent		
Jahr	Auflage	Stgl.
2002	234.580.000	2,30
2003	57.140.000	2,30
2004	32.420.000	2,30
2005	40.490.000	2,30
2006	10.360.000	2,30

LT-K5.2 20 Cent (neue Europakarte)		
Jahr	Auflage	Stgl.
2007	34.470.000	3,80
2008	45.970.000	4,50
2009	5.390.000	7,50
2010	1.000.000	3,90
2011	1.140.000	3,00
2012	970.000	3,90
2013	1.284.000	3,80
2014	1.183.000	3,40
2015	1.120.000	3,40
2016	80.000	3,00
2017	9.115	3,00
2018	120.030	4,50
2019	nur aus Sätzen	4,50
2020		4,00
2021		4,90

LT-K6.1 50 Cent		
Jahr	Auflage	Stgl.
2002	144.140.000	3,10
2003	11.810.000	3,80
2004	6.750.000	3,80
2005	17.310.000	4,50
2006	7.460.000	3,20

LT-K6.2 50 Cent (neue Europakarte)		
Jahr	Auflage	Stgl.
2007	8.680.000	19,00
2008	1.190.000	15,00
2009	2.900.000	11,50
2010	1.140.000	7,50
2011	1.060.000	5,50
2012	990.000	4,30
2013	960.000	3,80
2014	1.067.000	3,90
2015	1.130.000	3,90
2016	80.000	4,50
2017	9.260	4,50
2018	79.990	4,60
2019	nur aus Sätzen	4,60
2020		4,30
2021		5,50

LT-K7.1 1 Euro		
Jahr	Auflage	Stgl.
2002	135.140.000	6,00
2003	2.520.000	5,50
2004	1.630.000	7,00
2005	6.820.000	6,00
2006	4.000.000	7,50

LT-K7.2 1 Euro (neue Europakarte)		
Jahr	Auflage	Stgl.
2007	5.700.000	10,00
2008	2.560.000	10,00
2009	3.290.000	7,50
2010	1.050.000	7,50
2011	1.060.000	7,50
2012	1.010.000	7,50
2013	958.000	7,50
2014	977.000	7,50
2015	1.090.000	7,50
2016	80.000	9,00
2017	84.300	9,00
2018	79.710	9,50
2019	nur aus Sätzen	8,50
2020		8,50
2021		12,00

LT-K8.1 2 Euro		
Jahr	Auflage	Stgl.
2002	90.590.000	8,50
2003	2.630.000	15,00
2004	3.740.000	13,00
2005	13.470.000	13,00
2006	5.080.000	15,00

LT-K8.2 2 Euro (neue Europakarte)		
Jahr	Auflage	Stgl.
2007	7.410.000	13,00
2008	6.080.000	20,00
2009	1.010.000	30,00
2010	1.440.000	24,00
2011	1.020.000	23,00
2012	7.412.000	17,00
2013	1.050.000	25,00
2014	5.306.000	22,00
2015	1.141.323	22,00
2016	10.675.000	23,00
2017	84.730	34,00
2018	83.440	160,00
2019	nur aus Sätzen	60,00
2020		57,00
2021		55,00

Die Münzen aus Kursmünzensätzen sind in den angegebenen Auflagehöhen nicht enthalten.

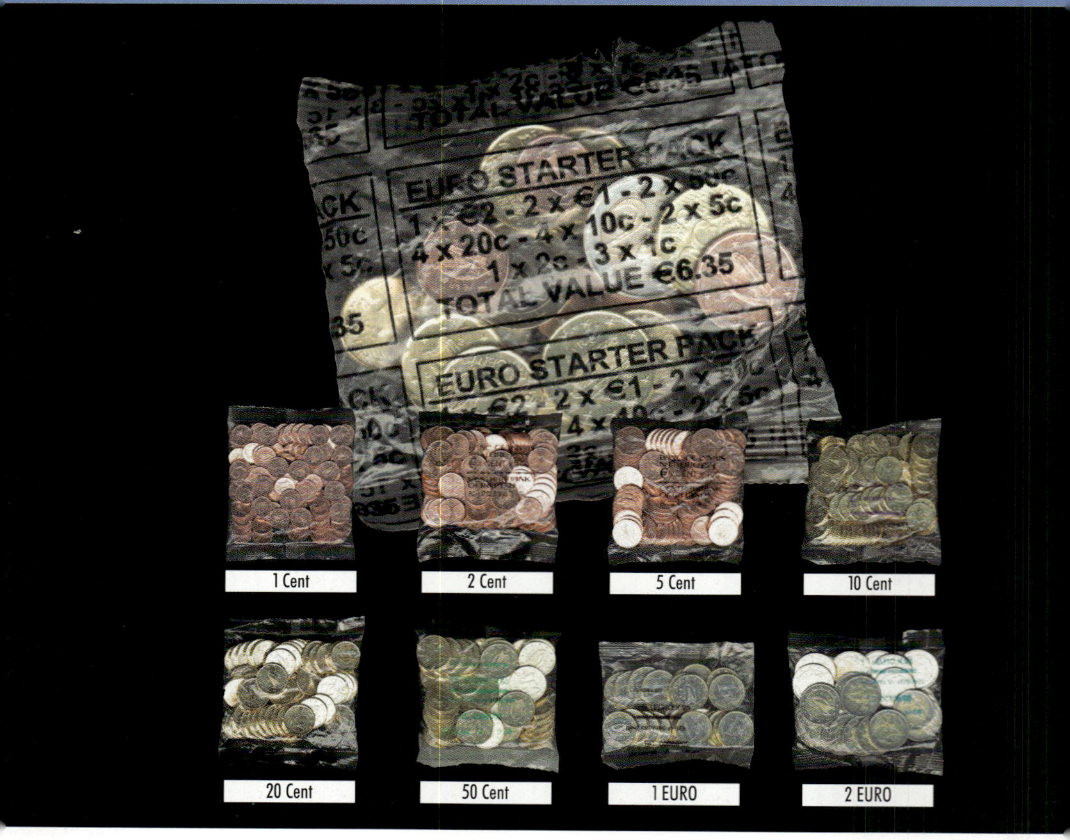

Inhalt des Starterpäckchens:

1 Cent (3x), 2 Cent (1x), 5 Cent (2x), 10 Cent (4x), 20 Cent (4x), 50 Cent (2x), 1 Euro (2x), 2 Euro (1x).

Starterkits wurden ab dem 14. Dezember 2001 an Privathaushalte zu einem Gegenwert von 5,00 IEP abgegeben. Kursgültig seit dem 1. Januar 2002.

Jahr	Auflage	Stgl.
2002	750.000 Exemplare	€ 20,00

Inhalt der Original-Pakete:

1 Cent	100 Exemplare	Nominal:	€ 1,00
2 Cent	100 Exemplare	Nominal:	€ 2,00
5 Cent	100 Exemplare	Nominal:	€ 5,00
10 Cent	100 Exemplare	Nominal:	€ 10,00
20 Cent	50 Exemplare	Nominal:	€ 10,00
50 Cent	50 Exemplare	Nominal:	€ 25,00
1 EURO	25 Exemplare	Nominal:	€ 25,00
2 EURO	25 Exemplare	Nominal:	€ 50,00

Kursmünzensätze	Jahr	Auflage	Stgl.
LT-AK1 2002	2002	20.000	115,00
LT-AK1 2003	2003	30.000	38,00
LT-AK1 2004	2004	40.000	22,00
LT-AK1 2005	2005	50.000	24,00
LT-AK1 2006	2006	40.000	45,00
LT-AK1 2007/1	2007	20.000	34,00
LT-AK1 2007/2 (incl. LT-G8)	2007	20.000	40,00
LT-AK1 2008	2008	30.000	32,00
LT-AK1 2009	2009	25.000	40,00
LT-AK1 2010	2010	20.000	40,00
LT-AK1 2011	2011	20.000	50,00
LT-AK1 2012	2012	17.000	50,00
LT-AK1 2013	2013	15.000	50,00
LT-AK1 2014	2014	12.000	50,00
LT-AK1 2015	2015	10.000	50,00
LT-AK1 2016 (incl. LT-G43)	2016	50.000	50,00
LT-AK1 2017	2017	8.000	50,00
LT-AK1 2018	2018	6.000	70,00
LT-AK1 2019 (incl. LT-G54)	2019	8.000	75,00
LT-AK1 2020	2020	8.000	51,00
LT-AK1 2021	2021	5.000	72,00

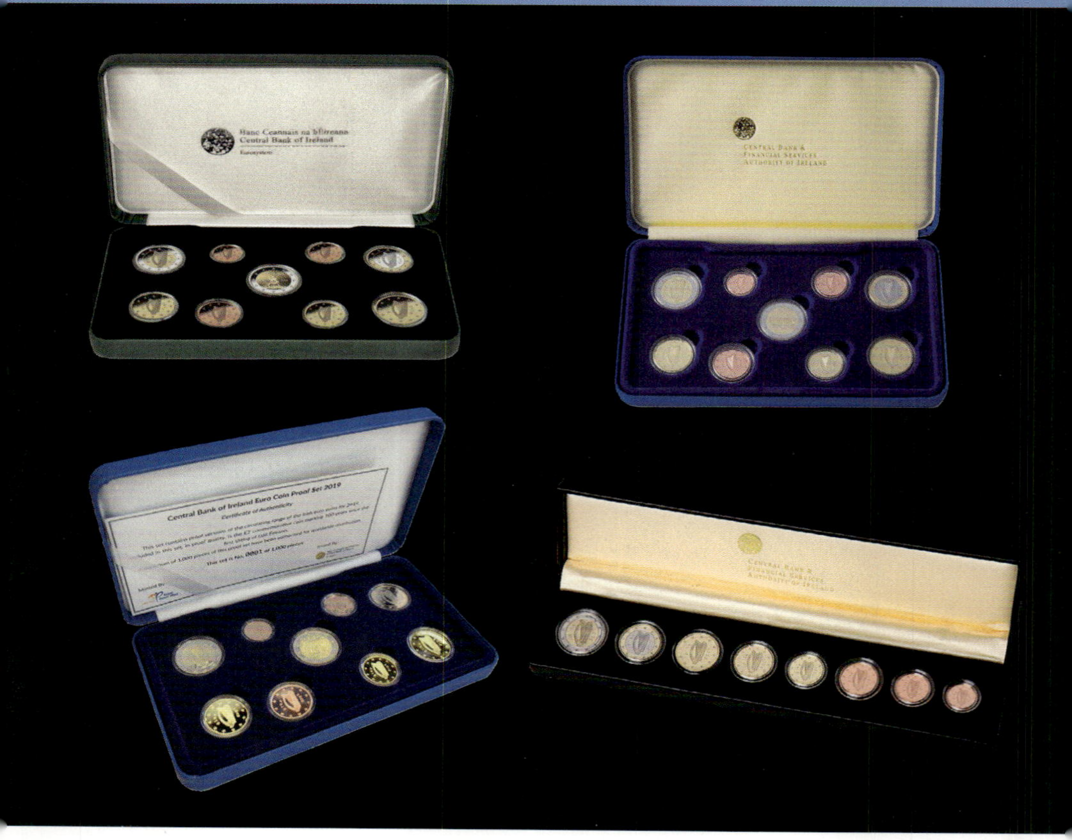

Kursmünzensätze		Jahr	Auflage	PP
LT-AK2 2006		2006	5.000	170,00
LT-AK2 2007	(incl. LT-G8)	2007	10.000	120,00
LT-AK2 2009	(incl. LT-G15)	2009	5.000	180,00
LT-AK2 2012	(incl. LT-G25)	2012	5.000	150,00
LT-AK2 2015	(incl. LT-G42)	2015	1.000	420,00
LT-AK2 2016	(incl. LT-G43)	2016	4.000	150,00
LT-AK2 2019	(incl. LT-G54)	2019	1.000	230,00

Kursmünzensätze	Jahr	Auflage	Stgl.
Special Olympics 2003, Dublin (enthält LT-SK1)	2003	35.000	41,00

Kursmünzensätze	Jahr	Auflage	Stgl.
Baby-Satz			
LT-SK2 2006	2006	35.000	70,00
LT-SK2 2007 – 2020	2007 – 2021	ohne Limit	je 70,00

LT-G1

LT-G2

LT-G3

LT-G4

LT-G5

LT-G6

LT-G7

LT-G8

LT-G1
Special Olympics 2003, Dublin
2003, 5 EURO
CuNi, 14,19 g, Ø 28,4 mm
Stgl.: 25.000 Ex.* € 25,00
*sowie im Kursmünzensatz LT-SK1

LT-G2
Special Olympics 2003, Dublin
2003, 10 EURO
Ag925, 28,28 g, Ø 38,61 mm
PP: 30.000 Ex. € 65,00

LT-G3
Erweiterung der Europäischen Union
2004, 10 EURO
Ag925, 28,28 g, Ø 38,61 mm
Ⓓ Paul Regan u. Thomas Emmet Mullins
PP: 50.000 Ex. € 50,00

LT-G4
200. Geburtstag von
Sir William Rowan Hamilton
2005, 10 EURO
Ag925, 28,28 g, Ø 38,61 mm
Ⓓ Michael Guilfoyle
PP: 30.000 Ex. € 55,00

LT-G5
Große Europäer –
100. Geburtstag von Samuel Beckett
2006, 10 EURO
Ag925, 28,28 g, Ø 38,61 mm
Ⓓ Thomas Emmet Mullins
PP: 35.000 Ex. € 55,00

LT-G6
Große Europäer –
100. Geburtstag von Samuel Beckett
2006, 20 EURO
Au999, 1,24 g, Ø 13,92 mm
Ⓓ Thomas Emmet Mullins
PP: 20.000 Ex. € 150,00

LT-G7
80. Jahrestag der Einreichung eines
Entwurfs durch Ivan Meštrović
bei einem irischen Münzwettbewerb
2007, 15 EURO
Ag925, 24 g, Ø 37 mm
Ⓓ Damir Mataušić
PP: 10.000 Ex. € 90,00

LT-G8
50 Jahre Römische Verträge
2007, 2 EURO
Ⓓ Luc Luycx und Helmut Andexlinger
Stgl.: 4.685.000 Ex. € 7,50
Folder: 15.000 Ex. € 22,00
PP: nur im Kursmünzensatz LT-AK2

LT-G9

LT-G10

LT-G11

LT-G12

LT-G13

LT-G14

LT-G15

LT-G16

LT-G9

Europ. Errungenschaften –
Irlands Einfluss auf die europäische keltische Kultur
2007, 10 EURO
Ag925, 28,28 g, Ø 38,61 mm
Ⓓ Mary Gregoriy
PP: 35.000 Ex. € 70,00

LT-G10

Europ. Errungenschaften –
Irlands Einfluss auf die europäische keltische Kultur
2007, 20 EURO
Au999, 1,24 g, Ø 13,92 mm
Ⓓ Mary Gregoriy
PP: 25.000 Ex. € 160,00

LT-G11

Kulturelles Erbe Europas (I) –
Skellig Michael
2008, 10 EURO
Ag925, 28,28 g, Ø 38,61 mm
Ⓓ Michael Guilfoyle
PP: 25.000 Ex. € 70,00

LT-G12

Kulturelles Erbe Europas (I) –
Skellig Michael
2008, 20 EURO
Au999, 1,24 g, Ø 13,92 mm
Ⓓ Michael Guilfoyle
PP: 15.000 Ex. € 160,00

LT-G13

4. Internationales Polarjahr –
Antarktisforscher: Ernest Shackleton und Tom Crean
2008, 5 EURO
Ag925, 8,52 g, Ø 28 mm
Ⓓ Thomas Ryan
PP: 6.000 Ex. € 100,00

LT-G14

4. Internationales Polarjahr –
Antarktisforscher: Ernest Shackleton und Tom Crean
2008, 100 EURO
Au999, 15,55 g, Ø 28 mm
Ⓓ Thomas Ryan
PP: 3.000 Ex. € 1.560,00

LT-G15

10 Jahre Wirtschafts- und Währungsunion
2009, 2 EURO
Ⓓ Luc Luycx u. Georgios Stamatopoulos
Stgl.: 3.800.000 Ex. € 6,50
PP: 2.000 Ex.* € 75,00
*sowie im Kursmünzensatz LT-AK2

LT-G16

Kulturelles Erbe Europas (II) –
80. Jahrestag der Einführung der ersten irischen Banknoten, den sogenannten „Ploughman Banknotes" (Banknoten mit Darstellung eines Bauern beim Pflügen)
2009, 10 EURO
Ag925, 28,28 g, Ø 38,61 mm
Ⓓ Thomas Emmet Mullins
PP: 15.000 Ex. € 55,00

LT-G17

LT-G21

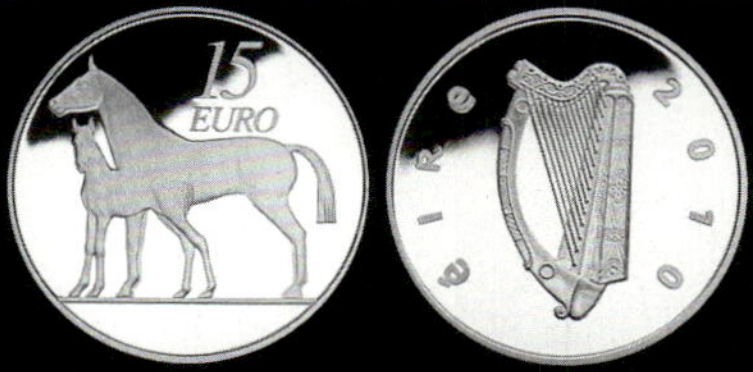

LT-G18

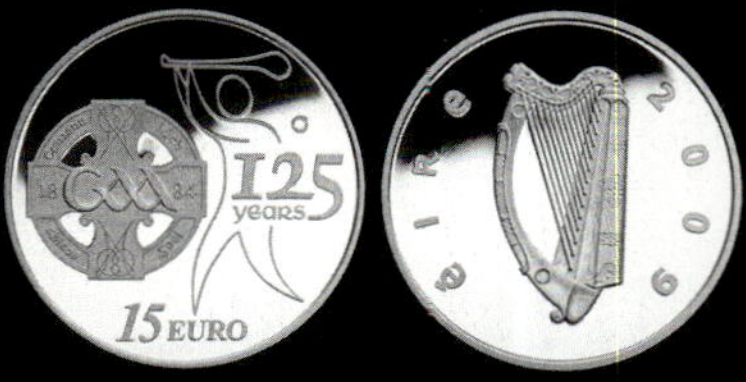

LT-G22

LT-G19

LT-G23

LT-G20

LT-G24

LT-G17

Kulturelles Erbe Europas (II) – 80. Jahrestag der Einführung der ersten irischen Banknoten, den sogenannten „Ploughman Banknotes" (Banknoten mit Darstellung eines Bauern beim Pflügen)
2009, 20 EURO
Au999, 1 g, Ø 13,92 mm
Ⓓ Thomas Emmet Mullins
PP: 15.000 Ex. € 120,00

LT-G18

125 Jahre Gälische Gesellschaft für Sport
2009, 15 EURO
Ag925, 28,28 g, Ø 38,61 mm
Ⓓ Michael Guilfoyle
PP: 10.000 Ex. € 90,00

LT-G19

Europäische Architektur – 25. Jahrestag des Nationalen Jugendwettbewerbs „Gaisce"
2010, 10 EURO
Ag925, 28,28 g, Ø 38,61 mm
Ⓓ Michael Guilfoyle
PP: 12.000 Ex. € 60,00

LT-G20

Europäische Architektur – 25. Jahrestag des Nationalen Jugendwettbewerbs „Gaisce"
2010, 20 EURO
Au999, 1 g, Ø 13,92 mm
Ⓓ Michael Guilfoyle
PP: 10.000 Ex. € 180,00

LT-G21

Tiermotive von der ersten Münzenserie (1928) des Irischen Freistaates – Irisches Jagdpferd
2010, 15 EURO
Ag925, 28,28 g, Ø 38,61 mm
Ⓓ Thomas Emmet Mullins
PP: 15.000 Ex. € 90,00

LT-G22

Europäische Entdecker – St. Brendan der Reisende
2011, 10 EURO
Ag925, 28,28 g, Ø 38,61 mm
Ⓓ Michael Guilfoyle
PP: 15.000 Ex. € 85,00

LT-G23

Das keltische Kreuz
2011, 20 EURO
Au999, 0,5 g, Ø 11 mm
Ⓓ Thomas Ryan
PP: 12.000 Ex. € 100,00

LT-G24

Tiermotive von der ersten Münzenserie (1928) des Irischen Freistaates – Atlantischer Lachs
2011, 15 EURO
Ag925, 28,28 g, Ø 38,61 mm
Ⓓ Thomas Emmet Mullins
PP: 12.000 Ex. € 95,00

LT-G25

LT-G26

LT-G27

LT-G28

LT-G29

LT-G30

LT-G31

LT-G32

LT-G25
10. Jahrestag der Einführung
der Euro-Münzen und -Banknoten
2012, 2 EURO
Ⓓ Luc Luycx und Helmut Andexlinger
Stgl.: 1.350.000 Ex. € 6,50
PP: nur im Kursmünzensatz LT-AK2 2012

LT-G26
Europäische Maler und
Bildhauer – Jack Butler Yeats
2012, 10 EURO
Ag925, 28,28 g, Ø 38,61 mm
Ⓓ Michael Guilfoyle
PP: 12.000 Ex. € 110,00

LT-G27
Irische Klosterkunst –
Das Evangeliar von Kells
2012, 20 EURO
Au999, 0,5 g, Ø 11 mm
Ⓓ Thomas Ryan
PP: 12.000 Ex. € 130,00

LT-G28
90. Todestag von Michael Collins
2012, 10 EURO
Ag925, 28,28 g, Ø 38,61 mm
Ⓓ Thomas Ryan
PP: 14.000 Ex. € 140,00

LT-G29
90. Todestag von Michael Collins
2012, 20 EURO
Au999, 0,5 g, Ø 11 mm
Ⓓ Thomas Ryan
PP: 18.000 Ex. € 140,00

LT-G30
Tiermotive von der ersten Münzenserie
(1928) des Irischen Freistaates –
Irischer Wolfshund
2012, 15 EURO
Ag925, 28,28 g, Ø 38,61 mm
Ⓓ Thomas Emmet Mullins
PP: 8.000 Ex. € 90,00

LT-G31
Europäische Schriftsteller –
James Joyce
2013, 10 EURO
Ag925, 28,28 g, Ø 38,61 mm
Ⓓ Mary Gregoriy
PP: 10.000 Ex. € 200,00

LT-G32
50. Jahrestag des Besuchs des
amerikanischen Präsidenten
John F. Kennedy in Irland
2013, 10 EURO
Ag925, 28,28 g, Ø 38,61 mm
Ⓓ Tom Fitzgerald
PP: 25.000 Ex. € 110,00

LT-G33

LT-G37

LT-G34

LT-G38

LT-G35

LT-G39

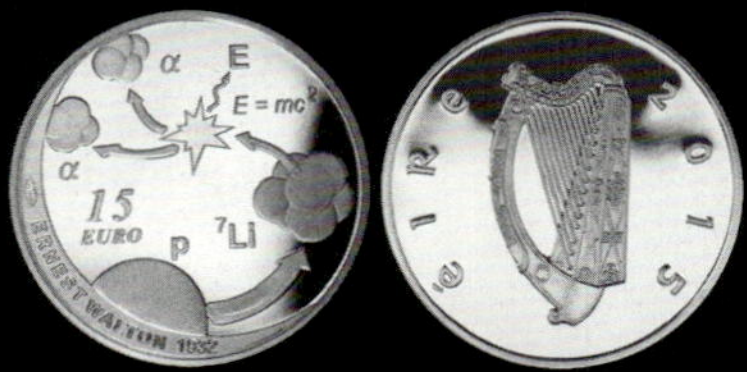

LT-G36

LT-G40

LT-G33

50. Jahrestag des Besuchs des amerikanischen Präsidenten John F. Kennedy in Irland
2013, 20 EURO
Au999, 1 g, Ø 13,92 mm
Ⓓ Tom Fitzgerald

PP: 10.000 Ex. € –,–

Set LT-G32 und G33 € 290,00

LT-G34

100. Jahrestag der Aussperrung von Arbeitern in Dublin
2013, 15 EURO
Ag925, 28,28 g, Ø 38,61 mm
Ⓓ Rory Breslin

PP: 10.000 Ex. € 95,00

LT-G35

Mittelalterliche irische Architektur – Rock of Cashel
2013, 20 EURO
Au999, 0,5 g, Ø 11 mm
Ⓓ Michael Guilfoyle

PP: 10.000 Ex. € 120,00

LT-G36

Europäische Musiker – 130. Geburtstag von John McCormack
2014, 10 EURO
Ag925, 28,28 g, Ø 38,61 mm
Ⓓ Michael Guilfoyle

PP: 8.000 Ex. € 100,00

LT-G37

1000. Jahrestag der Schlacht von Clontarf
2014, 20 EURO
Au999, 0,5 g, Ø 11 mm
Ⓓ Noel Hoare

PP: 12.000 Ex. € 120,00

LT-G38

Irische Wissenschaftler und Erfinder – 100. Todestag von John Philipp Holland, Erfinder des modernen U-Boots
2014, 15 EURO
Ag925, 28,28 g, Ø 38,61 mm
Ⓓ Mary Gregoriy

PP: 10.000 Ex. € 90,00

LT-G39

Irische Wissenschaftler und Erfinder – 20. Todestag von Ernest Walton
2015, 15 EURO
Ag925, 28,28 g, Ø 38,61 mm
Ⓓ Rory Breslin

PP: 6.000 Ex. € 95,00

LT-G40

150. Geburtstag von William Butler Yeats
2015, 15 EURO
Ag925, 28,28 g, Ø 38,61 mm
Ⓓ Mary Gregoriy

PP: 8.000 Ex. € 85,00

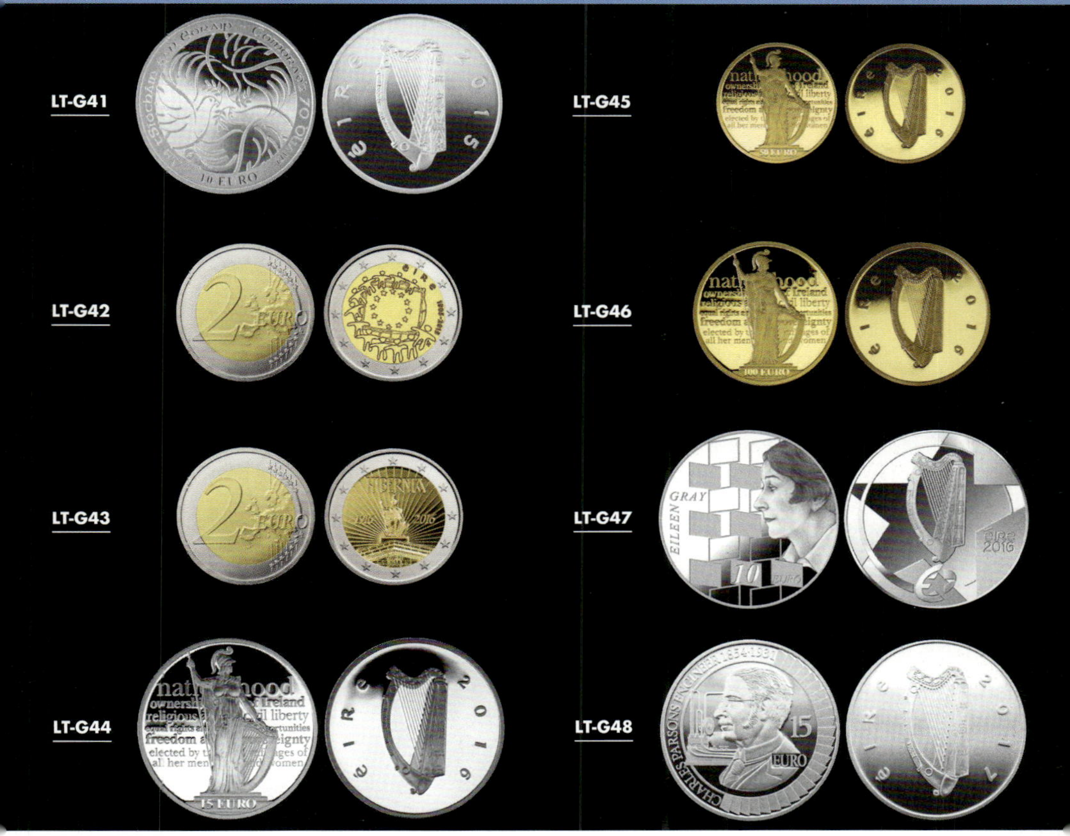

LT-G41
70 Jahre Frieden in Europa
2015, 10 EURO
Ag925, 28,28 g, Ø 38,61 mm
Ⓓ Michael Guilfoyle

PP:	8.000 Ex.	€ 100,00

LT-G42
30 Jahre Flagge der Europäischen Union
2015, 2 EURO
Ⓓ Luc Luycx u. Georgios Stamatopoulos

Stgl.:	1.058.677 Ex.	€ 6,50
PP:	nur im Kursmünzensatz LT-AK2 2015	

LT-G43
100. Jahrestag des Osteraufstandes und Ausrufung der Republik
2016, 2 EURO
Ⓓ Luc Luycx und Thomas Emmet Mullins

Stgl.:	4.400.000 Ex.	€ 7,50
Coin Card:	75.000 Ex.	€ 15,00
Lesezeichen:	25.000 Ex.	€ 15,00
PP:	20.000 Ex.*	€ 45,00

*und aus Kursmünzensatz LT-AK2 2016

LT-G44
100. Jahrestag des Osteraufstandes und Ausrufung der Republik
2016, 15 EURO
Ag925, 28,28 g, Ø 38,61 mm
Ⓓ Michael Guilfoyle

PP:	18.000 Ex.	€ 100,00

LT-G45
100. Jahrestag des Osteraufstandes und Ausrufung der Republik
2016, 50 EURO
Au999, 7,8 g, Ø 22 mm
Ⓓ Michael Guilfoyle

PP:	5.500 Ex.	€ 950,00

LT-G46
100. Jahrestag des Osteraufstandes und Ausrufung der Republik
2016, 100 EURO
Au999, 15,5 g, Ø 28 mm
Ⓓ Michael Guilfoyle

PP:	1.000 Ex.	€ 1.440,00

LT-G47
Das Zeitalter der Gegenwart in Europa – Eileen Gray
2016, 10 EURO
Ag925, 28,28 g, Ø 38,61 mm
Ⓓ Sandra Deiana

PP:	6.000 Ex.	€ 120,00

LT-G48
Irische Wissenschaftler und Erfinder – Sir Charles Algernon Parsons, Erfinder der Parsons-Turbine (Dampfturbine)
2017, 15 EURO
Ag925, 28,28 g, Ø 38,61 mm
Ⓓ Antonella Napalione

PP:	6.000 Ex.	€ 120,00

LT-G49

LT-G50

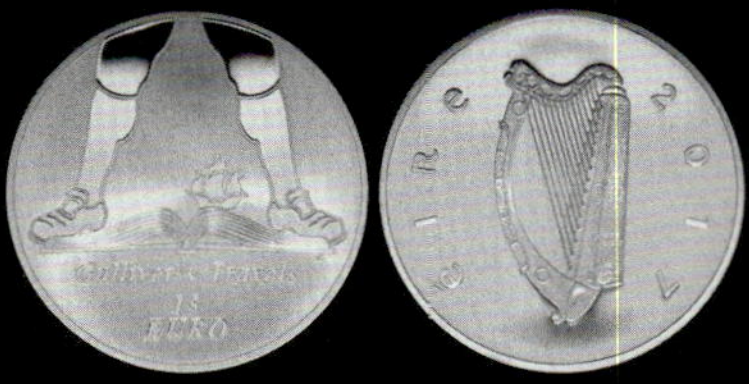

LT-G51

LT-G52

LT-G53

LT-G54

LT-G55

LT-G56

LT-G49

Das Zeitalter von Eisen und Glas – Half-Penny-Brücke in Dublin
2017, 10 EURO
Ag925, 28,28 g, Ø 38,61 mm
Ⓓ Antonella Napolione

PP: 4.000 Ex. € 110,00

LT-G50

350. Geburtstag von Jonathan Swift – Autor von „Gullivers Reisen"
2017, 15 EURO
Ag925, 28,28 g, Ø 38,61 mm
Ⓓ Sebastian Mikolajczak

PP: 2.000 Ex. € 95,00

LT-G51

Irische Musiker – 70. Geburtstag von Rory Gallagher
2018, 15 EURO
Ag925, 28,28 g, Ø 38,61 mm
Ⓓ Michael Guilfoyle

PP: 3.000 Ex. € 700,00

LT-G52

100 Jahre Wahlrecht für Frauen
2018, 15 EURO
Ag925, 28,28 g, Ø 38,61 mm
Ⓓ Michael Guilfoyle

PP: 3.000 Ex. € 115,00

LT-G53

120. Jahrestag der Veröffentlichung von „Dracula", von Abraham „Bram" Stoker
2018, 15 EURO
Ag925, 28,28 g, Ø 38,61 mm
Ⓓ David Rooney

PP: 3.000 Ex. € 140,00

LT-G54

100. Jahrestag der ersten Versammlung des irischen Revolutions-Parlaments im Mansion House in Dublin
2019, 2 EURO
Ⓓ Luc Luycx u. Georgios Stamatopoulos

Stgl.: 1.000.000 Ex. € 7,50
PP: nur im Kursmünzensatz LT-AK2 2019

LT-G55

100. Jahrestag der ersten Versammlung des irischen Revolutions-Parlaments im Mansion House in Dublin
2019, 100 EURO
Au999, 15,5 g, Ø 28 mm
Ⓓ Thomas Emmet Mullins

PP: 1.000 Ex. € 1.900,00

LT-G56

100. Jahrestag des ersten Nonstopfluges über den Atlantik durch John Alcock und Arthur Brown
2019, 10 EURO
Ag925, 28,28 g, Ø 38,61 mm
Ⓓ PJ Lynch

PP: 3.000 Ex. € 140,00

LT-G57

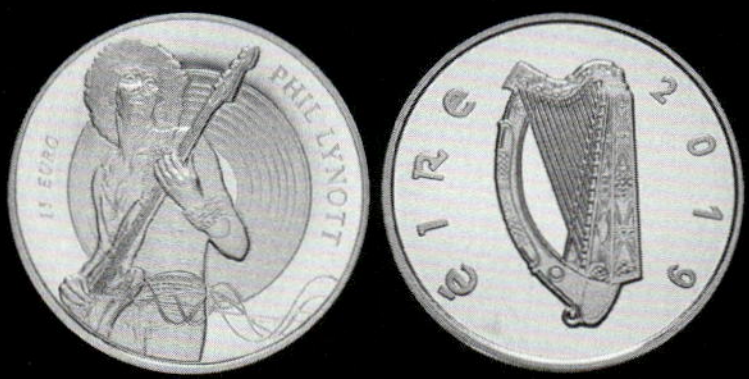

LT-G58

LT-G59

LT-G60

LT-G57
Irische Musiker – 70. Geburtstag
von Phil Lynott
2019, 15 EURO
Ag925, 28,28 g, Ø 38,61 mm
PP: 3.000 Ex. € 440,00

LT-G58
Irische Musiker – 80. Geburtstag
von Luke Kelly
2020, 15 EURO
Ag925, 28,28 g, Ø 38,61 mm
PP: € –,–

LT-G59
Das Zeitalter der Gotik in
Europa – Gotische Architektur
2020, 10 EURO
Ag925, 28,28 g, Ø 38,61 mm
PP: € –,–

LT-G60
65. Todestag von
Dr. Kathleen Lynn
2020, 15 EURO
Ag925, 28,28 g, Ø 38,61 mm
PP: € –,–

Vorschau 2022
– 35 Jahre Erasmus-Programm
(2 EURO, Gemeinschaftsausgabe)

NOTIZEN

ITALIEN

Bildquelle: ENIT

Republik

Fläche: 301.338 km^2

Hauptstadt: Rom

Einwohnerzahl: 60,1 Mio.

Beitrittsjahr zur EU: 1958

Bisherige Währung: Italienische Lira

Bildmotiv: Spanische Treppe in Rom

LS-K1	1 Cent	
Jahr	Auflage	Stgl.
2002	1.348.749.500	0,90
2003	9.479.000	2,50
2004	100.000.000	2,00
2005	180.000.000	1,20
2006	159.000.000	1,30
2007	215.000.000	1,30
2008	180.000.000	1,20
2009	175.000.000	1,40
2010	125.500.000	1,20
2011	134.000.000	1,50
2012	218.000.000	1,40
2013	250.000.000	1,60
2014	150.000.000	1,50
2015	220.000.000	1,50
2016	160.000.000	1,20
2017	260.000.000	1,20
2018	nur aus Sätzen	6,00
2019	nur aus Sätzen	6,00
2020	22.000 (KMS)	5,00
2021		7,50

LS-K3	5 Cent	
Jahr	Auflage	Stgl.
2002	1.341.592.204	1,20
2003	1.956.000	29,00
2004	10.000.000	3,20
2005	70.000.000	1,60
2006	119.000.000	1,60
2007	85.000.000	2,30
2008	90.000.000	1,60
2009	85.000.000	1,70
2010	67.660.000	2,30
2011	37.000.000	1,50
2012	76.000.000	1,80
2013	80.000.000	2,00
2014	40.000.000	1,70
2015	380.000.000	1,50
2016	70.000.000	1,50
2017	60.000.000	1,40
2018	170.000.000	1,40
2019	90.000.000	1,60
2020	50.000.000	1,20
2021		7,00

LS-K2	2 Cent	
Jahr	Auflage	Stgl.
2002	1.099.016.250	1,00
2003	21.667.000	2,60
2004	120.000.000	1,70
2005	120.000.000	1,20
2006	196.000.000	1,50
2007	140.000.000	1,20
2008	135.000.000	1,20
2009	185.000.000	1,30
2010	120.285.000	1,20
2011	109.000.000	1,20
2012	80.000.000	1,50
2013	150.000.000	1,60
2014	115.000.000	1,50
2015	120.000.000	1,50
2016	140.000.000	1,20
2017	150.000.000	1,20
2018	nur aus Sätzen	6,50
2019	nur aus Sätzen	4,40
2020	22.000 (KMS)	4,80
2021		7,50

LS-K4.1	10 Cent	
Jahr	Auflage	Stgl.
2002	1.142.233.000	2,00
2003	29.826.000	2,80
2004	5.000.000	27,00
2005	100.000.000	2,30
2006	180.000.000	2,00
2007	105.000.000	2,60

LS-K4.2	10 Cent (neue Europakarte)	
Jahr	Auflage	Stgl.
2008	105.000.000	1,90
2009	106.000.000	1,90
2010	91.350.000	1,70
2011	76.000.000	1,80
2012	100.000.000	1,90
2013	15.000.000	3,00
2014	10.000.000	2,20
2015	10.000.000	2,20
2016	15.000.000	2,00
2017	40.000.000	2,20
2018	95.000.000	1,60
2019	110.000.000	2,30
2020	45.000.000	1,60
2021		3,60

LS-K5.1 20 Cent		
Jahr	Auflage	Stgl.
2002	1.411.686.000	2,30
2003	26.005.000	3,90
2004	5.000.000	6,00
2005	5.000.000	7,50
2006	5.000.000	5,50
2007	5.000.000	7,00

LS-K5.2 20 Cent (neue Europakarte)		
Jahr	Auflage	Stgl.
2008	5.000.000	3,80
2009	60.000.000	3,80
2010	57.800.000	3,80
2011	67.000.000	3,80
2012	5.000.000	3,30
2013	15.000.000	3,80
2014	10.000.000	3,00
2015	5.000.000	3,30
2016	5.000.000	2,80
2017	5.000.000	3,10
2018	35.000.000	2,00
2019	85.000.000	3,60
2020	20.000.000	2,40
2021		4,00

LS-K7.1 1 Euro		
Jahr	Auflage	Stgl.
2002	965.875.300	8,50
2003	66.342.000	9,00
2004	5.000.000	36,00
2005	5.000.000	11,00
2006	108.000.000	5,50
2007	135.000.000	6,00

LS-K7.2 1 Euro (neue Europakarte)		
Jahr	Auflage	Stgl.
2008	135.000.000	7,00
2009	145.000.000	5,50
2010	96.500.000	4,90
2011	88.000.000	4,80
2012	5.000.000	7,50
2013	5.000.000	10,00
2014	5.000.000	7,00
2015	5.000.000	7,00
2016	3.000.000	6,50
2017	3.000.000	8,00
2018	1.000.000	7,50
2019	1.000.000	7,50
2020	1.000.000	8,00
2021		9,50

LS-K6.1 50 Cent		
Jahr	Auflage	Stgl.
2002	1.136.568.000	3,00
2003	44.675.000	5,00
2004	5.000.000	9,50
2005	5.000.000	7,00
2006	5.000.000	5,50
2007	5.000.000	14,00

LS-K6.2 50 Cent (neue Europakarte)		
Jahr	Auflage	Stgl.
2008	5.000.000	6,50
2009	2.500.000	5,50
2010	9.250.000	5,50
2011	5.000.000	7,00
2012	5.000.000	5,00
2013	5.000.000	7,50
2014	5.000.000	4,50
2015	5.000.000	5,50
2016	5.000.000	4,30
2017	3.000.000	5,50
2018	2.000.000	4,10
2019	20.000.000	4,50
2020	20.000.000	4,50
2021		5,00

LS-K8.1 2 Euro		
Jahr	Auflage	Stgl.
2002	463.552.000	9,00
2003	36.210.000	21,00
2004	7.000.000	48,00
2005	62.000.000	11,00
2006	10.000.000	18,00
2007	5.000.000	16,00

LS-K8.2 2 Euro (neue Europakarte)		
Jahr	Auflage	Stgl.
2008	2.500.000	17,00
2009	2.000.000	16,00
2010	5.800.000	15,00
2011	14.000.000	12,00
2012	27.000.000	14,00
2013	30.000.000	16,00
2014	16.000.000	14,00
2015	10.000.000	29,00
2016	5.000.000	26,00
2017	5.000.000	13,00
2018	20.000.000	46,00
2019	12.000.000	11,00
2020	14.000.000	33,00
2021		30,00

Inhalt des Starterpäckchens:

1 Cent (1x), 2 Cent (10x), 5 Cent (10x), 10 Cent (6x), 20 Cent (5x), 50 Cent (5x), 1 Euro (4x), 2 Euro (2x).

Die Starterkits wurden ab dem 17. Dezember 2001 an Privathaushalte zu einem Gegenwert von 25.000,00 ITL abgegeben.
Kursgültig seit dem 1. Januar 2002.

Jahr	Auflage	Stgl.
2002	30.000.000 Exemplare	€ 40,00

Inhalt der Original-Rollen:			
1 Cent	50 Exemplare	Nominal:	€ 0,50
2 Cent	50 Exemplare	Nominal:	€ 1,00
5 Cent	50 Exemplare	Nominal:	€ 2,50
10 Cent	40 Exemplare	Nominal:	€ 4,00
20 Cent	40 Exemplare	Nominal:	€ 8,00
50 Cent	40 Exemplare	Nominal:	€ 20,00
1 EURO	40 Exemplare	Nominal:	€ 40,00
2 EURO	40 Exemplare	Nominal:	€ 80,00

Kursmünzensätze	Jahr	Auflage	Stgl.
LS-AK1 2002	2002	150.000	24,00
LS-AK1 2003	2003	50.000	38,00
LS-AK1 2004	2004	35.000	100,00
LS-AK1 2005	2005	25.000	35,00
LS-AK1 2006	2006	20.500	41,00
LS-AK1 2007	2007	20.000	48,00
LS-AK1 2008	2008	20.000	50,00
LS-AK1 2009 (incl. LS-G64)	2009	22.000	45,00
LS-AK1 2010 (incl. LS-G85)	2010	21.000	50,00
LS-AK1 2011 (incl. LS-G86)	2011	18.500	80,00
LS-AK1 2012 (incl. LS-G98)	2012	14.000	82,00
LS-AK1 2013 (incl. LS-G112)	2013	10.000	83,00
LS-AK1 2014 (incl. LS-G125)	2014	11.000	60,00
LS-AK1 2015 (incl. LS-G132)	2015	12.000	60,00
LS-AK1 2016 (incl. LS-G147)	2016	10.100	65,00
LS-AK1 2017 (incl. LS-G155)	2017	11.000	59,00
LS-AK1 2018 (incl. LS-G170)	2018	10.000	60,00
LS-AK1 2019	2019	10.000	41,00
LS-AK1 2020	2020	12.000	50,00
LS-AK1 2021	2021	10.000	43,00

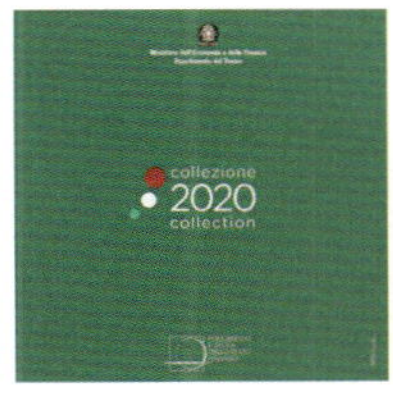

Kursmünzensätze	Jahr	Auflage	Stgl.
LS-AK2 2003 (incl. LS-G1)	2003	50.000	81,00
LS-AK2 2004 (incl. LS-G9)	2004	30.000	95,00
LS-AK2 2005 (incl. LS-G23)	2005	24.500	130,00
LS-AK2 2006 (incl. LS-G34)	2006	22.000	85,00
LS-AK2 2007 (incl. LS-G46)	2007	19.000	85,00
LS-AK2 2008 (incl. LS-G54)	2008	18.600	85,00
LS-AK2 2009 (incl. LS-G64, G69)	2009	18.600	83,00
LS-AK2 2010 (incl. LS-G85, G77)	2010	17.000	145,00
LS-AK2 2011 (incl. LS-G86, G87)	2011	18.000	105,00
LS-AK2 2012 (incl. LS-G98, G100)	2012	14.000	100,00
LS-AK2 2013 (incl. LS-G112, G113)	2013	12.000	155,00
LS-AK2 2014 (incl. LS-G125, G127)	2014	10.600	100,00
LS-AK2 2015 (incl. LS-G132, G136)	2015	11.000	105,00
LS-AK2 2016 (incl. LS-G147, G149)	2016	9.300	105,00
LS-AK2 2017 (incl. LS-G155, G156)	2017	10.000	120,00
LS-AK2 2018 (incl. LS-G165, G166)	2018	10.000	100,00
LS-AK2 2019 (incl. LS-G183)	2019	10.000	95,00
LS-AK2 2020	2020	10.000	95,00
LS-AK2 2021	2021	6.000	82,00

Kursmünzensätze	Jahr	Auflage	PP
LS-AK3 2003 (incl. LS-G1)	2003	12.000	250,00
LS-AK3 2004 (incl. LS-G9)	2004	10.000	155,00
LS-AK3 2005 (incl. LS-G23)	2005	6.600	160,00
LS-AK3 2006 (incl. LS-G34)	2006	5.800	140,00
LS-AK3 2007 (incl. LS-G46)	2007	5.510	160,00
LS-AK3 2008 (incl.LS-G54)	2008	5.000	150,00
LS-AK3 2009 (incl LS-G64, G69)	2009	5.500	170,00
LS-AK3 2010 (incl. LS-G85, G77)	2010	5.000	200,00
LS-AK3 2011 (incl. LS-G86, G87)	2011	5.500	190,00
LS-AK3 2012 (incl. LS-G98, G100)	2012	3.990	230,00
LS-AK3 2013 (incl. LS-G112, G113)	2013	2.820	205,00
LS-AK3 2014 (incl. LS-G125, G127)	2014	3.090	225,00
LS-AK3 2015 (incl. LS-G132, G136)	2015	2.340	220,00
LS-AK3 2016 (incl. LS-G147, G149)	2016	2.040	280,00
LS-AK3 2017 (incl. LS-G155, G156)	2017	3.000	250,00
LS-AK3 2018 (incl. LS-G165, G166)	2018	3.000	245,00
LS-AK3 2019 (incl. LS-G182, G183)	2019	2.000	240,00
LS-AK3 2020	2020		220,00

Kursmünzensätze	Jahr	Auflage	Stgl.
Baby-Satz für Mädchen oder Jungen LS-SK1 2019	2019	je 10.000	50,00

LS-G1

LS-G5

LS-G2

LS-G6

LS-G3

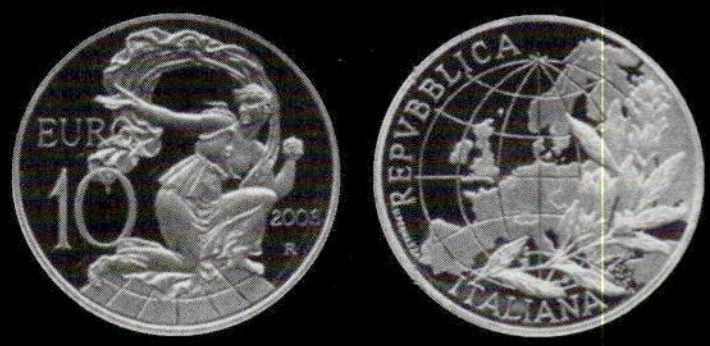

LS-G7

LS-G4

LS-G8

LS-G1
Europa der Arbeit
2003, 5 EURO
Ag925, 18 g, Ø 32 mm
Ⓓ Roberto Mauri
Stgl.: nur aus Kursmünzensatz LS-AK2 2003
PP: nur aus Kursmünzensatz LS-AK3 2003

LS-G2
Europa des Volkes
2003, 5 EURO
Ag925, 18 g, Ø 32 mm
Ⓓ Uliana Pernazza

Stgl.:	25.000 Ex.	€ 35,00
PP:	8.000 Ex.	€ 80,00

LS-G3
Europa des Volkes
2003, 10 EURO
Ag925, 22 g, Ø 34 mm
Ⓓ Uliana Pernazza

Stgl.:	25.000 Ex.	€ 55,00
PP:	8.000 Ex.	€ 130,00

LS-G4
EU-Ratspräsidentschaft
2003, 10 EURO
Ag925, 22 g, Ø 34 mm
Ⓓ Laura Cretara

Stgl.:	40.000 Ex.	€ 65,00
PP:	8.000 Ex.	€ 175,00

LS-G5
Europa der Künste – Italien,
Skulptur von Marino Marini
2003, 20 EURO
Au900, 6,451 g, Ø 21 mm
Ⓓ Ettore Lorenzo Frapiccini

PP:	6.000 Ex.	€ 620,00

LS-G6
Europa der Künste – Österreich,
„Die drei Lebensalter einer Frau"
von Gustav Klimt
2003, 50 EURO
Au900, 16,129 g, Ø 28 mm
Ⓓ Ettore Lorenzo Frapiccini

PP:	6.000 Ex.	€ 1.480,00

LS-G7
Europa der Künste – Belgien,
„Der Mann mit der Melone"
von René Magritte
2004, 20 EURO
Au900, 6,451 g, Ø 21 mm
Ⓓ Claudia Momoni

PP:	6.000 Ex.	€ 700,00

LS-G8
Europa der Künste – Dänemark,
„Die Nacht" von Bertel Thorvaldsen
2004, 50 EURO
Au900, 16,129 g, Ø 28 mm
Ⓓ Claudia Momoni

PP:	3.200 Ex.	€ 1.450,00

LS-G9

LS-G10

LS-G11

LS-G12

LS-G13

LS-G14

LS-G15

LS-G16

LS-G9
50 Jahre Fernsehen in Italien
2004, 5 EURO
Ag925, 18 g, Ø 32 mm
Ⓓ Uliana Pernazza
Stgl.: nur aus Kursmünzensatz LS-AK2 2004
PP: nur aus Kursmünzensatz LS-AK3 2004

LS-G10
Genua, Kulturhauptstadt Europas
2004, 10 EURO
Ag925, 22 g, Ø 34 mm
Ⓓ Maria Carmela Colaneri
Stgl.: 20.000 Ex. € 65,00
PP: 10.500 Ex. € 75,00

LS-G11
FIFA-Fußball-WM 2006, Deutschland
2004, 5 EURO
Ag925, 18 g, Ø 32 mm
Ⓓ Roberto Mauri
PP: 34.750 Ex. € 145,00

LS-G12
FIFA-Fußball-WM 2006, Deutschland
2004, 20 EURO
Au900, 6,45 g, Ø 21 mm
Ⓓ Roberto Mauri
PP: 7.500 Ex. € 690,00

LS-G13
100. Jahrestag der Uraufführung der Oper „Madama Butterfly"
2004, 5 EURO
Ag925, 18,0 g, Ø 32 mm
Ⓓ Luciana de Simoni
Stgl.: 13.500 Ex. € 40,00
PP: 8.000 Ex. € 60,00

LS-G14
80. Todestag von Giacomo Puccini
2004, 10 EURO
Ag925, 22,0 g, Ø 34 mm
Ⓓ Luciana de Simoni
Stgl.: 13.500 Ex. € 65,00
PP: 8.000 Ex. € 100,00

LS-G15
Welternährungsprogramm
2004, 2 EURO
Ⓓ Luc Luycx und Uliana Pernazza
Stgl.: 16.000.000 Ex. € 7,50

LS-G16
60 Jahre Frieden und Freiheit in Europa
2005, 10 EURO
Ag925, 22 g, Ø 34 mm
Ⓓ Uliana Pernazza
PP: 22.000 Ex. € 145,00

LS-G17

LS-G21

LS-G18

LS-G22

LS-G19

LS-G23

LS-G20

LS-G24

LS-G17
Olympische Winterspiele 2006,
Turin – Eiskunstlauf
2005, 5 EURO
Ag925, 18 g, Ø 32 mm
Ⓓ Roberto Mauri und Claudia Momoni
PP: 40.000 Ex. € 80,00

LS-G18
Olympische Winterspiele 2006,
Turin – Ski Alpin
2005, 10 EURO
Ag925, 22 g, Ø 34 mm
Ⓓ Roberto Mauri und Claudia Momoni
PP: 40.000 Ex. € 120,00

LS-G19
Olympische Winterspiele 2006,
Turin – Porte Palatine und
Fackelläufer
2005, 20 EURO
Au900, 6,451 g, Ø 21 mm
Ⓓ Uliana Pernazza
PP: 10.000 Ex. € 620,00

LS-G20
Olympische Winterspiele 2006,
Turin – Skilanglauf
2005, 5 EURO
Ag925, 18 g, Ø 32 mm
Ⓓ Claudia Momoni
PP: 27.600 Ex. € 55,00

LS-G21
Olympische Winterspiele 2006,
Turin – Eishockey
2005, 10 EURO
Ag925, 22 g, Ø 34 mm
Ⓓ Claudia Momoni
PP: 27.600 Ex. € 100,00

LS-G22
Olympische Winterspiele 2006,
Turin – Palazzo Madama und
Fackelläufer
2005, 20 EURO
Au900, 6,451 g, Ø 21 mm
Ⓓ Uliana Pernazza
PP: 7.500 Ex. € 630,00

LS-G23
85. Geburtstag von Federico Fellini
2005, 5 EURO
Ag925, 18 g, Ø 32 mm
Ⓓ Maria Carmela Colaneri
Stgl.: nur aus Kursmünzensatz LS-AK2 2005
PP: nur aus Kursmünzensatz LS-AK3 2005

LS-G24
Europa der Künste – Finnland,
Technischen Universität Helsinki,
nach Plänen von Alvar Aalto
2005, 20 EURO
Au900, 6,451 g, Ø 21 mm
Ⓓ Ettore Lorenzo Frapiccini
PP: 2.800 Ex. € 630,00

LS-G25

LS-G29

LS-G26

LS-G30

LS-G27

LS-G31

LS-G28

LS-G32

LS-G25
Europa der Künste – Frankreich, „Kleine vierzehnjährige Tänzerin" von Edgar Degas
2005, 50 EURO
Au900, 16,129 g, Ø 28 mm
Ⓓ Ettore Lorenzo Frapiccini
PP: 2.300 Ex. € 1.550,00

LS-G26
60 Jahre Vereinte Nationen
2005, 10 EURO
Ag925, 22 g, Ø 34 mm
Ⓓ Luciana de Simoni
Stgl.: 12.600 Ex. € 70,00

LS-G27
Olympische Winterspiele 2006, Turin – Skispringen
2005, 5 EURO
Ag925, 18 g, Ø 32 mm
Ⓓ Claudia Momoni
PP: 24.800 Ex. € 55,00

LS-G28
Olympische Winterspiele 2006, Turin – Eisschnelllauf
2005, 10 EURO
Ag925, 22 g, Ø 34 mm
Ⓓ Claudia Momoni
PP: 24.800 Ex. € 100,00

LS-G29
Olympische Winterspiele 2006, Turin – Jagdschloss Stupinigi und Fackelläufer
2005, 20 EURO
Au900, 6,451 g, Ø 21 mm
Ⓓ Uliana Pernazza
PP: 7.800 Ex. € 660,00

LS-G30
Olympische Winterspiele 2006, Turin – Reiterdenkmal Emanuele di Savoia und Fackelläufer
2005, 50 EURO
Au900, 16,129 g, Ø 28 mm
Ⓓ Uliana Pernazza
PP: 6.000 Ex. € 1.570,00

LS-G31
1. Jahrestag der Unterzeichnung der EU-Verfassung
2005, 2 EURO
Ⓓ Luc Luycx und Maria Carmela Colaneri
Stgl.: 18.000.000 Ex. € 8,00

LS-G32
Olympische Winterspiele 2006, Turin – Olympischer Fackellauf
2006, 50 EURO
Au900, 16,129 g, Ø 28 mm
Ⓓ Claudia Momoni
PP: 4.400 Ex. € 1.300,00

LS-G33

LS-G34

LS-G35

LS-G36

LS-G37

LS-G38

LS-G39

LS-G40

LS-G33

Olympische Winterspiele 2006, Turin
2006, 2 EURO
Ⓓ Luc Luycx und Maria Carmela Colaneri
Stgl.: 40.000.000 Ex. € 7,50

LS-G34

60 Jahre Italienische Republik
2006, 5 EURO
Ag925, 18 g, Ø 32 mm
Ⓓ Luciana de Simoni
Stgl.: nur aus Kursmünzensatz LS-AK2 2006
PP: nur aus Kursmünzensatz LS-AK3 2006

LS-G35

FIFA-Fußball-WM 2006, Deutschland
2006, 5 EURO
Ag925, 18 g, Ø 32 mm
Ⓓ Roberto Mauri
PP: 19.200 Ex. € 75,00

LS-G36

FIFA-Fußball-WM 2006, Deutschland
2006, 20 EURO
Au900, 6,451 g, Ø 21 mm
Ⓓ Roberto Mauri
PP: 4.350 Ex. € 550,00

LS-G37

Europa der Künste – Deutschland, Einsteinturm in Potsdam, nach Plänen von Erich Mendelsohn
2006, 20 EURO
Au900, 6,451 g, Ø 21 mm
Ⓓ Ettore Lorenzo Frapiccini
PP: 3.100 Ex. € 580,00

LS-G38

Europa der Künste – Griechenland, Flachrelief an der Nordseite des Parthenon in Athen
2006, 50 EURO
Au900, 16,129 g, Ø 28 mm
Ⓓ Ettore Lorenzo Frapiccini
PP: 1.792 Ex. € 1.540,00

LS-G39

Große Europäer – Leonardo da Vinci
2006, 10 EURO
Ag925, 22 g, Ø 34 mm
Ⓓ Uliana Pernazza
PP: 25.000 Ex. € 125,00

LS-G40

60 Jahre UNICEF
2006, 10 EURO
Ag925, 22 g, Ø 34 mm
Ⓓ Uliana Pernazza
Stgl.: 11.000 Ex. € 85,00

LS-G41

LS-G42

LS-G43

LS-G44

LS-G45

LS-G46

LS-G47

LS-G48

LS-G41
FIFA-Fußball-WM 2006, Deutschland – Weltmeister Italien
2006, 10 EURO
Ag925, 22 g, Ø 34 mm
Ⓓ Luciana de Simoni
Stgl.: 18.000 Ex. € 100,00

LS-G42
500. Todestag von Andrea Mantegna
2006, 10 EURO
Ag925, 22 g, Ø 34 mm
Ⓓ Uliana Pernazza
PP: 8.000 Ex. € 165,00

LS-G43
50 Jahre Römische Verträge
2007, 2 EURO
Ⓓ Luc Luycx und Helmut Andexlinger
Stgl.: 5.000.000 Ex. € 8,00

LS-G44
Europäische Errungenschaften – 50 Jahre Römische Verträge
2007, 10 EURO
Ag925, 22 g, Ø 34 mm
Ⓓ Roberto Mauri
PP: 20.504 Ex. € 125,00

LS-G45
Europäische Errungenschaften – 50 Jahre Römische Verträge
2007, 20 EURO
Au900, 6,451 g, Ø 21 mm
Ⓓ Roberto Mauri
PP: 4.000 Ex. € 570,00

LS-G46
5. Jahrestag der Unterzeichnung des Kyoto-Protokolls
2007, 5 EURO
Ag925, 18 g, Ø 32 mm
Ⓓ Maria Angela Cassol
Stgl.: nur aus Kursmünzensatz LS-AK2 2007
PP: nur aus Kursmünzensatz LS-AK3 2007

LS-G47
100. Geburtstag von Altiero Spinelli
2007, 5 EURO
Ag925, 18 g, Ø 32 mm
Ⓓ Luciana de Simoni
Stgl.: 7.000 Ex. € 120,00

LS-G48
200. Geburtstag von Giuseppe Garibaldi
2007, 5 EURO
Ag925, 18 g, Ø 32 mm
Ⓓ Claudia Momoni
Stgl.: 8.000 Ex. € 200,00

LS-G49

LS-G53

LS-G50

LS-G54

LS-G51

LS-G55

LS-G52

LS-G56

LS-G49
50. Todestag von Arturo Toscanini
2007, 5 EURO
Ag925, 18 g, Ø 32 mm
Ⓓ Maria Grazia Urbani
Stgl.: 7.000 Ex. € 160,00

LS-G50
100 Jahre Kunstschule für Medaillenherstellung
2007, 10 EURO
Ag925, 22 g, Ø 34 mm
Ⓓ Uliana Pernazza
PP: 8.000 Ex. € 155,00

LS-G51
Europa der Künste – Irland, Keltische Gewandspange des Königs von Tara
2007, 20 EURO
Ⓓ Ettore Lorenzo Frapiccini
Au900, 6,451 g, Ø 21 mm
PP: 2.300 Ex. € 550,00

LS-G52
Europa der Künste – Norwegen, „Der Schrei" von Edvard Munch
2007, 50 EURO
Au900, 16,129 g, Ø 28 mm
Ⓓ Ettore Lorenzo Frapiccini
PP: 2.000 Ex. € 1.580,00

LS-G53
200. Geburtstag von Antonio Canova
2007, 10 EURO
Ag925, 22 g, Ø 34 mm
Ⓓ Maria Carmela Colaneri
PP: 8.000 Ex. € 125,00

LS-G54
30 Jahre Internationaler Fonds für landwirtschaftliche Entwicklung
2008, 5 EURO
Ag925, 18 g, Ø 32 mm
Ⓓ Uliana Pernazza
Stgl.: nur aus Kursmünzensatz LS-AK2 2008
PP: nur aus Kursmünzensatz LS-AK3 2008

LS-G55
60 Jahre Verfassung der Republik Italien
2008, 5 EURO
Ag925, 18 g, Ø 32 mm
Ⓓ Maria Angela Cassol
Stgl.: 9.000 Ex. € 75,00

LS-G56
100. Geburtstag von Anna Magnani
2008, 5 EURO
Ag925, 18 g, Ø 32 mm
Ⓓ Maria Grazia Urbani
PP: 9.000 Ex. € 85,00

LS-G57

LS-G61

LS-G58

LS-G62

LS-G59

LS-G63

LS-G60

LS-G64

LS-G57

200. Geburtstag von Antonio Meucci
2008, 5 EURO
Ag925, 18 g, Ø 32 mm
Ⓓ Claudia Momoni

PP: 9.000 Ex. € 85,00

LS-G58

Kulturelles Erbe Europas (I)
– 500. Geburtstag von Andrea Palladio
2008, 10 EURO
Ag925, 22 g, Ø 34 mm
Ⓓ Maria Carmela Colaneri

PP: 16.000 Ex. € 125,00

LS-G59

Kulturelles Erbe Europas (I)
– 500. Geburtstag von Andrea Palladio
2008, 20 EURO
Au900, 6,451 g, Ø 21 mm
Ⓓ Maria Carmela Colaneri

PP: 4.800 Ex. € 600,00

LS-G60

Europa der Künste – Niederlande,
„Die Spitzenklöpplerin" von Jan Vermeer
2008, 20 EURO
Au900, 6,451 g, Ø 21 mm
Ⓓ Ettore Lorenzo Frapiccini

PP: 2.011 Ex. € 670,00

LS-G61

Europa der Künste – Portugal,
Turm von Belém an der Hafeneinfahrt
von Lissabon
2008, 50 EURO
Au900, 16,129 g, Ø 28 mm
Ⓓ Ettore Lorenzo Frapiccini

PP: 1.689 Ex. € 1.500,00

LS-G62

700 Jahre Universität Perugia
2008, 10 EURO
Ag925, 22 g, Ø 34 mm
Ⓓ Luciana de Simoni

PP: 9.000 Ex. € 95,00

LS-G63

60. Jahrestag der Allgemeinen Erklärung
der Menschenrechte
2008, 2 EURO
Ⓓ Luc Luycx und Maria Carmela Colaneri

Stgl.: 2.500.000 Ex. € 7,50

LS-G64

10 Jahre Wirtschafts- und
Währungsunion
2009, 2 EURO
Ⓓ Luc Luycx u. Georgios Stamatopoulos

Stgl.: 2.000.500 Ex. € 7,50
PP: nur aus Kursmünzensatz
LS-AK3 2009

LS-G65

LS-G69

LS-G66

LS-G70

LS-G67

LS-G71

LS-G68

LS-G72

LS-G65
Internationales Jahr der Astronomie
2009, 10 EURO
Ag925, 22 g, Ø 34 mm
Ⓓ Luciana de Simoni

PP: 9.000 Ex. € 100,00

LS-G66
100 Jahre Radrennen „Giro d'Italia"
2009, 5 EURO
Ag925, 18 g, Ø 32 mm
Ⓓ Valerio de Seta

Stgl.: 11.200 Ex. € 65,00

LS-G67
Kulturelles Erbe Europas (II)
– 100. Jahrestag der Verleihung
des Nobelpreises an G. Marconi
2009, 10 EURO
Ag925, 22 g, Ø 34 mm
Ⓓ Uliana Pernazza

PP: 12.260 Ex. € 100,00

LS-G68
Kulturelles Erbe Europas (II)
– 100. Jahrestag der Verleihung
des Nobelpreises an G. Marconi
2009, 20 EURO
Au900, 6,451 g, Ø 21 mm
Ⓓ Uliana Pernazza

PP: 2.598 Ex. € 590,00

LS-G69
Schwimm-WM 2009, Rom
2009, 5 EURO
Ag925, 18 g, Ø 32 mm
Ⓓ Roberto Mauri

Stgl.: nur aus Kursmünzensatz LS-AK2 2009

PP: nur aus Kursmünzensatz LS-AK3 2009

LS-G70
300. Jahrestag der Entdeckung
von Herculaneum
2009, 5 EURO
Ag925, 18 g, Ø 32 mm
Ⓓ Maria Carmela Colaneri

Stgl.: 7.800 Ex. € 65,00

LS-G71
400. Todestag von Annibale Carracci
2009, 10 EURO
Ag925, 22 g, Ø 34 mm
Ⓓ Uliana Pernazza

PP: 7.000 Ex. € 125,00

LS-G72
100. Jahrestag der Gründung
der Futuristischen Bewegung
2009, 10 EURO
Ag925, 22 g, Ø 34 mm
Ⓓ Claudia Momoni

PP: 7.000 Ex. € 125,00

LS-G73

LS-G74

LS-G75

LS-G76

LS-G77

LS-G78

LS-G79

LS-G80

LS-G73
Europa der Künste – Großbritannien, „Laus Veneris" von Sir Edward Coley Burne-Jones
2009, 20 EURO
Au900, 6,451 g, Ø 21 mm
Ⓓ Ettore Lorenzo Frapiccini

PP:	2.000 Ex.	€ 590,00

LS-G74
Europa der Künste – Spanien, Sühnetempel der Heiligen Familie nach Plänen von Antoni Gaudí
2009, 50 EURO
Au900, 16,129 g, Ø 28 mm
Ⓓ Ettore Lorenzo Frapiccini

PP:	1.600 Ex.	€ 1.470,00

LS-G75
200. Geburtstag von Louis Braille
2009, 2 EURO
Ⓓ Luc Luycx und Maria Carmela Colaneri

Stgl.:	2.000.000 Ex.	€ 6,50
Blister:	15.000 Ex.	€ 28,00

LS-G76
Wiederaufbau des Erdbebengebietes von L'Aquila
2009, 10 EURO
Ag925, 22 g, Ø 34 mm
Ⓓ Maria Angela Cassol

PP:	5.000 Ex.	€ 350,00

LS-G77
100 Jahre Alfa Romeo
2010, 5 EURO
Ag925, 18 g, Ø 32 mm
Ⓓ Valerio de Seta

Stgl.:	nur aus Kursmünzensatz LS-AK2 2010
PP:	nur aus Kursmünzensatz LS-AK3 2010

LS-G78
100 Jahre Generalverband der italienischen Industrie (Confindustria)
2010, 5 EURO
Ag925, 18 g, Ø 32 mm
Ⓓ Luciana de Simoni

Stgl.:	7.500 Ex.	€ 70,00

LS-G79
Italien der Künste – Santa Chiara, Neapel
2010, 5 EURO
Ag925, 18 g, Ø 32 mm
Ⓓ Maria Carmela Colaneri

PP:	7.500 Ex.	€ 85,00

LS-G80
500. Todestag von Giorgione
2010, 10 EURO
Ag925, 22 g, Ø 34 mm
Ⓓ Maria Carmela Colaneri

PP:	6.100 Ex.	€ 100,00

LS-G81

LS-G85

LS-G82

LS-G86

LS-G83

LS-G87

LS-G84

LS-G88

LS-G81

Europäische Architektur – Italien der Künste – Aquileia
2010, 10 EURO
Ag925, 22 g, Ø 34 mm
Ⓓ Roberto Mauri

PP:	11.000 Ex.	€ 130,00

LS-G82

400. Todestag von Michelangelo Caravaggio
2010, 10 EURO
Ag925, 22 g, Ø 34 mm
Ⓓ Uliana Pernazza

PP:	6.500 Ex.	€ 110,00

LS-G83

Europa der Künste – Schweden, Wikinger-Brillenhelm
2010, 20 EURO
Au900, 6,451 g, Ø 21 mm
Ⓓ Ettore Lorenzo Frapiccini

PP:	1.500 Ex.	€ 570,00

LS-G84

Europa der Künste – Ungarn, „Rózsi Szinyei Merse"(des Künstlers Tochter) von Pál Szinyei Merse
2010, 50 EURO
Au900, 15,129 g, Ø 28 mm
Ⓓ Ettore Lorenzo Frapiccini

PP:	1.350 Ex.	€ 1.500,00

LS-G85

200. Geburtstag von Camillo Benso, Graf von Cavour
2010, 2 EURO
Ⓓ Luc Luycx und Claudia Momoni

Stgl.:	4.000.000 Ex.	€ 6,50
Blister:	15.000 Ex.	€ 36,00
PP:	nur aus Kursmünzensatz LS-AK3 2010	

LS-G86

150. Jahrestag der Einheit Italiens
2011, 2 EURO
Ⓓ Luc Luycx und Ettore Lorenzo Frapiccini

Stgl.:	10.000.000 Ex.	€ 6,50
Blister:	13.350 Ex.	€ 33,00
PP:	nur aus Kursmünzensatz LS-AK3 2011	

LS-G87

150. Jahrestag der Einheit Italiens
2011, 5 EURO
Ag925, 18 g, Ø 32 mm
Ⓓ Giulia Berti und Valeria Sicilia

Stgl.:	9.000 Ex.*	€ 80,00

*sowie im Kursmünzensatz LS-AK2 2011

PP:	nur aus Kursmünzensatz LS-AK3 2011

LS-G88

Jahr der russischen Kultur und Sprache in Italien
2011, 10 EURO
Ag925, 22 g, Ø 34 mm
Ⓓ Maria Angela Cassol

PP:	5.500 Ex.	€ 115,00

LS-G89

LS-G90

LS-G91

LS-G92

LS-G93

LS-G94

LS-G95

LS-G96

LS-G89
500. Geburtstag von Giorgio Vasari
2011, 10 EURO
Ⓓ Maria Carmela Colaneri
Ag925, 22 g, Ø 34 mm
PP: 6.000 Ex. € 115,00

LS-G90
Europäische Entdecker –
Amerigo Vespucci
2011, 10 EURO
Ag925, 22 g, Ø 34 mm
Ⓓ Luciana de Simoni, Uliana Pernazza
PP: 8.592 Ex. € 125,00

LS-G91
Italien der Künste – Turin
2011, 10 EURO
Ag925, 22 g, Ø 34 mm
Ⓓ Luciana de Simoni
PP: 5.000 Ex. € 120,00

LS-G92
Die Flora in der Kunst – Das alte Rom
2011, 20 EURO
Au900, 6,451 g, Ø 21 mm
Ⓓ Annalisa Masini
PP: 1.500 Ex. € 620,00

LS-G93
Die Fauna in der Kunst – Das alte Rom
2011, 50 EURO
Au900, 16,129 g, Ø 28 mm
Ⓓ Valerio de Seta
PP: 1.000 Ex. € 1.610,00

LS-G94
180. Jahrestag des Staatsrates
2011, 5 EURO
Ag925, 18 g, Ø 32 mm
Ⓓ Roberto Mauri
PP: 5.500 Ex. € 100,00

LS-G95
Italien der Künste – Anagni
2011, 5 EURO
Ag925, 18 g, Ø 32 mm
Ⓓ Claudia Momoni, Maria Angela Cassol
PP: 5.000 Ex. € 100,00

LS-G96
100 Jahre historisches Gebäude
der italienischen Münzprägeanstalt
2011, 5 EURO
Ag925, 18 g, Ø 32 mm
Ⓓ Uliana Pernazza und Roberto Mauri
Stgl.: 5.000 Ex. € 85,00

LS-G97

LS-G101

LS-G98

LS-G102

LS-G99

LS-G103

LS-G100

LS-G104

LS-G97
130. Geburtstag von Alcide de Gasperi
2011, 10 EURO
Ag925, 22 g, Ø 34 mm
Ⓓ Luciana de Simoni
PP: 5.000 Ex. € 120,00

LS-G98
10. Jahrestag der Einführung der Euro-Münzen und -Banknoten
2012, 2 EURO
Ⓓ Luc Luycx und Helmut Andexlinger
Stgl.: 15.000.000 Ex. € 6,50
PP: nur aus Kursmünzensatz LS-AK3 2012

LS-G99
100. Todestag von Giovanni Pascoli
2012, 2 EURO
Ⓓ Luc Luycx und Maria Carmela Colaneri
Stgl.: 15.000.000 Ex. € 6,50
Blister: 12.000 Ex. € 34,00

LS-G100
500. Jahrestag der Enthüllung der Deckengemälde in der Sixtinischen Kapelle
2012, 5 EURO
Ag925, 18 g, Ø 32 mm
Ⓓ Maria Carmela Colaneri
Stgl.: nur aus Kursmünzensatz LS-AK2 2012
PP: nur aus Kursmünzensatz LS-AK3 2012

LS-G101
Europäische Maler und Bildhauer – Michelangelo Buonarroti
2012, 10 EURO
Ag925, 22 g, Ø 34 mm
Ⓓ Uliana Pernazza
PP: 7.292 Ex. € 125,00

LS-G102
150. Jahrestag der Einführung der italienischen Lira
2012, 5 EURO
Ag925, 18 g, Ø 32 mm
Ⓓ Luciana de Simoni
Stgl.: 5.000 Ex. € 90,00

LS-G103
Die Flora in der Kunst – Mittelalter
2012, 20 EURO
Au900, 6,451 g, Ø 21 mm
Ⓓ Valerio de Seta
PP: 1.500 Ex. € 700,00

LS-G104
Die Fauna in der Kunst – Mittelalter
2012, 50 EURO
Au900, 16,129 g, Ø 28 mm
Ⓓ Annalisa Masini
PP: 1.285 Ex. € 1.670,00

LS-G105

LS-G106

LS-G107

LS-G108

LS-G109

LS-G110

LS-G111

LS-G112

LS-G105
300. Geburtstag von Francesco Guardi
2012, 10 EURO
Ag925, 22 g, Ø 34 mm
Ⓓ Roberto Mauri
PP: 4.500 Ex. € 120,00

LS-G106
150 Jahre Rechnungshof
2012, 5 EURO
Ag925, 18 g, Ø 32 mm
Ⓓ Roberto Mauri
PP: 4.500 Ex. € 110,00

LS-G107
Italien der Künste – Campobasso
2012, 5 EURO
Ag925, 18 g, Ø 32 mm
Ⓓ Claudia Momoni
PP: 4.000 Ex. € 110,00

LS-G108
Italien der Künste – Ferrara
2012, 10 EURO
Ag925, 22 g, Ø 34 mm
Ⓓ Maria Angela Cassol
PP: 3.500 Ex. € 120,00

LS-G109
Europäische Schriftsteller – Luigi Pirandello
2013, 10 EURO
Ag925, 22 g, Ø 34 mm
Ⓓ Uliana Pernazza
PP: 5.900 Ex. € 120,00

LS-G110
Die Flora in der Kunst – Renaissance
2013, 20 EURO
Au900, 6,451 g, Ø 21 mm
Ⓓ Annalisa Masini
PP: 1.400 Ex. € 730,00

LS-G111
Die Fauna in der Kunst – Renaissance
2013, 50 EURO
Au900, 16,129 g, Ø 28 mm
Ⓓ Valerio de Seta
PP: 1.100 Ex. € 1.740,00

LS-G112
200. Geburtstag von Giuseppe Verdi
2013, 2 EURO
Ⓓ Luc Luycx und Maria Carmela Colaneri
Stgl.: 10.000.000 Ex. € 6,50
PP: aus Kursmünzensatz LS-AK3 2013

LS-G113

LS-G117

LS-G114

LS-G118

LS-G115

LS-G119

LS-G116

LS-G120

LS-G113
150. Geburtstag von
Gabriele D'Annunzio
2013, 5 EURO
Ag925, 18 g, Ø 32 mm
Ⓓ Luciana de Simoni
Stgl.: nur aus Kursmünzensatz LS-AK2 2013
PP: nur aus Kursmünzensatz LS-AK3 2013

LS-G114
150. Geburtstag von
Giuseppe Gioachino Belli
2013, 5 EURO
Ag925, 18 g, Ø 32 mm
Ⓓ Claudia Momoni

Stgl.:	4.000 Ex.	€ 85,00

LS-G115
700. Geburtstag von Giovanni Boccaccio
2013, 2 EURO
Ⓓ Luc Luycx und Roberto Mauri

Stgl.:	10.000.000 Ex.	€ 6,50
Blister:	12.000 Ex.	€ 45,00

LS-G116
Historische Villen und Gärten –
Villa Adriana in Tívoli
2013, 5 EURO
Ag925, 18 g, Ø 32 mm
Ⓓ Maria Angela Cassol

PP:	3.500 Ex.	€ 105,00

LS-G117
Italien der Künste – Selinunt
2013, 5 EURO
Ag925, 18 g, Ø 32 mm
Ⓓ Annalisa Masini

PP:	3.500 Ex.	€ 105,00

LS-G118
Italien der Künste – Das Aostatal
2013, 10 EURO
Ag925, 22 g, Ø 34 mm
Ⓓ Maria Angela Cassol

PP:	3.900 Ex.	€ 120,00

LS-G119
Europäische Musiker –
Gioachino Rossini
2014, 10 EURO
Ag925, 22 g, Ø 34 mm
Ⓓ Uliana Pernazza

PP:	5.200 Ex.	€ 125,00

LS-G120
200. Jahrestag der Carabinieri
2014, 2 EURO
Ⓓ Luc Luycx und Luciana de Simoni

Stgl.:	6.500.000 Ex.	€ 6,50
Blister:	20.000 Ex.	€ 90,00
PP:	5.000 Ex.	€ 260,00

LS-G121

LS-G122

LS-G123

LS-G124

LS-G125

LS-G126

LS-G127

LS-G128

LS-G121
Die Flora in der Kunst – Barock
2014, 20 EURO
Au900, 6,451 g, Ø 21 mm
Ⓓ Annalisa Masini

PP:	1.050 Ex.	€ 645,00

LS-G122
Die Fauna in der Kunst – Barock
2014, 50 EURO
Au900, 16,129 g, Ø 28 mm
Ⓓ Valerio de Seta

PP:	750 Ex.	€ 1.480,00

LS-G123
2000. Todestag von Kaisers Augustus
2014, 10 EURO
Ag925, 22 g, Ø 34 mm
Ⓓ Roberto Mauri

PP:	3.500 Ex.	€ 125,00

LS-G124
100 Jahre Italienisches Olympisches Komitee
2014, 10 EURO
Ag925, 22 g, Ø 34 mm
Ⓓ Claudia Momoni

PP:	5.000 Ex.	€ 125,00

LS-G125
450. Geburtstag von Galileo Galilei
2014, 2 EURO
Ⓓ Luc Luycx und Claudia Momoni

Stgl.:	6.500.000 Ex.	€ 6,50
PP:	aus Kursmünzensatz LS-AK3 2014	

LS-G126
EU-Ratspräsidentschaft
2014, 5 EURO
Ag925, 18 g, Ø 32 mm
Ⓓ Annalisa Masini

Stgl.:	4.500 Ex.	€ 85,00

LS-G127
500. Todestag von Donato Bramante
2014, 5 EURO
Ag925, 18 g, Ø 32 mm
Ⓓ Maria Angela Cassol

Stgl.:	nur aus Kursmünzensatz LS-AK2 2014
PP:	nur aus Kursmünzensatz LS-AK3 2014

LS-G128
Italien der Künste – Abtei von San Fruttuoso
2014, 5 EURO
Ag925, 18 g, Ø 32 mm
Ⓓ Maria Grazia Urbani

PP:	2.700 Ex.	€ 105,00

LS-G129

LS-G133

LS-G130

LS-G134

LS-G131

LS-G135

LS-G132

LS-G136

LS-G129
Italien der Künste – Kathedrale von Atri
2014, 10 EURO
Ag925, 22 g, Ø 34 mm
Ⓓ Silvia Petrassi
PP: 3.200 Ex. € 120,00

LS-G130
Historische Villen und Gärten –
Villa Lante in Bagnaia
2014, 5 EURO
Ag925, 18 g, Ø 32 mm
Ⓓ Maria Carmela Colaneri
PP: 2.700 Ex. € 105,00

LS-G131
70 Jahre Frieden in Europa
2015, 10 EURO
Ag925, 22 g, Ø 34 mm
Ⓓ Maria Carmela Colaneri
PP: 6.000 Ex. € 150,00

LS-G132
EXPO 2015, Mailand
2015, 2 EURO
Ⓓ Luc Luycx und Maria Grazia Urbani
Stgl.: 3.500.000 Ex. € 6,50
Coin card: 20.000 Ex. € 30,00
PP: 5.000 Ex.* € 70,00
* sowie aus Kursmünzensatz
LS-AK3 2015

LS-G133
100 Jahre Erdbeben von Avezzano
2015, 5 EURO
Ag925, 18 g, Ø 32 mm
Ⓓ Maria Carmela Colaneri
Stgl.: 3.086 Ex. € 80,00

LS-G134
Die Flora in der Kunst – Neoklassizismus
2015, 20 EURO
Au900, 6,451 g, Ø 21 mm
Ⓓ Valerio de Seta
PP: 1.050 Ex. € 680,00

LS-G135
Die Fauna in der Kunst –
Rokoko und Macchiaioli
2015, 50 EURO
Au900, 16,129 g, Ø 28 mm
Ⓓ Annalisa Masini
PP: 800 Ex. € 1.520,00

LS-G136
500. Geburtstag des heiligen
Philipp Neri
2015, 5 EURO
Ag925, 18 g, Ø 32 mm
Ⓓ Claudia Momoni
Stgl.: nur aus Kursmünzensatz
LS-AK2 2015
PP: nur aus Kursmünzensatz
LS-AK3 2015

LS-G137

LS-G138

LS-G139

LS-G140

LS-G141

LS-G142

LS-G143

LS-G144

LS-G137
100. Jahrestag des Ersten Weltkrieges
2015, 10 EURO
Ag925, 22 g, Ø 34 mm
Ⓓ Luciana de Simoni u. Uliana Pernazza
PP: 3.673 Ex. € 120,00

LS-G138
750. Geburtstag von Dante Alighieri
2015, 2 EURO
Ⓓ Luc Luycx und Silvia Petrassi
Stgl.: 3.500.000 Ex. € 6,50
Blister: 15.000 Ex.* € 43,00
** inkl. 2-Euro-Kursmünze*

LS-G139
Historische Villen und Gärten – Boboli-Garten in Florenz
2015, 5 EURO
Ag925, 18 g, Ø 32 mm
Ⓓ Luciana de Simoni
PP: 2.600 Ex. € 100,00

LS-G140
Italien der Künste – Perugia
2015, 5 EURO
Ag925, 18 g, Ø 32 mm
Ⓓ Uliana Pernazza
PP: 3.000 Ex. € 100,00

LS-G141
Italien der Künste – Bronzestatuen von Riace, Kalabrien
2015, 10 EURO
Ag925, 22 g, Ø 34 mm
Ⓓ Maria Angela Cassol
PP: 2.800 Ex. € 125,00

LS-G142
30 Jahre Flagge der Europäischen Union
2015, 2 EURO
Ⓓ Luc Luycx u. Georgios Stamatopoulos
Stgl.: 1.000.000 Ex. € 6,50
PP: 5.000 Ex. € 65,00

LS-G143
550. Todestag von Donato di Niccolò di Betto Bardi, genannt Donatello
2016, 2 EURO
Ⓓ Luc Luycx und Claudia Momoni
Stgl.: 1.500.000 Ex. € 6,50
Coin card: 15.000 Ex. € 23,00
PP: 6.000 Ex. € 55,00

LS-G144
Das Zeitalter der Gegenwart in Europa – Enzo Ferrari
2016, 10 EURO
Ag925, 22 g, Ø 34 mm
Ⓓ Maria Carmela Colaneri
PP: 6.890 Ex. € 125,00

LS-G145

LS-G146

LS-G147

LS-G148

LS-G149

LS-G150

LS-G151

LS-G152

LS-G145

Die Flora in der Kunst – Zeitgenössische Kunst
2016, 20 EURO
Au900, 6,451 g, Ø 21 mm
Ⓓ Annalisa Masini

PP:	1.008 Ex.	€ 600,00

LS-G146

Die Fauna in der Kunst – Zeitgenössische Kunst
2016, 50 EURO
Au900, 16,129 g, Ø 28 mm
Ⓓ Valerio de Seta

PP:	820 Ex.	€ 1.440,00

LS-G147

2.200. Todestag von Titus Maccius Plautus
2016, 2 EURO
Ⓓ Luc Luycx und Luciana de Simoni

Stgl.:	1.500.000 Ex.	€ 6,50
PP:	7.000 Ex.*	€ 55,00

* sowie aus Kursmünzensatz LS-AK3 2016

LS-G148

150 Jahre Militärkorps des Italienischen Roten Kreuzes
2016, 5 EURO
Ag925, 18 g, Ø 32 mm, im Blister
Ⓓ Maria Grazia Urbani

Stgl.:	4.550 Ex.	€ 80,00

LS-G149

150. Geburtstag von Benedetto Croce
2016, 5 EURO
Ag925, 18 g, Ø 32 mm
Ⓓ Silvia Petrassi

Stgl.:	nur aus Kursmünzensatz LS-AK2 2016
PP:	nur aus Kursmünzensatz LS-AK3 2016

LS-G150

Historische Villen und Gärten – Villa Cicogna Mozzoni in Bisuschio
2016, 5 EURO
Ag925, 18 g, Ø 32 mm
Ⓓ Uliana Pernazza

PP:	2.900 Ex.	€ 100,00

LS-G151

Italien der Künste – Recanati
2016, 5 EURO
Ag925, 18 g, Ø 32 mm
Ⓓ Ettore Lorenzo Frapiccini

PP:	3.300 Ex.	€ 100,00

LS-G152

Italien der Künste – Sardinien
2016, 10 EURO
Ag925, 22 g, Ø 34 mm
Ⓓ Maria Angela Cassol

PP:	2.900 Ex.	€ 125,00

LS-G153

LS-G154

LS-G155

LS-G156

LS-G157

LS-G158

LS-G159

LS-G160

LS-G153

200 Jahre Polizia Penitenziaria (Justizvollzugsdienst)
2017, 5 EURO
Ag925, 18 g, Ø 32 mm, im Blister
Ⓓ Valerio de Seta

Stgl.:	8.000 Ex.	€ 80,00

LS-G154

Römische Kaiser – Kaiser Hadrian
2017, 10 EURO
Au900, 3 g, Ø 13,85 mm
Ⓓ Maria Grazia Urbani

PP:	4.000 Ex.	€ 300,00

LS-G155

400. Jahrestag der Fertigstellung der Basilica di San Marco in Venedig
2017, 2 EURO
Ⓓ Luc Luycx und Luciana de Simoni

Stgl.:	1.500.000 Ex.	€ 7,00
PP:	8.000 Ex.*	€ 80,00

* sowie aus Kursmünzensatz LS-AK3 2017

LS-G156

60 Jahre Römische Verträge
2017, 5 EURO
Ag925, 18 g, Ø 32 mm
Ⓓ Maria Carmela Colaneri

Stgl.: nur aus Kursmünzensatz LS-AK2 2017

PP: nur aus Kursmünzensatz LS-AK3 2017

LS-G157

Das Zeitalter von Eisen und Glas – Viktor-Emanuel-Galerie in Mailand
2017, 10 EURO
Ag925, 22 g, Ø 34 mm
Ⓓ Maria Carmela Colaneri

PP:	5.000 Ex.	€ 125,00

LS-G158

2.000 Todestag von Titus Livius
2017, 2 EURO
Ⓓ Luc Luycx und Claudia Momoni

Stgl.:	1.500.000 Ex.	€ 6,50
Coin card:	10.000 Ex.	€ 28,00
PP:	7.000 Ex.	€ 55,00

LS-G159

350. Todestag von Francesco Borromini
2017, 20 EURO
Au900, 6,451 g, Ø 21 mm
Ⓓ Uliana Pernazza

PP:	1.200 Ex.	€ 700,00

LS-G160

200. Geburtstag von Francesco De Sanctis
2017, 5 EURO
Ag925, 18 g, Ø 32 mm
Ⓓ Annalisa Masini

PP:	3.000 Ex.	€ 100,00

LS-G161

LS-G165

LS-G162

LS-G166

LS-G163

LS-G167

LS-G164

LS-G168

LS-G161
50. Todestag von Antonio de Curtis, bekannt unter dem Künstlername „Totò"
2017, 5 EURO
CuAlNi/CuNi, 9,52 g, Ø 27,5 mm, im Blister
Ⓓ Uliana Pernazza
Stgl.: 15.000 Ex. € 45,00

LS-G162
Italien der Künste – Trient, Trentino-Südtirol
2017, 5 EURO
Ag925, 18 g, Ø 32 mm
Ⓓ Silvia Petrassi
PP: 3.000 Ex. € 100,00

LS-G163
Italien der Künste – Höhlensiedlungen Sassi di Matera, Basilikata
2017, 10 EURO
Ag925, 22 g, Ø 34 mm
Ⓓ Maria Angela Cassol
PP: 4.000 Ex. € 125,00

LS-G164
60 Jahre FIAT 500
2017, 5 EURO
Ag925, 18 g, Ø 32 mm, im Blister
Ⓓ Claudia Momoni
Stgl.: 4.000 Ex. € 220,00

LS-G165
70. Jahrestag der Entstehung der italienischen Verfassung
2018, 2 EURO
Ⓓ Luc Luycx und Uliana Pernazza
Stgl.: 4.000.000 Ex. € 6,00
Coin card: 15.000 Ex. € 29,00
PP: 6.000 Ex.* € 85,00
* sowie im Kursmünzensatz LS-AK3 2018

LS-G166
70. Jahrestag der Entstehung der italienischen Verfassung
2018, 5 EURO
Ag925, 18 g, Ø 32 mm
Ⓓ Luciana de Simoni
Stgl.: nur aus Kursmünzensatz LS-AK2
PP: 5.000 Ex.* € 100,00
* sowie aus Kursmünzensatz LS-AK3 2018

LS-G167
FIFA Fußball-WM in Russland
2018, 10 EURO
Ag925, 22 g, Ø 34 mm
Ⓓ Valerio de Seta
PP: 6.000 Ex. € 110,00

LS-G168
Das Zeitalter des Barock und Rokoko – St.-Veronica-Statue (Francesco Mochi)
2018, 10 EURO
Ag925, 22 g, Ø 34 mm
Ⓓ Maria Carmela Colaneri
PP: 4.500 Ex. € 130,00

LS-G169

LS-G173

LS-G170

LS-G174

LS-G171

LS-G175

LS-G172

LS-G176

LS-G169
Römische Kaiser –
Kaiser Trajan
2018, 10 EURO
Au900, 3 g, Ø 13,85 mm
Ⓓ Claudia Momoni
PP: 1.500 Ex. € 300,00

LS-G170
60. Jahrestag der Gründung des
Gesundheitsministeriums
2018, 2 EURO
Ⓓ Luc Luycx und Silvia Petrassi
Stgl.: 3.000.000 Ex. € 6,50
PP: 5.000 Ex. € 350,00

LS-G171
900. Jahrestag der Weihe der Kathedrale
von Pisa
2018, 5 EURO
Ag925, 18 g, Ø 32 mm
Ⓓ Annalisa Masini
PP: 4.000 Ex. € 90,00

LS-G172
Italien der Künste –
Venezianische Villen, Venedig
2018, 5 EURO
Ag925, 18 g, Ø 32 mm
Ⓓ Maria Carmela Colaneri
PP: 4.000 Ex. € 90,00

LS-G173
Italien der Künste –
Kathedrale von Trani, Apulien
2018, 10 EURO
Ag925, 22 g, Ø 34 mm
Ⓓ Uliana Pernazza
PP: 4.000 Ex. € 130,00

LS-G174
Frauen in der Kunst –
Artemesia Gentileschi
2018, 20 EURO
Au900, 6,451 g, Ø 21 mm
Ⓓ Maria Angela Cassol
PP: 1.200 Ex. € 550,00

LS-G175
Kunstschätze der Amatrice
2018, 5 EURO
CuAlNi/CuNi, 9,52 g, Ø 27,5 mm,
Ⓓ Claudia Momoni
Stgl.: 20.000 Ex.
(in coin card) € 35,00

LS-G176
50. Jahrestag der Gründung des
Nationalverbandes der Staatspolizei
2018, 5 EURO
Ag925, 18 g, Ø 32 mm, im Blister
Ⓓ Silvia Petrassi
Stgl.: 5.000 Ex. € 90,00

LS-G177

LS-G178

LS-G179

LS-G180

LS-G181

LS-G182

LS-G183

LS-G177
Entdecker – Marco Polo
2018, 10 EURO
Ag925, 22 g, Ø 34 mm
Ⓓ Silvia Petrassi
PP: 5.000 Ex. € 130,00

LS-G178
150 Jahre Staatsrechnungsamt
2019, 5 EURO
Ag925, 18 g, Ø 32 mm
Ⓓ Claudia Momoni
Stgl.: 2.500 Ex. € 90,00

LS-G179
Italienische Spitzenprodukte – Vespa
2019, 5 EURO
Ag925, 28 g, Ø 32 mm, mit Teilkolorierung in einer der drei Nationalfarben
Ⓓ Maria Carmela Colaneri
Teilkolorierung (Vespa) in Grün
Stgl.: 3.000 Ex. € 650,00
Teilkolorierung (Vespa) in Weiß
Stgl.: 7.000 Ex. € 280,00
Teilkolorierung (Vespa) in Rot
Stgl.: 7.000 Ex. € 320,00
Set mit allen drei Münzen
Stgl.: 1.000 Ex. € 850,00

LS-G180
50 Jahre Sondereinheit der Polizei zum Schutz der Kulturgüter
2019, 5 EURO
CuAlNi/CuNi, 9,52 g, Ø 27,5 mm (16-seitiges Polygon)
Ⓓ Luciana de Simoni
PP: 5.000 Ex. € 65,00

LS-G181
100 Jahre Nationaler Gebirgsjägerverband
2019, 5 EURO
CuAlNi, 9,3 g, Ø 26,95 mm
Ⓓ Silvia Petrassi
PP: 10.000 Ex. (in coin card) € 70,00

LS-G182
500. Todestag von Leonardo da Vinci, „Dame mit dem Hermelin" (Ausschnitt)
2019, 2 EURO
Ⓓ Luc Luycx und Maria Angela Cassol
Stgl.: 3.000.000 Ex. € 6,50
Blister (incl. LS-K7.2)
Stgl.: 20.000 Ex. € 60,00
PP: 5.000 Ex.* € 800,00
* sowie aus Kursmünzensatz LS-AK3 2019

LS-G183
100. Todestag von Cesare Maccari
2019, 5 EURO
Ag925, 18 g, Ø 32 mm
Ⓓ Luciana de Simoni
Stgl.: nur aus Kursmünzensatz LS-AK2
PP: 2.500 Ex.* € 90,00
* sowie aus Kursmünzensatz LS-AK3 2019

LS-G184

LS-G188

LS-G185

LS-G189

LS-G186

LS-G190

LS-G187

LS-G191

LS-G184
Das Zeitalter der Renaissance – 500. Geburtstag von Jacopo Robusti, genannt Tintoretto, „Susanna im Bade"
2019, 20 EURO
Au900, 6,451 g, Ø 21 mm
Ⓓ Maria Carmela Colaneri
PP: 1.000 Ex. € 650,00

LS-G185
50. Jahrestag der ersten bemannten Mondlandung
2019, 5 EURO
Ag925, 18 g, Ø 32 mm
Ⓓ Claudia Momoni
PP: 6.000 Ex. € 100,00

LS-G186
Römische Kaiser – Kaiser Augustus
2019, 10 EURO
Au900, 3 g, Ø 13,85 mm
Ⓓ Silvia Petrassi
PP: 1.000 Ex. € 500,00

LS-G187
100. Geburtstag von Fausto Coppi
2019, 5 EURO
CuAlNi/CuNi, 9,52 g, Ø 27,5 mm
(16-seitiges Polygon)
Ⓓ Valerio de Seta
Stgl.: 8.000 Ex.
(in coin card) € 40,00

LS-G188
Entdecker – Christoph Kolumbus
2019, 10 EURO
Ag925, 22 g, Ø 34 mm
Ⓓ Uliana Pernazza
PP: 5.000 Ex. € 42,00

LS-G189
Italien der Künste – Kathedrale von Florenz, Toskana
2019, 5 EURO
Ag925, 18 g, Ø 32 mm
Ⓓ Annalisa Masini
PP: 4.000 Ex. € 90,00

LS-G190
Italien der Künste – Mailänder Dom, Lombardei
2019, 10 EURO
Ag925, 22 g, Ø 34 mm
Ⓓ Luciana de Simoni
PP: 4.000 Ex. € 115,00

LS-G191
30. Jahrestag des Falls der Berliner Mauer
2019, 5 EURO
Ag925, 18 g, Ø 32 mm
Ⓓ Valerio de Seta
PP: 6.000 Ex. € 85,00

LS-G192

LS-G196

LS-G193

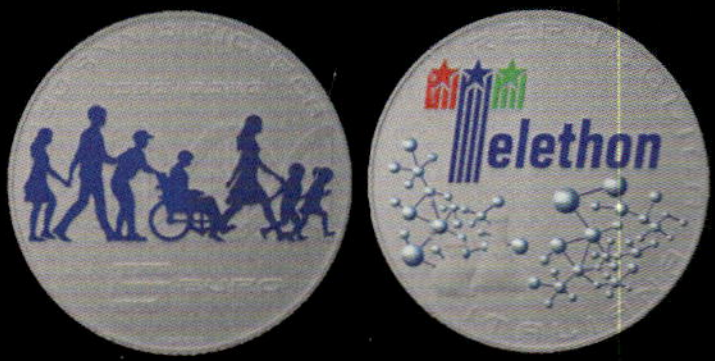

LS-G197

LS-G194

LS-G195

LS-G198

LS-G192
Nationales Feuerwehr-Korps
2020, 2 EURO
Ⓓ Luc Luycx und Luciana De Simoni

Stgl.:	3.000.000 Ex.	€ 7,00
Coin card:	20.000 Ex.	€ 25,00
PP:	6.000 Ex.	€ 110,00

LS-G193
30. Jahrestag der Telethon-Stiftung
2020, 5 EURO
Ag925, 18 g, Ø 32 mm
Ⓓ Claudia Momoni

Stgl.:	5.000 Ex.	€ 95,00

LS-G194
500. Jahrestag des Todes
von Raffaello Sanzio
2020, 5 EURO
Ag925, 18 g, Ø 32 mm
Ⓓ Maria Angela Cassol

PP:	5.000 Ex.	€ 106,00

LS-G195
500. Jahrestag des Todes
von Raffaello Sanzio
2020, 20 EURO
Au900, 6,45 g, Ø 21 mm
Ⓓ Maria Angela Cassol

PP:	1.000 Ex.	€ 1.000,00

LS-G196
Internationales Jahr der
Pflanzengesundheit
2020, 5 EURO
Ag925, 18 g, Ø 32 mm
Ⓓ Uliana Pernazza

Stgl.:	10.000 Ex.	€ –,–
PP:	2.000 Ex.	€ –,–

LS-G197
Olivetti Lettera 22
2020, 5 EURO
Ag925, 18 g, Ø 32 mm,
drei Farbvarianten
Ⓓ Annalisa Masini

Teilkolorierung (Lettera 22) in Grün		
Stgl.:	3.000 Ex.	€ 100,00
Teilkolorierung (Lettera 22) in Weiß		
Stgl.:	7.000 Ex.	€ 120,00
Teilkolorierung (Lettera 22) in Rot		
Stgl.:	7.000 Ex.	€ 100,00

LS-G198
Essen und Trinken –
Pizza und Mozarella
2020, 5 EURO
CuNi, 10,25 g, Ø 26,95 mm

Stgl.:	8.000 Ex.	€ 65,00

LS-G199

LS-G203

LS-G200

LS-G204

LS-G201

LS-G205

LS-G202

LS-G206

LS-G199
Eduardo De Filippo
2020, 5 EURO
CuAlNi/CuNi, 9,52 g, Ø 27,5 mm
Ⓓ Maria Carmela Colaneri

PP: 7.000 Ex. € 67,00

LS-G200
Römische Kaiser – Marcus Aurelius
2020, 10 EURO
Au900, 3 g, Ø 13,85 mm
Ⓓ Uliana Pernazza

PP: 1.000 Ex. € 988,00

LS-G201
150. Geburtstag von Maria Montessori
2020, 2 EURO
Ⓓ Luc Luycx und Luciana De Simoni

Stgl.: 3.000.000 Ex. € 6,00
PP: 5.000 Ex. € 90,00

LS-G202
Bedrohte Tiere – Tiger
2020, 5 EURO
CuAlNi, 9,3 g, Ø 26,95 mm,
mit Farbapplikation
Ⓓ Silvia Petrassi

Stgl.: 10.000 Ex. € –,–
PP: 2.000 Ex. € 180,00

LS-G203
50. Jahrestag der Gründung der Regionen mit ordentlichem Statut
2020, 5 EURO
Ag925, 18 g, Ø 32 mm
Ⓓ Annalisa Masini

Stgl.: 2.500 Ex. € 85,00

LS-G204
Die italienische Präsidentschaft der G20
2020, 5 EURO
CuAlNi/CuNi, 9,52 g, Ø 27,5 mm
Ⓓ Maria Carmela Colaneri

PP: 4.000 Ex. € 65,00

LS-G205
Rom – Die Hauptstadt
2021, 2 EURO
Ⓓ Luc Luycx

Stgl.: 3.000.000 Ex. € 6,50
Coin card: 12.000 Ex. € 22,00
PP: 7.000 Ex. € 46,00

LS-G206
Gesundheitsberufe
2021, 2 EURO
Ⓓ Luc Luycx

Stgl.: 3.000.000 Ex. € 7,50
Coin card: 12.000 Ex. € 24,00
PP: 7.000 Ex. € 95,00

LS-G207

LS-G210

LS-G211

LS-G208

LS-G212

LS-G209

LS-G213

LS-G207
Alpine Ski-Weltmeisterschaften 2021
2021, 5 EURO
Ag925, 18 g, Ø 32 mm
Ⓓ Silvia Petrassi
Stgl.: 5.000 Ex. € 65,00

LS-G208
Essen und Trinken –
NUTELLA® der Ferrero-Gruppe
2021, 5 EURO
Ag925, 18 g, Ø 32 mm,
drei Farbvarianten
Teilkolorierung in Grün
Stgl.: 10.000 Ex. € 95,00
Teilkolorierung in Weiß
Stgl.: 10.000 Ex. € 95,00
Teilkolorierung in Rot
Stgl.: 10.000 Ex. € 95,00

LS-G209
150. Jahrestag der Geburt
von Grazia Deledda
2021, 5 EJRO
Ag925, 1E g, Ø 32 mm
Ⓓ Uliana Pernazza
Stgl.: 5.000 Ex. € –,–

LS-G210
Ennio Morricone
2021, 5 EJRO
Ag925, 1E g, Ø 32 mm
Ⓓ Maria Angela Cassol
Stgl.: 8.000 Ex. € 85,00

LS-G211
Ennio Morricone
2021, 5 EURO
CuAlNi/CuNi, 9,52 g, Ø 27,5 mm
Ⓓ Maria Angela Cassol
PP: 10.000 Ex. € 60,00

LS-G212
Römische Kaiser – Konstantin
2021, 10 EURO
Au900, 3 g, Ø 13,85 mm
Ⓓ Uliana Pernazza
PP: 1.200 Ex. € 450,00

LS-G213
Essen und Trinken –
Emilia-Romagna, Tortellini und
Lambrusco
2021, 5 EURO
CuNi, 10,25 g, Ø 26,95 mm
Ⓓ Carmela Colaneri
Stgl.: 12.000 Ex. € 49,00

LS-G214

LS-G218

LS-G215

LS-G219

LS-G216

LS-G220

LS-G217

LS-G221

LS-G214
700. Jahrestag des Todes
von Dante Alighieri: Inferno
2021, 5 EURO
Ag925, 18 g, Ø 32 mm
Ⓓ Claudia Momoni
Stgl.: 6.000 Ex. € 95,00

LS-G215
700. Jahrestag des Todes
von Dante Alighieri: Inferno
2021, 20 EURO
Au900, 6,45 g, Ø 21 mm
Ⓓ Claudia Momoni
PP: 1.500 Ex. € 700,00

LS-G216
450. Geburtstag von Caravaggio
2021, 5 EURO
Ag925, 18 g, Ø 32 mm
Ⓓ Silvia Petrassi
PP: 6.000 Ex. € 85,00

LS-G217
450. Geburtstag von Caravaggio
2021, 20 EURO
Au900, 6,45 g, Ø 21 mm
Ⓓ Silvia Petrassi
PP: 1.500 Ex. € 650,00

LS-G218
150. Jahrestag der Erfindung des
Telefons durch Antonio Meucci
2021, 5 EURO
CuNi, 15 g, Ø 32 mm
Ⓓ Annalisa Masini
Stgl.: 3.000 Ex. € –,–

LS-G219
Bedrohte Tiere – Eisbär
2021, 5 EURO
CuAlNi, 9,3 g, Ø 26,95 mm,
mit Farbapplikation
Ⓓ Silvia Petrassi
Stgl.: 10.000 Ex. € 75,00

LS-G220
Das Erbe der Lira: 1 Lira
2021, 50 EURO
Au900, 16,129 g, Ø 28 mm
Ⓓ Maria Angela Cassol
PP: 1.499 Ex. € –,–

LS-G221
Das Erbe der Lira: 1 Lira
2021, 20 EURO
Au900, 7,77 g, Ø 22 mm
Ⓓ Maria Angela Cassol
PP: 1.999 Ex. € –,–

LS-G222

LS-G223

LS-G224

LS-G222
Essen und Trinken –
Sizilien, Cannolo und Passit
2021, 5 EURO
CuNi, 10,25 g, Ø 26,95 mm
Ⓓ Carmela Colaneri
Stgl.: 12.000 Ex. € –,–

LS-G223
100 Jahre Italienischer
Basketballverband
2021, 10 EURO
Ag925, 22 g, Ø 34 mm,
rhodiniertes Silber
Ⓓ Valerio De Seta
Stgl.: 4.000 Ex. € –,–

LS-G224
Hundertjahrfeier des unbekannten
Soldaten
2021, 5 EURO
Ag925, 18 g, Ø 32 mm
Ⓓ Silvia Petrassi
Stgl.: 5.000 Ex. € –,–

Vorschau 2022
– 35 Jahre Erasmus-Programm
(2 EURO, Gemeinschaftsausgabe)

LETTLAND

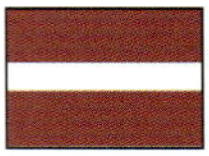

Republik

Fläche: 64.589 km²

Hauptstadt: Riga

Einwohnerzahl: 1,93 Mio.

Beitrittsjahr zur EU: 2004

Bisherige Währung: Lats

Bildmotiv: Schwarzhäupterhaus in Riga

LC-K1	1 Cent	
Jahr	**Auflage**	**Stgl.**
2014	120.000.000	1,30
2015	nur aus Sätzen	4,50
2016	nur aus Sätzen	25,00
2018	nur aus Sätzen	16,00
2019	nur aus Sätzen	8,90
2020	7.000 (KMS)	10,00
2021	nur aus Sätzen	12,00

LC-K2	2 Cent	
Jahr	**Auflage**	**Stgl.**
2014	80.000.000	1,30
2015	nur aus Sätzen	4,50
2016	nur aus Sätzen	35,00
2018	nur aus Sätzen	14,50
2019	nur aus Sätzen	6,00
2020	7.000 (KMS)	5,50
2021	nur aus Sätzen	6,00

LC-K3	5 Cent	
Jahr	**Auflage**	**Stgl.**
2014	50.000.000	1,30
2015	nur aus Sätzen	4,50
2016	nur aus Sätzen	26,00
2018	nur aus Sätzen	10,00
2019	15.000.000	1,60
2020	7.000 (KMS)	5,50
2021	nur aus Sätzen	5,50

LC-K4	10 Cent	
Jahr	**Auflage**	**Stgl.**
2014	40.000.000	1,50
2015	nur aus Sätzen	4,50
2016	nur aus Sätzen	16,00
2018	nur aus Sätzen	11,00
2019	nur aus Sätzen	6,50
2020	7.000 (KMS)	5,50
2021	nur aus Sätzen	6,00

LC-K5	20 Cent	
Jahr	**Auflage**	**Stgl.**
2014	35.000.000	1,70
2015	nur aus Sätzen	4,50
2016	nur aus Sätzen	19,00
2018	nur aus Sätzen	11,00
2019	nur aus Sätzen	6,20
2020	7.000 (KMS)	6,00
2021	nur aus Sätzen	6,00

LC-K6	50 Cent	
Jahr	**Auflage**	**Stgl.**
2014	25.000.000	2,30
2015	nur aus Sätzen	4,50
2016	nur aus Sätzen	23,00
2018	nur aus Sätzen	12,00
2019	nur aus Sätzen	7,20
2020	7.000 (KMS)	6,50
2021	nur aus Sätzen	6,50

LC-K7	1 Euro	
Jahr	**Auflage**	**Stgl.**
2014	30.000.000	5,00
2015	nur aus Sätzen	9,00
2016	10.000.000	5,00
2018	nur aus Sätzen	24,00
2019	nur aus Sätzen	15,00
2020	7.000 (KMS)	12,00
2021	nur aus Sätzen	12,00

LC-K8	2 Euro	
Jahr	**Auflage**	**Stgl.**
2014	20.000.000	8,50
2015	nur aus Sätzen	38,00
2016	nur aus Sätzen	330,00
2018	nur aus Sätzen	130,00
2019	nur aus Sätzen	67,00
2020	7.000 (KMS)	70,00
2021	nur aus Sätzen	47,00

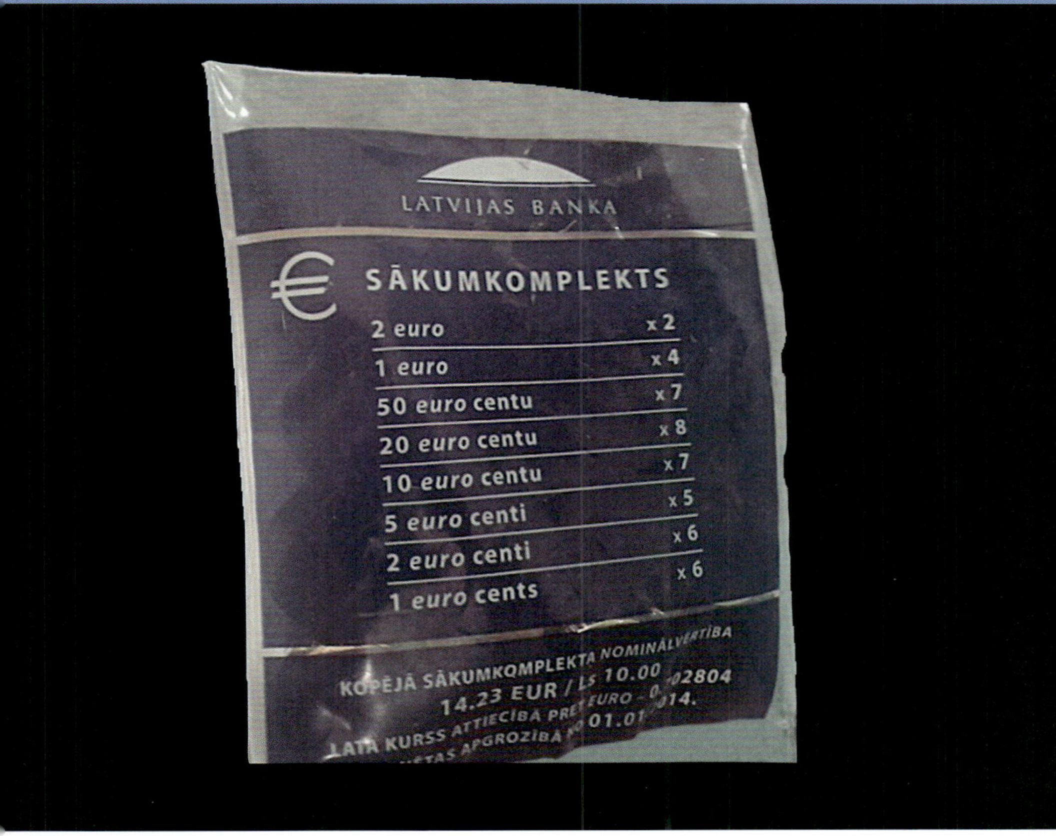

Inhalt des Starterpäckchens:

1 Cent (6x), 2 Cent (6x), 5 Cent (5x), 10 Cent (7x), 20 Cent (8x), 50 Cent (7x), 1 Euro (4x), 2 Euro (2x).

Die Starterkits wurden ab dem 10. Dezember 2013 an Privathaushalte zu einem Gegenwert von 10,00 LVL abgegeben.

Jahr	Auflage	Stgl.
2014	ca. 700.000 Exemplare	€ 40,00

Inhalt der Original-Rollen:

1 Cent	50 Exemplare	Nominal:	€ 0,50
2 Cent	50 Exemplare	Nominal:	€ 1,00
5 Cent	50 Exemplare	Nominal:	€ 2,50
10 Cent	40 Exemplare	Nominal:	€ 4,00
20 Cent	40 Exemplare	Nominal:	€ 8,00
50 Cent	40 Exemplare	Nominal:	€ 20,00
1 EURO	25 Exemplare	Nominal:	€ 25,00
2 EURO	25 Exemplare	Nominal:	€ 50,00

Amtl. Kursmünzensätze

Kursmünzensätze	Jahr	Auflage	Stgl.
LC-AK1 2014	2014	30.000	40,00
LC-AK1 2015/1 (incl. LC-G8)	2015	15.000	50,00
LC-AK1 2015/2 (incl. LC-G15)	2015	10.000	40,00
LC-AK1 2016 (incl. LC-G18)	2016	5.000	350,00
LC-AK1 2018 (incl. LC-G35)	2018	7.000	110,00
LC-AK1 2019	2019	7.000	60,00
LC-AK1 2020	2020	7.000	130,00
LC-AK1 2021	2021	7.000	55,00

Kursmünzensätze	Jahr	Auflage	PP
LC-AK2 2014	2014	5.000	170,00
LC-AK2 2015 (incl. LC-G8)	2015	5.000	140,00

LC-G1

LC-G2

LC-G3

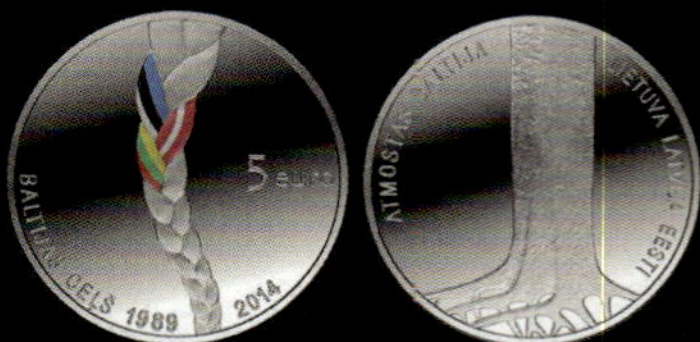

LC-G4

LC-G5

LC-G6

LC-G7

LC-G8

LC-G1
150 Jahre Marineschule in Ainaži
2014, 5 EURO
Ag925, 22 g, Ø 35 mm
Ⓓ Ivars Drulle
Rand: „LATVIJAS BANKA" und „LATVIJAS REPUBLIKA"
PP: 5.000 Ex. € 190,00

LC-G2
100. Jahrestag der Veröffentlichung des 1. Teils des Romans „Das weiße Buch" vonJānis Jaunsudrabiņš
2014, 5 EURO
Ag925, 25,8 g, ca. 32 × 32 mm, polygonale Form
Ⓓ Sandra Krastiņa
PP: 5.000 Ex. € 105,00

LC-G3
25. Jahrestag der Menschenkette „Baltischer Weg"
2014, 5 EURO
Ag925, 22 g, Ø 35 mm
Ⓓ Visvaldis Asaris
Rand: „LATVIJAS BANKA" und „LATVIJAS REPUBLIKA"
PP: 10.000 Ex. € 80,00

LC-G4
Riga, Kulturhauptstadt Europas 2014
2014, 2 EURO
Ⓓ Luc Luycx und Henrihs Vorkals
Stgl.: 1.000.000 Ex. € 7,00
Coin card: 5.000 Ex. € 90,00

LC-G5
300. Geburtstag von Gotthard Friedrich Stender
2014, 5 EURO
Ag925, 22 g, Ø 35 mm
Ⓓ Aigars Ozoliņš
Rand: „LATVIJAS BANKA" und „LATVIJAS REPUBLIKA"
PP: 10.000 Ex. € 80,00

LC-G6
Barock im Kurland
2014, 5 EURO
Ag925, 22 g, Ø 35 mm
Ⓓ Laimonis Šēnbergs
Rand: „LATVIJAS BANKA"
PP: 10.000 Ex. € 95,00

LC-G7
Die vier Jahreszeiten
2014, 5 EURO
Ag925, 22 g, Ø 35 mm
Ⓓ Arvīds Priedīte
Rand: „LATVIJAS BANKA" und „LATVIJAS REPUBLIKA"
PP: 10.000 Ex. € 75,00

LC-G8
EU-Ratspräsidentschaft
2015, 2 EURO
Ⓓ Luc Luycx und Gunārs Lūsis
Stgl.: 1.000.000 Ex. € 6,50
Coin card: 5.000 Ex. € 49,00
PP: nur aus Kursmünzensatz LC-AK2 2015

LC-G9

LC-G10

LC-G11

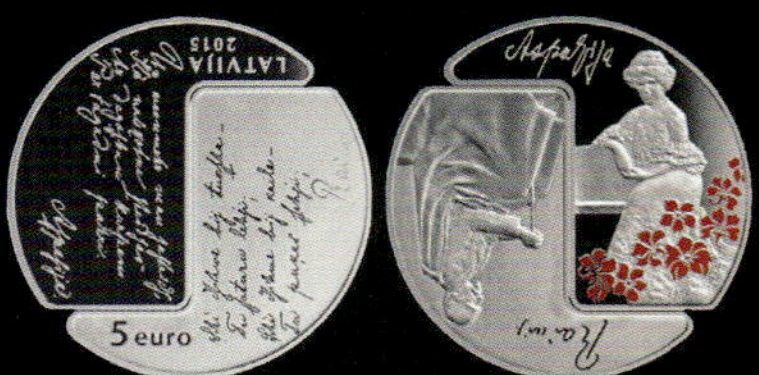

LC-G12

LC-G13

LC-G14

LC-G15

LC-G16

LC-G9

150 Jahre Feuerwehr in Lettland
2015, 5 EURO
Ag925, 22 g, Ø 35 mm
Ⓓ Henrihs Vokals
Rand: „LATVIJAS BANKA" und „LATVIJAS REPUBLIKA"
PP: 10.000 Ex. € 65,00

LC-G10

500 Jahre Rigaer Schloss
2015, 5 EURO
Ag925, 26 g, 32 × 32 mm
Ⓓ Ivars Drulle
PP: 7.000 Ex. € 85,00

LC-G11

150. Geburtstag von „Rainis" Jānis Pliekšāns und 150. Geburtstag von „Aspazija" Elza Pliekšāne
2015, 5 EURO
Ag925, 31,47 g, Ø 38,61 mm
Ⓓ Arta Ozola Jaunarāja
PP: 7.000 Ex. € 110,00

LC-G12

Emīls Dārziņš – Melancholischer Walzer
2015, 5 EURO
Ag925, 22 g, Ø 35 mm
Ⓓ Ilmārs Blumbergs
Rand: „LATVIJAS BANKA" und „LATVIJAS REPUBLIKA"
PP: 5.000 Ex. € 75,00

LC-G13

30 Jahre Flagge der Europäischen Union
2015, 2 EURO
Ⓓ Luc Luycx u. Georgios Stamatopoulos
Stgl.: 1.000.000 Ex. € 6,50
Coin card: 10.000 Ex. € 23,00

LC-G14

Märchen (I) – Die fünf Katzen
2015, 5 EURO
Ag925, 31,47 g, Ø 38,61 mm
Ⓓ Anita Paegle
Rand: „LATVIJAS BANKA" und „LATVIJAS REPUBLIKA"
PP: 10.000 Ex. € 225,00

LC-G15

10 Jahre Schwarzstorch-Schutzprogramm in Lettland
2015, 2 EURO
Ⓓ Luc Luycx und Olga Šilowa
Stgl.: 1.000.000 Ex. € 6,50
Coin card: 10.000 Ex. € 25,00

LC-G16

500 Jahre Livländischer Ferding (Silbermünze im Wert einer Viertelmark)
2015, 5 EURO
Ag925, 11 g, Ø 28 mm
Ⓓ Laimonis Šenbergs
PP: 7.000 Ex. € 55,00

LC-G17

LC-G21

LC-G18

LC-G22

LC-G19

LC-G23

LC-G20
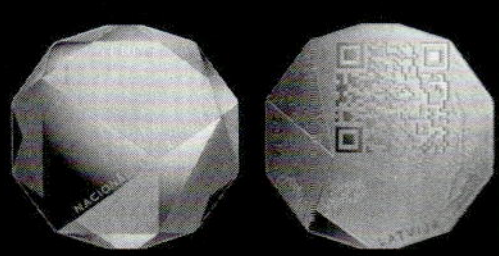

LC-G24

LC-G17
Märchen (II) – Hans mein Igel
2016, 5 EURO
Ag925, 28,28 g, 42 x 35 mm (oval)
Ⓓ Gundega Muzikante
PP: 10.000 Ex. € 85,00

LC-G18
Lettisches Braunvieh –
105. Jahrestag der Veröffentlichung des ersten Zuchtbuches
2016, 2 EURO
Ⓓ Luc Luycx und Gunārs Lūsis
Stgl.: 1.000.000 Ex. € 6,50
Coin card: 10.000 Ex. € 21,00

LC-G19
Rigaer „Baltars"-Porzellan
2016, 5 EURO
Ag925, 13 g, Ø 38,61 mm
Ⓓ Frančeska Kirke
PP: 5.000 Ex. € 170,00

LC-G20
Lettisches Unternehmertum
2016, 5 EURO
Ag925, 30,3 g, Zehneck mit einer Seitenlänge von 12 mm
Ⓓ Paulis Liepa
PP: 3.000 Ex. € 480,00

LC-G21
100 Jahre Lettland:
Goldene Gewandspangen (I) –
Fibula-Brosche (3. bis 4. Jh.)
2016, 5 EURO
Au999, 3,1 g, Ø 18 mm
Ⓓ Solvita Rulle
PP: 7.000 Ex. € 440,00

LC-G22
Lettische Regionen und Grafschaften:
Livland
2016, 2 EURO
Ⓓ Luc Luycx und Laimonis Šenbergs
Stgl.: 1.030.000 Ex. € 6,50
Coin card: 10.000 Ex. € 21,50

LC-G23
150. Geburtstag von Janis Rosenthal
2016, 5 EURO
Ag925, 62 g, 80 x 38 mm
Ⓓ Sandra Krastiņa
PP: 7.000 Ex. € 245,00

LC-G24
Erster Weltkrieg: Schlacht an der Aa
2016, 5 EURO
Ag925, 28 g, Sechseck mit einer Diagonale von 68,61 mm
Ⓓ Kristaps Ģelzis
PP: 5.000 Ex. € 125,00

LC-G25

LC-G29

LC-G26

LC-G30

LC-G27

LC-G31

LC-G28

LC-G32

LC-G25
Die Erde
2016, 5 EURO
Perlucor mit einem Außenring aus
Ag925, 20 g, Ø 40 mm
Ⓓ Mārcis Kalniņs
PP: 5.000 Ex. € 285,00

LC-G26
Märchen (III) – Der Handschuh
des alten Mannes
2017, 5 EURO
Ⓓ Arvīds Priedīte
Rand: „LATVIJAS BANKA" und
„LATVIJAS REPUBLIKA"
Ag925, 31,47 g, Ø 38,61 mm
PP: 10.000 Ex. € 95,00

LC-G27
100 Jahre Lettland – 100 Jahre
Lettgallischer Kongress
2017, 5 EURO
Ag925, 26 g, 32 x 32 mm
Ⓓ Ivars Drulle
PP: 3.000 Ex. € 160,00

LC-G28
Lettische Regionen und Grafschaften:
Kurland
2017, 2 EURO
Ⓓ Laimonis Šēnbergs
Stgl.: 500.000 Ex. € 6,50
Coin card: 7.000 Ex. € 20,00

LC-G29
Lettische Regionen und Grafschaften:
Lettgallen
2017, 2 EURO
Ⓓ Laimonis Šēnbergs
Stgl.: 500.000 Ex. € 6,50
Coin card: 7.000 Ex. € 20,00

LC-G30
100 Jahre Lettland: Goldene Gewand-
spangen (II) –Brosche in Hufeisenform
(8. bis 12. Jh.)
2017, 20 EURO
Au999, 6 g, Ø 21 mm
Ⓓ Ingūna Elere
PP: 4.000 Ex. € 630,00

LC-G31
150. Geburtstag und 125. Todestag
von Eduards Veidenbaums
2017, 2,50 EURO
Ag925, 20 g, Ø 35 mm
Ⓓ Arvīds Priedīte
Rand: „LATVIJAS BANKA" und
„LATVIJAS REPUBLIKA"
PP: 3.000 Ex. € –,–

LC-G32
150. Geburtstag und 125. Todestag
von Eduards Veidenbaums
2017, 2,50 EURO
Ag925, 20 g, Ø 35 mm
Ⓓ Arvīds Priedīte
Rand: „LATVIJAS BANKA" und
„LATVIJAS REPUBLIKA"
PP: 3.000 Ex. € –,–

Satz LC-G31–G32 € 145,00

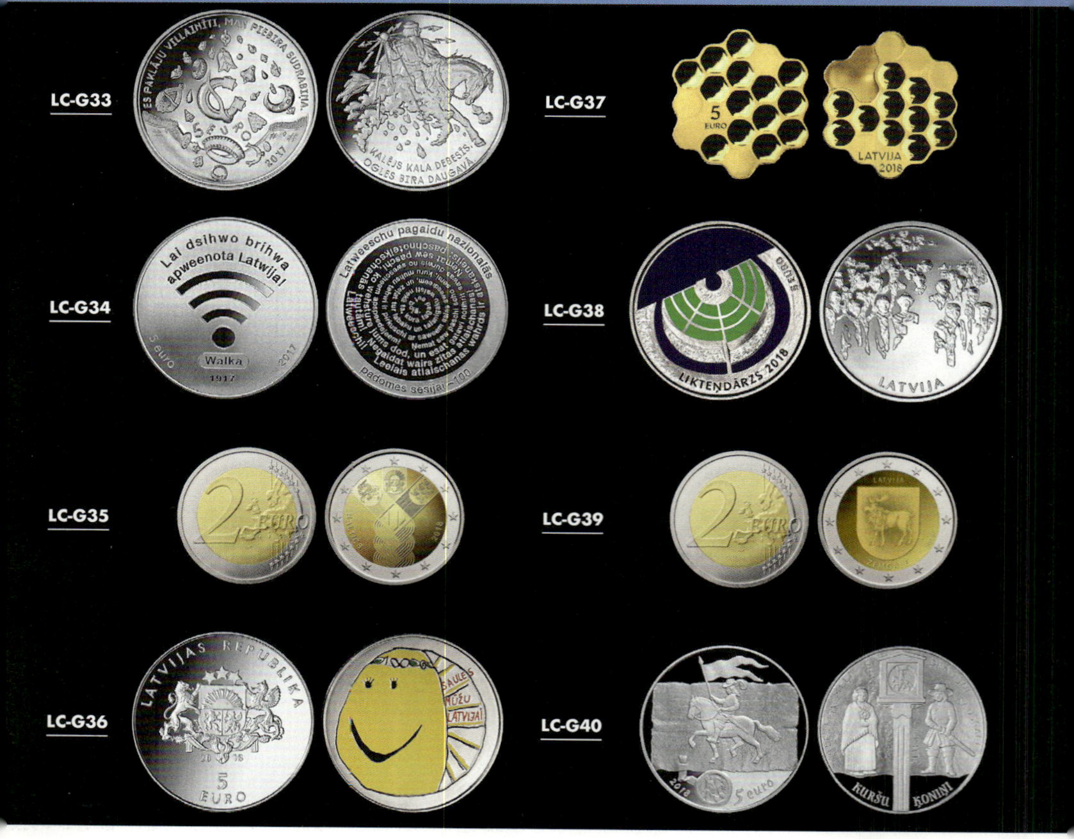

LC-G33
Der Schmied schmiedet im Himmel (Lettische Folklore)
2017, 5 EURO
Ag925, 31,47 g, Ø 38,61 mm
Ⓓ Edgars Folks
Rand: „LATVIJAS BANKA“ und „LATVIJAS REPUBLIKA“
PP: 4.000 Ex. € 90,00

LC-G34
100 Jahre Lettland – 100 Jahre Lettische Provisorischer Nationalrat
2017, 5 EURO
Ag925, 31,47 g, Ø 38,61 mm
Ⓓ Ivars Drulle
Rand: „LATVIJAS BANKA“ und „LATVIJAS REPUBLIKA“
PP: 3.000 Ex. € 85,00

LC-G35
100 Jahre Unabhängigkeit der baltischen Staaten (Gemeinschaftsausgabe mit Litauen und Estland)
2018, 2 EURO
Ⓓ Luc Luvcx und Justas Petrulis
Stgl.: 507.000 Ex. € 6,50
Coin card: 5.000 Ex. € 25,00

LC-G36
100 Jahre Lettland – Mein Lettland
2018, 5 EURO
Ag925, 3 ,47 g, Ø 38,61 mm
Ⓓ Sandrc Krastiņa
Rand: „ATVIJAS BANKA“ und „ATVIJAS REPUBLIKA“
PP: 4.000 Ex. € 100,00

LC-G37
Honig-Münze
2018, 5 EURO
Ag925, vergoldet (Au995), 16,5 g, Ø 29 mm (in hexagonaler Form mit welligen Kanten)
Ⓓ Artūrs Analts
PP: 3.000 Ex. € 600,00

LC-G38
Der Garten des Schicksals an der Daugava, bei Koknese
2018, 5 EURO
Ag925, 31,47 g, Ø 38,61 mm
Ⓓ Frančeska Kirke
Rand: „LATVIJAS BANKA“ und „LATVIJAS REPUBLIKA“
PP: 3.000 Ex. € 130,00

LC-G39
Lettische Regionen und Grafschaften: Semgallen
2018, 2 EURO
Ⓓ Luc Luycx und Laimonis Šēnbergs
Stgl.: 507.000 Ex. € 6,50
Coin card: 5.000 Ex. € 19,00

LC-G40
Kurische Könige
2018, 5 EURO
Ag925, 22 g, Ø 35 mm
Ⓓ Arvīds Priedīte
Rand: „LATVIJAS BANKA“ und „LATVIJAS REPUBLIKA“
PP: 2.500 Ex. € 120,00

LC-G41

LC-G45

LC-G42

LC-G46

LC-G43

LC-G47

LC-G44

LC-G48

LC-G41
100 Jahre Lettland –
Heraldische Symbole Lettlands
2018, 5 EURO
Ag925, 31,47 g, Ø 38,61 mm
Ⓓ Laimonis Šēnbergs
Rand: „LATVIJAS BANKA“ und „LATVIJAS REPUBLIKA“
PP: 3.000 Ex. € 160,00

LC-G42
100 Jahre Lettland –
Goldene Gewandspangen (III) –
Perlenbrosche (17. Jh.)
2018, 75 EURO
Au999, 13 g, Ø 22 mm, mit fünf Swarovski-Kristallen besetzt
Ⓓ Ingūna Elere
PP: 1.000 Ex. € 1.900,00

LC-G43
Märchen (IV) – „Die Katzenmühle“
von Kārlis Skalbe
2019, 5 EURO
Ag925, 22 g, Ø 35 mm
Ⓓ Elīna Brasliņa
Rand: „LATVIJAS BANKA“ und „LATVIJAS REPUBLIKA“
PP: 2.500 Ex. € 170,00

LC-G44
125. Geburtstag von Niklāvs Strunke
2019, 5 EURO
Ag925, 20 g, Ø 32 bis 35 mm
Ⓓ Paulis Liepa
PP: 4.000 Ex. € 100,00

LC-G45
Geschichte des lettischen Staatswappens:
„Die aufgehende Sonne“
2019, 2 EURO
Ⓓ Luc Luycx und Ivars Drulle
Stgl.: 300.000 Ex. € 12,00
Coin card: 7.000 Ex. € 27,50

LC-G46
Lettische Natur: Geschenke des Waldes
2019, 5 EURO
Ag925, 20 g, Ø 32 bis 35 mm
Ⓓ Edmunds Jansons und Edgars Folks
PP: 4.000 Ex. € 105,00

LC-G47
Freiheitskämpfe (1918–1920)
2019, 5 EURO
Ag925, 35 g, Ø 22 mm
Ⓓ Andris Vārpa
PP: 4.000 Ex. € 100,00

LC-G48
Keramik aus Lettgalen
2020, 2 EURO
Ⓓ Luc Luycx und Gundega Rancāne
Rand: „DIEVS * SVĒTĪ * LATVIJU *“
Stgl.: 400.000 Ex. € 9,50
Coin card: 12.000 Ex. € 110,00

LC-G49

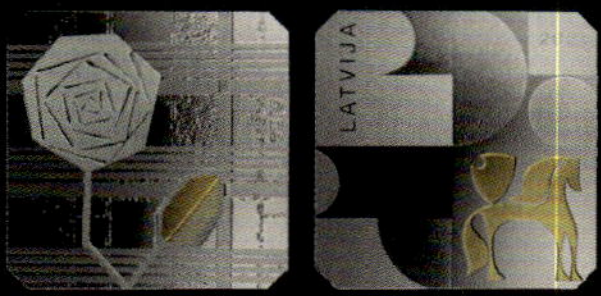

LC-G50

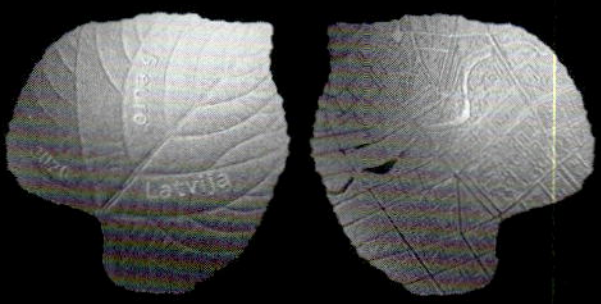

LC-G51

LC-G52

LC-G53

LC-G54

LC-G55

LC-G49
Moderne in Lettland –
Die 1960er Jahre
2020, 5 EURO
Ag925, 26,25 g, Ø 32 mm
Ⓓ Sandra Krastiņa
PP: 3.000 Ex. € 100,00

LC-G50
Lindenblatt
2020, 5 EURO
Ag925, 15,3 g, Ø 32 mm
Ⓓ Ligita Franckeviča
PP: 5.000 Ex. € 100,00

LC-G51
Ventastega
2020, 5 EURO
Ag925, 22 g, Ø 35 mm,
mit Leuchteffekt im Dunkeln
Ⓓ Ivars Drulle
PP: 3.000 Ex. € 150,00

LC-G52
Persönliche Freiheit
2020, 5 EURO
Ag925, 22 g, Ø 35 mm
Ⓓ Beate Uka
PP: 3.500 Ex. € 95,00

LC-G53
100 Jahre Lettland
2021, 2 EURO
Ⓓ Luc Luycx und Zane Ernštreite
Stgl.: 400.000 Ex. € 12,00
Coin card: 12.000 Ex. € 65,00

LC-G54
Goldener Schlüssel
2021, 5 EURO
Ag925, 1,24 g, Ø 13,92 mm
Ⓓ Laimonis Šenbergs
PP: 2.000 Ex. € 260,00

LC-G55
Hochzeitsmünze
2021, 5 EURO
Ag925, 15 g, Ø 28 mm
Ⓓ Krista und Reinis Dzudzilo
PP: 3.000 Ex. € 120,00

Vorschau 2022
- 35 Jahre Erasmus-Programm (2 EURO, Gemeinschaftsausgabe)
- 100 Jahre Verfassung Lettlands (2 EURO)
- 100 Jahre Zentralbank Lettlands (2 EURO)

LITAUEN

Republik

Fläche: 65.300 km^2

Hauptstadt: Wilna

Einwohnerzahl: 3 Mio.

Beitrittsjahr zur EU: 2004

Bisherige Währung: Litas

Bildmotiv: Präsidentenpalast in Wilna

LB-K1	1 Cent	
Jahr	**Auflage**	**Stgl.**
2015	70.000.000	1,10
2016	20.000.000	3,00
2017	22.000.000	0,80
2018	nur aus Sätzen	24,00
2019	nur aus Sätzen	15,00
2020	6.000 (KMS)	19,00
2021	6.000 (KMS)	19,00

LB-K2	2 Cent	
Jahr	**Auflage**	**Stgl.**
2015	70.000.000	1,20
2017	23.000.000	0,90
2018	nur aus Sätzen	16,00
2019	nur aus Sätzen	9,50
2020	6.000 (KMS)	15,00
2021	6.000 (KMS)	15,00

LB-K3	5 Cent	
Jahr	**Auflage**	**Stgl.**
2015	60.000.000	1,20
2018	nur aus Sätzen	12,00
2019	nur aus Sätzen	9,50
2020	6.000 (KMS)	15,00
2021	6.000 (KMS)	16,00

LB-K4	10 Cent	
Jahr	**Auflage**	**Stgl.**
2015	35.000.000	1,40
2017	14.000.000	1,10
2018	nur aus Sätzen	16,00
2019	nur aus Sätzen	9,00
2020	6 000 (KMS)	12,00
2021	6 000 (KMS)	15,00

LB-K5	20 Cent	
Jahr	**Auflage**	**Stgl.**
2015	35.000.000	1,80
2017	6.000.000	1,60
2018	nur aus Sätzen	16,00
2019	nur aus Sätzen	9,00
2020	6.000 (KMS)	11,00
2021	6.000 (KMS)	15,00

LB-K6	50 Cent	
Jahr	**Auflage**	**Stgl.**
2015	40.000.000	2,30
2018	nur aus Sätzen	16,00
2019	nur aus Sätzen	9,50
2020	6.000 (KMS)	15,00
2021	6.000 (KMS)	16,00

LB-K7	1 Euro	
Jahr	**Auflage**	**Stgl.**
2015	35.000.000	3,80
2018	nur aus Sätzen	33,00
2019	nur aus Sätzen	30,00
2020	6.000 (KMS)	35,00
2021	6.000 (KMS)	30,00

LB-K8	2 Euro	
Jahr	**Auflage**	**Stgl.**
2015	25.000.000	9,00
2017	12.000.000	7,50
2018	nur aus Sätzen	260,00
2019	nur aus Sätzen	75,00
2020	5.000.000	6,00
2021	5.000.000	7,50

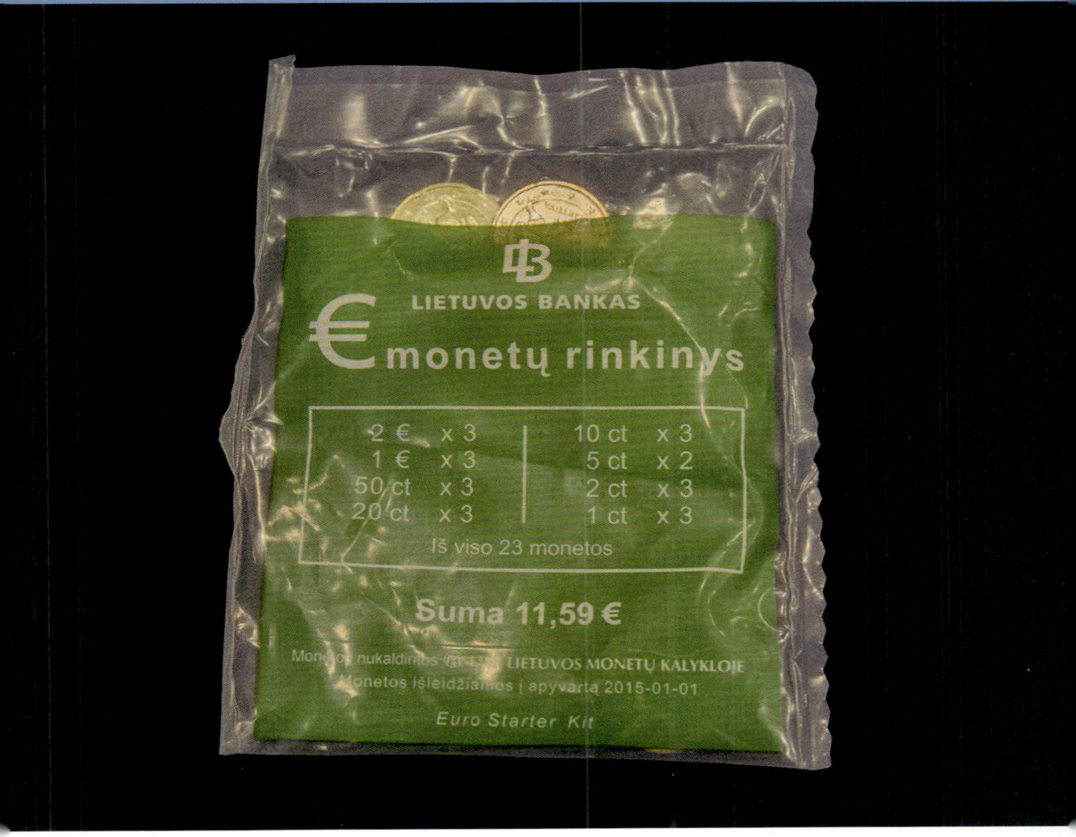

Inhalt des Starterpäckchens:

1 Cent (3x), 2 Cent (3x), 5 Cent (2x), 10 Cent (3x), 20 Cent (3x), 50 Cent (3x), 1 Euro (3x), 2 Euro (3x).

Die Starterkits wurden ab dem 1. Dezember 2014 an Privathaushalte zu einem Gegenwert von 40 LTL abgegeben.

Jahr	Auflage	Stgl.
2015	ca. 900.000 Exemplare	€ 40,00

Inhalt der Original-Rollen:

1 Cent	50 Exemplare	Nominal:	€ 0,50
2 Cent	50 Exemplare	Nominal:	€ 1,00
5 Cent	50 Exemplare	Nominal:	€ 2,50
10 Cent	40 Exemplare	Nominal:	€ 4,00
20 Cent	40 Exemplare	Nominal:	€ 8,00
50 Cent	40 Exemplare	Nominal:	€ 20,00
1 EURO	25 Exemplare	Nominal:	€ 25,00
2 EURO	25 Exemplare	Nominal:	€ 50,00

Amtl. Kursmünzensätze

Kursmünzensätze	Jahr	Auflage	Stgl.
LB-AK1 2015	2015	35.000	25,00
LB-AK1 2018 (incl. LB-G22)	2018	5.000	300,00
LB-AK1 2019	2019	6.000	130,00
LB-AK1 2020	2020	6.000	90,00
LB-AK1 2021	2021	6.000	70,00

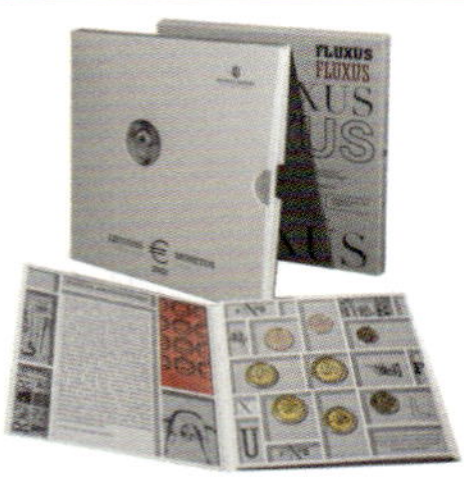

Kursmünzensätze	Jahr	Auflage	PP
LB-AK2 2015	2015	7.000	93,00

LB-G1

LB-G5

LB-G2

LB-G6

LB-G3

LB-G7

LB-G4

LB-G8

LB-G1
Historische Münzprägungen im Großfürstentum Litauen
2015, 50 EURO
Au999, 7,78 g, Ø 22,3 mm
Ⓓ Liudas Parulskis
Rand: „MONETA LITUANIAE"
PP: 5.000 Ex. € 900,00

LB-G2
500. Geburtstag von Großfürst Nikolaus Radziwill, genannt der Schwarze
2015, 20 EURO
Ag925, 28,28 g, Ø 38,61 mm
Ⓓ Rytas Jonas Belevičius
Rand: „ŠTAI GIMINĖ, KURIA SUSVYRAVUSI RĖMĖS TĖVYNĖ"
PP: 3.000 Ex. € 220,00

LB-G3
Litauens Weg in die Unabhängigkeit – 25. Jahrestag der Wiederherstellung der Unabhängigkeit
2015, 5 EURO, (in coin card)
Nordisches Gold, 10 g, Ø 28 mm
Ⓓ Rūta Ničajiienė
PP: 25.000 Ex. € 26,00

LB-G4
Litauens Weg in die Unabhängigkeit – 25. Jahrestag der Wiederherstellung der Unabhängigkeit
2015, 20 EURO
Ag925, 28,28 g, Ø 38,61 mm
Ⓓ Rūta Ničajiienė
Rand: „1990 03 11 VĖL NEPRIKLAUSOMA VALSTYBĖ"
PP: 4.000 Ex. € 130,00

LB-G5
UNESCO-Weltkulturerbe – Der Struve-Meridianbogen (eine Kette geodätischer Messstationen)
2015, 20 EURO
Ag925, 28,28 g, Ø 38,61 mm
Ⓓ Tadas Žebrauskas
Rand: „GIREIŠIAI N55°54'09" E25°26'12" * MEŠKONYS N54°55'51" E25°19'00" * PALIEPIUKAI N54°38'04" E25°25'45"*"
PP: 3.000 Ex. € 160,00

LB-G6
Litauische Kultur – Literatur
2015, 5 EURO
Ag925, 12,44 g, Ø 28,7 mm
Ⓓ Rytas Jonas Belevičius
Rand: „LIETUVOS KULTŪRA* LITERATŪRA*"
PP: 4.000 Ex. € 70,00

LB-G7
250. Geburtstag von Michael Kleophas Oginski
2015, 20 EURO
Ag925, 28,28 g, Ø 38,61 mm
Ⓓ Rūta Ona Čigriejūtė
Rand: „TĖVYNĖS LABUI Į NEŠU SAVĄJĄ DALĮ *"
PP: 3.000 Ex. € 135,00

LB-G8
30 Jahre Flagge der Europäischen Union
2015, 2 EURO
Ⓓ Luc Luycx u. Georgios Stamatopoulos
Stgl.: 750.000 Ex. € 6,50
Coin card: 5.000 Ex. € 40,00

LB-G9

LB-G10

LB-G11

LB-G12

LB-G13

LB-G14

LB-G15

LB-G16

LB-G9
Litauische Sprache
2015, 2 EURO
Ⓓ Luc Luycx und Liudas Parulskis
Stgl.: 1.000.000 Ex. € 6,50
Coin card: 10.000 Ex. € 30,00

LB-G10
Baltische Kultur
2016, 2 EURO
Ⓓ Luc Luycx und Jolanta Mikulskytė
Stgl.: 1.000.000 Ex. € 6,50
Coin card: 10.000 Ex. € 28,00

LB-G11
Wissenschaft in Litauen – Physik
2016, 5 EURO
Au999, 1,244 g, Ø 13,92 mm
Ⓓ Jolanta Mikulskytė
PP: 5.000 Ex. € 200,00

LB-G12
Olympische Sommerspiele 2016, Rio de Janeiro
2016, 20 EURO
Ag925, 28,28 g, Ø 38,61 mm
Ⓓ Rūta Ničajiienė
Rand: „XXXI OLIMPIADOS ŽAIDYNĖS"
PP: 7.000 Ex. € 130,00

LB-G13
25. Jahrestag der Unabhängigkeit – 25 Jahre Mitgliedschaft in den Vereinten Nationen
2016, 20 EURO
Ag925, 28,28 g, Ø 38,61 mm
Ⓓ Rūta Ničajiienė
Rand: „TARPTAUTINIAM PRIPAŽINIMUI 25"
PP: 4.000 Ex. € 135,00

LB-G14
Traditionelle Feste – St.-Kasimir-Jahrmarkt
2017, 1,50 EURO
CuNi, 11,1 g, Ø 27,5 mm
Ⓓ Rytas Jonas Belevičius
Stgl.: 25.000 Ex. € 11,00

LB-G15
Traditionelle Feste – St.-Kasimir-Jahrmarkt
2017, 5 EURO
Ⓓ Rytas Jonas Belevičius
Ag925, 12,44 g, Ø 28,7 mm
PP: 2.000 Ex. € 180,00

LB-G16
100. Geburtstag von Algirdas Julien Greimas
2017, 20 EURO
Ag925, 28,28 g, Ø 38,61 mm
Ⓓ Rolandas Rimkūnas
Rand: „BŪTI SEMIOTIKU – TAI KELTI PRASMĖS TIKSLĄ"
PP: 3.000 Ex. € 135,00

LB-G17

LB-G21

LB-G18

LB-G22

LB-G19

LB-G23

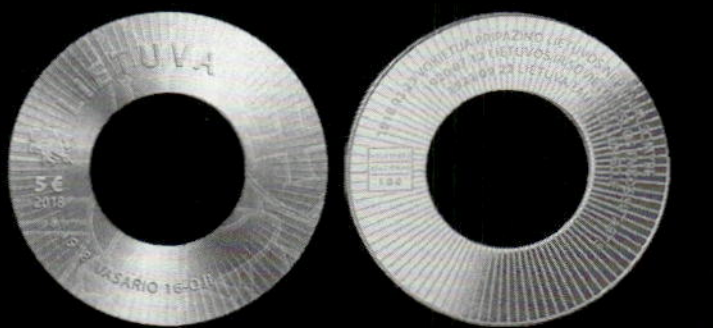

LB-G20

LB-G24

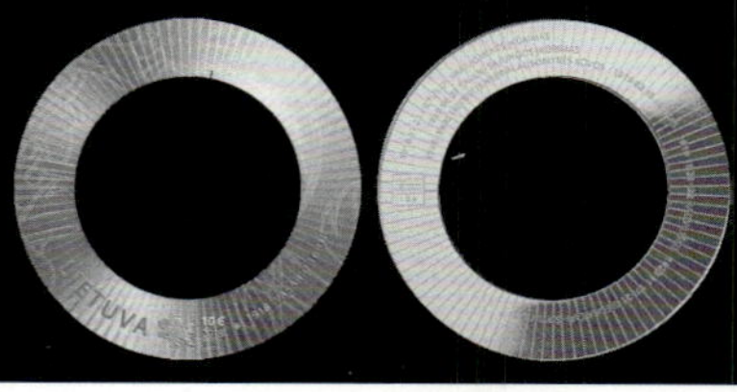

LB-G17
Litauische Natur – Litauische Bracke und Žemaitukas (Niederlitauer)
2017, 1,50 EURO
CuNi, 11,1 g, Ø 27,5 mm
Ⓓ Rūta Ničajienė
Stgl.: 25.000 Ex. € 11,50

LB-G18
Litauische Natur – Litauische Bracke und Žemaitukas (Niederlitauer)
2017, 10 EURO
Ag925, 23,3 g, Ø 34 mm
Ⓓ Rūta Ničajienė
Rand: Huf- und Pfotenabdrücke
PP: 2.000 Ex. € 190,00

LB-G19
Wilna, Stadt der Kultur und Kunst
2017, 2 EURO
Ⓓ Luc Luycx und Vladas Oržekauskas
Stgl.: 1.000.000 Ex. € 8,00
Coin card: 10.000 Ex. € 27,00

LB-G20
Schlösser und Herrenhäuser in Litauen – Radziwill-Palast
2017, 20 EURO
Ag925, 28,28 g, Ø 38,61 mm
Ⓓ Vytautas Narutis
Rand: „LIETUVOS RŪMAI IR DVARAI"
PP: 3.000 Ex. € 150,00

LB-G21
500. Jahrestag der ersten Veröffentlichung eines Buches in ruthenischer Sprache durch Franzisk Skorina
2017, 20 EURO
Ag925, 28,28 g, Ø 38,61 mm
Ⓓ Rolandas Rimkūnas
Rand: „LIETUVOS RŪMAI IR DVARAI"
PP: 3.000 Ex. € 150,00

LB-G22
100 Jahre Unabhängigkeit der baltischen Staaten (Gemeinschaftsausgabe mit Lettland und Estland)
2018, 2 EURO
Ⓓ Luc Luycx und Justas Petrulis
Stgl.: 995.000 Ex. € 6,50
Coin card: 5.000 Ex. € 65,00

LB-G23
100. Jahrestag der Wiederherstellung des litauischen Staates – Die Diplomatie
2018, 5 EURO
Ag925, 12,44 g, Ø 32 mm
Ⓓ Liudas Parulskis
PP: 4.000 Ex. € 125,00

LB-G24
100. Jahrestag der Wiederherstellung des litauischen Staates – Das Militär
2018, 10 EURO
Ag925, 23,30 g, Ø 49,5 mm
Ⓓ Liudas Parulskis
PP: 4.000 Ex. € 130,00

LB-G25
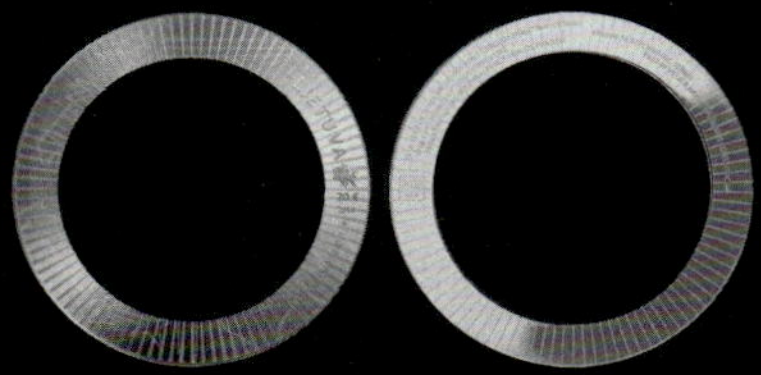

LB-G29

LB-G26

LB-G30
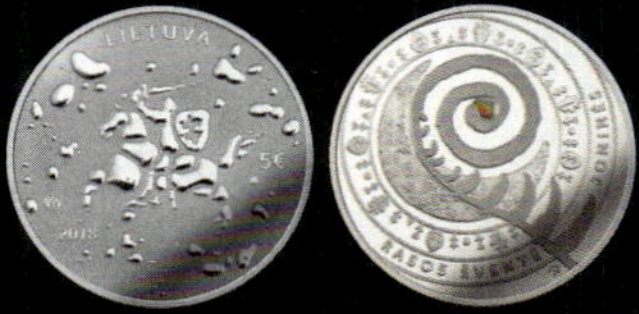

LB-G27

LB-G31

LB-G28

LB-G32

LB-G25
100. Jahrestag der Wiederherstellung des litauischen Staates – Das Rechtssystem
2018, 20 EURO
Ag925, 28,28 g, Ø 65 mm
Ⓓ Liudas Parulskis
PP: 4.000 Ex. € 160,00

LB-G26
100. Jahrestag der Wiederherstellung des litauischen Staates – Die Unterzeichner
2018, 50 EURO
Au999, 7,78 g, Ø 16 mm
Ⓓ Liudas Parulskis
PP: 4.000 Ex. € 950,00

LB-G23 bis LB-G26 € 1.150,00

LB-G27
150. Geburtstag von Wilhelm Storost Vydunas
2018, 20 EURO
Ⓓ Lukas Šiupšinskas, Alvydas Ladyga und Rytis Valantinas
Rand: „KLAUSYTI NORIU IR TARNAUT ŠVIESYBEI, DORYBĖS, ŽMONIŠKUMO BŪT PAVEIKSLU"
Ag925, 28,28 g, Ø 38,61 mm
PP: 2.500 Ex. € 135,00

LB-G28
50. Tag der Physik der Universität Vilnius
2018, 1,50 EURO
CuNi, 11,1 g, Ø 27,5 mm
Ⓓ Alvydas Ladyga und Rytis Valantinas
Stgl.: 30.000 Ex. € 8,50

LB-G29
Traditionelle Feste – Johannistag (Mittsommerfest)
2018, 1,50 EURO
CuNi, 11,1 g, Ø 27,5 mm
Ⓓ Eglė Ratkutė
Stgl.: 30.000 Ex. € 8,50

LB-G30
Traditionelle Feste – Johannistag (Mittsommerfest)
2018, 5 EURO
Ag925, 12,44 g, Ø 28,7 mm
Ⓓ Eglė Ratkutė
Rand: Eichenkranz
PP: 3.000 Ex. € 110,00

LB-G31
Litauisches Lieder- und Tanzfest (Immaterielles Kulturerbe der Menschheit)
2018, 2 EURO
Ⓓ Luc Luycx und Eglė Ratkutė
Stgl.: 495.000 Ex. € 6,50
Coin card: 5.000 Ex. (BU) € 31,00

LB-G32
Wissenschaft in Litauen – Die Satelliten SAT-1 und LitSAT-1
2018, 5 EURO
Au999, 1,244 g, Ø 13,92 mm
Ⓓ Eglė Ratkutė und Lukas Šiupšinskas
PP: 4.000 Ex. € 150,00

LB-G33

LB-G37

LB-G34

LB-G38

LB-G35

LB-G39

LB-G36

LB-G40

LB-G33

Litauische Natur: Stintangeln
2019, 1,50 EURO
CuNi, 11,1 g, Ø 27,5 mm
Ⓓ Eglė Ratkutė
Stgl.: 30.000 Ex. € 6,50

LB-G34

Litauische Natur: Stintangeln
2019, 10 EURO
Ag925, 23,3 g, Ø 34 mm
Ⓓ Eglė Ratkutė
Rand: „STINTA – PŪKI"
PP: 3.000 Ex. € 130,00

LB-G35

Traditionelle Feste –
Faschingsfest zum Winterende
2019, 1,50 EURO
CuNi, 11,1 g, Ø 27,5 mm
Ⓓ Giedrius Paulauskis
Stgl.: 30.000 Ex. € 6,50

LB-G36

Traditionelle Feste –
Faschingsfest zum Winterende
2019, 5 EURO
Ag925, 12,44 g, Ø 28,7 mm
Ⓓ Giedrius Paulauskis
Rand: „JEI NEBĖGSI, IŠVARYSIM,
SU BOTAGAIS IŠBAIDYSIM!"
PP: 3.000 Ex. € 95,00

LB-G37

Litauische Freiheitsbewegung
2019, 50 EURO
Au999, 7,78 g, Ø 22,3 mm
Ⓓ Eglė Ratkutė
Rand: „MINAIČIAI. 1949 METŲ
VASARIO 16-OJI"
und Doppelkreuz
PP: 3.000 Ex. € 800,00

LB-G38

Sutartinės (mehrstimmiger Gesang)
2019, 2 EURO
Ⓓ Luc Luycx und Liudas Parulskis
Stgl.: 495.000 Ex. € 6,50
Coin card: 5.000 Ex. (BU) € 30,00

LB-G39

Litauische ethnographische Regionen –
Samogitien
2019, 2 EURO
Ⓓ Luc Luycx und Rolandas Rimkūnas
Stgl.: 495.000 Ex. € 6,50
Coin card: 5.000 Ex. (BU) € 40,00

LB-G40

Pfadfinderbewegung in Litauen
(gegründet 1918)
2019, 5 EURO
Ag925, 12,44 g, Ø 28,7 mm
Ⓓ Eglė Ratkutė
Rand: „DIEVUI, TĖVYNEI, ARTIMUI"
und das Pfadfinder-Emblem
PP: 2.500 Ex. € 115,00

LB-G41

LB-G45
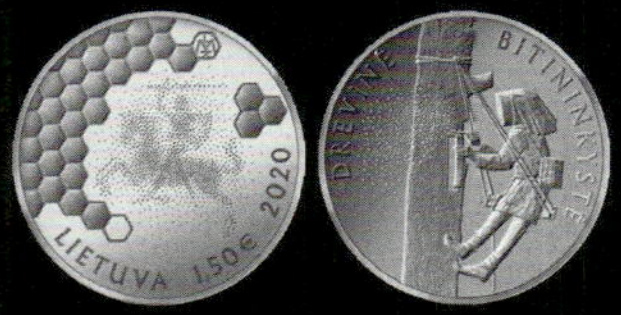

LB-G42

LB-G46

LB-G43
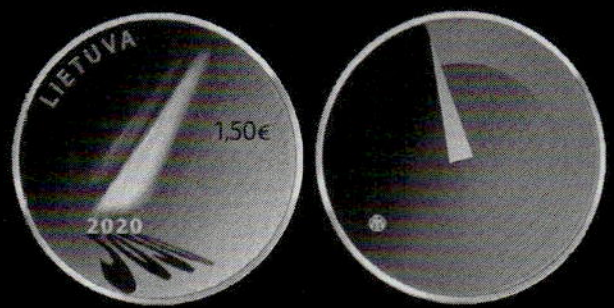

LB-G47

LB-G44
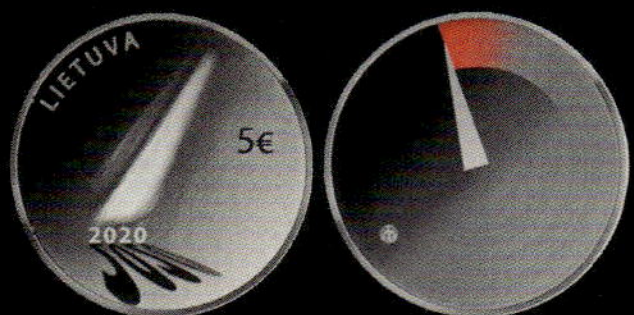

LB-G48

LB-G41
Schlösser und Herrenhäuser in Litauen: Sapieha-Palast in Wilna
2019, 20 EURO
Ag925, 28,28 g, Ø 38,61 mm
Ⓓ Eglė Ratkutė
Rand: „LIETUVOS RŪMAI IR DVARAI"
PP: 2.500 Ex. € 140,00

LB-G42
Gleichstellung der Geschlechter
2019, 10 EURO
Ag925, 23,3 g, ?×? mm, die Münze besteht aus zwei rechteckigen Stücken
Ⓓ Antanas Pocevičius
PP: 2.500 Ex. € 140,00

LB-G43
Hoffnung
2020, 1,50 EURO
CuNi, 11,1 g, Ø 27,5 mm
Ⓓ Marija Marcelionytė-Paliukė
Stgl.: 30.000 Ex. € 9,00

LB-G44
Hoffnung
2020, 5 EURO
Ag925, 12,44 g, Ø 28,7 mm, mit Farbapplikation
Ⓓ Marija Marcelionytė-Paliukė
Rand: „POST TENEBRAS SPERO LUCEM * PO TAMSYBIŲ VILIUOSI ŠVIESOS"
PP: 2.500 Ex. € 120,00

LB-G45
Litauische Natur: Baumbienenzucht
2020, 1,50 EURO
CuNi, 11,1 g, Ø 27,5 mm
Ⓓ Vytautas Narutis
Stgl.: 30.000 Ex. € 8,00

LB-G46
Litauische Natur: Baumbienenzucht
2020, 10 EURO
Ag925, 23,2 g, Ø 34 mm, mit Farbapplikation
Ⓓ Vytautas Narutis
PP: 2.500 Ex. € 170,00

LB-G47
Litauische ethnographische Regionen – Oberlitauen
2020, 2 EURO
Ⓓ Luc Luycx und Rolandas Rimkūnas
Stgl.: 495.000 Ex. € 6,00
Coin card: 5.000 Ex. (BU) € 34,00

LB-G48
Berg der Kreuze
2020, 2 EURO
Ⓓ Luc Luycx und Rytas Jonas Belevičius
Stgl.: 495.000 Ex. € 6,00
Coin card: 5.000 Ex. (BU) € 49,00

LB-G49

LB-G50

LB-G51

LB-G52

LB-G53

LB-G54

LB-G55

LB-G56

LB-G49

300. Geburtstag des Gaon von Wilna
2020, 10 EURO
Ag925, 23,3 g, Ø 34 mm, mit Farbapplikation
Ⓓ Viktorija Sideraitė-Alon, Jūratė Juozėnienė und Albinas Šimanauskas
Rand: „JEI NORĖSI, IR TU TAPSI GENIJUM"

PP:	2.500 Ex.	€ 1.050,00

LB-G50

Wissenschaft in Litauen – Agrarwissenschaften
2020, 5 EURO
Au999, 1,244 g, Ø 13,92 mm
Ⓓ Rytas Jonas Belevičius

PP:	2.500 Ex.	€ 300,00

LB-G51

230. Jahrestag der Verfassung
2021, 20 EURO
Ag925, 28,28 g, Ø 38,61 mm, mit Farbapplikation
Ⓓ Giedrius Paulauskis

PP:	2.500 Ex.	€ 450,00

LB-G52

Žuvintas-Biosphärenreservat
2021, 2 EURO
Ⓓ Luc Luycx

Stgl.:	495.000 Ex.	€ 6,00
Coin card:	5.000 Ex. (BU)	€ 80,00

LB-G53

Litauische ethnographische Regionen – Dzūkija
2021, 2 EURO
Ⓓ Luc Luycx und Rolandas Rimkūnas

Stgl.:	495.000 Ex.	€ 6,00
Coin card:	5.000 Ex. (BU)	€ 37,00

LB-G54

Wissenschaft in Litauen – Sozialwissenschaften
2021, 5 EURO
Au999, 1,244 g, Ø 13,92 mm
Ⓓ Antanas Pocevičius

PP:	2.500 Ex.	€ –,–

LB-G55

Olympische Spiele Tokyo
2021, 20 EURO
Ag925, 28,28 g, Ø 38,61 mm

PP:	2.500 Ex.	€ 160,00

LB-G56

Seefest
2021, 1,50 EURO
CuNi, 11,1 g, Ø 27,5 mm

Stgl.:	30.000 Ex.	€ 6,50

LB-G57

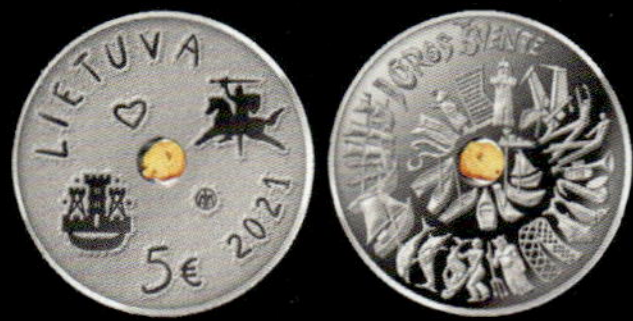

LB-G58

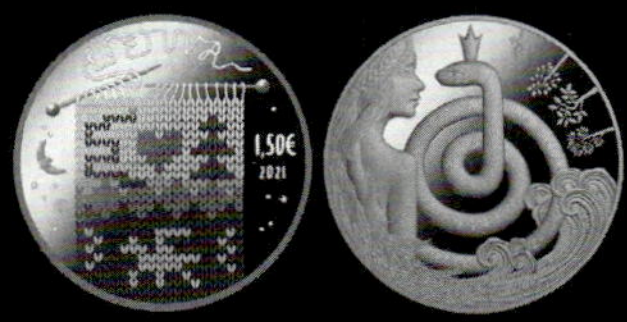

LB-G59

LB-G57

Seefest – Bernstein
2021, 5 EURO
Ag925, 12,44 g, Ø 28,7 mm,
verziert mit einem Bernstein
PP: 2.500 Ex. € 160,00

LB-G58

Eglė – Königin der Schlangen
2021, 1,50 EURO
CuNi, 11,1 g, Ø 27,5 mm
Stgl.: 30.000 Ex. € –,–

LB-G59

Eglė – Königin der Schlangen
2021, 5 EURO
Ag925, 12,44 g, Ø 28,7 mm,
mit Farbapplikation
PP: 2.750 Ex. € –,–

Vorschau 2022

– 35 Jahre Erasmus-Programm
(2 EURO, Gemeinschaftsausgabe)
– Suvalkija
(2 EURO)
– 100 Jahre Basketball in Litauen
(2 EURO)

NOTIZEN

LUXEMBURG

Bildquelle: © Luxemburg Tourist Office

Großherzogtum

Fläche: 2.586 km²

Hauptstadt: Luxemburg

Einwohnerzahl: 0,6 Mio.

Beitrittsjahr zur EU: 1958

Bisherige Währung:

Luxemburgischer Franc

Bildmotiv: Schloss von Vianden

LR-K1 1 Cent

Jahr	Auflage	Stgl.
2002	34.517.500	1,20
2003	1.500.000	1,30
2004	21.001.000	1,00
2005	7.000.000	1,30
2006	4.000.000	1,00
2007	6.000.000	1,20
2008	10.000.000	1,20
2009	4.000.000	1,30
2010	6.000.000	1,20
2011	7.600.000	1,30
2012	9.200.000	1,20
2013	5.100.000	1,40
2014	10.000.000	1,10
2015	5.000.000	0,90
2016	5.000.000	1,00
2017	50.000	1,60
2018	50.000*	1,30
2019	50.000*	4,50
2020	50.000 (KMS)*	1,30
2021	50.000 (KMS)*	1,20

LR-K3 5 Cent

Jahr	Auflage	Stgl.
2002	28.917.500	1,30
2003	4.500.000	1,40
2004	16.001.000	1,20
2005	6.000.000	1,20
2006	5.000.000	1,30
2007	5.000.000	1,50
2008	9.000.000	1,20
2009	6.000.000	1,20
2010	6.000.000	1,50
2011	6.700.000	1,10
2012	5.200.000	1,10
2013	7.100.000	1,50
2014	10.000.000	1,10
2015	6.000.000	1,10
2016	6.000.000	1,00
2017	50.000	1,60
2018	1.450.000*	1,30
2019	50.000*	4,50
2020	2.050.000*	1,50
2021	3.050.000 (KMS)*	1,30

LR-K2 2 Cent

Jahr	Auflage	Stgl.
2002	35.917.500	1,20
2003	1.500.000	1,30
2004	20.001.000	1,20
2005	13.000.000	1,20
2006	4.000.000	1,30
2007	8.000.000	1,50
2008	12.000.000	1,10
2009	3.000.000	1,20
2010	8.000.000	1,20
2011	6.200.000	1,20
2012	7.200.000	1,20
2013	7.100.000	1,30
2014	10.000.000	1,00
2015	7.000.000	1,00
2016	7.000.000	1,00
2017	50.000	1,60
2018	50.000*	1,30
2019	50.000*	4,50
2020	50.000 (KMS)*	1,30
2021	50.000 (KMS)*	1,20

LR-K4.1 10 Cent

Jahr	Auflage	Stgl.
2002	25.117.500	1,50
2003	1.500.000	1,80
2004	12.001.000	1,50
2005	2.000.000	2,20
2006	4.000.000	1,70

LR-K4.2 10 Cent (neue Europakarte)

Jahr	Auflage	Stgl.
2007	5.000.000	1,50
2008	5.000.000	1,50
2009	4.000.000	1,50
2010	4.000.000	1,60
2011	4.800.000	1,60
2012	2.200.000	1,60
2013	3.600.000	2,30
2014	5.000.000	1,50
2015	4.000.000	1,70
2016	4.000.000	1,60
2017	50.000	1,80
2018	1.050.000*	1,80
2019	50.000*	4,50
2020	1.550.000*	1,50
2021	50.000 (KMS)*	1,50

Die hier angegbene Auflagezahlen beinhalten nicht die in den Kursmünzensätzen enthaltenen Stücke.

* mit **Münzzeichen Merkurstab und Löwe** (für Luxemburg), aus Rollen
(Münzen mit **Münzzeichen Merkurstab und Münzmeisterzeichen Brücke** stammen aus Kursmünzensätzen und werten den doppelten Preis)

LR-K5.1 20 Cent		
Jahr	**Auflage**	**Stgl.**
2002	25.717.000	1,90
2003	1.500.000	2,30
2004	14.001.000	2,00
2005	6.000.000	2,10
2006	7.000.000	1,90

LR-K5.2 20 Cent (neue Europakarte)		
Jahr	**Auflage**	**Stgl.**
2007	8.000.000	1,90
2008	6.000.000	1,80
2009	5.000.000	2,30
2010	8.000.000	2,30
2011	5.300.000	2,30
2012	5.200.000	3,00
2013	7.100.000	2,30
2014	7.000.000	2,30
2015	10.000.000	2,30
2016	10.000.000	2,30
2017	50.000	2,00
2018	50.000*	4,50
2019	50.000*	4,50
2020	50.000 (KMS)*	1,80
2021	3.050.000 (KMS)*	1,60

LR-K6.1 50 Cent		
Jahr	**Auflage**	**Stgl.**
2002	21.917.500	2,80
2003	2.500.000	3,20
2004	10.001.000	2,50
2005	3.000.000	2,90
2006	3.000.000	3,40

LR-K6.2 50 Cent (neue Europakarte)		
Jahr	**Auflage**	**Stgl.**
2007	4.000.000	3,00
2008	4.000.000	2,70
2009	2.000.000	3,00
2010	5.000.000	2,60
2011	3.500.000	2,70
2012	2.600.000	2,80
2013	6.100.000	3,00
2014	7.000.000	2,60
2015	5.000.000	2,60
2016	5.000.000	2,60
2017	50.000	2,80
2018	50.000*	4,50
2019	50.000*	4,50
2020	50.000 (KMS)*	2,30
2021	50.000 (KMS)*	2,20

LR-K7.1 1 Euro		
Jahr	**Auflage**	**Stgl.**
2002	21.318.525	4,60
2003	1.500.000	5,00
2004	9.001.000	6,00
2005	2.000.000	6,00
2006	1.000.000	6,00

LR-K7.2 1 Euro (neue Europakarte)		
Jahr	**Auflage**	**Stgl.**
2007	480.000	7,00
2008	480.000	8,00
2009	240.000	6,00
2010	1.000.000	6,00
2011	1.520.000	6,00
2012	2.240.000	7,50
2013	3.320.000	5,50
2014	5.000.000	6,00
2015	1.000.000	4,60
2016	1.000.000	4,60
2017	50.000	4,80
2018	50.000*	12,00
2019	50.000*	13,50
2020	50.000 (KMS)*	4,50
2021	50.000 (KMS)*	3,80

LR-K8.1 2 Euro		
Jahr	**Auflage**	**Stgl.**
2002	18.517.000	9,00
2003	3.500.000	9,00
2004	7.553.200	9,00
2005	3.500.000	11,50
2006	2.000.000	13,50

LR-K8.2 2 Euro (neue Europakarte)		
Jahr	**Auflage**	**Stgl.**
2007	4.000.000	12,00
2008	6.000.000	10,50
2009	240.000	9,00
2010	3.500.000	9,50
2011	2.320.000	9,00
2012	3.760.000	9,00
2013	3.120.000	12,00
2014	9.000.000	12,00
2015	4.000.000	12,00
2016	4.000.000	12,00
2017	50.000	12,00
2018	50.000*	9,50
2019	50.000*	9,50
2020	50.000 (KMS)*	9,00
2021	50.000 (KMS)*	8,00

Die hier angegbene Auflagezahlen beinhalten nicht die in den Kursmünzensätzen enthaltenen Stücke.

* mit **Münzzeichen Merkurstab und Löwe** (für Luxemburg), aus Rollen
(Münzen mit **Münzzeichen Merkurstab und Münzmeisterzeichen Brücke** stammen aus Kursmünzensätzen und werten den doppelten Preis)

Inhalt des Starterpäckchens:

1 Cent (2x), 2 Cent (4x), 5 Cent (4x), 10 Cent (5x), 20 Cent (3x), 50 Cent (4x), 1 Euro (5x), 2 Euro (2x).

Starterkits wurden ab dem 15. Dezember 2001 an Privathaushalte zu einem Gegenwert von 500,00 LUF abgegeben. Kursgültig seit dem 1. Januar 2002.

Jahr	Auflage	Stgl.
2002	599.485 Exemplare	€ 45,00

Inhalt der Original-Rollen:

1 Cent	50 Exemplare	Nominal:	€ 0,50
2 Cent	50 Exemplare	Nominal:	€ 1,00
5 Cent	50 Exemplare	Nominal:	€ 2,50
10 Cent	40 Exemplare	Nominal:	€ 4,00
20 Cent	40 Exemplare	Nominal:	€ 8,00
50 Cent	40 Exemplare	Nominal:	€ 20,00
1 EURO	25 Exemplare	Nominal:	€ 25,00
2 EURO	25 Exemplare	Nominal:	€ 50,00

Kursmünzensätze	Jahr	Auflage	Stgl.
LR-AK1 2002/I mit fehlerhafter Beschreibung der Münzen: 1, 2, 5 und 50 Cent „Métal cuivré"	2002	5.000	175,00
LR-AK1 2002/II 2002 mit berichtigter Inschrift	35.000		50,00
LR-AK1 2003	2003	50.000	25,00
LR-AK1 2004 (incl. LR-G4)	2004	20.000	50,00
LR-AK1 2005 (incl. LR-G7)	2005	15.000	55,00
LR-AK1 2006 (incl. LR-G8)	2006	13.000	50,00
LR-AK1 2007 (incl. LR-G13, G14)	2007	11.000	35,00
LR-AK1 2008 (incl. LR-G17)	2008	10.000	59,00
LR-AK1 2009 (incl. LR-G19, G20)	2009	10.000	59,00
LR-AK1 2010 (incl. LR-G24)	2010	7.500	90,00
LR-AK1 2011 (incl. LR-G29)	2011	7.500	50,00
LR-AK1 2012 (incl. LR-G33, G34)	2012	7.500	60,00
LR-AK1 2013 (incl. LR-G39)	2013	7.500	60,00
LR-AK1 2014 (incl. LR-G43)	2014	7.500	65,00
LR-AK1 2015 (incl. LR-G49)	2015	6.000	60,00
LR-AK1 2016 (incl. LR-G55)	2016	6.000	55,00
LR-AK1 2017 (incl. LR-G60)	2017	5.000	55,00
LR-AK1 2018* (incl. LR-G66)	2018	5.000	70,00
LR-AK1 2019* (incl. LR-G75)	2019	5.000	72,00
LR-AK1 2020	2020	45.000	72,00
LR-AK1 2021/I (incl. LR-G89)	2021	2.500	–,–
LR-AK1 2021/II (incl. LR-G90)	2021	2.500	185,00

Kursmünzensätze	Jahr	Auflage	PP
LR-AK2 2002	2002	1.500	375,00
LR-AK2 2003	2003	1.500	375,00
LR-AK2 2004 (incl. LR-G4)	2004	1.500	385,00
LR-AK2 2005 (incl. LR-G7)	2005	1.500	390,00
LR-AK2 2006 (incl. LR-G8)	2006	2.000	295,00
LR-AK2 2007 (incl. LR-G13, G14)	2007	2.500	295,00
LR-AK2 2008 (incl. LR-G17)	2008	2.000	145,00
LR-AK2 2009 (incl. LR-G19, G20)	2009	2.000	270,00
LR-AK2 2010 (incl. LR-G24)	2010	1.500	300,00
LR-AK2 2011 (incl. LR-G29)	2011	1.500	160,00
LR-AK2 2012 (incl. LR-G33, G34)	2012	2.000	215,00
LR-AK2 2013 (incl. LR-G39)	2013	2.000	195,00
LR-AK2 2014 (incl. LR-G43, G47)	2014	2.000	195,00
LR-AK2 2015 (incl. LR-G49, G52)	2015	1.500	260,00
LR-AK2 2016 (incl. LR-G55)	2016	1.500	190,00
LR-AK2 2017 (incl. LR-G60, G62)	2017	1.000	350,00
LR-AK2 2018** (incl. LR-G66, G71)	2018	1.000	375,00
LR-AK2 2019** (incl. LR-G75, G79)	2019	1.000	420,00
LR-AK2 2020	2020	5.000	420,00
LR-AK2 2021	2021	1.000	–,–

* mit **Münzzeichen Merkurstab und Münzmeisterzeichen Brücke**

** mit **Münzzeichen Löwe und Münzmeisterzeichen Brücke**

BeNeLux-Satz – siehe Belgien LZ-AK3

LR-G1

LR-G2

LR-G3

LR-G4

LR-G5

LR-G6

LR-G7

LR-G8

LR-G1
Europäische Institutionen –
50 Jahre Europäischer Gerichtshof
2002, 25 EURO
Ag925, 22,85 g, Ø 37 mm
Ⓓ Yvette Gastauer Claire

PP:	18.000 Ex.	€ 175,00

LR-G2
Europäische Institutionen –
5 Jahre Luxemburgische Zentralbank
2003, 5 EURO
Au999, 6,22 g, Ø 20 mm
Ⓓ Patrice Bernabei

PP:	15.000 Ex.	€ 550,00

LR-G3
Europäische Institutionen –
Europäisches Parlament,
25 Jahre Europawahlen
2004, 25 EURO
Ag925, 22,85 g, Ø 37 mm
Ⓓ Patrice Bernabei

PP:	5.000 Ex.	€ 115,00

LR-G4
Die großherzogliche Dynastie
2004, 2 EURO
Ⓓ Luc Luycx und Patrice Bernabei

Stgl.:	2.447.800 Ex.	€ 8,00
Coin card:	10.000 Ex.	€ 100,00
PP:	nur aus LR-AK2 2004 und LR-AG2 2004-2008	

LR-G5
Kulturelle Geschichte –
Die Bronzemaske von Hellingen
2004, 10 EURO
Ⓓ Patrice Bernabei
Au999, 3,11 g, Ø 16 mm

PP:	5.000 Ex.	€ 365,00

LR-G6
Europäische Institutionen –
Rat der Europäischen Union
2005, 25 EURO
Ⓓ Patrice Bernabei
Ag925, 22,85 g, Ø 37 mm

PP:	5.000 Ex.	€ 125,00

LR-G7
50. Geburtstag von Großherzog Henri,
100. Todestag von Großherzog Adolf
2005, 2 EURO
Ⓓ Luc Luycx und Patrice Bernabei

Stgl.:	2.720.000 Ex.	€ 6,50
Coin card:	10.000 Ex.	€ 120,00
PP:	nur aus LR-AK2 2005 und LR-AG2 2004-2008	

LR-G8
25. Geburtstag von Erbgroßherzog
Guillaume
2006, 2 EURO
Ⓓ Luc Luycx und Patrice Bernabei

Stgl.:	1.000.000 Ex.	€ 8,50
Coin card:	15.000 Ex.	€ 20,00
PP:	nur aus LR-AK2 2006 und LR-AG2 2004-2008	

LR-G9

LR-G10

LR-G11

LR-G12

LR-G13

LR-G14

LR-G15

LR-G16

LR-G9
Europäische Institutionen –
Europäische Kommission
2006, 25 EURO
Ag925, 22,85 g, Ø 37 mm
Ⓓ Patrice Bernabei

PP:	3.000 Ex.	€ 130,00

LR-G10
Kulturelle Geschichte – Das Wildschwein vom Titelberg (Bronzefigur)
2006, 10 EURO
Au999, 3,11 g, Ø 16 mm
Ⓓ Patrice Bernabei

PP:	5.000 Ex.	€ 440,00

LR-G11
150 Jahre Staatsbank und Staatssparkasse Luxemburg
2006, 10 EURO
Ag925/Ti999, 8 g, Ø 26 mm
Ⓓ Patrice Bernabei

Stgl.:	7.500 Ex.	€ 200,00

LR-G12
150 Jahre Staatsrat
des Großherzogtums Luxemburg
2006, 20 EURO
Ag925/Ti999, 13,5 g, Ø 34 mm
Ⓓ Patrice Bernabei

Stgl.:	4.000 Ex.	€ 145,00

LR-G13
Großherzog Henri –
Großherzoglicher Palast
2007, 2 EURO
Ⓓ Luc Luycx und Alain Hoffmann

Stgl.:	1.000.000 Ex.	€ 6,00
Coin card:	15.000 Ex.	€ 27,00
PP:	nur aus LR-AK2 2007 und LR-AG2 2004-2008	

LR-G14
50 Jahre Römische Verträge
2007, 2 EURO
Ⓓ Luc Luycx und Helmut Andexlinger

Stgl.:	2.000.000 Ex.	€ 6,50
Coin card:	15.000 Ex.	€ 25,00
PP:	nur aus LR-AK2 2007 und LR-AG2 2004-2008	

LR-G15
Europäische Institutionen –
30 Jahre Europäischer Rechnungshof
2007, 25 EURO
Ⓓ Alain Hoffmann
Ag925, 22,85 g, Ø 37 mm

PP:	3.000 Ex.	€ 130,00

LR-G16
Europäische Institutionen –
50 Jahre Europäische Investitionsbank
2008, 25 EURO
Ag925, 22,85 g, Ø 37 mm
Ⓓ Giedrius Paulauskis

PP:	4.000 Ex.	€ 550,00

LR-G17

LR-G21

LR-G18

LR-G22

LR-G19

LR-G23

LR-G20

LR-G24

LR-G17
Schloss von Berg
2008, 2 EURO,
Ⓓ Luc Luycx und Alain Hoffmann
Stgl.: 1.000.000 Ex. € 6,00
Coin card: 15.000 Ex. € 25,00
PP: nur aus LR-AK2 2008 und LR-AG2 2004-2008

LR-G18
10 Jahre Luxemburgische Zentralbank
2008, 10 EURO
Au999, 10,37 g, Ø 23 mm
Ⓓ Helmut Andexlinger
PP: 1.250 Ex. € 1.600,00

LR-G19
90. Jahrestag der Thronbesteigung von Großherzogin Charlotte
2009, 2 EURO
Ⓓ Luc Luycx und Alain Hoffmann
Stgl.: 800.000 Ex. € 6,00
Coin card: 10.000 Ex. € 28,50
PP: nur aus LR-AK2 2009 und LR-AG2 2009-2012

LR-G20
10 Jahre Wirtschafts- und Währungsunion
2009, 2 EURO
Ⓓ Luc Luycx u. Georgios Stamatopoulos und Alain Hoffmann
Stgl.: 800.000 Ex. € 6,50
Coin card: 10.000 Ex. € 25,00
PP: nur aus LR-AK2 2009 und LR-AG2 2009-2012

LR-G21
Luxemburger Burgen – Burg Vianden
2009, 5 EURO
Ⓓ Herbert Wähner
Ag925/Nb999, 16,6 g, Ø 34 mm
PP: 7.500 Ex. € 130,00

LR-G22
Fauna und Flora – Turmfalke
2009, 5 EURO
Ag925/Nord. Gold, 14,93 g, Ø 34 mm
Ⓓ Helmut Andexlinger
PP: 3.000 Ex. € 500,00

LR-G23
Kulturelle Geschichte – Der Hirsch des Refugiums der Orvaler Abtei (Stuckdeckenmedaillon)
2009, 10 EURO
Au999, 3,11 g, Ø 16 mm
Ⓓ Helmut Andexlinger
PP: 3.000 Ex. € 470,00

LR-G24
Wappen des Großherzogs Henri
2010, 2 EURO
Ⓓ Luc Luycx und Alain Hoffmann
Stgl.: 500.000 Ex. € 20,00
Coin card: 7.500 Ex. € 60,00
PP: nur aus LR-AK2 2010 und LR-AG2 2009-2012

LR-G25

LR-G29

LR-G26

LR-G30

LR-G27

LR-G31

LR-G28

LR-G32

LR-G25
Luxemburger Burgen – Burg Esch-Sauer
2010, 5 EURO
Ag925/Nb999, 16,6 g, Ø 34 mm
Ⓓ Herbert Wähner
PP: 3.000 Ex. € 300,00

LR-G26
25 Jahre Schengener Abkommen
2010, 10 EURO
Ag925/Ti999, 13,85 g, Ø 34 mm
Ⓓ Herbert Wähner
PP: 3.000 Ex. € 300,00

LR-G27
700. Jahrestag der Hochzeit von Johann von Luxemburg mit Elisabeth von Böhmen
2010, 700 EURO CENT
Ag925, 20 g, Ø 34 mm
Ⓓ Jakub Vlček
PP: 3.000 Ex. € 250,00

LR-G28
Fauna und Flora – Echte Arnika
2010, 5 EURO
Ag925/Nord. Gold, 14,93 g, Ø 34 mm
Ⓓ Helmut Andexlinger
PP: 3.000 Ex. € 250,00

LR-G29
50. Jahrestag der Ernennung Jeans zum Statthalter des Großherzogtums
2011, 2 EURO
Ⓓ Luc Luycx und Alain Hoffmann
Stgl.: 700.000 Ex. € 7,00
Coin card: 7.500 Ex. € 40,00
PP: nur aus LR-AK2 2011 und LR-AG2 2009-2012

LR-G30
Luxemburger Burgen – Burg Mersch
2011, 5 EURO
Ag925/Nb999, 16,6 g, Ø 34 mm
Ⓓ Herbert Wähner
PP: 3.000 Ex. € 235,00

LR-G31
Fauna und Flora – Europäischer Fischotter
2011, 5 EURO
Ag925/Nord. Gold, 14,93 g, Ø 34 mm
Ⓓ Helmut Andexlinger
PP: 3.000 Ex. € 185,00

LR-G32
Kulturelle Geschichte – Rénert-Figur des Ehrenbrunnens auf dem Knuedler (in Erinnerung an das Nationalepos „Rénert" von Michel Rodange)
2011, 10 EURO
Au999, 3,11 g, Ø 16 mm
Ⓓ Luc Luycx
PP: 3.000 Ex. € 420,00

LR-G33

LR-G37

LR-G34

LR-G38

LR-G35

LR-G39

LR-G36

LR-G40

LR-G33

100. Todestag von
Großherzog Wilhelm IV.
2012, 2 EURO
Ⓓ Luc Luycx und Alain Hoffmann

Stgl.:	700.000 Ex.	€ 6,50
Coin card:	10.000 Ex.	€ 25,00
PP:	nur aus LR-AK2 2012 und LR-AG2 2009-2012	

LR-G34

10. Jahrestag der Einführung
der Euro-Münzen und -Banknoten
2012, 2 EURO
Ⓓ Luc Luycx und Helmut Andexlinger

Stgl.:	500.000 Ex.	€ 8,00
Coin card:	10.000 Ex.	€ 25,00
PP:	nur aus LR-AK2 2012 und LR-AG2 2009-2012	

LR-G35

Luxemburger Burgen – Burg Bourscheid
2012, 5 EURO
Ag925/Nb999, 16,6 g, Ø 34 mm
Ⓓ Herbert Wähner

PP:	3.000 Ex.	€ 165,00

LR-G36

Fauna und Flora –
Hummel-Ragwurz (Orchidee)
2012, 5 EURO
Ag925/Nord. Gold, 14,93 g, Ø 34 mm
Ⓓ Helmut Andexlinger

PP:	3.000 Ex.	€ 120,00

LR-G37

Hochzeit von Erbgroßherzog Guillaume
mit Gräfin Stéphanie de Lannoy
2012, 2 EURO
Ⓓ Luc Luycx und Alain Hoffmann

Stgl.:	500.000 Ex.	€ 6,50
Coin card:	10.000 Ex.	€ 30,00
PP:	2.000 Ex.	€ 225,00

LR-G38

Luxemburger Burgen – Burg Beaufort
2013, 5 EURO
Ag925/Nb999, 16,6 g, Ø 34 mm
Ⓓ Herbert Wähner

PP:	3.000 Ex.	€ 210,00

LR-G39

Nationalhymne
2013, 2 EURO
Ⓓ Luc Luycx und Alain Hoffmann

Stgl.:	500.000 Ex.	€ 6,50
Coin card:	10.000 Ex.	€ 25,00
PP:	nur aus LR-AK2 2013 und LR-AG2 2013-2015	

LR-G40

Fauna und Flora –
Europäische Honigbienen
2013, 5 EURO
Ag925/Nord. Gold, 14,93 g, Ø 34 mm
Ⓓ Helmut Andexlinger

PP:	3.000 Ex.	€ 95,00

LR-G41

LR-G42

LR-G43

LR-G44

LR-G45

LR-G46

LR-G47

LR-G48

LR-G41

Kulturelle Geschichte – „Goldene Frau“ (Mahnmal „Monument du Souvenir“)
2013, 10 EURO
Au999, 3,11 g, Ø 16 mm

PP:	3.000 Ex.	€ 360,00

LR-G42

15 Jahre Luxemburgische Zentralbank
2013, 15 EURO
Au999, 6,22 g, Ø 20 mm
Ⓓ Helmut Andexlinger

PP:	2.000 Ex.	€ 650,00

LR-G43

175. Jahrestag der Unabhängigkeit des Großherzogtums Luxemburg
2014, 2 EURO
Ⓓ Luc Luycx und Alain Hoffmann

Stgl.:	500.000 Ex.	€ 6,50
Coin card:	7.500 Ex.	€ 25,00
PP:	nur aus LR-AK2 2014 und LR-AG2 2013-2015	

LR-G44

175. Jahrestag der Unabhängigkeit des Großherzogtums Luxemburg
2014, 175 CENT
Au999, 6,22 g, Ø 20 mm
Ⓓ Alain Hoffmann

PP:	2.500 Ex.	€ 560,00

LR-G45

„Münze in Edelstahl“ – Stahlindustrie in Luxemburg
2014, 5 EURO
Edelstahl, 21,85 g, Ø 34 mm
Ⓓ Fernand Bertemes

PP:	2.500 Ex.	€ 80,00

LR-G46

Luxemburger Burgen – Burg Larochette
2014, 5 EURO
Ag925/Nb999, 16,6 g, Ø 34 mm
Ⓓ Herbert Wähner

PP:	3.000 Ex.	€ 160,00

LR-G47

50. Jahrestag der Thronbesteigung von Großherzog Jean
2014, 2 EURO
Ⓓ Luc Luycx und Alain Hoffmann

Stgl.:	500.000 Ex.	€ 6,50
Coin card:	7.500 Ex.	€ 29,00
PP:	nur aus LR-AK2 2014 und LR-AG2 2013-2015	

LR-G48

Fauna und Flora – Apfelbaum der Sorte „Reinette“
2014, 5 EURO
Ag925/Nord. Gold, 14,93 g, Ø 34 mm
Ⓓ Helmut Andexlinger

PP:	3.000 Ex.	€ 95,00

LR-G49

LR-G53

LR-G50

LR-G54

LR-G51

LR-G55

LR-G52

LR-G56

LR-G49
15. Jahrestag der Thronbesteigung von Großherzog Henri
2015, 2 EURO
Ⓓ Luc Luycx und Alain Hoffmann

Stgl.:	500.000 Ex.	€ 6,50
Coin card:	7.500 Ex.	€ 25,00
PP:	nur aus LR-AK2 2015 und LR-AG2 2013-2015	

LR-G50
Luxemburger Burgen – Burg Brandenburg
2015, 5 EURO
Ag925/Nb999, 16,6 g, Ø 34 mm
Ⓓ Herbert Wähner

PP:	3.000 Ex.	€ 160,00

LR-G51
200. Jahrestag des Wiener Kongresses
2015, 5 EURO
Ag925, 20 g, Ø 34 mm
Ⓓ Helmut Andexlinger

PP:	2.500 Ex.	€ 140,00

LR-G52
125. Jahrestag der Dynastie Nassau-Weilburg
2015, 2 EURO
Ⓓ Luc Luycx und Herbert Wähner

Stgl.:	500.000 Ex.	€ 6,50
Coin card:	7.500 Ex.	€ 28,00
PP:	nur aus LR-AK2 2015 und LR-AG2 2013-2015	

LR-G53
30 Jahre Flagge der Europäischen Union
2015, 2 EURO
Ⓓ Luc Luycx u. Georgios Stamatopoulos

Stgl.:	500.000 Ex.	€ 6,50
Coin card:	7.500 Ex.	€ 24,00
PP:	nur aus LR-AG2 2013-2015	

LR-G54
Fauna und Flora – Wildkatze
2015, 5 EURO
Ag925/Nord. Gold, 14,93 g, Ø 34 mm
Ⓓ Herbert Wähner

PP:	3.000 Ex.	€ 110,00

LR-G55
50 Jahre Großherzogin-Charlotte-Brücke
2016, 2 EURO
mit Münzzeichen Merkurstab und Münzmeisterzeichen „stilisiertes Segel mit Stern"
Ⓓ Luc Luycx und Herbert Wähner

Stgl.:	500.000 Ex.	€ 6,50
Coin card:	7.500 Ex.	€ 28,00
PP:	aus LR-AK2 2016	

mit Münzzeichen Löwe (für Luxemburg) und Münzmeisterzeichen Brücke

PP:	aus LR-AG2 2016–2018	

LR-G56
Luxemburger Burgen – Schloss Clerf
2016, 5 EURO
Ag925/Nb999, 16,6 g, Ø 34 mm
Ⓓ Luc Luycx und Herbert Wähner

PP:	3.000 Ex.	€ 160,00

LR-G57

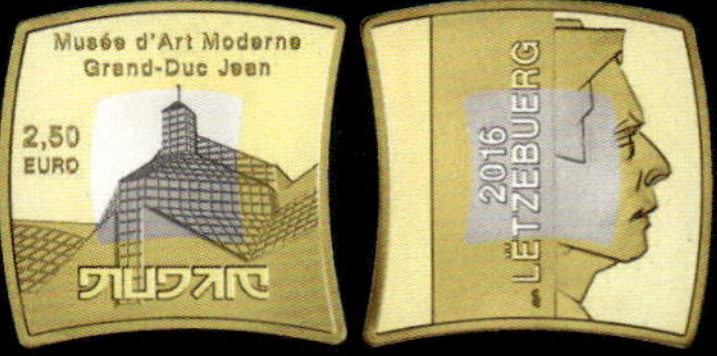

LR-G61

LR-G58

LR-G62

LR-G59

LR-G63

LR-G60

LR-G64

LR-G57
Bedeutende Bauwerke Luxemburgs – Museum für zeitgenössische Kunst Großherzog Jean (MUDAM)
2016, 2,50 EURO
Nord. Gold/Ag925, 21,81g, 36,2 × 36,2 mm
PP: 2.500 Ex. € 100,00

LR-G58
Fauna und Flora – Kornblume
2016, 5 EURO
Ag925/Nord. Gold, 14,93 g, Ø 34 mm
Ⓓ Herbert Wähner
PP: 3.000 Ex. € 90,00

LR-G59
Kulturelle Geschichte – „D'Maus Ketti" (Geschichte von Auguste Liesch)
2016, 10 EURO
Au999, 3,11 g, Ø 16 mm
Ⓓ Herbert Wähner
PP: 3.000 Ex. € 310,00

LR-G60
50 Jahre Freiwilligenarmee in Luxemburg
2017, 2 EURO
mit Münzzeichen Merkurstab und Münzmeisterzeichen „stilisiertes Segel mit Stern"
Ⓓ Luc Luycx und Alain Hoffmann
Stgl.: 300.000 Ex. € 8,00
Coin card: 7.500 Ex. € 35,00
PP: nur aus LR-AK2 2017 und LR-AG2 2016-2018
mit Münzzeichen Löwe (für Luxemburg) und Münzmeisterzeichen Brücke
PP: aus LR-AG2 2016–2018

LR-G61
Luxemburger Burgen – Burg Useldingen
2017, 5 EURO
Ag925/Nb999, 16,6 g, Ø 34 mm
Ⓓ Herbert Wähner
PP: 3.000 Ex. € 160,00

LR-G62
200. Geburtstag des Großherzogs Wilhelm III.
2017, 2 EURO
mit Münzzeichen Merkurstab und Münzmeisterzeichen „stilisiertes Segel mit Stern"
Ⓓ Luc Luycx und Herbert Wähner
Stgl.: 300.000 Ex. € 6,50
Coin card: 7.500 Ex. € 35,00
PP: nur aus LR-AK2 2017 und LR-AG2 2016-2018
mit Münzzeichen Löwe (für Luxemburg) und Münzmeisterzeichen Brücke
PP: aus LR-AG2 2016–2018

LR-G63
Bedeutende Bauwerke Luxemburgs – Adolphe-Brücke
2017, 2,50 EURO
Nord. Gold/Ag925, 21,81g, 36,2 × 36,2 mm
PP: 2.500 Ex. € 110,00

LR-G64
Fauna und Flora – Europäischer Laubfrosch
2017, 5 EURO
Ag925/Nord. Gold, 14,93 g, Ø 34 mm
Ⓓ Herbert Wähner
PP: 3.000 Ex. € 85,00

LR-G65

LR-G69

LR-G66

LR-G70

LR-G67

LR-G71

LR-G68

LR-G72

LR-G65
40 Jahre Europäischer Rechnungshof
2017, 40 CENT
Nord. Gold/Ag925, 15,87 g, Ø 34 mm
Ⓓ Herbert Wähner
PP: 1.500 Ex. € 180,00

LR-G66
150. Jahrestag der Verfassung
des Ghzgt. Luxemburg
2018, 2 EURO

mit Münzzeichen Merkurstab und
Löwe (für Luxemburg), aus Rollen
Ⓓ Luc Luycx und Alain Hoffmann
Stgl.: 300.000 Ex. € 9,00

mit Münzzeichen Merkurstab und
Münzmeisterzeichen Brücke
Stgl.: 5.000 Ex.* € 95,00
Coin card: 7.500 Ex. € 120,00
* aus Kursmünzensatz LR-AK1 2018

mit Münzzeichen Löwe (für Luxemburg)
und Münzmeisterzeichen Brücke
PP: nur aus LR-AK2 2018
und LR-AG2 2016-2018

LR-G67
20 Jahre Luxemburgische Zentralbank
2018, 2,50 EURO
Au999, 3,11 g, Ø 16 mm
Ⓓ Alain Hoffmann
PP: 1.500 Ex. € 350,00

LR-G68
Bedeutende Bauwerke Luxemburgs –
Wasserkraftwerk Vianden
2018, 2,50 EURO
Nord. Gold/Ag925, 21,81 g,
36,2 × 36,2 mm
PP: 2.500 Ex. € 110,00

LR-G69
Luxemburger Burgen – Burg Koerich
2018, 5 EURO
Ag925/Nb999, 16,6 g, Ø 34 mm
Ⓓ Herbert Wähner
PP: 3.000 Ex. € 160,00

LR-G70
Fauna und Flora – Schilfrohr
2018, 5 EURO
Ag925/Nord. Gold, 14,93 g, Ø 34 mm
PP: 3.000 Ex. € 95,00

LR-G71
175. Todestag von Großherzog
Wilhelm I.
2018, 2 EURO

mit Münzzeichen Merkurstab und
Löwe (für Luxemburg), aus Rollen
Stgl.: 300.000 Ex. € 8,50

mit Münzzeichen Merkurstab und
Münzmeisterzeichen Brücke
Coin card: 7.500 Ex. € 100,00

mit Münzzeichen Löwe (für Luxemburg)
und Münzmeisterzeichen Brücke
PP: nur aus LR-AK2 2018
und LR-AG2 2016-2018

LR-G72
UNESCO-Weltkulturerbe (I) –
„The Family of Man" (Fotoausstellung)
2019 (Jahreszahl 2018), 2,50 EURO
Ag925/Cu/Nord. Gold mit Gelb- bzw.
Rotgold beschichtet, 17,57 g, Ø 34 mm
Ⓓ Herbert Wähner
PP: 2.000 Ex. € –,–

LR-G73

LR-G77

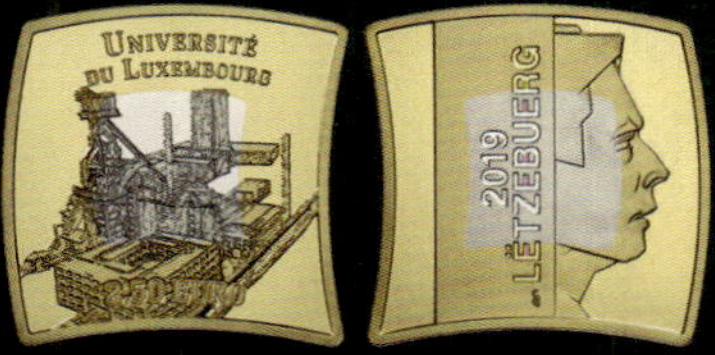

LR-G74

LR-G78

LR-G75

LR-G79

LR-G76

LR-G80

LR-G73

UNESCO-Weltkulturerbe (II) –
Stadt Luxemburg
2019, 2,50 EURO
Ag925/Nord. Gold/Cu mit Gelb- bzw. Rotgold beschichtet, 17,25 g, Ø 34 mm
Ⓓ Herbert Wähner

PP:	2.000 Ex.	€ –,–

LR-G74

UNESCO-Weltkulturerbe (III) –
Echternacher Springprozession
2019 (Jahreszahl 2020), 2,50 EURO
Nord. Gold/Ag925/Cu mit Gelb- bzw. Rotgold beschichtet, 16,38 g, Ø 34 mm
Ⓓ Herbert Wähner

PP:	2.000 Ex.	€ –,–

LR-G72 bis G74	€ 375,00

LR-G75

100. Jahrestag der Thronbesteigung von Großherzogin Charlotte
2019, 2 EURO

mit Münzzeichen Merkurstab und Löwe (für Luxemburg), aus Rollen

Stgl.:	300.000 Ex.	€ 8,00

mit Münzzeichen Merkurstab und Münzmeisterzeichen Brücke

Coin card:	7.500 Ex.	€ 80,00

mit Münzzeichen Löwe (für Luxemburg) und Münzmeisterzeichen Brücke

PP:	nur aus LR-AK2 2019

LR-G76

Luxemburger Burgen –
Schloss Burglinster
2019, 5 EURO
Ag925/Nb999, 16,6 g, Ø 34 mm

PP:	3.000 Ex.	€ 200,00

LR-G77

Bedeutende Bauwerke Luxemburgs –
Universität Luxemburg
2019, 2,50 EURO
Nord. Gold/Ag925, 21,81 g, 36,2 × 36,2 mm

PP:	2.500 Ex.	€ 120,00

LR-G78

Fauna und Flora – Haubentaucher
2019, 5 EURO
Ag925/Nord. Gold, 14,93 g, Ø 34 mm

PP:	3.000 Ex.	€ 95,00

LR-G79

100 Jahre allgemeines Wahlrecht
2019, 2 EURO

mit Münzzeichen Merkurstab und Löwe (für Luxemburg), aus Rollen

Stgl.:	300.000 Ex.	€ 8,00

mit Münzzeichen Merkurstab und Münzmeisterzeichen Brücke

Coin card:	7.500 Ex.	€ 90,00

mit Münzzeichen Löwe (für Luxemburg) und Münzmeisterzeichen Brücke

PP:	nur aus LR-AK2 2019

LR-G80

Geburt des Thronfolgers Charles
2020, 2 EURO
Ⓓ Luc Luycx

Stgl.:	500.000 Ex.	€ 15,00
Hologramm:	160.000 Ex.	€ 17,00

LR-G81

LR-G85

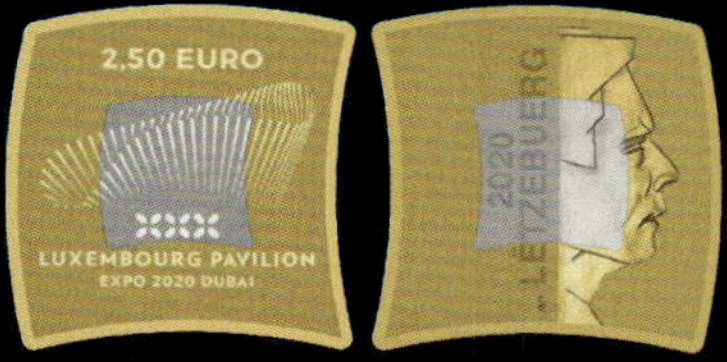

LR-G82

LR-G86

LR-G83

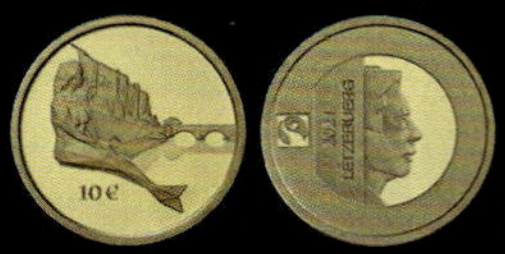

LR-G87

LR-G84

LR-G88

LR-G81
Großherzog Jean von Luxemburg
(1921–2019)
2020, 5 EURO
Ag925, 28,49 g, Ø 34 mm
PP: 1.500 Ex. € 130,00

LR-G82
Großherzog Jean von Luxemburg
(1921–2019)
2020, 100 EURO
Au999, 31,1 g, Ø 37 mm
PP: 250 Ex. € 8.000,00

LR-G83
Kulturelle Geschichte Luxemburgs –
Meerjungfrau „Melusine“
2020, 10 EURO
Au999, 3,11 g, Ø 16 mm
Ⓓ Serge Ecker
PP: 1.500 Ex. € 380,00

LR-G84
Fauna und Flora –
Bistorta officinalis /
Schlanger-Knöterich
2020, 5 EURO
Ag925/Nord. Gold, 14,93 g, Ø 34 mm
PP: 3.000 Ex. € 100,00

LR-G85
Bedeutende Bauwerke Luxemburgs –
Pavillon auf der 2020 Dubai World Expo
2020, 2,50 EURO
Nord. Gold/Ag925, 21,81 g,
36,2 × 36,2 mm
PP: 2.500 Ex. € 100,00

LR-G86
Prinz Henri von Oranien-Nassau
(1820–1879)
2020, 2 EURO
Stgl.: 300.000 Ex. € 7,00
Blister: 7.500 Ex. € 75,00
PP: 1.000 Ex. € 70,00

LR-G87
Geburt des Thronfolgers Charles
2020, 100 EURO
Au999, 10,37 g, Ø 23 mm
PP: 1.000 Ex. € 1.600,00

LR-G88
Geburt des Thronfolgers Charles
2020, 250 EURO
Au999, 31,1 g, Ø 34 mm
PP: 250 Ex. € 5.600,00

LR-G89

LR-G90

LR-G91

LR-G92

LR-G89

100. Geburtstag Großherzog Jean
2021, 2 EURO

Stgl.: 320.000 Ex. € 17,00
Blister: 7.500 Ex. € 75,00

LR-G90

40. Hochzeitstag von Großherzog Henri
2021, 2 EURO

Stgl.: 320.000 Ex. € 15,00
Blister: 7.500 Ex. € 75,00

LR-G91

Fauna und Flora –
Lacerta agilis /
Zauneidechse
2021, 5 EURO
Ag925/Nord. Gold, 14,93 g, Ø 34 mm

PP: 3.000 Ex. € 95,00

LR-G92

Bedeutende Bauwerke Luxemburgs –
Bockkasematten
2021, 2,50 EURO
Nord. Gold/Ag925, 21,81 g,
36,2 × 36,2 mm

PP: 2.500 Ex. € –,–

Vorschau 2022

- 35 Jahre Erasmus-Programm (2 EURO, Gemeinschaftsausgabe)
- 10. Hochzeitstag von Erbgroßherzog Guillaume und Erbgroßherzogin Stephanie (2 EURO)
- 50. Jahrestag der luxemburgischen Flagge (2 EURO)

LR-AG1

LR-AG2

LR-AG1

Sieben Gedenkmünzen der Serie „Europäische Institutionen" der Jahre 2002 bis 2008

PP: 500 Ex. € 1.200,00

LR-AG2 2004-2008

Sechs 2-Euro-Gedenkmünzen der Jahre 2004 bis 2008

(Die Münzen von 2005/08 weisen das Prägezeichen der Pariser Münze auf!)

PP: 2.500 Ex. € 650,00

LR-AG2 2009-2012

Sechs 2-Euro-Gedenkmünzen der Jahre 2009 bis 2012 (ohne LR-G37)

PP: 3.000 Ex. € 280,00

LR-AG2 2013-2015

Sechs 2-Euro-Gedenkmünzen der Jahre 2013 bis 2015

PP: 2.500 Ex. € 170,00

LR-AG2 2016-2018

Fünf 2-Euro-Gedenkmünzen der Jahre 2016 bis 2018

PP: 2.500 Ex.* € 245,00

* mit **Münzzeichen Löwe und Münzmeisterzeichen Brücke** (nur aus Kursmünzensatz LR-AK2 2018 und LR-AG2 2016-2018)

MALTA

Bildquelle: © Fremdenverkehrsamt Malta

Republik

Fläche: 316 km²

Hauptstadt: Valletta

Einwohnerzahl: 0,5 Mio.

Beitrittsjahr zur EU: 2004

Bisherige Währung: Maltesische Lira

Bildmotiv:

Hafen von Valletta bei Nacht

LF-K1	1 Cent	
Jahr	Auflage	Stgl.
2008	10.000.000	1,20
2011	nur aus Sätzen	4,70
2012	nur aus Sätzen	4,40
2013	3.535.000	1,40
2014	nur aus Sätzen	3,20
2015	nur aus Sätzen	4,30
2016	nur aus Sätzen	2,30
2017	nur aus Sätzen	4,50
2018	nur aus Sätzen	2,40
2019	nur aus Sätzen	1,80
2020	10.000 (KMS)	2,20
2021	11.000 (KMS)	–,–

LF-K2	2 Cent	
Jahr	Auflage	Stgl.
2008	36.000.000	1,20
2011	nur aus Sätzen	4,50
2012	nur aus Sätzen	4,50
2013	3.040.000	1,40
2014	nur aus Sätzen	4,50
2015	nur aus Sätzen	2,00
2016	nur aus Sätzen	2,30
2017	nur aus Sätzen	3,00
2018	nur aus Sätzen	3,00
2019	nur aus Sätzen	2,70
2020	10.000 (KMS)	2,30
2021	11.000 (KMS)	–,–

LF-K3	5 Cent	
Jahr	Auflage	Stgl.
2008	34.000.000	1,20
2011	nur aus Sätzen	4,50
2012	nur aus Sätzen	4,50
2013	2.040.000	1,40
2014	nur aus Sätzen	4,00
2015	12.000.000	1,90
2016	nur aus Sätzen	2,30
2017	nur aus Sätzen	3,00
2018	nur aus Sätzen	3,00
2019	nur aus Sätzen	2,70
2020	10.000 (KMS)	2,30
2021	11.000 (KMS)	–,–

LF-K4	10 Cent	
Jahr	Auflage	Stgl.
2008	41.000.000	2,30
2011	nur aus Sätzen	4,50
2012	nur aus Sätzen	4,50
2013	nur aus Sätzen	4,50
2014	nur aus Sätzen	4,50
2015	nur aus Sätzen	4,30
2016	nur aus Sätzen	2,30
2017	nur aus Sätzen	3,00
2018	nur aus Sätzen	3,00
2019	nur aus Sätzen	2,70
2020	10.000 (KMS)	2,40
2021	11.000 (KMS)	–,–

LF-K5	20 Cent	
Jahr	Auflage	Stgl.
2008	40.000.000	3,00
2011	nur aus Sätzen	4,50
2012	nur aus Sätzen	4,50
2013	nur aus Sätzen	4,50
2014	nur aus Sätzen	4,50
2015	nur aus Sätzen	4,30
2016	nur aus Sätzen	2,30
2017	nur aus Sätzen	3,10
2018	nur aus Sätzen	3,00
2019	nur aus Sätzen	2,70
2020	10.000 (KMS)	2,00
2021	11.000 (KMS)	–,–

LF-K6	50 Cent	
Jahr	Auflage	Stgl.
2008	15.000.000	3,00
2011	nur aus Sätzen	6,50
2012	nur aus Sätzen	4,50
2013	400.000	3,10
2014	nur aus Sätzen	4,50
2015	nur aus Sätzen	4,30
2016	nur aus Sätzen	3,00
2017	nur aus Sätzen	3,60
2018	nur aus Sätzen	3,30
2019	nur aus Sätzen	3,80
2020	10.000 (KMS)	3,00
2021	11.000 (KMS)	–,–

LF-K7	1 Euro	
Jahr	Auflage	Stgl.
2008	14.000.000	6,00
2011	nur aus Sätzen	13,50
2012	nur aus Sätzen	13,50
2013	nur aus Sätzen	23,00
2014	nur aus Sätzen	9,00
2015	nur aus Sätzen	7,50
2016	nur aus Sätzen	6,00
2017	nur aus Sätzen	9,00
2018	nur aus Sätzen	7,50
2019	nur aus Sätzen	7,00
2020	10.000 (KMS)	7,50
2021	11.000 (KMS)	–,–

LF-K8	2 Euro	
Jahr	Auflage	Stgl.
2008	10.000.000	7,00
2010	2.000.000	7,50
2011	nur aus Sätzen	35,00
2012	nur aus Sätzen	38,00
2013	1.100.000	8,50
2014	nur aus Sätzen	29,00
2015	nur aus Sätzen	26,00
2016	nur aus Sätzen	12,00
2017	nur aus Sätzen	22,00
2018	nur aus Sätzen	21,00
2019	nur aus Sätzen	29,00
2020	10.000 (KMS)	32,00
2021	11.000 (KMS)	–,–

Inhalt des Starterpäckchens:

1 Cent (4x), 2 Cent (3x), 5 Cent (5x), 10 Cent (6x), 20 Cent (6x), 50 Cent (5x), 1 Euro (3x), 2 Euro (2x).

Starterkits wurden ab dem 17. Dezember 2007 an Privathaushalte zu einem Gegenwert von 5,00 MTL abgegeben.

Jahr	Auflage	Stgl.
2008	330.000 Exemplare	€ 35,00

Inhalt der Original-Rollen:

1 Cent	50 Exemplare	Nominal:	€ 0,50
2 Cent	50 Exemplare	Nominal:	€ 1,00
5 Cent	50 Exemplare	Nominal:	€ 2,50
10 Cent	40 Exemplare	Nominal:	€ 4,00
20 Cent	40 Exemplare	Nominal:	€ 8,00
50 Cent	40 Exemplare	Nominal:	€ 20,00
1 EURO	25 Exemplare	Nominal:	€ 25,00
2 EURO	25 Exemplare	Nominal:	€ 50,00

Kursmünzensätze	Jahr	Auflage	Stgl.
LF-AK1 2008	2008	40.000	45,00
LF-AK1 2011 (incl. LF-G10)	2011	50.000	65,00
LF-AK1 2012 (incl. LF-G14)	2012	50.000	65,00
LF-AK1 2013 (incl. LF-G21)	2013	35.000	65,00
LF-AK1 2014 (incl. LF-G31)	2014	25.000	75,00
LF-AK1 2015 (incl. LF-G41)	2015	30.000	50,00
LF-AK1 2016 (incl. LF-G49)	2016	30.000	45,00
LF-AK1 2017 (incl. LF-G56)	2017	25.000	55,00
LF-AK1 2018 (incl. LF-G66)	2018	15.000	50,00
LF-AK1 2019 (incl. LF-G72)	2019	15.000	55,00
LF-AK1 2020 (incl. LF-G83)	2020	10.000	60,00
LF-AK1 2021 (incl. LF-G83)	2021	11.000	–,–

Kursmünzensätze	Jahr	Auflage	Stgl.
Valletta, Europäischen Kulturhauptstadt 2018			
LF-SK1 2016	2016	5.000	30,00
LF-SK1 2017	2017	5.000	30,00
LF-SK1 2018	2018	2.000	30,00

Barrenmünzen „Melita"	Jahr	Auflage
LF-BM1 25 EURO, Au999, 7,7 g, Ø 22 mm	2018	
LF-BM2 50 EURO, Au999, 15,55 g, Ø 27 mm	2018	
LF-BM3 100 EURO, Au999, 31,1 g, Ø 34 mm	2018	
LF-BM3 100 EURO, Au999, 31,1 g, Ø 34 mm	2020	

Der Handelspreis dieser Barrenmünzen orientiert sich in der Regel am tagesaktuellen Goldpreis zuzüglich eines Aufgeldes.

LF-G1

LF-G2

LF-G3

LF-G4

LF-G5

LF-G6

LF-G7

LF-G8

LF-G1

Kulturelles Erbe Europas (I) –
Herbergen: Auberge de Castille, Valletta
2008, 10 EURO
Ag925, 28,28 g, Ø 38,61 mm
Ⓜ Kgl. Niederländische Münze

PP:	18.000 Ex.	€ 75,00

LF-G2

Kulturelles Erbe Europas (I) –
Herbergen: Auberge de Castille, Valletta
2008, 50 EURO
Au916, 6,5 g, Ø 21 mm
Ⓜ Kgl. Niederländische Münze

PP:	3.000 Ex.	€ 600,00

LF-G3

10 Jahre Wirtschafts- und Währungsunion
2009, 2 EURO
Ⓜ Luc Luycx u. Georgios Stamatopoulos

Stgl.:	700.000 Ex.	€ 10,00

LF-G4

Kulturelles Erbe Europas (II) –
Castellania, Valletta
2009, 10 EURO
Ag925, 28,28 g, Ø 38,61 mm
Ⓜ Kgl. Niederländische Münze

PP:	15.000 Ex.	€ 85,00

LF-G5

Kulturelles Erbe Europas (II) –
Castellania, Valletta
2009, 50 EURO
Au916, 6,5 g, Ø 21 mm
Ⓜ Kgl. Niederländische Münze

PP:	3.000 Ex.	€ 600,00

LF-G6

Europäische Architektur –
Herbergen: Auberge d'Italie, Valletta
2010, 10 EURO
Ag925, 28,28 g, Ø 38,61 mm
Ⓜ Kgl. Niederländische Münze

PP:	12.500 Ex.	€ 85,00

LF-G7

Europäische Architektur –
Herbergen: Auberge d'Italie, Valletta
2010, 50 EURO
Au916, 6,5 g, Ø 21 mm
Ⓜ Kgl. Niederländische Münze

PP:	3.000 Ex.	€ 600,00

LF-G8

Europäische Entdecker –
Die Phönizier in Malta
2011, 10 EURO
Ag925, 28,28 g, Ø 38,61 mm
Ⓜ Kgl. Niederländische Münze

PP:	10.000 Ex.	€ 95,00

LF-G9

LF-G13

LF-G10

LF-G14

LF-G11

LF-G15

LF-G12

LF-G16

LF-G9
Europäische Entdecker –
Die Phönizier in Malta
2011, 50 EURO
Au916, 6,5 g, Ø 21 mm
Ⓓ Kgl. Niederländische Münze
PP: 3.000 Ex. € 600,00

LF-G10
Meilensteine in der Verfassungsgeschichte – Wahl der ersten Abgeordneten 1849
2011, 2 EURO
Ⓓ Luc Luycx und Ġanni Bonnici
Stgl.: 425.000 Ex. € 19,00
PP: 5.000 Ex. € 90,00

LF-G11
10. Jahrestag der Einführung der Euro-Münzen und -Banknoten
2012, 2 EURO
Ⓓ Luc Luycx und Helmut Andexlinger
Stgl.: 500.000 Ex. € 10,00

LF-G12
Europäische Maler und Bildhauer – Antonio Sciortino
2012, 10 EURO
Ag925, 28,28 g, Ø 38,61 mm
Ⓓ Luc Luycx
PP: 10.000 Ex. € 100,00

LF-G13
Europäische Maler und Bildhauer – Antonio Sciortino
2012, 50 EURO
Au916, 6,5 g, Ø 21 mm
Ⓓ Luc Luycx
PP: 2.000 Ex. € 840,00

LF-G14
Meilensteine in der Verfassungsgeschichte – Mehrheitswahlrecht 1887
2012, 2 EURO
Ⓓ Luc Luycx und Ġanni Bonnici
Stgl.: **ohne Prägezeichen**
400.000 Ex. € 11,00
Stgl.: **mit Prägezeichen** der Königl. Niederländischen Münze, (nur aus Kursmünzensatz LF-AK1 2012) € 48,00
PP: 5.000 Ex. € 49,00

LF-G15
Europäische Schriftsteller – Dun Karm Psaila
2013, 10 EURO
Ag925, 28,28 g, Ø 38,61 mm
Ⓓ Noel Galea Bason
PP: 10.000 Ex. € 100,00

LF-G16
Europäische Schriftsteller – Dun Karm Psaila
2013, 50 EURO
Au916, 6,5 g, Ø 21 mm
Ⓓ Noel Galea Bason
PP: 2.000 Ex. € 660,00

LF-G17

LF-G18

LF-G19

LF-G20

LF-G21

LF-G22

LF-G23

LF-G24

LF-G17
Großmeister Emmanuel Pinto
2013, 10 EURO
Ag925, 20 g, Ø 38,61 mm
Ⓓ Luc Luycx
PP: 10.000 Ex. € 90,00

LF-G18
Historische maltesische Münzen – Der Picciolo
2013, 5 EURO
Au585, 0,5 g, Ø 11 mm
Ⓓ Kgl. Niederländische Münze
PP: 10.000 Ex. € 80,00

LF-G19
Herbergen: Auberge de Provence, Valletta
2013, 10 EURO
Ag925, 18,75 g, Ø 33 mm
Ⓓ Noel Galea Bason
PP: 5.000 Ex. € 90,00

LF-G20
Herbergen: Auberge de Provence, Valletta
2013, 15 EURO
Au999, 1,25 g, Ø 14 mm
Ⓓ Noel Galea Bason
PP: 2.500 Ex. € 200,00

LF-G21
Meilensteine in der Verfassungsgeschichte – Selbstverwaltung 1921
2013, 2 EURO
Ⓓ Luc Luycx und Ġanni Bonnici
Stgl.: ohne Prägezeichen
500.000 Ex. € 8,50
Stgl.: mit Prägezeichen der Königl. Niederländischen Münze, (nur aus Kursmünzensatz LF-AK1 2013) € 60,00
PP: 7.500 Ex. € 43,00

LF-G22
Sir Paul Boffa
2013, 10 EURO
Ag925, 28,28 g, Ø 38,61 mm
Ⓓ Noel Galea Bason
PP: 2.500 Ex. € 105,00

LF-G23
Europäische Musiker – Charles Camilleri
2014, 10 EURO
Ag925, 28,28 g, Ø 38,61 mm
Ⓓ Noel Galea Bason
PP: 5.000 Ex. € 95,00

LF-G24
Europäische Musiker – Charles Camilleri
2014, 50 EURO
Au916, 6,5 g, Ø 21 mm
Ⓓ Noel Galea Bason
PP: 1.500 Ex. € 560,00

LF-G25

LF-G26

LF-G27

LF-G28

LF-G29

LF-G30

LF-G31

LF-G32

LF-G25
Historische maltesische Münzen – Der Zecchino
2014, 5 EURO
Au999, 0,5 g, Ø 11 mm
Ⓓ Noel Galea Bason
PP: 10.000 Ex. € 110,00

LF-G26
100. Jahrestag des Ausbruchs des Ersten Weltkrieges
2014, 5 EURO
CuNi, 10,5 g, Ø 30 mm
Ⓓ Noel Galea Bason
Stgl.: 200.000 Ex. € 13,50
Diese Münze wurde von der Maltesischen Zentralbank auch mit einer Teilkolorierung angeboten.

LF-G27
100. Jahrestag des Ausbruchs des Ersten Weltkrieges
2014, 10 EURO
Ag925, 22,85 g, Ø 37 mm
Ⓓ Noel Galea Bason
PP: 5.000 Ex. € 95,00

LF-G28
Herbergen: Auberge d'Aragon, Valletta
2014, 10 EURO
Ag925, 18,75 g, Ø 33 mm
Ⓓ Noel Galea Bason
PP: 2.500 Ex. € 70,00

LF-G29
Herbergen: Auberge d'Aragon, Valletta
2014, 15 EURO
Au999, 1,25 g, Ø 14 mm
Ⓓ Noel Galea Bason
PP: 1.000 Ex. € 185,00

LF-G30
200 Jahre maltesische Polizei
2014, 2 EURO
Ⓓ Luc Luycx und Noel Galea Bason
Stgl.: 300.000 Ex. € 18,00

LF-G31
Meilensteine in der Verfassungsgeschichte – 50 Jahre Unabhängigkeit
2014, 2 EURO
Ⓓ Luc Luycx und Ġanni Bonnici
Stgl.: **ohne Prägezeichen**
400.000 Ex. € 9,00
Stgl.: **mit Prägezeichen** der Königl. Niederländischen Münze, (nur aus Kursmünzensatz LF-AK1 2014) € 90,00
PP: 7.500 Ex. € 39,00

LF-G32
50 Jahre Unabhängigkeit
2014, 10 EURO
Ag925, 28,28 g, Ø 38,61 mm
Ⓓ Noel Galea Bason
PP: mit koloriertem Staatswappen
5.000 Ex. € 100,00
PP: Staatswappen ohne Kolorierung
1.000 Ex.* € 240,00
* War nur im Set zusammen mit der Replikation einer Briefmarke erhältlich.

LF-G33

LF-G34

LF-G35

LF-G36

LF-G37

LF-G38

LF-G39

LF-G40

LF-G33
40 Jahre Republik Malta
2014, 10 EURO
Ag925, 28,28 g, Ø 38,61 mm
Ⓓ Noel Galea Bason
PP: 5.000 Ex. € 100,00

LF-G34
400 Jahre Wignacourt-Aquädukt
2015, 10 EURO
Ag925, 22,85 g, Ø 37 mm
Ⓓ Noel Galea Bason
PP: 2.500 Ex. € 95,00

LF-G35
70 Jahre Frieden in Europa –
Fall des „Eisernen Vorhangs“:
Amerikanisch-sowjetisches Gipfeltreffen
auf Malta (1989)
2015, 10 EURO
Ag925, 28,28 g, Ø 38,61 mm
Ⓓ Noel Galea Bason
PP: 5.000 Ex. € 110,00

LF-G36
70 Jahre Frieden in Europa –
Fall des „Eisernen Vorhangs“:
Amerikanisch-sowjetisches Gipfeltreffen
auf Malta (1989)
2015, 50 EURO
Au916, 6,5 g, Ø 21 mm
Ⓓ Noel Galea Bason
PP: 1.500 Ex. € 550,00

LF-G37
10. Todestag von
Papst Johannes Paul II.
2015, 5 EURO
Au999, 0,5 g, Ø 11 mm
Ⓓ Noel Galea Bason
PP: 5.000 Ex. € 100,00

LF-G38
100. Jahrestag des erstern Fluges
von Malta
2015, 2 EURO
Ⓓ Luc Luycx und Noel Galea Bason
Stgl.: **ohne Prägezeichen**
300.000 Ex. € 15,00
Coin card: mit Prägezeichen
der Königlich Nieder-
ländischen Münze
25.000 Ex. € 37,00

LF-G39
Herbergen: Auberge de Bavière, Valletta
2015, 10 EURO
Ag925, 18,75 g, Ø 33 mm
Ⓓ Noel Galea Bason
PP: 2.500 Ex. € 70,00

LF-G40
Herbergen: Auberge de Bavière, Valletta
2015, 15 EURO
Au999, 1,25 g, Ø 14 mm
Ⓓ Noel Galea Bason
PP: 1.000 Ex. € 150,00

LF-G41

LF-G45

LF-G42

LF-G46

LF-G43

LF-G47

LF-G44

LF-G48

LF-G41
Meilensteine in der Verfassungsgeschichte – Gründung der Republik 1974
2015, 2 EURO
Ⓓ Luc Luycx und Ġanni Bonnici
Stgl.: **ohne Prägezeichen**
400.000 Ex. € 9,50
Stgl.: **mit Prägezeichen** der Königl. Niederländischen Münze, (nur aus Kursmünzensatz LF-AK1 2015) € 42,00
PP: 5.000 Ex. € 45,00

LF-G42
450. Jahrestag der Belagerung von Malta
2015, 10 EURO
Ag925, 28,28 g, Ø 38,61 mm
Ⓓ Noel Galea Bason
PP: 5.000 Ex. € 100,00

LF-G43
Historische maltesische Münzen – Der ⅓ Farthing
2015, 5 EURO
Au999, 0,5 g, Ø 11 mm
Ⓓ Noel Galea Bason
PP: 2.500 Ex. € 80,00

LF-G44
30 Jahre Flagge der Europäischen Union
2015, 2 EURO
Ⓓ Luc Luycx u. Georgios Stamatopoulos
Stgl.: 300.000 Ex. € 9,50

LF-G45
„CHOGM Malta 2015" Gipfeltreffen der Regierungschefs des Commonwealth
2015, 10 EURO
Ag925, 28,28 g, Ø 38,61 mm
Ⓓ Kgl. Niederländische Münze
PP: 1.150 Ex.* € 320,00
* War nur im Set zusammen mit den Replikationen einer Briefmarke und einer Banknote erhältlich.

LF-G46
Das Zeitalter der Gegenwart in Europa – „Gefährlicher Sport" von Antonio Sciortino (1879-1947)
2016, 10 EURO
Ag925, 28,28 g, Ø 38,61 mm
Ⓓ Noel Galea Bason
PP: 3.000 Ex. € 110,00

LF-G47
Das Zeitalter der Gegenwart in Europa – „Gefährlicher Sport" von Antonio Sciortino (1879-1947)
2016, 50 EURO
Au916, 6,5 g, Ø 21 mm
Ⓓ Noel Galea Bason
PP: 1.000 Ex. € 500,00

LF-G48
450. Jahrestag der Gründung Vallettas
2016, 10 EURO
Ag925, 28,28 g, Ø 38,61 mm
Ⓓ Noel Galea Bason
PP: 3.000 Ex. € 100,00

LF-G49

LF-G50

LF-G51

LF-G52

LF-G53

LF-G54

LF-G55

LF-G56

LF-G49
Prähistorische Stätten in Malta – Tempel von Ġgantija
2016, 2 EURO
Ⓓ Luc Luycx und Noel Galea Bason
Stgl.: **ohne Prägezeichen** 350.000 Ex. € 8,00
Coin card: **mit Prägezeichen der Pariser Münze** 30.000 Ex. € 30,00
Stgl.: **mit Münzzeichen „F" („F" = Frankreich)**, (nur aus Kursmünzensatz LF-AK1 2016) € 60,00

LF-G50
100. Geburtstag von Dom Mintoff
2016, 10 EURO
Ag925, 28,28 g, Ø 38,61 mm
Ⓓ Noel Galea Bason
PP: 2.000 Ex. € 100,00

LF-G51
Historische maltesische Münzen – Der Patakka
2016, 5 EURO
Au999, 0,5 g, Ø 11 mm
Ⓓ Noel Galea Bason
PP: 2.500 Ex. € 100,00

LF-G52
Solidarität mit Kindern – Liebe
2016, 2 EURO
Ⓓ Luc Luycx und Sarah Cilia
Stgl.: **ohne Prägezeichen** 350.000 Ex. € 9,50
Lesezeichen: **mit Prägezeichen der Pariser Münze** 30.000 Ex. € 19,00

LF-G53
EU-Ratspräsidentschaft
2017, 10 EURO
Ag925, 28,28 g, Ø 38,61 mm
Ⓓ Noel Galea Bason
PP: 2.500 Ex. € 100,00

LF-G54
Das Zeitalter von Eisen und Glas – Botanischer Garten Argotti
2017, 10 EURO
Ag925, 28,28 g, Ø 38,61 mm
Ⓓ Noel Galea Bason
PP: 3.000 Ex. € 110,00

LF-G55
Das Zeitalter von Eisen und Glas – Botanischer Garten Argotti
2017, 50 EURO
Au916, 6,5 g, Ø 21 mm
Ⓓ Noel Galea Bason
PP: 1.000 Ex. € 700,00

LF-G56
Prähistorische Stätten in Malta – Tempel von Hagar Qim
2017, 2 EURO
Ⓓ Luc Luycx und Noel Galea Bason
Stgl.: **ohne Prägezeichen** 350.000 Ex. € 8,00
Coin card: **mit Prägezeichen der Pariser Münze** 30.000 Ex. € 19,00
Stgl.: **mit Münzzeichen „F" („F" = Frankreich)**, (nur aus Kursmünzensatz LF-AK1 2017) € 40,00

LF-G57

LF-G58

LF-G59

LF-G60

LF-G61

LF-G62

LF-G63

LF-G64

LF-G57
75. Jahrestag der Operation Pedestal – Der Santa-Maria-Konvoi
2017, 10 EURO
Ag925, 28,28 g, Ø 38,61 mm
Ⓓ Noel Galea Bason

PP:	2.000 Ex.	€ 100,00

LF-G58
Solidarität mit Kindern – Frieden
2017, 2 EURO
Ⓓ Luc Luycx und Noel Galea Bason

Stgl.:	**ohne Prägezeichen**	350.000 Ex.	€ 8,50
Lesezeichen:	**mit Prägezeichen der Pariser Münze**	30.000 Ex.	€ 18,00

LF-G59
70 Jahre Wahlrecht für Frauen
2017, 10 EURO
Ag925, 28,28 g, Ø 38,61 mm
Ⓓ Noel Galea Bason

PP:	1.500 Ex.	€ 110,00

LF-G60
Das Zeitalter des Barock und Rokoko – Taufe Christi
2018, 10 EURO
Ag925, 28,28 g, Ø 38,61 mm
Ⓓ Noel Galea Bason

PP:	2.500 Ex.	€ 110,00

LF-G61
Das Zeitalter des Barock und Rokoko – Taufe Christi
2018, 50 EURO
Au916, 6,50 g, Ø 21 mm
Ⓓ Noel Galea Bason

PP:	500 Ex.	€ 690,00

LF-G62
50 Jahre Maltesische Zentralbank
2018, 10 EURO
Ag925, 28,28 g, Ø 38,61 mm
Ⓓ Noel Galea Bason

PP:	2.500 Ex.	€ 110,00

LF-G63
50 Jahre Maltesische Zentralbank
2018, 100 EURO
Au999, 15 g, Ø 26 mm
Ⓓ Noel Galea Bason

PP:	50 Ex.	€ 13.500,00

LF-G64
10. Jahrestag der Euro-Bargeldeinführung in Malta
2018, 5 EURO
CuNi, 15,5 g, Ø 33 mm

Stgl.:	2.000 Ex.	€ 42,00

LF-G65

LF-G66

LF-G67

LF-G68

LF-G69

LF-G70

LF-G71

LF-G72

LF-G65
Valetta, Kulturhauptstadt Europas 2018
2018, 10 EURO
Ag925, 28,28 g, Ø 38,61 mm
Ⓓ Noel Galea Bason
PP: 2.000 Ex. € 120,00

LF-G66
Prähistorische Stätten in Malta –
Tempelanlage von Mnajdra
2018, 2 EURO
Ⓓ Luc Luycx und Noel Galea Bason
Stgl.: **ohne Prägezeichen**
300.000 Ex. € 9,00
Coin card: 20.000 Ex. € 22,00
Stgl.: **mit Münzzeichen „F"**
(„F" = Frankreich)
(nur aus Kursmünzensatz
LF-AK1 2018) € 35,00

LF-G67
„Solidarität mit Kindern" –
Kulturelles Erbe
2018, 2 EURO
Ⓓ Luc Luycx und Nicole Dimech
Stgl.: **ohne Prägezeichen**
300.000 Ex. € 8,00
Lesezeichen: **mit Prägezeichen der Pariser Münze**
20.000 Ex. € 32,00

LF-G68
Das Zeitalterder Renaissance –
Die große Karacke „Santa Anna"
des Johanniterordens
2019, 10 EURO
Ag925, 28,28 g, Ø 38,61 mm
Ⓓ Noel Galea Bason
PP: 2.500 Ex. € 130,00

LF-G69
Das Zeitalterder Renaissance –
Die große Karacke „Santa Anna"
des Johanniterordens
2019, 50 EURO
Au916, 6,50 g, Ø 21 mm
Ⓓ Noel Galea Bason
PP: 400 Ex. € 700,00

LF-G70
100. Jahrestag des Aufstandes vom
7. Juni 1919
2019, 10 EURO
Ag925, 28,28 g, Ø 38,61 mm
Ⓓ Noel Galea Bason
PP: 1.500 Ex. € 110,00

LF-G71
100. Jahrestag des Aufstandes vom
7. Juni 1919
2019, 100 EURO
Au999, 15 g, Ø 26 mm
Ⓓ Noel Galea Bason
PP: 100 Ex. € 4.700,00

LF-G72
Prähistorische Stätten in Malta –
Tempel von Ta' Ħaġrat
2019, 2 EURO
Ⓓ Luc Luycx und Ncel Galea Bason
Stgl.: **ohne Prägezeichen**
300.000 Ex. € 8,00
Coin card: **mit Prägezeichen der Pariser Münze**
20.000 Ex. € 35,00
Stgl.: **mit Münzzeichen „F"**
(„F" = Frankreich)
(nur aus Kursmünzensatz
LF-AK1 2019) € 40,00

LF-G73

LF-G74

LF-G75

LF-G76

LF-G77

LF-G78

LF-G79

LF-G80

LF-G73

„Solidarität mit Kindern" –
Natur und Umwelt
2019, 2 EURO
Ⓓ Luc Luycx und Joshua Stuart

Stgl.: **ohne Prägezeichen**
300.000 Ex. € 8,50
Lesezeichen: mit Prägezeichen der Pariser Münze
20.000 Ex. € 18,00

LF-G74

150 Jahre Sueskanal
2019, 10 EURO
Ag925, 28,28 g, Ø 38,61 mm
Ⓓ Matyas Houf
PP: 2.000 Ex. € 120,00

LF-G75

250 Jahre Universität Malta
2019, 5 EURO
CuNi, 28,4 g, Ø 38 mm
PP: 800 Ex. € 350,00

LF-G76

250 Jahre Universität Malta
2019, 10 EURO
Ag925, 28,28 g, Ø 38,61 mm
PP: 350 Ex. € 450,00

LF-G77

L'Isle Adam Graduals –
1533
2020, 10 EURO
Ag925, 28,28 g, Ø 38,61 mm
Ⓓ Royal Dutch Mint
PP: 2.500 Ex. € 130,00

LF-G78

L'Isle Adam Graduals –
1533
2020, 50 EURO
Au916, 6,50 g, Ø 21 mm
Ⓓ Royal Dutch Mint
PP: 400 Ex. € 760,00

LF-G79

75. Jahrestag des Endes
des 2. Weltkriegs
2020, 10 EURO
Ag925, 28,28 g, Ø 38,61 mm
Ⓓ Noel Galea Bason
PP: 2.000 Ex. € 110,00

LF-G80

75. Jahrestag des Endes
des 2. Weltkriegs
2020, 100 EURO
Au999, 31,1 g, Ø 38,61 mm
Ⓓ Noel Galea Bason
PP: 100 Ex. € 5.800,00

LF-G81

LF-G82

LF-G83

LF-G84

LF-G85

LF-G86

LF-G87

LF-G88

LF-G81
50. Jahrestag der Streitkräfte
von Malta
2020, 5 EURO
CuNi, Ø 38,61 mm
Stgl.: 10.000 Ex. € –,–

LF-G82
50. Jahrestag der Streitkräfte
von Malta
2020, 10 EURO
Ag925, 28,28 g, Ø 38,61 mm
Stgl.: 2.000 Ex. € –,–

LF-G83
Prähistorische Stätten in Malta –
Ta'Skorba
2020, 2 EURO
Ⓓ Luc Luycx und Noel Galea Bason
Stgl.: 150.000 Ex. € 25,00
Coin card: 20.000 Ex. € 47,00

LF-G84
„Solidarität mit Kindern" –
Spiele
2020, 2 EURO
Ⓓ Luc Luycx und Ymen Riahi
Stgl.: 200.000 Ex. € 16,00
Coin card: 20.000 Ex. € 20,00

LF-G85
250. Geburtstag von
Ludwig von Beethoven
2020, 10 EURO
Ag925, 28,28 g, Ø 38,61 mm
Ⓓ Noel Galea Bason
PP: 1.500 Ex. € 130,00

LF-G86
Melita
2020, 100 EURO
Au999, 31,1 g, Ø 34 mm
PP: 300 Ex. € 3.100,00

LF-G87
550. Geburtstag von Albrecht Dürer
2021, 10 EURO
Ag925, 28,28 g, Ø 38,61 mm
Ⓓ Noel Galea Bason
PP: 1.000 Ex. € 160,00

LF-G88
550. Geburtstag von Albrecht Dürer
2021, 100 EURO
Au999, 6,50 g, Ø 21 mm
Ⓓ Noel Galea Bason
PP: 400 Ex. € 800,00

LF-G89

LF-G90

LF-G91

LF-G92

LF-G93

LF-G94

LF-G95

LF-G96

LF-G89
Tarxien-Tempel
2021, 2 EURO
Ⓓ Luc Luycx und Noel Galea Bason

Stgl.:	170.000 Ex.	€ –,–
Coin card:	20.000 Ex.	€ –,–

LF-G90
Helden der Pandemie
2021, 2 EURO
Ⓓ Luc Luycx

Stgl.:	? Ex.	€ 130,00
Coin card:	60.000 Ex.	€ 180,00

LF-G91
225. Jahrestag des
Bibliotheca-Gebäudes
2021, 10 EURO
Ag925, 28,28 g, Ø 38,61 mm

PP:	1.000 Ex.	€ 130,00

LF-G92
25. Jubiläum des
Junior College
2021, 10 EURO
Ag925, 28,28 g, Ø 38,61 mm

PP:	700 Ex.	€ 160,00

LF-G93
100. Jahrestag der Verfassung
2021, 10 EURO
Ag925, 28,28 g, Ø 38,61 mm

PP:	1.500 Ex.	€ –,–

LF-G94
Prinz Philip
2021, 50 EURO
Au999, 31,10 g, Ø 38,6 mm

PP (matt):	49 Ex.	€ –,–
PP:	99 Ex.	€ –,–

LF-G95
Ritter der Vergangenheit
2021, 5 EURO
Ag999, 31,1 g, Ø 38,61 mm

PP:	15.000 Ex.	€ –,–

LF-G96
Ritter der Vergangenheit
2021, 10 EURO
Ag999, 62,2 g, Ø 45 mm,
antike Oberfläche mit Teilvergoldung

PP:	999 Ex.	€ –,–

Vorschau 2022

- Prähistorische Stätten in Malta – Hypogäum von Ħal-Saflieni (2 EURO)
- 35 Jahre Erasmus-Programm (2 EURO, Gemeinschaftsausgabe)

MONACO

Fürstentum

Fläche: 2 km^2

Hauptstadt: Monaco-Ville

Einwohnerzahl: 0,038 Mio.

Nicht Mitglied der EU

Bisherige Währung:

Französischer Franc

Bildmotiv: Fürstlicher Palast

LMO-K1.1 1 Cent (Fürst Rainier III.)

Jahr	Auflage	Stgl.
2001	350.700	75,00
2002	**40.000**	149,00
2003		
2004	**14.999**	59,00 (nur in PP)
2005	**35.300**	74,00 (nur in PP)

LMO-K1.2 1 Cent (Fürst Albert II.)

Jahr	Auflage	Stgl.
2006	**11.180**	85,00 (nur in PP)
2009	**8.000**	90,00
2011	**7.000**	98,00
2013	**10.000**	98,00
2014	**8.000**	70,00
2017	**8.000**	75,00
2020	**7.000**	(KMS) 85,00

LMO-K3.1 5 Cent (Fürst Rainier III.)

Jahr	Auflage	Stgl.
2001	323.500	90,00
2002	**40.000**	130,00
2003		
2004	**14.999**	75,00 (nur in PP)
2005	**35.000**	80,00 (nur in PP)

LMO-K3.2 5 Cent (Fürst Albert II.)

Jahr	Auflage	Stgl.
2006	**11.180**	80,00 (nur in PP)
2009	**8.000**	80,00
2011	**7.000**	95,00
2013	**10.000**	100,00
2014	**8.000**	95,00
2017	**8.000**	110,00
2020	**7.000**	(KMS) 85,00

LMO-K2.1 2 Cent (Fürst Rainier III.)

Jahr	Auflage	Stgl.
2001	396.900	38,00
2002	**40.000**	120,00
2003		
2004	**14.999**	55,00 (nur in PP)
2005	**35.000**	65,00 (nur in PP)

LMO-K2.1 2 Cent (Fürst Albert II.)

Jahr	Auflage	Stgl.
2006	**11.260**	85,00 (nur in PP)
2009	**8.000**	70,00
2011	**7.000**	90,00
2013	**10.000**	75,00
2014	**8.000**	85,00
2017	**8.000**	65,00
2020	**7.000**	(KMS) 85,00

LMO-K4.1 10 Cent (Fürst Rainier III.)

Jahr	Auflage	Stgl.
2001	323.500	30,00
2002	407.200	15,00
2003	100.800	21,00
2004	**14.999**	42,00 (nur in PP)

LMO-K4.2 10 Cent (Fürst Albert II.)

Jahr	Auflage	Stgl.
2006	**11.180**	65,00 (nur in PP)

LMO-K4.3 10 Cent (neue Europakarte)

Jahr	Auflage	Stgl.
2009	**8.000**	65,00
2011	**7.000**	90,00
2013	**10.000**	60,00
2014	**8.000**	80,00
2017	**8.000**	75,00
2020	**7.000**	(KMS) 70,00

Die **fett** ausgezeichneten Auflagen wurden nicht für den Umlauf geprägt.
Der Jahrgang 2004/05 wurde nur in PP gefertigt.

LMO-K5.1 20 Cent (Fürst Rainier III.)

Jahr	Auflage	Stgl.
2001	389.900	23,00
2002	376.000	18,00
2003	100.000	25,00
2004	**14.999**	42,00 (nur in PP)

LMO-K5.2 20 Cent (Fürst Albert II.)

Jahr	Auflage	Stgl.
2006	**11.180**	70,00 (nur in PP)

LMO-K5.3 20 Cent (neue Europakarte)

Jahr	Auflage	Stgl.
2009	**8.000**	75,00
2011	**7.000**	85,00
2013	**10.000**	55,00
2014	**8.000**	46,00
2017	**8.000**	65,00
2020	**7.000**	(KMS) 65,00

LMO-K7.1 1 Euro (Fürst Rainier III.)

Jahr	Auflage	Stgl.
2001	994.600	15,00
2002	512.500	17,00
2003	135.000	18,00
2004	**14.999**	100,00 (nur in PP)

LMO-K7.2 1 Euro (Fürst Albert II.)

Jahr	Auflage	Stgl.
2006	**11.180**	130,00 (nur in PP)

LMO-K7.3 1 Euro (neue Europakarte)

Jahr	Auflage	Stgl.
2007	97.709	25,00
2007*	2.291	550,00
2009	**8.000**	150,00
2011	**7.000**	120,00
2013	**10.000**	100,00
2014	1.008.272	7,50
2016	1.000.000	6,50
2017	**8.000**	110,00
2018	1.000.000	6,50
2019	550.000	8,50
2020	1.094.017	4,80
(davon 7.000 im KMS)		
2021	1.167.728	9,50

* Teilauflage der 1-Euro-Münze des Jahres 2007 ohne dem Münzzeichen der Pariser Münze neben der Jahreszahl

LMO-K6.1 50 Cent (Fürst Rainier III.)

Jahr	Auflage	Stgl.
2001	323.500	46,00
2002	364.000	28,00
2003	100.000	32,00
2004	**14.999**	49,00 (nur in PP)

LMO-K6.2 50 Cent (Fürst Albert II.)

Jahr	Auflage	Stgl.
2006	**11.180**	75,00 (nur in PP)

LMO-K6.3 50 Cent (neue Europakarte)

Jahr	Auflage	Stgl.
2009	**8.000**	85,00
2011	**7.000**	89,00
2013	**10.000**	65,00
2014	**8.000**	47,00
2017	**8.000**	65,00
2020	**7.000**	(KMS) 75,00

Die **fett** ausgezeichneten Auflagen wurden nicht für den Umlauf geprägt.
Der Jahrgang 2006 wurde nur in PP gefertigt.

LMO-K8.1 2 Euro (Fürst Rainier III.)

Jahr	Auflage	Stgl.
2001	923.300	19,00
2002	496.000	22,00
2003	228.000	25,00
2004	**14.999**	340,00 (nur in PP)

LMO-K8.2 2 Euro (Fürst Albert II.)

Jahr	Auflage	Stgl.
2006	**11.180**	550,00 (nur in PP)

LMO-K8.3 2 Euro (neue Europakarte)

Jahr	Auflage	Stgl.
2009	258.000	19,50
2010	**25.000**	*200,00* (nur in PP)
2011	1.039.052	11,00
2012	1.082.373	9,50
2013	**10.000**	270,00
2014	780.000	10,00
2015	1.306.782	9,50
2016	864.645	8,50
2017	1.391.528	9,00
2018	934.771	9,00
2019	1.195.119	8,00
2020	1.007.000	8,00
(davon 7.000 im KMS)		
2021	1.035.000	5,50

Inhalt des Starterpäckchens:

1 Cent (6x), 2 Cent (7x), 5 Cent (5x), 10 Cent (4x), 20 Cent (7x), 50 Cent (4x), 1 Euro (3x), 2 Euro (4x).

Die Starterkits wurden ab dem 14. Dezember 2001 an Privathaushalte zu einem Gegenwert von 100,00 FRF abgegeben.
Kursgültig seit dem 1. Januar 2002.

Jahr	Auflage	Stgl.
2001	51.200 Exemplare	€ 790,00

Amtl. Kursmünzensätze

Kursmünzensätze	Jahr	Auflage	Stgl.
LMO-AK1 2001	2001	20.000	380,00
LMO-AK1 2002	2002	40.000	390,00
LMO-AK1 2009	2009	8.000	700,00
LMO-AK1 2011 (incl. LMO-G9)	2011	7.000	600,00
LMO-AK1 2013	2013	10.000	430,00
LMO-AK1 2014	2014	8.000	370,00
LMO-AK1 2017	2017	8.000	390,00
LMO-AK1 2020	2020	7.000	250,00

Kursmünzensätze	Jahr	Auflage	PP
LMO-AK2 2001	2001	3.500	800,00
LMO-AK2 2004 (incl. LMO-G4)	2004	14.999	650,00
LMO-AK2 2006	2006	11.180	700,00

Kursmünzensätze	Jahr	Auflage	PP
Kurzsatz mit 3 Münzen LMO-SK1 (1, 2 und 5 Cent)	2005	35.000	150,00

LMO-G1

LMO-G2

LMO-G3

LMO-G4

LMO-G5

LMO-G6

LMO-G7

LMO-G8

LMO-G1

Fürst Rainier III.
2002, 20 EURO
Au900, 6,45 g, Ø 21 mm
Ⓓ Pierre Rodier und Claude Lesot
PP: 3.500 Ex. € 1.310,00

LMO-G2

80. Geburtstag von Fürst Rainier III.
2003, 10 EURO
Ag900, 25 g, Ø 37 mm
Ⓓ Henri Thiébaud und Claude Lesot
PP: 4.000 Ex. € 375,00

LMO-G3

80. Geburtstag von Fürst Rainier III.
2003, 100 EURO
Au900, 32 g, Ø 35 mm
Ⓓ Pierre Javaudin u. Roger Bertrand Baron
PP: 1.000 Ex. € 3.900,00

LMO-G4

1700. Todestag der Heiligen Devota
2004, 5 EURO
Ag900, 12 g, Ø 29 mm
Ⓓ Fabienne Courtiade u. Thierry Mordant
PP: nur aus Kursmünzensatz LMO-AK2 2004 € 100,00

LMO-G5

Tod von Fürst Rainier III.
2005, 10 EURO
Au900, 3,22 g, Ø 18 mm
Ⓓ Pierre Javaudin und Claude Lesot
PP: 3.313 Ex. € 450,00

LMO-G6

25. Todestag von Fürstin Gracia Patricia
2007, 2 EURO
Ⓓ Luc Luycx u. Roger Bertrand Baron
Stgl.: 20.001 Ex. € 4.500,00

LMO-G7

50. Geburtstag von Fürst Albert II.
2008, 5 EURO
Ag900, 12 g, Ø 29 mm
Ⓓ Sabrina Luoni und Claude Lesot
Stgl.: 9.000 Ex. € 140,00

LMO-G8

50. Geburtstag von Fürst Albert II.
2008, 20 EURO
Au900, 6,45 g, Ø 21 mm
Ⓓ Sabrina Luoni und Claude Lesot
PP: 3.000 Ex. € 800,00

LMO-G9

LMO-G13

LMO-G10

LMO-G14

LMO-G11

LMO-G15

LMO-G12

LMO-G16

LMO-G9
Hochzeit von Fürst Albert II. und Charlene Wittstock
2011, 2 EURO

Stgl.:	88.057 Ex.	€ 80,00
Etui:	59.820 Ex.	€ 170,00

LMO-G10
Hochzeit von Fürst Albert II. und Charlene Wittstock
2011, 10 EURO
Ag900, 25 g, Ø 37 mm

PP:	4.000 Ex.	€ 500,00

LMO-G11
500 Jahre Souveränität des Fürstentums Monaco – Lucien von Monaco
2012, 2 EURO
Ⓓ Luc Luycx und Francesco Invernizzi

Stgl.:	100.000 Ex.	€ 79,00
PP:	10.000 Ex.	€ 1.000,00

LMO-G12
400 Jahre Fürstentitel – Honoré II. von Monaco
2012, 10 EURO
Ag900, 25 g, Ø 37 mm

PP:	6.500 Ex.	€ 190,00

LMO-G13
20 Jahre Mitgliedschaft in den Vereinten Nationen
2013, 2 EURO

Stgl.:	1.239.131 Ex.	€ 11,00
PP:	10.000 Ex.	€ 800,00

LMO-G14
Herkules der Bogenschütze
2014, 10 EURO
Ag900, 25 g, Ø 37 mm

PP:	3.000 Ex.	€ 290,00

LMO-G15
10 Jahre Regentschaft von Fürst Albert II.
2015, 100 EURO
Au900, 32,25 g, Ø 35 mm

PP:	499 Ex.	€ 5.500,00

LMO-G16
800 Jahre Festung Monaco
2015, 2 EURO

PP:	10.000 Ex.	€ 5.200,00

LMO-G17

LMO-G21

LMO-G18

LMO-G22

LMO-G19

LMO-G23

LMO-G20

LMO-G17

150. Jahrestag der Gründung
Monte Carlos durch Charles III.
2016, 2 EURO
PP: 15.000 Ex. € 1.700,00

LMO-G18

200 Jahre Fürstliche Karabinierskompanie
2017, 2 EURO
PP: 15.000 Ex. € 1.100,00

LMO-G19

250. Geburtstag von
Francois-Joseph Bosio
2018, 2 EURO
PP: 16.000 Ex. € 700,00

LMO-G20

90. Geburtstag von Fürstin
Gracia Patricia
2019, 10 EURO
Ag900, 25 g, Ø 37 mm
PP: 5.000 Ex. € 660,00

LMO-G21

200. Jahrestag der Thronbesteigung
von Fürst Honoré V.
2019, 2 EURO
PP: 15.000 Ex. € 790,00

LMO-G22

300. Geburtstag von Prinz Honoré III
2020, 2 EURO
PP: 15.000 Ex. € 730,00

LMO-G23

10. Hochzeitstag von Prinz Albert
und Charlene Wittstock
2021, 2 EURO
PP: 15.000 Ex. € –,–

NOTIZEN

NIEDERLANDE

Königreich

Fläche: 41.543 km^2

Hauptstadt: Amsterdam

Einwohnerzahl: 17,4 Mio.

Beitrittsjahr zur EU: 1958

Bisherige Währung:

Holländischer Gulden

Bildmotiv: Grachten in Amsterdam

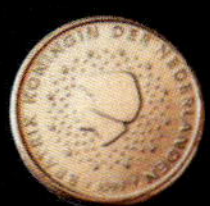

LP-K1.1 1 Cent		
Jahr	**Auflage**	**Stgl.**
1999	47.800.000	1,40
2000	276.800.000	1,10
2001	179.300.000	1,30
2002	**800.000**	9,70
2003	58.100.000	1,20
2004	113.900.000	1,30
2005	**400.000**	1,90
2006	**200.000**	1,70
2007	**200.000**	1,80
2008	**200.000**	1,50
2009	**200.000**	1,50
2010	**200.000**	1,50
2011	**300.000**	1,10
2012	**400.000**	1,00
2013	**200.000**	1,00

LP-K3.1 5 Cent		
Jahr	**Auflage**	**Stgl.**
1999	213.000.000	1,20
2000	184.200.000	1,40
2001	205.900.000	1,40
2002	**900.000**	7,50
2003	**1.400.000**	1,90
2004	**400.000**	4,40
2005	80.400.000	1,10
2006	60.100.000	1,70
2007	78.600.000	1,10
2008	74.700.000	2,00
2009	40.200.000	1,50
2010	40.100.000	1,50
2011	20.300.000	1,10
2012	10.500.000	1,00
2013	26.200.000	1,10

LP-K2.1 2 Cent		
Jahr	**Auflage**	**Stgl.**
1999	109.000.000	1,20
2000	122.000.000	1,40
2001	145.800.000	1,40
2002	53.100.000	1,90
2003	151.200.000	1,50
2004	115.700.000	1,50
2005	**400.000**	2,00
2006	**200.000**	1,80
2007	**200.000**	1,80
2008	**200.000**	1,50
2009	**200.000**	1,50
2010	**200.000**	1,50
2011	**300.000**	1,10
2012	**200.000**	1,00
2013	**200.000**	1,10

LP-K4.1 10 Cent		
Jahr	**Auflage**	**Stgl.**
1999	149.700.000	1,50
2000	156.700.000	1,40
2001	193.500.000	2,60
2002	**800.000**	15,00
2003	**1.200.000**	2,30
2004	**400.000**	4,50
2005	**300.000**	2,30
2006	**100.000**	2,20

LP-K4.2 10 Cent (neue Europakarte)		
Jahr	**Auflage**	**Stgl.**
2007	**200.000**	1,90
2008	**100.000**	2,40
2009	**200.000**	1,80
2010	**100.000**	1,90
2011	**200.000**	1,70
2012	**200.000**	1,70
2013	**200.000**	1,80

Die Auflagezahlen dieser Münzen beinhalten auch die in den Kursmünzensätzen herausgegebenen Stücke.
Die **fett** ausgezeichneten Auflagen wurden nicht für den Umlauf produziert.

LP-K5.1 20 Cent		
Jahr	Auflage	Stgl.
1999	86.500.000	1,60
2000	67.500.000	1,70
2001	97.600.000	2,70
2002	51.200.000	2,00
2003	58.200.000	1,70
2004	20.500.000	2,10
2005	**300.000**	3,00
2006	**100.000**	2,20

LP-K5.2 20 Cent (neue Europakarte)		
Jahr	Auflage	Stgl.
2007	**200.000**	2,70
2008	**100.000**	2,40
2009	**200.000**	2,20
2010	**100.000**	2,20
2011	**200.000**	2,00
2012	**200.000**	1,80
2013	**200.000**	2,00

LP-K7.1 1 Euro		
Jahr	Auflage	Stgl.
1999	63.500.000	4,80
2000	62.800.000	4,60
2001	67.900.000	7,50
2002	20.100.000	7,50
2003	**1.400.000**	4,70
2004	**300.000**	9,00
2005	**200.000**	5,50
2006	**100.000**	6,30

LP-K7.2 1 Euro (neue Europakarte)		
Jahr	Auflage	Stgl.
2007	**100.000**	5,20
2008	**100.000**	5,40
2009	**100.000**	4,80
2010	**100.000**	5,30
2011	**200.000**	5,00
2012	**200.000**	4,90
2013	**100.000**	5,00

LP-K6.1 50 Cent		
Jahr	Auflage	Stgl.
1999	99.600.000	3,30
2000	87.000.000	4,10
2001	94.500.000	3,60
2002	80.900.000	3,10
2003	**1.200.000**	3,90
2004	**300.000**	6,80
2005	**300.000**	3,90
2006	**100.000**	4,10

LP-K6.2 50 Cent (neue Europakarte)		
Jahr	Auflage	Stgl.
2007	**200.000**	4,00
2008	**100.000**	3,70
2009	**200.000**	3,50
2010	**100.000**	3,50
2011	**200.000**	3,20
2012	**200.000**	3,00
2013	**200.000**	3,00

LP-K8.1 2 Euro		
Jahr	Auflage	Stgl.
1999	9.900.000	16,00
2000	24.400.000	9,50
2001	140.500.000	11,00
2002	37.200.000	12,00
2003	**1.200.000**	12,00
2004	**300.000**	20,00
2005	**200.000**	13,70
2006	**100.000**	15,90

LP-K8.2 2 Euro (neue Europakarte)		
Jahr	Auflage	Stgl.
2007	**100.000**	12,00
2008	**100.000**	13,00
2009	**100.000**	10,00
2010	**100.000**	13,00
2011	**200.000**	12,00
2012	**200.000**	12,00
2013	**200.000**	11,00

Die Auflagezahlen dieser Münzen beinhalten auch die in den Kursmünzensätzen herausgegebenen Stücke.
Die **fett** ausgezeichneten Auflagen wurden nicht für den Umlauf produziert.

LP-K1.3 1 Cent		
Jahr	**Auflage**	**Stgl.**
2014	**584.014**	4,50
2015*	**439.015**	1,50
2016	**435.516**	1,50
2017*	**133.017**	2,10
2018	nur aus Sätzen	1,20
2019	nur aus Sätzen	1,70
2020	nur aus Sätzen	2,40
2021	nur aus Sätzen	1,90

LP-K3.3 5 Cent		
Jahr	**Auflage**	**Stgl.**
2014	30.054.014	1,50
2015*	55.439.015	1,50
2016	70.435.516	1,50
2017*	63.133.017	1,50
2018	60.000.000	1,20
2019	30.000.000	1,90
2020	nur aus Sätzen	6,50
2021	nur aus Sätzen	2,10

LP-K2.3 2 Cent		
Jahr	**Auflage**	**Stgl.**
2014	**584.014**	4,50
2015*	**439.015**	1,50
2016	**435.516**	1,50
2017*	**133.017**	2,10
2018	nur aus Sätzen	1,10
2019	nur aus Sätzen	1,70
2020	nur aus Sätzen	2,10
2021	nur aus Sätzen	2,00

LP-K4.3 10 Cent		
Jahr	**Auflage**	**Stgl.**
2014	5.054.014	1,70
2015*	**439.015**	1,70
2016	**435.516**	1,90
2017*	20.333.017	1,70
2018	12.500.000	1,90
2019	15.000.000	2,20
2020	nur aus Sätzen	2,20
2021	nur aus Sätzen	1,70

Die Auflagezahlen dieser Münzen beinhalten auch die in den Kursmünzensätzen herausgegebenen Stücke.
Die **fett** ausgezeichneten Auflagen wurden nicht für den Umlauf produziert.

* Die Jahrgänge 2015 und 2017 gibt es jeweils mit zwei verschiedenen Münzmeisterzeichen (siehe hierzu auch auf der Seite 27; bei den Kursmünzensätzen LP-SK4 und LP-SK5 2015–17 sowie LP-K8.3 und LP-K8.4 „Brücke“).
2015: Münzmeisterzeichen „stilisiertes Segel“ sowie „stilisiertes Segel und Stern“ (die Bewertung gilt für Münzen mit „stilisiertem Segel“)
2017: Münzmeisterzeichen „stilisiertes Segel“ und Stern sowie „Brücke“ (die Bewertung gilt für Münzen mit „stilisiertem Segel mit Stern“)

LP-K5.3 20 Cent

Jahr	Auflage	Stgl.
2014	5.054.014	1,90
2015*	**439.015**	1,90
2016	30.435.516	2,10
2017*	**133.017**	2,10
2018	20.000.000	1,90
2019	nur aus Sätzen	2,30
2020	nur aus Sätzen	1,70
2021	nur aus Sätzen	2,40

LP-K7.3 1 Euro

Jahr	Auflage	Stgl.
2014	5.054.014	4,50
2015*	**339.015**	4,60
2016	**338.016**	4,80
2017*	**133.017**	7,50
2018	nur aus Sätzen	7,50
2019	nur aus Sätzen	7,50
2020	nur aus Sätzen	7,50
2021	nur aus Sätzen	10,00

LP-K6.3 50 Cent

Jahr	Auflage	Stgl.
2014	5.054.014	2,90
2015*	**439.015**	3,20
2016	**435.516**	3,40
2017*	**133.017**	3,00
2018	nur aus Sätzen	3,50
2019	nur aus Sätzen	3,00
2020	nur aus Sätzen	3,00
2021	nur aus Sätzen	2,70

LP-K8.3 2 Euro

Jahr	Auflage	Stgl.
2014	9.059.014	14,00
2015*	**344.015**	14,90
2016	**365.516**	13,00
2017*	138.017	27,00
2018	nur aus Sätzen	26,90
2019	nur aus Sätzen	23,00
2020	nur aus Sätzen	26,90
2021	nur aus Sätzen	29,00

Die Auflagezahlen dieser Münzen beinhalten auch die in den Kursmünzensätzen herausgegebenen Stücke.
Die **fett** ausgezeichneten Auflagen wurden nicht für den Umlauf produziert.

* Die Jahrgänge 2015 und 2017 gibt es jeweils mit zwei verschiedenen Münzmeisterzeichen (siehe hierzu auch auf der Seite 27; bei den Kursmünzensätzen LP-SK4 und LP-SK5 2015–17 sowie LP-K8.3 und LP-K8.4 „Brücke").
2015: Münzmeisterzeichen „stilisiertes Segel" sowie „stilisiertes Segel und Stern" (die Bewertung gilt für Münzen mit „stilisiertem Segel")
2017: Münzmeisterzeichen „stilisiertes Segel" und Stern sowie „Brücke" (die Bewertung gilt für Münzen mit „stilisiertem Segel mit Stern")

Inhalt des Starterpäckchens:

1 Cent (4x), 2 Cent (3x), 5 Cent (5x), 10 Cent (5x), 20 Cent (5x), 50 Cent (5x), 1 Euro (3x), 2 Euro (2x).

Die Starterkits wurden ab dem 14. Dezember 2001 an Privathaushalte zu einem Gegenwert von 25,00 NLG abgegeben. Kursgültig seit dem 1. Januar 2002.

Jahr	Auflage	Stgl.
1999–2001	8.800.000 Exemplare	€ 22,00

Inhalt der Original-Rollen:

1 Cent	50 Exemplare	Nominal:	€ 0,50
2 Cent	50 Exemplare	Nominal:	€ 1,00
5 Cent	50 Exemplare	Nominal:	€ 2,50
10 Cent	40 Exemplare	Nominal:	€ 4,00
20 Cent	40 Exemplare	Nominal:	€ 8,00
50 Cent	40 Exemplare	Nominal:	€ 20,00
1 EURO	25 Exemplare	Nominal:	€ 25,00
2 EURO	25 Exemplare	Nominal:	€ 50,00

Sonderausgabe zur Einführung des Münzmeisters Stephan Satijn (Münzen mit Münzmeisterzeichen „Brücke")

	Jahr	Auflage	Stgl.
LP-K8.3 „Brücke" 2-Euro-Kursmünze (coin card)	2017	20.000	20,00

	Jahr	Auflage	PP
LP-K8.3 „Brücke" 2-Euro-Kursmünze	2017	2.000	125,00

Kursmünzensätze	Jahr	Auflage	Stgl.
Begrüßungssatz			
LP-AK1	1999–2001 (gemischt)	16.000.000	12,50
Jahressatz (FDC)			
LP-AK2	2002	59.500	35,00

Kursmünzensätze (BU)	Jahr	Auflage	Stgl.
„Gute Taten" Jahrgangssätze			
LP-AK3 1999	1999	65.000	26,00
LP-AK3 2000	2000	68.000	19,50
LP-AK3 2001	2001	65.000	21,00
LP-AK3 2002	2002	105.000	27,00
LP-AK3 2003	2003	75.000	19,00
LP-AK3 2004	2004	50.000	31,00
LP-AK3 2005	2005	50.000	18,50
LP-AK3 2006	2006	45.000	24,00

Kursmünzensätze (BU)	Jahr	Auflage	Stgl.
„Nationale Sammlung"			
LP-AK3 2007	2007	40.000	30,00
LP-AK3 2008	2008	40.000	30,00
LP-AK3 2009	2009	35.000	27,00
LP-AK3 2010	2010	25.000	35,00
LP-AK3 2011	2011	25.000	35,00
LP-AK3 2012	2012	25.000	37,00
LP-AK3 2013	2013	15.000	48,00
LP-AK3 2014	2014	25.000	41,00
LP-AK3 2015	2015	17.500	34,00
LP-AK3 2016	2016	15.000	35,00
LP-AK3 2017	2017	15.000	42,00
LP-AK3 2018	2018	15.000	42,00
LP-AK3 2019	2019	12.500	44,00
LP-AK3 2020	2020	12.500	38,00
LP-AK3 2021	2021	12.500	36,00

Kursmünzensätze	Jahr	Auflage	Stgl.
König Willem-Alexander (FDC)			
LP-AK5 2014	2014	300.000	19,00
LP-AK5 2015	2015	17.500	20,00
LP-AK5 2016	2016	15.000	21,00
„Oranjeset“			
LP-AK6 2015	2015	127.500	20,00
LP-AK6 2016	2016	75.000	22,00
„Nationale Sammlung“ (FDC)			
LP-AK7 2017	2017	15.000	18,00
LP-AK7 2018	2018	15.000	18,00
LP-AK7 2019	2019	17.500	18,00
LP-AK7 2020	2020	17.500	–,–
LP-AK7 2021	2021	17.500	–,–

Kursmünzensätze	Jahr	Auflage	PP
von 1999–2003 **Proof-like**-Qualität			
LP-AK4 1999	1999	16.500	35,00
LP-AK4 2000	2000	16.500	40,00
LP-AK4 2001	2001	16.500	43,00
LP-AK4 2002	2002	16.500	39,00
LP-AK4 2003	2003	11.000	55,00
ab 2004 **Proof**-Qualität			
LP-AK4 2004	2004	5.000	120,00
LP-AK4 2005	2005	5.000	120,00
LP-AK4 2006	2006	3.500	160,00

Kursmünzensätze	Jahr	Auflage	PP
„Nationale Sammlung"			
LP-AK4 2007 (incl. LP-G25)	2007	7.000	125,00
LP-AK4 2008	2008	7.597	95,00
LP-AK4 2009 (incl. LP-G28)	2009	7.500	100,00
LP-AK4 2010	2010	5.000	100,00
LP-AK4 2011 (incl. LP-G37)	2011	5.000	150,00
LP-AK4 2012 (incl. LP-G44)	2012	5.000	110,00
LP-AK4 2013 (incl. LP-G61)	2013	5.000	110,00
LP-AK4 2014 (incl. LP-G64)	2014	5.000	120,00
LP-AK4 2015 (incl. LP-G71)	2015	5.000	115,00
LP-AK4 2016	2016	4.000	95,00
LP-AK4 2017 (incl. kolorierter LP-K8.3)	2017	4.000	95,00
LP-AK4 2018 (incl. teilvergold. LP-K8.3)	2018	3.500	105,00
LP-AK4 2019 (incl. kolorierter LP-K8.3)	2019	3.000	120,00
LP-AK4 2020	2020	3.000	91,00
LP-AK4 2021	2021	3.000	76,00

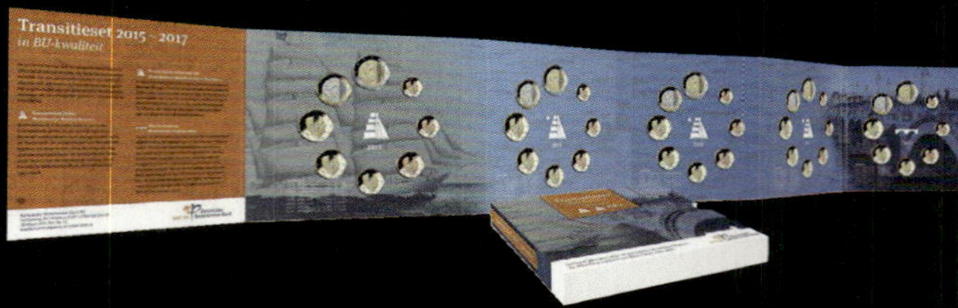

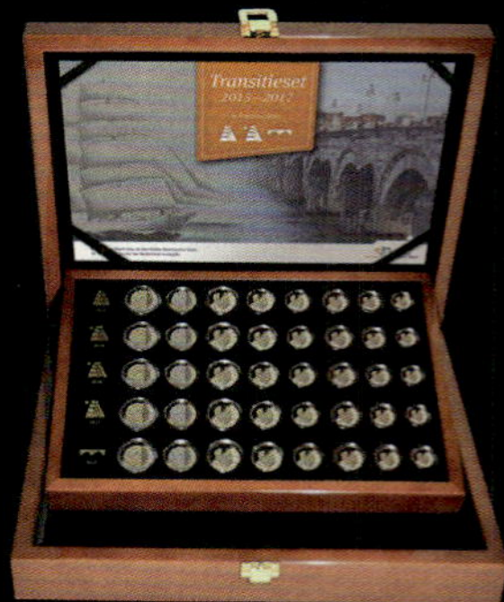

Kursmünzensätze Sonderausgaben

Kursmünzensätze (BU)	Jahr	Auflage	Stgl.
Baby-Jahrgangssatz			
LP-SK1 2002	2002	25.000	55,00
LP-SK1 2003	2003	25.000	50,00
LP-SK1 2004	2004	20.000	40,00
LP-SK1 2005	2005	20.000	34,00

Kursmünzensätze (BU)	Jahr	Auflage	Stgl.
Hochzeits-Jahrgangssatz			
LP-SK2 2002	2002	10.000	30,00
LP-SK2 2003	2003	15.000	26,00
LP-SK2 2004	2004	10.000	25,00
LP-SK2 2005	2005	10.000	32,00

Im März 2006 gab die Königlich Niederländische Münze bekannt, dass die Produktion offizieller Baby- und Hochzeits-Jahrgangssätze eingestellt wurde.

Kursmünzensätze (BU)	Jahr	Auflage	Stgl.
LP-SK3 2013 Thronwechsel (I)	2013	10.000	66,00
LP-SK3 2014 Thronwechsel (II)	2014	10.000	80,00
LP-SK3 2020 75 Jahre Freiheit	2020	3.000	–,–

BeNeLux-Satz – siehe Belgien LZ-AK3

„Transitionssets 2015–2017" (Übergangssets)

Das Set enthält 5 Münzsätze, die folgende Münzzeichen aufweisen:
2015 „stilisiertes Segel" (für Maarten T. Brouwer)
2015 „stilisiertes Segel und Stern" (für Kees Bruinsma)
2016 „stilisiertes Segel und Stern" (für Kees Bruinsma)
2017 „stilisiertes Segel und Stern" (für Ted Peters)
2017 „Brücke" (für Stephan Satijn)

	Jahr	Auflage	Stgl.
LP-SK4 2015–17 Transitionssets	2015–17	5.000	285,00

	Jahr	Auflage	PP
LP-SK5 2015–17 Transitionssets	2015–17	1.000	725,00

LP-G1

LP-G5

LP-G2

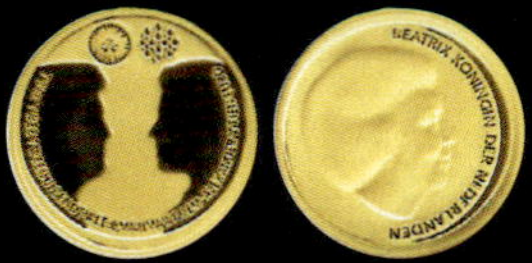

LP-G3

LP-G6

LP-G7

LP-G4

LP-G8

LP-G1

Hochzeit des Kronprinzen
2002, 10 EURO
Ag925, 17,8 g, Ø 33 mm
Ⓓ Hans von Houwelingen

Rand:	„GOD*ZIJ*MET*ONS"	
Stgl.:	1.000.000 Ex.	€ 40,00
Coin card:		€ 550,00
PP:	80.000 Ex.	€ 90,00

LP-G2

Hochzeit des Kronprinzen
2002, 10 EURO
Au900, 6,72 g, Ø 22,5 mm
Ⓓ Hans von Houwelingen

PP:	33.000 Ex.	€ 500,00

LP-G3

150. Geburtstag von Vincent van Gogh
2003, 5 EURO
Ag925, 11,9 g, Ø 29 mm
Ⓓ Karel Martens

Rand:	„GOD*ZIJ*MET*ONS"	
Stgl.:	1.000.000 Ex.	€ 20,00
Coin card:		€ 700,00
PP:	100.000 Ex.	€ 50,00

LP-G4

150. Geburtstag von Vincent van Gogh
2003, 10 EURO
Au900, 6,72 g, Ø 22,5 mm
Ⓓ Karel Martens

PP:	20.000 Ex.	€ 560,00

LP-G5

Geburt von Prinzessin Catharina-Amalia
(Hologramm-Prägung)
2004, 10 EURO
Ag925, 17,8 g, Ø 33 mm
Ⓓ Erwin Driessens und Maria Verstappen

Rand:	„GOD*ZIJ*MET*ONS"	
Stgl.:	1.000.000 Ex.	€ 50,00
Coin card:		€ 525,00
PP:	50.000 Ex.	€ 65,00

LP-G6

Geburt von Prinzessin Catharina-Amalia
(Hologramm-Prägung)
2004, 20 EURO
Au900, 8,5 g, Ø 25 mm
Ⓓ Erwin Driessens und Maria Verstappen

PP:	5.345 Ex.	€ 700,00

LP-G7

Geburt von Prinzessin Catharina-Amalia
(Hologramm-Prägung)
2004, 50 EURO
Au900, 13,44 g, Ø 27 mm
Ⓓ Erwin Driessens und Maria Verstappen

PP:	3.500 Ex.	€ 1.100,00

LP-G8

Erweiterung der
Europäischen Union
2004, 5 EURO
Ag925, 11,9 g, Ø 29 mm
Ⓓ Mirjam Mieras und Hester Mieras

Rand:	„GOD*ZIJ*MET*ONS"	
Stgl.:	600.000 Ex.	€ 25,00
Coin card:		€ 450,00
PP:	55.000 Ex.	€ 100,00

LP-G9

LP-G10

LP-G11

LP-G12

LP-G13

LP-G14

LP-G15

LP-G16

LP-G9

Erweiterung der Europäischen Union
2004, 10 EURO
Au900, 6,72 g, Ø 22,5 mm
Ⓓ Mirjam Mieras und Hester Mieras

PP:	6.000 Ex.	€ 600,00

LP-G10

50 Jahre Statut der Niederlande
2004, 5 EURO
Ag925, 11,9 g, Ø 29 mm
Ⓓ Rudolf Johannes Luijters

Rand:	„GOD*ZIJ*MET*ONS“	
Stgl.:	650.000 Ex.	€ 22,00
Coin card:		€ 60,00
PP:	26.900 Ex.	€ 75,00

LP-G11

50 Jahre Statut der Niederlande
2004, 10 EURO
Au900, 6,72 g, Ø 22,5 mm
Ⓓ Rudolf Johannes Luijters

PP:	3.800 Ex.	€ 650,00

LP-G12

Königin Beatrix – 25-jähriges Regierungsjubiläum
2005, 10 EURO
Ag925, 17,8 g, Ø 33 mm
Ⓓ Germaine Kruip

Rand:	„GOD*ZIJ*MET*ONS“	
Stgl.:	1.000.000 Ex.	€ 28,00
Coin card:		€ 40,00
PP:	59.754 Ex.	€ 65,00

LP-G13

Königin Beatrix – 25-jähriges Regierungsjubiläum
2005, 20 EURO
Au900, 8,5 g, Ø 25 mm
Ⓓ Germaine Kruip

PP:	5.001 Ex.	€ 750,00

LP-G14

Königin Beatrix – 25-jähriges Regierungsjubiläum
2005, 50 EURO
Au900, 13,44 g, Ø 27 mm
Ⓓ Germaine Kruip

PP:	3.500 Ex.	€ 1.100,00

LP-G15

60 Jahre Frieden und Freiheit in Europa
2005, 5 EURO
Ag925, 11,9 g, Ø 29 mm
Ⓓ Suzan Drummen

Rand:	„GOD*ZIJ*MET*ONS“	
Stgl.:	630.000 Ex.	€ 25,00
Coin card:		€ 28,00
PP:	40.000 Ex.	€ 95,00

LP-G16

60 Jahre Frieden und Freiheit in Europa
2005, 10 EURO
Au900, 6,72 g, Ø 22,5 mm
Ⓓ Suzan Drummen

PP:	6.000 Ex.	€ 550,00

LP-G17

LP-G21

LP-G18

LP-G22

LP-G19

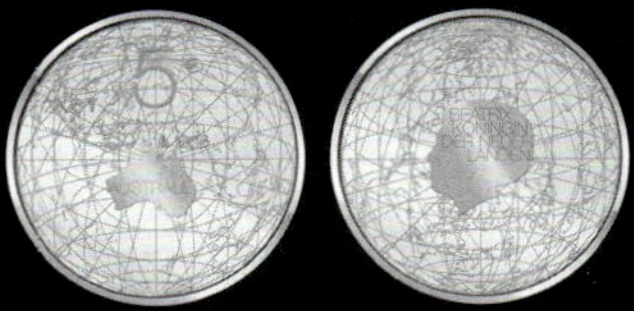

LP-G23

LP-G20

LP-G24

LP-G17

Große Europäer –
Rembrandt van Rijn
2006, 5 EURO
Ag925, 11,9 g, Ø 29 mm
Ⓓ Berend Strik

Rand: „GOD*ZIJ*MET*ONS"

Stgl.:	651.000 Ex.	€ 25,00
Coin card:		€ 26,00
PP:	35.000 Ex.	€ 55,00

LP-G18

Große Europäer –
Rembrandt van Rijn
2006, 10 EURO
Au900, 6,72 g, Ø 22,5 mm
Ⓓ Berend Strik

PP:	8.500 Ex.	€ 550,00

LP-G19

400. Jahrestag der Entdeckung Australiens
2006, 5 EURO
Ag925, 11,9 g, Ø 29 mm
Ⓓ Irma Boom

Rand: „GOD*ZIJ*MET*ONS"

Stgl.:	500.000 Ex.	€ 25,00
Coin card:		€ 26,00
PP:	22.500 Ex.	€ 75,00

LP-G20

400. Jahrestag der Entdeckung Australiens
2006, 10 EURO
Au900, 6,72 g, Ø 22,5 mm
Ⓓ Irma Boom

PP:	3.500 Ex.	€ 550,00

LP-G21

200 Jahre Finanzverwaltung
2006, 5 EURO
Ag925, 11,9 g, Ø 29 mm
Ⓓ Hennie Bouwe

Rand: „GOD*ZIJ*MET*ONS"

Stgl.:	359.189 Ex.	€ 25,00
Coin card:		€ 26,00
PP:	15.000 Ex.	€ 90,00

LP-G22

200 Jahre Finanzverwaltung
2006, 10 EURO
Au900, 6,72 g, Ø 22,5 mm
Ⓓ Hennie Bouwe

PP:	5.500 Ex.	€ 550,00

LP-G23

400. Geburtstag von Michiel de Ruyter
2007, 5 EURO
Ag925, 11,9 g, Ø 29 mm
Ⓓ Martijn Engelbregt

Rand: „GOD*ZIJ*MET*ONS"

Stgl.:	517.000 Ex.	€ 25,00
Coin card:		€ 26,00
PP:	17.400 Ex.	€ 65,00

LP-G24

400. Geburtstag von Michiel de Ruyter
2007, 10 EURO
Au900, 6,72 g, Ø 22,5 mm
Ⓓ Martijn Engelbregt

PP:	7.000 Ex.	€ 500,00

LP-G25

LP-G26

LP-G27

LP-G28

LP-G29

LP-G30

LP-G31

LP-G32

LP-G25
50 Jahre Römische Verträge
2007, 2 EURO
Ⓓ Luc Luycx und Helmut Andexlinger

Stgl.:	ca. 6,2 Mio. Ex.	€ 8,00
Coin card:	5.320 Ex.	€ 80,00
PP:	nur im Kursmünzensatz LP-AK4 2007	

LP-G26
Kulturelles Erbe Europas (I) – Architektur
2008, 5 EURO
Ⓓ Stani Michiels
Rand: „GOD*ZIJ*MET*ONS"

Cu (versilbert), 10,5 g, Ø 29 mm

Stgl.:	350.000 Ex.	€ 16,50
Coin card:		€ 25,00

Ag925, 15,5 g, Ø 33 mm

PP:	24.505 Ex.	€ 90,00

LP-G27
Kulturelles Erbe Europas (I) – Architektur
2008, 10 EURO, Au900, 6,72 g, Ø 22,5 mm
Ⓓ Stani Michiels

PP:	8.000 Ex.	€ 500,00

LP-G28
10 Jahre Wirtschafts- und Währungsunion
2009, 2 EURO
Ⓓ Luc Luycx u. Georgios Stamatopoulos

Stgl.:	ca. 5,2 Mio. Ex.	€ 8,00
Coin card:	4.000 Ex.	€ 140,00
PP:	2.000 Ex.*	€ 230,00

* sowie im Kursmünzensatz LP-AK4

LP-G29
400 Jahre Beziehungen zwischen den Niederlanden und Manhattan
2009, 5 EURO
Ⓓ Luc Luycx u. Georgios Stamatopoulos
Rand: „GOD*ZIJ*MET*ONS"

Cu (versilbert), 10,5 g, Ø 29 mm

Stgl.:	303.209 Ex.	€ 23,00
Coin card:		€ 25,00

Ag925, 15,5 g, Ø 33 mm

PP:	20.000 Ex.	€ 90,00

LP-G30
400 Jahre Beziehungen zwischen den Niederlanden und Manhattan
2009, 10 EURO, Au900, 6,72 g, Ø 22,5 mm
Ⓓ Ronald van Tienhoven

PP:	6.500 Ex.	€ 550,00

LP-G31
400 Jahre Handelsbeziehungen zwischen den Niederlanden und Japan
2009, 5 EURO
Ⓓ Ronald van Tienhoven
Rand: „GOD*ZIJ*MET*ONS"

Cu (versilbert), 10,5 g, Ø 29 mm

Stgl.:	343.859 Ex.	€ 17,00
Coin card:		€ 17,50

Ag925, 15,5 g, Ø 33 mm

PP:	45.000 Ex.	€ 55,00

LP-G32
400 Jahre Handelsbeziehungen zwischen den Niederlanden und Japan
2009, 10 EURO
Au900, 6,72 g, Ø 22,5 mm
Ⓓ Ronald van Tienhoven

PP:	5.418 Ex.	€ 550,00

LP-G33

LP-G34

LP-G35

LP-G36

LP-G37

LP-G38

LP-G39

LP-G40

LP-G33
150. Jahrestag der Veröffentlichung des Romans „Max Havelaar"
2010, 5 EURO
Ⓓ Eelco Brand
Rand: „GOD*ZIJ*MET*ONS"

Cu (versilbert), 10,5 g, Ø 29 mm
Stgl.: 272.010 Ex. € 13,50
Coin card: € 14,00

Ag925, 15,5 g, Ø 33 mm
PP: 15.000 Ex. € 70,00

LP-G34
150. Jahrestag der Veröffentlichung des Romans „Max Havelaar"
2010, 10 EURO, Au900, 6,72 g, Ø 22,5 mm
Ⓓ Eelco Brand
PP: 4.699 Ex. € 500,00

LP-G35
Europ. Architektur – „Niederlande – Wasserland"
2010, 5 EURO
Ⓓ Esther Tielemans
Rand: „GOD*ZIJ*MET*ONS"

Cu (versilbert), 10,5 g, Ø 29 mm
Stgl.: 227.500 Ex. € 13,50
Coin card: € 14,00

Ag925, 15,5 g, Ø 33 mm
PP: 17.500 Ex. € 60,00

LP-G36
Europ. Architektur – „Niederlande – Wasserland"
2010, 10 EURO, Au900, 6,72 g, Ø 22,5 mm
Ⓓ Esther Tielemans
PP: 4.500 Ex. € 750,00

LP-G37
500. Jahrestag der Veröffentlichung des Buchs „Lob der Torheit" von Erasmus von Rotterdam
2011, 2 EURO
Ⓓ Luc Luycx und Dylan Shields
Stgl.: ca. 4 Mio. Ex. € 17,00
Coin card: 10.000 Ex.(BU) € 120,00
PP: 2.000 Ex.* € 240,00
* sowie im Kursmünzensatz LP-AK4

LP-G38
Die Kunst des Malens
2011, 5 EURO
Ⓓ Persijn Broersen und Margit Lukács
Rand: „GOD*ZIJ*MET*ONS"

Cu (versilbert), 10,5 g, Ø 29 mm
Stgl.: 230.000 Ex. € 12,00
Coin card: € 17,00

Ag925, 15,5 g, Ø 33 mm
PP: 12.500 Ex. € 70,00

LP-G39
Die Kunst des Malens
2011, 10 EURO, Au900, 6,72 g, Ø 22,5 mm
Ⓓ Persijn Broersen und Margit Lukács
PP: 3.500 Ex. € 750,00

LP-G40
100 Jahre Münzgebäude in Utrecht
2011, 5 EURO
Ⓓ Juan José Sánchez Castaño
Rand: „GOD*ZIJ*MET*ONS"

Cu (versilbert), 10,5 g, Ø 29 mm
Stgl.: 71.618 Ex. € 21,50
Coin card: 19.541Ex. € 25,00

Ag925, 15,5 g, Ø 33 mm
PP: 12.500 Ex. € 70,00

LP-G41

LP-G42

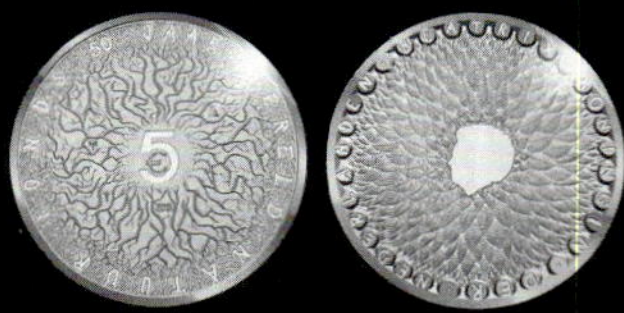

LP-G43

LP-G44

LP-G45

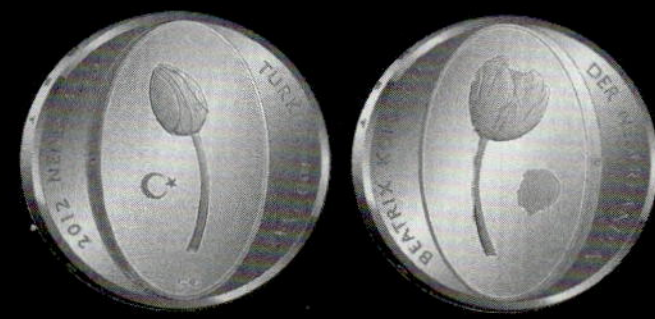

LP-G46

LP-G47

LP-G48

LP-G41

100 Jahre Münzgebäude in Utrecht
2011, 10 EURO
Au900, 6,72 g, Ø 22,5 mm
Ⓓ Juan José Sánchez Castaño

PP:	3.500 Ex.	€ 600,00

LP-G42

50 Jahre World Wide Fund for Nature
2011, 5 EURO
Ⓓ Willehad Eilers
Rand: „GOD*ZIJ*MET*ONS"

Cu (versilbert), 10,5 g, Ø 29 mm

Stgl.:	322.400 Ex.	€ 12,00
Coin card:		€ 13,50

Ag925, 15,5 g, Ø 33 mm

PP:	17.500 Ex.	€ 70,00

LP-G43

50 Jahre World Wide Fund for Nature
2011, 10 EURO
Au900, 6,72 g, Ø 22,5 mm
Ⓓ Willehad Eilers

PP:	4.000 Ex.	€ 550,00

LP-G44

10. Jahrestag der Einführung
der Euro-Münzen und -Banknoten
2012, 2 EURO
Ⓓ Luc Luycx und Helmut Andexlinger

Stgl.:	ca. 3,5 Mio. Ex.	€ 10,00
Coin card:	15.000 Ex. (BU)	€ 35,00
PP:	2.500 Ex.*	€ 120,00

* sowie in Kursmünzensatz LP-AK4

LP-G45

400 Jahre diplomatische Beziehungen
mit der Türkei
2012, 5 EURO
Ⓓ Deniz Seyda Tunca
Rand: „GOD*ZIJ*MET*ONS"

Cu (versilbert), 10,5 g, Ø 29 mm

Stgl.:	250.000 Ex.	€ 13,50
Coin card:		€ 17,00
	15.000 Ex. (BU)	€ 30,00

Ag925, 15,5 g, Ø 33 mm

PP:	9.500 Ex.	€ 70,00

Satz mit vier teilkolorierten Münzen

PP:	750 Sätze	€ 900,00

LP-G46

400 Jahre diplomatische Beziehungen
mit der Türkei
2012, 10 EURO
Au900, 6,72 g, Ø 22,5 mm
Ⓓ Deniz Seyda Tunca

PP:	2.000 Ex.	€ 600,00

LP-G47

Europäische
Maler und Bildhauer – Bildhauerei
2012, 5 EURO
Ⓓ Mirjam Mieras und Hester Mieras
Rand: „GOD*ZIJ*MET*ONS"

Cu (versilbert), 10,5 g, Ø 29 mm

Stgl.:	218.013 Ex.	€ 17,00
Coin card:		€ 17,50
	10.000 Ex. (BU)	€ 30,00

Ag925, 15,5 g, Ø 33 mm

PP:	12.500 Ex.	€ 70,00

LP-G48

Europäische
Maler und Bildhauer – Bildhauerei
2012, 10 EURO
Au900, 6,72 g, Ø 22,5 mm
Ⓓ Mirjam Mieras und Hester Mieras

PP:	2.000 Ex.	€ 550,00

LP-G49

LP-G53

LP-G50

LP-G54

LP-G51

LP-G55

LP-G52

LP-G56

LP-G49
UNESCO-Weltkulturerbe – Amsterdamer Grachtengürtel
2012, 5 EURO
Ⓓ Tine Melzer
Rand: „GOD*ZIJ*MET*ONS"

Cu (versilbert), 10,5 g, Ø 29 mm

Stgl.:	218.014 Ex.	€ 12,00
Coin card:		€ 12,75
	10.000 Ex. (BU)	€ 30,00

Ag925, 15,5 g, Ø 33 mm

PP:	12.500 Ex.	€ 75,00

LP-G50
UNESCO-Weltkulturerbe – Amsterdamer Grachtengürtel
2012, 10 EURO
Au900, 6,72 g, Ø 22,5 mm
Ⓓ Tine Melzer

PP:	2.000 Ex.	€ 600,00

LP-G51
Doppelporträt (I) – Ankündigung der Abdankung Ihrer Majestät Königin Beatrix
2013, 2 EURO
Ⓓ Luc Luycx und Pannos Goutzemisis

Stgl.:	ca. 20 Mio. Ex.	€ 6,00
Coin card:	250.000 Ex.	€ 22,00
	25.000 Ex. (BU)	€ 24,00
PP:	10.000 Ex.	€ 55,00

LP-G52
300 Jahre Frieden von Utrecht
2013, 5 EURO
Ⓓ Ernő Langenberg
Rand: „GOD*ZIJ*MET*ONS"

Cu (versilbert), 10,5 g, Ø 29 mm

Stgl.:	210.000 Ex.	€ 12,50
Coin card:		€ 13,00
	10.000 Ex. (BU)	€ 25,50

Ag925, 15,5 g, Ø 33 mm

PP:	6.500 Ex.	€ 75,00

Satz mit sechs teilkolorierten Münzen

PP:	1.000 Sätze	€ 675,00

LP-G53
300 Jahre Frieden von Utrecht
2013, 10 EURO
Au900, 6,72 g, Ø 22,5 mm
Ⓓ Ernő Langenberg

PP:	2.000 Ex.	€ 600,00

LP-G54
Inthronisierung von König Willem-Alexander
2013, 10 EURO
Ⓓ Persijn Broersen und Margit Lukács
Rand: „GOD*ZIJ*MET*ONS"

Cu (versilbert), 15,5 g, Ø 33 mm

Stgl.:	400.000 Ex.	€ 20,00
Coin card:		€ 25,00
	15.000 Ex. (BU)	€ 35,00

Ag925, 25 g, Ø 38 mm

PP:	12.500 Ex.	€ 90,00

LP-G55
Inthronisierung von König Willem-Alexander
2013, 20 EURO
Au900, 8,5 g, Ø 25 mm
Ⓓ Persijn Broersen und Margit Lukács

PP:	2.500 Ex.	€ 750,00

LP-G56
Inthronisierung von König Willem-Alexander
2013, 50 EURO
Au900, 13,4 g, Ø 27 mm
Ⓓ Persijn Broersen und Margit Lukács

PP:	siehe Prestige-Satz

Prestige-Satz (mit LP-G54 BU und PP, LP-G55 sowie LP-G56)

1.000 Sätze	€ 1.300,00

LP-G57

LP-G58

LP-G59

LP-G60

LP-G61

LP-G62

LP-G63

LP-G64

LP-G57

UNESCO-Weltkulturerbe – Das Rietveld-Schröder-Haus
2013, 5 EURO
Ⓓ Tine Melzer
Rand: „GOD*ZIJ*MET*ONS"

Cu (versilbert), 10,5 g, Ø 29 mm

Stgl.:	220.000 Ex.	€ 12,50
Coin card:		€ 13,00
	10.000 Ex. (BU)	€ 23,50

Ag925, 15,5 g, Ø 33 mm

PP:	12.500 Ex.	€ 75,00

LP-G58

UNESCO-Weltkulturerbe – Das Rietveld-Schröder-Haus
2013, 10 EURO
Au900, 6,72 g, Ø 22,5 mm
Ⓓ Tine Melzer

PP:	2.000 Ex.	€ 620,00

LP-G59

100 Jahre Friedenspalast, Den Haag
2013, 5 EURO
Ⓓ Thomas William Puckey
Rand: „GOD*ZIJ*MET*ONS"

Cu (versilbert), 10,5 g, Ø 29 mm

Stgl.:	220.000 Ex.	€ 12,50
Coin card:		€ 13,00
	10.000 Ex. (BU)	€ 55,00

Ag925, 15,5 g, Ø 33 mm

PP:	12.500 Ex.	€ 75,00

LP-G60

100 Jahre Friedenspalast, Den Haag
2013, 10 EURO
Au900, 6,72 g, Ø 22,5 mm
Ⓓ Thomcs William Puckey

PP:	2.000 Ex.	€ 550,00

LP-G61

200 Jahre Königreich
2013, 2 EURO
Ⓓ Luc Luycx, Roosje Klap u. Claudia Linders

Stgl.:	ca. 3.5 Mio. Ex.	€ 6,50
Coin card:	25.000 Ex. (BU)	€ 25,00
PP:	3.500 Ex.*	€ 100,00

* sowie im Satz und im Kursmünzensatz LP-AK4 2013

Satz 3 Münzen (1x BU, je 1x Proof unkoloriert und teilkoloriert)

PP/BU:	1.500 Sätze	€ 275,00

LP-G62

200 Jahre Niederländische Bank
2014, 5 EURO
Ⓓ Michael Guilfoyle
Rand: „GOD*ZIJ*MET*ONS"

Cu (versilbert), 10,5 g, Ø 29 mm

Stgl.:	220.000 Ex.	€ 12,50
Coin card:		€ 13,00
	15.000 Ex. (BU)	€ 25,00

Ag925, 15,5 g, Ø 33 mm

PP:	9.500 Ex.	€ 70,00

Satz mit drei teilkolorierten Münzen

PP:	1.000 Ex.	€ 380,00

LP-G63

200 Jahre Niederländische Bank
2014, 10 EURO
Au900, 6,72 g, Ø 22,5 mm
Ⓓ Michael Guilfoyle

PP:	1.500 Ex.	€ 620,00

LP-G64

Doppelporträt (II) – Abschiedsfeier zu Ehren der früheren Königin Beatrix
2014, 2 EURO
Ⓓ Luc Luycx und Pannos Goutzemisis

Stgl.:	ca. 5 Mio. Ex.	€ 6,50
Coin card:	10.000 Ex.	€ 22,00
	25.000 Ex. (BU)	€ 25,00
PP:	3.000 Ex.*	€ 80,00

* sowie im Satz und im Kursmünzensatz LP-AK4 2014

Satz mit drei teilkolorierten und einer unkolorierten Münze

PP:	2.000 Sätze	€ 250,00

LP-G65

LP-G66

LP-G67

LP-G68

LP-G69

LP-G70

LP-G71

LP-G65

UNESCO-Weltkulturerbe – Die Windmühlen von Kinderdijk
2014, 5 EURO
Ⓓ Tine Melzer
Rand: „GOD*ZIJ*MET*ONS"

Cu (versilbert), 10,5 g, Ø 29 mm

Stgl.:	235.000 Ex.	€ 12,50
Coin card:		€ 13,00
	15.000 Ex. (BU)	€ 27,00

Ag925, 15,5 g, Ø 33 mm

PP:	12.500 Ex.	€ 70,00

LP-G66

UNESCO-Weltkulturerbe – Die Windmühlen von Kinderdijk
2014, 10 EURO
Au900, 6,72 g, Ø 22,5 mm
Ⓓ Tine Melzer

PP:	1.500 Ex.	€ 630,00

LP-G67

200. Jahrestag der Schlacht bei Waterloo
2015, 5 EURO
Ⓓ Marjolein Rothman
Rand: „GOD*ZIJ*MET*ONS"

Cu (versilbert), 10,5 g, Ø 29 mm

Stgl.:	211.000 Ex.	€ 12,50
Coin card:		€ 13,00
	15.000 Ex. (BU)	€ 17,50

Ag925, 15,5 g, Ø 33 mm

PP:	11.250 Ex.	€ 70,00

Drei-Länder-Satz (eine teilkolorierte Münze LP-G67 sowie je eine britische und belgische themengleiche Münze)

PP:	1.250 Ex.	€ 450,00

LP-G68

200. Jahrestag der Schlacht bei Waterloo
2015, 10 EURO
Au900, 6,72 g, Ø 22,5 mm
Ⓓ Marjolein Rothman

PP:	1.500 Ex.	€ 500,00

LP-G69

UNESCO-Weltkulturerbe – Van-Nelle-Fabrik
2015, 5 EURO
Ⓓ Kianoosh Motallebi
Rand: „GOD*ZIJ*MET*ONS"

Cu (versilbert), 10,5 g, Ø 29 mm

Stgl.:	211.000 Ex.	€ 12,50
Coin card:		€ 13,00
	15.000 Ex. (BU)	€ 17,50

Ag925, 15,5 g, Ø 33 mm

PP:	12.500 Ex.	€ 70,00

LP-G70

UNESCO-Weltkulturerbe – Van-Nelle-Fabrik
2015, 10 EURO
Au900, 6,72 g, Ø 22,5 mm
Ⓓ Kianoosh Motallebi

PP:	1.500 Ex.	€ 590,00

LP-G71

30 Jahre Flagge der Europäischen Union
2015, 2 EURO
Ⓓ Luc Luycx u. Georgios Stamatopoulos

Stgl.:	ca. 1 Mio. Ex.	€ 6,00
Coin card:	15.000 Ex. (BU)	€ 25,00
PP:	3.000 Ex.*	€ 55,00

* sowie im Satz und im Kursmünzensatz LP-AK4 2015

Satz mit drei teilkolorierten und einer unkolorierten Münze

PP:	1.000 Sätze	€ 300,00

LP-G72

LP-G73

LP-G74

LP-G75

LP-G76

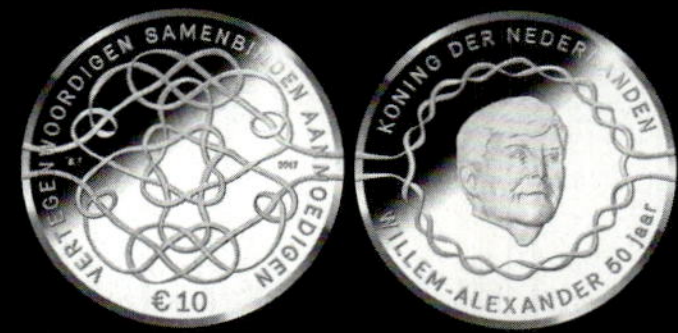

LP-G77

LP-G78

LP-G79

LP-G72

UNESCO-Weltkulturerbe – Wattenmeer
2016, 5 EURO
Ⓓ Kianoosh Motallebi
Rand: „GOD*ZIJ*MET*ONS"

Cu (versilbert), 10,5 g, Ø 29 mm

Stgl.:	158.000 Ex.	€ 13,00
Coin card:		€ 14,50
	12.500 Ex. (BU)	€ 23,00

Ag925, 15,5 g, Ø 33 mm

PP:	7.800 Ex.	€ 65,00

Satz mit vier teilkolorierten Münzen

PP:	550 Ex.	€ 350,00

LP-G73

UNESCO-Weltkulturerbe – Wattenmeer
2016, 10 EURO
Au900, 6,72 g, Ø 22,5 mm
Ⓓ Kianoosh Motallebi

PP:	950 Ex.	€ 600,00

LP-G74

500. Todestag von Hieronymus Bosch
2016, 5 EURO
Ⓓ Danielle van Vree
Rand: „GOD*ZIJ*MET*ONS"

Cu (versilbert), 10,5 g, Ø 29 mm

Stgl.:	158.000 Ex.	€ 12,00
Coin card:		€ 20,00
	12.500 Ex. (BU)	€ 20,00

Ag925, 15,5 g, Ø 33 mm

PP:	4.716 Ex.	€ 60,00

Satz mit vier teilkolorierten Münzen

PP:	500 Ex.	€ 400,00

LP-G75

500. Todestag von Hieronymus Bosch
2016, 10 EURO
Au900, 6,72 g, Ø 22,5 mm
Ⓓ Daniel e van Vree

PP:	1.250 Ex.	€ 650,00

LP-G76

50. Geburtstag von König
Willem-Alexander
2017, 10 EURO
Ⓓ Persijn Broersen und Margit Lukács
Rand: „GOD*ZIJ*MET*ONS"
Cu (versilbert), 15,5 g, Ø 33 mm

Stgl.:	125.000 Ex.	€ 15,50
Coin card:		€ 23,00
	15.000 Ex. (BU)	€ 26,00

Ag925, 28 g, Ø 38 mm

PP:	7.750 Ex.	€ 80,00

Satz mit drei teilkolorierten Münzen

PP:	750 Ex.	€ 260,00

LP-G77

50. Geburtstag von König
Willem-Alexander
2017, 20 EURO
Au900, 8,5 g, Ø 25 mm
Ⓓ Persijn Broersen und Margit Lukács

PP:	1.000 Ex.	€ 750,00

LP-G78

50. Geburtstag von König
Willem-Alexander
2017, 50 EURO
Au900, 13,44 g, Ø 27 mm
Ⓓ Persijn Broersen und Margit Lukács

PP:	650 Ex.	€ 1.200,00

LP-G79

150 Jahre Niederländisches Rotes Kreuz
2017, 5 EURO
Ⓓ Rogier Arents
Rand: „GOD*ZIJ*MET*ONS"

Cu (versilbert), 10,5 g, Ø 29 mm

Stgl.:	124.000 Ex.	€ 12,50
Coin card:		€ 20,00
	12.500 Ex. (BU)	€ 31,00

Ag925, 15,5 g, Ø 33 mm,
mit Teilkolorierung (rotes Kreuz)

PP:	6.500 Ex.	€ 75,00

LP-G80

LP-G81

LP-G82

LP-G83

LP-G84

LP-G85

LP-G86

LP-G80
150 Jahre Niederländisches Rotes Kreuz
2017, 10 EURO
Au900, 6,72 g, Ø 22,5 mm
Ⓓ Rogier Arents

PP:	1.000 Ex.	€ 600,00

LP-G81
Niederländische Sportler (I) –
70. Geburtstag von Johan Cruijff
2017, 5 EURO
Ⓓ Hennie Bouwe
Rand: „GOD*ZIJ*MET*ONS"

Cu (versilbert), 10,5 g, Ø 29 mm

Coin card:	50.000 Ex.	€ 15,00
	20.000 Ex. (BU)	€ 20,00

Ag925, 15,5 g, Ø 33 mm

PP:	5.250 Ex.	€ 110,00

Satz mit drei teilkolorierten Münzen

PP:	750 Ex.	€ 300,00

LP-G82
Niederländische Sportler (I) –
70. Geburstag von Johan Cruijff
2017, 10 EURO
Au900, 6,72 g, Ø 22,5 mm
Ⓓ Hennie Bouwe

PP:	1.000 Ex.	€ 1.790,00

LP-G83
UNESCO-Weltkulturerbe –
Stellung von Amsterdam
2017, 5 EURO
Ⓓ Kianoosh Motallebi
Rand: „GOD*ZIJ*MET*ONS"

Cu (versilbert), 10,5 g, Ø 29 mm

Coin card:	46.500 Ex.	€ 14,00
	15.000 Ex. (BU)	€ 32,00

Ag925, 15,5 g, Ø 33 mm

PP:	5.500 Ex.	€ 70,00

LP-G84
UNESCO-Weltkulturerbe –
Stellung von Amsterdam
2017, 10 EURO
Au900, 6,72 g, Ø 22,5 mm
Ⓓ Kianoosh Motallebi

PP:	1.000 Ex.	€ 715,00

LP-G85
Leeuwarden, Europäische Kultur-
hauptstadt 2018
2018, 5 EURO
Ⓓ Navid Nuur
Rand: „GOD*ZIJ*MET*ONS"

Cu (versilbert), 10,5 g, Ø 29 mm

Coin card:	50.000 Ex.	€ 10,00
	15.000 Ex. (BU)	€ 18,00

Ag925, 15,5 g, Ø 33 mm

PP:	5.000 Ex.	€ 80,00

LP-G86
Leeuwarden, Europäische Kultur-
hauptstadt 2018
2018, 10 EURO
Au900, 6,72 g, Ø 22,5 mm
Ⓓ Navid Nuur

PP:	1.000 Ex.	€ 650,00

LP-G87

LP-G88

LP-G89

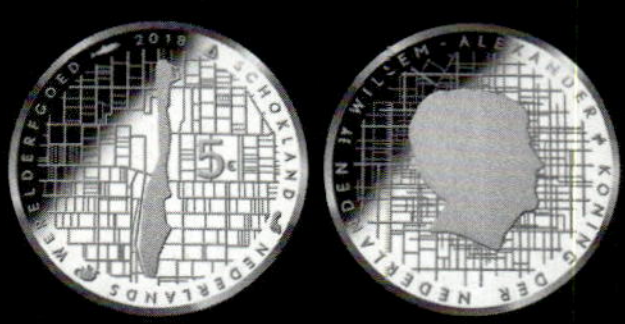

LP-G90

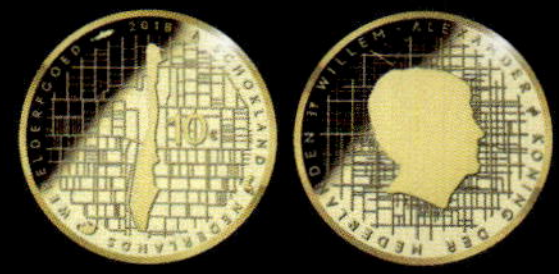

LP-G91

LP-G92

LP-G87
Niederländische Sportler (II) – Fanny Blankers-Koen, die „fliegende Hausfrau"
2018, 5 EURO
Ⓓ Suzan Drummen und Monique Wijbrands
Rand: „GOD*ZIJ*MET*ONS"

Cu (versilbert), 10,5 g, Ø 29 mm

Coin card:	60.000 Ex.	€ 12,50
	17.500 Ex. (BU)	€ 20,00

Ag925, 15,5 g, Ø 33 mm

PP:	5.500 Ex.	€ 55,00

Satz mit drei teilkolorierten Münzen

PP:	500 Ex.	€ 315,00

LP-G88
Niederländische Sportler (II) – Fanny Blankers-Koen, die „fliegende Hausfrau"
2018, 10 EURO
Au900, 6,72 g, Ø 22,5 mm
Ⓓ Suzan Drummen und Monique Wijbrands

PP:	1.000 Ex.	€ 600,00

LP-G89
UNESCO-Weltkulturerbe – Schokland
2018, 5 EURO
Ⓓ Katrin Korfmann
Rand: „GOD*ZIJ*MET*ONS"

Cu (versilbert), 10,5 g, Ø 29 mm

Coin card:	50.000 Ex.	€ 12,50
	12.500 Ex.(BU)	€ 20,00

Ag925, 15,5 g, Ø 33 mm

PP:	4.000 Ex.	€ 80,00

LP-G90
UNESCO-Weltkulturerbe – Schokland
2018, 10 EURO
Au900, 6,72 g, Ø 22,5 mm
Ⓓ Katrin Korfmann

PP:	1.000 Ex.	€ 600,00

LP-G91
100 Jahre Universität Wageningen
2018, 5 EURO
Ⓓ Malin Persson
Rand: „GOD*ZIJ*MET*ONS"

Cu (versilbert), 10,5 g, Ø 29 mm

Coin card:	60.000 Ex.	€ 11,00
	12.500 Ex.(BU)	€ 17,50

Ag925, 15,5 g, Ø 33 mm

PP:	4.000 Ex.	€ 80,00

Satz mit drei teilkolorierten Münzen

PP:	500 Ex.	€ 325,00

LP-G92
100 Jahre Universität Wageningen
2018, 10 EURO
Au900, 6,72 g, Ø 22,5 mm
Ⓓ Malin Persson

PP:	1.000 Ex.	€ 550,00

LP-G93

LP-G94

LP-G95

LP-G96

LP-G97

LP-G98

LP-G99

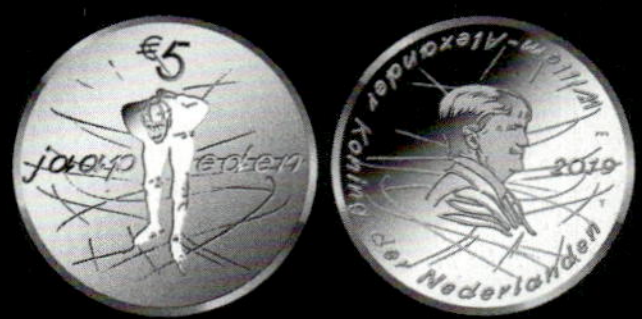

LP-G100

LP-G93
100 Jahre Luftfahrt in den Niederlanden
2019, 5 EURO
Rand: „GOD*ZIJ*MET*ONS"

Cu (versilbert), 10,5 g, Ø 29 mm

Coin card:	60.000 Ex.	€ 15,00
	15.000 Ex.(BU)	€ 32,00

Ag925, 15,5 g, Ø 33 mm

PP:	4.500 Ex.	€ 80,00

LP-G94
100 Jahre Luftfahrt in den Niederlanden
2019, 10 EURO
Au900, 6,72 g, Ø 22,5 mm

PP:	1.000 Ex.	€ 750,00

LP-G95
UNESCO-Weltkulturerbe –
Polderlandschaft Beemster
2019, 5 EURO
Rand: „GOD*ZIJ*MET*ONS"

Cu (versilbert), 10,5 g, Ø 29 mm

Coin card:	50.000 Ex.	€ 11,00
	12.500 Ex.(BU)	€ 32,00

Ag925, 15,5 g, Ø 33 mm

PP:	4.000 Ex.	€ 80,00

LP-G96
UNESCO-Weltkulturerbe –
Polderlandschaft Beemster
2019, 10 EURO
Au900, 6,72 g, Ø 22,5 mm

PP:	800 Ex.	€ 600,00

LP-G97
75 Jahre Operation „Market Garden"
2019, 5 EURO
Rand: „GOD*ZIJ*MET*ONS"

Cu (versilbert), 10,5 g, Ø 29 mm

Coin card:	60.000 Ex.	€ 32,00
	15.000 Ex.(BU)	€ 14,00

Ag925, 15,5 g, Ø 33 mm

PP:	4.500 Ex.	€ 75,00

LP-G98
75 Jahre Operation „Market Garden"
2019, 10 EURO
Au900, 6,72 g, Ø 22,5 mm

PP:	1.000 Ex.	€ 650,00

LP-G99
Niederländische Sportler (III) –
Jaap Eden
2019, 5 EURO
Ⓓ Wineke Gartz
Rand: „GOD*ZIJ*MET*ONS"

Cu (versilbert), 10,5 g, Ø 29 mm

Stgl.:	15.000 Ex.	€ 11,00
Coin card:	15.000 Ex.(BU)	€ 33,00

Ag925, 15,5 g, Ø 33 mm

PP:	4.500 Ex.	€ 75,00

LP-G100
Niederländische Sportler (III) –
Jaap Eden
2018, 10 EURO
Au900, 6,72 g, Ø 22,5 mm
Ⓓ Wineke Gartz

PP:	1.000 Ex.	€ 700,00

LP-G101

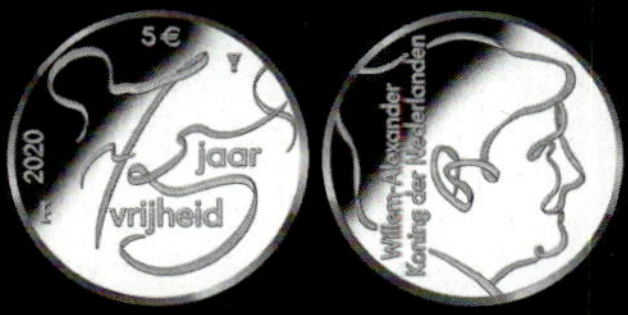

LP-G105

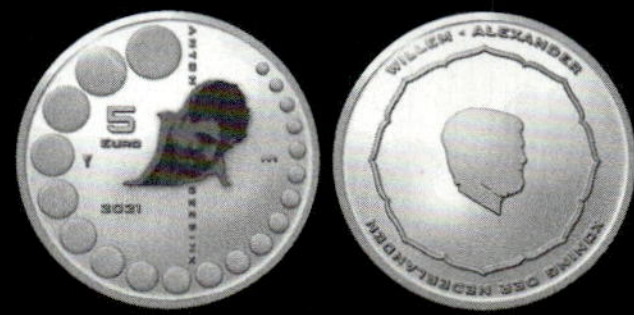

LP-G102

LP-G106

LP-G103

LP-G107

LP-G104

LP-G108

LP-G101
75. Jahrestag der Freiheit nach dem 2. Weltkrieg
2020, 5 EURO
Ⓓ Marijke van Warmerdam
Rand: „GOD*ZIJ*MET*ONS"

Cu (versilbert), 10,5 g, Ø 29 mm

Stgl.:	60.000 Ex.	€ 33,00
Coin card:	15.000 Ex.(BU)	€ 13,00

Ag925, 15,5 g, Ø 33 mm

PP:	8.500 Ex.	€ 80,00

LP-G102
75. Jahrestag der Freiheit nach dem 2. Weltkrieg
2020, 10 EURO
Au900, 6,72 g, Ø 22,5 mm
Ⓓ Marijke van Warmerdam

PP:	1.000 Ex.	€ 1.000,00

LP-G103
UNESCO-Weltkulturerbe – Woudagemaal
2020, 5 EURO
Ⓓ Marijke van Warmerdam
Rand: „GOD*ZIJ*MET*ONS"

Cu (versilbert), 10,5 g, Ø 29 mm

Stgl.:	60.000 Ex.	€ 33,00
Coin card:	15.000 Ex.(BU)	€ 11,00

Ag925, 15,5 g, Ø 33 mm

PP:	4.600 Ex.	€ 80,00

LP-G104
UNESCO-Weltkulturerbe – Woudagemaal
2020, 10 EURO
Au900, 6,72 g, Ø 22,5 mm
Ⓓ Marijke van Warmerdam

PP:	1.000 Ex.	€ 880,00

LP-G105
Niederländische Sportler (IV) – Anton Geesink
2021, 5 EURO
Ⓓ Malin Persson
Rand: „GOD*ZIJ*MET*ONS"

Cu (versilbert), 10,5 g, Ø 29 mm

Stgl.:	50.000 Ex.	€ 24,00
Coin card:	15.000 Ex.(BU)	€ 32,00

Ag925, 15,5 g, Ø 33 mm

PP:	4.500 Ex.	€ 70,00

LP-G106
Niederländische Sportler (IV) – Anton Geesink
2021, 10 EURO
Au900, 6,72 g, Ø 22,5 mm
Ⓓ Wineke Gartz

PP:	1.000 Ex.	€ 750,00

LP-G107
NOS Jeugdjournaal
2021, 5 EURO
Cu (versilbert), 10,5 g, Ø 29 mm

Stgl.:	50.000 Ex.	€ –,–
Coin card:	12.500 Ex.(BU)	€ –,–

Ag925, 15,5 g, Ø 33 mm

PP:	4.000 Ex.	€ –,–

LP-G108
NOS Jeugdjournaal
2021, 10 EURO
Au900, 6,72 g, Ø 22,5 mm

PP:	1.000 Ex.	€ –,–

Vorschau 2022

- 35 Jahre Erasmus-Programm (2 EURO, Gemeinschaftsausgabe)
- 30. Jahrestag der Maastrichter Verträge (5 EURO)
- 150 Jahre seit der Geburt des Malers Piet Mondriaan (5 EURO)

ÖSTERREICH

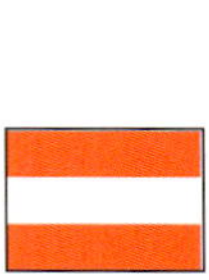

Republik

Fläche: 83.882 km²

Hauptstadt: Wien

Einwohnerzahl: 8,9 Mio.

Beitrittsjahr zur EU: 1995

Bisherige Währung:

Österreichischer Schilling

Bildmotiv: Wiener Karlskirche

LN-K1	1 Cent	
Jahr	**Auflage**	**Stgl.**
2002	378.400.000	1,00
2003	10.800.000	1,00
2004	115.000.000	1,00
2005	174.700.000	1,00
2006	48.300.000	1,10
2007	111.900.000	1,00
2008	50.900.000	1,00
2009	158.900.000	1,00
2010	168.500.000	1,00
2011	189.600.000	1,00
2012	169.300.000	1,00
2013	179.200.000	1,00
2014	185.500.000	1,00
2015	118.000.000	1,00
2016	nur aus Sätzen	16,00
2017	37.700.000	1,00
2018	138.500.000	1,00
2019	130.900.000	0,80
2020	85.500.000	0,90
2021		0,80

LN-K3	5 Cent	
Jahr	**Auflage**	**Stgl.**
2002	217.000.000	1,20
2003	108.500.000	1,20
2004	89.300.000	1,20
2005	66.100.000	1,00
2006	5.600.000	1,10
2007	52.700.000	1,00
2008	96.700.000	1,00
2009	5.800.000	1,10
2010	63.700.000	1,00
2011	66.600.000	1,00
2012	35.300.000	1,00
2013	36.100.000	1,00
2014	48.000.000	1,00
2015	61.000.000	1,00
2016	nur aus Sätzen	15,00
2017	35.200.000	1,00
2018	22.600.000	1,00
2019	15.000.000	0,80
2020	5.600.000	0,80
2021		0,90

LN-K2	2 Cent	
Jahr	**Auflage**	**Stgl.**
2002	326.400.000	1,00
2003	113.500.000	1,20
2004	156.400.000	1,00
2005	163.200.000	1,00
2006	39.800.000	1,00
2007	72.200.000	1,00
2008	125.100.000	1,00
2009	120.400.000	1,00
2010	104.200.000	1,00
2011	148.600.000	1,00
2012	78.100.000	1,00
2013	121.500.000	1,00
2014	116.100.000	1,00
2015	45.400.000	1,00
2016	nur aus Sätzen	15,00
2017	57.200.000	1,00
2018	85.650.000	1,00
2019	91.200.000	0,80
2020	57.300.000	1,00
2021		0,90

LN-K4.1	10 Cent	
Jahr	**Auflage**	**Stgl.**
2002	441.600.000	1,50
2003	nur aus Sätzen	20,00
2004	5.200.000	2,20
2005	5.200.000	1,20
2006	40.000.000	1,50
2007	81.300.000	1,50

LN-K4.2	10 Cent (neue Europakarte)	
Jahr	**Auflage**	**Stgl.**
2008	70.200.000	1,50
2009	15.900.000	1,50
2010	42.800.000	1,20
2011	27.600.000	1,20
2012	25.000.000	1,50
2013	30.100.000	1,50
2014	27.600.000	1,20
2015	63.100.000	1,20
2016	12.300.000	1,20
2017	39.500.000	1,20
2018	30.200.000	1,20
2019	15.100.000	1,20
2020	12.100.000	1,20
2021		1,20

Die hier angegebenen Auflagezahlen beinhalten nicht die in den Kursmünzensätzen enthaltenen Stücke.

LN-K5.1 20 Cent		
Jahr	**Auflage**	**Stgl.**
2002	203.400.000	1,70
2003	50.900.000	1,70
2004	54.800.000	1,70
2005	4.100.000	2,50
2006	8.200.000	2,00
2007	45.000.000	2,00

LN-K7.1 1 Euro		
Jahr	**Auflage**	**Stgl.**
2002	223.500.000	4,50
2003	nur aus Sätzen	25,00
2004	2.600.000	7,00
2005	2.600.000	6,00
2006	7.700.000	5,50
2007	41.100.000	4,50

LN-K5.2 20 Cent (neue Europakarte)		
Jahr	**Auflage**	**Stgl.**
2008	45.300.000	1,50
2009	49.800.000	1,50
2010	4.200.000	1,60
2011	21.300.000	1,50
2012	10.800.000	1,60
2013	25.200.000	1,50
2014	10.500.000	1,50
2015	9.000.000	1,60
2016	30.000.000	1,50
2017	30.000.000	1,50
2018	20.400.000	1,50
2019	25.600.000	1,50
2020	19.800.000	1,30
2021		1,40

LN-K7.2 1 Euro (neue Europakarte)		
Jahr	**Auflage**	**Stgl.**
2008	65.500.000	5,50
2009	40.300.000	4,50
2010	11.200.000	4,50
2011	8.000.000	4,50
2012	nur aus Sätzen	70,00
2013	nur aus Sätzen	38,00
2014	nur aus Sätzen	38,00
2015	nur aus Sätzen	38,00
2016	5.200.000	4,00
2017	8.000.000	4,00
2018	5.100.000	4,00
2019	2.700.000	4,00
2020	4.000.000	5,00
2021		4,20

LN-K6.1 50 Cent		
Jahr	**Auflage**	**Stgl.**
2002	169.100.000	2,50
2003	9.100.000	3,50
2004	3.100.000	3,50
2005	3.100.000	3,50
2006	3.200.000	3,50
2007	3.000.000	3,00

LN-K8.1 2 Euro		
Jahr	**Auflage**	**Stgl.**
2002	196.400.000	7,50
2003	4.700.000	8,00
2004	2.500.000	9,00
2005		–,–
2006	2.300.000	9,00
2007		–,–

LN-K6.2 50 Cent (neue Europakarte)		
Jahr	**Auflage**	**Stgl.**
2008	3.000.000	5,00
2009	14.700.000	2,50
2010	30.000.000	3,00
2011	6.000.000	2,50
2012	nur aus Sätzen	33,00
2013	nur aus Sätzen	20,00
2014	nur aus Sätzen	20,00
2015	nur aus Sätzen	15,00
2016	5.000.000	2,50
2017	15.000.000	3,00
2018	17.100.000	2,50
2019	2.800.000	2,50
2020	14.900.000	1,90
2021		2,20

LN-K8.2 2 Euro (neue Europakarte)		
Jahr	**Auflage**	**Stgl.**
2008	2.600.000	8,00
2009		–,–
2010	17.000.000	7,50
2011	27.700.000	7,50
2012	21.200.000	7,00
2013	10.100.000	7,50
2014	20.100.000	6,50
2015	12.300.000	7,50
2016		–,–
2017	17.700.000	7,50
2018		–,–
2019	15.800.000	3,00
2020	12.700.000	6,50
2021		6,50

Die hier angegebenen Auflagezahlen beinhalten nicht die in den Kursmünzensätzen enthaltenen Stücke.

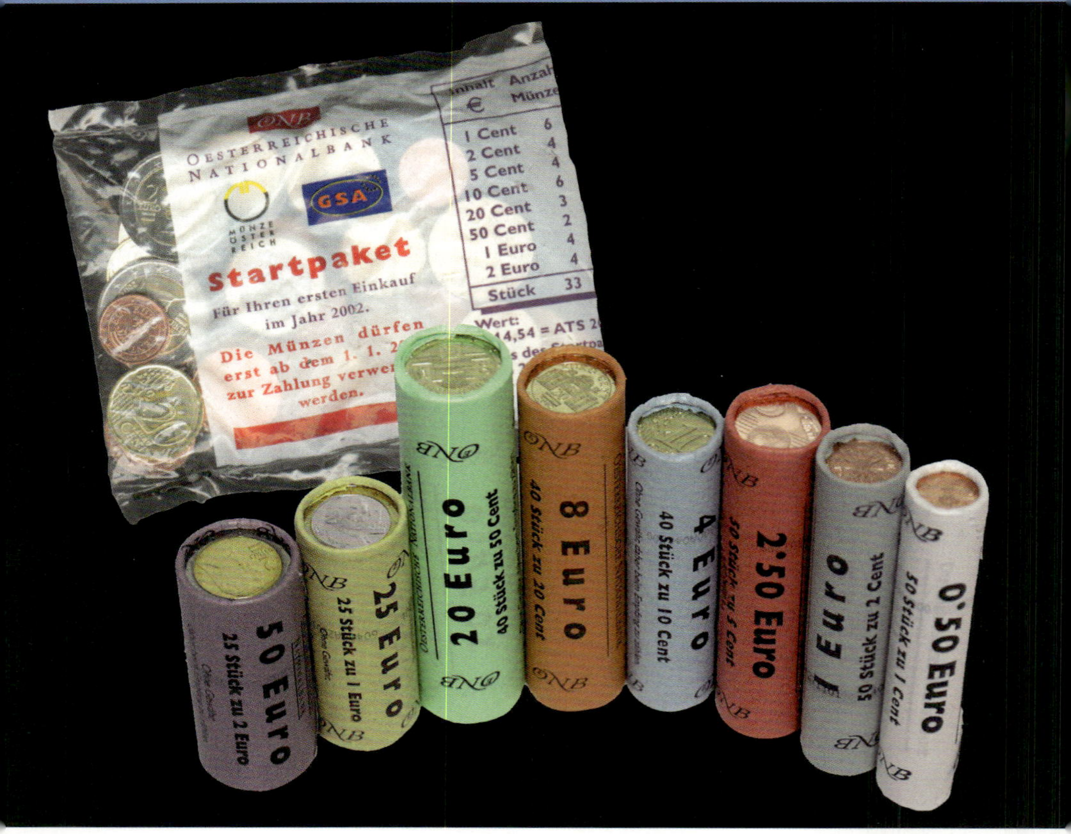

Inhalt des Starterpäckchens:

1 Cent (6x), 2 Cent (4x), 5 Cent (4x), 10 Cent (6x), 20 Cent (3x), 50 Cent (2x), 1 Euro (4x), 2 Euro (4x).

Die Starterkits wurden ab dem 15. Dezember 2001 an Privathaushalte zu einem Gegenwert von 200,00 ATS abgegeben. Kursgültig seit dem 1. Januar 2002.

Jahr	Auflage	Stgl.
2002	6.000.000 Exemplare	€ 36,00

Inhalt der Original-Rollen:

1 Cent	50 Exemplare	Nominal:	€ 0,50
2 Cent	50 Exemplare	Nominal:	€ 1,00
5 Cent	50 Exemplare	Nominal:	€ 2,50
10 Cent	40 Exemplare	Nominal:	€ 4,00
20 Cent	40 Exemplare	Nominal:	€ 8,00
50 Cent	40 Exemplare	Nominal:	€ 20,00
1 EURO	25 Exemplare	Nominal:	€ 25,00
2 EURO	25 Exemplare	Nominal:	€ 50,00

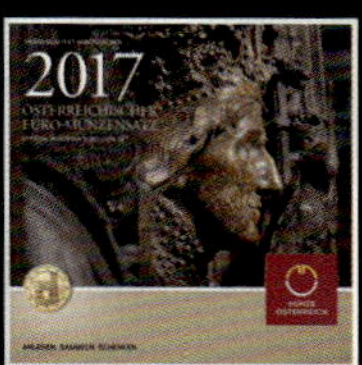

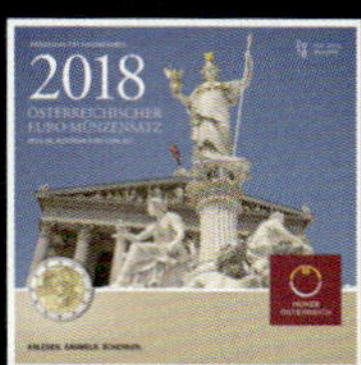

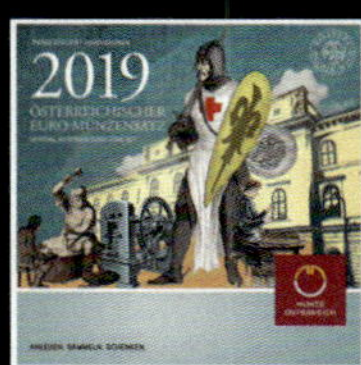

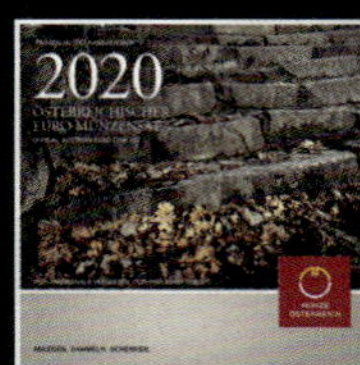

Kursmünzensätze	Jahr	Auflage	Hgh.
LN-AK1 2002	2002	100.000	49,00
LN-AK1 2003	2003	125.000	45,00
LN-AK1 2004	2004	100.000	30,00
LN-AK1 2005** (incl. LN-G30)	2005	100.000	25,00
LN-AK1 2006	2006	100.000	37,00
LN-AK1 2007** (incl. LN-G48)	2007	75.000	37,00
LN-AK1 2008	2008	50.000	28,00
LN-AK1 2009** (incl. LN-G64)	2009	75.000	26,00
LN-AK1 2010	2010	50.000	28,00
LN-AK1 2011	2011	50.000	32,00
LN-AK1 2012** (incl. LN-G95)	2012	50.000*	75,00
LN-AK1 2013	2013	50.000*	39,00
LN-AK1 2014	2014	50.000*	39,00
LN-AK1 2015	2015	50.000*	50,00
LN-AK1 2016** (incl. LN-G137)	2016	50.000*	40,00
LN-AK1 2017	2017	50.000*	45,00
LN-AK1 2018** (incl. LN-G163)	2018	50.000*	45,00
LN-AK1 2019	2019	50.000*	56,00
LN-AK1 2020	2020	50.000*	45,00
LN-AK1 2021	2021	50.000*	42,00

* Gesamtauflage von LN-AK1 und LN-SK1 ** ohne 2-Euro-Kursmünze, incl. 2-Euro-Gedenkmünze

Kursmünzensätze	Jahr	Auflage	PP
LN-AK2 2002	2002	10.000	110,00
LN-AK2 2003	2003	25.000	80,00
LN-AK2 2004	2004	20.000	58,00
LN-AK2 2005** (incl. LN-G30)	2005	20.000	71,00
LN-AK2 2006	2006	20.000	88,00
LN-AK2 2007** (incl. LN-G48)	2007	20.000	74,00
LN-AK2 2008	2008	15.000	95,00
LN-AK2 2009** (incl. LN-G64)	2009	15.000	79,00
LN-AK2 2010	2010	15.000	93,00
LN-AK2 2011	2011	15.000	115,00
LN-AK2 2012** (incl. LN-G95)	2012	10.000	115,00
LN-AK2 2013	2013	10.000	115,00
LN-AK2 2014	2014	10.000	125,00
LN-AK2 2015	2015	10.000	125,00
LN-AK2 2016** (incl. LN-G137)	2016	10.000	105,00
LN-AK2 2017	2017	10.000	125,00
LN-AK2 2018** (incl. LN-G163)	2018	10.000	130,00
LN-AK2 2019	2019	10.000	130,00
LN-AK2 2020	2020	10.000	130,00
LN-AK2 2021	2021	10.000	135,00

Kursmünzensätze	Jahr	Auflage	Hgh.
Baby-Euro-Münzensatz			
LN-SK1 2012	2012	50.000*	66,00
LN-SK1 2013	2013	50.000*	55,00
LN-SK1 2014	2014	50.000*	55,00
LN-SK1 2015	2015	50.000*	55,00
LN-SK1 2016	2016	50.000*	55,00
LN-SK1 2017	2017	50.000*	55,00
LN-SK1 2018	2018	50.000*	55,00
LN-SK1 2019	2019	50.000*	53,00
LN-SK1 2020**	2020	50.000*	55,00
LN-SK1 2021	2021	50.000*	55,00

* Gesamtauflage von LN-AK1 und LN-SK1 ** ohne 2-Euro-Kursmünze, incl. 2-Euro-Gedenkmünze

LN-BMG7

LN-BMG3

LN-BMG1

LN-BMG4

LN-BMG2

LN-BMG6

Wiener Philharmoniker (Gold)	Jahr	Auflage	Jahr	Auflage	Jahr	Auflage	Jahr	Auflage	Jahr	Auflage
4 EURO (LN-BMG7)					2014	78.551	2015	88.157	2016	67.915
Au999,9, 1,24 g, Ø 13 mm	2017	40.186	2018	44.637	2019	44.023	2020	119.230		
10 EURO (LN-BMG1)	2002	75.789	2003	59.654	2004	67.994	2005	62.071	2006	39.892
Au999,9, 3,121 g, Ø 16 mm	2007	76.325	2008	176.682	2009	437.706	2010	226.685	2011	272.227
	2012	176.262	2013	193.115	2014	147.461	2015	263.439	2016	181.536
	2017	131.815	2018	116.932	2019	100.697	2020	329.377		
25 EURO (LN-BMG2)	2002	40.807	2003	34.019	2004	32.449	2005	32.817	2006	29.609
Au999,9, 7,776 g, Ø 22 mm	2007	34.631	2008	97.090	2009	171.992	2010	84.968	2011	102.026
	2012	64.314	2013	77.219	2014	68.440*	2015	112.228	2016	91.809
	2017	65.068	2018	46.089	2019	56.199	2020	155.908		
50 EURO (LN-BMG3)	2002	40.922	2003	26.848	2004	24.269	2005	21.049	2006	20.085
Au999,9, 15,552 g, Ø 28 mm	2007	25.091	2008	73.778	2009	92.249	2010	56.607	2011	77.488
	2012	49.483	2013	69.573	2014	57.816	2015	101.500	2016	78.460
	2017	52.281	2018	44.750	2019	40.890	2020	112.430		
100 EURO (LN-BMG4)	2002	164.105	2003	179.881	2004	176.319	2005	158.564	2006	82.174
Au999,9, 31,103 g, Ø 37 mm	2007	108.675	2008	715.842	2009	903.047	2010	501.951	2011	586.686
	2012	341.411	2013	579.223	2014	418.919*	2015	647.100	2016	451.007
	2017	355.436	2018	318.334	2019	164.312	2020	706.626		
2.000 EURO (LN-BMG5) Au999,9, 622,1 g, Ø 74 mm					2009	6.027				
100.000 EURO (LN-BMG6) Au999,9, 31.103,5 g, Ø 370 mm					2004	15				

Der Handelspreis dieser Barrenmünzen orientiert sich in der Regel am tagesaktuellen Edelmetallpreis zuzüglich eines Aufgeldes.

* 5.000 Exemplare wurden im Set „25 Jahre Wiener Philharmoniker" in PP produziert.

LN-BMP2

LN-BMS2

LN-BMP1

LN-BMS3

LN-BMS1

LN-BMS4

Wiener Philharmoniker (Platin)	Jahr	Auflage	Jahr	Auflage	Jahr	Auflage	Jahr	Auflage	Jahr	Auflage
4 EURO (LN-BMP2) Pt999,5, 1,24 g, Ø 13 mm		–.–	2017	4.100	2018	2.814	2019	2.034	2020	4.913
100 EURO (LN-BMP1) Pt999,5, 31,10 g, Ø 37 mm	2016	35.257	2017	15.354	2018	13.753	2019	17.798	2020	40.891

Wiener Philharmoniker (Silber)	Jahr	Auflage	Jahr	Auflage	Jahr	Auflage	Jahr	Auflage	Jahr	Auflage
1,50 EURO (LN-BMS1)	2008	7.773.018	2009	9.014.839	2010	11.358.168	2011	17.873.721	2012	8.769.227
Ag999, 31,103 g, Ø 37 mm	2013	14.536.408	2014	4.643.508	2015	7.298.593	2016	3.448.390	2017	2.064.804
	2018	2.101.592	2019	2.904.983	2020	7.193.119				

825 Jahre Münze Wien (Silber)	Auflage
1,50 EURO (LN-BMS2) **Leopold V.** 2019, Ag999, 31,103 g, Ø 37 mm	100.000
1,50 EURO (LN-BMS3) **Wiener Neustadt** 2019, Ag999, 31,103 g, Ø 37 mm	100.000
1,50 EURO (LN-BMS4) **Robin Hood** 2019, Ag999, 31,103 g, Ø 37 mm	100.000

Der Handelspreis dieser Barrenmünzen orientiert sich in der Regel am tagesaktuellen Edelmetallpreis zuzüglich eines Aufgeldes.

LN-G1

LN-G5

LN-G2

LN-G6

LN-G3

LN-G7

LN-G4

LN-G8

LN-G1
2000 Jahre Christentum (III) –
Orden und die Welt
2002, 50 EURO
Au986, 10,14 g, Ø 22 mm
Ⓓ Helmut Andexlinger

Hgh.:	50.000 Ex.	€ 990,00

LN-G2
Österreich und sein Volk –
Schlösser in Österreich (I):
Schloss Ambras
2002, 10 EURO
Ag925, 17,3 g, Ø 32 mm
Ⓓ Andreas Zanaschka, Herbert Wähner

Stgl.:	130.000 Ex.	€ 50,00
Hgh.:	20.000 Ex.	€ 65,00
PP:	50.000 Ex.	€ 105,00

LN-G3
250 Jahre Tiergarten Schönbrunn
2002, 5 EURO
Ag800, 10 g, Ø 28,5 mm, neuneckig
Ⓓ Helmut Andexlinger, Herbert Wähner

Stgl.:	500.000 Ex.	€ 20,00
Hgh.:	100.000 Ex.	€ 22,00

LN-G4
Österreich im Wandel der Zeit (V) –
Die Neuzeit
2002, 20 EURO
Ag900, 20 g, Ø 34 mm
Ⓓ Herbert Wähner, Thomas Pesendorfer

PP:	50.000 Ex.	€ 90,00

LN-G5
Österreich im Wandel der Zeit (VI) –
Der Barock
2002, 20 EURO
Ag900, 20 g, Ø 34 mm
Ⓓ Andreas Zanaschka, Thomas Pesendorfer

PP:	50.000 Ex.	€ 100,00

LN-G6
Österreich und sein Volk –
Schlösser in Österreich (II):
Schloss Eggenberg
2002, 10 EURO
Ag925, 17,3 g, Ø 32 mm
Ⓓ Andreas Zanaschka, Thomas Pesendorfer

Stgl.:	130.000 Ex.	€ 35,00
Hgh.:	20.000 Ex.	€ 50,00
PP:	50.000 Ex.	€ 85,00

LN-G7
Kunstschätze Österreichs (III) –
Bildhauerei
2002, 100 EURO
Au986, 16,227 g, Ø 30 mm
Ⓓ Herbert Wähner, Thomas Pesendorfer

Hgh.:	30.000 Ex.	€ 1.750,00

LN-G8
700 Jahre Stadt Hall in Tirol
2003, 25 EURO
Nb998/Ag900, 17,15 g, Ø 34 mm
Ⓓ Herbert Wähner, Helmut Andexlinger

Hgh.:	50.000 Ex.	€ 300,00

LN-G9

LN-G10

LN-G11

LN-G12

LN-G13

LN-G14

LN-G15

LN-G16

LN-G9

2000 Jahre Christentum (IV) –
Nächstenliebe
2003, 50 EURO
Au986, 10,14 g, Ø 22 mm
Ⓓ Thomas Pesendorfer, Andreas Zanaschka

Hgh.:	50.000 Ex.	€ 1.080,00

LN-G10

Österreich und sein Volk –
Schlösser in Österreich (III):
„SchloßHof"
2003, 10 EURO
Ag925, 17,3 g, Ø 32 mm
Ⓓ Andreas Zanaschka

Stgl.:	130.000 Ex.	€ 35,00
Hgh.:	20.000 Ex.	€ 50,00
PP:	50.000 Ex.	€ 75,00

LN-G11

Jahr des Wassers –
Wasserkraft
2003, 5 EURO
Ag800, 10 g, Ø 28,5 mm, neuneckig
Ⓓ Helmut Andexlinger, Thomas Pesendorfer

Stgl.:	500.000 Ex.	€ 19,00
Hgh.:	100.000 Ex.	€ 18,00

LN-G12

Österreich im Wandel der Zeit (VII) –
Das Biedermeier
2003, 20 EURO
Ag900, 20 g, Ø 34 mm
Ⓓ Andreas Zanaschka

PP:	50.000 Ex.	€ 85,00

LN-G13

Österreich im Wandel der Zeit (VIII) –
Die Nachkriegszeit
2003, 20 EURO
Ag900, 20 g, Ø 34 mm
Ⓓ Thomas Pesendorfer, Herbert Wähner

PP:	50.000 Ex.	€ 80,00

LN-G14

Österreich und sein Volk –
Schlösser in Österreich (IV):
Schloss Schönbrunn
2003, 10 EURO
Ag925, 17,3 g, Ø 32 mm
Ⓓ Helmut Andexlinger, Andreas Zanaschka

Stgl.:	100.000 Ex.	€ 35,00
Hgh.:	40.000 Ex.	€ 45,00
PP:	60.000 Ex.	€ 75,00

LN-G15

Kunstschätze Österreichs (IV) –
Malerei
2003, 100 EURO
Au986, 16,227 g, Ø 30 mm
Ⓓ Herbert Wähner, Thomas Pesendorfer

Hgh.:	30.000 Ex.	€ 1.720,00

LN-G16

Erweiterung
der Europäischen Union
2004, 5 EURO
Ag800, 10 g, Ø 28,5 mm, neuneckig
Ⓓ Helmut Andexlinger, Thomas Pesendorfer

Stgl.:	275.000 Ex.	€ 16,50
Hgh.:	125.000 Ex.	€ 18,00

LN-G17

LN-G18

LN-G19

LN-G20

LN-G21

LN-G22

LN-G23

LN-G24

LN-G17
150 Jahre Semmeringbahn
2004, 25 EURO
Nb998/Ag900, 17,15 g, Ø 34 mm
Ⓓ Thomas Pesendorfer, Herbert Wähner
Hgh.: 50.000 Ex. € 475,00

LN-G18
Große Komponisten (I) – Joseph Haydn
2004, 50 EURO
Au986, 10,14 g, Ø 22 mm
Ⓓ Herbert Wähner
PP: 50.000 Ex. € 1.000,00

LN-G19
Österreich und sein Volk –
Schlösser in Österreich (V):
Schloss Hellbrunn
2004, 10 EURO
Ag925, 17,3 g, Ø 32 mm
Ⓓ Herbert Wähner, Thomas Pesendorfer
Stgl.: 130.000 Ex. € 35,00
Hgh.: 40.000 Ex. € 45,00
PP: 60.000 Ex. € 75,00

LN-G20
100 Jahre Fußball
2004, 5 EURO
Ag800, 10 g, Ø 28,5 mm, neuneckig
Ⓓ Helmut Andexlinger, Herbert Wähner
Stgl.: 600.000 Ex. € 15,50
Hgh.: 100.000 Ex. € 21,00

LN-G21
Österreich auf Hoher See (I) –
S.M.S. „Novara"
2004, 20 EURO
Ag900, 20 g, Ø 34 mm
Ⓓ Thomas Pesendorfer, Herbert Wähner
PP: 50.000 Ex. € 85,00

LN-G22
Österreich auf Hoher See (II) –
S.M.S. „Erzherzog Ferdinand Max"
2004, 20 EURO
Ag900, 20 g, Ø 34 mm
Ⓓ Thomas Pesendorfer, Herbert Wähner
PP: 50.000 Ex. € 80,00

LN-G23
Österreich und sein Volk –
Schlösser in Österreich (VI):
Schloss Artstetten
2004, 10 EURO
Ag925, 17,3 g, Ø 32 mm
Ⓓ Thomas Pesendorfer, Herbert Wähner
Stgl.: 130.000 Ex. € 35,00
Hgh.: 40.000 Ex. € 45,00
PP: 60.000 Ex. € 75,00

LN-G24
Wiener Jugendstil (I) –
Wiener Secession
2004, 100 EURO
Ag986, 16,227 g, Ø 30 mm
Ⓓ Helmut Andexlinger
PP: 30.000 Ex. € 1 800,00

LN-G25

LN-G29

LN-G26

LN-G30

LN-G27

LN-G31

LN-G28

LN-G32

LN-G25

100 Jahre Skisport
2005, 5 EURO
Ag800, 10 g, Ø 28,5 mm, neuneckig
Ⓓ Helmut Andexlinger, Herbert Wähner

Stgl.:	500.000 Ex.	€ 17,00
Hgh.:	100.000 Ex.	€ 23,00

LN-G26

Große Komponisten (II) – Ludwig van Beethoven
2005, 50 EURO
Au986, 10,14 g, Ø 22 mm
Ⓓ Helmut Andexlinger, Herbert Wähner

PP:	50.000 Ex.	€ 1.000,00

LN-G27

50 Jahre Fernsehen
2005, 25 EURO
Nb998/Ag900, 17,15 g, Ø 34 mm
Ⓓ Helmut Andexlinger

Hgh.:	65.000 Ex.	€ 175,00

LN-G28

60 Jahre Frieden und Freiheit in Europa – Europahymne, Ludwig van Beethoven
2005, 5 EURO
Ag800, 10 g, Ø 28,5 mm, neuneckig
Ⓓ Helmut Andexlinger, Herbert Wähner

Stgl.:	275.000 Ex.	€ 16,50
Hgh.:	125.000 Ex.	€ 20,00

LN-G29

60 Jahre Zweite Republik
2005, 10 EURO
Ag925, 17,3 g, Ø 32 mm
Ⓓ Helmut Andexlinger, Herbert Wähner

Stgl.:	130.000 Ex.	€ 33,50
Hgh.:	40.000 Ex.	€ 45,00
PP:	60.000 Ex.	€ 75,00

LN-G30

50 Jahre Staatsvertrag
2005, 2 EURO
Ⓓ Luc Luycx, Helmut Andexlinger

Stgl.:	6.900.000 Ex.	€ 10,00
Hgh.:	nur aus Kursmünzensatz LN-AK1 2005	
PP:	nur aus Kursmünzensatz LN-AK2 2005	

LN-G31

Österreich auf Hoher See (III) – Polarexpedition Tegetthoff
2005, 20 EURO
Ag900, 20 g, Ø 34 mm
Ⓓ Thomas Pesendorfer, Herbert Wähner

PP:	50.000 Ex.	€ 85,00

LN-G32

Österreich auf Hoher See (IV) – S.M.S. „Sankt Georg"
2005, 20 EURO
Ag900, 20 g, Ø 34 mm
Ⓓ Thomas Pesendorfer

PP:	50.000 Ex.	€ 85,00

LN-G33

LN-G37

LN-G34

LN-G38

LN-G35

LN-G39

LN-G36

LN-G40

LN-G33

Wiedereröffnung der Bundestheater
2005, 10 EURO
Ag925, 17,3 g, Ø 32 mm
Ⓓ Helmut Andexlinger, Herbert Wähner

Stgl.: 130.000 Ex. € 30,00
Hgh.: 40.000 Ex. € 35,00
PP: 60.000 Ex. € 70,00

LN-G34

Wiener Jugendstil (II) –
Kirche am Steinhof
2005, 100 EURO
Au986, 16,227 g, Ø 30 mm
Ⓓ Thomas Pesendorfer, Helmut Andexlinger

PP: 30.000 Ex. € 1.700,00

LN-G35

EU-Ratspräsidentschaft
2006, 5 EURO
Ag800, 10 g, Ø 28,5 mm, neuneckig
Ⓓ Helmut Andexlinger

Stgl.: 250.000 Ex. € 19,00
Hgh.: 100.000 Ex. € 22,50

LN-G36

Große Komponisten (III) –
Wolfgang Amadeus Mozart
2006, 50 EURO
Au986, 10,14 g, Ø 22 mm
Ⓓ Herbert Wähner, Thomas Pesendorfer

PP: 50.000 Ex. € 1.150,00

LN-G37

Europäische Satellitennavigation
2006, 25 EURO
Nb998/Ag900, 17,15 g, Ø 34 mm
Ⓓ Herbert Wähner, Thomas Pesendorfer

Hgh.: 65.000 Ex. € 170,00

LN-G38

Stifte und Klöster in Österreich (I) –
Stift Nonnberg
2006, 10 EURO
Ag925, 17,3 g, Ø 32 mm
Ⓓ Thomas Pesendorfer

Stgl.: 130.000 Ex. € 37,50
Hgh.: 40.000 Ex. € 42,50
PP: 60.000 Ex. € 75,00

LN-G39

Große Europäer –
250. Geburtstag von Wolfgang
Amadeus Mozart
2006, 5 EURO
Ag800, 10 g, Ø 28,5 mm, neuneckig
Ⓓ Helmut Andexlinger, Thomas Pesendorfer

Stgl.: 375.000 Ex. € 20,00
Hgh.: 125.000 Ex. € 22,00

LN-G40

Österreich auf Hoher See (V) –
Österreichische Handelsmarine
2006, 20 EURO
Ag900, 20 g, Ø 34 mm
Ⓓ Helmut Andexlinger, Herbert Wähner

PP: 50.000 Ex. € 85,00

LN-G41

LN-G42

LN-G43

LN-G44

LN-G45

LN-G46

LN-G47

LN-G48

LN-G41

Österreich auf Hoher See (VI) –
S.M.S. „Viribus Unitis"
2006, 20 EURO
Ag900, 20 g, Ø 34 mm
Ⓓ Helmut Andexlinger, Thomas Pesendorfer

PP:	50.000 Ex.	€ 85,00

LN-G42

Stifte und Klöster in Österreich (II) –
Stift Göttweig
2006, 10 EURO
Ag925, 17,3 g, Ø 32 mm
Ⓓ Herbert Wähner, Thomas Pesendorfer

Stgl.:	130.000 Ex.	€ 37,50
Hgh.:	40.000 Ex.	€ 42,50
PP:	60.000 Ex.	€ 75,00

LN-G43

Wiener Jugendstil (III) – Wienflussportal
2006, 100 EURO
Au986, 16,227 g, Ø 30 mm
Ⓓ Helmut Andexlinger

PP:	30.000 Ex.	€ 1.770,00

LN-G44

Europäische Errungenschaften –
100 Jahre Wahlrechtsreform
2007, 5 EURO
Ag800, 10 g, Ø 28,5 mm, neuneckig
Ⓓ Helmut Andexlinger, Herbert Wähner

Stgl.:	150.000 Ex.	€ 15,00
Hgh.:	100.000 Ex.	€ 20,00

LN-G45

Große Mediziner Österreichs (I) –
Gerard van Swieten
2007, 50 EURO
Au986, 10,14 g, Ø 22 mm
Ⓓ Helmut Andexlinger

PP:	50.000 Ex.	€ 1.230,00

LN-G46

Österreichische Luftfahrt
2007, 25 EURO
Nb998/Ag900, 16,5 g, Ø 34 mm
Ⓓ Herbert Wähner

Hgh.:	65.000 Ex.	€ 200,00

LN-G47

Stifte und Klöster in Österreich (III) –
Stift Melk
2007, 10 EURO
Ag925, 17,3 g, Ø 32 mm
Ⓓ Thomas Pesendorfer, Herbert Wähner

Stgl.:	130.000 Ex.	€ 40,00
Hgh.:	40.000 Ex.	€ 50,00
PP:	60.000 Ex.	€ 75,00

LN-G48

50 Jahre Vertrag von Rom
2007, 2 EURO
Ⓓ Luc Luycx, Helmut Andexlinger

Stgl.:	8.900.000 Ex.	€ 7,00
Hgh.:	nur aus Kursmünzensatz LN-AK1 2007	
PP:	nur aus Kursmünzensatz LN-AK2 2007	

LN-G49

LN-G50

LN-G51

LN-G52

LN-G53

LN-G54

LN-G55

LN-G56

LN-G49
850 Jahre Mariazell
2007, 5 EURO
Ag800, 10 g, Ø 28,5 mm, neuneckig
Ⓓ Helmut Andexlinger, Thomas Pesendorfer

Stgl.:	450.000 Ex.	€ 16,50
Hgh.:	100.000 Ex.	€ 22,00

LN-G50
Österreichische Eisenbahnen (I) – Kaiser-Ferdinands-Nordbahn
2007, 20 EURO
Ag900, 20 g, Ø 34 mm
Ⓓ Thomas Pesendorfer, Helmut Andexlinger

PP:	50.000 Ex.	€ 85,00

LN-G51
Österreichische Eisenbahnen (II) – Südbahn Wien–Triest
2007, 20 EURO
Ag900, 20 g, Ø 34 mm
Ⓓ Herbert Wähner, Thomas Pesendorfer

PP:	50.000 Ex.	€ 85,00

LN-G52
Stifte und Klöster in Österreich (IV) – St. Paul im Lavanttal
2007, 10 EURO
Ag925, 17,3 g, Ø 32 mm
Ⓓ Thomas Pesendorfer, Herbert Wähner

Stgl.:	130.000 Ex.	€ 35,00
Hgh.:	40.000 Ex.	€ 42,50
PP:	60.000 Ex.	€ 75,00

LN-G53
Wiener Jugendstil (IV) – Otto Wagners Wohnhaus in der Wienzeile
2007, 100 EURO
Au986, 16,227 g, Ø 30 mm
Ⓓ Thomas Pesendorfer, Helmut Andexlinger

PP:	30.000 Ex.	€ 1.740,00

LN-G54
Große Mediziner Österreichs (II) – Ignaz Philipp Semmelweis
2008, 50 EURO
Au986, 10,14 g, Ø 22 mm
Ⓓ Thomas Pesendorfer

PP:	50.000 Ex.	€ 1.270,00

LN-G55
Fußball 2008 – Zweikampf
2008, 5 EURO
Ag800, 10 g, Ø 28,5 mm, neuneckig
Ⓓ Helmut Andexlinger, Thomas Pesendorfer

Stgl.:	225.000 Ex.	€ 19,00

LN-G56
Fußball 2008 – Stürmer
2008, 5 EURO
Ag800, 10 g, Ø 28,5 mm, neuneckig
Ⓓ Helmut Andexlinger, Thomas Pesendorfer

Stgl.:	225.000 Ex.	€ 19,00

Set mit LN-G55 und LN-G56

Hgh.:	100.000 Ex.	€ 50,00

LN-G57

LN-G58

LN-G59

LN-G60

LN-G61

LN-G62

LN-G63

LN-G64

LN-G57
Faszination Licht
2008, 25 EURO
Nb998/Ag900, 16,5 g, Ø 34 mm
Ⓓ Herbert Wähner
Hgh.: 65.000 Ex. € 425,00

LN-G58
Stifte und Klöster in Österreich (V) – Stift Klosterneuburg
2008, 10 EURO
Ag925, 17,3 g, Ø 32 mm
Ⓓ Thomas Pesendorfer
Stgl.: 130.000 Ex. € 42,50
Hgh.: 40.000 Ex. € 50,00
PP: 60.000 Ex. € 75,00

LN-G59
Kulturelles Erbe Europas (I) – 100. Geburtstag von Herbert von Karajan
2008, 5 EURO
Ag800, 10 g, Ø 28,5 mm, neuneckig
Ⓓ Helmut Andexlinger, Thomas Pesendorfer
Stgl.: 150.000 Ex. € 18,00
Hgh.: 100.000 Ex. € 20,00

LN-G60
Österreichische Eisenbahnen (III) – Die „Belle Epoque"
2008, 20 EURO
Ag900, 20 g, Ø 34 mm
Ⓓ Thomas Pesendorfer, Helmut Andexlinger
PP: 50.000 Ex. € 85,00

LN-G61
Österreichische Eisenbahnen (IV) – Kaiserin-Elisabeth-Westbahn
2008, 20 EURO
Ag900, 20 g, Ø 34 mm
Ⓓ Herbert Wähner, Thomas Pesendorfer
PP: 50.000 Ex. € 85,00

LN-G62
Stifte und Klöster in Österreich (VI) – Abtei Seckau
2008, 10 EURO
Ag925, 17,3 g, Ø 32 mm
Ⓓ Herbert Wähner, Thomas Pesendorfer
Stgl.: 130.000 Ex. € 40,00
Hgh.: 40.000 Ex. € 45,00
PP: 60.000 Ex. € 70,00

LN-G63
Kronen der Habsburger (I) – Die Krone des Heiligen Römischen Reiches
2008, 100 EURO
Au986, 16,227 g, Ø 30 mm
Ⓓ Thomas Pesendorfer
PP: 30.000 Ex. € 1.650,00

LN-G64
10 Jahre Europäische Wirtschafts- und Währungsunion
2009, 2 EURO
Ⓓ Luc Luycx, Georgios Stamatopoulos
Stgl.: 4.900.000 Ex. € 6,50
Hgh.: nur aus Kursmünzensatz LN-AK1 2009
PP: nur aus Kursmünzensatz LN-AK2 2009

LN-G65

LN-G69

LN-G66

LN-G70

LN-G67

LN-G71

LN-G68

LN-G72

LN-G65

Kulturelles Erbe Europas (II)
– 200. Todestag von Joseph Haydn
2009, 5 EURO
Ag800, 10 g, Ø 28,5 mm, neuneckig
Ⓓ Helmut Andexlinger

Stgl.:	450.000 Ex.	€ 15,50
Hgh.:	100.000 Ex.	€ 22,00

LN-G66

Große Mediziner Österreichs (III) –
Theodor Billroth
2009, 50 EURO
Au986, 10,14 g, Ø 22 mm
Ⓓ Helmut Andexlinger, Herbert Wähner

PP:	50.000 Ex.	€ 1.050,00

LN-G67

Jahr der Astronomie
2009, 25 EURO
Nb998/Ag900, 16,5 g, Ø 34 mm
Ⓓ Herbert Wähner

Hgh.:	65.000 Ex.	€ 200,00

LN-G68

Sagen und Legenden in Österreich (I) –
Der Basilisk
2009, 10 EURO
Ag925, 17,3 g, Ø 32 mm
Ⓓ Thomas Pesendorfer

Stgl.:	130.000 Ex.	€ 55,00
Hgh.:	30.000 Ex.	€ 75,00
PP:	40.000 Ex.	€ 75,00

LN-G69

„Tiroler Freiheit 1809"
2009, 5 EURO
Ag800, 10 g, Ø 28,5 mm, neuneckig
Ⓓ Helmut Andexlinger, Thomas Pesendorfer

Stgl.:	250.000 Ex.	€ 15,00
Hgh.:	100.000 Ex.	€ 22,00

LN-G70

Österreichische Eisenbahnen (V) –
Die Elektrifizierung der Bahn
2009, 20 EURO
Ag900, 20 g, Ø 34 mm
Ⓓ Thomas Pesendorfer

PP:	50.000 Ex.	€ 85,00

LN-G71

Österreichische Eisenbahnen (VI) –
Die Bahn der Zukunft
2009, 20 EURO
Ag900, 20 g, Ø 34 mm
Ⓓ Thomas Pesendorfer

PP:	50.000 Ex.	€ 90,00

LN-G72

Sagen und Legenden in Österreich (II) –
Richard Löwenherz in Dürnstein
2009, 10 EURO
Ag925, 17,3 g, Ø 32 mm
Ⓓ Thomas Pesendorfer

Stgl.:	130.000 Ex.	€ 40,00
Hgh.:	30.000 Ex.	€ 42,50
PP:	40.000 Ex.	€ 70,00

LN-G73

LN-G74

LN-G75

LN-G76

LN-G77

LN-G78

LN-G79

LN-G80

LN-G73
Kronen der Habsburger (II) –
Der Österreichische Erzherzogshut
2009, 100 EURO
Au986, 16,227 g, Ø 30 mm
Ⓓ Helmut Andexlinger

PP:	30.000 Ex.	€ 1.680,00

LN-G74
Olympische Winterspiele, Vancouver –
Skisprung
2010, 5 EURO
Ag800, 10 g, Ø 28,5 mm, neuneckig
Ⓓ Helmut Andexlinger

Stgl.:	225.000 Ex.	€ 15,00

LN-G75
Olympische Winterspiele, Vancouver –
Snowboard
2010, 5 EURO
Ag800, 10 g, Ø 28,5 mm, neuneckig
Ⓓ Helmut Andexlinger, Thomas Pesendorfer

Stgl.:	225.000 Ex.	€ 18,00

Set mit LN-G74 und LN-G75

Hgh.:	50.000 Ex.	€ 45,00

LN-G76
Erneuerbare Energie
2010, 25 EURO
Nb998/Ag900, 16,5 g, Ø 34 mm
Ⓓ Helmut Andexlinger

Hgh.:	65.000 Ex.	€ 350,00

LN-G77
Sagen u. Legenden in Österreich (III) –
Der Erzberg in der Steiermark
2010, 10 EURO
Ag925, 17,3 g, Ø 32 mm
Ⓓ Thomas Pesendorfer, Helmut Andexlinger

Stgl.:	130.000 Ex.	€ 40,00
Hgh.:	30.000 Ex.	€ 70,00
PP:	40.000 Ex.	€ 85,00

LN-G78
Rom an der Donau (I) – Virunum
2010, 20 EURO
Ag900, 20 g, Ø 34 mm
Ⓓ Helmut Andexlinger, Herbert Wähner

PP:	50.000 Ex.	€ 80,00

LN-G79
Große Mediz'ner Österreichs (IV) –
Clemens Freiherr von Pirquet
2010, 50 EURO
Au986, 10,14 g, Ø 22 mm
Ⓓ Helmut Andexlinger, Herbert Wähner

PP:	50.000 Ex.	€ 1.100,00

LN-G80
75 Jahre Großglockner Hochalpenstraße
2010, 5 EURO
Ag800, 10 g, Ø 28,5 mm, neuneckig
Ⓓ Helmut Andexlinger, Thomas Pesendorfer

Stgl.:	250.000 Ex.	€ 18,00
Hgh.:	50.000 Ex.	€ 29,00

LN-G81

LN-G85

LN-G82

LN-G86

LN-G83

LN-G87

LN-G84

LN-G88

LN-G81
Rom an der Donau (II) – Vindobona
2010, 20 EURO
Ag900, 20 g, Ø 34 mm
Ⓓ Thomas Pesendorfer, Helmut Andexlinger
PP: 50.000 Ex. € 80,00

LN-G82
Sagen u. Legenden in Österreich (IV) –
Karl der Große im Untersberg
2010, 10 EURO
Ag925, 17,3 g, Ø 32 mm
Ⓓ Thomas Pesendorfer, Helmut Andexlinger
Stgl.: 130.000 Ex. € 40,00
Hgh.: 30.000 Ex. € 70,00
PP: 40.000 Ex. € 75,00

LN-G83
Kronen der Habsburger (III) –
Die Stephanskrone
2010, 100 EURO
Au986, 16,227 g, Ø 30 mm
Ⓓ Helmut Andexlinger, Thomas Pesendorfer
PP: 30.000 Ex. € 1.650,00

LN-G84
Neujahrsmünze 2011 –
Pummerin 1711-2011
2010, 5 EURO
Ag800, 10 g, Ø 28,5 mm, neuneckig
Ⓓ Helmut Andexlinger
Hgh.: 50.000 Ex. € 85,00

LN-G85
200 Jahre Joanneum in Graz
2011, 50 EURO
Au986, 10,14 g, Ø 22 mm
Ⓓ Helmut Andexlinger, Herbert Wähner
PP: 50.000 Ex. € 900,00

LN-G86
Europäische Entdecker –
Nikolaus Joseph von Jacquin
2011, 20 EURO
Ag900, 20 g, Ø 34 mm
Ⓓ Helmut Andexlinger, Thomas Pesendorfer
PP: 50.000 Ex. € 80,00

LN-G87
Robotik
2011, 25 EURO
Nb998/Ag900, 16,5 g, Ø 34 mm
Ⓓ Helmut Andexlinger, Thomas Pesendorfer
Hgh.: 65.000 Ex. € 140,00

LN-G88
Rom an der Donau (III) – Carnuntum
2011, 20 EURO
Ag900, 20 g, Ø 34 mm
Ⓓ Helmut Andexlinger, Herbert Wähner
PP: 50.000 Ex. € 85,00

LN-G89

LN-G90

LN-G91

LN-G92

LN-G93

LN-G94

Cu Ag

LN-G95

LN-G96

LN-G89

Sagen und Legenden in Österreich (V) – Der Lindwurm in Klagenfurt
2011, 10 EURO
Ag925, 17,3 g, Ø 32 mm
Ⓓ Thomas Pesendorfer, Helmut Andexlinger

Hgh.:	30.000 Ex.	€ 70,00
PP:	40.000 Ex.	€ 70,00

LN-G90

Land der Wälder
2011, 5 EURO
Ag800, 10 g, Ø 28,5 mm, neuneckig
Ⓓ Helmut Andexlinger

Hgh.:	50.000 Ex.	€ 37,00

LN-G91

Rom an der Donau (IV) – Aguntum
2011, 20 EURO
Ag900, 20 g, Ø 34 mm
Ⓓ Helmut Andexlinger, Herbert Wähner

PP:	50.000 Ex.	€ 85,00

LN-G92

Sagen u. Legenden in Österreich (VI) – Der liebe Augustin
2011, 10 EURO
Ag925, 17,3 g, Ø 32 mm
Ⓓ Herbert Wähner, Thomas Pesendorfer

Hgh.:	30.000 Ex.	€ 65,00
PP:	40.000 Ex.	€ 70,00

LN-G93

Kronen der Habsburger (IV) – Die Wenzelskrone Böhmens
2011, 100 EURO
Au986, 16,227 g, Ø 30 mm
Ⓓ Herbert Wähner

PP:	30.000 Ex.	€ 1.690,00

LN-G94

Neujahrsmünze 2012 – 200 Jahre Gesellschaft der Musikfreunde in Wien
2011, 5 EURO

Cu, 8,9 g, Ø 28,5 mm, neuneckig
Ⓓ Helmut Andexlinger, Thomas Pesendorfer

Stgl.:	300.000 Ex.	€ 13,00

Ag800, 10 g, Ø 28,5 mm, neuneckig

Hgh.:	50.000 Ex.	€ 32,00

LN-G95

10. Jahrestag der Einführung der Euro-Münzen und -Banknoten
2012, 2 EURO
Ⓓ Luc Luycx, Helmut Andexlinger

Stgl.:	11.000.000 Ex.	€ 6,00
Hgh.:	nur aus Kursmünzensätzen	
PP:	nur aus Kursmünzensatz LN-AK2 2012	

LN-G96

Gustav Klimt und seine Frauen (I) – „Adele Bloch-Bauer I" und Buchstabe „K"
2012, 50 EURO
Au986, 10,14 g, Ø 22 mm
Ⓓ Thomas Pesendorfer, Helmut Andexlinger

PP:	30.000 Ex.	€ 1.120,00

Jede Münze dieser 5-teiligen Serie ziert ein Buchstabe. Aneinandergereiht bilden diese den Namen des Künstlers (KLIMT).

LN-G97

LN-G101

LN-G98

LN-G102

LN-G99

LN-G103

LN-G100

LN-G104

LN-G97
Bionik
2012, 25 EURO
Nb998/Ag900, 16,5 g, Ø 34 mm
Ⓓ Thomas Pesendorfer, Herbert Wähner
Hgh.: 65.000 Ex. € 140,00

LN-G98
Europäische Maler und Bildhauer – Egon Schiele
2012, 20 EURO
Ag900, 20 g, Ø 34 mm
Ⓓ Helmut Andexlinger, Thomas Pesendorfer
PP: 50.000 Ex. € 85,00

LN-G99
Rom an der Donau (V) – Lauriacum
2012, 20 EURO
Ag900, 20 g, Ø 34 mm
Ⓓ Thomas Pesendorfer, Helmut Andexlinger
PP: 50.000 Ex. € 85,00

LN-G100
„Österreich aus Kinderhand" – Bundesländer-Serie (I): Steiermark
2012, 10 EURO
Ⓓ Viktoria Reicht
Cu, 15 g, Ø 32 mm
Stgl.: 130.000 Ex. € 25,00
Ag925, 17,3 g, Ø 32 mm
Hgh.: 40.000 Ex. € 70,00
PP: 30.000 Ex. € 80,00

LN-G101
Rom an der Donau (VI) – Brigantium
2012, 20 EURO
Ag900, 20 g, Ø 34 mm
Ⓓ Helmut Andexlinger, Herbert Wähner
PP: 50.000 Ex. € 90,00

LN-G102
„Österreich aus Kinderhand" – Bundesländer-Serie (II): Kärnten
2012, 10 EURO
Ⓓ Philip Ogris
Cu, 15 g, Ø 32 mm
Stgl.: 130.000 Ex. € 25,00
Ag925, 17,3 g, Ø 32 mm
Hgh.: 40.000 Ex. € 60,00
PP: 30.000 Ex. € 70,00

LN-G103
Ski-WM 2013, Schladming
2012, 5 EURO
Ⓓ Helmut Andexlinger, Herbert Wähner
Cu, 8,9 g, Ø 28,5 mm, neuneckig
Stgl.: 300.000 Ex. € 13,00
Ag800, 10 g, Ø 28,5 mm, neuneckig
Hgh.: 50.000 Ex. € 32,50

LN-G104
Kronen der Habsburger (V) – Die Österreichische Kaiserkrone
2012, 100 EURO
Au986, 16,227 g, Ø 30 mm
Ⓓ Thomas Pesendorfer, Helmut Andexlinger
PP: 30.000 Ex. € 1.730,00

LN-G105

LN-G109

LN-G106

LN-G110

LN-G107

LN-G111

LN-G108

LN-G112

LN-G105
Neujahrsmünze 2013 – Wiener Walzer
2012, 5 EURO
Ⓓ Helmut Andexlinger, Thomas Pesendorfer

Cu, 8,9 g, Ø 28,5 mm, neuneckig
Stgl.: 300.000 Ex. € 14,50

Ag800, 10 g, Ø 28,5 mm, neuneckig
Hgh.: 50.000 Ex. € 35,00

LN-G106
Tunnelbau
2013, 25 EURO
Nb998/Ag900, 16,5 g, Ø 34 mm
Ⓓ Herbert Wähner
Hgh.: 65.000 Ex. € 140,00

LN-G107
Gustav Klimt und seine Frauen (II) –
„Die Erwartung“ und Buchstabe „L“
2013, 50 EURO
Au986, 10,14 g, Ø 22 mm
Ⓓ Helmut Andexlinger, Thomas Pesendorfer
PP: 30.000 Ex. € 980,00

LN-G108
Europäische Schriftsteller –
Stefan Zweig
2013, 20 EURO
Ag900, 20 g, Ø 34 mm
Ⓓ Helmut Andexlinger
PP: 50.000 Ex. € 85,00

LN-G109
Lebendige Urzeit (I) –
Trias: Leben im Wasser
2013, 20 EURO
Ag900, 20 g, Ø 34 mm
Ⓓ Helmut Andexlinger, Herbert Wähner
PP: 50.000 Ex. € 85,00

LN-G110
„Österreich aus Kinderhand“ –
Bundesländer-Serie (III): Niederösterreich
2013, 10 EURO
Ⓓ Christian Kopf

Cu, 15 g, Ø 32 mm
Stgl.: 130.000 Ex. € 25,00

Ag925, 17,3 g, Ø 32 mm
Hgh.: 40.000 Ex. € 55,00
PP: 30.000 Ex. € 65,00

LN-G111
Land des Wassers
2013, 5 EURO
Ⓓ Helmut Andexlinger, Thomas Pesendorfer

Cu, 8,9 g, Ø 28,5 mm, neuneckig
Stgl.: 300.000 Ex. € 12,50

Ag800, 10 g, Ø 28,5 mm, neuneckig
Hgh.: 50.000 Ex. € 26,00

LN-G112
Lebendige Urzeit (II) –
Jura: Leben in der Luft
2013, 20 EURO
Ag900, 20 g, Ø 34 mm
Ⓓ Thomas Pesendorfer, Helmut Andexlinger
PP: 50.000 Ex. € 75,00

LN-G113

Cu Ag

LN-G114

LN-G115

Cu Ag

LN-G116

LN-G117

LN-G118

LN-G119

Cu Ag

LN-G120

Cu Ag

LN-G113

„Österreich aus Kinderhand" – Bundesländer-Serie (IV): Vorarlberg
2013, 10 EURO
Ⓓ Alissa de Mori

Cu, 15 g, Ø 32 mm
Stgl.: 130.000 Ex. € 25,00

Ag925, 17,3 g, Ø 32 mm
Hgh.: 40.000 Ex. € 50,00
PP: 30.000 Ex. € 60,00

LN-G114

Unseren Wildtieren auf der Spur (I) – Der Rothirsch
2013, 100 EURO
Au986, 16,227 g, Ø 30 mm
Ⓓ Thomas Pesendorfer, Helmut Andexlinger
PP: 30.000 Ex. € 1.850,00

LN-G115

Neujahrsmünze 2014 – Bräuche
2013, 5 EURO
Ⓓ Helmut Andexlinger

Cu, 8,9 g, Ø 28,5 mm, neuneckig
Stgl.: 200.000 Ex. € 14,50

Ag800, 10 g, Ø 28,5 mm, neuneckig
Hgh.: 50.000 Ex. € 31,00

LN-G116

Evolution
2014, 25 EURO
Nb998/Ag900, 16,5 g, Ø 34 mm
Ⓓ Helmut Andexlinger
Hgh.: 65.000 Ex. € 235,00

LN-G117

Gustav Klimt und seine Frauen (III) – „Judith II" und Buchstabe „I"
2014, 50 EURO
Au986, 10,14 g, Ø 22 mm
Ⓓ Herbert Wähner, Helmut Andexlinger
PP: 30.000 Ex. € 1.010,00

LN-G118

Lebendige Urzeit (III) – Kreid: Leben auf der Erde
2014, 20 EURO
Ag900, 20 g, Ø 34 mm
Ⓓ Herbert Wähner, Helmut Andexlinger
PP: 50.000 Ex. € 80,00

LN-G119

Abenteuer Arktis
2014, 5 EURO
Ⓓ Helmut Andexlinger, Thomas Pesendorfer

Cu, 8,9 g, Ø 28,5 mm, neuneckig
Stgl.: 200.000 Ex. € 11,00

Ag800, 10 g, Ø 28,5 mm, neuneckig
Hgh.: 50.000 Ex. € 30,00

LN-G120

„Österreich aus Kinderhand" – Bundesländer-Serie (V): Salzburg
2014, 10 EURO
Ⓓ Melisa Begiç

Cu, 15 g, Ø 32 mm
Stgl.: 130.000 Ex. € 25,00
Ag925, 17,3 g, Ø 32 mm
Hgh.: 40.000 Ex. € 50,00
PP: 30.000 Ex. € 60,00

LN-G121

LN-G125

(Cu) (Ag)

LN-G122

LN-G126

LN-G123

(Cu) (Ag)

LN-G127

LN-G124

LN-G128

LN-G121
25 Jahre Fall des „Eisernen Vorhangs"
2014, 20 EURO
Ag900, 20 g, Ø 34 mm
Ⓓ Herbert Wähner
PP: 50.000 Ex. € 80,00

LN-G122
Lebendige Urzeit (IV) –
Tertiär: Leben auf der Erde
2014, 20 EURO
Ag900, 20 g, Ø 34 mm
Ⓓ Helmut Andexlinger
PP: 50.000 Ex. € 80,00

LN-G123
„Österreich aus Kinderhand" –
Bundesländer-Serie (VI): Tirol
2014, 10 EURO
Ⓓ Entwurf der Klasse 2b der Neuen Mittelschule Rattenberg

Cu, 15 g, Ø 32 mm
Stgl.: 130.000 Ex. € 21,50

Ag925, 17,3 g, Ø 32 mm
Hgh.: 40.000 Ex. € 50,00
PP: 30.000 Ex. € 60,00

LN-G124
Unseren Wildtieren auf der Spur (II) –
Das Wildschwein
2014, 100 EURO
Au986, 16,227 g, Ø 30 mm
Ⓓ Thomas Pesendorfer, Helmut Andexlinger
PP: 30.000 Ex. € 1.830,00

LN-G125
Neujahrsmünze 2015 – Die Fledermaus
2014, 5 EURO
Ⓓ Helmut Andexlinger, Thomas Pesendorfer

Cu, 8,9 g, Ø 28,5 mm, neuneckig
Stgl.: 200.000 Ex. € 13,00

Ag800, 10 g, Ø 28,5 mm, neuneckig
Hgh.: 50.000 Ex. € 33,00

LN-G126
Kosmologie
2015, 25 EURO
Nb998/Ag900, 16,5 g, Ø 34 mm
Ⓓ Helmut Andexlinger
Hgh.: 65.000 Ex. € 190,00

LN-G127
450 Jahre Spanische Hofreitschule
2015, 20 EURO
Ag900, 20 g, Ø 34 mm
Ⓓ Thomas Pesendorfer, Herbert Wähner
PP: 50.000 Ex. € 80,00

LN-G128
Lebendige Urzeit (V) –
Quartär: Leben auf der Erde
2015, 20 EURO
Ag900, 20 g, Ø 34 mm
Ⓓ Thomas Pesendorfer
PP: 50.000 Ex. € 80,00

LN-G129

LN-G130

Cu Ag

LN-G131

Cu Ag

LN-G132

LN-G133

Cu Ag

LN-G134

LN-G135

Cu Ag

LN-G136

LN-G129

Gustav Klimt und seine Frauen (IV) – „Medizin“ und „Jurisprudenz“ sowie der Buchstabe „M“
2015, 50 EURO
Au986, 10,14 g, Ø 22 mm
Ⓓ Thomas Pesendorfer, Herbert Wähner
PP: 30.000 Ex. € 1.100,00

LN-G130

60 Jahre Bundesheer – Schutz und Hilfe
2015, 5 EURO
Cu, 8,9 g, Ø 28,5 mm, neuneckig
Ⓓ Helmut Andexlinger, Herbert Wähner
Stgl.: 200.000 Ex. € 14,00
Ag800, 10 g, Ø 28,5 mm, neuneckig
Hgh.: 50.000 Ex. € 28,00

LN-G131

„Österreich aus Kinderhand“ – Bundesländer-Serie (VII): Wien
2015, 10 EURO
Ⓓ Viktoria Pinzer
Cu, 15 g, Ø 32 mm
Stgl.: 130.000 Ex. € 21,50
Ag925, 17,3 g, Ø 32 mm
Hgh.: 40.000 Ex. € 55,00
PP: 30.000 Ex. € 65,00

LN-G132

Wolfgang Amadeus Mozart (I) – Das Wunderkind
2015, 20 EURO
Ag900, 20 g, Ø 34 mm
Ⓓ Thomas Pesendorfer, Helmut Andexlinger
PP: 50.000 Ex. € 85,00

LN-G133

„Österreich aus Kinderhand“ – Bundesländer-Serie (VIII): Burgenland
2015, 10 EURO
Ⓓ Leonie Schrollenberger
Cu, 15 g, Ø 32 mm
Stgl.: 130.000 Ex. € 21,50
Ag925, 17,3 g, Ø 32 mm
Hgh.: 40.000 Ex. € 50,00
PP: 30.000 Ex. € 65,00

LN-G134

Unseren Wildtieren auf der Spur (III) – Der Auerhahn
2015, 100 EURO
Au986, 16,227 g, Ø 30 mm
Ⓓ Thomas Pesendorfer, Helmut Andexlinger
PP: 30.000 Ex. € 1.700,00

LN-G135

Neujahrsmünze 2016 – Neujahrskonzert
2015, 5 EURO
Ⓓ Helmut Andexlinger, Herbert Wähner
Cu, 8,9 g, Ø 28,5 mm, neuneckig
Stgl.: 200.000 Ex. € 12,00
Ag800, 10 g, Ø 28,5 mm, neuneckig
Hgh.: 50.000 Ex. € 27,00

LN-G136

30 Jahre Flagge der Europäischen Union
2015, 2 EURO
Ⓓ Luc Luycx, Georgios Stamatopoulos
Stgl.: 2.500.000 Ex. € 6,50

LN-G137

LN-G141

LN-G138

LN-G142

LN-G139

Cu Ag

LN-G143

LN-G140

LN-G144

Cu Ag

LN-G137

200 Jahre Oesterreichische Nationalbank
2016, 2 EURO
Ⓓ Luc Luycx, Helmut Andexlinger

Stgl.:	16.000.000 Ex.	€ 6,50
Hgh.:	nur aus Kursmünzensätzen	
PP:	nur aus Kursmünzensatz LN-AK2 2016	

LN-G138

Wiener Opernball
2016, 20 EURO
Ag900, 20 g, Ø 34 mm
Ⓓ Thomas Pesendorfer, Helmut Andexlinger

PP:	50.000 Ex.	€ 90,00

LN-G139

„Feldhase" von Albrecht Dürer
2016, 5 EURO
Ⓓ Helmut Andexlinger, Thomas Pesendorfer

Cu, 8,9 g, Ø 28,5 mm, neuneckig

Stgl.:	200.000 Ex.	€ 14,00

Ag800, 10 g, Ø 28,5 mm, neuneckig

Hgh.:	50.000 Ex.	€ 33,00

LN-G140

Die Zeit
2016, 25 EURO
Nb998/Ag900, 16,5 g, Ø 34 mm
Ⓓ Helmut Andexlinger

Hgh.:	65.000 Ex.	€ 190,00

LN-G141

Gustav Klimt und seine Frauen (V) – „Bildnis Emilie Flöge" und „Der Kuss" sowie der Buchstabe „T"
2016, 50 EURO
Au986, 10,14 g, Ø 22 mm
Ⓓ Thomas Pesendorfer, Helmut Andexlinger

PP:	30.000 Ex.	€ 1.010,00

LN-G142

Wolfgang Amadeus Mozart (II) – Das Genie
2016, 20 EURO
Ag900, 20 g, Ø 34 mm
Ⓓ Helmut Andexlinger, Herbert Wähner

PP:	50.000 Ex.	€ 85,00

LN-G143

Wolfgang Amadeus Mozart (III) – Der Mythos
2016, 20 EURO
Ag900, 20 g, Ø 34 mm
Ⓓ Thomas Pesendorfer, Helmut Andexlinger

PP:	50.000 Ex.	€ 90,00

LN-G144

„Österreich aus Kinderhand" – Bundesländer-Serie (IX): Oberösterreich
2016, 10 EURO
Ⓓ Klara Baumgartner

Cu, 15 g, Ø 32 mm

Stgl.:	130.000 Ex.	€ 21,50

Ag925, 17,3 g, Ø 32 mm

Hgh.:	40.000 Ex.	€ 50,00
PP:	30.000 Ex.	€ 60,00

LN-G145

Cu Ag

LN-G149

LN-G146

LN-G150

LN-G147

LN-G151

LN-G148

Cu Ag

LN-G152

LN-G145
„Österreich aus Kinderhand" – Bundesländer-Serie (X): Österreich
2016, 10 EURO
Ⓓ Entwurf von Klasse 4a der Volksschule Kapfenberg

Cu, 15 g, Ø 32 mm
Stgl.: 130.000 Ex. € 21,50

Ag925, 17,3 g, Ø 32 mm
Hgh.: 40.000 Ex. € 50,00
PP: 30.000 Ex. € 60,00

LN-G146
Die bunte Welt der Tiere (I) – Fledermaus
2016, 3 EURO
CuNi, 20 g, Ø 34 mm, mit Leuchteffekt im Dunkeln
Ⓓ Helmut Andexlinger, Anna Rastl
Hgh.: 50.000 Ex. € 155,00

LN-G147
Unseren Wildtieren auf der Spur (IV) – Der Fuchs
2016, 100 EURO
Au986, 16,227 g, Ø 30 mm
Ⓓ Thomas Pesendorfer, Herbert Wähner
PP: 30.000 Ex. € 1.500,00

LN-G148
Neujahrsmünze 2017 – 150 Jahre Donauwalzer
2016, 5 EURO
Ⓓ Thomas Pesendorfer, Helmut Andexlinger

Cu, 8,9 g, Ø 28,5 mm, neuneckig
Stgl.: 200.000 Ex. € 14,00

Ag800, 10 g, Ø 28,5 mm, neuneckig
Hgh.: 50.000 Ex. € 30,00

LN-G149
175 Jahre Wiener Philharmoniker
2017, 20 EURO
Ag925, 22,42 g, Ø 34 mm
Ⓓ Helmut Andexlinger, Herbert Wähner
PP: 30.000 Ex. € 95,00

LN-G150
Die bunte Welt der Tiere (II) – Tiger
2017, 3 EURO
CuNi, 20 g, Ø 34 mm, mit Leuchteffekt im Dunkeln
Ⓓ Helmut Andexlinger, Anna Rastl
Hgh.: 50.000 Ex. € 90,00

LN-G151
Die bunte Welt der Tiere (III) – Krokodil
2017, 3 EURO
CuNi, 20 g, Ø 34 mm, mit Leuchteffekt im Dunkeln
Ⓓ Helmut Andexlinger, Anna Rastl
Hgh.: 50.000 Ex. € 75,00

LN-G152
Die bunte Welt der Tiere (IV) – Eisvogel
2017, 3 EURO
CuNi, 20 g, Ø 34 mm, mit Leuchteffekt im Dunkeln
Ⓓ Helmut Andexlinger, Anna Rastl
Hgh.: 50.000 Ex. € 80,00

LN-G153

LN-G154

Cu Ag

LN-G155

Cu Ag

LN-G156

Cu Ag

LN-G157

LN-G158

LN-G159

LN-G160

LN-G153
Die bunte Welt der Tiere (V) – Wolf
2017, 3 EURO
CuNi, 20 g, Ø 34 mm, mit Leuchteffekt im Dunkeln
Ⓓ Helmut Andexlinger, Anna Rastl

Hgh.:	50.000 Ex.	€ 65,00

LN-G154
Das Osterlamm
2017, 5 EURO
Ⓓ Helmut Andexlinger, Herbert Wähner

Cu, 8,9 g, Ø 28,5 mm, neuneckig

Stgl.:	200.000 Ex.	€ 12,00

Ag925, 8,41 g, Ø 28,5 mm, neuneckig

Hgh.:	50.000 Ex.	€ 30,00

LN-G155
Engel – Himlische Boten (I): Schutzengel Michael
2017, 10 EURO
Ⓓ Helmut Andexlinger, Herbert Wähner

Cu, 15 g, Ø 32 mm

Stgl.:	130.000 Ex.	€ 24,00

Ag925, 16,82 g, Ø 32 mm

Hgh.:	30.000 Ex.	€ 55,00
PP:	30.000 Ex.*	€ 310,00

* teilkoloriert

LN-G156
Engel – Himlische Boten (II): Kraftengel Gabriel
2017, 10 EURO
Ⓓ Helmut Andexlinger, Herbert Wähner

Cu, 15 g, Ø 32 mm

Stgl.:	130.000 Ex.	€ 25,00

Ag925, 16,82 g, Ø 32 mm

Hgh.:	30.000 Ex.	€ 55,00
PP:	30.000 Ex.*	€ 75,00

* teilkoloriert

LN-G157
Maria Theresia – Schätze der Geschichte (I): „Tapferkeit und Entschlossenheit“
2017, 20 EURO
Ag925, 22,42 g, Ø 34 mm
Ⓓ Helmut Andexlinger, Herbert Wähner

PP:	30.000 Ex.	€ 95,00

LN-G158
Maria Theresia – Schätze der Geschichte (II): „Gerechtigkeit u. Härte“
2017, 20 EURO
Ag925, 22,42 g, Ø 34 mm
Ⓓ Helmut Andexlinger, Herbert Wähner

PP:	30.000 Ex.	€ 95,00

LN-G159
Wiener Schulen der Psychotherapie (I) – Sigmund Freud
2017, 50 EURO
Au986, 7,89 g, Ø 22 mm
Ⓓ Helmut Andexlinger, Herbert Wähner

PP:	20.000 Ex.	€ 880,00

LN-G160
Der Mikrokosmos
2017, 25 EURO
Nb998/Ag900, 16,5 g, Ø 34 mm
Ⓓ Helmut Andexlinger, Herbert Wähner

Hgh.:	65.000 Ex.	€ 145,00

LN-G161

LN-G165

Cu Ag

LN-G162

Cu Ag

LN-G166

Cu Ag

LN-G163

LN-G167

LN-G164

LN-G168

LN-G161
Unseren Wildtieren auf der Spur (V) – Der Steinbock
2017, 100 EURO
Au986, 16,227 g, Ø 30 mm
Ⓓ Helmut Andexlinger, Herbert Wähner, Anna Rastl

PP:	30.000 Ex.	€ 1.840,00

LN-G162
Neujahrsmünze 2018 – Löwenkraft
2017, 5 EURO
Ⓓ Helmut Andexlinger, Herbert Wähner

Cu, 8,9 g, Ø 28,5 mm, neuneckig

Stgl.:	200.000 Ex.	€ 12,00

Ag925, 8,41 g, Ø 28,5 mm, neuneckig

Hgh.:	50.000 Ex.	€ 33,00

LN-G163
100 Jahre Republik Österreich
2018, 2 EURO
Ⓓ Luc Luycx, Herbert Wähner

Stgl.:	18.100.000 Ex.	€ 5,50
Hgh.:	nur aus Kursmünzensätzen	
PP:	nur aus Kursmünzensatz	

LN-G164
Wiener Schulen der Psychotherapie (II) – Alfred Adler
2018, 50 EURO
Au986, 7,89 g, Ø 22 mm
Ⓓ Helmut Andexlinger, Herbert Wähner

PP:	20.000 Ex.	€ 870,00

LN-G165
Engel – Himmlische Boten (III): Heilungsengel Raphael
2018, 10 EURO
Ⓓ Helmut Andexlinger, Herbert Wähner

Cu, 15 g, Ø 32 mm

Stgl.:	130.000 Ex.	€ 22,00

Ag925, 16,82 g, Ø 32 mm

Hgh.:	30.000 Ex.	€ 55,00
PP:	30.000 Ex.*	€ 75,00

* teilkoloriert

LN-G166
Engel – Himmlische Boten (IV): Lichtengel Uriel
2018, 10 EURO
Ⓓ Helmut Andexlinger, Herbert Wähner

Cu, 15 g, Ø 32 mm

Stgl.:	130.000 Ex.	€ 24,00

Ag925, 16,82 g, Ø 32 mm

Hgh.:	30.000 Ex.	€ 55,00
PP:	30.000 Ex.*	€ 75,00

* teilkoloriert

LN-G167
Die bunte Welt der Tiere (VI) – Papagei
2018, 3 EURO
CuNi, 20 g, Ø 34 mm, mit Leuchteffekt im Dunkeln
Ⓓ Helmut Andexlinger, Anna Rastl

Stgl.:	50.000 Ex.	€ 65,00

LN-G168
Die bunte Welt der Tiere (VII) – Hai
2018, 3 EURO
CuNi, 20 g, Ø 34 mm, mit Leuchteffekt im Dunkeln
Ⓓ Helmut Andexlinger, Anna Rastl

Stgl.:	50.000 Ex.	€ 47,00

LN-G169

LN-G170

LN-G171

Cu Ag

LN-G172

LN-G173

LN-G174

LN-G175

LN-G176

LN-G169
Die bunte Welt der Tiere (VIII) – Eule
2018, 3 EURO
CuNi, 20 g, Ø 34 mm, mit Leuchteffekt im Dunkeln
Ⓓ Helmut Andexlinger, Anna Rastl
Stgl.: 50.000 Ex. € 70.00

LN-G170
Die bunte Welt der Tiere (IX) – Frosch
2018, 3 EURO
CuNi, 20 g, Ø 34 mm, mit Leuchteffekt im Dunkeln
Ⓓ Helmut Andexlinger, Anna Rastl
Stgl.: 50.000 Ex. € 70.00

LN-G171
Der Osterhase
2018, 5 EURO
Ⓓ Helmut Andexlinger, Herbert Wähner, Kathrin Kuntner
Cu 999, 8,9 g, Ø 28,5 mm, neuneckig
Stgl.: 200.000 Ex. € 12,00
Ag925, 8,41 g, Ø 28,5 mm, neuneckig
Hgh.: 50.000 Ex. € 33,00

LN-G172
Maria Theresia – Schätze der Geschichte (III): „Milde und Gottvertrauen"
2018, 20 EURO
Ag 925, 22,42 g, Ø 34 mm
Ⓓ Helmut Andexlinger, Herbert Wähner
PP: 30.000 Ex. € 100,00

LN-G173
Maria Theresia – Schätze der Geschichte (IV): „Weisheit und Reformen"
2018, 20 EURO
Ag 925, 22,42 g, Ø 34 mm
Ⓓ Helmut Andexlinger, Herbert Wähner
PP: 30.000 Ex. € 100,00

LN-G174
Das Anthropozän
2018, 25 EURO
Nb998/Ag900, 16,5 g, Ø 34 mm
Ⓓ Helmut Andexlinger, Herbert Wähner
Hgh.: 65.000 Ex. € 130,00

LN-G175
Unseren Wildtieren auf der Spur (VI) – Die Stockente
2018, 100 EURO
Au986, 16,23 g, Ø 30 mm,
Ⓓ Helmut Andexlinger, Herbert Wähner
PP: 30.000 Ex. € 1.700,00

LN-G176
200 Jahre „Stille Nacht"
2018, 20 EURO
Ag925, 22,42 g, Ø 34 mm mit Leuchteffekt
Ⓓ Helmut Andexlinger, Kathrin Kuntner, Anna Rastl, Herbert Wähner
PP: 30.000 Ex. € 155,00

LN-G177

Cu Ag

LN-G181

LN-G178

LN-G182

LN-G179

LN-G183

LN-G180

LN-G184

Cu Ag

LN-G177

Neujahrsmünze 2019 – Lebensfreude
2018, 5 EURO
Ⓓ Helmut Andexlinger, Herbert Wähner, Kathrin Kuntner

Cu 999, 8,9 g, Ø 28,5 mm, neuneckig
Stgl.: 200.000 Ex. € 12,00

Ag925, 8,41 g, Ø 28,5 mm, neuneckig
Hgh.: 50.000 Ex. € 33,00

LN-G178

Dem Himmel entgegen (I) – Der Traum vom Fliegen
2019, 20 EURO
Ag925, 22,42 g, Ø 34 mm
Ⓓ Helmut Andexlinger, Herbert Wähner, Kathrin Kuntner
PP: 30.000 Ex. € 90,00

LN-G179

Dem Himmel entgegen (II) – Die Ära des Motorflugs
2019, 20 EURO
Ag925, 22,42 g, Ø 34 mm
Ⓓ Helmut Andexlinger, Herbert Wähner, Kathrin Kuntner
PP: 30.000 Ex. € –,–

LN-G180

Wiener Schulen der Psychotherapie (III) – Viktor Frankl
2019, 50 EURO
Au986, 7,89 g, Ø 22 mm
Ⓓ Helmut Andexlinger, Herbert Wähner
PP: 20.000 Ex. € 800,00

LN-G181

Die bunte Welt der Tiere (X) – Schildkröte
2019, 3 EURO
CuNi, 20 g, Ø 34 mm, mit Leuchteffekt im Dunkeln
Ⓓ Helmut Andexlinger, Anna Rastl
Stgl.: 50.000 Ex. € 50,00

LN-G182

Die bunte Welt der Tiere (XI) – Fischotter
2019, 3 EURO
CuNi, 20 g, Ø 34 mm, mit Leuchteffekt im Dunkeln
Ⓓ Helmut Andexlinger, Anna Rastl
Stgl.: 50.000 Ex. € 45,00

LN-G183

Die bunte Welt der Tiere (XII) – Flusskrebs
2019, 3 EURO
CuNi, 20 g, Ø 34 mm, mit Leuchteffekt im Dunkeln
Ⓓ Helmut Andexlinger, Anna Rastl
Stgl.: 50.000 Ex. € 50,00

LN-G184

Ostern – Frühlingserwachen
2019, 5 EURO
Ⓓ Helmut Andexlinger, Herbert Wähner, Kathrin Kuntner

Cu 999, 8,9 g, Ø 28,5 mm, neuneckig
Stgl.: 200.000 Ex. € 14,00

Ag925, 8,41 g, Ø 28,5 mm, neuneckig
Hgh.: 50.000 Ex. € 33,00

LN-G185

LN-G186

Cu Ag

LN-G187

Cu Ag

LN-G188

LN-G189

LN-G190

LN-G191

Cu Ag

LN-G192

LN-G185
50. Jahrestag der ersten bemannten Mondlandung
2019, 20 EURO
Ag925, 22,42 g, Ø 34 mm, die Wertseite ist konkav gewölbt
Ⓓ Helmut Andexlinger
PP: 30.000 Ex. € 160,00

LN-G186
Mit Kettenhemd und Schwert (I) – Ritterlichkeit
2019, 10 EURO
Ⓓ Helmut Andexlinger, Herbert Wähner, Kathrin Kuntner

Cu, 15 g, Ø 32 mm
Stgl.: 130.000 Ex. € 22,00

Ag925, 16,82 g, Ø 32 mm
Hgh.: 30.000 Ex. € 55,00
PP: 30.000 Ex.* € 75,00
* teilkoloriert

LN-G187
Mit Kettenhemd und Schwert (II) – Abenteuer
2019, 10 EURO
Ⓓ Helmut Andexlinger, Herbert Wähner, Kathrin Kuntner

Cu, 15 g, Ø 32 mm
Stgl.: 130.000 Ex. € 22,00

Ag925, 16,82 g, Ø 32 mm
Hgh.: 30.000 Ex. € 55,00
PP: 30.000 Ex.* € 75,00
* teilkoloriert

LN-G188
Künstliche Intelligenz
2019, 25 EURO
Nb998/Ag900, 16,5 g, Ø 34 mm
Ⓓ Helmut Andexlinger, Herbert Wähner
Hgh.: 65.000 Ex. € 130,00

LN-G189
Magie des Goldes (I) – Das Gold Mesopotamiens
2019, 100 EURO
Au986, 15,78 g, Ø 30 mm,
Ⓓ Helmut Andexlinger, Herbert Wähner
PP: 20.000 Ex. € 1.680,00

LN-G190
Super Saurier (I) – Spinosaurus
2019, 3 EURO
CuNi, 16 g, Ø 34 mm, mit Leuchteffekt im Dunkeln
Ⓓ Anna Rastl, Helmut Andexlinger
Stgl.: 50.000 Ex. € 43,00

LN-G191
Neujahrsmünze 2020
2019, 5 EURO
Ⓓ Helmut Andexlinger, Kathrin Kuntner, Herbert Wähner

Cu 999, 8,9 g, Ø 28,5 mm, neuneckig
Stgl.: 200.000 Ex. € 13,00

Ag925, 8,41 g, Ø 28,5 mm, neuneckig
Hgh.: 50.000 Ex. € 29,00

LN-G192
100 Jahre Salzburger Festspiele
2020, 20 EURO
Ag925, 22,52 g, Ø 34 mm, Tellerprägung, teilcoloriert
Ⓓ Helmut Andexlinger
PP: 30.000 Ex. € 130,00

LN-G193

LN-G197

(Cu) (Ag)

LN-G194

LN-G198

LN-G195

(Cu) (Ag)

LN-G199

LN-G196

LN-G200

LN-G193
Naturschatz Alpen (I) –
Am höchsten Gipfel
2020, 50 EURO
Au986, 7,89 g, Ø 22 mm
Ⓓ Anna Rastl, Herbert Wähner
PP: 20.000 Ex. € 1.020,00

LN-G194
Super Saurier (II) –
Mosasaurus hoffmanni –
Der größte Meeressaurier
2020, 3 EURO
CuNi, 16 g, Ø 34 mm, mit Leuchteffekt im Dunkeln
Ⓓ Helmut Andexlinger, Anna Rastl
Stgl.: 65.000 Ex. € 39,00

LN-G195
Ostern – Freunde fürs Leben
2020, 5 EURO
Ⓓ Helmut Andexlinger, Herbert Wähner, Kathrin Kuntner

Cu 999, 3,9 g, Ø 28,5 mm, neuneckig
Stgl.: 200.000 Ex. € 13,00

Ag925, 8,41 g, Ø 28,5 mm, neuneckig
Hgh.: 50.000 Ex. € 34,00

LN-G196
Der gläserne Mensch
2020, 25 EURO
Nb998/Ag900, 16,5 g, Ø 34 mm
Ⓓ Helmut Andexlinger, Herbert Wähner
Hgh.: 65.000 Ex. € 130,00

LN-G197
Mit Kettenhemd und Schwert (III) –
Tapferkeit
2020, 10 EURO
Ⓓ Anna Rastl, Kathrin Kuntner

Cu, 15 g, Ø 32 mm
Stgl.: 130.000 Ex. € 22,00

Ag925, 16,82 g, Ø 32 mm
Hgh.: 30.000 Ex. € 60,00
PP: 30.000 Ex.* € 78,00
* teilkoloriert

LN-G198
Dem Himmel entgegen (III) –
Reisen über den Wolken
2020, 20 EURO
Ag925, 22,42 g, Ø 34 mm
Ⓓ Helmut Andexlinger, Herbert Wähner, Kathrin Kuntner
PP: 30.000 Ex. € 107,00

LN-G199
Super Saurier (III) –
Arambourgiania philadelphiae –
Der größte Flugsaurier
2020, 3 EURO
CuNi, 16 g, Ø 34 mm, mit Leuchteffekt im Dunkeln
Ⓓ Helmut Andexlinger, Kathrin Kuntner
Stgl.: 65.000 Ex. € 39,00

LN-G200
Dem Himmel entgegen (IV) –
Schneller als der Schall
2020, 20 EURO
Ag925, 22,42 g, Ø 34 mm
Ⓓ Helmut Andexlinger, Herbert Wähner, Kathrin Kuntner
PP: 30.000 Ex. € 102,00

LN-G201

LN-G205

(Cu) (Ag)

LN-G202

(Cu) (Ag)

LN-G206

LN-G203

LN-G207

LN-G204

LN-G208

LN-G201

Super Saurier (IV) –
Ankylosaurus magniventris –
Der „härteste" Saurier
2020, 3 EURO
CuNi, 16 g, Ø 34 mm, mit Leuchteffekt im Dunkeln
Ⓓ Helmut Andexlinger, Kathrin Kuntner
Stgl.: 65.000 Ex. € 35,00

LN-G202

Mit Kettenhemd und Schwert (IV) –
Standhaftigkeit
2020, 10 EURO
Ⓓ Anna Rastl, Kathrin Kuntner

Cu, 15 g, Ø 32 mm
Stgl.: 130.000 Ex. € 22,00

Ag925, 16,82 g, Ø 32 mm
Hgh.: 30.000 Ex. € 63,00
PP: 30.000 Ex.* € 81,00
* teilkoloriert

LN-G203

Magie des Goldes (II) –
Das Gold der Pharaonen
2020, 100 EURO
Au986, 15,78 g, Ø 30 mm
Ⓓ Helmut Andexlinger, Herbert Wähner
PP: 20.000 Ex. € 1.600,00

LN-G204

Super Saurier (V) –
Tyrannosaurus Rex –
Die längsten Zähne
2020, 3 EURO
CuNi, 16 g, Ø 34 mm, mit Leuchteffekt im Dunkeln
Ⓓ Helmut Andexlinger, Kathrin Kuntner
Stgl.: 65.000 Ex. € 34,00

LN-G205

Neujahrsmünze 2021
2020, 5 EURO

Cu 999, 8,9 g, Ø 28,5 mm, neuneckig
Stgl.: 200.000 Ex. € 13,00

Ag925, 8,41 g, Ø 28,5 mm, neuneckig
Hgh.: 50.000 Ex. € 29,00

LN-G206

Augen der Kontinente (I) –
Australien – Schöpferkraft der Schlange
2021, 20 EURO
Ag925, 22,52 g, Ø 34 mm,
mit einem geschliffenen Kristall
PP: 30.000 Ex. € 100,00

LN-G207

Naturschatz Alpen (II) –
Im tiefsten Wald
2021, 50 EURO
Au986, 7,89 g, Ø 22 mm
PP: 20.000 Ex. € 850,00

LN-G208

Super Saurier (VI) –
Therizinosaurus cheloniformis –
Die längsten Krallen
2021, 3 EURO
CuNi, 16 g, Ø 34 mm, mit Leuchteffekt im Dunkeln
Stgl.: 65.000 Ex. € 31,00

LN-G209

Cu Ag

LN-G210

LN-G211

Cu Ag

LN-G212

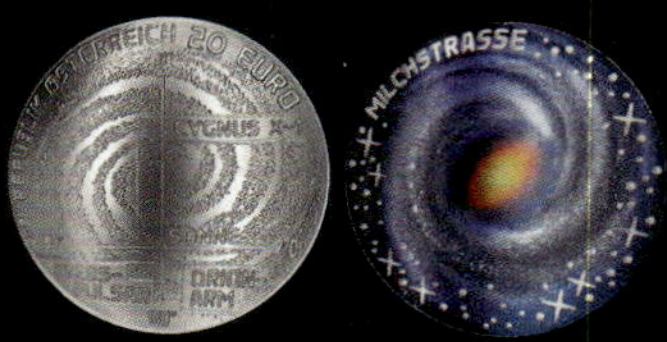

LN-G213

LN-G214

Cu Ag

LN-G215

LN-G216

LN-G209

Ostern – Osterküken
2021, 5 EURO

Cu 999, 8,9 g, Ø 28,5 mm, neuneckig
Stgl.: 200.000 Ex. € 12,00

Ag925, 8,41 g, Ø 28,5 mm, neuneckig
Hgh.: 50.000 Ex. € 31,00

LN-G210

Mobilität der Zukunft
2021, 25 EURO
Nb998/Ag900, 16,5 g, Ø 34 mm
Hgh.: 65.000 Ex. € 120,00

LN-G211

Mit Kettenhemd und Schwert (V) –
Brüderlichkeit
2021, 10 EURO

Cu, 15 g, Ø 32 mm
Stgl.: 130.000 Ex. € 23,00

Ag925, 16,82 g, Ø 32 mm
Hgh.: 30.000 Ex. € 50,00
PP: 30.000 Ex. € 70,00

LN-G212

Faszination Universum (I) –
Milchstraße
2021, 20 EURO
Au925, 22,42 g, Ø 34 mm
Stgl.: 30.000 Ex. € 180,00

LN-G213

Super Saurier (VII) –
Deinonychus antirrhopus –
Der klügste Dinosaurier
2021, 3 EURO
CuNi, 16 g, Ø 34 mm, mit Leuchteffekt im Dunkeln
Stgl.: 65.000 Ex. € 31,00

LN-G214

Mit der Sprache der Blumen (I) –
Die Rose
2021, 10 EURO

Cu, 15 g, Ø 32 mm
Stgl.: 130.000 Ex. € 23,00

Ag925, 16,82 g, Ø 32 mm
Hgh.: 30.000 Ex. € 60,00
PP: 30.000 Ex. € 80,00

LN-G215

Super Saurier (VIII) –
Styracosaurus albertensis –
Das längste Horn
2021, 3 EURO
CuNi, 16 g, Ø 34 mm, mit Leuchteffekt im Dunkeln
Stgl.: 65.000 Ex. € 30,00

LN-G216

Magie des Goldes (III) –
Der Goldschatz der Inka
2021, 100 EURO
Au986, 15,78 g, Ø 30 mm
PP: 20.000 Ex. € –,–

LN-G217

LN-G218

LN-G219

Cu Ag

LN-G217

Augen der Kontinente (II) – Europa – Weisheit der Eule
2021, 20 EURO
Ag925, 20,74 g, Ø 34 mm, mit zwei geschliffenen Kristallen von Swarovski®
PP: 30.000 Ex. € –,–

LN-G218

Super Saurier (IX) – Argentinosaurus huinculensis – Der Größte der Riesen
2021, 3 EURO
CuNi, 16 g, Ø 34 mm, mit Leuchteffekt im Dunkeln
Stgl.: 65.000 Ex. € –,–

LN-G219

Neujahrsmünze 2022
2021, 5 EURO

Cu 999, 8,9 g, Ø 28,5 mm, neuneckig
Stgl.: 200.000 Ex. € –,–

Ag925, 8,41 g, Ø 28,5 mm, neuneckig
Hgh.: 50.000 Ex. € –,–

Vorschau 2022

19. Januar 2022
- 20 EURO, Augen der Kontinente (III) Asien – Stärke des Tigers (Ag925, PP: 30.000 Ex.)

16. Februar 2022
- 50 EURO, Naturschatz Alpen (III) – Am wilden Wasser (Au986, PP: 20.000 Ex.)
- 3 EURO, Super Saurier (X) – Microraptor gui – klein, kleiner, winzig (CuNi, Stgl.: 65.000 Ex.)

16. März 2022
- 5 EURO, Ostermünze (Cu, Stgl.: 200.000 Ex.; Ag925, Hgh.: 50.000 Ex.)
- 25 EURO, Leben im All (Nb998/Ag900, Hgh.: 65.000 Ex.)

6. April 2022
- 10 EURO, Mit der Sprache der Blumen (II) – Der Löwenzahn (Cu, Stgl.: 130.000 Ex.; Ag925, Hgh.: 30.000 Ex.; Ag925, PP: 30.000 Ex.)

11. Mai 2022
- 20 EURO, Faszination Universum (II) – Schwarzes Loch (Ag925, PP: 30.000 Ex.)

15. Juni 2022
- 3 EURO, Super Saurier (XI) – Pachycephalosaurus wyomingensis – Der größte Dickschädel (CuNi, Stgl.: 65.000 Ex.)

Juli 2022
- 35 Jahre Erasmus-Programm (2 EURO, Gemeinschaftsausgabe)

14. September 2022
- 10 EURO, Mit der Sprache der Blumen (III) – Die Ringelblume (Cu, Stgl.: 130.000 Ex.; Ag925, Hgh.: 30.000 Ex.; Ag925, PP: 30.000 Ex.)
- 3 EURO, Super Saurier (XII) – Ornithomimus velox – Der schnellste Dinosaurier (CuNi, Stgl.: 65.000 Ex.)

12. Oktober 2022
- 100 EURO, Magie des Goldes (IV) – Das Gold der Skythen (Au986, PP: 20.000 Ex.)

9. November 2021
- 20 EURO, Augen der Kontinente (IV) Afrika – Ruhe des Elefanten (Ag925, PP: 30.000 Ex.)
- 3 EURO, Leuchtende Meereswelten (I) – Blaugeringelter Krake (CuNi, Stgl.: 65.000 Ex.)

noch offen
- 5 EURO, Neujahrsmünze 2023 (Cu, Stgl.: 200.000 Ex.; Ag925, Hgh.: 50.000 Ex.)

Vorschau

- Magie des Goldes
  Weitere Ausgabethemen lauten: das goldene Indien, das Gold Chinas

PORTUGAL

Bildquelle: ICEP

Republik

Fläche: 92.212 km²

Hauptstadt: Lissabon

Einwohnerzahl: 10,4 Mio.

Beitrittsjahr zur EU: 1986

Bisherige Währung: Portug. Escudo

Bildmotiv: Vasco-da-Gama-Brücke in Lissabon

LM-K1	1 Cent	
Jahr	Auflage	Stgl.
2002	278.106.172	1,30
2003	nur aus Sätzen	16,00
2004	75.000.000	1,30
2005	40.000.000	1,10
2006	30.000.000	1,30
2007	105.000.000	1,40
2008	75.000.000	1,40
2009	60.000.000	1,20
2010	15.000.000	1,70
2011	20.000.000	1,20
2012	50.000.000	1,30
2013	nur aus Sätzen	4,80
2014	20.000.000	4,50
2015	40.000.000	1,30
2016	40.000.000	1,80
2017	55.000.000	4,50
2018	nur aus Sätzen	4,50
2019	50.000.000	4,50
2020		3,30
2021		4,80

LM-K3	5 Cent	
Jahr	Auflage	Stgl.
2002	234.512.047	1,40
2003	nur aus Sätzen	14,00
2004	40.000.000	1,40
2005	30.000.000	1,50
2006	20.000.000	1,50
2007	25.000.000	1,30
2008	25.000.000	1,50
2009	25.000.000	1,50
2010	5.000.000	1,80
2011	25.000.000	1,10
2012	15.000.000	1,30
2013	nur aus Sätzen	4,90
2014	nur aus Sätzen	5,50
2015	nur aus Sätzen	5,00
2016	15.000.000	4,50
2017	25.000.000	4,50
2018	37.545.200	4,50
2019	30.000.000	3,30
2020		3,30
2021		4,80

LM-K2	2 Cent	
Jahr	Auflage	Stgl.
2002	324.376.590	1,20
2003	nur aus Sätzen	15,00
2004	1.000.000	2,00
2005	10.000.000	1,60
2006	1.000.000	2,20
2007	10.000.000	1,90
2008	35.000.000	1,30
2009	45.000.000	1,50
2010	10.000.000	1,80
2011	30.000.000	1,10
2012	35.000.000	1,20
2013	nur aus Sätzen	5,00
2014	20.000.000	4,50
2015	20.000.000	4,50
2016	15.000.000	4,50
2017	35.000.000	4,50
2018	nur aus Sätzen	4,50
2019	nur aus Sätzen	4,00
2020		3,30
2021		4,80

LM-K4.1	10 Cent	
Jahr	Auflage	Stgl.
2002	220.289.835	1,50
2003	6.332.000	1,90
2004	1.000.000	2,70
2005	1.000.000	1,70
2006	1.000.000	2,10
2007	nur aus Sätzen	110,00

LM-K4.2	10 Cent (neue Europakarte)	
Jahr	Auflage	Stgl.
2008	1.000.000	2,70
2009	10.000.000	1,80
2010	nur aus Sätzen	15,00
2011	nur aus Sätzen	13,00
2012	nur aus Sätzen	6,00
2013	nur aus Sätzen	5,50
2014	nur aus Sätzen	4,50
2015	nur aus Sätzen	5,50
2016	15.000.000	1,70
2017	25.000.000	4,50
2018	19.304.000	4,50
2019	20.000.000	2,10
2020		3,00
2021		4,80

LM-K5.1 20 Cent		
Jahr	**Auflage**	**Stgl.**
2002	147.411.038	1,80
2003	9.493.600	1,90
2004	1.000.000	4,50
2005	25.000.000	1,90
2006	20.000.000	1,90
2007	nur aus Sätzen	90,00

LM-K5.2 20 Cent (neue Europakarte)		
Jahr	**Auflage**	**Stgl.**
2008	1.000.000	4,10
2009	20.000.000	2,30
2010	5.000.000	2,20
2011	10.000.000	1,90
2012	nur aus Sätzen	4,70
2013	nur aus Sätzen	5,00
2014	nur aus Sätzen	5,50
2015	15.000.000	4,50
2016	25.000.000	2,00
2017	30.000.000	4,50
2018	15.000.000	4,50
2019	nur aus Sätzen	4,50
2020		3,00
2021		4,90

LM-K7.1 1 Euro		
Jahr	**Auflage**	**Stgl.**
2002	100.228.135	9,00
2003	16.206.875	7,50
2004	20.000.000	4,60
2005	20.000.000	4,80
2006	20.000.000	5,50
2007	4.935.400	4,80
2008	107.000*	180,00

LM-K7.2 1 Euro (neue Europakarte)		
Jahr	**Auflage**	**Stgl.**
2008	5.000.000	5,50
2009	20.000.000	5,50
2010	20.000.000	5,50
2011	5.000.000	6,00
2012	nur aus Sätzen	9,50
2013	nur aus Sätzen	9,50
2014	9.000.000	5,50
2015	15.000.000	9,00
2016	35.000.000	9,00
2017	20.000.000	9,00
2018	25.000.000	9,00
2019	4.000.000	7,00
2020		9,00
2021		7,50

LM-K6.1 50 Cent		
Jahr	**Auflage**	**Stgl.**
2002	151.947.133	3,10
2003	10.353.000	3,20
2004	1.000.000	6,00
2005	1.000.000	3,50
2006	1.000.000	3,50
2007	nur aus Sätzen	100,00

LM-K6.2 50 Cent (neue Europakarte)		
Jahr	**Auflage**	**Stgl.**
2008	5.000.000	4,10
2009	20.000.000	3,60
2010	20.000.000	3,30
2011	nur aus Sätzen	12,00
2012	nur aus Sätzen	6,00
2013	nur aus Sätzen	6,00
2014	nur aus Sätzen	6,00
2015	20.000.000	2,30
2016	2.000.000	4,60
2017	30.000.000	4,50
2018	nur aus Sätzen	4,50
2019	10.000.000	4,50
2020		3,80
2021		5,00

LM-K8.1 2 Euro		
Jahr	**Auflage**	**Stgl.**
2002	61.930.775	8,50
2003	5.979.750	10,50
2004	1.000.000	12,00
2005	1.000.000	21,00
2006	1.000.000	12,50
2007	nur aus Sätzen	430,00

LM-K8.2 2 Euro (neue Europakarte)		
Jahr	**Auflage**	**Stgl.**
2008	nur aus Sätzen	85,00
2009	nur aus Sätzen	50,00
2010	nur aus Sätzen	38,00
2011	nur aus Sätzen	36,00
2012	nur aus Sätzen	36,00
2013	nur aus Sätzen	44,00
2014	nur aus Sätzen	40,00
2015	nur aus Sätzen	40,00
2016	nur aus Sätzen	40,00
2017	nur aus Sätzen	36,00
2018	nur aus Sätzen	43,00
2019	nur aus Sätzen	34,00
2020		42,00
2021		39,00

* Bei einem Teil der Auflage der 1-Euro-Münze des Jahres 2008 wurde versehentlich der Prägestempel mit der „alten" Europakarte verwendet.

Inhalt des Starterpäckchens:

1 Cent (5x), 2 Cent (5x), 5 Cent (5x), 10 Cent (6x), 20 Cent (5x), 50 Cent (4x), 1 Euro (2x), 2 Euro (2x).

Die Starterkits wurden ab dem 17. Dezember 2001 an Privathaushalte zu einem Gegenwert von 2005,00 PTE abgegeben. Kursgültig seit dem 1. Januar 2002.

Jahr	Auflage	Stgl.
2002	1.000.000 Exemplare	€ 50,00

Inhalt der Original-Pakete:			
1 Cent	50 Exemplare	Nominal:	€ 0,50
2 Cent	50 Exemplare	Nominal:	€ 1,00
5 Cent	50 Exemplare	Nominal:	€ 2,50
10 Cent	40 Exemplare	Nominal:	€ 4,00
20 Cent	40 Exemplare	Nominal:	€ 8,00
50 Cent	40 Exemplare	Nominal:	€ 20,00
1 EURO	25 Exemplare	Nominal:	€ 25,00
2 EURO	25 Exemplare	Nominal:	€ 50,00

Kursmünzensätze (BU)	Jahr	Auflage	Stgl.
LM-AK1 2002	2002	50.000	38,00
LM-AK1 2003	2003	50.000	46,00
LM-AK1 2004	2004	50.000	60,00
LM-AK1 2005	2005	30.000	43,00
LM-AK1 2006	2006	12.500	70,00
LM-AK1 2007	2007	12.000	510,00
LM-AK1 2008	2008	15.000	100,00
LM-AK1 2009	2009	18.000	66,00
LM-AK1 2010	2010	20.000	63,00
LM-AK1 2011	2011	20.000	54,00
LM-AK1 2012	2012	20.000	56,00
LM-AK1 2013	2013	20.000	50,00
LM-AK1 2014	2014	8.000	56,00
LM-AK1 2015	2015	8.000	60,00
LM-AK1 2016	2016	10.000	51,00
LM-AK1 2017	2017	8.000	60,00
LM-AK1 2018	2018	8.000	53,00
LM-AK1 2019	2019	8.000	55,00
LM-AK1 2020	2020	5.500	60,00
LM-AK1 2021	2021	5.000	61,00

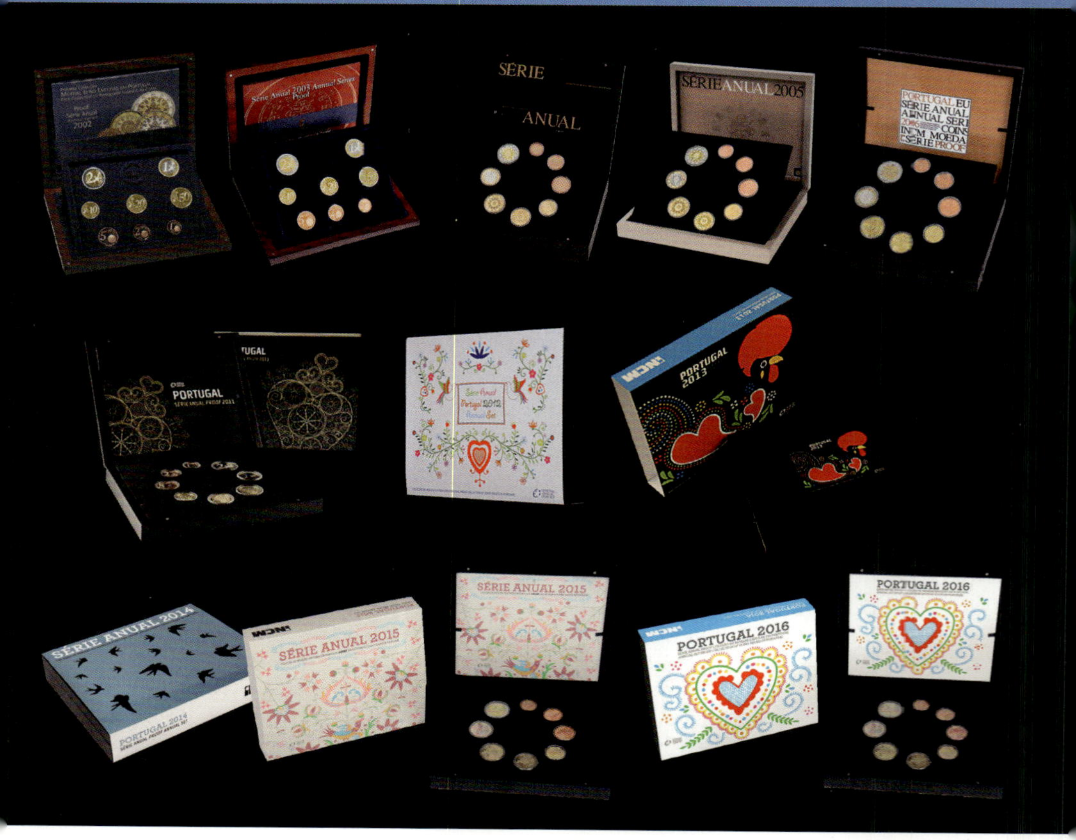

Kursmünzensätze	Jahr	Auflage	PP
LM-AK2 2002	2002	15.000	70,00
LM-AK2 2003	2003	15.000	110,00
LM-AK2 2004	2004	15.000	125,00
LM-AK2 2005	2005	10.000	135,00
LM-AK2 2006	2006	3.000	125,00
LM-AK2 2007	2007	2.500	475,00
LM-AK2 2008	2008	3.500	110,00
LM-AK2 2009	2009	4.000	95,00
LM-AK2 2010	2010	4.500	96,00
LM-AK2 2011	2011	4.500	105,00
LM-AK2 2012	2012	4.500	110,00
LM-AK2 2013	2013	4.500	97,00
LM-AK2 2014	2014	1.500	120,00
LM-AK2 2015	2015	1.500	110,00
LM-AK2 2016	2016	1.500	115,00
LM-AK2 2017	2017	1.500	120,00
LM-AK2 2018	2018	1.500	410,00
LM-AK2 2019	2019	1.500	120,00
LM-AK2 2020	2020	1.500	175,00
LM-AK2 2021	2021	1.500	130,00

Kursmünzensätze	Jahr	Auflage	Stgl.
„Série Anual - FDC"			
LM-AK3 2005	2005	15.000	52,00
LM-AK3 2006	2006	7.000	43,00
LM-AK3 2007	2007	6.000	495,00
LM-AK3 2008	2008	7.500	91,00
LM-AK3 2009	2009	10.000	67,00
LM-AK3 2010	2010	12.500	45,00
LM-AK3 2011	2011	12.500	38,00
LM-AK3 2012	2012	12.500	41,00
LM-AK3 2013	2013	12.500	41,00
LM-AK3 2014	2014	10.000	45,00
LM-AK3 2015	2015	12.500	45,00
LM-AK3 2016	2016	12.000	45,00
LM-AK3 2017	2017	10.000	45,00
LM-AK3 2018	2018	10.000	45,00
LM-AK3 2019	2019	10.000	45,00
LM-AK3 2020	2020	5.000	42,00
LM-AK3 2021	2021	5.000	43,00

Kursmünzensätze	Jahr	Auflage	Stgl.
Baby-Satz (FDC)			
LM-SK1 2002	2002	5.000	50,00
LM-SK1 2003	2003	5.000	34,00
LM-SK1 2004	2004	20.000	75,00
LM-SK1 2005	2005	15.000	51,00
LM-SK1 2006	2006	7.000	45,00
LM-SK1 2007	2007	3.500	570,00
LM-SK1 2008	2008	4.000	91,00
LM-SK1 2009	2009	6.000	80,00
LM-SK1 2010	2010	7.000	42,00
LM-SK1 2011	2011	7.000	50,00
LM-SK1 2012	2012	7.000	47,00
LM-SK1 2013	2013	7.000	46,00
LM-SK1 2014	2014	3.000	54,00
LM-SK1 2015	2015	3.000	53,00
LM-SK1 2016	2016	6.000	48,00
LM-SK1 2017	2017	3.500	50,00
LM-SK1 2018	2018	3.500	55,00
LM-SK1 2019	2019	3.500	49,00
LM-SK1 2020	2020	3.500	60,00
LM-SK1 2021	2021	3.500	44,00

LM-G1

LM-G5

(Ag) (Au)

LM-G2

(Ag) (Au)

LM-G6

(Ag) (Au)

LM-G3

(Ag) (Au)

LM-G7

(Ag) (Au)

LM-G4

(Ag) (Au)

LM-G1

V. Ibero-Amerikanische Serie – Navigation
2003, 10 EURO
Ⓓ Raúl de Sousa Machado

Ag500, Ag, 27 g, Ø 40 mm
Stgl.: 350.000 Ex. € 27,50

Ag925, Ag, 27 g, Ø 40 mm
PP: 20.000 Ex. € 165,00

LM-G2

UEFA Euro 2004 – Fußball ist ein Fest
2003, 8 EURO
Ⓓ José Teixeira

Ag500, 21g, Ø 36 mm
Stgl.: 1.500.000 Ex. € 25,00

Ag925, 31,1 g, Ø 36 mm
PP: 15.000 Ex. € 75,00

Au916,6, 31,1 g, Ø 36 mm
PP: 10.000 Ex. € 8.850,00

LM-G3

UEFA Euro 2004 – Fußball ist Leidenschaft
2003, 8 EURO
Ⓓ José Teixeira

Ag500, 21g, Ø 36 mm
Stgl.: 1.500.000 Ex. € 25,00

Ag925, 31,1 g, Ø 36 mm
PP: 15.000 Ex. € 75,00

Au916,6, 31,1 g, Ø 36 mm
PP: 10.000 Ex. € 2.175,00

LM-G4

UEFA Euro 2004 – Fußball ist fair play
2003, 8 EURO
Ⓓ José Simão

Ag500, 21g, Ø 36 mm
Stgl.: 1.500.000 Ex. € 25,00

Ag925, 31,1 g, Ø 36 mm
PP: 15.000 Ex. € 75,00

Au916,6 , 31,1 g, Ø 36 mm
PP: 10.000 Ex. € 2.175,00

LM-G2 bis LM-G4

2003, Set, Ag925, 31,1 g, Ø 36 mm
Alle drei 8-Euro-Münzen im Blister.
Stgl.: 30.000 Ex. € 145,00

LM-G5

150 Jahre portugiesische Briefmarken
2004 (Jahreszahl 2003), 5 EURO
Ⓓ Vítor Manuel Fernandes dos Santos

Ag500, 21g, Ø 30 mm
Stgl.: 300.000 Ex. € 25,00

Ag925, 14 g, Ø 30 mm
Stgl.: 20.000 Ex. € 40,00
PP: 20.000 Ex. € 65,00

Au916,6 , 17,5 g, Ø 30 mm
PP: 10.000 Ex. € 1.425,00

LM-G6

UEFA Euro 2004 – Die Verteidigung durch den Torwart
2004, 8 EURO
Ⓓ João Duarte

Ag500, 21 g, Ø 36 mm
Stgl.: 1.500.000 Ex. € 25,00

Ag925, 31,1 g, Ø 36 mm
PP: 15.000 Ex. € 75,00

Au916,6 , 31,1 g, Ø 36 mm
PP: 10.000 Ex. € 2.150,00

LM-G7

UEFA Euro 2004 – Der Schuss
2004, 8 EURO
Ⓓ José Simão

Ag500, 21 g, Ø 36 mm
Stgl.: 1.500.000 Ex. € 27,00

Ag925, 31,1 g, Ø 36 mm
PP: 15.000 Ex. € 75,00

Au916,6 , 31,1 g, Ø 36 mm
PP: 10.000 Ex. € 2.150,00

LM-G8

(Ag) (Au)

LM-G12

LM-G9

LM-G13

LM-G10

LM-G14

LM-G11

LM-G15

(Ag) (Au)

LM-G8

UEFA Euro 2004 – Das Tor
2004, 8 EURO
Ⓓ José Teixeira

Ag500, 21 g, Ø 36 mm		
Stgl.:	1.500.000 Ex.	€ 27,00
Ag925, 31,1 g, Ø 36 mm		
PP:	15.000 Ex.	€ 75,00
Au916,6 , 31,1 g, Ø 36 mm		
PP:	10.000 Ex.	€ 2.150,00

LM-G6 bis LM-G8

2004, Set, Ag925, 31,1 g, Ø 36 mm
Alle drei 8-Euro-Münzen im Blister.

Stgl.:	30.000 Ex.	€ 145,00

LM-G9

Erweiterung d. Europ. Union
2004, 8 EURO
Ⓓ José João de Brito

Ag500, 21 g, Ø 36 mm		
Stgl.:	300.000 Ex.	€ 30,00
Ag925, 31,1 g, Ø 36 mm		
PP:	35.000 Ex.	€ 70,00

LM-G10

Olympische Sommerspiele, Athen – Portugiesisches Olympisches Komitee
2004, 10 EURO
Ⓓ José Aurélio

Ag500, 27 g, Ø 40 mm		
Stgl.:	350.000 Ex.	€ 30,00
Ag925, 27 g, Ø 40 mm		
PP:	15.000 Ex.	€ 75,00

LM-G11

UNESCO-Weltkulturerbe – Kloster Christi bei Tomar
2004, 5 EURO
Ⓓ José Cândido

Ag500, 14 g, Ø 30 mm		
Stgl.:	255.000 Ex.	€ 20,00
Ag925, 14 g, Ø 30 mm		
PP:	6.000 Ex.	€ 70,00

LM-G12

UNESCO-Weltkulturerbe – Historisches Zentrum von Évora
2004, 5 EURO
Ⓓ Eloísa Byrne

Ag500, 14 g, Ø 30 mm		
Stgl.:	265.000 Ex.	€ 20,00
Ag925, 14 g, Ø 30 mm		
PP:	6.000 Ex.	€ 70,00

LM-G13

60 Jahre Frieden und Freiheit in Europa
2005, 8 EURO
Ⓓ João Duarte

Ag500, 21 g, Ø 36 mm		
Stgl.:	300.000 Ex.	€ 35,00
Ag925, 31,1 g, Ø 36 mm		
PP:	35.000 Ex.	€ 75,00

LM-G14

VI. Ibero-Amerikanische Serie – Architektur und Bauwerke
2005, 10 EURO
Ⓓ Vítor Nogueira da Silva

Ag500, 27 g, Ø 40 mm		
Stgl.:	300.000 Ex.	€ 32,50
Ag925, 27 g, Ø 40 mm		
PP:	20.000 Ex	€ 110,00

LM-G15

800. Geburtstag von Johannes XXI.
2005, 5 EURO
Ⓓ Isabel Carriço Almeida, Fernando Branco

Ag500, 14 g, Ø 30 mm		
Stgl.:	300.000 Ex.	€ 20,00
Ag925, 14 g, Ø 30 mm		
PP:	15.000 Ex.	€ 85,00
Au916,6 , 17,5 g, Ø 30 mm		
PP:	7.500 Ex.	€ 1.500,00

LM-G16

LM-G20

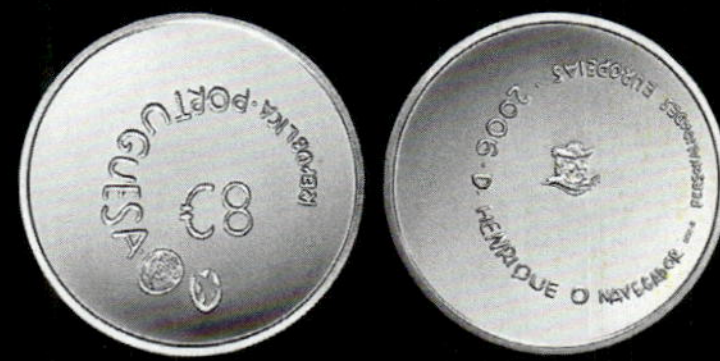

LM-G17

LM-G21

LM-G18

LM-G22

LM-G19

LM-G23

LM-G16
UNESCO-Weltkulturerbe –
Kloster Batalha
2005, 5 EURO
Ⓓ António Marinho

Ag500, 14 g, Ø 30 mm
Stgl.: 122.000 Ex. € 20,00

Ag925, 14 g, Ø 30 mm
PP: 6.000 Ex. € 80,00

LM-G17
UNESCO-Weltkulturerbe –
Altstadt von Angra do Heroismo
2005, 5 EURO
Ⓓ Álvaro França

Ag500, 14 g, Ø 30 mm
Stgl.: 123.000 Ex. € 20,00

Ag925, 14 g, Ø 30 mm
PP: 6.330 Ex. € 75,00

LM-G18
FIFA-Fußball-WM 2006, Deutschland
2006, 10 EURO
Ⓓ José Teixeira

Ag500, 27 g, Ø 40 mm
Stgl.: 107.000 Ex. € 30,00

Ag925, 27 g, Ø 40 mm
PP: 25.000 Ex. € 85,00

LM-G19
20. Jahrestag des Beitritts
von Portugal und Spanien
zur Europäischen Union
2006, 10 EURO
Ⓓ José Cândido

Ag500, 27 g, Ø 40 mm
Stgl.: 90.000 Ex. € 35,00

Ag925, 27 g, Ø 40 mm
PP: 20.000 Ex. € 85,00

LM-G20
Große Europäer –
Heinrich der Seefahrer
2006, 8 EURO
Ⓓ João Cutileiro

Ag500, 21 g, Ø 36 mm
Stgl.: 85.000 Ex. € 30,00

Ag925, 31,1 g, Ø 36 mm
PP: 35.000 Ex. € 70,00

LM-G21
Portugal Universal –
Alfons I. der Eroberer
2006, ¼ EURO
Au999, 1,56 g, Ø 14 mm
Ⓓ José João de Brito
Stgl.: 30.000 Ex. € 190,00

LM-G22
UNESCO-Weltkulturerbe –
Kloster Alcobaca
2006, 5 EURO
Ⓓ Fernando Conduto

Ag500, 14 g, Ø 30 mm
Stgl.: 82.000 Ex. € 20,00

Ag925, 14 g, Ø 30 mm
PP: 5.000 Ex. € 70,00

LM-G23
UNESCO-Weltkulturerbe –
Kulturlandschaft von Sintra
2006, 5 EURO
Ⓓ Eloísa Byrne

Ag500, 14 g, Ø 30 mm
Stgl.: 82.000 Ex. € 20,00

Ag925, 14 g, Ø 30 mm
PP: 5.000 Ex. € 70,00

LM-G24

LM-G28

LM-G25

LM-G29

LM-G26

LM-G30

LM-G27

LM-G31

LM-G24

150 Jahre Eisenbahn in Portugal
2006, 8 EURO
Ⓓ Hélder Batista

Ag500, 21 g, Ø 36 mm
Stgl.: 100.000 Ex. € 30,00

Ag925, 31,1 g, Ø 36 mm
PP: 10.000 Ex. € 75,00

LM-G25

50 Jahre Römische Verträge
2007, 2 EURO
Ⓓ Luc Luycx und Helmut Andexlinger
Stgl.: 1.500.000 Ex. € 6,90
Folder: 35.000 Ex. € 24,00
PP: 15.000 Ex. € 375,00

LM-G26

Europäische Errungenschaften – Prototyp eines Luftschiffes von Bartolomeu de Gusmão
2007, 8 EURO
Ⓓ José Manuel Espiga Pinto

Ag500, 21 g, Ø 36 mm
Stgl.: 70.000 Ex. € 25,00

Ag925, 31,1 g, Ø 36 mm
PP: 25.000 Ex. € 70,00

LM-G27

Portugal Universal – Antonius von Padua
2007, ¼ EURO
Au999, 1,56 g, Ø 14 mm
Ⓓ Hélder Batista
Stgl.: 30.000 Ex. € 135,00

LM-G28

EU-Ratspräsidentschaft
2007, 2 EURO
Ⓓ Luc Luycx und Maria Irene Vilar
Stgl.: 1.250.000 Ex. € 7,50
Folder: 35.000 Ex. € 20,00
PP: 15.000 Ex. € 33,50

LM-G29

WM im Olympischen Segeln, Cacais
2007, 10 EURO
Ⓓ João Duarte

Ag500, 27 g, Ø 40 mm
Stgl.: 70.000 Ex. € 30,00

Ag925, 27 g, Ø 40 mm
PP: 7.500 Ex. € 95,00

LM-G30

100 Jahre Pfadfinderbewegung
2007, 5 EURO
Ⓓ João Calviño

Ag500, 14 g, Ø 30 mm
Stgl.: 70.000 Ex. € 20,00

Ag925, 14 g, Ø 30 mm
PP: 10.000 Ex. € 80,00

LM-G31

Europäisches Jahr der Chancengleichheit für alle
2007, 5 EURO
Ⓓ Alípio Pinto

Ag500, 14 g, Ø 30 mm
Stgl.: 70.000 Ex. € 20,00

Ag925, 14 g, Ø 30 mm
PP: 7.500 Ex. € 80,00

LM-G32

LM-G36

LM-G33

LM-G37

LM-G34

LM-G38

LM-G35

LM-G39

LM-G32

VII. Ibero-Amerikanische Serie – Marathon
2007, 10 EURO
Ⓓ José Cândido

Ag500, 27 g, Ø 40 mm
Stgl.: 100.000 Ex. € 30,00

Ag925, 27 g, Ø 40 mm
PP: 17.500 Ex. € 120,00

LM-G33

UNESCO-Weltkulturerbe – Lorbeerwald von Madeira
2007, 5 EURO
Ⓓ Ricardo Velosa

Ag500, 14 g, Ø 30 mm
Stgl.: 75.000 Ex. € 20,00

Ag925, 14 g, Ø 30 mm
PP: 5.000 Ex. € 70,00

LM-G34

Portugal Universal – Dionysius
2008, ¼ EURO
Au999, 1,56 g, Ø 14 mm
Ⓓ Isabel Carriço Almada, Fernando Branco
Stgl.: 30.000 Ex. € 180,00

LM-G35

Olympische Sommerspiele, Peking
2008, 2,5 EURO
Ⓓ José Teixeira

CuNi, 10 g, Ø 28 mm
Stgl.: 487.500 Ex. € 12,50

Ag925, 12 g, Ø 28 mm
PP: 12.500 Ex. € 70,00

LM-G36

Kulturelles Erbe Europas (I) – Fado
2008, 2,50 EURO
Ⓓ Vítor Manuel Fernandes dos Santos

CuNi, 10 g, Ø 28 mm
Stgl.: 150.000 Ex. € 15,00

Ag925, 12 g, Ø 28 mm
PP: 20.000 Ex. € 70,00

LM-G37

Eine Münze, ein Anliegen – Gegen die Gleichgültigkeit
2008, 1½ EURO
Ⓓ José Cândido

CuNi, 8 g, Ø 26,5 mm
Stgl.: 50.000 Ex. € 11,50
Folder: 300.000 Ex. € 17,00

Ag925, 10 g, Ø 26,5 mm
PP: 5.000 Ex. € 75,00

LM-G38

60. Jahrestag der Allgemeinen Erklärung der Menschenrechte
2008, 2 EURO
Ⓓ Luc Luycx und João Duarte
Stgl.: 1.000.000 Ex. € 6,15
Folder: 20.000 Ex. € 20,00
PP: 15.000 Ex. € 30,00

LM-G39

UNESCO-Weltkulturerbe – Historisches Zentrum von Porto
2008, 2,50 EURO
Ⓓ Carlos Marques

CuNi, 10 g, Ø 28 mm
Stgl.: 95.000 Ex. € 11,00

Ag925, 12 g, Ø 28 mm
PP: 5.000 Ex. € 70,00

LM-G40

LM-G44

LM-G41

LM-G45

(Ag) (Au)

LM-G42

LM-G46

LM-G43

(Ag) (Au)

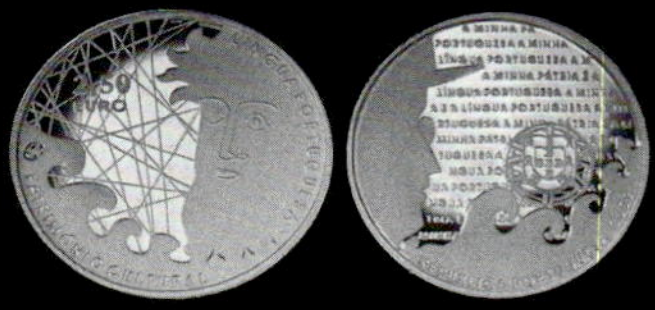

LM-G47

LM-G40

UNESCO-Weltkulturerbe – Weinanbauregion Upper Douro
2008, 2,50 EURO
Ⓓ Armando Alves

CuNi, 10 g, Ø 28 mm
Stgl.: 90.000 Ex. € 11,00

Ag925, 12 g, Ø 28 mm
PP: 5.000 Ex. € 70,00

LM-G41

10 Jahre Wirtschafts- und Währungsunion
2009, 2 EURO
Ⓓ Luc Luycx u. Georgios Stamatopoulos
Stgl.: 1.250.000 Ex. € 6,45
Folder: 20.000 Ex. € 38,00
PP: 15.000 Ex. € 35,00

LM-G42

Portugal Universal – Vasco da Gama
2009, 1/4 EURO
Au999, 1,56 g, Ø 14 mm
Ⓓ João Duarte
Stgl.: 30.000 Ex. € 150,00

LM-G43

Kulturelles Erbe Europas (II) – Portugiesische Literatur
2009, 2.50 EURO
Ⓓ José Simão

CuNi, 10 g, Ø 28 mm
Stgl.: 150.000 Ex. € 10,00

Ag925, 12 g, Ø 28 mm
PP: 15.000 Ex. € 80,00

Au999, 15,55 g, Ø 28 mm
PP: 2.500 Ex. € 1.350,00

LM-G44

Spiele für Sportler aus portugiesischsprachigen Ländern, Lissabon
2009, 2 EURO
Ⓓ Luc Luycx und José Aurélio
Stgl.: 1.250.000 Ex. € 6,60
Folder: 20.000 Ex. € 15,00
PP: 15.000 Ex. € 34,50

LM-G45

Schätze der Numismatik – Marabitino aus der Zeit von König Sancho I.
2009, 1,50 EURO
Ⓓ Rui Vasquez

CuNi, 8 g, Ø 26,5 mm
Stgl.: 100.000 Ex. € 7,50

Au999, 10,37 g, Ø 26,5 mm
PP: 2.500 Ex. € 1.250,00

LM-G46

UNESCO-Weltkulturerbe – Hieronymitenkloster, Belém
2009, 2½ EURO
Ⓓ Isabel Carriço Almada, Fernando Branco

CuNi, 10 g, Ø 28 mm
Stgl.: 150.000 Ex. € 10,00

Ag925, 12 g,
PP: 5.000 Ex. € 70,00

LM-G47

UNESCO-Weltkulturerbe – Turm von Belém
2009, 2,50 EURO
Ⓓ José João de Brito

CuNi, 10 g, Ø 28 mm
Stgl.: 150.000 Ex. € 10,00

Ag925, 12 g, Ø 28 mm
PP: 5.000 Ex. € 70,00

LM-G48

LM-G49

LM-G50

LM-G51

LM-G52

(Ag) (Au)

LM-G53

LM-G54

LM-G55

LM-G48

Portugal Universal –
Luís Vaz de Camões
2010, 0,25 EURO
Au999, 1,56 g, Ø 14 mm
Ⓓ José Manuel Espiga Pinto

Stgl.:	30.000 Ex.	€ 180,00

LM-G49

Schätze der Numismatik –
Justo aus der Zeit von
König Johann II.
2010, 5 EURO
Ⓓ José Viriato Bernardo

CuNi, 14 g, Ø 30 mm

Stgl.:	150.000 Ex.	€ 16,00

Au999, 15,55 g, Ø 30 mm

PP:	2.500 Ex.	€ 950,00

LM-G50

FIFA-Fußball-WM, Südafrika
2010, 2,50 EURO
CuNi, 10 g Ø 28 mm
Ⓓ Carlos Marques

Stgl.:	120.000 Ex.	€ 10,00

Ag925, 12 g Ø 28 mm

PP:	12.500 Ex.	€ 85,00

LM-G51

Eine Münze, ein Anliegen –
Gegen den Hunger
2010, 1,50 EURO
Ⓓ João Duarte

CuNi, 8 g, Ø 26,5 mm

Stgl.:	100.000 Ex.	€ 6,00
Folder:	100.000 Ex.	€ 15,00

Ag925, 10 g, Ø 26,5 mm

PP:	5.000 Ex.	€ 70,00

LM-G52

Europäische Architektur –
Schlossplatz von Lissabon
2010, 2½ EURO
Ⓓ Isabel Carriço Almada, Fernando Branco

CuNi, 10 g, Ø 28 mm

Stgl.:	120.000 Ex.	€ 10,00

Ag925, 12 g, Ø 28 mm

PP:	15.000 Ex.	€ 90,00

Au999, 15,55 g, Ø 28 mm

PP:	2.500 Ex.	€ 1.325,00

LM-G53

100 Jahre Portugiesische Republik
2010, 2 EURO
Ⓓ Luc Luycx und José Cândido

Stgl.:	1.000.000 Ex.	€ 6,45
Folder:	20.000 Ex.	€ 20,00
PP:	15.000 Ex.	€ 40,00

LM-G54

200. Jahrestag der Verteidigungslinie
bei Torres
2010, 2,50 EURO
Ⓓ José João de Brito

CuNi, 10 g, Ø 28 mm

Stgl.:	120.000 Ex.	€ 10,00

Ag925, 12 g, Ø 28 mm

PP:	5.000 Ex.	€ 70,00

LM-G55

VIII. Ibero-Amerikanische Serie –
Der Escudo
2010, 10 EURO
Ⓓ Vítor Manuel Fernandes dos Santos

Ag500, 27 g, Ø 40 mm

Stgl.:	100.000 Ex.	€ 28,50

Ag925, 27 g, Ø 40 mm

PP:	12.000 Ex.	€ 95,00

LM-G56

LM-G60

LM-G57

LM-G61

LM-G58

(Ag) (Au)

LM-G62

LM-G59

LM-G63

LM-G56

UNESCO-Weltkulturerbe – Tal von Côa
2010, 2,50 EURO
Ⓓ António Marinho

CuNi, 10 g, Ø 28 mm
Stgl.: 120.000 Ex. € 9,00

Ag925, 12 g, Ø 28 mm
PP: 5.000 Ex. € 70,00

LM-G57

Portugal Universal – António Vieira
2011, ¼ EURO
Au999, 1,56 g, Ø 14 mm
Ⓓ António Marinho
Stgl.: 15.000 Ex. € 180,00

LM-G58

Europäische Entdecker –
Hernandog ldo Capello und
Roberto Ivens
2011, 2,50 EURO
Ⓓ Baiba Šime

CuNi, 10 g, Ø 28 mm
Stgl.: 100.000 Ex. € 12,00

Ag925, 12 g, Ø 28 mm
PP: 9.000 Ex. € 75,00

Au999, 15,55 g, Ø 28 mm
PP: 1.500 Ex. € 1.350,00

LM-G59

25. Jahrestag des Beitritts
von Portugal und Spanien
zur Europäischen Union
2011, 0,25 EURO
Au999, 1,56 g, Ø 14 mm
Ⓓ João Duarte
Stgl.: 2.500 Ex. € 130,00

LM-G60

25. Jahrestag des Beitritts
von Portugal und Spanien
zur Europäischen Union
2011, 10 EURO
Ⓓ João Duarte

CuNi, 27 g, Ø 40 mm
Stgl.: 100.000 Ex. € 23,50

Ag925, 27 g, Ø 40 mm
PP: 7.500 Ex. € 80,00

LM-G61

100 Jahre Institut für
militärische Ausbildung
2011, 2,5 EURO
Ⓓ José Viriato Bernardo

CuNi, 10 g, Ø 28 mm
Stgl.: 100.000 Ex. € 9,50

Ag925, 12 g, Ø 28 mm
PP: 3.000 Ex. € 80,00

LM-G62

500. Geburtstag
von Fernão Mendes Pinto
2011, 2 EURO
Ⓓ Luc Luycx, Isabel Carriço Almada und
Fernando Branco
Stgl.: 500.000 Ex. € 10,00
Folder: 12.500 Ex. € 20,00
PP: 7.500 Ex. € 42,00

LM-G63

UNESCO-Weltkulturerbe –
Weinbaukultur der Azoreninsel Pico
2011, 2,50 EURO
Ⓓ Paula Lourenço

CuNi, 10 g, Ø 28 mm
Stgl.: 100.000 Ex. € 9,50

Ag925, 12 g, Ø 28 mm
PP: 3.000 Ex. € 80,00

LM-G64

Ag Au

LM-G68

Ag Au

LM-G65

LM-G69

LM-G66

LM-G70

Ag Au

LM-G67

LM-G71

Ag Au

LM-G64

Schätze der Numismatik – Português aus der Zeit von König Manuel I.
2011, 7,50 EURO
Ⓓ Andreia Pereira

CuNi, 18,5 g, Ø 33 mm
Stgl.: 100.000 Ex. € 20,00

Au999, 23,33 g, Ø 33 mm
PP: 1.500 Ex. € 2.250,00

LM-G65

10. Jahrestag der Einführung der Euro-Münzen und -Banknoten
2012, 2 EURO
Ⓓ Luc Luycx und Helmut Andexlinger
Stgl.: 500.000 Ex. € 10,00
Folder: 10.000 Ex. € 20,00
PP: 10.000 Ex. € 20,00

LM-G66

100 Jahre Universität von Lissabon
2012, 2,5 EURO
Ⓓ Ana Gorgulho

CuNi, 10 g, Ø 28 mm
Stgl.: 100.000 Ex. € 10,00

Ag925, 12 g, Ø 28 mm
PP: 5.000 Ex. € 75,00

LM-G67

Portugal Universal – José Antonio Carlos de Seixas
2012, ¼ EURO
Au999, 1,56 g, Ø 14 mm
Ⓓ Rui Vasquez
Stgl.: 15.000 Ex. € 180,00

LM-G68

Europäische Maler und Bildhauer – José Malhoa
2012, 2,50 EURO
Ⓓ Paula Lourenço

CuNi, 10 g, Ø 28 mm
Stgl.: 100.000 Ex. € 9,50

Ag925, 12 g, Ø 28 mm
PP: 10.000 Ex. € 80,00

Au999, 15,55 g, Ø 28 mm
PP: 1.500 Ex. € 1.350,00

LM-G69

Guimarães, Kulturhauptstadt Europas 2012
2012, 2 EURO
Ⓓ Luc Luycx und José de Guimarães
Stgl.: 500.000 Ex. € 9,00
Folder: 10.000 Ex. € 30,00
PP: 10.000 Ex. € 45,00

LM-G70

Olympische Sommerspiele 2012, London
2012, 2,50 EURO
Ⓓ José João de Brito

CuNi, 10 g, Ø 28 mm
Stgl.: 300.000 Ex. € 8,50

Ag925, 12 g, Ø 28 mm
PP: 10.000 Ex. € 80,00

Ag925 (12g)/ Au999 (3,1g), Ø 28 mm
PP: 2.500 Ex. € 480,00

LM-G71

Schätze der Numismatik – Peça aus der Zeit von König Johann V.
2012, 5 EURO
Ⓓ Rui Vasquez

CuNi, 14 g, Ø 30 mm
Stgl.: 150.000 Ex. € 15,00

Au999, 15,55 g, Ø 30 mm
PP: 2.500 Ex. € 1.500,00

LM-G72

LM-G73

LM-G74

LM-G75

LM-G76

(Ag) (Au)

LM-G77

LM-G78

LM-G79

(Ag) (Au)

LM-G72

20 Jahre Ibero-Amerikanische Serie –
Die Begegnung zweier Welten
2012, 10 EURO
Ⓓ José Manuel Espiga Pinto

CuNi, 27 g, Ø 40 mm
Stgl.: 100.000 Ex. € 27,00

Ag925, 27 g, Ø 40 mm
PP: 10.000 Ex. € 90,00

LM-G73

UNESCO-Weltkulturerbe –
Historisches Zentrum von Guimarães
2012, 2,50 EURO
Ⓓ António Marinho

CuNi, 10 g, Ø 28 mm
Stgl.: 100.000 Ex. € 8,50

Ag925, 12 g, Ø 28 mm
PP: 3.000 Ex. € 80,00

LM-G74

75 Jahre Segelschulschiff Sagres
2012, 2,50 EURO
Ⓓ Baiba Šime

CuNi, 10 g, Ø 28 mm
Stgl.: 100.000 Ex. € 8,50

Ag925, 12 g, Ø 28 mm
PP: 5.000 Ex. € 80,00

LM-G75

Portugal Jniversal –
Antero Tarquínio de Quental
2013, ¼ EURO
Au999, 1,56 g, Ø 14 mm
Ⓓ José Aurélio
Stgl.: 30.000 Ex. € 285,00

LM-G76

Europäische Schriftsteller –
José Saramago
2013, 2,50 EURO
Ⓓ Vítor Manuel Fernandes dos Santos

CuNi, 10 g, Ø 28 mm
Stgl.: 100.000 Ex. € 8,00

Ag925, 12 g, Ø 28 mm
PP: 7.500 Ex. € 65,00

Au999, 15,55 g, Ø 28 mm
PP: 2.500 Ex. € 1.300,00

LM-G77

150 Jahre Rotes Kreuz
2013, 2,5 EURO
Ⓓ José Bandeira

CuNi, 10 g, Ø 28 mm
Stgl.: 100.000 Ex. € 8,00

Ag925, 12 g, Ø 28 mm
PP: 2.500 Ex. € 75,00

LM-G78

250. Jahrestag der Errichtung des Turms der Geistlichen in Porto
2013, 2 EURO
Ⓓ Luc Luycx und Hugo Maciel
Stgl.: 500.000 Ex. € 7,00
Folder: 15.000 Ex. € 33,00
PP: 10.000 Ex. € 175,00

LM-G79

Ethnografische Kostbarkeiten –
Die Ohrringe von Viana do Castelo
2013, 2,5 EURO
Ⓓ Eloísa Byrne

CuNi, 10 g, Ø 28 mm
Stgl.: 100.000 Ex. € 8,00

Ag925, 12 g, Ø 28 mm
PP: 2.500 Ex. € 75,00

Ag925 (12g) / Au999 (3,1g),
Ø 28 mm
PP: 2.500 Ex. € 400,00

LM-G80

(Ag) (Au)

LM-G81

LM-G82

LM-G83

LM-G84

(Ag) (Au)

LM-G85

LM-G86

(Ag) (Au)

LM-G87

LM-G80

Schätze der Numismatik –
Münze aus der Zeit von Maria II.
da Glória, Königin von Portugal
2013, 5 EURO
Ⓓ Rui Vasquez

CuNi, 14 g, Ø 30 mm		
Stgl.:	150.000 Ex.	€ 13,00
Au999, 15,55 g, Ø 30 mm		
PP:	2.500 Ex.	€ 1.350,00

LM-G81

100. Geburtstag von João Villaret
2013, 2,50 EURO
Ⓓ Baiba Šime

CuNi, 10 g, Ø 28 mm		
Stgl.:	100.000 Ex.	€ 8,50
Ag925, 12 g, Ø 28 mm		
PP:	2.500 Ex.	€ 80,00

LM-G82

100 Jahre „Schwertfisch" –
Erstes U-Boot der portugiesischen Marine
2013, 2,5 EURO
Ⓓ José Bandeira

CuNi, 10 g, Ø 28 mm		
Stgl.:	100.000 Ex.	€ 9,00
Ag925, 12 g, Ø 28 mm		
PP:	2.500 Ex.	€ 80,00

LM-G83

UNESCO-Weltkulturerbe –
Die Garnisonsstadt Elvas und
ihre Befestigungsanlage
2013, 2,5 EURO
Ⓓ Nuno Caetano

CuNi, 10 g, Ø 28 mm		
Stgl.:	100.000 Ex.	€ 10,00
Ag925, 12 g, Ø 28 mm		
PP:	2.500 Ex.	€ 80,00

LM-G84

FIFA-Fußball-WM 2014, Brasilien
2014, 2,5 EURO
Ⓓ Hugo Maciel

CuNi, 10 g, Ø 28 mm		
Stgl.:	100.000 Ex.	€ 11,50
Ag925, 12 g, Ø 28 mm		
PP:	15.000 Ex.	€ 85,00
Au916, 8,48 g, Ø 22 mm		
PP:	5.000 Ex.	€ 830,00

LM-G85

Portugal Universal –
Fernando Pessoa
2014, ¼ EURO
Au999, 1,56 g, Ø 14 mm
Ⓓ Eloísa Byrne

Stgl.:	30.000 Ex.	€ 180,00

LM-G86

Europäische Musiker –
Marcos António Portugal
2014, 2,50 EURO
Ⓓ Paula Lourenço

CuNi, 10 g, Ø 28 mm		
Stgl.:	100.000 Ex.	€ 8,00
Ag925, 12 g, Ø 28 mm		
PP:	7.500 Ex.	€ 70,00
Au999, 15,55 g, Ø 28 mm		
PP:	2.500 Ex.	€ 1.300,00

LM-G87

40. Jahrestag der Nelkenrevolution
2014, 2 EURO
Ⓓ Luc Luycx und José Teixeira

Stgl.:	500.000 Ex.	€ 6,50
Folder:	10.000 Ex.	€ 30,00
PP:	10.000 Ex.	€ 275,00

LM-G88

(Ag) (Au)

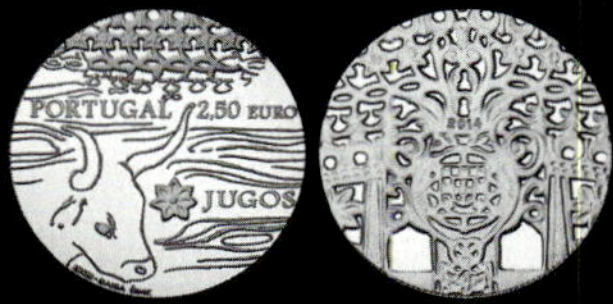

LM-G92

LM-G89

LM-G93

LM-G90

(Ag) (Au)

LM-G94

LM-G91

LM-G95

LM-G88

Ethnographische Kostbarkeiten –
Das Joch (Ochsengeschirr)
2014, 2,50 EURO
Ⓓ Baiba Šime

CuNi, 10 g, Ø 28 mm
Stgl.: 100.000 Ex. € 8,00

Ag925, 12 g, Ø 28 mm
PP: 2.500 Ex. € 75,00

Au999, 15,55 g, Ø 28 mm
PP: 2.500 Ex. € 1.425,00

LM-G89

100 Jahre militärische Luftfahrt
2014, 2,50 EURO
Ⓓ José Simão

CuNi, 10 g, Ø 28 mm
Stgl.: 75.000 Ex. € 8,00

Ag925, 12 g, Ø 28 mm
PP: 2.500 Ex. € 80,00

LM-G90

Europäische Königinnen –
Eleonore von Portugal
2014, 5 EURO
Ⓓ Isabel Carriço Almada, Fernando Branco

CuNi, 14 g, Ø 30 mm
Stgl.: 75.000 Ex. € 15,00

Ag925, 14 g, Ø 30 mm
PP: 2.500 Ex. € 85,00

Au999, 15,55 g, Ø 30 mm
PP: 2.500 Ex. € 1.350,00

LM-G91

Internationales Jahr der familienbetriebenen Landwirtschaft
2014, 2 EURO
Ⓓ Luc Luycx und Hélder Batista

Stgl.: 500.000 Ex. € 6,00
Folder: 10.000 Ex. € 35,00
PP: 10.000 Ex. € 100,00

LM-G92

100 Jahre portugiesische Gedenkmünzen
2014, 2,5 EURO
Ag925 (11,2 g), Ø 28 mm /
Au999 (1,56 g), Ø 14 mm
Ⓓ Nuno Caetano

PP: 2.500 Ex. € 500,00

LM-G93

UNESCO-Weltkulturerbe –
Universität Coimbra
2014, 2,50 EURO
Ⓓ Andreia Pereira

CuNi, 10 g, Ø 28 mm
Stgl.: 75.000 Ex. € 8,00

Ag925, 12 g, Ø 28 mm
PP: 2.500 Ex. € 75,00

LM-G94

35 Jahre nationales Gesundheitswesen
2014, 2,50 EURO
Ⓓ Jorge Bilreiro

CuNi, 10 g, Ø 28 mm
Stgl.: 50.000 Ex. € 8,00

Ag925, 12 g, Ø 28 mm
PP: 2.500 Ex. € 80,00

LM-G95

Immaterielles UNESCO-Weltkulturerbe –
Fado
2015, 2,50 EURO
Ⓓ Andreia Pereira

CuNi, 10 g, Ø 28 mm
Stgl.: 75.000 Ex. € 9,00

Ag925, 12 g, Ø 28 mm
PP: 2.500 Ex. € 75,00

LM-G96

(Ag) (Au)

LM-G100

LM-G97

LM-G101

(Ag) (Au)

LM-G98

LM-G102

LM-G99

(Ag) (Au)

LM-G103

LM-G96

70 Jahre Frieden in Europa
2015, 2,50 EURO
Ⓓ Vítor Manuel Fernandes dos Santos

CuNi, 10 g, Ø 28 mm
Stgl.: 100.000 Ex. € 8,00

Ag925, 12 g, Ø 28 mm
PP: 7.500 Ex. € 75,00

Au999, 15,55 g, Ø 28 mm
PP: 2.500 Ex. € 1.500,00

LM-G97

150 Jahre Portugiesisches Rotes Kreuz
2015, 2 EURO
Ⓓ Luc Luycx und António Marinho

Stgl.: 500.000 Ex. € 6,50
Folder: 10.000 Ex. € 35,00
PP: 10.000 Ex. € 120,00

LM-G98

X. Ibero-Amerikanische Serie – Kulturelle Herkunft: Viriathus
2015, 7,5 EURO
Ⓓ José Manuel Espiga Pinto

CuNi, 18,5 g, Ø 33 mm
Stgl.: 75.000 Ex. € 20,00

Ag925, 13,5 g, Ø 33 mm
PP: 5.000 Ex. € 70,00

LM-G99

Europäische Königinnen – Isabella von Portugal
2015, 5 EURO
Ⓓ Hugo Maciel

CuNi, 14 g, Ø 30 mm
Stgl.: 75.000 Ex. € 15,00

Ag925, 14 g, Ø 30 mm
PP: 2.500 Ex. € 80,00

Au999, 15,55 g, Ø 30 mm
PP: 2.500 Ex. € 1.350,00

LM-G100

500. Jahrestag der Entdeckung Timors
2015, 2 EURO
Ⓓ Luc Luycx und Fernando Fonseca

Stgl.: 500.000 Ex. € 6,50
Folder: 10.000 Ex. € 35,00
PP: 10.000 Ex. € 100,00

LM-G101

Ethnographische Kostbarkeiten – Bestickte Tagesdecken aus Castelo Branco
2015, 2,5 EURO
Ⓓ Isabel Carriço Almada, Fernando Branco

CuNi, 10 g, Ø 28 mm
Stgl.: 100.000 Ex. € 8,00

Ag925, 12 g, Ø 28 mm, teilkoloriert
PP: 2.500 Ex. € 75,00

Au999, 15,55 g, Ø 28 mm
PP: 2.500 Ex. € 2.100,00

LM-G102

Vorbereitung des portugiesischen Teams auf die Olympische Sommerspiele 2016
2015, 2,5 EURO
Ⓓ Joana Vasconcelos

CuNi, 10 g, Ø 28 mm
Stgl.: 150.000 Ex. € 8,00

Ag925 (6 g) / Au999 (9g), Ø 28 mm
PP: 2.500 Ex. € 825,00

LM-G103

Eine Münze, ein Anliegen – Klimawandel
2015, 2,5 EURO
Ⓓ José Aurélio

CuNi, 10 g, Ø 28 mm
Stgl.: 100.000 Ex. € 8,00

Ag925, 12 g, Ø 28 mm
PP: 2.500 Ex. € 75,00

LM-G104

LM-G108

LM-G105

LM-G109

Ag Au

LM-G106

Ag Au

LM-G110

LM-G107

LM-G111

LM-G104
30 Jahre Flagge der Europäischen Union
2015, 2 EURO
Ⓓ Luc Luycx u. Georgios Stamatopoulos

Stgl.:	500.000 Ex.	€ 5,00
Folder:	10.000 Ex.	€ 45,00
PP:	10.000 Ex.	€ 90,00

LM-G105
40 Jahre Ombudsmann in Portugal
2015, 2,5 EURO
Ⓓ José de Guimarães

CuNi, 10 g, Ø 28 mm
Stgl.: 75.000 Ex. € 8,00

Ag925, 12 g, Ø 28 mm
PP: 2.500 Ex. € 75,00

LM-G106
Das Zeitalter der Gegenwart
in Europa – Modernismus in Portugal
2016, 5 EURO
Ⓓ Rui Vasquez

CuNi, 14 g, Ø 30 mm
Stgl.: 100.000 Ex. € 15,00

Ag925, 14 g, Ø 30 mm
PP: 7.500 Ex. € 80,00

Au999, 15,55 g, Ø 30 mm
PP: 2.500 Ex. € 1.500,00

LM-G107
Teilnahme der portugiesischen
Mannschaft an den Olympischen
Sommerspielen 2016, Rio de Janeiro
2016, 2 EURO
Ⓓ Luc Luycx und Joana Vasconcelos

Stgl.:	500.000 Ex.	€ 6,50
Folder:	10.000 Ex.	€ 125,00
PP:	10.000 Ex.	€ 400,00

LM-G108
Eröffnung des Geldmuseums in Lissabon
2016, 2,5 EURO
Ⓓ João Charters de Almeida e Silva

CuNi, 10 g, Ø 28 mm
Stgl.: 75.000 Ex. € 9,00

Ag925, 12 g, Ø 28 mm
PP: 2.500 Ex. € 70,00

LM-G109
Portugiesische Helden des Sports –
Eusébio da Silva Ferreira
2016, 7,50 EURO
Ⓓ André Carrilho

Ag500, 13,5 g, Ø 33 mm
Stgl.: 100.000 Ex. € 17,50

Ag925, 13,5 g, Ø 33 mm
PP: 5.000 Ex. € 85,00

Au999, 23,33 g, Ø 33 mm
PP: 2.500 Ex. € 1.800,00

LM-G110
Immaterielles UNESCO-Weltkulturerbe –
Alentejanischer Chorgesang
2016, 2,50 EURO
Ⓓ João Duarte

CuNi, 10 g, Ø 28 mm
Stgl.: 75.000 Ex. € 9,00

Ag925, 12 g, Ø 28 mm
PP: 2.500 Ex. € 70,00

LM-G111
50. Jahrestag der Eröffnung
der „Brücke des 25. April"
2016, 2 EURO
Ⓓ Luc Luycx und José Aurélio

Stgl.:	500.000 Ex.	€ 6,50
Folder:	10.000 Ex.	€ 65,00
PP:	10.000 Ex.	€ 200,00

LM-G112

Ag Au

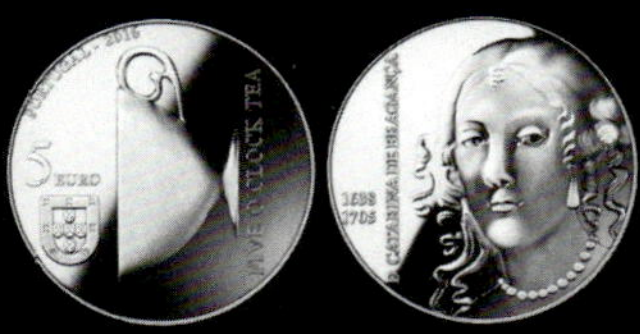

LM-G116

LM-G113

LM-G117

Ag Au

LM-G114

Ag Au

LM-G118

Ag Au

LM-G115

LM-G119

LM-G112
Europäische Königinnen – Katharina von Braganza
2016, 5 EURO
Ⓓ José Viriato Bernardo

CuNi, 14 g, Ø 30 mm
Stgl.: 75.000 Ex. € 14,50

Ag925, 14 g, Ø 30 mm
PP: 2.500 Ex. € 80,00

Au999, 15,55 g, Ø 30 mm
PP: 2.500 Ex. € 1.350,00

LM-G113
Gefährdete Arten – Iberischer Luchs
2016, 5 EURO
Ⓓ Luís Valadares

CuNi, 14 g, Ø 30 mm
Stgl.: 75.000 Ex. € 14,50

Ag925, 14 g, Ø 30 mm
PP: 2.500 Ex. € 80,00

LM-G114
Ethnographische Kostbarkeiten – Barcelos Keramik
2016, 2,50 EURO
Ⓓ Baiba Šime

CuNi, 10 g, Ø 28 mm
Stgl.: 75.000 Ex. € 9,00

Ag925, 12 g, Ø 28 mm
PP: 3.000 Ex. € 75,00

Au999, 15,55 g, Ø 28 mm
PP: 2.500 Ex. € 1.425,00

LM-G115
XI. Ibero-Amerikanische Serie: Wunder der Natur – Madeira
2017, 7,5 EURO
Ⓓ João Fazenda

Ag500, 18,5 g, Ø 33 mm
Stgl.: 60.000 Ex. € 16,50

Ag925, 13,5 g, Ø 33 mm, teilkoloriert
PP: 5.000 Ex. € 80,00

LM-G116
Portugiesische Architektur – Álvaro Siza Vieira
2017, 7,5 EURO
Ⓓ Eduardo Souto de Moura

Ag500, 13,5 g, Ø 33 mm
Stgl.: 60.000 Ex. € 18,00

Ag925, 13,5 g, Ø 33 mm
PP: 2.500 Ex. € 85,00

LM-G117
100. Jahrestag der Marien-Erscheinung von Fátima
2017, 2,50 EURO
Ⓓ Clara Menéres

CuNi, 10 g, Ø 28 mm
Stgl.: 150.000 Ex. € 7,05

Ag925, 12 g, Ø 28 mm
PP: 5.000 Ex. € 67,50

Au999, 15,55 g, Ø 28 mm
PP: 2.500 Ex. € 1.350,00

LM-G118
Europäische Königinnen – Barbara von Portugal
2017, 5 EURO
Ⓓ Rui Vasquez

CuNi, 14 g, Ø 30 mm
Stgl.: 60.000 Ex. € 12,00

Ag925, 14 g, Ø 30 mm
PP: 2.500 Ex. € 80,00

Au999, 15,55 g, Ø 30 mm
PP: 2.500 Ex. € 1.350,00

LM-G119
150 Jahre portugiesischen Polizei
2017, 2 EURO
Ⓓ Luc Luycx und José de Guimarães

Stgl.: 500.000 Ex. € 5,55
Folder: 10.000 Ex. € 30,00
PP: 10.000 Ex.* € 700,00
* die Ausgabe in PP ist teilkoloriert

LM-G120

Ag Au

LM-G124

Ag Au

LM-G121

LM-G125

Ag Au

LM-G122

Ag Au

LM-G126

Ag Au

LM-G123

LM-G127

LM-G120

Das Zeitalter von Eisen und Glas

2017, 5 EURO

Ⓓ Eduardo Aires

CuNi, 14 g, Ø 30 mm

Stgl.: 60.000 Ex. € 12,75

Ag925, 14 g, Ø 30 mm

PP: 7.500 Ex. € 70,50

Au999, 15,55 g, Ø 30 mm

PP: 2.500 Ex. € 1.200,00

LM-G121

Zeichenwettbewerb von Kindern und Jugendlichen zum Thema „Die Zukunft"

2017, 5 EURO

Ⓓ Martim Estanislau

CuNi, 14 g, Ø 30 mm

Stgl.: 60.000 Ex. € 13,00

Ag925, 14 g, Ø 30 mm

PP: 2.500 Ex. € 75,00

LM-G122

Ethnographische Kostbarkeiten – Die Masken von Trás-os-Montes

2017, 2,50 EURO

Ⓓ Baiba Šime

CuNi, 10 g, Ø 28 mm

Stgl.: 60.000 Ex. € 9,00

Ag925, 12 g, Ø 28 mm

PP: 3.000 Ex. € 75,00

Au999, 15,55 g, Ø 28 mm

PP: 2.500 Ex. € 1.350,00

LM-G123

150. Geburtstag Raul Brandão

2017, 2 EURO

Ⓓ Luc Luycx und Luís Filipe de Abreu

Stgl.: 500.000 Ex. € 6,50

Folder: 10.000 Ex. € 30,00

PP: 10.000 Ex. € 80,00

LM-G124

Portugiesische Helden des Sports – Carlos Lopes

2017, 7,50 EURO

Ⓓ André Carrilho

Ag500, 13,5 g, Ø 33 mm

Stgl.: 65.000 Ex. € 16,50

Ag925, 13,5 g, Ø 33 mm

PP: 3.500 Ex. € 75,00

Au999, 23,33 g, Ø 33 mm

PP: 2.500 Ex. € 2.470,00

LM-G125

FIFA Fußball-WM in Russland

2018, 2,50 EURO

Ⓓ João Duarte

CuNi, 10 g, Ø 28 mm

Stgl.: 100.000 Ex. € 7,20

Ag925, 12 g, Ø 28 mm

PP: 15.000 Ex. € 69,00

Au916, 8,48 g, Ø 22 mm

PP: 5.000 Ex. € 975,00

LM-G126

Das Zeitalter des Barock und Rokoko

2018, 5 EURO

Ⓓ António Marinho

CuNi, 14 g, Ø 30 mm

Stgl.: 60.000 Ex. € 13,00

Ag925, 14 g, Ø 30 mm

PP: 7.500 Ex. € 75,00

Au999, 15,55 g, Ø 30 mm

PP: 2.500 Ex. € 1.350,00

LM-G127

250 Jahre Staatsdruckerei und Münzprägeanstalt von Portugal (INCM)

2018, 2 EURO

Ⓓ Luc Luycx und Eduardo Aires

Stgl.: 500.000 Ex. € 6,50

Folder: 10.000 Ex. € 20,00

PP: 10.000 Ex. € 40,00

LM-G128

Ag Au

LM-G129

LM-G130

LM-G131

LM-G132

LM-G133

LM-G134

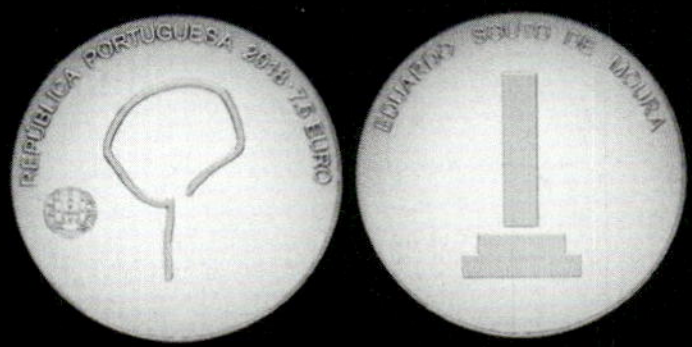

LM-G135

Ag Au

LM-G128

Portugiesische Helden des Sports – Rosa Mota
2018, 7,50 EURO
Ⓓ João Cutileiro

Ag500, 18,5 g, Ø 33 mm		
Stgl.:	100.000 Ex.	€ 16,50
Ag925, 13,5 g, Ø 33 mm		
PP:	2.500 Ex.	€ 90,00
Au999, 23,33 g, Ø 33 mm		
PP:	2.500 Ex.	€ 1.960,00

LM-G129

Botanischer Garten von Ajuda, Lissabon
2018, 2 EURO
Ⓓ Luc Luycx und João Fazenda

Stgl.:	500.000 Ex.	€ 5,00
Folder:	10.000 Ex.	€ 20,00
PP:	10.000 Ex.	€ 40,00

LM-G130

Gefährdete Arten – Vierblättriges Kleeblatt
2018, 5 EURO
Ⓓ Catarina Sobral

CuNi, 14 g, Ø 30 mm		
Stgl.:	60.000 Ex.	€ 14,00
Ag925, 14 g, Ø 30 mm, teilkoloriert		
PP:	2.500 Ex.	€ 82,50

LM-G131

Gefährdete Arten – Kaiseradler
2018, 5 EURO
Ⓓ André Carrilho

CuNi, 14 g, Ø 30 mm		
Stgl.:	60.000 Ex.	€ 14,00
Ag925, 14 g, Ø 30 mm		
PP:	2.500 Ex.	€ 80,00

LM-G132

Ethnografische Kostbarkeiten – Getreidespeicher im Nordwesten
2018, 2,5 EURO
Ⓓ Isabel Carriço Almada, Fernando Branco

CuNi, 10 g, Ø 28 mm		
Stgl.:	60.000 Ex.	€ 7,50
Ag925, 12 g, Ø 28 mm, teilkoloriert		
PP:	2.500 Ex.	€ 90,00
Au999, 15,55 g, Ø 28 mm		
PP:	2.500 Ex.	€ 1.450,00

LM-G133

100. Jahrestag der Beendigung des Ersten Weltkrieges – Der Waffenstillstand von 1918
2018, 5 EURO
Ⓓ José Aurélio

CuNi, 14 g, Ø 30 mm		
Stgl.:	60.000 Ex.	€ 12,75
Ag925, 14 g, Ø 30 mm		
PP:	2.500 Ex.	€ 85,00

LM-G134

Portugiesische Architektur – Eduardo Souto de Moura
2018, 7,5 EURO
Ⓓ Álvaro Siza Vieira

Ag500, 18,5 g, Ø 33 mm		
Stgl.:	60.000 Ex.	€ 16,50
Ag925, 13,5 g, Ø 33 mm		
PP:	2.500 Ex.	€ 75,00

LM-G135

Das Zeitalter der Renaissance
2019, 5 EURO
Ⓓ Eloísa Byrne

CuNi, 14 g, Ø 30 mm		
Stgl.:	40.000 Ex.	€ 14,00
Ag925, 14 g, Ø 30 mm		
PP:	5.000 Ex.	€ 105,00
Au999, 15,55 g, Ø 30 mm		
PP:	2.000 Ex.	€ 1.425,00

LM-G136

LM-G140

LM-G137

LM-G141

LM-G138

Ag Au

LM-G142

LM-G139

LM-G143

Ag Au

LM-G136
Zeichenwettbewerb von Kindern und Jugendlichen zum Thema „Das Meer"
2019, 5 EURO
Ⓓ Ísis Martins

CuNi, 14 g, Ø 30 mm

Stgl.:	40.000 Ex.	€ 14,25

Ag925, 14 g, Ø 30 mm

PP:	2.500 Ex.	€ 97,50

LM-G137
500. Jahrestag des Beginns der Weltumsegelung durch Ferdinand Magellan
2019, 2 EURO
Ⓓ Luc Luycx und Luís Filipe de Abreu

Stgl.:	750.000 Ex.	€ 5,85
Folder:	10.000 Ex.	€ 20,00
PP:	10.000 Ex.	€ 30,00

LM-G138
500. Jahrestag des Beginns der Weltumsegelung durch Ferdinand Magellan – Die Abreise 1519
2019, 7,5 EURO
Ⓓ Luís Filipe Abreu

Ag500, 18,5 g, Ø 33 mm

Stgl.:	50.000 Ex.	€ 18,00

Ag925, 13,5 g, Ø 33 mm

PP:	2.500 Ex.	€ 97,50

Au999, 23,33 g, Ø 33 mm

PP:	2.000 Ex.	€ 2.100,00

LM-G139
45. Jahrstag der Nelkenrevolution vom 25. April 1974
2019, 5 EURO
Ⓓ José Aurélio

CuNi, 14 g, Ø 30 mm

Stgl.:	40.000 Ex.	€ 14,00

Ag925, 14 g, Ø 30 mm, teilkoloriert

PP:	2.500 Ex.	€ 105,00

LM-G140
Gefährdete Arten – Großes Sandröschen
2019, 5 EURO
Ⓓ Catarina Sobral

CuNi, 14 g, Ø 30 mm

Stgl.:	40.000 Ex.	€ 12,00

Ag925, 14 g, Ø 30 mm, teilkoloriert

PP:	2.500 Ex.	€ 136,00

LM-G141
Gefährdete Arten – Iberischer Wolf
2019, 5 EURO
Ⓓ Luís Valadares

CuNi, 14 g, Ø 30 mm

Stgl.:	40.000 Ex.	€ 18,00

Ag925, 14 g, Ø 30 mm

PP:	2.500 Ex.	€ 85,00

LM-G142
600. Jahrestag der Wiederentdeckung und Inbesitznahme Madeiras für Portugal durch João Gonçalves Zarco
2019, 2 EURO
Ⓓ Luc Luycx und Júlio Pomar

Stgl.:	500.000 Ex.	€ 5,70
Folder:	10.000 Ex.	€ 24,00
PP:	10.000 Ex.	€ 39,00

LM-G143
Portugiesische Helden des Sports – Joaquim Agostinho
2019, 7,50 EURO
Ⓓ Vitor Santos

Ag500, 18,5 g, Ø 33 mm

Stgl.:	40.000 Ex.	€ 18,00

Ag925, 13,5 g, Ø 33 mm

PP:	2.500 Ex.	€ 90,00

Au999, 23,33 g, Ø 33 mm

PP:	2.000 Ex.	€ 1.950,00

LM-G144

LM-G148

LM-G145

LM-G149

LM-G146

LM-G150

LM-G147

LM-G151

(Ag) (Au)

LM-G144
Portugiesische Architektur –
Carrilho da Graça
2019, 7,5 EURO
Ⓓ Julião Sarmento

Ag500, 18,5 g, Ø 33 mm
Stgl.: 40.000 Ex. € 18,00

Ag925, 13,5 g, Ø 33 mm
PP: 2.500 Ex. € 90,00

LM-G145
XI. Ibero-Amerikanische Serie:
Historische Züge
2020, 7,5 EURO
Ⓓ José Santa Barbara

Ag500, 18,5 g, Ø 33 mm
Stgl.: 20.000 Ex. € 20,00

Ag925, 13,5 g, Ø 33 mm
PP: 4.500 Ex. € 195,00

LM-G146
UNESCO Welttag der portugiesischen
Sprache
2020, 5 EURO
Ⓓ João Duarte

CuNi 75/25, 14 g, Ø 30 mm
Stgl.: 20.000 Ex. € 14,25

Ag925, 14 g, Ø 30 mm
PP: 2.000 Ex. € 88,00

LM-G147
Delfin
2020, 5 EURO
Ⓓ Pedro Salgado

CuNi 75/25, 14 g, Ø 30 mm
Stgl.: 20.000 Ex. € 19,50

Ag925, 14 g, Ø 30 mm
PP: 2.000 Ex. € 97,50

LM-G148
Portugiesische Gastronomie –
Sardine
2020, 10 EURO
Ag925, 27 g, Ø 40 mm, teilkoloriert
Ⓓ Jorge Silva
PP: 4.000 Ex. € 285,00

LM-G149
Schätze der Numismatik –
Halber Escudo aus Ceuta
2020, 1,5 EURO
Au999, 10,37 g, Ø 26,5 mm
Ⓓ Rui Vasquez
PP: 2.500 Ex. € 1.425,00

LM-G150
500 Jahre Portugiesische Post
2020, 5 EURO
Ⓓ Luís Duran

CuNi 75/25, 14 g, Ø 30 mm
Stgl.: 40.000 Ex. € 14,00

Ag925, 14 g, Ø 30 mm
PP: 2.000 Ex. € 88,00

LM-G151
500. Jahrestag der Magellan-
Umsegelung
2020, 7,5 EURO
Ⓓ Luís Filipe Abreu

Ag500, 18,5 g, Ø 33 mm
Stgl.: 50.000 Ex. € 18,00

Ag925, 13,5 g, Ø 33 mm
PP: 2.000 Ex. € 82,50

Au999, 23,33 g, Ø 33 mm
PP: 2.000 Ex. € 2.400,00

LM-G152

LM-G156

(Ag) (Au)

LM-G153

LM-G157

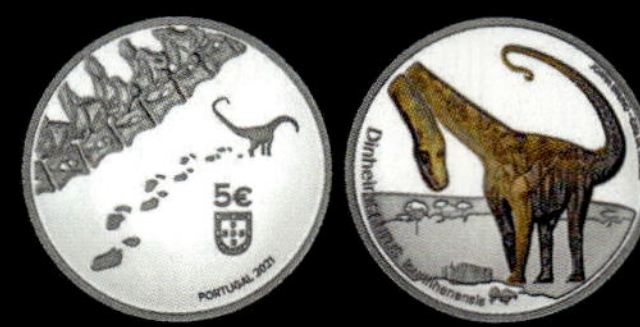

LM-G154

LM-G158

(Ag) (Au)

LM-G155

(Ag) (Au)

LM-G159

LM-G152

75 Jahre Vereinte Nationen
2020, 2 EURO
Ⓓ Luc Luycx und André Letria

Stgl.:	500.000 Ex.	€ 6,00
Folder:	5.000 Ex.	€ 22,50
PP:	5.000 Ex.	€ 57,00

LM-G153

730. Jahrestag der Universität von Coimbra
2020, 2 EURO
Ⓓ Luc Luycx und José João de Brito

Stgl.:	350.000 Ex.	€ 6,15
Folder:	5.000 Ex.	€ 22,50
PP:	5.000 Ex.	€ 43,50

LM-G154

Portugiesische Architektur – Gonçalo Byrne
2020, 7,5 EURO
Ⓓ Eloísa Byrne

Ag500, 13,5 g, Ø 33 mm

Stgl.:	20.000 Ex.	€ 18,00

Ag925, 13,5 g, Ø 33 mm

PP:	2.000 Ex.	€ 90,00

LM-G155

UEFA Fußball EM 2020
2020, 2,50 EURO

CuNi, 10 g, Ø 28 mm

Stgl.:	20.000 Ex.	€ –,–

Ag925, 12 g, Ø 28 mm

PP:	5.000 Ex.	€ –,–

Au916, 8,48 g, Ø 22 mm

PP:	3.500 Ex.	€ 1.125,00

LM-G156

Europa-Serie – Gotik
2020, 5 EURO
Ⓓ Eduardo Aires

Ag500, 14 g, Ø 30 mm, teilkoloriert

Stgl.:	20.000 Ex.	€ 15,00

Ag925, 12,1 g, Ø 30 mm, teilkoloriert

PP:	2.500 Ex.	€ 210,00

Au999, 15,55 g, Ø 30 mm, teilkoloriert

PP:	1.500 Ex.	€ 1.650,00

LM-G157

Dinheirosaurus lourinhanensis
2021, 5 EURO

CuNi, 14 g, Ø 30 mm

Stgl.:	25.000 Ex.	€ –,–

Ag925, 14 g, Ø 30 mm, teilkoloriert

PP:	2.000 Ex.	€ –,–

LM-G158

500. Geburtstag der Weltumsegelung von Magellan
2021, 7,5 EURO
Ⓓ Luis Filipe Abreu

Ag500, 18,5 g, Ø 33 mm

Stgl.:	50.000 Ex.	€ 18,00

Ag925, 13,5 g, Ø 33 mm

PP:	2.500 Ex.	€ 82,50

Au999, 23,33 g, Ø 33 mm

PP:	2.000 Ex.	€ 2.250,00

LM-G159

Schätze der Numismatik – Escudo des Heiligen Thomas
2021, 2,5 EURO
Au999, 10,37 g, Ø 26,5 mm
Ⓓ Rui Vasquez

PP:	2.500 Ex.	€ 1.650,00

LM-G160

LM-G161

Ag Au

LM-G162

LM-G1623

LM-G160

Seepferdchen
2021, 5 EURO
Ⓓ Catarina Sobral

CuNi 75/25, 14 g, Ø 30 mm

Stgl.:	25.000 Ex.	€ 14,25

Ag925, 14 g, Ø 30 mm

PP:	2.000 Ex.	€ 255,00

LM-G161

Aristides de Sousa Mendes
2021, 5 EURO
Ⓓ José Viriato

CuNi 75/25, 14 g, Ø 30 mm

Stgl.:	25.000 Ex.	€ 13,50

Ag925, 14 g, Ø 30 mm

PP:	2.500 Ex.	€ 70,50

Au999, 15,55 g, Ø 30 mm

PP:	1.500 Ex.	€ 1.350,00

LM-G162

EU-Ratspräsidentschaft
2021, 2 EURO
Ⓓ Luc Luycx

Stgl.:	500.000 Ex.	€ 5,70
Folder:	5.000 Ex.	€ 21,00
PP:	5.000 Ex.	€ 46,50

LM-G163

Sommer-Olympiade 2021
2021, 2 EURO
Ⓓ Luc Luycx

Stgl.:	500.000 Ex.	€ 5,70
Folder:	5.000 Ex.	€ 24,00
PP:	5.000 Ex.	€ 67,50

Vorschau 2022

– 35 Jahre Erasmus-Programm (2 EURO, Gemeinschaftsausgabe)

Sammler-Münzbuch	Jahr	Auflage	Stgl.
enthält alle Gedenkmünzen des entsprechenden Jahres in Stgl.-Ausführung			
LM-AG1 2003 (5 Münzen)	2003	3.000	235,00
LM-AG1 2004 (7 Münzen)	2004	3.000	235,00
LM-AG1 2005 (5 Münzen)	2005	1.500	235,00
LM-AG1 2006 (7 Münzen)	2006	1.000	235,00

SAN MARINO

Bildquelle: IL Console Generale

Republik

Fläche: 61,19 km²

Hauptstadt: San Marino

Einwohnerzahl: 0,03 Mio.

Nicht Mitglied der EU

Bisherige Währung: Italienische Lira

Bildmotiv: Wehrturm „La Guaita"

LSM-K1.1 1 Cent		
Jahr	Auflage	Stgl.
2002	120.000	44,00
2003	70.000	30,00
2004	1.570.000	2,80
2005	70.000	20,00
2006	2.800.000	1,70
2007	70.000	10,00
2008	63.000	11,00
2009	63.000	10,00
2010	56.600	12,00
2011	56.000	13,00
2012	84.954	9,00
2013	50.000	10,00
2014	39.000	7,50
2015	34.400	7,00
2016	30.400	9,00

LSM-K1.3 1 Cent		
Jahr	Auflage	Stgl.
2017	38.600	24,00
2018	32.600	11,00
2019	25.650	13,00
2020	21.000 (KMS)	15,00
2021	21.000 (KMS)	16,00

LSM-K3.1 5 Cent		
Jahr	Auflage	Stgl.
2002	120.000	44,00
2003	70.000	27,00
2004	1.070.000	3,20
2005	70.000	18,00
2006	2.950.000	1,80
2007	70.000	11,00
2008	63.000	9,50
2009	63.000	9,50
2010	56.600	12,00
2011	56.000	13,00
2012	84.954	9,00
2013	50.000	10,00
2014	39.000	7,50
2015	34.400	7,00
2016	30.400	9,00

LSM-K3.3 5 Cent		
Jahr	Auflage	Stgl.
2017	38.600	26,00
2018	32.600	8,00
2019	25.650	15,00
2020	21.000 (KMS)	15,00
2021	21.000 (KMS)	16,00

LSM-K2.1 2 Cent		
Jahr	Auflage	Stgl.
2002	120.000	44,00
2003	70.000	30,00
2004	1.465.000	2,30
2005	210.000	5,00
2006	2.800.000	1,70
2007	70.000	10,00
2008	63.000	9,50
2009	63.000	9,50
2010	56.600	12,00
2011	56.000	13,00
2012	84.954	9,00
2013	50.000	10,00
2014	39.000	8,00
2015	34.400	7,00
2016	30.400	9,00

LSM-K2.3 2 Cent		
Jahr	Auflage	Stgl.
2017	38.600	25,00
2018	27.600	15,00
2019	25.650	13,50
2020	21.000 (KMS)	15,00
2021	21.000 (KMS)	16,00

LSM-K4.1 10 Cent		
Jahr	Auflage	Stgl.
2002	120.000	44,00
2003	70.000	33,00
2004	250.000	22,00
2005	70.000	32,00
2006	70.000	33,00
2007	220.000	20,00

LSM-K4.2 10 Cent (neue Europakarte)		
Jahr	Auflage	Stgl.
2008	63.000	22,00
2009	63.000	22,00
2010	186.600	21,00
2011	56.000	16,00
2012	84.954	19,00
2013	90.000	24,00
2014	39.000	17,00
2015	34.400	9,50
2016	30.400	20,00

LSM-K4.3 10 Cent		
Jahr	Auflage	Stgl.
2017	38.600	30,00
2018	27.600	29,00
2019	25.650	34,00
2020	21.000 (KMS)	29,00
2021	21.000 (KMS)	25,00

Die Auflagezahlen dieser Münzen beinhalten auch die in den Kursmünzensätzen herausgegebenen Stücke.
Die **fett** ausgezeichneten Auflagen wurden nicht für den Umlauf produziert.

LSM-K5.1 20 Cent

Jahr	Auflage	Stgl.
2002	302.400	9,50
2003	430.000	7,00
2004	**70.000**	24,00
2005	370.000	6,00
2006	**70.000**	15,00
2007	**220.000**	6,00

LSM-K5.2 20 Cent (neue Europakarte)

Jahr	Auflage	Stgl.
2008	1.231.360	4,40
2009	**63.000**	10,00
2010	**56.600**	12,00
2011	**56.000**	9,50
2012	**84.954**	9,00
2013	**170.000**	5,50
2014	**39.000**	7,50
2015	84.400	2,80
2016	230.400	7,50

LSM-K5.3 20 Cent

Jahr	Auflage	Stgl.
2017	1.366.615	3,00
2018	627.600	2,40
2019	**25.650**	8,00
2020	**21.000 (KMS)**	11,00
2021	**21.000 (KMS)**	14,00

LSM-K7.1 1 Euro

Jahr	Auflage	Stgl.
2002	360.800	17,00
2003	**70.000**	24,00
2004	**250.000**	25,00
2005	**70.000**	32,00
2006	**220.000**	17,00
2007	**70.000**	22,00

LSM-K7.2 1 Euro (neue Europakarte)

Jahr	Auflage	Stgl.
2008	**63.000**	15,50
2009	1.159.672	6,00
2010	1.052.734	6,00
2011	**56.000**	23,00
2012	**84.954**	16,00
2013	506.205	6,00
2014	1.539.000	6,00
2015	1.628.812	6,50
2016	**30.400**	15,00

LSM-K7.3 1 Euro

Jahr	Auflage	Stgl.
2017	538.600	5,50
2018	1.277.600	3,90
2019	540.650	5,50
2020	**521.000***	3,80
2021	**421.000**	4,30

LSM-K6.1 50 Cent

Jahr	Auflage	Stgl.
2002	230.400	18,00
2003	415.800	8,50
2004	**70.000**	24,00
2005	249.712	7,50
2006	413.880	5,50
2007	390.000	7,50

LSM-K6.2 50 Cent (neue Europakarte)

Jahr	Auflage	Stgl.
2008	1.413.000	5,00
2009	**63.000**	9,50
2010	**56.600**	13,00
2011	**56.000**	9,50
2012	124.954	9,00
2013	**182.000**	4,50
2014	762.275	3,50
2015	784.401	3,60
2016	**30.400**	8,50

LSM-K6.3 50 Cent

Jahr	Auflage	Stgl.
2017	**38.600**	23,00
2018	1.127.600	3,00
2019	825.650	3,80
2020	**721.000***	4,10
2021	**21.000 (KMS)**	14,00

LSM-K8.1 2 Euro

Jahr	Auflage	Stgl.
2002	255.760	30,00
2003	**70.000**	95,00
2004	**70.000**	85,00
2005	**210.000**	17,00
2006	**190.000**	65,00
2007	350.000	19,00

LSM-K8.2 2 Euro (neue Europakarte)

Jahr	Auflage	Stgl.
2008	**63.000**	42,00
2009	**63.000**	59,00
2010	**186.600**	20,00
2011	717.931	8,50
2012	712.203	9,00
2013	642.624	10,00
2014	**39.000**	55,00
2015	**34.400**	50,00
2016	900.967	8,00

LSM-K8.3 2 Euro

Jahr	Auflage	Stgl.
2017	638.600	7,50
2018	**37.600**	34,00
2019	400.650	8,50
2020	**621.000***	7,50
2021	**806.355**	7,00

Die Auflagezahlen dieser Münzen beinhalten auch die in den Kursmünzensätzen herausgegebenen Stücke.
Die **fett** ausgezeichneten Auflagen wurden nicht für den Umlauf produziert.
* Davon 21.000 im KMS

Starterkits & Original-Rollen

Euro-Starterkits von San Marino wurden nicht hergestellt.

Inhalt der Original-Rollen:			
1 Cent	50 Exemplare	Nominal:	€ 0,50
2 Cent	50 Exemplare	Nominal:	€ 1,00
5 Cent	50 Exemplare	Nominal:	€ 2,50
10 Cent	40 Exemplare	Nominal:	€ 4,00
20 Cent	40 Exemplare	Nominal:	€ 8,00
50 Cent	40 Exemplare	Nominal:	€ 20,00
1 EURO	25 Exemplare	Nominal:	€ 25,00
2 EURO	25 Exemplare	Nominal:	€ 50,00

Rollen zu 20 Münzen (1 Cent, 2 Cent bzw. 5 Cent) stammen aus dem Mini-Kursmünzensatz LSM-SK1 2006/1

Mini-Kursmünzensätze	Jahr	Auflage	Stgl.
LSM-SK1 2002 (20 und 50 Cent, 1 und 2 Euro)	2002	40.000	75,00
LSM-SK1 2003 (20 und 50 Cent)	2003	140.000	20,00
LSM-SK1 2004 (1 und 10 Cent, 1 Euro)	2004	180.000	30,00
LSM-SK1 2005 (2 und 20 Cent, 2 Euro)	2005	140.000	20,00
LSM-SK1 2006/1 (je 21 mal: 1 Cent, 2 Cent, 5 Cent)	2006	130.000	22,00
LSM-SK1 2006/2 (5 und 50 Cent, 1 Euro)	2006	150.000	28,00
LSM-SK1 2007 (10 und 20 Cent, 2 Euro)	2007	150.000	33,50
LSM-SK1 2010 (10 Cent, 2 Euro)	2010	130.000	25,00
LSM-SK1 2011 (2 Euro)	2011	30.000	18,00
LSM-SK1 2013 (10 verschiedene Sätze) (8 x 10 Cent, 4 x 20 Cent, 6 x 50 Cent, 6 x 1 Euro, 4 x 2 Euro)	2013	ca. 5.000	200,00

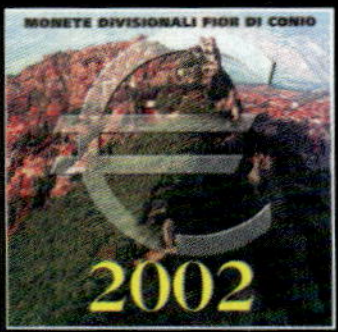

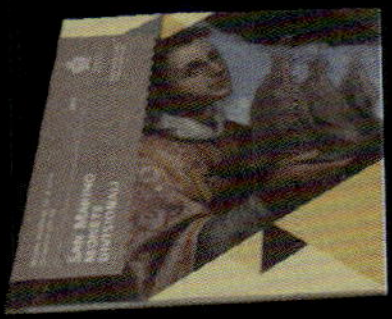

Kursmünzensätze	Jahr	Auflage	Stgl.
LSM-AK1 2002	2002	120.000	130,00
LSM-AK1 2003 (ind. LSM-G5)	2003	70.000	170,00
LSM-AK1 2004 (incl. LSM-G10)	2004	70.000	155,00
LSM-AK1 2005 (incl. LSM-G16)	2005	70.000	97,00
LSM-AK1 2006 (incl. LSM-G22)	2006	70.000	105,00
LSM-AK1 2007 (incl. LSM-G28)	2007	70.000	93,00
LSM-AK1 2008 (incl. LSM-G35)	2008	50.000	84,00
LSM-AK1 2009 (incl. LSM-G40)	2009	50.000	100,00
LSM-AK1 2010 (incl. LSM-G48)	2010	48.000	100,00
LSM-AK1 2011 (incl. LSM-G52)	2011	48.000	105,00
LSM-AK1 2012/I	2012	40.000	68,00
LSM-AK1 2012/II (incl. LSM-G58)	2012	39.954	84,00
LSM-AK1 2013/I	2013	15.000	70,00
LSM-AK1 2013/II (incl. LSM-G64)	2013	30.000	84,00
LSM-AK1 2014/I	2014	15.000	65,00
LSM-AK1 2014/II (incl. LSM-G72)	2014	20.000	95,00
LSM-AK1 2015/I	2015	15.000	65,00
LSM-AK1 2015/II (incl. LSM-G83)	2015	17.000	95,00
LSM-AK1 2016/I	2016	15.000	65,00
LSM-AK1 2016/II (incl. LSM-G91)	2016	13.000	95,00
LSM-AK1 2017/I	2017	23.000	94,00

Kursmünzensätze	Jahr	Auflage	Stgl.
LSM-AK1 2017/II (incl. LSM-G99)	2017	13.000	135,00
LSM-AK1 2018/I	2018	13.000	80,00
LSM-AK1 2018/II (incl. LSM-G105)	2018	12.000	105,00
LSM-AK1 2019/I	2019	11.150	65,00
LSM-AK1 2019/II (incl. LSM-G116)	2019	12.000	99,00
LSM-AK1/I 2020	2020	11.000	70,00
LSM-AK1/II 2020 (incl. LSM-G132)	2020	11.000	93,00
LSM-AK1/I 2021	2021	11.000	59,00
LSM-AK1/II 2021 (incl. LSM-G139)	2021	10.000	92,00

Kursmünzensätze	Jahr	Auflage	PP
LSM-AK2 2008	2008	13.000	190,00
LSM-AK2 2009	2009	13.000	170,00
LSM-AK2 2010	2010	8.600	200,00
LSM-AK2 2011	2011	8.000	200,00
LSM-AK2 2012 (incl. LSM-G59)	2012	5.000	205,00
LSM-AK2 2013 (incl. LSM-G67)	2013	5.000	205,00
LSM-AK2 2014 (incl. LSM-G73)	2014	4.000	210,00
LSM-AK2 2015 (incl. LSM-G80 u. G84)	2015	2.400	880,00
LSM-AK2 2016 (incl. LSM-G87 u. G92)	2016	2.400	400,00
LSM-AK2 2017 (incl. LSM-G96 u. G101)	2017	2.600	560,00
LSM-AK2 2018 (incl. LSM-G104 u. G108)	2018	2.600	450,00
LSM-AK2 2019 (incl. LSM-G113 u. G121)	2019	2.500	400,00
LSM-AK2 2020 (incl. LSM-G123 u. G130)	2020	2.500	400,00
LSM-AK2 2021 (incl. LSM-G137 u. G138)	2021	2.500	–,–

LSM-G1

LSM-G2

LSM-G3

LSM-G4

LSM-G5

LSM-G6

LSM-G7

LSM-G8

LSM-G1
„Willkommen EURO"
2002, 5 EURO
Ag925, 18 g, Ø 32 mm
Ⓓ Uliana Pernazza
PP: 37.000 Ex. € –,–

LSM-G2
„Willkommen EURO"
2002, 10 EURO
Ag925, 22 g, Ø 34 mm
Ⓓ Uliana Pernazza
PP: 36.995 Ex. € –,–

LSM-G1 und G2: € 185,00

LSM-G3
1600. Jahrestag der Proklamation
von Ravenna als Hauptstadt
des Weströmischen Reiches
2002, 20 EURO
Au900, 6,451 g, Ø 21 mm
Ⓓ Luciana de Simoni
PP: 4.510 Ex. € –,–

LSM-G4
1600. Jahrestag der Proklamation
von Ravenna als Hauptstadt
des Weströmischen Reiches
2002, 50 EURO
Au900, 16,129 g, Ø 28 mm
Ⓓ Luciana de Simoni
PP: 4.510 Ex. € –,–

LSM-G3 und G4: € 2.000,00

LSM-G5
1700 Jahre Republik San Marino
2003, 5 EURO
Ag925, 18 g, Ø 32 mm
Ⓓ Ettore Lorenzo Frapiccini
Stgl.: nur aus Kursmünzensatz
LSM-AK1 2003 € 25,00

LSM-G6
Olymp. Sommerspiele 2004, Athen
2003, 5 EURO
Ag925, 18 g, Ø 32 mm
Ⓓ Maria Carmela Colaneri
PP: 37.742 Ex. € –,–

LSM-G7
Olymp. Sommerspiele 2004, Athen
2003, 10 EURO
Ag925, 22 g, Ø 34 mm
Ⓓ Maria Carmela Colaneri
PP: 37.742 Ex. € –,–

LSM-G6 und G7: € 110,00

LSM-G8
Scrovegni-Kapelle
2003, 20 EURO
Au900, 6,451 g, Ø 21 mm
Ⓓ Roberto Mauri
PP: 7.281 Ex. € –,–

LSM-G9

LSM-G13

LSM-G10

LSM-G14

LSM-G11

LSM-G15

LSM-G12

LSM-G16

LSM-G9
Scrovegni-Kapelle
2003, 50 EURO
Au900, 16,129 g, Ø 28 mm
Ⓓ Roberto Mauri
PP: 7.281 Ex. € –,–

LSM-G8 und G9: € 2.300,00

LSM-G10
Bartolomeo Borghesi
2004, 5 EURO
Ag925, 18 g, Ø 32 mm
Ⓓ Ettore Lorenzo Frapiccini
Stgl.: nur aus Kursmünzensatz LSM-AK1 2004 € 25,00

LSM-G11
FIFA-Fußball-WM 2006, Deutschland
2004, 5 EURO
Ag925, 18 g, Ø 32 mm
Ⓓ Luciana de Simoni
PP: 31.190 Ex. € –,–

LSM-G12
FIFA-Fußball-WM 2006, Deutschland
2004, 10 EURO
Ag925, 22 g, Ø 34 mm
Ⓓ Luciana de Simoni
PP: 31.134 Ex. € –,–

LSM-G11 und G12: € 100,00

LSM-G13
750. Geburtstag von Marco Polo
2004, 20 EURO
Au900, 6,451 g, Ø 21 mm
Ⓓ Maria Carmela Colaneri
PP: 5 885 Ex. € –,–

LSM-G14
750. Geburtstag von Marco Polo
2004, 50 EURO
Au900, 16,129 g, Ø 28 mm
Ⓓ Maria Carmela Colaneri
PP: 5.885 Ex. € –,–

LSM-G13 und G14: € 2.200,00

LSM-G15
Bartolomeo Borghesi
2004, 2 EURO
Ⓓ Luc Luycx u. Ettore Lorenzo Frapiccini
Stgl.: 110.000 Ex. (in Blisterkarte) € 230,00

LSM-G16
180. Todestag von Antonio Onofri
2005, 5 EURO
Ag925, 18 g, Ø 32 mm
Ⓓ Uliana Pernazza
Stgl.: nur aus Kursmünzensatz LSM-AK1 2005 € 25,00

LSM-G17

LSM-G18

LSM-G19

LSM-G20

LSM-G21

LSM-G22

LSM-G23

LSM-G24

LSM-G17
500 Jahre Miliz
2005, 10 EURO
Ag925, 22 g, Ø 34 mm
Ⓓ Roberto Mauri
PP: 21.974 Ex. € 70,00

LSM-G18
Internationales Jahr der Physik
2005, 2 EURO
Ⓓ Luc Luycx und Luciana de Simoni
Stgl.: 130.000 Ex. (in Blisterkarte) € 200,00

LSM-G19
Olympische Winterspiele 2006, Turin
2005, 5 EURO
Ag925, 18 g, Ø 32 mm
Ⓓ Roberto Mauri
PP: 26.786 Ex. € 55,00

LSM-G20
Internationaler Friedenstag
2005, 20 EURO
Au900, 6,451 g, Ø 21 mm
Ⓓ Maria Carmela Colaneri
PP: 3.914 Ex. € –,–

LSM-G21
Internationaler Friedenstag
2005, 50 EURO
Au900, 16,129 g, Ø 28 mm
Ⓓ Maria Carmela Colaneri
PP: 3.914 Ex. € –,–

LSM-G20 und G21: € 2.300,00

LSM-G22
2006, 5 EURO
Ag925, 18 g, Ø 32 mm
Ⓓ Roberto Mauri
Melchiorre Delfico
Stgl.: nur aus Kursmünzensatz LSM-AK1 2006 € 25,00

LSM-G23
500. Todestag von Andrea Mantegna
2006, 5 EURO
Ag925, 18 g, Ø 32 mm
Ⓓ Uliana Pernazza
PP: 18.986 Ex. € 50,00

LSM-G24
„Drei Grazien" von Antonio Canova
2006, 10 EURO
Ag925, 22 g, Ø 34 mm
Ⓓ Claudia Momoni
PP: 17.859 Ex. € 60,00

LSM-G25

LSM-G26

LSM-G27

LSM-G28

LSM-G29

LSM-G30

LSM-G31

LSM-G32

LSM-G25
500. Todestag von Christoph Kolumbus
2006, 2 EURO
Ⓓ Luc Luycx und Luciana de Simoni
Stgl.: 120.000 Ex.
(in Blisterkarte) € 145,00

LSM-G26
500. Geburtstag von
Giovan Battista Belluzzi
2006, 20 EURO
Au900, 6,451 g, Ø 21 mm
Ⓓ Guido Veroi
PP: 2.684 Ex. € –,–

LSM-G27
500. Geburtstag von
Giovan Battista Belluzzi
2006, 50 EURO
Au900, 16,129 g, Ø 28 mm
Ⓓ Guido Veroi
PP: 2.684 Ex. € –,–

LSM-G26 und G27: € 2.240,00

LSM-G28
Europäisches Jahr
der Chancengleichheit für alle
2007, 5 EURO
Ag925, 18 g, Ø 32 mm
Ⓓ Luciana de Simoni
Stgl.: nur aus Kursmünzensatz
LSM-AK1 2007 € 25,00

LSM-G29
50. Todestag von Arturo Toscanini
2007, 5 EURO
Ag925, 18 g, Ø 32 mm
Ⓓ Maria Carmela Colaneri
PP: 17.736 Ex. € 55,00

LSM-G30
100. Geburtstag von Giosuè Carducci
2007, 10 EURO
Ag925, 22 g, Ø 34 mm
Ⓓ Uliana Pernazza
PP: 14.615 Ex. € 60,00

LSM-G31
200. Geburtstag von Giuseppe Garibaldi
2007, 2 EURO
Ⓓ Luc Luycx u. Ettore Lorenzo Frapiccini
Stgl.: 130.000 Ex.
(in Blisterkarte) € 70,00

LSM-G32
Soziales Zusammenleben
2007, 20 EURO
Au900, 6,451 g, Ø 21 mm
Ⓓ Valerio de Seta
PP: 2.105 Ex. € –,–

LSM-G33

LSM-G34

LSM-G35

LSM-G36

LSM-G37

LSM-G38

LSM-G39

LSM-G40

LSM-G33
Soziales Zusammenleben
2007, 50 EURO
Au900, 16,129 g, Ø 28 mm
Ⓓ Valerio de Seta
PP: 2.105 Ex. € –,–

LSM-G26 und G27: € 2.300,00

LSM-G34
Europäisches Jahr
des interkulturellen Dialogs
2008, 2 EURO
Ⓓ Luc Luycx u. Ettore Lorenzo Frapiccini
Stgl.: 130.000 Ex.
(in Blisterkarte) € 110,00

LSM-G35
Internationales Jahr des Planeten Erde
2008, 5 EURO
Ag925, 18 g, Ø 32 mm
Ⓓ Annalisa Masini, Valerio de Seta
Stgl.: nur aus Kursmünzensatz
LSM-AK1 2008 € 25,00

LSM-G36
Olympische Sommerspiele 2008, Peking
2008, 5 EURO
Ag925, 18 g, Ø 32 mm
Ⓓ Roberto Mauri
PP: 20.607 Ex. € 55,00

LSM-G37
500. Geburtstag von Andrea Palladio
2008, 10 EURO
Ag925, 22 g, Ø 34 mm
Ⓓ Luciana de Simoni
PP: 16.998 Ex. € 70,00

LSM-G38
Funde der villanovianischen und
römischen Kultur –
Bronzestatue des Merkur
2008, 20 EURO
Au900, 6,451 g, Ø 21 mm
Ⓓ Ettore Lorenzo Frapiccini
PP: 2.100 Ex. € –,–

LSM-G39
Funde der villanovianischen
und römischen Kultur – Bronzefibeln
2008, 50 EURO
Au900, 16,129 g, Ø 28 mm
Ⓓ Ettore Lorenzo Frapiccini
PP: 2.100 Ex. € –,–

LSM-G38 und G39: € 1.650,00

LSM-G40
Internationales Jahr der Astronomie
2009, 5 EURO
Ag925, 18 g, Ø 32 mm
Ⓓ Maria Angela Cassol
Stgl.: nur aus Kursmünzensatz
LSM-AK1 2009 € 25,00

LSM-G41

LSM-G42

LSM-G43

LSM-G44

LSM-G45

LSM-G46

LSM-G47

LSM-G48

LSM-G41
10 Jahre Wirtschafts- und Währungsunion
2009, 10 EURO
Ag925, 22 g, Ø 34 mm
Ⓓ Luciana de Simoni
PP: 12.301 Ex. € 70,00

LSM-G42
400 Jahre „Astronomia Nova“ (Neue Astronomie) von Johannes Kepler
2009, 5 EURO
Ag925, 18 g, Ø 32 mm
Ⓓ Maria Angela Cassol
PP: 13.271 Ex. € 60,00

LSM-G43
Europäisches Jahr der Kreativität und Innovation
2009, 2 EURO
Ⓓ Luc Luycx und Annalisa Masini
Stgl.: 130.000 Ex. (in Blisterkarte) € 45,00

LSM-G44
Schätze aus San Marino – Hostienkelch
2009, 20 EURO
Au900, 6,451 g, Ø 21 mm
Ⓓ Ettore Lorenzo Frapiccini, Annalisa Masini
PP: 2.000 Ex. € –,–

LSM-G45
Schätze aus San Marino – Reliquientruhe
2009, 50 EURO
Au900, 16,129 g, Ø 28 mm
Ⓓ Ettore Lorenzo Frapiccini, Annalisa Masini
PP: 2.000 Ex. € –,–

LSM-G44 und G45: € 2.350,00

LSM-G46
EXPO 2010, Shanghai
2010, 5 EURO
Ag925, 18 g, Ø 32 mm
Ⓓ Bino Bini, Maria Angela Cassol
PP: 9.996 Ex. € 75,00

LSM-G47
200. Geburtstag von Robert Schumann
2010, 10 EURO
Ag925, 22 g, Ø 34 mm
Ⓓ Bino Bini, Maria Carmela Colaneri
PP: 10.000 Ex. € 70,00

LSM-G48
400. Todestag von Michelangelo Caravaggio
2010, 5 EURO
Ag925, 18 g, Ø 32 mm
Ⓓ Maria Angela Cassol
Stgl.: nur aus Kursmünzensatz LSM-AK1 2010 € 30,00

LSM-G49

LSM-G50

LSM-G51

LSM-G52

LSM-G53

LSM-G54

LSM-G55

LSM-G56

LSM-G49

500. Todestag von Sandro Botticelli
2010, 2 EURO
Ⓓ Luc Luycx und Roberto Mauri
Stgl.: 130.000 Ex. (in Blisterkarte) € 55,00

LSM-G50

Schätze aus San Marino – Holzbüste von St. Agata
2010, 20 EURO
Au900, 6,451 g, Ø 21 mm
Ⓓ Ettore Lorenzo Frapiccini, Annalisa Masini
PP: 2.000 Ex. € –,–

LSM-G51

Schätze aus San Marino – Heiliger Marinus
2010, 50 EURO
Au900, 16,129 g, Ø 28 mm
Ⓓ Ettore Lorenzo Frapiccini, Valerio de Seta
PP: 2.000 Ex. € –,–

LSM-G50 und G51: € 1.650,00

LSM-G52

50. Jahrestag des ersten bemannten Weltraumfluges
2011, 5 EURO
Ag925, 18 g, Ø 32 mm
Ⓓ Annalisa Masini, Valerio de Seta
Stgl.: nur aus Kursmünzensatz LSM-AK1 2011 € 30,00

LSM-G53

500. Geburtstag von Giorgio Vasari
2011, 2 EURO
Ⓓ Luc Luycx und Claudia Momoni
Stgl.: 130.000 Ex. (in Blisterkarte) € 45,00

LSM-G54

Europäische Entdecker – Besteigung des Mt. Everst duch Antonio und Roberto Pazzaglia
2011, 5 EURO
Ag925, 18 g, Ø 32 mm
Ⓓ Bino Bini, Luciana de Simoni
PP: 9.061 Ex. € 90,00

LSM-G55

10. Jahrestag der Einführung der Euro-Münzen und -Banknoten
2011, 10 EURO
Ag925, 22 g, Ø 34 mm
Ⓓ Bino Bini, Maria Carmela Colaneri
PP: 7.214 Ex. € 115,00

LSM-G56

Architektonische Elemente San Marinos – Brunnen della Fratta und dekorative Elemente
2011, 20 EURO
Au900, 6,451 g, Ø 21 mm
Ⓓ Bino Bini, Uliana Pernazza
PP: 893 Ex. € –,–

LSM-G57

LSM-G61

LSM-G58

LSM-G62

LSM-G59

LSM-G63

LSM-G60

LSM-G64

LSM-G57
Architektonische Elemente San Marinos – Freiheitsstatue und Franziskustor
2011, 50 EURO
Au900, 16,129 g, Ø 28 mm
Ⓓ Bino Bini, Uliana Pernazza
PP: 893 Ex. –,–
LSM-G56 und G57: € 2.330,00

LSM-G58
100. Todestag von Giovanni Pascoli
2012, 5 EURO
Ag925, 18 g, Ø 32 mm
Ⓓ Valerio de Seta
Stgl.: nur aus Kursmünzensatz LSM-AK1 2012/II € 30,00

LSM-G59
10. Jahrestag der Einführung der Euro-Münzen und -Banknoten
2012, 2 EURO
Ⓓ Luc Luycx und Helmut Andexlinger
Stgl.: 125.000 Ex. (in Blisterkarte) € 45,00
PP: nur aus Kursmünzensatz LSM-AK2 2012

LSM-G60
500. Todestag von Amerigo Vespucci
2012, 5 EURO
Ag925, 18 g, Ø 32 mm
Ⓓ Antonella Napolione, Uliana Pernazza
PP: 5.399 Ex. € 85,00

LSM-G61
Europäische Maler und Bildhauer – 100. Geburtstag von Aligi Sassu
2012, 10 EURO
Ag925, 22 g, Ø 34 mm
Ⓓ Antonella Napolione, Claudia Momoni
PP: 7.454 Ex. € 95,00

LSM-G62
Architektonische Elemente San Marinos – Brunnen und Säulenhalle, Borgo Maggiore
2012, 20 EURO
Au900, 6,451 g, Ø 21 mm
Ⓓ Antonella Napolione, Uliana Pernazza
PP: 812 Ex. € –,–

LSM-G63
Architektonische Elemente San Marinos – Uhrturm und Skulptur, Borgo Maggiore
2012, 50 EURO
Au900, 16,129 g, Ø 28 mm
Ⓓ Antonella Napolione, Uliana Pernazza
PP: 812 Ex. € –,–
LSM-G62 und G63: € 2175,00

LSM-G64
20. Todestag von Federico Fellini
2013, 5 EURO
Ag925, 18 g, Ø 32 mm
Ⓓ Maria Carmela Colaneri
Stgl.: nur aus Kursmünzensatz LSM-AK1 2013/II € 40,00

LSM-G65

LSM-G69

LSM-G66

LSM-G70

LSM-G67

LSM-G71

LSM-G68

LSM-G72

LSM-G65
100 Jahre Opernfestival Verona
2013, 5 EURO
Ag925, 18 g, Ø 32 mm
Ⓓ Antonella Napolione,
Maria Angela Cassol
PP: 6.568 Ex. € 85,00

LSM-G66
Europäische Schriftsteller –
500. Jahrestag der Abfassung
des Buches „Der Fürst"
von Niccolò Machiavelli
2013, 10 EURO
Ag925, 22 g, Ø 34 mm
Ⓓ Antonella Napolione, Valerio de Seta
PP: 7.743 Ex. € 100,00

LSM-G67
500. Todestag von Pinturicchio
2013, 2 EURO
Ⓓ Luc Luycx und Claudia Momoni
Stgl.: 110.000 Ex.
(in Blisterkarte) € 50,00
PP: nur aus Kursmünzensatz
LSM-AK2 2013

LSM-G68
50. Todestag von John F. Kennedy
2013, 5 EURO
Ag925, 18 g, Ø 32 mm
Ⓓ Antonella Napolione, Claudia Momoni
PP: 8.000 Ex. € 110,00

LSM-G69
100. Geburtstag von Emilio Greco
2013, 10 EURO
Ag925, 22 g, Ø 34 mm
Ⓓ Antonella Napolione, Luciana de Simoni
PP: 3.358 Ex. € 85,00

LSM-G70
Architektonische Elemente
San Marinos – Schloss von Serravalle
2013, 20 EURO
Au900, 6,451 g, Ø 21 mm
Ⓓ Antonella Napolione, Uliana Pernazza
PP: 732 Ex. € –,–

LSM-G71
Architektonische Elemente
San Marinos – Schloss von Serravalle
2013, 50 EURO
Au900, 16,129 g, Ø 28 mm
Ⓓ Antonella Napolione, Uliana Pernazza
PP: 732 Ex. € –,–
LSM-G70 und G71: € 2.250,00

LSM-G72
100. Geburtstag von Gino Bartali
2014, 5 EURO
Ag925, 18 g, Ø 32 mm
Ⓓ Valerio de Seta
Stgl.: nur aus Kursmünzensatz
LSM-AK1 2014/II € 40,00

LSM-G73

LSM-G77

LSM-G74

LSM-G78

LSM-G75

LSM-G79

LSM-G76

LSM-G80

LSM-G73

500. Todestag von Donato Bramante
2014, 2 EURO
Ⓓ Luc Luycx und Maria Carmela Colaneri
Stgl.: 110.000 Ex.
(in Blisterkarte) € 45,00
PP: nur aus Kursmünzensatz LSM-AK2 2014

LSM-G74

20. Todestag von Ayrton Senna
2014, 5 EURO
Ag925, 18 g, Ø 32 mm
Ⓓ Marcio Petta
PP: 8.000 Ex. € 80,00

LSM-G75

2000. Jahrestag des Beginns der Arbeiten an der Brücke von Tiberius in Rimini
2014, 10 EURO
Ag925, 22 g, Ø 34 mm
Ⓓ Luciana de Simoni
PP: 6.000 Ex. € 85,00

LSM-G76

90. Todestag von Giacomo Puccini
2014, 2 EURO
Ⓓ Luc Luycx und Uliana Pernazza
Stgl.: 100.000 Ex.
(in Blisterkarte) € 45,00

LSM-G77

25. Jahrestag des Falls der Berliner Mauer
2014, 5 EURO
Ag925, 18 g, Ø 32 mm
Ⓓ Maria Gracia Urbani
PP: 7.000 Ex. € 65,00

LSM-G78

Architektonische Elemente San Marinos – Burg von Acquaviva
2014, 20 EURO
Au900, 6,451 g, Ø 21 mm
Ⓓ Antonella Napolione, Uliana Pernazza
PP: 750 Ex. € –,–

LSM-G79

Architektonische Elemente San Marinos – Burg von Domagnano
2014, 50 EURO
Au900, 16,129 g, Ø 28 mm
Ⓓ Antonella Napolione, Uliana Pernazza
PP: 750 Ex. € –,–

LSM-G78 und G79: € 2 260,00

LSM-G80

750. Geburtstag von Dante Alighieri
2015, 2 EURO
Ⓓ Luc Luycx und Annalisa Masini
Stgl.: 100.000 Ex.
(in Blisterkarte) € 50,00
PP: nur aus Kursmünzensatz LSM-AK2 2015

LSM-G81

LSM-G82

LSM-G83

LSM-G84

LSM-G85

LSM-G86

LSM-G87

LSM-G88

LSM-G81
EXPO 2015, Mailand
2015, 5 EURO
Ag925, 18 g, Ø 32 mm
Ⓓ Antonella Napolione, Matthew Dent
PP: 8.000 Ex. € 70,00

LSM-G82
150. Todestag von Abraham Lincoln
2015, 10 EURO
Ag925, 22 g, Ø 34 mm
Ⓓ Antonella Napolione, Matthew Dent
PP: 6.000 Ex. € 75,00

LSM-G83
Internationales Jahr des Lichts
2015, 5 EURO
Ag925, 18 g, Ø 32 mm
Ⓓ Matthew Dent
Stgl.: nur aus Kursmünzensatz LSM-AK1 2015/II € 40,00

LSM-G84
25 Jahre Deutsche Einheit
2015, 2 EURO
Ⓓ Luc Luycx und Erik Spiekermann
Stgl.: 100.000 Ex. (in Blisterkarte) € 50,00
PP: nur aus Kursmünzensatz LSM-AK2 2015

LSM-G85
Architektonische Elemente San Marinos – Schloss von Faetano
2015, 20 EURO
Au900, 6,451 g, Ø 21 mm
Ⓓ Arno Ludwig
PP: 750 Ex. € –,–

LSM-G86
Architektonische Elemente San Marinos – Schloss von Montegiardino
2015, 50 EURO
Au900, 16,129 g, Ø 28 mm
Ⓓ Arno Ludwig
PP: 750 Ex. € –,–
LSM-G85 und G86: € 2.300,00

LSM-G87
550. Todestag von Donato di Niccolò di Betto Bardi, genannt Donatello
2016, 2 EURO
Ⓓ Luc Luycx und Matthew Bonaccorsi
Stgl.: 85.000 Ex. (in Blisterkarte) € 45,00
PP: nur aus Kursmünzensatz LSM-AK2 2016

LSM-G88
500. Todestag von Giovanni Bellini
2016, 5 EURO
Ag925, 18 g, Ø 32 mm
Ⓓ Antonella Napolione, Matthew Bonaccorsi
PP: 4.000 Ex. € 75,00

LSM-G89

LSM-G90

LSM-G91

LSM-G92

LSM-G93

LSM-G94

LSM-G95

LSM-G96

LSM-G89
35. Jahrestag des ersten Formel-1-Rennens in Imola
2016, 10 EURO
Ag925, 22 g, Ø 34 mm
Ⓓ Antonella Napolione, Matthew Bonaccorsi
PP: 4.000 Ex. € 100,00

LSM-G90
Heiliges Jahr der Barmherzigkeit
2016, 10 EURO
Au900, 3 g, Ø 13,85 mm
Ⓓ Antonella Napolione, Maria Gracia Urbani
PP: 1.500 Ex. € 340,00

LSM-G91
Internationaler Tag der Mutter Erde
2016, 5 EURO
Ag925, 18 g, Ø 32 mm
Ⓓ Matthew Bonaccorsi
Stgl.: nur aus Kursmünzensatz LSM-AK1 2016/II € 45,00

LSM-G92
400. Todestag von William Shakespeare
2016, 2 EURO
Ⓓ Matthew Bonaccorsi
Stgl.: 80.000 Ex.
(in Blisterkarte) € 45,00
PP: nur aus Kursmünzensatz LSM-AK2 2016

LSM-G93
Architektonische Elemente San Marinos – Brunnen in Fiorentino
2016, 20 EURO
Au900, 6,451 g, Ø 21 mm
Ⓓ Arno Ludwig
PP: 700 Ex. € –,–

LSM-G94
Architektonische Elemente San Marinos – Johannes-der-Täufer-Kirche in Chiesanuova
2016, 50 EURO
Au900, 16,129 g, Ø 28 mm
Ⓓ Arno Ludwig
PP: 700 Ex. € –,–

LSM-G93 und G94: € 2.300,00

LSM-G95
Heiliges Jahr der Barmherzigkeit
2016, 5 EURO
CuAlNi/CuNi, 9,2 g, Ø 27,5 mm
Ⓓ Maria Carmela Colaneri
Stgl.: 82.600 Ex.
(in coin card) € 18,00

LSM-G96
750. Geburtstag von Giotto di Bondone
2017, 2 EURO
Ⓓ Luc Luycx und Luciana de Simoni
Stgl.: 70.500 Ex. € 40,00
in Blisterkarte € 45,00
PP: nur aus Kursmünzensatz LSM-AK2 2017

LSM-G97

LSM-G101

LSM-G98

LSM-G102

LSM-G99

LSM-G103

LSM-G100

LSM-G104

LSM-G97

Spiele der kleinen Staaten von Europa, San Marino
2017, 5 EURO
Ag925, 18 g, Ø 32 mm
Ⓓ Erik Spiekermann

PP:	3.400 Ex.	€ 100,00

LSM-G98

90. Jahrestag der Gründung des Fußballvereins AS Rom
2017, 10 EURO
Ag925, 22 g, Ø 34 mm
Ⓓ Ettore Lorenzo Frapiccini

Stgl.:	18.400 Ex.	€ 80,00

LSM-G99

Internationaler Tag des Wassers
2017, 5 EURO
Ag925, 18 g, Ø 32 mm
Ⓓ Matthew Bonaccorsi

Stgl.:	nur aus Kursmünzensatz LSM-AK1 2017/II	€ 50,00

LSM-G100

30. Geburtstag von Marco Simoncelli
2017, 5 EURO
CuAlNi/CuNi, 9,5 g, Ø 27,5 mm
(16-eckiges Polygon)
Ⓓ Maria Carmela Colaneri

Stgl.:	76.493 Ex.	€ 16,00

LSM-G101

Internationales Jahr des nachhaltigen Tourismus für Entwicklung
2017, 2 EURO
Ⓓ Luc Luycx, Andrew Louis, Uliana Pernazza

Stgl.:	70.500 Ex.	€ 40,00
	in Blisterkarte	€ 45,00
PP:	nur aus Kursmünzensatz LSM-AK2 2017	

LSM-G102

25 Jahre Mitgliedschaft in der UNO
2017, 20 EURO
Ⓓ Andrew Lewis, Maria Angela Cassol
Au900, 6,451 g, Ø 21 mm

PP:	500 Ex.	€ –,–

LSM-G103

25 Jahre Mitgliedschaft in der UNO
2017, 50 EURO
Au900, 16,129 g, Ø 28 mm
Ⓓ Andrew Lewis, Silvia Petrassi

PP:	500 Ex.	€ –,–
LSM-G102 u. G103:		€ 2.300,00

LSM-G104

500. Geburtstag von Jacopo Robusti, genannt Tintoretto
2018, 2 EURO
Ⓓ Luc Luycx und Luciana de Simoni

Stgl.:	60.500 Ex.	
	in Blisterkarte	€ 100,00
PP:	nur aus Kursmünzensatz LSM-AK2 2018	

LSM-G105

LSM-G109

LSM-G106

LSM-G110

LSM-G107

LSM-G111

LSM-G108

LSM-G112

LSM-G105
Welttag der Natur
2018, 5 EURO
Ag925, 18 g, Ø 32 mm
Ⓓ Andrew Lewis
Stgl.: nur aus Kursmünzensatz LSM-AK1 2018/II € 45,00

LSM-G106
250. Todestag von Canaletto
2018, 5 EURO
Ag925, 18 g, Ø 32 mm
Ⓓ Antonella Napolione, Herbert Wähner
PP: 3.400 Ex. € 85,00

LSM-G107
Europäisches Jahr des Kulturerbes
2018, 10 EURO
Ag925, 22,4 g, Ø 34 mm
Ⓓ Antonella Napolione, Helmut Andexlinger
PP: 3.400 Ex. € 90,00

LSM-G108
420. Geburtstag
von Gian Lorenzo Bernini
2018, 2 EURO
Ⓓ Luc Luycx und Annalisa Masini
Stgl.: 60.500 Ex.
in Blisterkarte € 90,00
PP: nur aus Kursmünzensatz LSM-AK2 2018

LSM-G109
Tierkreiszeichen – Widder
2018, 5 EURO
CuAlNi, 9,3 g, Ø 26,95 mm
Ⓓ Annalisa Masini
Stgl.: 15.000 Ex. € 16,00

LSM-G110
Tierkreiszeichen – Stier
2018, 5 EURO
CuAlNi, 9,3 g, Ø 26,95 mm
Ⓓ Annalisa Masini
Stgl.: 15.000 Ex. € 18,00

LSM-G111
10. Jahrestag der Aufnahme
des historischen Zentrums von
San Marino und des Monte Titano
in das UNESCO-Verzeichnis
des immateriellen Kulturerbes
der Menschheit
2018, 20 EURO
Au900, 6,451 g, Ø 21 mm
Ⓓ Antonella Napolione und
Uliana Pernazza
PP: 500 Ex. € 600,00

LSM-G112
Das 5G-Mobilfunknetz in San Marino
2019, 5 EURO
CuAlNi, 9,3 g, Ø 26,95 mm
Ⓓ Antonella Napolione, Valerio De Seta
Stgl.: 15.000 Ex. € 18,00

LSM-G113

LSM-G114

LSM-G115

LSM-G116

LSM-G117

LSM-G118

LSM-G119

LSM-G120

LSM-G113

500. Todestag von Leonardo da Vinci – Der kniende Engel („Taufe Christi")
2019, 2 EURO
Ⓓ Luc Luycx und Uliana Pernazza

Stgl.: 54.150 Ex.
in Blisterkarte € 100,00

PP: nur aus Kursmünzensatz LSM-AK2 2019

LSM-G114

50. Jahrestag der ersten bemannten Mondlandung
2019, 5 EURO
Ag925, 18 g, Ø 32 mm
Ⓓ Antonella Napolione, Herbert Wähner

PP: 3.500 Ex. € 100,00

LSM-G115

350. Todestag von Rembrandt van Rijn – Selbstporträt als Jüngling
2019, 10 EURO
Ag925, 22,4 g, Ø 34 mm
Ⓓ Antonella Napolione, Helmut Andexlinger

PP: 3.500 Ex. € 80,00

LSM-G116

Internationaler Tag der Wälder
2019, 5 EURO
Ag925, 18 g, Ø 32 mm
Ⓓ Sandra Deiana

Stgl.: nur aus Kursmünzensatz LSM-AK1 2019/II € 45,00

LSM-G117

Tierkreiszeichen – Zwillinge
2019, 5 EURO
CuAlNi, 9,3 g, Ø 26,95 mm
Ⓓ Annalisa Masini

Stgl.: 16.000 Ex. € 15,00

LSM-G118

Tierkreiszeichen – Krebs
2019, 5 EURO
CuAlNi, 9,3 g, Ø 26,95 mm
Ⓓ Annalisa Masini

Stgl.: 16.000 Ex. € 13,50

LSM-G119

Tierkreiszeichen – Löwe
2019, 5 EURO
CuAlNi, 9,3 g, Ø 26,95 mm
Ⓓ Annalisa Masini

Stgl.: 16.000 Ex. € 15,00

LSM-G120

Tierkreiszeichen – Jungfrau
2019, 5 EURO
CuAlNi, 9,3 g, Ø 26,95 mm
Ⓓ Annalisa Masini

Stgl.: 16.000 Ex. € 15,00

LSM-G121

LSM-G125

LSM-G122

LSM-G126

LSM-G123

LSM-G127

LSM-G124

LSM-G128

LSM-G121
550. Todestag von Filippo Lippi
2019, 2 EURO
Ⓓ Luc Luycx und Maria Angela Cassol
Stgl.: 54.150 Ex.
in Blisterkarte € 100,00
PP: nur aus Kursmünzensatz LSM-AK2 2019

LSM-G122
70 Jahre Europarat
2019, 20 EURO
Au900, 6,451 g, Ø 21 mm
Ⓓ Antonella Napolione, Kathrin Kuntner
PP: 850 Ex. € 680,00

LSM-G123
500. Jahrestag des Todes von Raffaello
2020, 2 EURO
Ⓓ Luc Luycx und Annalisa Masini
Stgl.: 54.000 Ex.
in Blisterkarte € 100,00

LSM-G124
93. Appell des Nationalen Alpenvereins in Rimini und San Marino
2020, 10 EURO
CuNi, 10,[illegible] g, Ø 27,9 mm
Ⓓ Sandra Deiana und Antonella Napolione
Stgl.: 100.000 Ex. € 31,00

LSM-G125
Leichtathletik Spiele der kleinen Europastaaten San Marino 2020
2020, 5 EURO
Ag925, 18 g, Ø 32 mm
Ⓓ Chiara Principe und Antonella Napolione
PP: 3.500 Ex. € 90,00

LSM-G126
250. Jahrestag der Geburt von Ludwig van Beethoven
2020, 10 EURO
Ag925, 22,4 g, Ø 34 mm
Ⓓ Sandra Deiana und Antonella Napolione
PP: 3.500 Ex. € 120,00

LSM-G127
Tierkreiszeichen – Waage
2020, 5 EURO
CuAlNi, 9,3 g, Ø 26,95 mm
Ⓓ Annalisa Masini
Stgl.: 16.000 Ex. € 15,00

LSM-G128
Tierkreiszeichen – Skorpion
2020, 5 EURO
CuAlNi, 9,3 g, Ø 26,95 mm
Ⓓ Annalisa Masini
Stgl.: 16.000 Ex. € 14,00

LSM-G129

LSM-G130

LSM-G131

LSM-G132

LSM-G133

LSM-G134

LSM-G135

LSM-G136

LSM-G129
Tierkreiszeichen – Schütze
2020, 5 EURO
CuAlNi, 9,3 g, Ø 26,95 mm
Ⓓ Annalisa Masini
Stgl.: 16.000 Ex. € 15,00

LSM-G130
250. Jahrestag des Todes von Giambattista Tiepolo
2020, 2 EURO
Ⓓ Luc Luycx und Claudia Momoni
Stgl.: 54.000 Ex.
in Blisterkarte € 94,00

LSM-G131
Institut für Soziale Sicherheit San Marino
2020, 10 EURO
CuNi, 10,1 g, Ø 27,9 mm
Ⓓ Sandra Deiana und Antonella Napolione
Stgl.: 20.000 Ex. € 27,00

LSM-G132
Weltmeertag
2020, 5 EURO
Ag925, 18 g, Ø 32 mm
Stgl.: nur aus Kursmünzensatz
LSM-AK1 2020/II € 51,00

LSM-G133
40. Jahrestag des Beitritts von San Marino zur OMS
2020, 20 EURO
Au900, 6,451 g, Ø 21 mm
Ⓓ Antonella Napolione und Chiara Principe
PP: 600 Ex. € 800,00

LSM-G134
Tierkreiszeichen – Fische
2021, 5 EURO
CuAlNi, 9,3 g, Ø 26,95 mm
Ⓓ Annalisa Masini
Stgl.: 16.000 Ex. € 13,00

LSM-G135
Tierkreiszeichen – Wassermann
2021, 5 EURO
CuAlNi, 9,3 g, Ø 26,95 mm
Ⓓ Annalisa Masini
Stgl.: 16.000 Ex. € 14,00

LSM-G136
Tierkreiszeichen – Steinbock
2021, 5 EURO
CuAlNi, 9,3 g, Ø 26,95 mm
Ⓓ Annalisa Masini
Stgl.: 16.000 Ex. € 13,00

LSM-G137

LSM-G141

LSM-G138

LSM-G139

LSM-G140

LSM-G137
550. Geburtstag von Albrecht Dürer
2021, 2 EURO
Ⓓ Luc Luycx
Stgl.: 54.000 Ex.
in Blisterkarte € 95,00

LSM-G138
450. Jahrestag der Geburt von Caravaggio
2021, 2 EURO
Ⓓ Luc Luycx und Annalisa Masini
Stgl.: 54.000 Ex.
in Blisterkarte € 95,00

LSM-G139
Internationaler Tag der Biodiversität
2021, 5 EURO
Ag925, 18 g, Ø 32 mm
Stgl.: nur aus Kursmünzensatz LSM-AK1/II 2021 € –,–

LSM-G140
450. Todestag von Benvenuto Cellini
2021, 10 EURO
Ag925, 22,4 g, Ø 34 mm
PP: 3.000 Ex. € 90,00

LSM-G141
Fußball
2021, 5 EURO
Ag925, 18 g, Ø 32 mm
PP: 3.000 Ex. € 85,00

Vorschau 2022
- 200. Geburtstag von Antonio Canova (2 EURO)
- 530. Todestag von Piero Della Francesca (2 EURO)
- 550. Todestag von Leon Battista Albert (5 EURO Silber)
- 30. Jahrestag des Beitritts von San Marino zur UNO (10 EURO Silber)
- Lunar (Maus, Ochse, Tiger)

SLOWAKEI

Bildquelle: Slowakische Zentrale für Tourismus

Republik

Fläche: 49.034 km²

Hauptstadt: Bratislava

Einwohnerzahl: 5,4 Mio.

Beitrittsjahr zur EU: 2004

Bisherige Währung: Slowakische Krone

Bildmotiv: Burg von Bojnice

LE-K1	1 Cent	
Jahr	Auflage	Stgl.
2009	90.828.325	1,20
2010	30.070.000	0,90
2011	20.455.000	1,00
2012	10.545.000	3,00
2013	26.058.000	1,80
2014	26.275.000	1,50
2015	23.111.000	1,50
2016	28.899.000	7,50
2017	20.538.000	2,50
2018	20.606.000	4,50
2019	32.015.000	2,20
2020	56.025.000	2,00
2021	14.019.000	4,40

LE-K3	5 Cent	
Jahr	Auflage	Stgl.
2009	84.957.325	1,20
2010	**70.000**	7,50
2011	**55.000**	8,50
2012	**45.000**	4,70
2013	**28.000**	4,60
2014	**25.000**	7,50
2015	**25.000**	7,50
2016	**26.000**	7,50
2017	6.138.000	2,50
2018	8.026.000	4,50
2019	4.015.000	2,30
2020	16.025.000	2,00
2021	6.019.000	4,30

LE-K2	2 Cent	
Jahr	Auflage	Stgl.
2009	80.905.325	1,50
2010	50.070.000	1,00
2011	15.055.000	1,00
2012	**45.000**	4,50
2013	**28.000**	4,50
2014	5.025.000	1,50
2015	12.564.000	1,50
2016	17.026.000	7,50
2017	13.668.000	2,50
2018	12.130.000	4,50
2019	14.015.000	2,30
2020	25.025.000	2,30
2021	7.019.000	4,40

LE-K4	10 Cent	
Jahr	Auflage	Stgl.
2009	74.799.975	1,60
2010	**70.000**	4,50
2011	**55.000**	5,60
2012	**45.000**	4,70
2013	**28.000**	4,60
2014	**25.000**	5,30
2015	**25.000**	4,70
2016	**26.000**	4,50
2017	**18.000**	4,20
2018	**26.000**	4,00
2019	1.515.000	2,50
2020	12.025.000	2,60
2021	4.019.000	4,20

Die Auflagezahlen beinhalten auch die in den Kursmünzensätzen herausgegebenen Stücke. Die **fett** ausgezeichneten Auflagen wurden nicht für den Umlauf produziert.

LE-K5	20 Cent	
Jahr	Auflage	Stgl.
2009	66.602.325	1,80
2010	**70.000**	4,50
2011	**55.000**	4,50
2012	**45.000**	4,50
2013	**28.000**	4,50
2014	**25.000**	5,00
2015	**25.000**	4,50
2016	**26.000**	4,50
2017	**18.000**	4,50
2018	**26.000**	5,00
2019	**15.000**	4,50
2020	**25.000**	6,50
2021	**19.000**	4,10

LE-K7	1 Euro	
Jahr	Auflage	Stgl.
2009	46.859.975	4,00
2010	**70.000**	8,50
2011	**55.000**	13,50
2012	**45.000**	13,50
2013	**28.000**	9,30
2014	**25.000**	9,80
2015	**25.000**	13,50
2016	**26.000**	13,50
2017	**18.000**	13,50
2018	**26.000**	11,00
2019	**15.000**	11,00
2020	**25.000**	12,00
2021	**19.000**	13,00

LE-K6	50 Cent	
Jahr	Auflage	Stgl.
2009	59.399.975	2,20
2010	**70.000**	4,70
2011	**55.000**	5,00
2012	**45.000**	5,00
2013	**28.000**	5,00
2014	**25.000**	5,00
2015	**25.000**	5,00
2016	**26.000**	5,00
2017	**18.000**	5,00
2018	**26.000**	4,50
2019	**15.000**	4,50
2020	**25.000**	7,00
2021	**19.000**	4,30

LE-K8	2 Euro	
Jahr	Auflage	Stgl.
2009	35.749.963	7,50
2010	**70.000**	33,00
2011	5.055.000	13,00
2012	**45.000**	35,00
2013	**28.000**	39,90
2014	**25.000**	37,00
2015	7.350.000	6,50
2016	2.026.000	22,00
2017	2.118.000	15,00
2018	**26.000**	37,00
2019	1.015.000	36,00
2020	3.025.000	15,00
2021	3.019.000	34,00

Die Auflagezahlen beinhalten auch die in den Kursmünzensätzen herausgegebenen Stücke. Die **fett** ausgezeichneten Auflagen wurden nicht für den Umlauf produziert.

Inhalt des Starterpäckchens:

1 Cent (5x), 2 Cent (5x), 5 Cent (5x), 10 Cent (6x), 20 Cent (8x), 50 Cent (8x), 1 Euro (6x), 2 Euro (2x).

Die Starterkits wurden ab dem 1. Dezember 2008 an Privathaushalte zu einem Gegenwert von 500,00 SKK abgegeben.

Jahr	Auflage	Stgl.
2009	1.200.000 Exemplare	€ 56,00

Inhalt der Original-Pakete:			
1 Cent	50 Exemplare	Nominal:	€ 0,50
2 Cent	50 Exemplare	Nominal:	€ 1,00
5 Cent	50 Exemplare	Nominal:	€ 2,50
10 Cent	40 Exemplare	Nominal:	€ 4,00
20 Cent	40 Exemplare	Nominal:	€ 8,00
50 Cent	40 Exemplare	Nominal:	€ 20,00
1 EURO	25 Exemplare	Nominal:	€ 25,00
2 EURO	25 Exemplare	Nominal:	€ 50,00

Kursmünzensätze		Jahr	Auflage	Hgh.
LE-AK1 2009		2009	120.000	31,00
LE-AK1 2010/I	Olymp. Winterspiele	2010	25.000	34,00
LE-AK1 2010/II	FIFA-Fußball-WM	2010	20.000	42,00
LE-AK1 2011	Eishockey-WM	2011	25.000	42,00
LE-AK1 2012	Olymp. Sommerspiele	2012	23.000	37,00
LE-AK1 2013	Košice	2013	7.000	50,00
LE-AK1 2014	Olymp. Winterspiele	2014	10.000	40,00
LE-AK1 2015	Slowakische Republik	2015	10.000	40,00
LE-AK1 2016	Olymp. Sommerspiele	2016	9.000	40,00
LE-AK1 2017	Slowak. Euro-Münzen	2017	7.000	50,00
LE-AK1 2018	Olymp. Winterspiele	2018	6.000	39,00
LE-AK1 2019	Eishockey-WM	2019	6.000	45,00
LE-AK1 2020	Olymp. Sommerspiele	2020	25.000	50,00
LE-AK1/I 2021	100. Jahrestag der ersten Prägung tschechoslow. Münzen	2021	5.000	41,00
LE-AK1/II 2021	Stefan Boleslav Roman	2021	2.500*	52,00

* davon nur 1.000 Sätze im Verkauf

Kursmünzensätze		Jahr	Auflage	PP
LE-AK2 2009		2009	13.000	100,00
LE-AK2 2010	Olymp. Winterspiele	2010	5.000	80,00
LE-AK2 2011	Eishockey-WM	2011	6.000*	75,00
LE-AK2 2012	Olymp. Sommerspiele	2012	6.000*	64,00
LE-AK2 2013	Košice	2013	5.000*	68,00
LE-AK2 2014	Olymp. Winterspiele	2014	3.500*	73,00
LE-AK2 2015	Slowakische Republik	2015	3.500*	75,00
LE-AK2 2016	Olymp. Sommerspiele	2016	3.000*	75,00
LE-AK2 2017	Maria Theresia	2017	3.000*	75,00
LE-AK2 2018	Olymp. Winterspiele	2018	2.300*	75,00
LE-AK2 2019	Euro-Einführung	2019	2.100*	97,00
LE-AK2 2020	Olymp. Sommerspiele	2020	1.700*	120,00
LE-AK2 2021	100. Jahrestag der ersten Prägung tschechoslow. Münzen	2021	6.200**	65,00

* davon etwa 800 Sätze bis 1.500 Sätze in einer Holzkassette: 2011 520,00 Euro; 2012 520,00 Euro; 2013 260,00 Euro; 2014 250,00 Euro; 2015 160,00 Euro; 2016 160,00 Euro; 2017 165,00 Euro; 2018 150,00 Euro; 2019 215,00 Euro; 2020 350,00 Euro; 2021 170,00 Euro

** 5.000 Sätze in einer Holzbox sowie 1.200 Sätze in einer Plexibox

Kursmünzensätze	Jahr	Auflage	Hgh.
Baby-Satz			
LE-SK1 2009	2009	3.000	40,00
LE-SK1 2010	2010	5.000	40,00
LE-SK1 2011	2011	3.000	40,00
Historische Regionen			
LE-SK2 2009 Orava, Kysuce u. Považie	2009	5.000	45,00
LE-SK2 2010 Turiec, Tekov und Podsitniansko	2010	12.000	42,00
LE-SK2 2011 Ponitrie und Trnavsko	2011	9.000	37,00
LE-SK2 2012 Malokarpatsko, Myjavsko und Zahorie	2012	6.000	37,00
LE-SK2 2013 Podunajsko	2013	4.000	40,00
LE-SK3 Numismatische Gesellschaft	2010	3.000	170,00
LE-SK4 Visegrád-Gruppe (incl. LE-G9)	2011	12.000	44,00
LE-SK5 Euro-Bargeld (incl. LE-G15)	2012	6.000	42,00
LE-SK6 Kremnitzer Münze	2012	4.000	39,00
UNESCO-Weltkulturerbe/-Weltnaturerbe			
LE-SK7 2013 Štiavnica	2013	5.000	45,00
LE-SK7 2014 Bardejov	2014	4.000	45,00
LE-SK7 2015 Vlkolínec	2015	4.000	42,00
LE-SK7 2016 Levoča	2016	3.500	51,00

Kursmünzensätze	Jahr	Auflage	Hgh.
UNESCO-Weltkulturerbe/-Weltnaturerbe			
LE-SK7 2017 Slowakischer Karst	2017	3.000	44,00
LE-SK7 2018 Holzkirchen	2018	2.000	44,00
LE-SK7 2019 Buchenwälder der Kaparten	2019	2.000	45,00

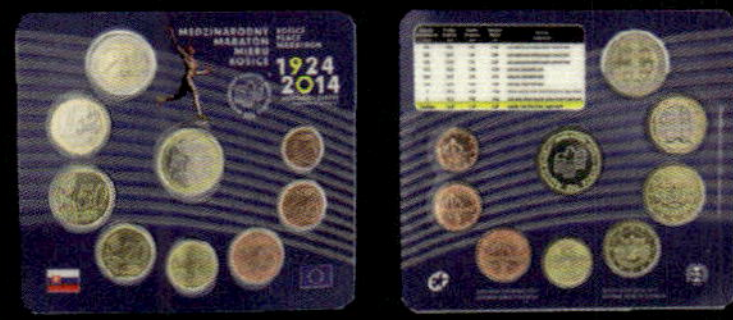

Kursmünzensätze		Jahr	Auflage	Hgh.
LE-SK8	Konstantin und Method (incl. LE-G24)	2013	4.000	45,00
LE-SK9	EU-Beitritt 2004 (incl. LE-G28)	2014	4.000	40,00
LE-SK10	Košice-Friedensmarathon	2014	3.500	45,00
LE-SK11	Bratislava-Marathon	2015	4.000	40,00
LE-SK12	Ludivit Štúr (incl. LE-G33)	2015	3.500	40,00
LE-SK13	EU-Ratspräsidentschaft (incl. LE-G38)	2016	3.500	50,00
LE-SK14	Fußball-EM 2016	2016	4.000	43,00
LE-SK15	Moderne Finanzverwaltung in der Slowakei	2016	3.000	45,00
LE-SK16	Universitas Istropolitana (incl. LE-G43)	2017	3.000	55,00
Slowakische Erfinder:				
LE-SK17	2017 Jan Bahyl	2017	2.000	59,00
LE-SK17	2018 Štefan Banič	2018	2.000	45,00
LE-SK17	2019 Aurel Stodola	2019	2.000	42,00
LE-SK17	2020 Jozef Petzval	2020	2.000	40,00
LE-SK18	25. Jahre Slowakische Rep. (incl. LE-G48)	2018	3.000	78,00

Kursmünzensätze		Jahr	Auflage	Hgh.
LE-SK19	100. Jahrstag der Gründung der Tschechoslowakischen Rep.	2018	5.000	165,00
LE-SK20	Milan Rastislav Stefanik (incl. LE-G58)	2019	3.000	43,00
LE-SK21	75 Jahre Sieg über Faschismus	2020	4.000	43,00
LE-SK22	Serbische Malerei	2020	7.000	36,00
LE-SK23	50. Jahrestag numismatische Gesellschaft	2020	2.500	39,00
LE-SK24	Fußball-EM 2020	2021	2.000	48,00

LE-G1

LE-G5

LE-G2

LE-G6

LL-G3

LE-G7

LE-G4

LE-G8

LE-G1

10 Jahre Wirtschafts- und Währungsunion
2009, 2 EURO
Ⓓ Luc Luycx u. Georgios Stamatopoulos

Stgl.:	2.500.000 Ex.	€ 7,00
Coin card:	7.000 Ex.	€ 27,00

LE-G2

150. Geburtstag von Aurel Stodola
2009, 10 EURO
Ag900, 18 g, Ø 34 mm
Ⓓ Miroslav Rónai und Dalibor Schmidt
Rand: „- KONŠTRUKTÉR - VYNÁLEZCA - PEDAGÓG"

Stgl.:	10.100 Ex.	€ 35,00
PP:	13.300 Ex.	€ 50,00

LE-G3

Nationalpark Velka Fatra
2009, 20 EURO
Ag925, 33,63 g, Ø 40 mm
Ⓓ Roman Lugár
Rand: „OCHRANA PRÍRODY A KRAJINY"

Stgl.:	9.900 Ex.	€ 60,00
PP:	12.600 Ex.	€ 95,00

LE-G4

20. Jahrestag des 17. November 1989, Tag des Kampfes für Freiheit und Demokrat e
2009, 2 EURO
Ⓓ Luc Luycx, Pavel Károly, Dalibor Schmidt

Stgl.:	1.000.000 Ex.	€ 6,50
Coin card:	7.000 Ex.	€ 26,00

LE-G5

Europäische Architektur – UNESCO-Weltkulturerbe – Die Holzkirchen im slowakischen Teil des Karpatenbogens
2010, 10 EURO
Ag900, 18 g, Ø 34 mm
Ⓓ Patrik Kovačovský
Rand: „- WORLD HERITAGE - PATRIMOINE MONDIAL"

Stgl.:	9.900 Ex.	€ 32,00
PP:	17.325 Ex.	€ 38,00

LE-G6

150. Geburtstag von Martin Kukucin
2010, 10 EURO
Ag900, 18 g, Ø 34 mm
Ⓓ Miroslav Rónai und Peter Valach
Rand: „- PROZAIK - DRAMATIK - PUBLICISTA"

Stgl.:	7.500 Ex.	€ 35,00
PP:	9.300 Ex.	€ 40,00

LE-G7

Nationalpark Poloniny
2010, 20 EURO
Ag925, 33,63 g, Ø 40 mm
Ⓓ Karol Ličko
Rand: „OCHRANA PRÍRODY A KRAJINY"

Stgl.:	8.150 Ex.	€ 70,00
PP:	10.350 Ex.	€ 80,00

LE-G8

UNESCO-Weltkulturerbe – Die Holzkirchen im slowakischen Teil des Karpatenbogens
2010, 100 EURO
Au900 Ag75, 9,5 g, Ø 26 mm
Ⓓ Kliment Mitura

PP:	6.640 Ex.	€ 1.110,00

LE-G9

LE-G10

LE-G11

LE-G12

LE-G13

LE-G14

LE-G15

LE-G16

LE-G9

20. Jahrestag der Gründung der Visegrád-Gruppe
2011, 2 EURO
Ⓓ Luc Luycx, Miroslav Rónai, Dalibor Schmidt

Stgl.: 1.000.000 Ex. € 6,50
Coin card: 7.000 Ex. € 30,00

LE-G10

900. Jahrestag der Dokumente von Zobor
2011, 10 EURO
Ag900, 18 g, Ø 34 mm
Ⓓ Peter Valach, Dalibor Schmidt
Rand: „• NAJSTARŠIE ZACHOVANÉ LISTINY NA SLOVENSKU"

Stgl.: 7.300 Ex. € 45,00
PP: 8.950 Ex. € 65,00

LE-G11

150. Jahrestag der Verabschiedung des Memorandums der slowakischen Nation
2011, 10 EURO
Ag900, 18 g, Ø 34 mm
Ⓓ Andrea Rolková, Pavel Károly, Mária Poldaufová, Dalibor Schmidt
Rand: „ZA NÁRODNÚ SVOJBYTNOSŤ A ROVNOPRÁVNOSŤ"

Stgl.: 9.500 Ex. € 50,00
PP: 9.100 Ex. € 65,00

LE-G12

100. Geburtstag von Ján Cikker
2011, 10 EURO
Ag900, 18 g, Ø 34 mm
Ⓓ Kliment Mitura, Dalibor Schmidt
Rand: „HUDBA – UNIVERZÁLNA REČ L'UDSTVA"

Stgl.: 7.900 Ex. € 50,00
PP: 8.900 Ex. € 65,00

LE-G13

Historisches Erbe – Tyrnau
2011, 20 EURO
Ag925, 33,63 g, Ø 40 mm
Ⓓ Roman Lugár und Dalibor Schmidt
Rand: „NAJKRAJŠIE HISTORICKÉ MESTÁ"

Stgl.: 8.150 Ex. € 95,00
PP: 9.950 Ex. € 105,00

LE-G14

1150. Todestag des Fürsten Pribina von Nitra
2011, 100 EURO
Au900 Ag75, 9,5 g, Ø 26 mm
Ⓓ Ivan Řehák, Dalibor Schmidt

PP: 6.800 Ex. € 850,00

LE-G15

10. Jahrestag der Einführung der Euro-Münzen und -Banknoten
2012, 2 EURO
Ⓓ Luc Luycx und Helmut Andexlinger

Stgl.: 1.000.000 Ex. € 6,50
Coin card: 7.000 Ex. € 22,00

LE-G16

Historisches Erbe – Trentschin
2012, 20 EURO
Ag925, 33,63 g, Ø 40 mm
Ⓓ Karol Ličko und Miroslav Rónai
Rand: „NAJKRAJŠIE HISTORICKÉ MESTÁ"

Stgl.: 5.900 Ex. € 80,00
PP: 7.500 Ex. € 95,00

LE-G17

LE-G21

LE-G18

LE-G22

LL-G19

LE-G23

LE-G20

LE-G24

LE-G17

Europäische Maler und Bildhauer – Meister Paul von Leutschau
2012, 10 EURO
Ag900, 18 g, Ø 34 mm
Ⓓ Mária Poldaufová u. Dalibor Schmidt
Rand: „• OD GOTIKY K RENESANCII"

Stgl.:	7.400 Ex.	€ 50,00
PP:	11.870 Ex.	€ 65,00

LE-G18

250. Geburtstag von Moses Schreiber
2012, 10 EURO
Ag900, 18 g, Ø 34 mm
Ⓓ Pavel Károly und Dalibor Schmidt
Rand: „– RABÍN – UČENEC – SUDCA – UČITEĽ"

Stgl.:	5.800 Ex.	€ 190,00
PP:	7.900 Ex.	€ 375,00

LE-G19

250. Geburtstag von Anton Bernolák
2012, 10 EURO
Ag900, 18 g, Ø 34 mm
Ⓓ Pavel Károly
Rand: „TU MÁTE SLOVO MOJE C REČI VAŠEJ"

Stgl.:	5.200 Ex.	€ 42,00
PP:	6.950 Ex.	€ 60,00

LE-G20

300. Jahrestag der Krönung von Karl III.
2012, 100 EURO
Au900 Ag75, 9,5 g, Ø 26 mm
Ⓓ Karol Ličko und Dalibor Schmidt

PP:	5.200 Ex.	€ 800,00

LE-G21

20. Jahrestag der Gründung der Slowakischen Nationalbank
2013, 10 EURO
Ag900, 18 g, Ø 34 mm
Ⓓ Kliment Mitura und Roman Lugár
Rand: „NBS – CENTRÁLNA BANKA SLOVENSKEJ REPUBLIKY"

Stgl.:	4.100 Ex.	€ 48,00
PP:	9.150 Ex.	€ 55,00

LE-G22

Historisches Erbe und Kulturhauptstadt Europas – Košice
2013, 20 EURO
Ag925, 33,63 g, Ø 40 mm
Ⓓ Karol Ličko, Dalibor Schmidt
Rand: „EURÓPSKE HLAVNÉ MESTO KULTÚRY 2013"

Stgl.:	3.350 Ex.	€ 85,00
PP:	6.350 Ex.	€ 95,00

LE-G23

300. Geburtstag von Joseph Karl Höll
2013, 10 EURO
Ag900, 18 g, Ø 34 mm
Ⓓ Roman Lugár, Dalibor Schmidt
Rand: „STROJMAJSTER – KONŠTRUKTÉR – VYNÁLEZCA"

Stgl.:	3.100 Ex.	€ 48,00
PP:	5.750 Ex.	€ 55,00

LE-G24

1150. Jahrestag der Ankunft der Missionare Konstantin und Method in Großmähren
2013, 2 EURO
Ⓓ Luc Luycx, Miroslav Hric, Dalibor Schmidt

Stgl.:	989.700 Ex.	€ 6,50
Coin card:	7.000 Ex.	€ 25,00
PP:	10.300 Ex.*	€ 500,00

** kamen nicht in den öffentl. Verkauf*

LE-G25

LE-G26

LE-G27

LE-G28

LE-G29

LE-G30

LE-G31

LE-G32

LE-G25
150 Jahre Slowakische Kulturstiftung
2013, 10 EURO
Ag900, 18 g, Ø 34 mm
Ⓓ Karol Ličko, Dalibor Schmidt
Rand: „NAJSTARŠIA KULTÚRNA USTANOVIZEŇ SLOVÁKOV“

Stgl.:	3.150 Ex.	€ 48,00
PP:	5.950 Ex.	€ 55,00

LE-G26
450. Jahrestag der Krönung von Maximilian II.
2013, 100 EURO
Au900 Ag75, 9,5 g, Ø 26 mm
Ⓓ Karol Ličko, Dalibor Schmidt

PP:	4.300 Ex.	€ 850,00

LE-G27
150. Geburtstag von Jozef Murgaš
2014, 10 EURO
Ag900, 18 g, Ø 34 mm
Ⓓ Ivan Řehák, Dalibor Schmidt
Rand: „PRIEKOPNÍK BEZDRÔTOVEJ TELEGRAFIE“

Stgl.:	3.400 Ex.	€ 40,00
PP:	6.300 Ex.	€ 48,00

LE-G28
10. Jahrestag des Beitritts zur EU
2014, 2 EURO
Ⓓ Luc Luycx und Mária Poldaufová

Stgl.:	1.000.000 Ex.	€ 6,50
Coin card:	7.000 Ex.	€ 27,00

LE-G29
Opalschutzgebiet – Dubnicer Opal-Bergwerke
2014, 20 EURO
Ag925, 33,63 g, Ø 40 mm
Ⓓ Mária Poldaufová u. Dalibor Schmidt
Rand: „OSOBITOSTI PRÍRODY SLOVENSKA“

Stgl.:	2.750 Ex.	€ 70,00
PP:	5.300 Ex.	€ 80,00

LE-G30
Rastislav, Herrscher von Großmähren
2014, 100 EURO
Au900 Ag75, 9,5 g, Ø 26 mm
Ⓓ Roman Lugár, Dalibor Schmidt

PP:	4.000 Ex.	€ 850,00

LE-G31
UNESCO-Weltkulturerbe – Buchenwälder der Karpaten
2015, 10 EUR
Ag900, 18 g, Ø 34 mm
Ⓓ Karol Ličko, Dalibor Schmidt
Rand: „ – WORLD HERITAGE – PATRIMOINE MONDIAL“

Stgl.:	3.300 Ex.	€ 38,00
PP:	6.200 Ex.	€ 48,00

LE-G32
30 Jahre Flagge der Europäischen Union
2015, 2 EURO
Ⓓ Luc Luycx u. Georgios Stamatopoulos

Stgl.:	994.000 Ex.	€ 5,50
Coin card:	6.000 Ex.	€ 20,00

LE-G33

LL-G37

LE-G34

LL-G38

LL-G35

LL-G39

LL-G36

LL-G40

LE-G33
200. Geburtstag von Ludivit Štúr
2015, 2 EURO
Ⓓ Luc Luycx und Ivan Řehák

Stgl.:	994.000 Ex.	€ 6,50
Coin card:	6.000 Ex.	€ 21,00

LE-G34
200. Geburtstag von Ludivit Štúr
2015, 10 EURO
Ag900, 18 g, Ø 34 mm
Ⓓ Štefan Novotný, Dalibor Schmidt
Rand: „VÝZNAMNÁ OSOBNOSŤ SLONENSKÉHO NÁRODA"

Stgl.:	3.100 Ex.	€ 40,00
PP:	6.100 Ex.	€ 50,00

LE-G35
UNESCO-Weltnaturerbe – Buchenwälder der Karpaten
2015, 100 EURO
Au900 Ag75, 9,5 g, Ø 26 mm
Ⓓ Mária Poldaufová, Dalibor Schmidt

PP:	4.100 Ex	€ 750,00

LE-G36
150. Geburtstag von Ladislav Nádaši-Jege
2016, 10 EURO
Ag900, 18 g, Ø 34 mm
Ⓓ Asamat Baltaev, Dalibor Schmidt
Rand: „– PROZAIK – PUBLICISTA – LITERÁRNY KRITIK"

Stgl.:	3.200 Ex.	€ 40,00
PP:	5.600 Ex.	€ 48,00

LE-G37
Denkmalschutzgebiet Banská Bystrica
2016, 20 EURO
Ag925, 33,63 g, Ø 40 mm
Ⓓ Michal Gavula, Dalibor Schmidt
Rand: „NAJKRAJŠIE HISTORICKÉ MESTÁ"

Stgl.:	2.900 Ex.	€ 65,00
PP:	5.400 Ex.	€ 75,00

LE-G38
EU-Ratspräsidentschaft
2016, 2 EURO
Ⓓ Luc Luycx, Vladimír Pavlica, Dalibor Schmidt

Stgl.:	994.000 Ex.	€ 5,50
Coin card:	5.000 Ex.	€ 22,00
PP:	1.000 Ex.*	€ –,–

** kamen nicht in den öffentl. Verkauf*

LE-G39
EU-Ratspräsidentschaft
2016, 10 EURO
Ag900, 18 g, Ø 34 mm
Ⓓ Vladimír Pavlica
Rand: „1. JÚL 2016 – 31. DECEMBER 2016"

Stgl.:	2.600 Ex.	€ 38,00
PP:	5.600 Ex.	€ 48,00

LE-G40
275. Jahrestag der Krönung von Maria Theresia
2016, 100 EURO
Au900 Ag75, 9,5 g, Ø 26 mm
Ⓓ Vladimír Pavlica

PP:	4.300 Ex	€ 830,00

LE-G41

LE-G42

LE-G43

LE-G44

LE-G45

LE-G46

LE-G47

LE-G48

LE-G41

400. Todestag von Georg III. Thurzo von Bethlendorf
2016, 10 EURO
Ag900, 18 g, Ø 34 mm
Ⓓ Peter Valach
Rand: „VIVIT POST FUNERA VIRTUS"

Stgl.:	3.100 Ex.	€ 40,00
PP:	5.400 Ex.	€ 50,00

LE-G42

450. Geburtstag von Ján Jesenius
2016, 10 EURO
Ag900, 18 g, Ø 34 mm
Ⓓ Mária Poldaufová
Rand: „–LEKÁR – VEDEC – PRIEKOPNÍK ANATÓMIE"

Stgl.:	3.050 Ex.	€ 40,00
PP:	5.450 Ex.	€ 50,00

LE-G43

550. Jahrestag der Gründung der Universitas Istropolitana
2017, 2 EURO
Ⓓ Luc Luycx und Mária Poldaufová

Stgl.:	994.500 Ex.	€ 6,50
Coin card:	4.000 Ex.	€ 24,00
PP:	1.500 Ex.*	€ 800,00

** kamen nicht in den öffentl. Verkauf*

LE-G44

UNESCO-Weltnaturerbe – Höhlen der Slowakischen Karst
2017, 10 EURO
Ag900, 18 g, Ø 34 mm
Ⓓ Branislav Rónai, Dalibor Schmidt
Rand: „– WORLD HERITAGE – PATRIMOINE MONDIAL"

Stgl.:	3.100 Ex.	€ 50,00
PP:	5.700 Ex.	€ 60,00

LE-G45

UNESCO-Weltnaturerbe – Höhlen der Slowakischen Karst
2017, 100 EURO
Au900 Ag75, 9,5 g, Ø 26 mm
Ⓓ Roman Lugár

PP:	4.250 Ex	€ 800,00

LE-G46

Denkmalschutzgebiet Levoča und der 500. Jahrestag der Fertigstellung des Hochaltarbildes in der St.-Jakobs-Kirche
2017, 20 EURO
Ag925, 33,63 g, Ø 40 mm
Ⓓ Pavel Károly
Rand: „NAJKRAJŠIE HISTORICKÉ MESTÁ"

Stgl.:	3.400 Ex.	€ 75,00
PP:	6.200 Ex.	€ 85,00

LE-G47

150. Geburtstag von Božena Slančíková-Timrava
2017, 10 EURO
Ag900, 18 g, Ø 34 mm
Ⓓ Asamat Baltaev
Rand: „PREDSTAVITEĽKA NESKORÉHO LITERÁRNEHO REALIZMU"

Stgl.:	3.100 Ex.	€ 40,00
PP:	5.400 Ex.	€ 48,00

LE-G48

25 Jahre Slowakische Republik
2018, 2 EURO
Ⓓ Luc Luycx und Pavel Károly

Stgl.:	992.500 Ex.	€ 6,50
Coin card:	4.000 Ex.	€ 35,00
PP:	3.500 Ex.*	€ 430,00

** kamen nicht in den öffentl. Verkauf*

LE-G49

LE-G53

LE-G50

LE-G54

LE-G51

LE-G55

LE-G52

LE-G56

LE-G49
25 Jahre Slowakische Republik
2018, 25 EURO
Ag999, 31,1 g, Ø 40 mm
Ⓓ Pavel Károly
Rand: Reliefelemente / Ornamente des Dorfes Čičmany
Stgl.: 3.200 Ex. € 125,00
PP: 6.900 Ex. € 140,00

LE-G50
1150. Jahrestag der Anerkennung der slawischen Kirchensprache
2018, 10 EURO
Ag900, 18 g, Ø 34 mm
Ⓓ Roman Lugár
Rand: „• Konštantín a Metod • pápež Hadrián II. • Rím“
Stgl.: 2.900 Ex. € 45,00
PP: 5.900 Ex. € 50,00

LE-G51
300. Geb. von Adam František Kollár
2018, 10 EURO
Ag900, 18 g, Ø 34 mm
Ⓓ Zbyněk Fojtů
Rand: „• VZDELANEC • DVORSKÝ RADCA MÁRIE TERÉZIE“
Stgl.: 2.550 Ex. € 45,00
PP: 4.950 Ex. € 50,00

LE-G52
200 Jahre Dampfschifffahrt auf der Donau in Bratislava
2018, 10 EURO
Ag900, 18 g, Ø 34 mm
Ⓓ Zbyněk Fojtů
Rand: „– VIEDEŇ – BRATISLAVA – BUDAPEŠŤ“
Stgl.: 2.750 Ex. € 40,00
PP: 5.650 Ex. € 55,00

LE-G53
150. Geb. von Dušan Samuel Jurkovič
2018, 10 EURO
Ag900, 18 g, Ø 34 mm
Ⓓ Karol Ličko
Rand: „OSOBNOSŤ SLOVENSKEJ ARCHITEKTÚRY“
Stgl.: 2.550 Ex. € 46,00
PP: 5.050 Ex. € 55,00

LE-G54
Spontaner und friedlicher Widerstand der Bevölkerung gegen die Invasion der Truppen des Warschauer Pakts im August 1968
2018, 10 EURO
Ag900, 18 g, Ø 34 mm
Ⓓ Patrik Kovačovský
Rand: „• 21. AUGUST 1968“
Stgl.: 2.850 Ex. € 80,00
PP: 6.650 Ex. € 100,00

LE-G55
100. Jahrestag der Gründung der Tschechoslowakischen Republik
2018, 10 EURO
Ag900, 18 g, Ø 34 mm
Ⓓ Zbyněk Fojtů
Rand: Lindenblätter
Stgl.: 3.250 Ex. € 55,00
PP: 7.550 Ex. € 110,00

LE-G56
400. Jahrestag der Krönung von Ferdinand II.
2018, 100 EURO
Au900 Ag75, 9,5 g, Ø 26 mm
Ⓓ Karol Ličko
PP: 4.250 Ex. € 750,00

LE-G57

LE-G58

LE-G59

LE-G60

LE-G61

LE-G62

LE-G63

LE-G64

LE-G57
10. Jahrestag der Euro-Bargeld-Einführung in der Slowakei
2019, 10 EURO
Ag900, 18 g, Ø 34 mm
Ⓓ Zbyněk Fojtů
Rand: Sterne

Stgl.:	3.300 Ex.	€ 40,00
PP:	7.300 Ex.	€ 55,00

LE-G58
100. Todestag von Milan Rastislav Stefanik
2019, 2 EURO
Ⓓ Luc Luycx und Peter Valach

Stgl.:	994.000 Ex.	€ 6,50
Coin card:	4.000 Ex.	€ 35,00
PP:	2.000 Ex.*	€ 800,00

** kamen nicht in den öffentl. Verkauf*

LE-G59
100. Todestag von Milan Rastislav Stefanik
2019, 10 EURO
Ag900, 18 g, Ø 34 mm
Ⓓ Mária Poldaufová und Ivan Řehák
Rand: „VÝZNAMNÁ OSOBNOSŤ SLOVENSKÉHO NÁRODA“

Stgl.:	3.650 Ex.	€ 60,00
PP:	10.000 Ex.	€ 65,00

LE-G60
100. Jahrestag der Gründung der Comenius-Universität in Bratislava
2019, 10 EURO
Ag900, 18 g, Ø 34 mm
Ⓓ Patrik Kovačovský
Rand: „• IN UNUM VERTERE • IN UNUM VERTERE“

Stgl.:	3.100 Ex.	€ 44,00
PP:	7.300 Ex.	€ 55,00

LE-G61
150. Geburtstag von Michal Bosák
2019, 10 EURO
Ag900, 18 g, Ø 34 mm
Ⓓ Roman Lugár
Rand:

Stgl.:	3.000 Ex.	€ 47,00
PP:	6.150 Ex.	€ 52,00

LE-G62
200. Jahrestag der Ernennung von Alexander Rudnay zum Erzbischof von Esztergom
2019, 10 EURO
Ag900, 18 g, Ø 34 mm
Ⓓ Peter Valach
Rand:

Stgl.:	3.000 Ex.	€ 43,00
PP:	6.600 Ex.	€ 53,00

LE-G63
Mojmir I., Herrscher von Großmähren
2019, 100 EURO
Au900 Ag75, 9,5 g, Ø 26 mm
Ⓓ Miroslav Schovanec

PP:	4.100 Ex.	€ 750,00

LE-G64
100. Jahrestag der Eröffnung des Nationaltheaters
2020, 10 EURO
Ag900, 18 g, Ø 34 mm
Ⓓ Peter Valach
Rand: „SLOVENSKÉ NÁRODNÉ DIVADLO 1920–2020“

Stgl.:	3.100 Ex.	€ 41,00
PP:	8.200 Ex.	€ 51,00

LE-G65

LE-G69

LE-G66

LE-G70

LE-G67

LE-G71

LE-G68

LE-G72

LE-G65
200. Geburtstag von Andrej Sládkovič
2020, 10 EURO
Ag900, 18 g, Ø 34 mm
Ⓓ Karol Ličko
Rand: „KTO LÁSKE A KRÁSE ŽIJE, VEČNE ZOSTANE MLADÝ"

Stgl.:	2.800 Ex.	€ 41,00
PP:	6.350 Ex.	€ 52,00

LE-G66
200. Geburtstag von Maximilian Hell
2020, 10 EURO
Ag900, 18 g, Ø 34 mm
Ⓓ Karol Ličko
Rand: „PRIEKOPNÍK MODERNEJ ASTRONOMICKEJ VEDY"

Stgl.:	2.800 Ex.	€ 43,00
PP:	6.500 Ex.	€ 50,00

LE-G67
Poľana-Gebirge
2020, 20 EURO
Ag925, 33,63 g, Ø 40 mm
Ⓓ Mária Poldaufová
Rand: „OCHRANA PRÍRODY A KRAJINY"

Stgl.:	3.000 Ex.	€ 90,00
PP:	6.750 Ex.	€ 110,00

LE-G68
150. Geburtstag von Štefan Banič
2020, 10 EURO
Ag900, 18 g, Ø 34 mm
Ⓓ Peter Valach

Stgl.:	2.750 Ex.	€ 49,00
PP:	6.250 Ex.	€ 60,00

LE-G69
20. Jahrestag des Beitritts zur OECD
2020, 2 EURO
Ⓓ Peter Valach

Stgl.:	997.000 Ex.	€ 5,50
PP:	3.000 Ex.	€ 19,00

LE-G70
Svatopluk II
2020, 100 EURO
Au900 Ag75, 9,5 g, Ø 26 mm
Ⓓ Roman Lugár

PP:	3.900 Ex.	€ 1.100,00

LE-G71
UNESCO Immaterielles Kulturerbe in der Slowakei: Die Fujara und ihre Musik
2021, 100 EURO
Au900 Ag75, 9,5 g, Ø 26 mm

PP:	€ –,–

LE-G72
100. Jahrestag der Geburt von Janko Matúška
2021, 10 EURO
Ag900, 18 g, Ø 34 mm
Ⓓ Peter Valach

Stgl.:	2.800 Ex.	€ 48,00
PP:	6.250 Ex.	€ 60,00

LE-G73

LE-G77

LE-G74

LE-G78

LE-G75

LE-G79

LE-G76

LE-G80

LE-G73
100. Jahrestag des Slowakischen Lehrerchors
2021, 10 EURO
Ag900, 18 g, Ø 34 mm
Ⓓ Zbyněk Fojtů

Stgl.:	2.800 Ex.	€ 49,00
PP:	6.500 Ex.	€ 60,00

LE-G74
100-jähriges Jubiläum des unterirdischen Wasserkraftwerks in Kremnica
2021, 10 EURO
Ag900, 18 g, Ø 34 mm
Ⓓ Štefan Novotný

Stgl.:	2.600 Ex.	€ 55,00
PP:	6.200 Ex.	€ 60,00

LE-G75
100. Jahrestag der Entdeckung der Freiheitshöhle von Demänovská
2021, 20 EURO
Ag925, 33,63 g, Ø 40 mm
Ⓓ Mária Poldaufová

Stgl.:	2.700 Ex.	€ 85,00
PP:	6.450 Ex.	€ 95,00

LE-G76
50. Jahrestag der ersten erfolgreichen Besteigung eines Achttausenders (Nanga Parbat) durch slowakische Bergsteiger
2021, 10 EURO
Ag900, 18 g, Ø 34 mm
Ⓓ Mária Poldaufová

Stgl.:	2.600 Ex.	€ 55,00
PP:	6.500 Ex.	€ 65,00

LE-G77
Westliche Honigbiene | Slowakei 2021
2021, 5 EURO
CuZn, 19,1 g, Ø 34 mm
Ⓓ Karol Ličko

Stgl.:	45.000 Ex.	€ 16,00

LE-G78
Wolf
2021, 5 EURO
CuZn, 19,1 g, Ø 34 mm

Stgl.:		€ –,–

LE-G79
100. Jahrestag der Geburt von Alexander Dubček
2021, 2 EURO
Ⓓ Branislav Ronai

Stgl.:		€ –,–
PP:		€ –,–

LE-G80
100. Jahrestag der Geburt von Alexander Dubček
2021, 10 EURO
Ag900, 18 g, Ø 34 mm
Ⓓ Martin Sabol und Štefan Novotný

Stgl.:		€ –,–
PP:		€ –,–

Vorschau 2022

2 EURO
- 300. Jahrestag des Baus der ersten atmosphärischen Dampfmaschine in Kontinentaleuropa
- 35 Jahre Erasmus-Programm (Gemeinschaftsausgabe)

10 EURO
- 200. Geburtstag von Janko Kráľ
- 150. Geburtstag von Ľudmila Podjavorinská
- 1100. Jahrestag der ersten Prägung der Ein-Kronen-Münze
- 650. Jahrestag der Verleihung des Status einer königlichen Stadt in Skalica
- 220. Jahrestag des Beginns der slowakischen Auswanderung nach Kovačica

20 EURO
- Kysuce-Schutzgebiet

100 EURO
- Bratislava Krönungen – 450. Jahrestag der Krönung von Rudolf

Vorschau 2023

2 EURO
- 200. Jahrestag des regulären Starts der Pferdeschnellpost Wien – Bratislava
- 100. Jahrestag der ersten Bluttransfusion in der Slowakei

20 EURO
- Landschaftsschutzgebiet Vihorlat

Vorschau 2024

2 EURO
- 100. Jahrestag des Internationalen Marathonlaufs in Košice

Vorschau 2025

2 EURO
- 100. Jahrestag des ersten internationalen Sportturniers in der Slowakei

20 EURO
- Landschaftsschutzgebiet Dunajské luhy

SLOWENIEN

Bildquelle: Government Public Relations and Media Office

Republik

Fläche: 20.273 km²

Hauptstadt: Ljubljana

Einwohnerzahl: 2,08 Mio.

Beitrittsjahr zur EU: 2004

Bisherige Währung: Tolar

Bildmotiv: Tromostovje (Dreierbrücke), Ljubljana

LH-K1	1 Cent	
Jahr	Auflage	Stgl.
2007	44.700.000	1,10
2008	nur aus Sätzen	4,90
2009	13.000.000	1,20
2010	nur aus Sätzen	6,00
2011	nur aus Sätzen	12,50
2012	nur aus Sätzen	9,00
2013	nur aus Sätzen	5,00
2014	nur aus Sätzen	4,70
2015	25.000.000	4,50
2016	25.000.000	1,00
2017	nur aus Sätzen	7,50
2018	16.000.000	4,50
2019	38.000.000	1,80
2020		3,70

LH-K3	5 Cent	
Jahr	Auflage	Stgl.
2007	43.800.000	1,10
2008	nur aus Sätzen	4,00
2009	nur aus Sätzen	6,00
2010	nur aus Sätzen	5,50
2011	nur aus Sätzen	11,50
2012	nur aus Sätzen	9,00
2013	nur aus Sätzen	5,00
2014	nur aus Sätzen	4,60
2015	nur aus Sätzen	4,50
2016	nur aus Sätzen	7,00
2017	nur aus Sätzen	4,70
2018	nur aus Sätzen	4,50
2019	17.000.000	1,80
2020		5,00

LH-K2	2 Cent	
Jahr	Auflage	Stgl.
2007	44.250.000	1,10
2008	nur aus Sätzen	3,80
2009	12.400.000	1,20
2010	nur aus Sätzen	5,50
2011	nur aus Sätzen	12,00
2012	nur aus Sätzen	9,00
2013	nur aus Sätzen	4,80
2014	nur aus Sätzen	4,70
2015	nur aus Sätzen	4,60
2016	nur aus Sätzen	4,60
2017	nur aus Sätzen	4,80
2018	6.000.000	4,50
2019	22.000.000	1,80
2020		3,70

LH-K4	10 Cent	
Jahr	Auflage	Stgl.
2007	42.700.000	1,40
2008	nur aus Sätzen	3,80
2009	nur aus Sätzen	4,50
2010	nur aus Sätzen	4,50
2011	nur aus Sätzen	9,00
2012	nur aus Sätzen	9,00
2013	nur aus Sätzen	5,00
2014	nur aus Sätzen	4,60
2015	nur aus Sätzen	4,70
2016	nur aus Sätzen	4,80
2017	nur aus Sätzen	4,90
2018	3.000.000	4,50
2019	22.000.000	1,70
2020		5,00

LH-K5	20 Cent	
Jahr	**Auflage**	**Stgl.**
2007	37.250.000	1,60
2008	nur aus Sätzen	4,30
2009	nur aus Sätzen	3,80
2010	nur aus Sätzen	3,80
2011	nur aus Sätzen	5,00
2012	nur aus Sätzen	4,80
2013	nur aus Sätzen	4,50
2014	nur aus Sätzen	4,50
2015	nur aus Sätzen	4,50
2016	nur aus Sätzen	7,50
2017	nur aus Sätzen	4,50
2018	nur aus Sätzen	4,90
2019	8.000.000	2,00
2020		5,00

LH-K7	1 Euro	
Jahr	**Auflage**	**Stgl.**
2007	29.750.000	4,00
2008	nur aus Sätzen	8,50
2009	nur aus Sätzen	8,50
2010	nur aus Sätzen	8,00
2011	nur aus Sätzen	16,00
2012	nur aus Sätzen	15,00
2013	nur aus Sätzen	10,00
2014	nur aus Sätzen	9,50
2015	nur aus Sätzen	9,00
2016	nur aus Sätzen	10,50
2017	nur aus Sätzen	11,00
2018	nur aus Sätzen	9,50
2019	nur aus Sätzen	8,50
2020		14,00

LH-K6	50 Cent	
Jahr	**Auflage**	**Stgl.**
2007	32.400.000	2,50
2008	nur aus Sätzen	4,90
2009	nur aus Sätzen	4,50
2010	nur aus Sätzen	3,90
2011	nur aus Sätzen	5,00
2012	nur aus Sätzen	4,80
2013	nur aus Sätzen	5,50
2014	nur aus Sätzen	4,50
2015	nur aus Sätzen	4,50
2016	nur aus Sätzen	4,50
2017	nur aus Sätzen	4,50
2018	nur aus Sätzen	4,90
2019	nur aus Sätzen	3,70
2020		5,50

LH-K8	2 Euro	
Jahr	**Auflage**	**Stgl.**
2007	21.350.000	7,00
2008	nur aus Sätzen	37,00
2009	nur aus Sätzen	49,00
2010	nur aus Sätzen	41,00
2011	nur aus Sätzen	100,00
2012	nur aus Sätzen	44,00
2013	nur aus Sätzen	40,00
2014	nur aus Sätzen	40,00
2015	nur aus Sätzen	45,00
2016	nur aus Sätzen	45,00
2017	nur aus Sätzen	45,00
2018	nur aus Sätzen	46,00
2019	nur aus Sätzen	51,00
2020		33,00

Inhalt des Starterpäckchens:

1 Cent (8x), 2 Cent (7x), 5 Cent (6x), 10 Cent (6x), 20 Cent (7x), 50 Cent (4x), 1 Euro (4x), 2 Euro (2x).

Die Starterkits wurden ab dem 15. Dezember 2006 an Privathaushalte zu einem Gegenwert von 3000,00 SIT abgegeben. Die Beschriftung der Verpackung erfolgte in Slowenisch und einer der folgenden Sprachen: Englisch, Ungarisch oder Italienisch.

Jahr	Auflage	Stgl.
2007	450.000 Exemplare	€ 45,00

Inhalt der Original-Rollen:			
1 Cent	50 Exemplare	Nominal:	€ 0,50
2 Cent	50 Exemplare	Nominal:	€ 1,00
5 Cent	50 Exemplare	Nominal:	€ 2,50
10 Cent	40 Exemplare	Nominal:	€ 4,00
20 Cent	40 Exemplare	Nominal:	€ 8,00
50 Cent	40 Exemplare	Nominal:	€ 20,00
1 EURO	25 Exemplare	Nominal:	€ 25,00
2 EURO	25 Exemplare	Nominal:	€ 50,00

Kursmünzensätze	Jahr	Auflage	Stgl.
LH-AK1 2007	2007	100.000	35,00
LH-AK1 2008 (incl. LH-G2)	2008	148.000	40,00
LH-AK1 2009 (incl. LH-G11)	2009	100.000	50,00
LH-AK1 2010 (incl. LH-G16, LH-G19)	2010	70.000	55,00
LH-AK1 2011 (incl. LH-G20, LH-G21)	2011	15.000	135,00
LH-AK1 2012 (incl. LH-G26, LH-G29)	2012	15.000	84,00
LH-AK1 2013 (incl. LH-G32, LH-G33)	2013	15.000	63,00
LH-AK1 2014 (incl. LH-G36, LH-G37)	2014	15.000	71,00
LH-AK1 2015 (incl. LH-G40, LH-G41)	2015	13.500	50,00
LH-AK1 2016 (incl. LH-G45, LH-G48)	2016	10.500	68,00
LH-AK1 2017 (incl. LH-G49, LH-G50)	2017	8.000	110,00
LH-AK1 2018 (incl. LH-G53, LH-G54)	2018	8.000	68,00
LH-AK1 2019 (incl. LH-G53, LH-G54)	2019	8.000	63,00
LH-AK1 2020 (incl. LH-G61, LH-G62)	2020	7.000	55,00
LH-AK1 2021	2021	6.000	–,–

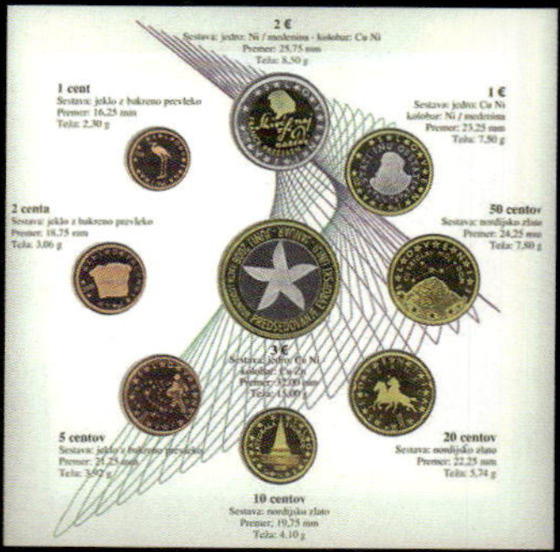

Kursmünzensätze	Jahr	Auflage	PP
LH-AK2 2008 (incl. LH-G2)	2008	2.000	320,00
LH-AK2 2010 (incl. LH-G16, LH-G19)	2010	5.000	100,00
LH-AK2 2011 (incl. LH-G20, LH-G21)	2011	2.000	220,00
LH-AK2 2012 (incl. LH-G26, LH-G29)	2012	2.000	150,00
LH-AK2 2013 (incl. LH-G32, LH-G33)	2013	2.000	125,00
LH-AK2 2014 (incl. LH-G36, LH-G37)	2014	1.500	100,00
LH-AK2 2015 (incl. LH-G40, LH-G41)	2015	1.500	94,00
LH-AK2 2016 (incl. LH-G45, LH-G48)	2016	1.500	115,00
LH-AK2 2017 (incl. LH-G49, LH-G50)	2017	1.000	115,00
LH-AK2 2018 (incl. LH-G53, LH-G54)	2018	750	150,00
LH-AK2 2019 (incl. LH-G53, LH-G54)	2019	750	160,00
LH-AK2 2020 (incl. LH-G61, LH-G62)	2020	500	280,00
LH-AK2 2021	2021	500	–,–

LH-G1

LH-G2

LH-G3

LH-G4

LH-G5

LH-G6

LH-G7

LH-G8

LH-G1
50 Jahre Römische Verträge
2007, 2 EURO
Ⓓ Luc Luycx und Helmut Andexlinger
Stgl.: 399.010 Ex.* € 40,00
*sowie 990 Ex. in Acrylwürfeln

LH-G2
EU-Ratspräsidentschaft
2008, 3 EURO
Cu/CuNi, 15 g, Ø 32 mm
Ⓓ Gorazd Učakar
Stgl.: 346.000 Ex.** € 15,00
Coin card: 1.000 Ex. € 100,00
PP: 2.000 Ex.*** € 310,00
** sowie im Kursmünzensatz LH-AK1
*** sowie im Kursmünzensatz LH-AK2 und 1.000 Ex. in Acrylwürfeln

LH-G3
EU-Ratspräsidentschaft
2008, 30 EURO
Ag925, 15 g, Ø 32 mm
Ⓓ Gorazd Učakar
PP: 8.000 Ex. € 300,00

LH-G4
EU-Ratspräsidentschaft
2008, 100 EURO
Au900, 7 g, Ø 24 mm
Ⓓ Gorazd Učakar
PP: 5.000 Ex. € 975,00

LH-G5
250. Geburtstag von Valentin Vodnik
2008, 30 EURO
Ag925, 15 g, Ø 32 mm
Ⓓ Maja Licul und Miljenko Licul
PP: 8.000 Ex. € 250,00

LH-G6
250. Geburtstag von Valentin Vodnik
2008, 100 EURO
Au900, 7 g, Ø 24 mm
Ⓓ Maja Licul und Miljenko Licul
PP: 5.000 Ex. € 785,00

LH-G7
500. Geburtstag von Primož Trubar
2008, 2 EURO
Ⓓ Luc Luycx, Maja Licul, Miljenko Licul
Stgl.: 950.000 Ex. € 6,50
Coin card: 10.000 Ex. € 28,00
PP: 40.000 Ex. € 15,00

LH-G8
10 Jahre Wirtschafts- und Währungsunion
2009, 2 EURO
Ⓓ Luc Luycx u. Georgios Stamatopoulos
Stgl.: 1.000.000 Ex. € 7,00

LH-G9

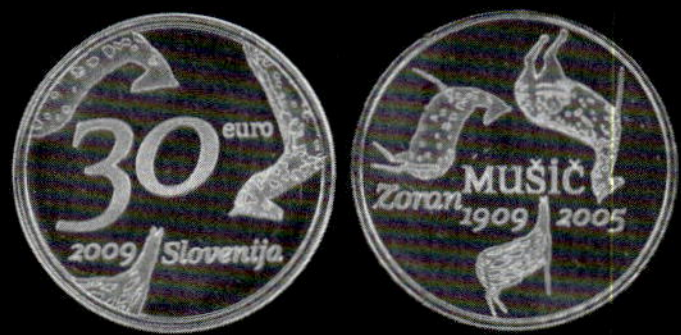

LH-G10

LH-G11

LH-G12

LH-G13

LH-G14

LH-G15

LH-G16

LH-G9

100. Geburtstag von Zoran Mušič
2009, 30 EURO
Ag925, 15 g, Ø 32 mm
Ⓓ Domen Fras und Maja B. Jančič
PP: 8.000 Ex. € 100,00

LH-G10

100. Geburtstag von Zoran Mušič
2009, 100 EURO
Au900, 7 g, Ø 24 mm
Ⓓ Domen Fras und Maja B. Jančič
PP: 6.000 Ex. € 550,00

LH-G11

100. Jahrestag des ersten Motorfluges in Slowenien
2009, 3 EURO
Cu/CuNi, 15 g, Ø 32 mm
Ⓓ Gorazd Učakar
Stgl.: 200.000 Ex. € 9,00

LH-G12

100. Jahrestag des ersten Motorfluges in Slowenien
2009, 30 EURO
Ag925, 15 g, Ø 32 mm
Ⓓ Gorazd Učakar
PP: 8.000 Ex. € 100,00

LH-G13

100. Jahrestag des ersten Motorfluges in Slowenien
2009, 100 EURO
Au900, 7 g, Ø 24 mm
Ⓓ Gorazd Učakar
PP: 6.000 Ex. € 550,00

LH-G14

Skiflug-WM, Planica
2010, 30 EURO
Ag925, 15 g,Ø 32 mm
Ⓓ Gorazd Učakar
PP: 7.000 Ex. € 90,00

LH-G15

Skiflug-WM, Planica
2010, 100 EURO
Au900, 7 g, Ø 24 mm
Ⓓ Gorazd Učakar
PP: 5.000 Ex. € 750,00

LH-G16

Ljubljana, UNESCO-Welthauptstadt des Buches 2010
2010, 3 EURO
Cu/CuNi, 15 g, Ø 32 mm
Ⓓ Matija Marinko
Stgl.: 215.000 Ex.* € 8,00
PP: 5.000 Ex.* € 25,00
Coin card: 5.000 Ex. € 30,00
* sowie im Kursmünzensatz LH-AK1/2

LH-G17

LH-G21

LH-G18

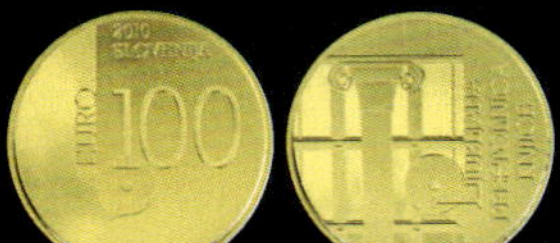

LH-G22

LH-G19

LH-G23

LH-G20

LH-G24

LH-G17
Ljubljana, UNESCO-Welthauptstadt des Buches 2010
2010, 30 EURO
Ag925, 15 g, Ø 32 mm
Ⓓ Matija Marinko

PP:	6.000 Ex.	€ 120,00

LH-G18
Ljubljana, UNESCO-Welthauptstadt des Buches 2010
2010, 100 EURO
Au900, 7 g, Ø 24 mm
Ⓓ Matija Marinko

PP:	4.000 Ex.	€ 550,00

LH-G19
200 Jahre Botanischer Garten Ljubljana
2010, 2 EURO
Ⓓ Luc Luycx und Gorazd Učakar

Stgl.:	910.000 Ex.*	€ 6,50
PP:	10.000 Ex.*	€ 18,50
Coin card:	5.000 Ex.	€ 30,00

* sowie im Kursmünzensatz LH-AK1/2

LH-G20
100. Geburtstag von Franc Rozman-Stane
2011, 2 EURO
Ⓓ Luc Luycx und Edi Berk

Stgl.:	971.000 Ex.*	€ 6,50
PP:	10.000 Ex.*	€ 21,00
Coin card:	2.000 Ex.	€ 170,00

* sowie im Kursmünzensatz LH-AK1/2

LH-G21
20. Jahrestag der Unabhängigkeit
2011, 3 EURO
Cu/CuNi, 15 g, Ø 32 mm
Ⓓ Domen Fras

Stgl.:	274.000 Ex.*	€ 8,00
PP:	5.000 Ex.*	€ 27,50
Coin card:	4.000 Ex.	€ 32,50

* sowie im Kursmünzensatz LH-AK1/2

LH-G22
20. Jahrestag der Unabhängigkeit
2011, 30 EURO
Ag925, 15 g, Ø 32 mm
Ⓓ Domen Fras

PP:	3.500 Ex.	€ 105,00

LH-G23
20. Jahrestag der Unabhängigkeit
2011, 100 EURO
Au900, 7 g, Ø 24 mm
Ⓓ Domen Fras

PP:	2.500 Ex.	€ 600,00

LH-G24
Ruder-WM, Bled
2011, 30 EURO
Ag925, 15 g, Ø 32 mm
Ⓓ Robert Žvokelj

PP:	3.500 Ex.	€ 95,00

LH-G25

LH-G29

LH-G26

LH-G30

LH-G27

LH-G31

LH-G28

LH-G32

LH-G25
Ruder-WM, Bled
2011, 100 EURO
Au900, 7 g, Ø 24 mm
Ⓓ Robert Žvokelj

PP:	2.500 Ex.	€ 535,00

LH-G26
10. Jahrestag der Einführung der Euro-Münzen und -Banknoten
2012, 2 EURO
Ⓓ Luc Luycx und Helmut Andexlinger

Stgl.:	971.000 Ex.*	€ 6,50
PP:	10.000 Ex.*	€ 20,00
Coin card:	2.000 Ex.	€ 85,00

* sowie im Kursmünzensatz LH-AK1/2

LH-G27
Maribor, Kulturhauptstadt Europas 2012
2012, 30 EURO
Ag925, 15 g, Ø 32 mm
Ⓓ Tomaž Plečko

PP:	3.500 Ex.	€ 85,00

LH-G28
Maribor, Kulturhauptstadt Europas 2012
2012, 100 EURO
Au900, 7 g, Ø 24 mm
Ⓓ Tomaž Plečko

PP:	2.500 Ex.	€ 580,00

LH-G29
100. Jahrestag der ersten Medaillengewinne slowenischer Teilnehmer bei Olympischen Spielen
2012, 3 EURO
Cu/CuNi, 15 g, Ø 32 mm
Ⓓ Milan Drobnak

Stgl.:	274.000 Ex.*	€ 9,00
PP:	5.000 Ex.*	€ 18,00
Coin card:	4.000 Ex.	€ 25,00

* sowie im Kursmünzensatz LH-AK1/2

LH-G30
100. Jahrestag der ersten Medaillengewinne slowenischer Teilnehmer bei Olympischen Spielen
2012, 30 EURO
Ag925, 15 g, Ø 32 mm
Ⓓ Milan Drobnak

PP:	3.500 Ex.	€ 95,00

LH-G31
100. Jahrestag der ersten Medaillengewinne slowenischer Teilnehmer bei Olympischen Spielen
2012, 100 EURO
Au900, 7 g, Ø 24 mm
Ⓓ Milan Drobnak

PP:	2.500 Ex.	€ 680,00

LH-G32
800. Jahrestag der Entdeckung der Adelsberger Grotte bei Postojna
2013, 2 EURO
Ⓓ Luc Luycx und Matevž Zalar

Stgl.:	975.000 Ex.*	€ 7,00
PP:	8.000 Ex.*	€ 25,00

* sowie im Kursmünzensatz LH-AK1/2

LH-G33

LH-G37

LH-G34

LH-G38

LH-G35

LH-G39

LH-G36

LH-G40

LH-G33
300. Jahrestag des Bauernaufstandes von Tolmin
2013, 3 EURO
Cu/CuNi, 15 g, Ø 32 mm
Ⓓ Jernej Kejžar

Stgl.:	178.000 Ex.*	€ 7,50
PP:	5.000 Ex.*	€ 18,00

* sowie im Kursmünzensatz LH-AK1/2

LH-G34
300. Jahrestag des Bauernaufstandes von Tolmin
2013, 30 EURO
Ag925, 15 g, Ø 32 mm
Ⓓ Jernej Kejžar

PP:	2.000 Ex.	€ 125,00

LH-G35
300. Jahrestag des Bauernaufstandes von Tolmin
2013, 100 EURO
Au900, 7 g, Ø 24 mm
Ⓓ Jernej Kejžar

PP:	1.500 Ex.	€ 620,00

LH-G36
600. Jahrestag der Krönung von Barbara von Cilli zur dt. Königin
2014, 2 EURO
Ⓓ Luc Luycx und Boštjan Botas Kenda

Stgl.:	978.500 Ex.*	€ 5,50
PP:	5.000 Ex.*	€ 26,00

* sowie im Kursmünzensatz LH-AK1/2

LH-G37
200. Geburtstag von Janez Puhar
2014, 3 EURO
Cu/CuNi, 15 g, Ø 32 mm
Ⓓ Maja Vodlan

Stgl.:	130.000 Ex.*	€ 9,00
PP:	3.500 Ex.*	€ 20,00

* sowie im Kursmünzensatz LH-AK1/2

LH-G38
200. Geburtstag von Janez Puhar
2014, 30 EURO
Ag925, 15 g, Ø 32 mm
Ⓓ Maja Vodlan

PP:	2.000 Ex.	€ 95,00

LH-G39
200. Geburtstag von Janez Puhar
2014, 100 EURO
Au900, 7 g, Ø 24 mm
Ⓓ Maja Vodlan

PP:	1.500 Ex.	€ 640,00

LH-G40
2000. Jahrestages der Errichtung des antiken Emona
2015, 2 EURO
Ⓓ Luc Luycx und Matej Ramšak

Stgl.:	980.000 Ex.*	€ 5,50
PP:	5.000 Ex.*	€ 28,00

* sowie im Kursmünzensatz LH-AK1/2

LH-G41

LH-G45

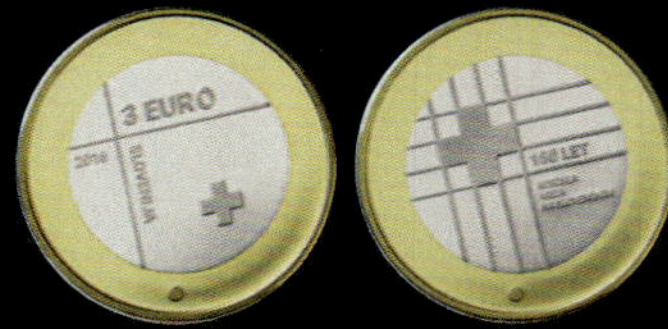

LH-G42

LH-G46

LH-G43

LH-G47

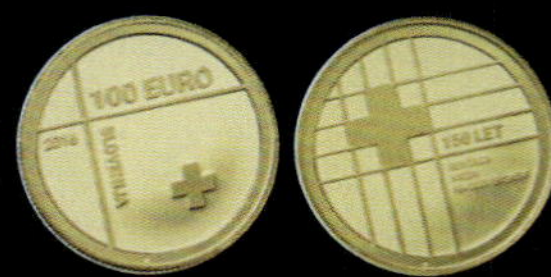

LH-G44

LH-G48

LH-G41
500. Jahrestag des ersten in slowenischer Sprache gedruckten Textes
2015, 3 EURO
Cu/CuNi, 15 g, Ø 32 mm
Ⓓ Edi Berk

Stgl.:	120.000 Ex.*	€ 9,00
PP:	3.000 Ex.*	€ 21,00

* sowie im Kursmünzensatz LH-AK1/2

LH-G42
500. Jahrestag des ersten in slowenischer Sprache gedruckten Textes
2015, 30 EURO
Ag925, 15 g, Ø 32 mm
Ⓓ Edi Berk

PP:	2.500 Ex.	€ 95,00

LH-G43
500. Jahrestag des ersten in slowenischer Sprache gedruckten Textes
2015, 100 EURO
Au900, 7 g, Ø 24 mm
Ⓓ Edi Berk

PP:	1.500 Ex.	€ 600,00

LH-G44
30 Jahre Flagge der Europäischen Union
2015, 2 EURO
Ⓓ Luc Luycx u. Georgios Stamatopoulos

Stgl.:	1.000.000 Ex.	€ 6,00

LH-G45
150 Jahre Slowenisches Rotes Kreuz
2016, 3 EURO
Cu/CuNi, 15 g, Ø 32 mm
Ⓓ Gregor Ivanušič

Stgl.:	100.000 Ex.*	€ 8,00
PP:	2.500 Ex.*	€ 25,00

* sowie im Kursmünzensatz LH-AK1/2

LH-G46
150 Jahre Slowenisches Rotes Kreuz
2016, 30 EURO
Ag925, 15 g, Ø 32 mm
Ⓓ Gregor Ivanušič

PP:	2.000 Ex.	€ 80,00

LH-G47
150 Jahre Slowenisches Rotes Kreuz
2016, 100 EURO
Au900, 7 g, Ø 24 mm
Ⓓ Gregor Ivanušič

PP:	1.000 Ex.	€ 600,00

LH-G48
25. Jahrestag der Unabhängigkeit Sloweniens
2016, 2 EURO
Ⓓ Luc Luycx und Jernej Kejžar

Stgl.:	984.500 Ex.*	€ 5,50
PP:	3.500 Ex.*	€ 35,00

* sowie im Kursmünzensatz LH-AK1/2

LH-G49

LH-G50

LH-G51

LH-G52

LH-G53

LH-G54

LH-G55

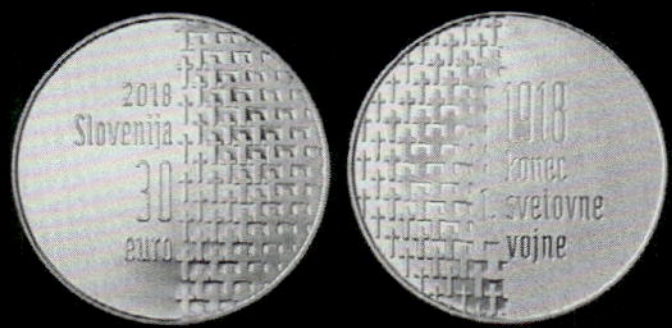

LH-G56

LH-G49
10. Jahrestag der EURO-Bargeld-einführung in Slowenien
2017, 2 EURO
Ⓓ Luc Luycx und Matej Ramšak

Stgl.:	988.500 Ex.*	€ 6,50
PP:	2.500 Ex.*	€ 35,00

* sowie im Kursmünzensatz LH-AK1/2

LH-G50
100. Jahrestag der Mai-Deklaration
2017, 3 EURO
Cu/CuNi, 15 g, Ø 32 mm
Ⓓ Ana Kompara

Stgl.:	80.000 Ex.*	€ 8,00
PP:	1.500 Ex.*	€ 25,00

* sowie im Kursmünzensatz LH-AK1/2

LH-G51
100. Jahrestag der Mai-Deklaration
2017, 30 EURO
Ag925, 15 g, Ø 32 mm
Ⓓ Ana Kompara

PP:	2.000 Ex.	€ 85,00

LH-G52
100. Jahrestag der Mai-Deklaration
2017, 100 EURO
Au900, 7 g, Ø 24 mm
Ⓓ Ana Kompara

PP:	1.000 Ex.	€ 645,00

LH-G53
Weltbienentag
2018, 2 EURO
Ⓓ Luc Luycx und Janez Bizjak

Stgl.:	989.250 Ex.*	€ 6,50
PP:	2.000 Ex.*	€ 150,00

* sowie im Kursmünzensatz LH-AK1/2

LH-G54
100. Jahrestag der Beendigung des Ersten Weltkrieges
2018, 3 EURO
Cu/CuNi, 15 g, Ø 32 mm
Ⓓ Robert Žvokelj

Stgl.:	60.000 Ex.	€ 8,00
PP:	1.500 Ex.*	€ 30,00

* sowie im Kursmünzensatz LH-AK1/2

LH-G55
100. Jahrestag der Beendigung des Ersten Weltkrieges
2018, 30 EURO
Ag925, 15 g, Ø 32 mm
Ⓓ Robert Žvokelj

PP:	1.500 Ex.	€ 100,00

LH-G56
100. Jahrestag der Beendigung des Ersten Weltkrieges
2018, 100 EURO
Au900, 7 g, Ø 24 mm
Ⓓ Robert Žvokelj

PP:	750 Ex.	€ 650,00

LH-G57

LH-G58

LH-G59

LH-G60

LH-G61

LH-G62

LH-G63

LH-G64

LH-G57
100. Jahrestag des Beitritts der Region Prekmurje
2019, 3 EURO
Cu/CuNi, 15 g, Ø 32 mm
Ⓓ Matej Ramšak

Stgl.:	50.000 Ex.	€ 13,00
PP:	1.000 Ex.*	€ 30,00

* sowie im Kursmünzensatz LH-AK1/2

LH-G58
100. Jahrestag des Beitritts der Region Prekmurje
2019, 30 EURO
Ag925, 15 g, Ø 32 mm
Ⓓ Matej Ramšak

PP:	1.500 Ex.	€ 100,00

LH-G59
100. Jahrestag des Beitritts der Region Prekmurje
2019, 100 EURO
Au900, 7 g, Ø 24 mm
Ⓓ Matej Ramšak

PP:	500 Ex.	€ 710,00

LH-G60
100. Jahrestag der Gründung der Universität von Ljubljana
2019, 2 EURO
Ⓓ Luc Luycx, Daniela Vidmar Podboj, Tomaz Podboj

Stgl.:	1.000.000 Ex.*	€ 5,00
PP:	2.000 Ex.*	€ 50,00

* sowie im Kursmünzensatz LH-AK1/2

LH-G61
500. Geburtstag von Adam Bohorič
2020, 2 EURO
Ⓓ Lana Semečnik

Stgl.:	990.500 Ex.	€ 5,50
PP:	2.000 Ex.	€ 60,00

LH-G62
30. Jahrestag der Abstimmung über die Soveränität und Unabhängigkeit
2020, 3 EURO
Cu/CuNi, 15 g, Ø 32 mm
Ⓓ Tevž Zrinski

Stgl.:	40.000 Ex.	€ 13,00
PP:	750 Ex.	€ 60,00

LH-G63
30. Jahrestag der Abstimmung über die Soveränität und Unabhängigkeit
2020, 30 EURO
Ag925, 15 g, Ø 32 mm
Ⓓ Tevž Zrinski

PP:	1.000 Ex.	€ 130,00

LH-G64
30. Jahrestag der Abstimmung über die Soveränität und Unabhängigkeit
2020, 100 EURO
Au900, 7 g, Ø 24 mm
Ⓓ Tevž Zrinski

PP:	500 Ex.	€ 1.300,00

LH-G65

LH-G66

LH-G67

LH-G68

LH-G69

LH-G70

LH-G71

LH-G65

30. Jahrestag der Eigenstaatlichkeit der Republik Slowenien
2021, 3 EURO
Cu/CuNi, 15 g, Ø 32 mm

Stgl.:	€ –,–
PP:	€ –,–

LH-G66

30. Jahrestag der Eigenstaatlichkeit der Republik Slowenien
2021, 30 EURO
Ag925, 15 g, Ø 32 mm

PP:	€ –,–

LH-G67

30. Jahrestag der Eigenstaatlichkeit der Republik Slowenien
2021, 100 EURO
Au900, 7 g, Ø 24 mm

PP:	€ –,–

LH-G68

300. Jahrestag der Škofjeloški-Pasijon
2021, 3 EURO
Cu/CuNi, 15 g, Ø 32 mm
Ⓓ Matej Štanta

Stgl.:	40.000 Ex.	€ 9,00
PP:	750 Ex.	€ 60,00

LH-G69

300. Jahrestag der Škofjeloški-Pasijon
2021, 30 EURO
Ag925, 15 g, Ø 32 mm
Ⓓ Matej Štanta

PP:	1.000 Ex.	€ 120,00

LH-G70

300. Jahrestag der Škofjeloški-Pasijon
2021, 100 EURO
Au900, 7 g, Ø 24 mm
Ⓓ Matej Štanta

PP:	500 Ex.	€ 1.100,00

LH-G71

200 Jahre Regionalmuseum Kranj
2021, 2 EURO
Ⓓ Lana Semečnik

Stgl.:	991.000 Ex.	€ –,–
PP:	2.500 Ex.	€ –,–

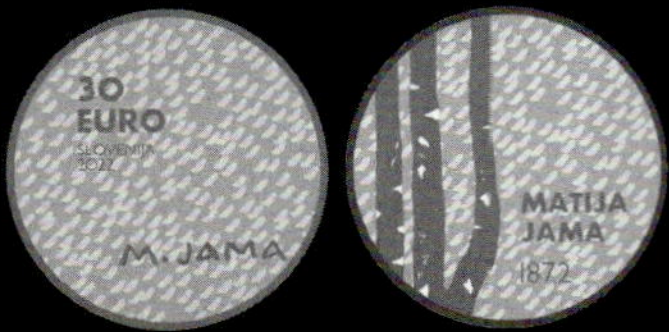

Vorschau 2022

- 35 Jahre Erasmus-Programm (2 EURO, Gemeinschaftsausgabe)
- 150. Geburtstag des Malers Matija Jama (3 EURO)
- 150. Geburtstag des Malers Matija Jama (30 EURO)
- 150. Geburtstag des Malers Matija Jama (100 EURO)
- 150. Geburtstag des Architekten Jože Plečnik (2 EURO)

SPANIEN

Bildquelle: TURESPAÑA

Königreich
Fläche: 505.970 km²
Hauptstadt: Madrid
Einwohnerzahl: 47,1 Mio.
Beitrittsjahr zur EU: 1986
Bisherige Währung: Spanische Peseta
Bildmotiv: Kirche Sagrada Familia in Barcelona

LV-K1.1 1 Cent		
Jahr	**Auflage**	**Stgl.**
1999	722.000.000	1,00
2000	81.100.000	3,00
2001	132.100.000	1,10
2002	141.200.000	1,20
2003	670.500.000	1,50
2004	206.700.000	1,00
2005	444.200.000	1,30
2006	383.900.000	1,00
2007	384.300.000	1,30
2008	374.700.000	1,20
2009	131.500.000	1,00

LV-K3.1 5 Cent		
Jahr	**Auflage**	**Stgl.**
1999	483.500.000	1,10
2000	399.900.000	1,50
2001	216.000.000	1,50
2002	8.300.000	4,50
2003	327.600.000	1,50
2004	258.700.000	1,00
2005	411.400.000	1,30
2006	143.200.000	1,00
2007	247.200.000	1,30
2008	239.200.000	1,30
2009	227.800.000	1,10

LV-K1.3 1 Cent (*neue Gestaltung)		
Jahr	**Auflage**	**Stgl.**
2010	227.400.000	1,00
2011	339.300.000	1,00
2012	400.600.000	1,00
2013	297.500.000	1,00
2014	65.000.000	1,00

LV-K3.3 5 Cent (*neue Gestaltung)		
Jahr	**Auflage**	**Stgl.**
2010	203.200.000	1,00
2011	97.200.000	1,00
2012	49.800.000	1,00
2013	9.800.000	3,00
2014	119.900.000	3,00

LV-K2.1 2 Cent		
Jahr	**Auflage**	**Stgl.**
1999	291.600.000	1,00
2000	711.700.000	1,50
2001	462.700.000	1,00
2002	4.200.000	5,50
2003	31.600.000	2,10
2004	206.600.000	1,00
2005	275.100.000	1,20
2006	262.000.000	1,00
2007	185.500.000	1,40
2008	192.400.000	1,30
2009	169.100.000	1,00

LV-K2.3 2 Cent (*neue Gestaltung)		
Jahr	**Auflage**	**Stgl.**
2010	153.200.000	1,00
2011	96.600.000	1,00
2012	99.600.000	1,00
2013	200.600.000	1,00
2014	19.400.000	1,00

LV-K4.1 10 Cent		
Jahr	**Auflage**	**Stgl.**
1999	588.000.000	1,40
2000	242.300.000	1,70
2001	161.700.000	1,70
2002	113.200.000	1,60
2003	292.500.000	3,00
2004	121.900.000	1,70
2005	321.400.000	1,50
2006	91.800.000	1,60

LV-K4.2 10 Cent (neue Europakarte)		
Jahr	**Auflage**	**Stgl.**
2007	132.700.000	1,60
2008	142.400.000	1,40
2009	151.400.000	1,30

LV-K4.3 10 Cent (*neue Gestaltung)		
Jahr	**Auflage**	**Stgl.**
2010	105.000.000	1,50
2011	4.500.000	3,00
2012	3.700.000	1,50
2013	3.300.000	1,40
2014	80.100.000	1,20

* Neue Gestaltung (ab 2010):
Die nationale Seite der Münzen wurde geringfügig geändert.

LV-K5.1 20 Cent		
Jahr	**Auflage**	**Stgl.**
1999	761.400.000	1,90
2000	30.200.000	6,00
2001	146.500.000	2,60
2002	91.600.000	2,40
2003	4.100.000	4,50
2004	3.900.000	4,50
2005	4.000.000	4,50
2006	104.900.000	2,40

LV-K7.1 1 Euro		
Jahr	**Auflage**	**Stgl.**
1999	100.200.000	7,00
2000	89.100.000	6,00
2001	259.300.000	6,50
2002	335.600.000	4,80
2003	297.400.000	4,90
2004	98.700.000	4,80
2005	77.800.000	6,00
2006	101.600.000	5,00

LV-K5.2 20 Cent (neue Europakarte)		
Jahr	**Auflage**	**Stgl.**
2007	46.400.000	2,00
2008	102.300.000	2,10
2009	77.500.000	1,70

LV-K7.2 1 Euro (neue Europakarte)		
Jahr	**Auflage**	**Stgl.**
2007	150.600.000	5,00
2008	154.500.000	7,00
2009	60.600.000	4,70

LV-K5.3 20 Cent (*neue Gestaltung)		
Jahr	**Auflage**	**Stgl.**
2010	4.000.000	4,50
2011	4.000.000	3,00
2012	26.200.000	1,80
2013	4.000.000	1,70
2014	29.600.000	1,70

LV-K7.3 1 Euro (*neue Gestaltung)		
Jahr	**Auflage**	**Stgl.**
2010	40.100.000	4,50
2011	100.500.000	4,50
2012	3.400.000	4,50
2013	4.000.000	4,50
2014	15.300.000	4,50

LV-K6.1 50 Cent		
Jahr	**Auflage**	**Stgl.**
1999	371.000.000	3,00
2000	519.700.000	3,90
2001	350.900.000	4,30
2002	9.900.000	15,00
2003	6.000.000	4,70
2004	4.400.000	4,50
2005	3.900.000	4,80
2006	4.000.000	3,60

LV-K8.1 2 Euro		
Jahr	**Auflage**	**Stgl.**
1999	60.500.000	19,50
2000	36.600.000	15,00
2001	140.100.000	12,00
2002	163.000.000	9,00
2003	45.500.000	9,00
2004	4.100.000	10,50
2005	4.000.000	15,00
2006	4.000.000	15,00

LV-K6.2 50 Cent (neue Europakarte)		
Jahr	**Auflage**	**Stgl.**
2007	4.000.000	3,60
2008	4.000.000	8,50
2009	4.000.000	3,10

LV-K8.2 2 Euro (neue Europakarte)		
Jahr	**Auflage**	**Stgl.**
2007	4.000.000	15,00
2008	19.500.000	15,00
2009	17.500.000	15,00

LV-K6.3 50 Cent (*neue Gestaltung)		
Jahr	**Auflage**	**Stgl.**
2010	4.000.000	3,30
2011	4.100.000	3,00
2012	4.000.000	3,00
2013	4.000.000	3,00
2014	3.800.000	2,60

LV-K8.3 2 Euro (*neue Gestaltung)		
Jahr	**Auflage**	**Stgl.**
2010	4.000.000	9,00
2011	4.000.000	9,00
2012	4.000.000	9,50
2013	4.000.000	9,00
2014	3.600.000	9,00

* Neue Gestaltung (ab 2010):
Die nationale Seite der Münzen wurde geringfügig geändert.

LV-K1.3 1 Cent		
Jahr	**Auflage**	**Stgl.**
2015	476.800.000	1,00
2016	437.900.000	1,00
2017	519.600.000	1,00
2018	317.900.000	1,00
2019	309.800.000	1,00
2020		1,00
2021		1,00

LV-K3.3 5 Cent		
Jahr	**Auflage**	**Stgl.**
2015	55.300.000	1,50
2016	310.200.000	1,00
2017	249.800.000	1,00
2018	222.000.000	1,00
2019	227.100.000	1,00
2020		1,00
2021		1,00

LV-K2.3 2 Cent		
Jahr	**Auflage**	**Stgl.**
2015	162.800.000	1,00
2016	230.100.000	1,00
2017	311.800.000	1,00
2018	233.100.000	1,00
2019	201.000.000	1,00
2020		1,00
2021		1,00

LV-K4.3 10 Cent		
Jahr	**Auflage**	**Stgl.**
2015	4.000.000	1,50
2016	77.200.000	1,30
2017	134.600.000	1,30
2018	71.100.000	1,30
2019	55.000.000	1,20
2020		1,00
2021		1,00

LV-K5.3 20 Cent		
Jahr	**Auflage**	**Stgl.**
2015	4.100.000	1,60
2016	79.100.000	1,70
2017	112.500.000	1,60
2018	119.500.000	1,60
2019	130.700.00	1,50
2020		1,50
2021		1,50

LV-K6.3 50 Cent		
Jahr	**Auflage**	**Stgl.**
2015	4.100.000	2,60
2016	72.800.000	2,30
2017	19.000.000	2,40
2018	19.500.000	2,70
2019	64.500.000	2,40
2020		2,30
2021		2,30

LV-K7.4 1 Euro		
Jahr	**Auflage**	**Stgl.**
2015	4.300.000	4,50
2016	111.100.000	4,50
2017	122.700.000	4,50
2018	107.200.000	4,80
2019	116.300.000	4,50
2020		4,50
2021		4,50

LV-K8.4 2 Euro		
Jahr	**Auflage**	**Stgl.**
2015	3.900.000	10,50
2016	4.700.000	10,50
2017	500.000	12,00
2018	300.000	12,00
2019	500.000	8,00
2020		8,00
2021		8,00

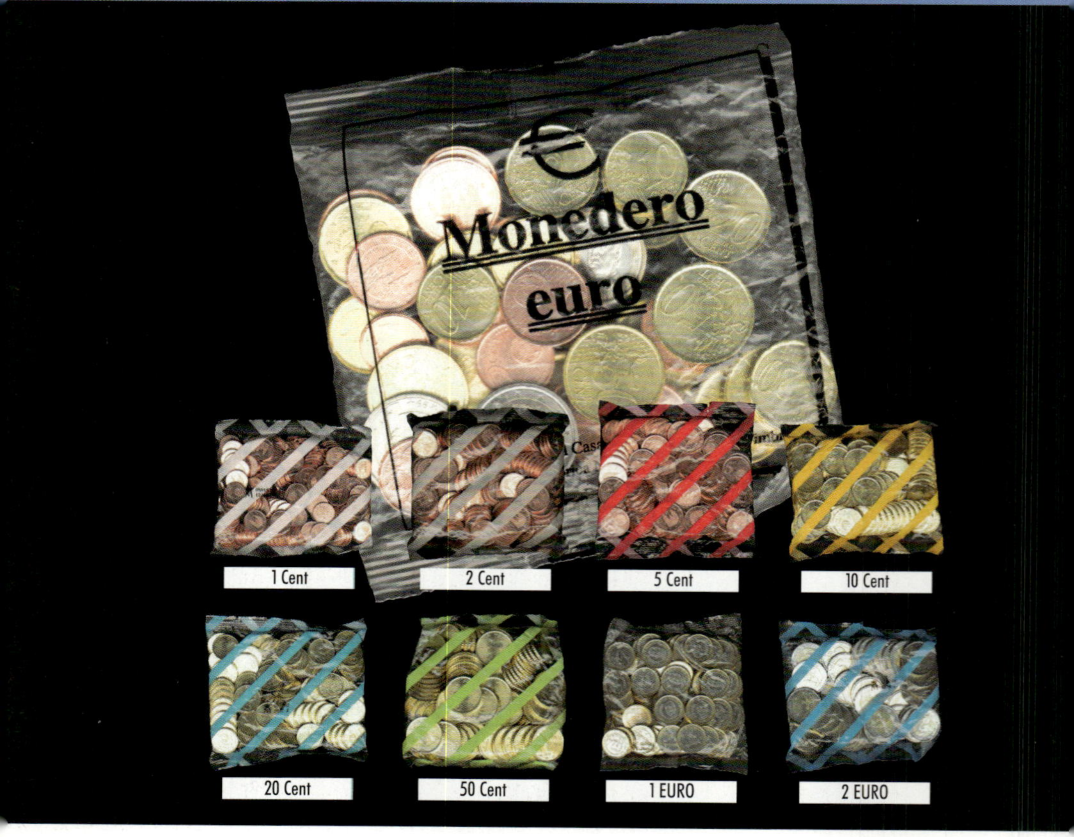

Inhalt des Starterpäckchens:

1 Cent (4x), 2 Cent (9x), 5 Cent (6x), 10 Cent (6x), 20 Cent (7x), 50 Cent (7x), 1 Euro (2x), 2 Euro (7x).

Die Starterkits wurden ab dem 15. Dezember 2001 an Privathaushalte zu einem Gegenwert von 2.000,00 ESP abgegeben.
Kursgültig seit dem 1. Januar 2002.

Jahr	Auflage	Stgl.
1999–2001	23.000.000 Exemplare	€ 40,00

Inhalt der Original-Pakete:

1 Cent	200 Exemplare	Nominal:	€ 2,00
2 Cent	200 Exemplare	Nominal:	€ 4,00
5 Cent	100 Exemplare	Nominal:	€ 5,00
10 Cent	100 Exemplare	Nominal:	€ 10,00
20 Cent	100 Exemplare	Nominal:	€ 20,00
50 Cent	100 Exemplare	Nominal:	€ 50,00
1 EURO	100 Exemplare	Nominal:	€ 100,00
2 EURO	50 Exemplare	Nominal:	€ 100,00

Kursmünzensätze	Jahr	Auflage	Stgl.
LV-AK1 1999	1999	49.030	34,00
LV-AK1 2000	2000	49.600	37,00
LV-AK1 2001	2001	49.426	38,00
LV-AK1 2002	2002	99.301	33,00
LV-AK1 2003	2003	149.306	19,00
LV-AK1 2004	2004	43.000	110,00
LV-AK1 2005 (incl. LV-G47)	2005	49.923	60,00
LV-AK1 2006/1 incl. Kolumbus-Medaille	2006	24.998	45,00
LV-AK1 2006/2 incl. EU-Beitritts-Medaille	2006	24.998	50,00
LV-AK1 2007 (incl. LV-G70)	2007	39.766	34,00
LV-AK1 2009 (incl. LV-G104)	2009	30.000	45,00
LV-AK1 2010 (incl. LV-G122)	2010	25.000	45,00
LV-AK1 2011 (incl. LV-G151)	2011	15.000	45,00
LV-AK1 2012 (incl. LV-G182, G183)	2012	13.500	68,00
LV-AK1 2013 (incl. LV-G233)	2013	11.500	43,00
LV-AK1 2014 (incl. LV-G254)	2014	12.000	41,00
LV-AK1 2015 (incl. LV-G284)	2015	19.225	50,00
LV-AK1 2016 (incl. LV-G309)	2016	9.648	50,00

Kursmünzensätze	Jahr	Auflage	Stgl.
LV-AK1 2017 (incl. LV-G328)	2017	8.300	41,00
LV-AK1 2018 (incl. LV-G347, G348)	2018	12.600	46,00
LV-AK1 2019 (incl. LV-G389)	2019	15.000	50,00
LV-AK1 2020	2020	15.000	50,00
LV-AK1 2021	2021	12.000	42,00

Kursmünzensätze	Jahr	Auflage	PP
LV-AK2 2002 (incl. LV-G1)	2002	23.000	110,00
LV-AK2 2003 (incl. LV-G15)	2003	8.904	145,00
LV-AK2 2005 (incl. LV-G47)	2005	3.000	220,00
LV-AK2 2007 (incl. LV-G70)	2007	1.800	1000,00
LV-AK2 2008	2008	2.000	135,00
LV-AK2 2009 (incl. LV-G104)	2009	2.500	160,00
LV-AK2 2010 (incl. LV-G122)	2010	3.000	115,00
LV-AK2 2011 (incl. LV-G151)	2011	1.800	250,00
LV-AK2 2012 (incl. LV-G182, G183)	2012	2.300	125,00
LV-AK2 2013 (incl. LV-G233)	2013	1.300	140,00
LV-AK2 2014 (incl. LV-G254)	2014	1.463	115,00
LV-AK2 2015 (incl. LV-G284)	2015	1.700	125,00
LV-AK2 2016 (incl. LV-G309)	2016	1.040	110,00
LV-AK2 2017 (incl. LV-G328)	2017	1.020	120,00
LV-AK2 2018 (incl. LV-G347, G348)	2018	1.200	120,00
LV-AK2 2019 (incl. LV-G389)	2019	1.500	300,00
LV-AK2 2020	2020	1.500	190,00
LV-AK2 2021	2021	1.500	100,00

Kursmünzensätze	Jahr	Auflage	Stgl.
Autonome Regionen			
LV-AK3 2008/I Andalusien	2008	19.780	75,00
LV-AK3 2008/II Aragonien	2008	19.780	75,00
LV-AK3 2009/I Kanarische Inseln (incl. LV-G104)	2009	20.000	75,00
LV-AK3 2009/II Kantabrien (incl. LV-G104)	2009	20.000	75,00
LV-AK3 2010/I Kastilien-León (incl. LV-G122)	2010	20.000	75,00
LV-AK3 2010/II Kastilien-La Mancha (incl. LV-G122)	2010	20.000	75,00
LV-AK3 2011/I Katalonien (incl. LV-G151)	2011	20.000	56,00
LV-AK3 2011/II Ceuta (incl. LV-G151)	2011	20.000	60,00
LV-AK3 2012/I Melilla (incl. LV-G182 und LV-G183)	2012	20.000	62,00
LV-AK3 2012/II Madrid (incl. LV-G182 und LV-G183)	2012	20.000	62,00

Kursmünzensätze	Jahr	Auflage	Stgl.
Autonome Regionen			
LV-AK3 2013/I Navarra (incl. LV-G233)	2013	20.000	60,00
LV-AK3 2013/II Valencia (incl. LV-G233)	2013	20.000	60,00
LV-AK3 2014/I Extremadura (incl. LV-G254)	2014	20.000	60,00
LV-AK3 2014/II Galicien (incl. LV-G254)	2014	20.000	60,00
LV-AK3 2015/I Balearische Inseln (incl. LV-G284)	2015	20.000	70,00
LV-AK3 2015/II La Rioja (incl. LV-G284)	2015	20.000	60,00
LV-AK3 2016/I Asturien (incl. LV-G309)	2016	20.000	60,00
LV-AK3 2016/II Baskenland (incl. LV-G309)	2016	20.000	60,00
LV-AK3 2016/III Murcia (incl. LV-G309)	2016	20.000	65,00

LV-G1

LV-G2

LV-G3

LV-G4

LV-G5

LV-G6

LV-G7

LV-G8

LV-G1
EU-Ratspräsidentschaft
2002, 12 EURO
Ag925, 18 g, Ø 33 mm
Ⓓ Manuel Martínez Tornero

Stgl.:	1.608.400 Ex. (Gesamtauflage)	€ 35,00
Folder:	51.930 Ex.	€ 40,00
PP:	nur aus Kursmünzensatz LV-AK2 2002	

LV-G2
EU-Ratspräsidentschaft
2002, 10 EURO
Ag925, 27 g, Ø 40 mm
Ⓓ Francisco Martínez Tornero,
Luis José Díaz Salas

PP:	30.000 Ex.	€ 90,00

LV-G3
Olympische Winterspiele 2002,
Salt Lake City
2002, 10 EURO
Ag925, 27 g, Ø 40 mm
Ⓓ Manuel Martínez Tornero

PP:	30.000 Ex.	€ 65,00

LV-G4
200. Jahrestag der Zugehörigkeit
von Menorca zu Spanien
2002, 10 EURO
Ag925, 27 g, Ø 40 mm
Ⓓ Manuel Martínez Tornero,
Luis José Díaz Salas

PP:	30.000 Ex.	€ 75,00

LV-G5
FIFA-Fußball-WM 2002,
Japan und Korea – Buchstabe „O"
2002, 10 EURO
Ag925, 27 g, Ø 40 mm
Ⓓ Luis José Díaz Salas

PP:	25.000 Ex.	€ 80,00

LV-G6
FIFA-Fußball-WM 2002,
Japan und Korea – Buchstabe „L"
2002, 10 EURO
Ag925, 27 g, Ø 40 mm
Ⓓ Alfonso Morales Múñoz

PP:	25.000 Ex.	€ 80,00

LV-G7
FIFA-Fußball-WM 2002,
Japan und Korea – Buchstabe „G"
2002, 200 EURO
Au999, 13,5 g, Ø 30 mm
Ⓓ Garcilaso Rollán

PP:	4.000 Ex.	€ 1.310,00

Aneinandergelegt bilden die Buchstaben auf den drei Münzen (LV-G7, LV-G5 und LV-G6) das Wort „GOL" (TOR)

LV-G8
150. Geburtstag von Antoni Gaudí –
Casa Milà
2002, 10 EURO
Ag925, 27 g, Ø 40 mm
Ⓓ Esther González und Garcilaso Rollán

PP:	25.000 Ex.	€ 75,00

LV-G9

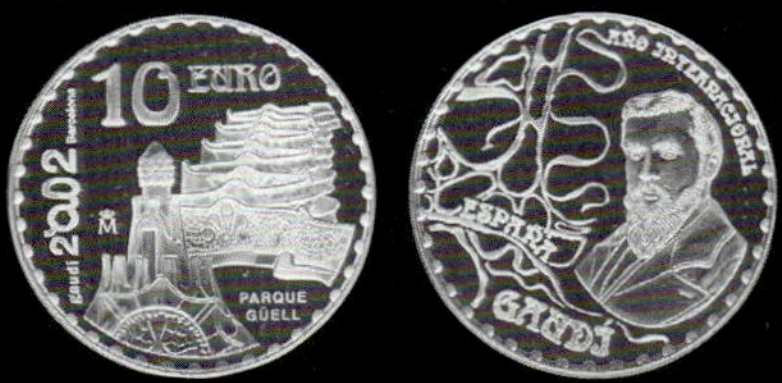

LV-G10

LV-G11

LV-G12

LV-G13

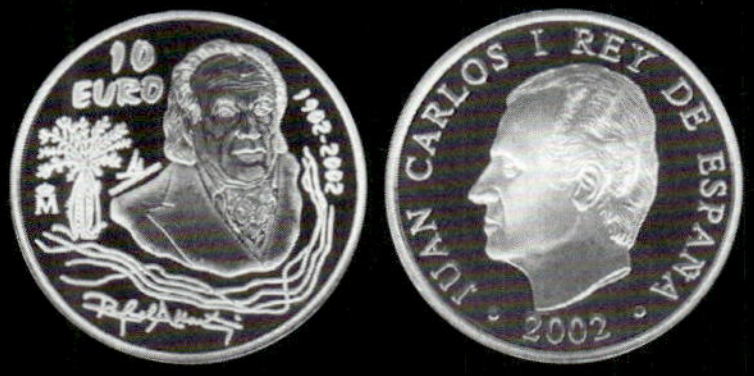

LV-G14

LV-G15

LV-G16

LV-G9

150. Geburtstag von Antoni Gaudí – Park Güell
2002, 10 EURO
Ag925, 27 g, Ø 40 mm
Ⓓ Begoña Castellanos García

PP:	25.000 Ex.	€ 75,00

LV-G10

150. Geburtstag von Antoni Gaudí – El Capricho
2002, 10 EURO
Ag925, 27 g, Ø 40 mm
Ⓓ Garbiñe López Garcíc

PP:	25.000 Ex.	€ 75,00

LV-G11

150. Geburtstag von Antoni Gaudí – Sagrada Familia
2002, 50 EURO
Ag925, 168,75 g, Ø 73 mm
Ⓓ Luis José Díaz Salas, Alfonso Morales Múñoz

PP:	8.000 Ex.	€ 440,00

LV-G12

150. Geburtstag von Antoni Gaudí – Casa Batlló
2002, 400 EURO
Au999, 27 g, Ø 38 mm
Ⓓ Esther González

PP:	3.000 Ex.	€ 2.660,00

LV-G13

100. Geburtstag von Rafael Alberti
2002, 10 EURO
Ag925, 27 g, Ø 40 mm
Ⓓ Francisco Martínez Tornero, Esther González

PP:	25.000 Ex.	€ 65,00

LV-G14

100. Geburtstag von Luis Cernuda
2002, 10 EURO
Ag925, 27 g, Ø 40 mm
Ⓓ Francisco Martínez Tornero, Alfonso Morales Múñoz

PP:	25.000 Ex.	€ 80,00

LV-G15

25 Jahre Verfassung
2003, 12 EURO
Ag925, 18 g, Ø 33 mm
Ⓓ Luis José Díaz Salas

Stgl.:	1.468.800 Ex. (Gesamtauflage)	€ 32,50
Folder:	19.346 Ex.	€ 45,00
PP:	nur aus Kursmünzensatz LV-AK2 2003	

LV-G16

25 Jahre Verfassung
2003, 10 EURO
Ag925, 27 g, Ø 40 mm
Ⓓ Luis José Díaz Salas

PP:	30.000 Ex.	€ 80,00

LV-G17

LV-G18

LV-G19

LV-G20

LV-G21

LV-G22

LV-G23

LV-G24

LV-G17
25 Jahre Verfassung
2003, 200 EURO
Au999, 13,50 g, Ø 30 mm
Ⓓ Luis José Díaz Salas
PP: 4.000 Ex. € 1.320,00

LV-G18
1. Jahrestag des Euro
2003, 10 EURO
Ag925, 27 g, Ø 40 mm
Ⓓ Alfonso Morales Múñoz
PP: 50.000 Ex. € 80,00

LV-G19
1. Jahrestag des Euro
2003, 50 EURO
Ag925, 168,75 g, Ø 73 mm
Ⓓ Esther González
PP: 20.000 Ex. € 295,00

LV-G20
1. Jahrestag des Euro
2003, 200 EURO
Au999, 13,50 g, Ø 30 mm
Ⓓ Alfonso Morales Múñoz
PP: 20.000 Ex. € 1.350,00

LV-G21
500. Geburtstag von
Miguel López de Legazpi
2003, 10 EURO
Ag925, 33,62 g, Ø 42 mm
Ⓓ Begoña Castellanos García
PP: 25.000 Ex. € 75,00

LV-G22
75 Jahre Schulschiff
„Juan Sebastián de Elcano"
2003, 10 EURO
Ag925, 27 g, Ø 40 mm
Ⓓ Alfonso Morales Múñoz
PP: 50.000 Ex. € 75,00

LV-G23
FIFA-Schwimm-WM 2003, Barcelona
2003, 10 EURO
Ag925, 27 g, Ø 40 mm
Ⓓ Garbiñe López García
PP: 30.000 Ex. € 75,00

LV-G24
V. Ibero-Amerikanische Serie – Navigation
2003, 10 EURO
Ag925, 27 g, Ø 40 mm
Ⓓ Garbiñe López García, Luis Antonio García
PP: 12.000 Ex. € 180,00

LV-G25

LV-G26

LV-G27

LV-G28

LV-G29

LV-G30

LV-G31

LV-G32

LV-G25

FIFA-Fußball-WM 2006, Deutschland (I)
2004, 10 EURO
Ag925, 27 g, Ø 40 mm
Ⓓ Alfonso Morales Múñoz
PP: 50.000 Ex. € 70,00

LV-G26

FIFA-Fußball-WM 2006, Deutschland (I)
2004, 100 EURO
Au999, 6,75 g, Ø 23 mm
Ⓓ Alfonso Morales Múñoz
PP: 25.000 Ex. € 740,00

LV-G27

Erweiterung der Europäischen Union
2004, 10 EURO
Ag925, 27 g, Ø 40 mm
Ⓓ Luis José Díaz Salas
PP: 50.000 Ex. € 80,00

LV-G28

Erweiterung der Europäischen Union
2004, 200 EURO
Au999, 13,50 g, Ø 30 mm
Ⓓ Luis José Díaz Salas
PP: 5.000 Ex. € 1.370,00

LV-G29

100. Geburtstag von Salvador Dalí – „Der große Masturbator"
2004, 10 EURO
Ag925, 27 g, Ø 40 mm
Ⓓ Esther González
PP: 25.000 Ex. € 100,00

LV-G30

100. Geburtstag von Salvador Dalí – „Leda Atomica"
2004, 10 EURO
Ag925, 27 g, Ø 40 mm
Ⓓ Garbiñe López García, Garcilaso Rollán
PP: 25.000 Ex. € 100,00

LV-G31

100. Geburtstag von Salvador Dalí – „Weiches Selbstbildnis mit gebratenem Speck"
2004, 10 EURO
Ag925, 27 g, Ø 40 mm
Ⓓ Esther González
PP: 25.000 Ex. € 100,00

LV-G32

100. Geburtstag von Salvador Dalí – „Traum, verursacht durch den Flug einer Biene um einen Granatapfel, eine Sekunde vor dem Aufwachen"
2004, 50 EURO
Ag925, 168,75 g, Ø 73 mm
Ⓓ Begoña Castellanos García, Alfonso Morales Múñoz
PP: 12.000 Ex. € 545,00

LV-G33

LV-G36

LV-G34

LV-G37

LV-G35

LV-G38

LV-G39

LV-G33
100. Geburtstag von Salvador Dalí – „Junges Mädchen, am Fenster stehend"
2004, 400 EURO
Au999, 27 g, Ø 38 mm
Ⓓ Luis José Díaz Salas, Garcilaso Rollán

PP:	5.000 Ex.	€ 2.500,00

LV-G34
Hochzeit von Felipe und Letizia
2004, 12 EURO
Ag925, 18 g, Ø 33 mm
Ⓓ Luis José Díaz Salas

Stgl.:	2.505.700 Ex. (Gesamtauflage)	€ 35,00
Folder:	27.655 Ex.	€ 45,00

LV-G35
Hochzeit von Felipe und Letizia
2004, 10 EURO
Ag925, 27 g, Ø 40 mm
Ⓓ Luis José Díaz Salas

PP:	100.000 Ex.	€ 80,00

LV-G36
Hochzeit von Felipe und Letizia
2004, 200 EURO
Au999, 13,50 g, Ø 30 mm
Ⓓ Luis José Díaz Salas

PP:	30.000 Ex.	€ 1.410,00

LV-G37
Olympische Sommerspiele 2004, Athen
2004, 10 EURO
Ag925, 27 g, Ø 40 mm
Ⓓ Alfonso Morales Múñoz

PP:	30.000 Ex.	€ 70,00

LV-G38
Heiliges Jahr 2004 – Apostel Jakobus
2004, 10 EURO
Ag925, 27 g, Ø 40 mm
Ⓓ Begoña Castellanos García

PP:	20.000 Ex.	€ 80,00

LV-G39
500. Todestag von Königin Isabella I. von Kastilien
2004, 12 EURO
Ag925, 18 g, Ø 33 mm
Ⓓ Garcilaso Rollán

Stgl.:	1.496.100 Ex. (Gesamtauflage)	€ 35,00
Folder:	12.420 Ex.	€ 65,00

LV-G40

LV-G44

LV-G41

LV-G45

LV-G42

LV-G46

LV-G43

LV-G47

LV-G40
500. Todestag von Königin Isabella I.
von Kastilien
2004, 10 EURO
Ag925, 27 g, Ø 40 mm
Ⓓ Garcilaso Rollán
PP: 20.000 Ex. € 80,00

LV-G41
500. Todestag von Königin Isabella I.
von Kastilien
2004, 50 EURO
Ag925, 168,75 g, Ø 73 mm
Ⓓ Garcilaso Rollán
PP: 8.000 Ex. € 400,00

LV-G42
500. Todestag von Königin Isabella I.
von Kastilien
2004, 200 EURO
Au999, 13,50 g, Ø 30 mm
Ⓓ Garcilaso Rollán, Esther González
PP: 5.000 Ex. € 1.450,00

LV-G43
FIFA-Fußball-WM 2006, Deutschland (II)
2004, 10 EURO
Ag925, 27 g, Ø 40 mm
Ⓓ Garbiñe López García
PP: 50.000 Ex. € 75,00

LV-G44
FIFA-Fußball-WM 2006, Deutschland (II)
2004, 100 EURO
Au999, 6,75 g, Ø 23 mm
Ⓓ Luis José Díaz Salas
PP: 25.000 Ex. € 720,00

LV-G45
60 Jahre Frieden und
Freiheit in Europa
2005, 10 EURO
Ag925, 27 g, Ø 40 mm
Ⓓ Alfonso Morales Múñoz
PP: 40.000 Ex. € 80,00

LV-G46
60 Jahre Frieden und
Freiheit in Europa
2005, 200 EURO
Au999, 13,5 g, Ø 30 mm
Ⓓ Alfonso Morales Múñoz
PP: 4.000 Ex. € 1.340,00

LV-G47
400 Jahre Roman „Don Quijote"
2005, 2 EURO
Ⓓ Luc Luycx, Begoña Castellanos García
Stgl.: 8.000.000 Ex.
(Gesamtauflage) € 9,00
PP: nur aus Kursmünzensatz
LV-AK2 2005

LV-G48

LV-G51

LV-G49

LV-G52

LV-G50

LV-G53

LV-G48

400 Jahre Roman „Don Quijote"
2005, 12 EURO
Ag925, 18 g, Ø 33 mm
Ⓓ Garcilaso Rollán
Stgl.: 1.880.900 Ex. (Gesamtauflage) € 30,00

LV-G47 und G48

Folder: 30.000 Ex. € 55,00

LV-G49

400 Jahre Roman „Don Quijote" – Ritt auf dem Holzpferd „Clavileño"
2005, 10 EURO
Ag925, 27 g, Ø 40 mm
Ⓓ Luis José Díaz Salas, Garcilaso Rollán
PP: 18.000 Ex. € 85,00

LV-G50

400 Jahre Roman „Don Quijote" – Kampf gegen die Rotweinschläuche
2005, 10 EURO
Ag925, 27 g, Ø 40 mm
Ⓓ Luis José Díaz Salas, Garcilaso Rollán
PP: 18.000 Ex. € 85,00

LV-G51

400 Jahre Roman „Don Quijote" – Don Quijote wird beim Kampf gegen die Windmühlen vom Pferd geworfen
2005, 10 EURO
Ag925, 27 g, Ø 40 mm
Ⓓ Luis José Díaz Salas, Garcilaso Rollán
PP: 18.000 Ex. € 85,00

LV-G52

400 Jahre Roman „Don Quijote" – Don Quijote beim Lesen von Ritterromanen
2005, 50 EURO
Ag925, 168,75 g, Ø 73 mm
Ⓓ Luis José Díaz Salas, Garcilaso Rollán
PP: 12.000 Ex. € 350,00

LV-G53

400 Jahre Roman „Don Quijote" – Don Quijote und sein Schildknappe Sancho Panza
2005, 400 EURO
Au999, 27 g, Ø 38 mm
Ⓓ Esther Gonzalez, Begoña Castellanos García
PP: 3.000 Ex. € 2.610,00

LV-G54

LV-G57

LV-G58

LV-G55

LV-G59

LV-G56

LV-G54
Olympische Winterspiele 2006, Turin
2005, 10 EURO
Ag925, 27 g, Ø 40 mm
Ⓓ Garcilaso Rollán
PP: 25.000 Ex. € 80,00

LV-G55
25 Jahre Prinz-von-Asturien-Preis
2005, 10 EURO
Ag925, 27 g, Ø 40 mm
Ⓓ Luis José Díaz Salas,
Begoña Castellanos García
PP: 20.000 Ex. € 80,00

LV-G56
25 Jahre Prinz-von-Asturien-Preis
2005, 200 EURO
Au999, 13,5 g, Ø 30 mm
Ⓓ Luis José Díaz Salas,
Begoña Castellanos García
PP: 3.000 Ex. € 1.350,00

LV-G57
FIFA-Fußball-WM 2006, Dtld. (III)
2005, 300 EURO
Ag925/Au999, 28,8 g, Ø 40 mm
Ⓓ Alfonso Morales Múñoz, Esther González
PP: 8.000 Ex. € 1.500,00

LV-G58
VI. Ibero-Amerikanische Serie –
Architektur und Monumente
2005, 10 EURO
Ag925, 27 g, Ø 40 mm
Ⓓ Begoña Castellanos García
PP: 12.000 Ex. € 275,00

LV-G59
20. Jahrestag des Beitritts
von Spanien und Portugal
zur Europäischen Union
2006, 10 EURO
Ag925, 27 g, Ø 40 mm
Ⓓ José Cândido
PP: 12.000 Ex. € 70,00

LV-G60

LV-G61

LV-G62

LV-G63

LV-G64

LV-G65

LV-G66

LV-G60

500. Todestag von Christoph Kolumbus
2006, 12 EURO
Ag925, 18 g, Ø 33 mm
Ⓓ Begoña Castellanos García

Stgl.:	1.379.600 Ex. (Gesamtauflage)	€ 35,00
Folder:	20.000 Ex.	€ 40,00

LV-G61

500. Todestag von Christoph Kolumbus – Karavelle „Santa Maria"
2006, 10 EURO
Ag925, 27 g, Ø 40 mm
Ⓓ Luis José Díaz Salas, Begoña Castellanos García

PP:	12.000 Ex.	€ 90,00

LV-G62

500. Todestag von Christoph Kolumbus – Karavelle „Pinta"
2006, 10 EURO
Ag925, 27 g, Ø 40 mm
Ⓓ Esther González

PP:	12.000 Ex.	€ 90,00

LV-G63

500. Todestag von Christoph Kolumbus – Karavelle „Niña"
2006, 10 EURO
Ag925, 27 g, Ø 40 mm
Ⓓ Esther González

PP:	12.000 Ex.	€ 90,00

LV-G64

500. Todestag von Christoph Kolumbus – Landung auf Guanahani
2006, 50 EURO
Ag925, 168,75 g, Ø 73 mm
Ⓓ Luis José Díaz Salas, Alfonso Morales Múñoz

PP:	6.000 Ex.	€ 340,00

LV-G65

500. Todestag von Christoph Kolumbus – Audienz beim Königspaar
2006, 400 EURO
Au999, 27 g, Ø 38 mm
Ⓓ Luis José Díaz Salas, Alfonso Morales Múñoz

PP:	3.000 Ex.	€ 2.700,00

LV-G66

Große Europäer – Kaiser Karl V.
2006, 10 EURO
Ag925, 27 g, Ø 40 mm
Ⓓ Esther González

PP:	35.000 Ex.	€ 80,00

LV-G67

LV-G71

LV-G68

LV-G72

LV-G69

LV-G73

LV-G70

LV-G74

LV-G67
Große Europäer –
Kaiser Karl V.
2006, 200 EURO
Au999, 13,5 g, Ø 30 mm
Ⓓ Esther González
PP: 3.500 Ex. € 1.520,00

LV-G68
Basketball-WM 2006, Japan –
Weltmeister Spanien
2006, 10 EURO
Ag925, 27 g, Ø 40 mm
Ⓓ Julia Vallinot González
PP: 15.000 Ex. € 75,00

LV-G69
Basketball-WM 2006, Japan –
Weltmeister Spanien
2006, 300 EURO
Ag925/Au999, 28,8 g, Ø 40 mm
Ⓓ Alfonso Morales Múñoz, Esther González
PP: 2.006 Ex. € 1.550,00

LV-G70
50 Jahre Römische Verträge
2007, 2 EURO
Ⓓ Luc Luycx und Helmut Andexlinger
Stgl.: 8.000.000 Ex.
(Gesamtauflage) € 8,50
PP.: nur aus Kursmünzensatz
LV-AK2 2007

LV-G71
50 Jahre Römische Verträge
2007, 12 EURO
Ag925, 18 g, Ø 33 mm
Ⓓ Begoña Castellanos García
Stgl.: 1.002.500 Ex.
(Gesamtauflage) € 30,00

LV-G70 und G71
Folder: 20.000 Ex. € 55,00

LV-G72
Europ. Errungenschaften –
50 Jahre Römische Verträge
2007, 10 EURO
Ag925, 27 g, Ø 40 mm
Ⓓ Alfonso Morales Múñoz
PP: 30.000 Ex
. € 80,00

LV-G73
Europ. Errungenschaften –
50 Jahre Römische Verträge
2007, 200 EURO
Au999, 13,5 g, Ø 30 mm
Ⓓ Alfonso Morales Múñoz
PP: 3.500 Ex. € 1.250,00

LV-G74
5. Jahrestag des Euro – Kooperation
2007, 10 EURO
Ag925, 27 g, Ø 40 mm
Ⓓ Begoña Castellanos García
PP: 12.000 Ex. € 80,00

LV-G75

LV-G79

LV-G76

LV-G80

LV-G77

LV-G81
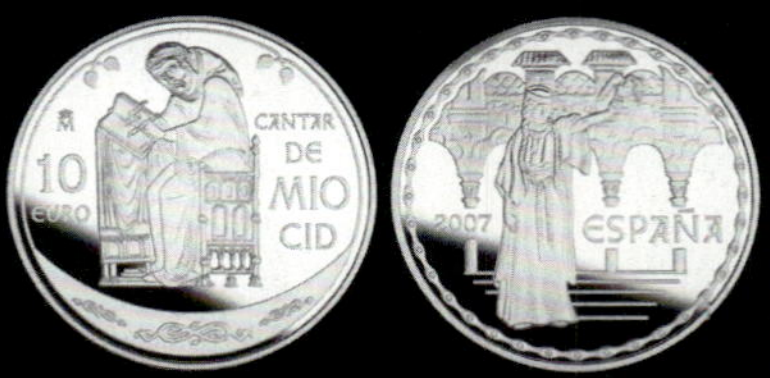

LV-G78

LV-G82

LV-G75
5. Jahrestag des Euro – Liberalismus
2007, 10 EURO
Ag925, 27 g, Ø 40 mm
Ⓓ Begoña Castellanos García
PP: 12.000 Ex. € 80,00

LV-G76
5. Jahrestag des Euro – Einigkeit
2007, 10 EURO
Ag925, 27 g, Ø 40 mm
Ⓓ Begoña Castellanos García
PP: 12.000 Ex. € 80,00

LV-G77
5. Jahrestag des Euro
2007, 50 EURO
Ag925, 168,75 g, Ø 73 mm
Ⓓ Alfonso Morales Múñoz
PP: 5.000 Ex. € 350,00

LV-G78
5. Jahrestag des Euro
2007, 400 EURO
Au999, 27 g, Ø 38 mm
Ⓓ Alfonso Morales Múñoz
PP: 3.000 Ex. € 2.500,00

LV-G79
Spanisches Jahr in China
2007, 10 EURO
Ag925, 27 g, Ø 40 mm
PP: 20.000 Ex. € 70,00

LV-G80
Spanisches Jahr in China
2007, 20 EURO
Au999, 1,24 g, Ø 13,92 mm
PP: 15.000 Ex. € 170,00

LV-G81
Heldenepos über den Ritter „El Cid"
2007, 10 EURO
Ag925, 27 g, Ø 40 mm
PP: 12.000 Ex. € 80,00

LV-G82
Heldenepos über den Ritter „El Cid"
2007, 50 EURO
Ag925, 168,75 g, Ø 73 mm
PP: 6.000 Ex. € 375,00

LV-G83

LV-G87

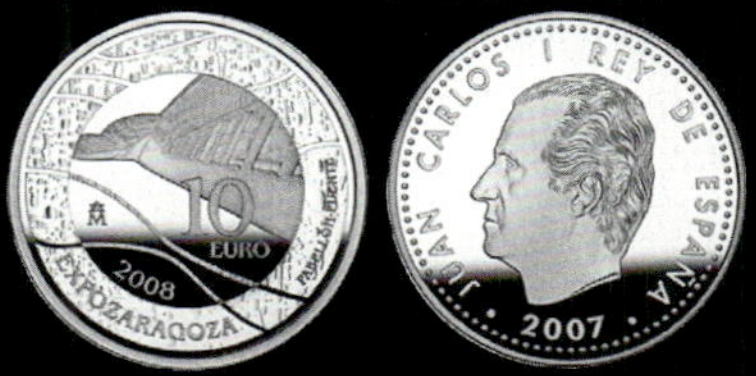

LV-G84

LV-G88

LV-G85

LV-G89

LV-G86

LV-G90

LV-G83
Heldenepos über den Ritter „El Cid"
2007, 200 EURO
Au999, 13,5 g, Ø 30 mm
PP: 3.500 Ex. € 1.320,00

LV-G84
Basketball-EM 2007, Spanien
2007, 10 EURO
Ag925, 27 g, Ø 40 mm
PP: 12.000 Ex. € 75,00

LV-G85
4. Internationales Polarjahr
2007, 10 EURO
Ag925, 27 g, Ø 40 mm
Ⓓ Esther González
PP: 12.000 Ex. € 75,00

LV-G86
EXPO 2008, Saragossa – Wasserturm
2007, 10 EURO
Ag925, 27 g, Ø 40 mm
PP: 25.000 Ex. € 80,00

LV-G87
EXPO 2008, Saragossa – Brückenpavillon
2007, 10 EURO
Ag925, 27 g, Ø 40 mm
PP: 25.000 Ex. € 80,00

LV-G88
Kulturelles Erbe Europas (I)
– König Alfons X. der Weise
2008, 10 EURO
Ag925, 27 g, Ø 40 mm
PP: 20.000 Ex. € 100,00

LV-G89
Kulturelles Erbe Europas (I)
– König Alfons X. der Weise
2008, 200 EURO
Au999, 13,5 g, Ø 30 mm
PP: 3.500 Ex. € 1.370,00

LV-G90
200. Jahrestag des Beginns des Spanischen Unabhängigkeitskrieges – Kriegserklärung
2008, 10 EURO
Ag925, 27 g, Ø 40 mm
PP: 12.000 Ex. € 85,00

LV-G91

LV-G92

LV-G93

LV-G94

LV-G95

LV-G96

LV-G97

LV-G98

LV-G91
200. Jahrestag des Beginns des Spanischen Unabhängigkeitskrieges – Verteidigung des Artillerieparks
2008, 10 EURO
Ag925, 27 g, Ø 40 mm
PP: 12.000 Ex. € 85,00

LV-G92
200. Jahrestag des Beginns des Spanischen Unabhängigkeitskrieges – Französische Kapitulation
2008, 10 EURO
Ag925, 27 g, Ø 40 mm
PP: 12.000 Ex. € 85,00

LV-G93
200. Jahrestag des Beginns des Spanischen Unabhängigkeitskrieges – Erschießung der Aufständischen
2008, 50 EURO
Ag925, 168,75 g, Ø 73 mm
PP: 5.000 Ex. € 340,00

LV-G94
200. Jahrestag des Beginns des Spanischen Unabhängigkeitskrieges – José de Palafox y Melci
2008, 400 EURO
Au999, 27 g, Ø 38 mm
PP: 3.500 Ex. € 2.850,00

LV-G95
VII. Ibero-Amerikanische Serie – Olympischer Sport
2008 (Jahreszahl 2007), 10 EURO
Ag925, 27 g, Ø 40 mm
PP: 12.000 Ex. € 185,00

LV-G96
Internationales Jahr des Planeten Erde
2008, 12 EURO
Ag925, 18 g, Ø 33 mm
Stgl.: 938.300 Ex. (Gesamtauflage) € 37,50
Folder: 15.000 Ex. € 55,00

LV-G97
Fußball-EM 2008, Österreich und Schweiz
2008, 10 EURO
Ag925, 27 g, Ø 40 mm
PP: 20.000 Ex. € 95,00

LV-G98
Fußball-EM 2008, Österreich und Schweiz
2008, 200 EURO
Au999, 13,5 g, Ø 30 mm
PP: 4.000 Ex. € 1.290,00

LV-G99
Spanische Maler – Diego Velázquez
2008, 10 EURO
Ag925, 27 g, Ø 40 mm
PP: 12.000 Ex. € 90,00

LV-G100
Spanische Maler – Diego Velázquez
2008, 50 EURO
Ag925, 168,75 g, Ø 73 mm
PP: 5.000 Ex. € 400,00

LV-G101
Spanische Maler – Diego Velázquez
2008, 200 EURO
Au999, 13,5 g, Ø 30 mm
PP: 3.500 Ex. € 1.520,00

LV-G102
Schätze der Numismatik (I) –
Griechische Silberdrachme (241 v. Chr.)
2008, 10 EURO
Ag925, 27 g, Ø 33 mm
PP: 12.000 Ex. € 85,00

LV-G103
Schätze der Numismatik (I) –
Römischer Aureus aus der Regierungszeit
von Kaiser Augustus
2008, 20 EURO
Au999, 1,24 g, Ø 13,92 mm
PP: 12.000 Ex. € 160,00

LV-G104
10 Jahre Wirtschafts- und
Währungsunion
2009, 2 EURO
Ⓓ Luc Luycx u. Georgios Stamatopoulos
Stgl.: 8.000.000 Ex.
(Gesamtauflage)
Sterne in normaler Größe € 9,00
große Sterne € 65,00
PP: nur aus Kursmünzensatz
LV-AK2 2009 € 85,00

LV-G105
10 Jahre Wirtschafts- und
Währungsunion
2009, 12 EURO, Ag925, 18 g,
Ø 33 mm
Stgl.: 875.800 Ex.
(Gesamtauflage) € 31,50

LV-G104 und G105
Folder: 20.000 Ex. € 60,00

LV-G106
FIFA-Fußball-WM 2010, Südafrika
2009, 10 EURO
Ag925, 27 g, Ø 40 mm
PP: 12.000 Ex. € 85,00

LV-G107

LV-G111

LV-G108

LV-G112

LV-G109

LV-G113

LV-G110

LV-G114

LV-G107
FIFA-Fußball-WM 2010, Südafrika
2009, 100 EURO
Au999, 6,75 g, Ø 23 mm
PP: 6.000 Ex. € 670,00

LV-G108
Kulturelles Erbe Europas (II)
– König Philipp II. von Spanien
2009, 10 EURO
Ag925, 27 g, Ø 40 mm
PP: 18.000 Ex. € 85,00

LV-G109
Kulturelles Erbe Europas (II)
– König Philipp II. von Spanien
2009, 200 EURO
Au999, 13,5 g, Ø 30 mm
PP: 3.000 Ex. € 1.480,00

LV-G110
Spanische Maler – Salvador Dalí,
„Retrospektive Frauenbüste" /
„Selbstporträt mit L'Humanité"
2009, 10 EURO
Ag925, 27 g, Ø 40 mm
PP: 10.000 Ex. € 90,00

LV-G111
Spanische Maler – Salvador Dalí,
„Porträt von Pablo Picasso im
21. Jahrhundert" / „Selbstporträt mit
L'Humanité"
2009, 10 EURO
Ag925, 27 g, Ø 40 mm
PP: 10.000 Ex. € 90,00

LV-G112
Spanische Maler – Salvador Dalí,
„Automatischer Beginn des
Bildnisses von Gala" /
„Selbstporträt mit L'Humanité"
2009, 10 EURO
Ag925, 27 g, Ø 40 mm
PP: 10.000 Ex. € 90,00

LV-G113
Spanische Maler – Salvador Dalí,
„Die Versuchung des heiligen
Antonius" / „Das Gespenst des
Sex-Appeal"
2009, 50 EURO
Ag925, 168,75 g, Ø 73 mm
PP: 5.000 Ex. € 350,00

LV-G114
Spanische Maler – Salvador Dalí,
„Tristan und Isolde" / „Galarina"
2009, 400 EURO
Au999, 27 g, Ø 38 mm
PP: 3.000 Ex. € 2.500,00

LV-G115

LV-G116

LV-G117

LV-G118

LV-G119

LV-G120

LV-G121

LV-G122

LV-G115
Schätze der Numismatik (II) –
Der Centén (100 Escudos, 1609)
2009, 20 EURO
Au999, 1,24 g, Ø 13,92 mm
PP: 12.000 Ex. € 140,00

LV-G116
Schätze der Numismatik (II) –
Der Cincuentín (50 Reales, 1609)
2009, 50 EURO
Ag925, 168,75 g, Ø 73 mm
PP: 6.000 Ex. € 375,00

LV-G117
Schätze der Numismatik (II) –
Der Centén (100 Escudos, 1609)
2009, 100 EURO
Ag925/Au999, 168,88 g, Ø 73 mm
PP: 6.000 Ex. € 500,00

LV-G118
EU-Ratspräsidentschaft
2010, 10 EURO
Ag925, 27 g, Ø 40 mm
PP: 10.000 Ex. € 90,00

LV-G119
EU-Ratspräsidentschaft
2010, 12 EURO
Ag925, 18 g, Ø 33 mm
Stgl.: 808.100 Ex. (Gesamtauflage) € 40,00
Folder: 7.000 Ex. € 45,00

LV-G120
Europäische Architektur –
Antoni Gaudí
2010, 10 EURO
Ag925, 27 g, Ø 40 mm
PP: 12.000 Ex. € 80,00

LV-G121
Europäische Architektur –
Antoni Gaudí
2010, 200 EURO
Au999, 13,5 g, Ø 30 mm
PP: 3.000 Ex. € 1.730,00

LV-G122
UNESCO-Welterbe –
Historisches Zentrum von Córdoba
2010, 2 EURO
Ⓓ Luc Luycx und Alfonso Morales Múñoz
Stgl.: 4.000.000 Ex. (Gesamtauflage) € 6,00
PP: 10.000 Ex.* (im Folder) € 42,50
* sowie im Kursmünzensatz LV-AK2

LV-G123

LV-G124

LV-G125

LV-G126

LV-G127

LV-G128

LV-G129

LV-G123

Heiliges Jahr 2010 – Hl. Jakobus
2010, 10 EURO
Ag925, 27 g, Ø 40 mm
PP: 10.000 Ex. € 85,00

LV-G124

EXPO 2010, Shanghai – Spanischer Pavillon
2010, 10 EURO
Ag925, 27 g, Ø 40 mm
PP: 10.000 Ex. € 80,00

LV-G125

Spanische Maler – Francisco de Goya, „Die bekleidete Maja" / „Selbstporträt"
2010, 10 EURO
Ag925, 27 g, Ø 40 mm
PP: 10.000 Ex. € 90,00

LV-G126

Spanische Maler – Francisco de Goya, „Die Traubenernte" / „Selbstporträt"
2010, 10 EURO
Ag925, 27 g, Ø 40 mm
PP: 10.000 Ex. € 90,00

LV-G127

Spanische Maler – Francisco de Goya, „Duell mit Knüppeln" / „Selbstporträt"
2010, 10 EURO
Ag925, 27 g, Ø 40 mm
PP: 10.000 Ex. € 90,00

LV-G128

Spanische Maler – Francisco de Goya, „Hexensabbat" / „Un Garrochista"
2010, 50 EURO
Ag925, 168,75 g, Ø 73 mm
PP: 6.000 Ex. € 400,00

LV-G129

Spanische Maler – Francisco de Goya, „Volavérunt" / „Porträt"
2010, 400 EURO
Au999, 27 g, Ø 38 mm
PP: 3.000 Ex. € 2.660,00

LV-G130

LV-G131

LV-G132

LV-G133

LV-G134

LV-G135

LV-G136

LV-G130
FIFA-Fußball-WM 2010, Südafrika
2010, 10 EURO
Ag925, 27 g, Ø 40 mm
PP: 20.000 Ex. € 100,00

LV-G131
FIFA-Fußball-WM 2010, Südafrika
2010, 20 EURO
Au999, 1,24 g, Ø 13,92 mm
PP: 20.000 Ex. € 220,00

LV-G132
VIII. Ibero-Amerikanische Serie –
8 Reales aus der Zeit von
Königin Isabella I.
2010, 10 EURO
Ag925, 27 g, Ø 40 mm
PP: 12.000 Ex. € 135,00

LV-G133
Fußballweltmeister 2010
2010, 20 EURO
Ag925, 18 g, Ø 33 mm
Stgl.: 961.347 Ex. (Gesamtauflage) € 60,00
Folder: 12.000 Ex. € 80,00

LV-G134
Hauptstädte der Provinzen
und autonome Städte (I) –
(1) Almería
2010, 5 EURO
Ag925, 13,5 g, Ø 33 mm
PP: 15.000 Ex. € 60,00

LV-G135
Hauptstädte der Provinzen
und autonome Städte (I) –
(2) Huesca
2010, 5 EURO
Ag925, 13,5 g, Ø 33 mm
PP: 15.000 Ex. € 60,00

LV-G136
Hauptstädte der Provinzen
und autonome Städte (I) –
(3) Las Palmas de Gran Canaria
2010, 5 EURO
Ag925, 13,5 g, Ø 33 mm
PP: 20.000 Ex. € 60,00

LV-G137

LV-G141

LV-G138

LV-G142

LV-G139

LV-G143

LV-G140

LV-G137
Hauptstädte der Provinzen
und autonome Städte (I) –
(4) Santander
2010, 5 EURO
Ag925, 13,5 g, Ø 33 mm
PP: 15.000 Ex. € 60,00

LV-G138
Hauptstädte der Provinzen
und autonome Städte (I) –
(5) Ávila
2010, 5 EURO
Ag925, 13,5 g, Ø 33 mm
PP: 15.000 Ex. € 60,00

LV-G139
Hauptstädte der Provinzen
und autonome Städte (I) –
(6) Albacete
2010, 5 EURO
Ag925, 13,5 g, Ø 33 mm
PP: 15.000 Ex. € 60,00

LV-G140
Hauptstädte der Provinzen
und autonome Städte (I) –
(7) Barcelona
2010, 5 EURO
Ag925, 13,5 g, Ø 33 mm
PP: 25.000 Ex. € 60,00

LV-G141
Hauptstädte der Provinzen
und autonome Städte (I) –
(8) Ceuta
2010, 5 EURO
Ag925, 13,5 g, Ø 33 mm
PP: 15.000 Ex. € 60,00

LV-G142
Hauptstädte der Provinzen
und autonome Städte (I) –
(9) Melilla
2010, 5 EURO
Ag925, 13,5 g, Ø 33 mm
PP: 15.000 Ex. € 60,00

LV-G143
Hauptstädte der Provinzen
und autonome Städte (I) –
(10) Madrid
2010, 5 EURO
Ag925, 13,5 g, Ø 33 mm
PP: 25.000 Ex. € 60,00

LV-G144
Hauptstädte der Provinzen
und autonome Städte (I) –
(11) Pamplona
2010, 5 EURO
Ag925, 13,5 g, Ø 33 mm
PP: 15.000 Ex. € 60,00

LV-G145
Hauptstädte der Provinzen
und autonome Städte (I) –
(12) Alicante
2010, 5 EURO
Ag925, 13,5 g, Ø 33 mm
PP: 20.000 Ex. € 60,00

LV-G146
Schätze der Numismatik (III) –
Silber-Schekel aus Karthago,
3. Jh vor. Chr.
2011, 10 EURO
Ag925, 27 g, Ø 33 mm
PP: 10.000 Ex. € 90,00

LV-G147
Schätze der Numismatik(III) –
Gold-Tremis aus der Regierungszeit des
Westgotenkönigs Leovigild (569–586)
2011, 20 EURO
Au999, 1,24 g, Ø 13,92 mm
PP: 12.000 Ex. € 160,00

LV-G148
Schätze der Numismatik (III) –
Gold-Tremis aus der Regierungszeit des
Westgotenkönigs Suintila (621–631)
2011, 100 EURO
Au999, 6,75 g, Ø 23 mm
PP: 6.000 Ex. € 670,00

LV-G149
Europäische Entdecker –
Francisco de Orellana
2011, 10 EURO
Ag925, 27 g, Ø 40 mm
PP: 12.000 Ex. € 85,00

LV-G150
Europäische Entdecker –
Francisco de Orellana
2011, 200 EURO
Au999, 13,5 g, Ø 30 mm
PP: 3.000 Ex. € 1.720,00

LV-G151
UNESCO-Welterbe –
Alhambra, Generalife und Albaicín
in Granada
2011, 2 EURO
Ⓓ Luc Luycx und Alfonso Morales Múñoz
Stgl.: 4.000.000 Ex.
(Gesamtauflage) € 7,00
PP.: 10.000 Ex.*
(im Folder) € 50,00
* sowie im Kursmünzensatz LV-AK2

LV-G152

LV-G153

LV-G154

LV-G155

LV-G156

LV-G157

LV-G158

LV-G152
100 Jahre Internationaler Frauentag – Clara Campoamor
2011, 20 EURO
Ag925, 18 g, Ø 33 mm
Stgl.: 734.818 Ex. (Gesamtauflage) € 55,00
Folder: 12.000 Ex. € 75,00

LV-G153
Internationales Jahr der Chemie – Marie Curie
2011, 10 EURO
Ag925, 27 g, Ø 40 mm
PP: 10.000 Ex. € 85,00

LV-G154
Hauptstädte der Provinzen und autonome Städte (II) – (13) Badajoz
2011, 5 EURO
Ag925, 13,5 g, Ø 33 mm
PP: 15.000 Ex. € 60,00

LV-G155
Hauptstädte der Provinzen und autonome Städte (II) – (14) A Coruña
2011, 5 EURO
Ag925, 13,5 g, Ø 33 mm
PP: 20.000 Ex. € 60,00

LV-G156
Hauptstädte der Provinzen und autonome Städte (II) – (15) Palma
2011, 5 EURO
Ag925, 13,5 g, Ø 33 mm
PP: 20.000 Ex. € 60,00

LV-G157
Hauptstädte der Provinzen und autonome Städte (II) – (16) Logroño
2011, 5 EURO
Ag925, 13,5 g, Ø 33 mm
PP: 15.000 Ex. € 60,00

LV-G158
Hauptstädte der Provinzen und autonome Städte (II) – (17) Bilbao
2011, 5 EURO
Ag925, 13,5 g, Ø 33 mm
PP: 20.000 Ex. € 60,00

LV-G159

LV-G160

LV-G161

LV-G162

LV-G163

LV-G164

LV-G165

LV-G159
Hauptstädte der Provinzen
und autonome Städte (II) –
(18) Oviedo
2011, 5 EURO
Ag925, 13,5 g, Ø 33 mm
PP: 20.000 Ex. € 60,00

LV-G160
Hauptstädte der Provinzen
und autonome Städte (II) –
(19) Murcia
2011, 5 EURO
Ag925, 13,5 g, Ø 33 mm
PP: 20.000 Ex. € 60,00

LV-G161
Hauptstädte der Provinzen
und autonome Städte (II) –
(20) Cádiz
2011, 5 EURO
Ag925, 13,5 g, Ø 33 mm
PP: 20.000 Ex. € 60,00

LV-G162
Hauptstädte der Provinzen
und autonome Städte (II) –
(21) Teruel
2011, 5 EURO
Ag925, 13,5 g, Ø 33 mm
PP: 15.000 Ex. € 60,00

LV-G163
Hauptstädte der Provinzen
und autonome Städte (II) –
(22) Santa Cruz de Tenerife
2011, 5 EURO
Ag925, 13,5 g, Ø 33 mm
PP: 20.000 Ex. € 60,00

LV-G164
Spanische Maler –
Francisco de Zurbarán
2011, 10 EURO
Ag925, 27 g, Ø 40 mm
PP: 10.000 Ex. € 90,00

LV-G165
Spanische Maler –
„lo Spagnoletto" Jusepe de Ribera
2011, 10 EURO
Ag925, 27 g, Ø 40 mm
PP: 10.000 Ex. € 90,00

LV-G166

LV-G167

LV-G168

LV-G169

LV-G170

LV-G171

LV-G172

LV-G173

LV-G166
Spanische Maler –
Bartolomé Esteban Murillo
2011, 10 EURO
Ag925, 27 g, Ø 40 mm
PP: 10.000 Ex. € 90,00

LV-G167
Spanische Maler – Dominikos
Theotokopoulos, genannt El Greco
2011, 50 EURO
Ag925, 168,75 g, Ø 73 mm
PP: 5.000 Ex. € 485,00

LV-G168
Spanische Maler – Dominikos
Theotokopoulos, genannt El Greco
2011, 40C EURO
Au999, 27 g, Ø 38 mm
PP: 3.000 Ex. € 2.760,00

LV-G169
25. Jahrestag des Beitritts von Portugal
und Spanien zur Europäischen Union
2011, 10 EURO
Ag925, 27 g, Ø 40 mm
PP: 10.000 Ex. € 90,00

LV-G170
25. Jahrestag des Beitritts von Portugal
und Spanien zur Europäischen Union
2011, 20 EURO
Au999, 1,24 g, Ø 13,92 mm
PP: 12.000 Ex. € 150,00

LV-G171
Hauptstädte der Provinzen
und autonome Städte (III) –
(23) Burgos
2011, 5 EURO
Ag925, 13,5 g, Ø 33 mm
PP: 15.000 Ex. € 60,00

LV-G172
Hauptstädte der Provinzen
und autonome Städte (III) –
(24) Ciudad Real
2011, 5 EURO
Ag925, 13,5 g, Ø 33 mm
PP: 15.000 Ex. € 60,00

LV-G173
Hauptstädte der Provinzen
und autonome Städte (III) –
(25) Girona
2011, 5 EURO
Ag925, 13,5 g, Ø 33 mm
PP: 15.000 Ex. € 60,00

LV-G174

LV-G175

LV-G176

LV-G177

LV-G178

LV-G179

LV-G174
Hauptstädte der Provinzen
und autonome Städte (III) –
(26) Castellón de la Plana
2011, 5 EURO
Ag925, 13,5 g, Ø 33 mm
PP: 15.000 Ex. € 60,00

LV-G175
Hauptstädte der Provinzen
und autonome Städte (III) –
(27) Cáceres
2011, 5 EURO
Ag925, 13,5 g, Ø 33 mm
PP: 15.000 Ex. € 60,00

LV-G176
Hauptstädte der Provinzen
und autonome Städte (III) –
(28) Lugo
2011, 5 EURO
Ag925, 13,5 g, Ø 33 mm
PP: 15.000 Ex. € 60,00

LV-G177
Hauptstädte der Provinzen
und autonome Städte (III) –
(29) Donostia
2011, 5 EURO
Ag925, 13,5 g, Ø 33 mm
PP: 15.000 Ex. € 60,00

LV-G178
Hauptstädte der Provinzen
und autonome Städte (III) –
(30) Córdoba
2011, 5 EURO
Ag925, 13,5 g, Ø 33 mm
PP: 15.000 Ex. € 60,00

LV-G179
Hauptstädte der Provinzen
und autonome Städte (III) –
(31) Saragossa
2011, 5 EURO
Ag925, 13,5 g, Ø 33 mm
PP: 15.000 Ex. € 60,00

LV-G180

LV-G181

LV-G182

LV-G183

LV-G184

LV-G185

LV-G186

LV-G180
Hauptstädte der Provinzen und autonome Städte (III) – (32) León
2011, 5 EURO
Ag925, 13,5 g, Ø 33 mm
PP: 15.000 Ex. € 60,00

LV-G181
Jahr des spanisch-russischen Kulturaustausches
2011, 10 EURO
Ag925, 27 g, Ø 40 mm
PP: 7.500 Ex. € 110,00

LV-G182
UNESCO-Welterbe – Kathedrale von Burgos
2012, 2 EURO
Ⓓ Luc Luycx und Alfonso Morales Múñoz
Stgl.: 4.000.000 Ex. (Gesamtauflage) € 7,00
PP: 10.000 Ex. * (im Folder) € 55,00
*sowie im Kursmünzensatz LV-AK2

LV-G183
10. Jahrestag der Einführung der Euro-Münzen und -Banknoten
2012, 2 EURO
Ⓓ Luc Luycx und Helmut Andexlinger
Stgl.: 4.000.000 Ex. (Gesamtauflage) € 7,00
PP: nur aus Kursmünzensatz LV-AK2 2012

LV-G184
10. Jahrestag der Einführung der Euro-Münzen und -Banknoten
2012, 30 EURO
Ag925, 18 g, Ø 33 mm
Stgl.: 552.399 Ex. (Gesamtauflage) € 75,00

LV-G183 und G184
Folder: 12.000 Ex. € 90,00

LV-G185
10. Jahrestag der Einführung der Euro-Münzen und -Banknoten
2012, 10 EURO
Ag925, 27 g, Ø 40 mm
PP: 12.000 Ex. € 90,00

LV-G186
10. Jahrestag der Einführung der Euro-Münzen und -Banknoten
2012, 50 EURO
Ag925, 168,75 g, Ø 73 mm
PP: 4.000 Ex. € 480,00

LV-G187

LV-G188

LV-G189

LV-G190

LV-G191

LV-G192

LV-G187
Europäische Maler und Bildhauer – Juan Gris
2012, 10 EURO
Ag925, 27 g, Ø 40 mm
PP: 10.000 Ex. € 85,00

LV-G188
Europäische Maler und Bildhauer – Juan Gris
2012, 200 EURO
Au999, 13,5 g, Ø 30 mm
PP: 4.000 Ex. € 1.440,00

LV-G189
FIFA-Fußball-WM 2014, Brasilien
2012, 10 EURO
Ag925 mit Teilvergoldung, 27 g, Ø 40 mm
PP: 15.000 Ex. € 115,00

LV-G190
200 Jahre Verfassung des Königreichs Spanien
2012, 10 EURO
Ag925, 27 g, Ø 40 mm
PP: 10.000 Ex. € 85,00

LV-G191
Hauptstädte der Provinzen und autonome Städte (IV) – (33) Cuenca
2012, 5 EURO
Ag925, 13,5 g, Ø 33 mm
PP: 15.000 Ex. € 55,00

LV-G192
Hauptstädte der Provinzen und autonome Städte (IV) – (34) Lleida
2012, 5 EURO
Ag925, 13,5 g, Ø 33 mm
PP: 15.000 Ex. € 55,00

LV-G193

LV-G194

LV-G195

LV-G196

LV-G197

LV-G198

LV-G193
Hauptstädte der Provinzen und autonome Städte (IV) – (35) Valencia
2012, 5 EURO
Ag925, 13,5 g, Ø 33 mm
PP: 20.000 Ex. € 55,00

LV-G194
Hauptstädte der Provinzen und autonome Städte (IV) – (36) Ourense
2012, 5 EURO
Ag925, 13,5 g, Ø 33 mm
PP: 15.000 Ex. € 55,00

LV-G195
Hauptstädte der Provinzen und autonome Städte (IV) – (37) Vitoria
2012, 5 EURO
Ag925, 13,5 g, Ø 33 mm
PP: 15.000 Ex. € 55,00

LV-G196
Hauptstädte der Provinzen und autonome Städte (IV) – (38) Granada
2012, 5 EURO
Ag925, 13,5 g, Ø 33 mm
PP: 15.000 Ex. € 55,00

LV-G197
Hauptstädte der Provinzen und autonome Städte (IV) – (39) Palencia
2012, 5 EURO
Ag925, 13,5 g, Ø 33 mm
PP: 15.000 Ex. € 55,00

LV-G198
Hauptstädte der Provinzen und autonome Städte (IV) – (40) Guadalajara
2012, 5 EURO
Ag925, 13,5 g, Ø 33 mm
PP: 15.000 Ex. € 55,00

LV-G199

LV-G200

LV-G201

LV-G202

LV-G203

LV-G204

LV-G199
Hauptstädte der Provinzen und autonome Städte (IV)
(41) Tarragona
2012, 5 EURO
Ag925, 13,5 g, Ø 33 mm
PP: 15.000 Ex. € 55,00

LV-G200
Hauptstädte der Provinzen und autonome Städte (IV)
(42) Pontevedra
2012, 5 EURO
Ag925, 13,5 g, Ø 33 mm
PP: 15.000 Ex. € 55,00

LV-G201
300 Jahre Nationalbibliothek
2012, 10 EURO
Ag925, 27 g, Ø 40 mm
PP: 10.000 Ex. € 85,00

LV-G202
100 Jahre Spanisches Olympisches Komitee
2012, 10 EURO
Ag925, 27 g, Ø 40 mm
PP: 10.000 Ex. € 85,00

LV-G203
Fußball-EM 2012, Polen und Ukraine – Weltmeister Spanien
2012, 10 EURO
Ag925, 27 g, Ø 40 mm
PP: 20.000 Ex. € 90,00

LV-G204
Fußball-EM 2012, Polen und Ukraine – Weltmeister Spanien
2012, 200 EURO
Au999, 13,5 g, Ø 30 mm
PP: 4.000 Ex. € 1.330,00

LV-G205

LV-G206

LV-G207

LV-G208

LV-G209

LV-G210

LV-G211

LV-G212

LV-G205
Schätze der Numismatik (IV) – Dinero aus der Regierungszeit von Alfons VIII. (1158–1214)
2012, 10 EURO
Ag925, 27 g, Ø 40 mm
PP: 10.000 Ex. € 85,00

LV-G206
Schätze der Numismatik (IV) – Dinar aus der Zeit der Almohad Dynastie (1130–1269)
2012, 20 EURO
Au999, 1,24 g, Ø 13,92 mm
PP: 12.000 Ex. € 220,00

LV-G207
Schätze der Numismatik (IV) – Maravedi aus der Regierungszeit von Alfons VIII. (1158–1214)
2012, 100 EURO
Au999, 6,75 g, Ø 23 mm
PP: 6.000 Ex. € 780,00

LV-G208
Spanische Maler – Joan Miró, „Personen und Vögel mit Hund“
2012, 10 EURO
Ag925, 27 g, Ø 40 mm
PP: 10.000 Ex. € 85,00

LV-G209
Spanische Maler – Joan Miró, „Frau, Vogel, Stern“
2012, 10 EURO, Ag925, 27 g, Ø 40 mm
PP: 10.000 Ex. € 85,00

LV-G210
Spanische Maler – Joan Miró, „Morning Star“
2012, 10 EURO
Ag925, 27 g, Ø 40 mm
PP: 10.000 Ex. € 85,00

LV-G211
Spanische Maler – Joan Miró, „Haus mit Palmen“
2012, 50 EURO
Ag925, 168,75 g, Ø 73 mm
PP: 5.000 Ex. € 485,00

LV-G212
Spanische Maler – Joan Miró, „Porträt eines jungen Mädchens“
2012, 400 EURO
Au999, 27 g, Ø 38 mm
PP: 3.000 Ex. € 2.610,00

LV-G213

LV-G216

LV-G214

LV-G217

LV-G215

LV-G218

LV-G213
Hauptstädte der Provinzen und autonome Städte (V) – (43) Huelva
2012, 5 EURO
Ag925, 13,5 g, Ø 33 mm
PP: 15.000 Ex. € 55,00

LV-G214
Hauptstädte der Provinzen und autonome Städte (V) – (44) Salamanca
2012, 5 EURO
Ag925, 13,5 g, Ø 33 mm
PP: 15.000 Ex. € 55,00

LV-G215
Hauptstädte der Provinzen und autonome Städte (V) – (45) Toledo
2012, 5 EURO
Ag925, 13,5 g, Ø 33 mm
PP: 15.000 Ex. € 55,00

LV-G216
Hauptstädte der Provinzen und autonome Städte (V) – (46) Jaén
2012, 5 EURO
Ag925, 13,5 g, Ø 33 mm
PP: 15.000 Ex. € 55,00

LV-G217
Hauptstädte der Provinzen und autonome Städte (V) – (47) Segovia
2012, 5 EURO
Ag925, 13,5 g, Ø 33 mm
PP: 15.000 Ex. € 55,00

LV-G218
Hauptstädte der Provinzen und autonome Städte (V) – (48) Málaga
2012, 5 EURO
Ag925, 13,5 g, Ø 33 mm
PP: 20.000 Ex. € 55,00

LV-G219

LV-G222

LV-G220

LV-G223

LV-G221

LV-G224

LV-G219
Hauptstädte der Provinzen
und autonome Städte (V) –
(49) Soria
2012, 5 EURO
Ag925, 13,5 g, Ø 33 mm
PP: 15.000 Ex. € 55,00

LV-G220
Hauptstädte der Provinzen
und autonome Städte (V) –
(50) Sevilla
2012, 5 EURO
Ag925, 13,5 g, Ø 33 mm
PP: 20.000 Ex. € 55,00

LV-G221
Hauptstädte der Provinzen
und autonome Städte (V) –
(51) Valladolid
2012, 5 EURO
Ag925, 13,5 g, Ø 33 mm
PP: 15.000 Ex. € 55,00

LV-G222
Hauptstädte der Provinzen
und autonome Städte (V) –
(52) Zamora
2012, 5 EURO
Ag925, 13,5 g, Ø 33 mm
PP: 15.000 Ex. € 55,00

LV-G223
20 Jahre Ibero-Amerikanische Serie –
Die Begegnung zweier Welten
2013 (Jahreszahl 2012), 10 EURO
Ag925, 27 g, Ø 40 mm
PP: 12.000 Ex. € 105,00

LV-G224
FIFA-Fußball-WM 2014, Brasilien
2013, 10 EURO
Ag925, 27 g, Ø 40 mm
PP: 10.000 Ex. € 95,00

LV-G225
FIFA-Fußball-WM 2014, Brasilien
2013, 100 EURO
Au999, 6,75 g, Ø 23 mm
PP: 4.000 Ex. € 870,00

LV-G226
75. Geburtstag von König Juan Carlos I.
2013, 30 EURO
Ag925, 18 g, Ø 33 mm
Stgl.: 495.000 Ex. (Gesamtauflage) € 70,00
Folder: 10.000 Ex. € 85,00

LV-G227
75. Geburtstag von König Juan Carlos I.
2013, 5 EURO
Ag925, 13 g, Ø 39,5 mm
PP: 7.000 Ex. € 70,00

LV-G228
75. Geburtstag von König Juan Carlos I.
2013, 10 EURO
Ag925, 27 g, Ø 40 mm
PP: 10.000 Ex. € 95,00

LV-G229
75. Geburtstag von König Juan Carlos I.
2013, 20 EURO
Au999, 1,24 g, Ø 13,92 mm
PP: 12.000 Ex. € 200,00

LV-G230
75. Geburtstag von König Juan Carlos I.
2013, 50 EURO
Ag925, 168,75 g, Ø 73 mm
PP: 5.000 Ex. € 535,00

LV-G231
Europäische Schriftsteller – Miguel de Cervantes
2013, 10 EURO
Ag925, 27 g, Ø 40 mm
PP: 10.000 Ex. € 85,00

LV-G232
Europäische Schriftsteller – Miguel de Cervantes
2013, 100 EURO
Au999, 6,75 g, Ø 23 mm
PP: 5.000 Ex. € 810,00

LV-G233

LV-G237

LV-G234

LV-G238

LV-G235

LV-G239

LV-G236

LV-G240

LV-G233

UNESCO-Welterbe –
Schloss und Kloster El Escorial
2013, 2 EURO
Ⓓ Luc Luycx und Alfonso Morales Múñoz

Stgl.:	4.000.000 Ex. (Gesamtauflage)	€ 7,00
PP:	10.000 Ex. * (im Folder)	€ 70,00

* sowie im Kursmünzensatz LV-AK2

LV-G234

200 Jahre „Holey Dollar und Dump" (die ersten australischen Münzen)
2013, 10 EURO
Ag925, 27 g, Ø 40 mm

PP-Set:	5.000 Ex.*	€ 290,00

** das Set beinhaltet auch zwei australische Münzen (25 Cent und $1)*

LV-G235

400 Jahre diplomatische Beziehungen zwischen Japan und Spanien
2013, 10 EURO
Ag925, 27 g, Ø 40 mm

PP:	30.000 Ex.	€ 85,00

LV-G236

125. Jahrestag der Indienststellung des U-Bootes „Isaac Peral"
2013, 10 EURO
Ag925, 27 g, Ø 40 mm

PP:	10.000 Ex.	€ 85,00

LV-G237

Schätze aus spanischen Museen (I) – Raffael: „Die Heilige Familie mit dem Lamm" / „Bildnis eines Kardinals"
2013, 10 EURO
Ag925, 27 g, Ø 40 mm

PP:	10.000 Ex.	€ 85,00

LV-G238

Schätze aus spanischen Museen (I) – Tizian: „Venus und Adonis" / „Venus und der Orgelspieler"
2013, 10 EURO
Ag925, 27 g, Ø 40 mm

PP:	10.000 Ex.	€ 85,00

LV-G239

Schätze aus spanischen Museen (I) – Vicente López: „Bildnis des Malers Francisco de Goya" / „Der Traum des Heiligen Josef"
2013, 10 EURO
Ag925, 27 g, Ø 40 mm

PP:	10.000 Ex.	€ 85,00

LV-G240

Schätze aus spanischen Museen (I) – Diego Velázquez: „Die Spinnerinnen oder die Sage der Arachne" / „Philipp III. zu Pferde"
2013, 50 EURO
Ag925, 168,75 g, Ø 73 mm

PP:	5.000 Ex.	€ 500,00

LV-G241

LV-G242

LV-G243

LV-G244

LV-G245

LV-G246

LV-G247

LV-G241
Schätze aus spanischen Museen (I) – Albrecht Dürer: „Adam und Eva" / „Selbstbildnis"
2013, 400 EURO
Au999, 27 g, Ø 38 mm
PP: 3.000 Ex. € 2.670,00

LV-G242
1000. Jahrestag der Gründung des Königreichs Granada
2013, 10 EURO
Ag925, 27 g, Ø 40 mm
PP: 10.000 Ex. € 90,00

LV-G243
1000. Jahrestag der Gründung des Königreichs Granada
2013, 100 EURO
Au999, 6,75 g, Ø 23 mm
PP: 4.000 Ex. € 670,00

LV-G244
500. Jahrestag der Entdeckung des Pazifischen Ozeans
2013, 10 EURO
Ag925, 27 g, Ø 40 mm
PP: 10.000 Ex. € 85,00

LV-G245
500. Jahrestag der Entdeckung des Pazifischen Ozeans
2013, 50 EURO
Ag925, 168,75 g, Ø 73 mm
PP: 5.000 Ex. € 480,00

LV-G246
500. Jahrestag der Entdeckung des Pazifischen Ozeans
2013, 200 EURO
Au999, 13,5 g, Ø 30 mm
PP: 3.000 Ex. € 1.630,00

LV-G247
Nationales Erbe (I) –
(1) Königspalast La Almudaina, Palma
2013, 5 EURO
Ag925, 13,5 g, Ø 33 mm
PP: 7.000 Ex. € 60,00

LV-G248

LV-G249

LV-G250

LV-G251

LV-G252

LV-G253

LV-G248
Nationales Erbe (I) –
(2) Kloster Santa María la Real
de Las Huelgas, Burgos
2013, 5 EURO
Ag925, 13,5 g, Ø 33 mm
PP: 7.000 Ex. € 60,00

LV-G249
Nationales Erbe (I) –
(3) Kloster San Lorenzo de El Escorial, bei
Madrid
2013, 5 EURO
Ag925, 13,5 g, Ø 33 mm
PP: 7.000 Ex. € 60,00

LV-G250
Nationales Erbe (I) –
(4) Königspalast La Granja,
San Ildefonso
2013, 5 EURO
Ag925, 13,5 g, Ø 33 mm
PP: 7.000 Ex. € 60,00

LV-G251
Nationales Erbe (I) –
(5) Kloster Las Descalzas Reales,
Madrid
2013, 5 EURO
Ag925, 13,5 g, Ø 33 mm
PP: 7.000 Ex. € 60,00

LV-G252
Nationales Erbe (I) –
(6) Kloster La Encarnación, Madrid
2013, 5 EURO
Ag925, 13,5 g, Ø 33 mm
PP: 7.000 Ex. € 60,00

LV-G253
300 Jahre Königlich Spanische Akademie
2014, 10 EURO
Ag925, 27 g, Ø 40 mm
PP: 10.000 Ex. € 90,00

LV-G254

LV-G258

LV-G255

LV-G259

LV-G256

LV-G260

LV-G257

LV-G261

LV-G254

UNESCO-Welterbe –
Park Güell, Barcelona
2014, 2 EURO
Ⓓ Luc Luycx und Alfonso Morales Múñoz

Stgl.:	4.000.000 Ex. (Gesamtauflage)	€ 6,50
PP:	10.000 Ex. * (im Folder)	€ 85,00

* sowie im Kursmünzensatz LV-AK2 und 12.000 Ex. im Blister zur European Collector's Convention in Torremolinos

LV-G255

Schätze der Numismatik (IV) –
Real aus der Regierungszeit von König Ferdinand II. von Aragon und Königin Isabella I. von Kastilien
2014, 10 EURO
Ag925, 27 g, Ø 40 mm

PP:	7.500 Ex.	€ 90,00

LV-G256

Schätze der Numismatik (IV) –
Halber Excelente aus der Regierungszeit von König Ferdinand II. von Aragon und Königin Isabella I. von Kastilien
2014, 20 EURO
Au999, 1,24 g, Ø 13,92 mm

PP:	10.000 Ex.	€ 120,00

LV-G257

Schätze der Numismatik (IV) –
Zwei Excelente aus der Regierungszeit von König Ferdinand II. von Aragon und Königin Isabella I. von Kastilien
2014, 100 EURO
Au999, 6,75 g, Ø 23 mm

PP:	4.000 Ex.	€ 740,00

LV-G258

400. Todestag von Dominikos Theotokopoulos, genannt El Greco
2014, 30 EURO
Ag925, 18 g, Ø 33 mm

Stgl.:	366.800 Ex. (Gesamtauflage)	€ 75,00
Folder:	10.000 Ex.	€ 90,00

LV-G259

FIFA-Fußball WM 2014, Brasilien
2014, 10 EURO
Ag925/Au975, 27 g, Ø 40 mm

PP:	8.000 Ex.	€ 125,00

LV-G260

Schätze aus spanischen Museen (II) –
Peter Paul Rubens: „Philip II. zu Pferde"/ „Die drei Grazien"
2014, 10 EURO
Ag925, 27 g, Ø 40 mm

PP:	7.000 Ex.	€ 90,00

LV-G261

Schätze aus spanischen Museen (II) –
Anthonis van Dyck:
„Die eherne Schlange" / „Sir Endymion Porter and Anthonis van Dyck"
2014, 10 EURO
Ag925, 27 g, Ø 40 mm

PP:	7.000 Ex.	€ 90,00

LV-G262

LV-G263

LV-G264

LV-G265

LV-G266

LV-G267

LV-G268

LV-G269

LV-G262
Schätze aus spanischen Museen (II) – Dominikos Theotokopoulos, genannt El Greco: „Die Heilige Dreifaltigkeit“ / „Die Entkleidung Christi“
2014, 10 EURO
Ag925, 27 g, Ø 40 mm
PP: 7.000 Ex. € 90,00

LV-G263
Schätze aus spanischen Museen (II) – Francisco de Goya: „Der Schneesturm“ / „Der Drachen“
2014, 50 EURO
Ag925, 168,75 g, Ø 73 mm
PP: 3.500 Ex. € 470,00

LV-G264
Schätze aus spanischen Museen (II) – Dominikos Theotokopoulos, genannt El Greco: „St. Johannes der Evangelist“ / „Porträt einer Unbekannten“
2014, 400 EURO
Au999, 27 g, Ø 38 mm
PP: 2.000 Ex. € 2.700,00

LV-G265
Europäische Musiker – Manuel de Falla
2014, 10 EURO
Ag925, 27 g, Ø 40 mm
PP: 7.500 Ex. € 85,00

LV-G266
Europäische Musiker – Manuel de Falla
2014, 200 EURO
Au999, 13,5 g, Ø 30 mm
PP: 2.500 Ex. € 1.370,00

LV-G267
Weltmeisterschaft im Sportschießen, Granada
2014, 10 EURO
Ag925, 27 g, Ø 40 mm
PP: 7.500 Ex. € 90,00

LV-G268
Nationales Erbe (II) – (7) Königliche Palast in Madrid
2014, 5 EURO
Ag925, 13,5 g, Ø 33 mm
PP: 7.000 Ex. € 60,00

LV-G269
Nationales Erbe (II) – (8) Königlicher Palast von El Pardo, bei Madrid
2014, 5 EURO
Ag925, 13,5 g, Ø 33 mm
PP: 7.000 Ex. € 60,00

LV-G270

LV-G274

LV-G271

LV-G275

LV-G272

LV-G276

LV-G273

LV-G277

LV-G270

Nationales Erbe (II) –
(9) Königlicher Palast von Aranjuez, bei Madrid
2014, 5 EURO
Ag925, 13,5 g, Ø 33 mm
PP: 7.000 Ex. € 60,00

LV-G271

Nationales Erbe (II) –
(10) Königlicher Palast von Riofrío, bei Segovia
2014, 5 EURO
Ag925, 13,5 g, Ø 33 mm
PP: 7.000 Ex. € 60,00

LV-G272

Nationales Erbe (II) –
(11) Kloster San Jerónimo de Yuste, Cáceres
2014, 5 EURO
Ag925, 13,5 g, Ø 33 mm
PP: 7.000 Ex. € 60,00

LV-G273

Nationales Erbe (II) –
(12) Königliches Kloster von Santa Clara, Tordesillas
2014, 5 EURO
Ag925, 13,5 g, Ø 33 mm
PP: 7.000 Ex. € 60,00

LV-G274

250 Jahre Kgl. Artillerieschule, Segovia
2014, 10 EURO
Ag925, 27 g, Ø 40 mm
PP: 7.500 Ex. € 90,00

LV-G275

Proklamation von Felipe VI. zum König von Spanien
2014, 2 EURO
Ⓓ Luc Luycx und Luis José Díaz Salas
Stgl.: 8.100.000 Ex. (Gesamtauflage) € 6,50
PP: 10.000 Ex. € 90,00

LV-G275 und LV-K8.3 (2-EURO-Kursmünze) in Blisterkarte
Stgl.: 20.000 Ex. € 40,00

LV-G276

Proklamation von Felipe VI. zum König von Spanien
2014, 30 EURO
Ag925, 18 g, Ø 33 mm
Stgl.: 385.700 Ex. (Gesamtauflage) € 75,00
Folder: 10.000 Ex. € 95,00

LV-G277

Städte des UNESCO-Welterbes in Spanien (I) – (1) Alcalá de Henares
2014, 5 EURO
Ag925, 13,5 g, Ø 33 mm
PP: 7.000 Ex. € 60,00

LV-G278

LV-G282

LV-G279

LV-G283

LV-G280

LV-G284

LV-G281

LV-G285

LV-G278
Städte des UNESCO-Welterbes in Spanien (I) – (2) Ávila
2014, 5 EURO
Ag925, 13,5 g, Ø 33 mm
PP: 7.000 Ex. € 60,00

LV-G279
Städte des UNESCO-Welterbes in Spanien (I) – (3) Baeza
2014, 5 EURO
Ag925, 13,5 g, Ø 33 mm
PP: 7.000 Ex. € 60,00

LV-G280
Städte des UNESCO-Welterbes in Spanien (I) – (4) Cáceres
2014, 5 EURO
Ag925, 13,5 g, Ø 33 mm
PP: 7.000 Ex. € 60,00

LV-G281
Städte des UNESCO-Welterbes in Spanien (I) – (5) Córdoba
2014, 5 EURO
Ag925, 13,5 g, Ø 33 mm
PP: 7.000 Ex. € 60,00

LV-G282
70 Jahre Frieden in Europa
2015, 10 EURO
Ag925, 27 g, Ø 40 mm
PP: 7.500 Ex. € 80,00

LV-G283
70 Jahre Frieden in Europa
2015, 200 EURO
Au999, 13,5 g, Ø 30 mm
PP: 2.500 Ex. € 1.360,00

LV-G284
UNESCO-Welterbe – Höhle von Altamira
2015, 2 EURO
Ⓓ Luc Luycx, Begoña Castellanos García
Stgl.: 4.200.000 Ex. (Gesamtauflage) € 6,50
PP.: 10.000 Ex. * (im Folder) € 85,00
* sowie im Kursmünzensatz LV-AK2

LV-G285
500. Geburtstag der Heiligen Teresa von Jesus
2015, 10 EURO
Ag925, 27 g, Ø 40 mm
PP: 7.500 Ex. € 80,00

LV-G286

LV-G290

LV-G287

LV-G291

LV-G288

LV-G292

LV-G289

LV-G293

LV-G286
Städte des UNESCO-Welterbes in Spanien (II) – (6) Cuenca
2015, 5 EURO
Ag925, 13,5 g, Ø 33 mm
PP: 7.000 Ex. € 60,00

LV-G287
Städte des UNESCO-Welterbes in Spanien (II) – (7) San Cristóbal de La Laguna
2015, 5 EURO
Ag925, 13,5 g, Ø 33 mm
PP: 7.000 Ex. € 60,00

LV-G288
Städte des UNESCO-Welterbes in Spanien (II) – (8) Ibiza
2015, 5 EURO
Ag925, 13,5 g, Ø 33 mm
PP: 7.000 Ex. € 60,00

LV-G289
Städte des UNESCO-Welterbes in Spanien (II) – (9) Mérida
2015, 5 EURO
Ag925, 13,5 g, Ø 33 mm
PP: 7.000 Ex. € 60,00

LV-G290
Städte des UNESCO-Welterbes in Spanien (II) – (10) Salamanca
2015, 5 EURO
Ag925, 13,5 g, Ø 33 mm
PP: 7.000 Ex. € 60,00

LV-G291
X. Ibero-Amerikanische Serie – Kulturelle Herkunft: Krieger von Moixent
2015, 5 EURO
Ag925, 13,5 g, Ø 33 mm
Ⓓ Begoña Castellanos García
PP: 10.000 Ex. € 95,00

LV-G292
Schätze aus spanischen Museen (III) – Peter Paul Rubens:
„Der Heilige Augustinus zwischen Christus und der Jungfrau" /
„Susanna und die Ältesten"
2015, 10 EURO
Ag925, 27 g, Ø 40 mm
PP: 7.500 Ex. € 80,00

LV-G293
Schätze aus spanischen Museen (III) – Federico de Madrazo y Kuntz:
„Der Gran Capitán besucht das Schlachtfeld von Cerinola" /
„Isabella II., Königin von Spanien"
2015, 10 EURO
Ag925, 27 g, Ø 40 mm
PP: 7.500 Ex. € 80,00

LV-G294

LV-G295

LV-G296

LV-G297

LV-G298

LV-G299

LV-G300

LV-G301

LV-G294
Schätze aus spanischen Museen (III) – Jacopo Robusti, genannt Tintoretto: „Auffindung des Moses" / „Der Raub der Helena"
2015, 10 EURO
Ag925, 27 g, Ø 40 mm
PP: 7.500 Ex. € 80,00

LV-G295
Schätze aus spanischen Museen (III) – Diego Velázquez: „Kardinal Gaspar de Borja" / Giuseppe Arcimboldo: „Der Frühling"
2015, 50 EURO
Ag925, 168,75 g, Ø 73 mm
PP: 4.000 Ex. € 485,00

LV-G296
Schätze aus spanischen Museen (III) – Francisco de Goya: „Ferdinand VII. zu Pferde" / „Die Beerdigung der Sardine"
2015, 400 EURO
Au999, 27 g, Ø 38 mm
PP: 2 000 Ex. € 2.880,00

LV-G297
400 Jahre des zweiten Teils des Romans „Don Quijote" – Don Quijote beim Lesen von Ritterromanen
2015, 10 EURO
Ag925, 27 g, Ø 40 mm
PP: 7 500 Ex. € 75,00

LV-G298
400 Jahre des zweiten Teils des Romans „Don Quijote" – Don Quijote und sein Schildknappe Sancho Panza
2015, 100 EURO
Au999, 6,75 g, Ø 23 mm
PP: 2.500 Ex. € 830,00

LV-G299
400 Jahre des zweiten Teils des Romans „Don Quijote" – Ritt auf dem Holzpferd „Clavileño"
2015, 30 EURO
Ag925, 18 g, Ø 33 mm
Stgl.: 354.400 Ex. (Gesamtauflage) € 70,00
Folder: 10.000 Ex. € 90,00

LV-G300
Schätze der Numismatik (VI) – 400 Jahre Münze Madrid: 4 Reales von 1615 sowie die fünf Münzzeichen, die während der 400-jährigen Geschichte der Prägestätte verwendet wurden
2015, 10 EURO
Ag925, 27 g, Ø 40 mm
PP: 7.500 Ex. € 80,00

LV-G301
Schätze der Numismatik (VI) – 400 Jahre Münze Madrid: Maravedis von 1615 sowie das Münzzeichen (MD) der Münze Madrid
2015, 20 EURO
Au999, 1,24 g, Ø 13,92 mm
PP: 7.500 Ex. € 120,00

LV-G302

LV-G303

LV-G304

LV-G305

LV-G306

LV-G307

LV-G308

LV-G309

LV-G302
Schätze der Numismatik (VI) –
400 Jahre Münze Madrid:
2 Escudos von 1615
2015, 100 EURO
Au999, 6,75 g, Ø 23 mm
PP: 2.500 Ex. € 690,00

LV-G303
30 Jahre Flagge der Europäischen Union
2015, 2 EURO
Ⓓ Luc Luycx u. Georgios Stamatopoulos
Stgl.: 4.300.000 Ex. (Gesamtauflage) € 6,50
PP: 10.000 Ex. (im Folder) € 60,00

LV-G304
Städte des UNESCO-Welterbes in Spanien (III) – (11) Santiago de Compostela
2015, 5 EURO
Ag925, 13,5 g, Ø 33 mm
PP: 7.000 Ex. € 60,00

LV-G305
Städte des UNESCO-Welterbes in Spanien (III) – (12) Segovia
2015, 5 EURO
Ag925, 13,5 g, Ø 33 mm
PP: 7.000 Ex. € 60,00

LV-G306
Städte des UNESCO-Welterbes in Spanien (III) – (13) Tarragona
2015, 5 EURO
Ag925, 13,5 g, Ø 33 mm
PP: 7.000 Ex. € 60,00

LV-G307
Städte des UNESCO-Welterbes in Spanien (III) – (14) Toledo
2015, 5 EURO
Ag925, 13,5 g, Ø 33 mm
PP: 7.000 Ex. € 60,00

LV-G308
Städte des UNESCO-Welterbes in Spanien (III) – (15) Úbeda
2015, 5 EURO
Ag925, 13,5 g, Ø 33 mm
PP: 7.000 Ex. € 60,00

LV-G309
UNESCO-Welterbe –
Aquädukt von Segovia
2016, 2 EURO
Ⓓ Luc Luycx, Begoña Castellanos García
Stgl.: 3.400.000 Ex. (Gesamtauflage) € 5,50
PP: 10.000 Ex. (im Folder) € 80,00

LV-G310

LV-G311

LV-G312

LV-G313

LV-G314

LV-G315

LV-G316

LV-G317

LV-G310
400. Todestag von Miguel de Cervantes
2016, 30 EURO
Ag925, 18 g, Ø 33 mm

Stgl.:	323.300 Ex. (Gesamtauflage)	€ 70,00
Folder:	10.000 Ex.	€ 90,00

LV-G311
400. Todestag von Miguel de Cervantes
2016, 10 EURO
Ag925, 27 g, Ø 40 mm

PP:	7.500 Ex.	€ 75,00

LV-G312
400. Todestag von Miguel de Cervantes
2016, 200 EURO
Au999, 13,5 g, Ø 30 mm

PP:	2.500 Ex.	€ 1.350,00

LV-G313
Die spanische Olympiamannschaft
2016, 10 EURO
Ag925, 27 g, Ø 40 mm

PP:	7.500 Ex.	€ 75,00

LV-G314
Die spanische Olympiamannschaft
2016, 100 EURO
Au999, 6,75 g, Ø 23 mm

PP:	2.500 Ex.	€ 680,00

LV-G315
500. Todestag von „Ferdinand den Katholischen" König Ferdinand II. von Aragon
2016, 10 EURO
Ag925, 27 g, Ø 40 mm

PP:	7.500 Ex.	€ 75,00

LV-G316
500. Todestag von „Ferdinand den Katholischen" König Ferdinand II. von Aragon
2016, 100 EURO
Au999, 6,75 g, Ø 23 mm

PP:	2.500 Ex.	€ 990,00

LV-G317
Das Zeitalter der Gegenwart in Europa
2016, 10 EURO
Ag925, 27 g, Ø 40 mm

PP:	7.500 Ex.	€ 75,00

LV-G318

LV-G321

LV-G319

LV-G320

LV-G322

LV-G318

Das Zeitalter der Gegenwart in Europa
2016, 200 EURO
Au999, 13,5 g, Ø 30 mm
PP: 2.500 Ex. € 1.430,00

LV-G319

300 Jahre Spanische Post
2016, 10 EURO
Ag925, 27 g, Ø 40 mm
PP: 7.500 Ex. € 75,00

LV-G320

300. Geburtstag von König Karl III.
2016, 10 EURO
Ag925, 27 g, Ø 40 mm
PP: 7.500 Ex. € 75,00

LV-G321

Schätze aus spanischen Museen (IV) – „Garten der Lüste: Garten Eden",
Hieronymus Bosch
2016, 25 EURO
Ag999, 67,5 g, 60 x 30 mm
PP: 2.000 Ex., als Satz mit LV-G322 und G323

LV-G322

Schätze aus spanischen Museen (IV) – „Garten der Lüste: Hölle ",
Hieronymus Bosch
2016, 25 EURO
Ag999, 67,5 g, 60 x 30 mm
PP: 2.000 Ex., als Satz mit LV-G321 und G323

LV-G323

LV-G325

LV-G326

LV-G327

LV-G324

LV-G328

LV-G323

Schätze aus spanischen Museen (IV) – „Garten der Lüste: Paradies", Hieronymus Bosch
2016, 50 EURO
Ag999, 135 g, 60 x 60 mm
PP: 2.000 Ex., als Satz mit LV-G321 und G322

LV-G321 bis G323: € 925,00

LV-G324

Schätze aus spanischen Museen (IV) – Hieronymus Bosch: „Der Heuwagen" und „Die Versuchung des hl. Antonius"
2016, 400 EURO
Au999, 27 g, Ø 38 mm
PP: 1.500 Ex. € 3.130,00

LV-G325

Schätze der Numismatik (VII) – Drachma aus Cadiz
2016, 10 EURO
Ag925, 27 g, Ø 40 mm
PP: 7.500 Ex. € 75,00

LV-G326

Schätze der Numismatik (VII) – As aus Burgos
2016, 20 EURO
Au999, 1,24 g, Ø 13,92 mm
PP: 7.500 Ex. € 150,00

LV-G327

Schätze der Numismatik (VII) – Hemidrachme aus Ibiza
2016, 100 EURO
Au999, 6,75 g, Ø 23 mm
PP: 2.500 Ex. € 940,00

LV-G328

UNESCO-Welterbe – Kirchen des Königreichs Asturien: Santa María del Naranco
2017, 2 EURO
Stgl.: 500.000 Ex. (Gesamtauflage) € 6,50
PP: 10.000 Ex. (im Folder) € 55,00

LV-G329

LV-G330

LV-G331

LV-G332

LV-G333

LV-G334

LV-G335

LV-G336

LV-G329
FIFA-Fußball-WM 2018, Russland
2017, 10 EURO
Ag925, 27 g, Ø 40 mm
PP: 50.000 Ex. € 110,00

LV-G330
FIFA-Fußball-WM 2018, Russland
2017, 100 EURO
Au999, 6,75 g, Ø 23 mm
PP: 3.000 Ex. € 700,00

LV-G331
300 Jahre Königliche Gesellschaft der Seekadetten
2017, 10 EURO
Ag925, 27 g, Ø 40 mm
PP: 7.500 Ex. € 95,00

LV-G332
Das Zeitalter von Eisen und Glas: Kristallpalast in Madrid – Nachbau der „Mataró", der ersten Lokomotive auf der Iberischen Halbinsel – Rosalía de Castro
2017, 10 EURO
Ag925, 27 g, Ø 40 mm
PP: 7.500 Ex. € 110,00

LV-G333
Das Zeitalter von Eisen und Glas: Kristallpalast in Madrid – Nachbau der „Mataró", der ersten Lokomotive auf der Iberischen Halbinsel – Rosalía de Castro
2017, 200 EURO
Au999, 13,5 g, Ø 30 mm
PP: 2.500 Ex. € 1.510,00

LV-G334
Die Geschichte des Dollar
2017, 300 EURO
Ag999, 1,007 kg, Ø 100 mm
PP: 1.000 Ex. € 2.750,00

LV-G335
25 Jahre Vertrag von Maastricht
2017, 30 EURO
Ag925, 18 g, Ø 33 mm
Stgl.: 279.400 Ex. (Gesamtauflage) € 70,00
Folder: 10.000 Ex. € 75,00

LV-G336
Schätze aus spanischen Museen (V) – 25 Jahre Thyssen-Bornemisza Museum; Bartolomé Esteban Murillo: „Madonna und Kind mit Rosa von Viterbo"; Peter Paul Rubens: „Venus und Cupido"
2017, 10 EURO
Ag925, 27 g, Ø 40 mm
PP: 7.500 Ex. € 95,00

LV-G337

LV-G341

LV-G338

LV-G342

LV-G339

LV-G343

LV-G340

LV-G344

LV-G337

Schätze aus spanischen Museen (V) – 25 Jahre Thyssen-Bornemisza Museum; Thomas Lawrence: „David Lyon", Édouard Manet: „Die Reiterin"
2017, 10 EURO
Ag925, 27 g, Ø 40 mm

PP:	7.500 Ex.	€ 95,00

LV-G338

Schätze aus spanischen Museen (V) – 25 Jahre Thyssen-Bornemisza Museum; Edgar Degas: „Tänzerinnen in Grün"; Juan Gris: „Flasche und Obstschale"
2017, 10 EURO
Ag925, 27 g, Ø 40 mm

PP:	7.500 Ex.	€ 95,00

LV-G339

Schätze aus spanischen Museen (V) – 25 Jahre Thyssen-Bornemisza Museum; Charles Ferdinand Wimar: „Die verlorene Spur"; Edward Hopper: „Hotelzimmer"
2017, 50 EURO
Ag925, 168,75 g, Ø 73 mm

PP:	3.000 Ex.	€ 585,00

LV-G340

Schätze aus spanischen Museen (V) – 25 Jahre Thyssen-Bornemisza Museum; Domenico Ghirlandaio: „Giovanna Tornabuoni"; Hans Holbein der Jüngere: „Heinrich VIII. von England"
2017, 400 EURO
Au999, 27 g, Ø 38 mm

PP:	2.000 Ex.	€ 3.070,00

LV-G341

Internationales Jahr des nachhaltigen Tourismus für Entwicklung
2017, 10 EURO
Ag925, 27 g, Ø 40 mm

PP:	7.500 Ex.	€ 95,00

LV-G342

XI. Ibero-Amerikanische Serie – Wunder der Natur: „Strand der Kathedralen" (Playa de las Catedrales) in Galicien
2017, 5 EURO
Ag925, 13,5 g, Ø 33 mm

PP:	10.000 Ex.	€ 70,00

LV-G343

Schätze der Numismatik (VIII) – Das Haus Bourbon: 8-Reales-Silbermünze (1808) aus der Regierungszeit von Karl IV. (1788–1808)
2017, 10 EURO
Ag925, 27 g, Ø 40 mm

PP:	7.500 Ex.	€ 95,00

LV-G344

Schätze der Numismatik (VIII) – Das Haus Bourbon: 1-Peseta-Goldmünze (2001) aus der Regierungszeit von Juan Carlos I. (1975–2014)
2017, 20 EURO
Au999, 1,24 g, Ø 13,92 mm

PP:	7.500 Ex.	€ 130,00

LV-G345

LV-G346

LV-G347

LV-G348

LV-G349

LV-G350

LV-G351

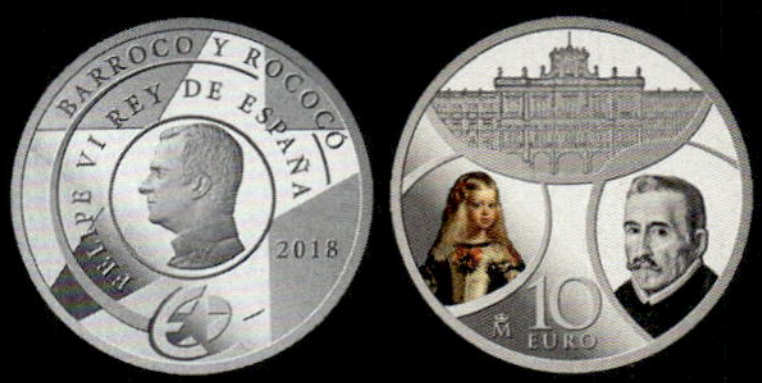

LV-G352

LV-G345
Schätze der Numismatik (VIII) – Das Haus Bourbon: 2-Escudo-Goldmünze (1731) aus der Regierungszeit von Philipp V. (1700–1746)
2017, 100 EURO
Au999, 6,75 g, Ø 23 mm

PP:	2.500 Ex.	€ 870,00

LV-G346
50. Geburtstag von König Felipe VI.
2018, 30 EURO
Ag925, 18 g, Ø 33 mm

Stgl.:	465.000 Ex. (Gesamtauflage)	€ 70,00
Folder:	10.000 Ex.	€ 95,00

LV-G347
50. Geburtstag von König Felipe VI.
2018, 2 EURO

Stgl.:	400.000 Ex. (Gesamtauflage)	€ 11,00
PP:	7.500 Ex.* (im Folder)	€ 60,00

* sowie im Kursmünzensatz LV-AK2

LV-G348
UNESCO-Weltkulturerbe – Altstadt von Santiago de Compostela
2018, 2 EURO

Stgl.:	300.000 Ex. (Gesamtauflage)	€ 23,00
PP:	7.500 Ex.* (im Folder)	€ 75,00

* sowie im Kursmünzensatz LV-AK2

LV-G349
FIFA Fußball-WM in Russland
2018, 10 EURO
Ag925, 27 g, Ø 40 mm

PP:	20.000 Ex.	€ 100,00

LV-G350
FIFA Fußball-WM in Russland
2018, 100 EURO
Au999, 6,75 g, Ø 23 mm

PP:	3.500 Ex.	€ 775,00

LV-G351
Das Zeitalter des Barock und Rokoko – Plaza Mayor von Salamanca, Infantin Margarita Teresa und Lope de Vega
2018, 10 EURO
Ag925, 27 g, Ø 40 mm

PP:	7.500 Ex.	€ 100,00

LV-G352
Das Zeitalter des Barock und Rokoko – Plaza Mayor von Salamanca, Infantin Margarita Teresa und Lope de Vega
2018, 200 EURO
Au999, 13,5 g, Ø 30 mm

PP:	2.000 Ex.	€ 1.350,00

LV-G353

LV-G354

LV-G355

LV-G356

LV-G357

LV-G358

LV-G359

LV-G360

LV-G353
800 Jahre Universität von Salamanca
2018, 10 EURO
Ag925, 27 g, Ø 40 mm
PP: 6.000 Ex. € 110,00

LV-G354
150. Jahrestag der letzten Prägung spanischer Escudo-Goldmünzen – 1-Escudo-Münze von 1759, aus der Regierungszeit von Ferdinand VI. (1746–1759)
2018, 50 EURO
Au999, 3,375 g, Ø 19 mm
PP: 2.500 Ex. € 580,00

LV-G355
150. Jahrestag der letzten Prägung spanischer Escudo-Goldmünzen – 2-Escudo-Münze von 1607, aus der Regierungszeit von Philipp III. (1598–1621)
2018, 100 EURO
Au999, 6,75 g, Ø 23 mm
PP: 2.000 Ex. € 760,00

LV-G356
150. Jahrestag der letzten Prägung spanischer Escudo-Goldmünzen – 4-Escudo-Münze (undatiert), aus der Regierungszeit von Philipp II. (1556–1598)
2018, 200 EURO
Au999, 13,5 g, Ø 30 mm
PP: 1.500 Ex. € 1.360,00

LV-G357
150. Jahrestag der letzten Prägung spanischer Escudo-Goldmünzen – 8-Escudo-Münze von 1719, aus der Regierungszeit von Philipp V. (1700–1746)
2018, 400 EURO
Au999, 27 g, Ø 38 mm
PP: 1.000 Ex. € 2.600,00

LV-G358
1300. Jahrestag des Königreichs Asturien (die Bildseite der Münze zeigt den König zusammen mit seiner Tochter Leonor, der Prinzessin von Asturien)
2018, 30 EURO
Ag925, 18 g, Ø 33 mm
Stgl.: 578.800 Ex. (Gesamtauflage) € 70,00
Folder: 5.000 Ex. € 75,00

LV-G359
50. Geburtstag von König Felipe VI. – Vereidigung auf die Verfassung (1986)
2018, 10 EURO
Ag925, 27 g, Ø 40 mm
PP: 6.000 Ex. € 95,00

LV-G360
50. Geburtstag von König Felipe VI. – Olympische Spiele in Barcelona (1992)
2018, 10 EURO
Ag925, 27 g, Ø 40 mm
PP: 6.000 Ex. € 95,00

LV-G361

LV-G362

LV-G363

LV-G364

LV-G365

LV-G366

LV-G367

LV-G368

LV-G361
50. Geburtstag von König Felipe VI. – Hochzeit von Felipe und Letizia (2004)
2018, 10 EURO
Ag925, 27 g, Ø 40 mm
PP: 6.000 Ex. € 95,00

LV-G362
50. Geburtstag von König Felipe VI. – Felipe mit seiner ältesten Tochter Leonor
2018, 10 EURO
Ag925, 27 g, Ø 40 mm
PP: 6.000 Ex. € 95,00

LV-G363
50. Geburtstag von König Felipe VI. – Die königliche Familie
2018, 50 EURO
Ag925, 168,75 g, Ø 73 mm
PP: 2.000 Ex. € 600,00

LV-G364
50. Geburtstag von König Felipe VI. – Vereidigung als Staatsoberhaupt (2014)
2018, 400 EURO
Au999, 27 g, Ø 38 mm
PP: 1.500 Ex. € 3.000,00

LV-G365
40 Jahre spanische Verfassung
2018, 10 EURO
Ag925, 27 g, Ø 40 mm
PP: 5.000 Ex. € 95,00

LV-G366
Geschichte der Seefahrt (I) – Phönizisches Schiff
2018, 1,50 EURO
CuNi, 15 g, Ø 33 mm
Stgl.: 10.000 Ex. € 27,50

LV-G367
Geschichte der Seefahrt (I) – Skandinavischer Drakkar
2018, 1,50 EURO
CuNi, 15 g, Ø 33 mm
Stgl.: 10.000 Ex. € 27,50

LV-G368
Geschichte der Seefahrt (I) – Spanisches Linienschiff
2018, 1,50 EURO
CuNi, 15 g, Ø 33 mm
Stgl.: 10.000 Ex. € 27,50

LV-G369

LV-G370

LV-G371

LV-G372

LV-G373

LV-G374

LV-G375

LV-G376

LV-G369
Geschichte der Seefahrt (I) – Segelschulschiff „Juan Sebastian de Elcano"
2018, 1,50 EURO
CuNi, 15 g, Ø 33 mm
Stgl.: 10.000 Ex. € 27,50

LV-G370
Geschichte der Seefahrt (II) – Panzerkreuzer „Carlos V."
2019, 1,50 EURO
CuNi, 15 g, Ø 33 mm
Stgl.: 10.000 Ex. € 25,00

LV-G371
Geschichte der Seefahrt (II) – Chinesische Dschunke
2019, 1,50 EURO
CuNi, 15 g, Ø 33 mm
Stgl.: 10.000 Ex. € 25,00

LV-G372
Geschichte der Seefahrt (II) – Versorgungsschiff „Patiño"
2019, 1,50 EURO
CuNi, 15 g, Ø 33 mm
Stgl.: 10.000 Ex. € 25,00

LV-G373
Geschichte der Seefahrt (II) – Griechische Triere
2019, 1,50 EURO
CuNi, 15 g, Ø 33 mm
Stgl.: 10.000 Ex. € 25,00

LV-G374
Geschichte der Seefahrt (III) – Segelschiff aus dem 14. Jh.
2019, 1,50 EURO
CuNi, 15 g, Ø 33 mm
Stgl.: 10.000 Ex. € 25,00

LV-G375
Geschichte der Seefahrt (III) – Flugzeugträger „Juan Carlos I."
2019, 1,50 EURO
CuNi, 15 g, Ø 33 mm
Stgl.: 10.000 Ex. € 25,00

LV-G376
Geschichte der Seefahrt (III) – Spanische Galeere aus dem 17. Jh.
2019, 1,50 EURO
CuNi, 15 g, Ø 33 mm
Stgl.: 10.000 Ex. € 25,00

LV-G377

LV-G378

LV-G379

LV-G380

LV-G381

LV-G382

LV-G383

LV-G384

LV-G377
Geschichte der Seefahrt (III) –
Karavelle aus dem 16. Jahrhundert
2019, 1,50 EURO
CuNi, 15 g, Ø 33 mm
Stgl.: 10.000 Ex. € 25,00

LV-G378
Geschichte der Seefahrt (IV) –
Nao „Victoria"
2019, 1,50 EURO
CuNi, 15 g, Ø 33 mm
Stgl.: 10.000 Ex. € 25,00

LV-G379
Geschichte der Seefahrt (IV) –
Römische Kriegs-Bireme
2019, 1,50 EURO
CuNi, 15 g, Ø 33 mm
Stgl.: 10.000 Ex. € 25,00

LV-G380
Geschichte der Seefahrt (IV) –
Spanische Galeone aus dem 17. Jh.
2019, 1,50 EURO
CuNi, 15 g, Ø 33 mm
Stgl.: 10.000 Ex. € 25,00

LV-G381
Geschichte der Seefahrt (IV) –
Fregatte „Numancia"
2019, 1,50 EURO
CuNi, 15 g, Ø 33 mm
Stgl.: 10.000 Ex. € 25,00

LV-G382
Geschichte der Seefahrt (V) –
Spanische Schebecke aus dem 18. Jh.
2019, 1,50 EURO
CuNi, 15 g, Ø 33 mm
Stgl.: 10.000 Ex. € 25,00

LV-G383
Geschichte der Seefahrt (V) –
Spanischer Schoner
2019, 1,50 EURO
CuNi, 15 g, Ø 33 mm
Stgl.: 10.000 Ex. € 25,00

LV-G384
Geschichte der Seefahrt (V) –
U-Boot der Galerna-Klasse
2019, 1,50 EURO
CuNi, 15 g, Ø 33 mm
Stgl.: 10.000 Ex. € 25,00

LV-G385

LV-G386

LV-G387

LV-G388

LV-G389

LV-G390

LV-G391

LV-G392

LV-G385

Geschichte der Seefahrt (V) – Polarforschungsschiff „Hespérides"
2019, 1,50 EURO
CuNi, 15 g, Ø 33 mm
Stgl.: 10.000 Ex. € 25,00

LV-G386

Schätze der Numismatik (IX) – Das Haus Habsburg: 8-Reales-Silbermünze (1611) aus der Regierungszeit von Philipp III. (1598–1621)
2019, 10 EURO
Ag925, 27 g, Ø 40 mm
PP: 5.000 Ex. € 95,00

LV-G387

Schätze der Numismatik (IX) – Das Haus Habsburg: 4-Escudo-Goldmünze (1687) aus der Regierungszeit von Karl II. (1665–1700)
2019, 20 EURO
Au999, 1,24 g, Ø 13,92 mm
PP: 5.000 Ex. € 140,00

LV-G388

Schätze der Numismatik (IX) – Das Haus Habsburg: 8-Escudo-Goldmünze (1632) aus der Regierungszeit von Philipp IV. (1621–1665)
2019, 100 EURO
Au999, 6,75 g, Ø 23 mm
PP: 2.000 Ex. € 680,00

LV-G389

UNESCO-Weltkulturerbe – Altstadt von Ávila und einigen außerhalb der Stadtmauern gelegene Kirchen
2019, 2 EURO
Stgl.: 1.000.000 Ex. (Gesamtauflage) € 6,50
PP: 7.500 Ex.* (im Folder) € 40,00
* sowie im Kursmünzensatz LV-AK2

LV-G390

Schätze aus spanischen Museen (VI) – 200 Jahre Prado-Museum; Francisco de Goya: „Die nackte Maja"
2019, 10 EURO
Ag999, 31,41 g, 36 × 36 mm
PP: 5.000 Ex. € 130,00

LV-G391

Schätze aus spanischen Museen (VI) – 200 Jahre Prado-Museum; Diego Velázquez: „Porträt des Prinz Balthasar Carlos zu Pferd"
2019, 10 EURO
Ag999, 31,41 g, 36 × 36 mm
PP: 5.000 Ex. € 130,00

LV-G392

Schätze aus spanischen Museen (VI) – 200 Jahre Prado-Museum; El Greco: „Verkündigung"
2019, 10 EURO
Ag999, 31,41 g, 36 × 36 mm
PP: 5.000 Ex. € 130,00

LV-G393

LV-G397

LV-G394

LV-G398

LV-G395

LV-G399

LV-G396

LV-G400

LV-G393
Schätze aus spanischen Museen (VI) – 200 Jahre Prado-Museum;
Leone Leoni: „Karl V."
2019, 100 EURO
Au999, 6,75 g, Ø 23 mm
PP: 2.500 Ex. € 720,00

LV-G394
Schätze aus spanischen Museen (VI) – 200 Jahre Prado-Museum;
Giovanni di Benedetto: „Meleandros Jagd"
2019, 100 EURO
Au999, 6,75 g, Ø 23 mm
PP: 2.500 Ex. € 680,00

LV-G395
Schätze aus spanischen Museen (VI) – 200 Jahre Prado-Museum;
Schüler des Pasiteles: „Orestes und Pylades" (10 v. Chr.)
2019, 100 EURO
Au999, 6,75 g, Ø 23 mm
PP: 2.500 Ex. € 680,00

LV-G396
Münzsorten Spaniens
2019, 300 EURO
Ag999, 1,007 kg, Ø 100 mm
PP: 500 Ex. € 2.750,00

LV-G397
Das Zeitalter der Renaissance – Alhambra-Palast in Granada, Don Quijote auf Rosinante, Porträt von Juan de la Cosa
2019, 10 EURO
Ag925, 27 g, Ø 40 mm
PP: 5.000 Ex. € 100,00

LV-G398
Das Zeitalter der Renaissance – Alhambra-Palast in Granada, Don Quijote auf Rosinante, Porträt von Juan de la Cosa
2019, 200 EURO
Au999, 13,5 g, Ø 30 mm
PP: 2.500 Ex. € 1.280,00

LV-G399
50. Jahrestag der ersten bemannten Mondlandung
2019, 10 EURO
Ag925, 27 g, Ø 40 mm
PP: 5.000 Ex. € 140,00

LV-G400
500. Jahrestag des Beginns der ersten Weltumseglung durch Ferdinand Magellan und Juan Sebastián Elcano
2019, 10 EURO
Ag925, 27 g, Ø 40 mm
PP: 5.000 Ex. € 116,00

LV-G401

LV-G405

LV-G402

LV-G406

LV-G403

LV-G407

LV-G404

LV-G408

LV-G401
175 Jahre Guardia Civil
2019, 10 EURO
Ag925, 27 g, Ø 40 mm
PP: 7.500 Ex. € 95,00

LV-G402
200 Jahre Prado-Museum
2019, 30 EURO
Ag925, 18 g, Ø 33 mm
Stgl.: 5.000 Ex. € 77,00

LV-G403
Mudejar-Architektur in Aragon
2020, 2 EURO
Stgl.: 4.000.000 Ex. € 6,00
PP: 5.000 Ex. € 44,00

LV-G404
100. Jahrestag der Spanischen Legion
2020, 10 EURO
Ag925, 27 g, Ø 40 mm
PP: 6.000 Ex. € 340,00

LV-G405
Gotik
2020, 10 EURO
Ag925, 27 g, Ø 40 mm
PP: 5.000 Ex. € 104,00

LV-G406
Gotik
2020, 200 EURO
Au999, 13,5 g, Ø 30 mm
PP: 2.500 Ex. € 1.640,00

LV-G407
Fußball EM 2020
2020, 10 EURO
Ag925, 27 g, Ø 40 mm
PP: 6.000 Ex. € 120,00

LV-G408
Fußball EM 2020
2020, 100 EURO
Au999, 6,75 g, Ø 23 mm
PP: 2.000 Ex. € 920,00

LV-G409

LV-G410

LV-G411

LV-G412

LV-G413

LV-G414

LV-G415

LV-G416

LV-G409
XII. Ibero-Amerikanische Serie – Historische Eisenbahnen
2020, 5 EURO
Ag925, 13,5 g, Ø 33 mm

PP:	7.000 Ex.	€ –,–

LV-G410
Kampf gegen COVID-19 – Danke – Gracias
2020, 30 EURO
Ag925, 18 g, Ø 33 mm

Stgl.:	1.000.000 Ex.	€ 70,00
PP:	10.000 Ex.	€ 85,00

LV-G411
500. Jahrestag der Weltumsegelung durch Magellan – Erste Weltumseglung
2020, 10 EURO
Ag925, 27 g, Ø 40 mm

PP:	5.000 Ex.	€ 95,00

LV-G412
Historische Stadt Toledo
2021, 2 EURO

Stgl.:	4.000.000 Ex.	€ 6,00
PP:	5.000 Ex.	€ 42,00

LV-G413
Emilia Pardo Bazan
2021, 10 EURO
Ag925, 27 g, Ø 40 mm

PP:	5.000 Ex.	€ 100,00

LV-G414
800. Jahrestag des Baubeginns der Kathedrale von Burgos
2021, 10 EURO
Ag925, 27 g, Ø 40 mm

PP:	6.000 Ex.	€ 95,00

LV-G415
Fifa-Fußballweltmeisterschaft in Katar
2021, 10 EURO
Ag925, 27 g, Ø 40 mm

PP:	15.000 Ex.	€ 100,00

LV-G416
Fifa-Fußballweltmeisterschaft in Katar
2021, 200 EURO
Au999, 13,5 g, Ø 30 mm

PP:	2.500 Ex.	€ 900,00

LV-G417

LV-G418

LV-G419

LV-G420

LV-G417
450. Jahrestag der Schlacht von Lepanto
2021, 50 EURO
Ag925, 168,75 g, Ø 73 mm
PP: 2.500 Ex. € –,–

LV-G418
450. Jahrestag der Schlacht von Lepanto
2021, 10 EURO
Ag925, 27 g, Ø 40 mm
PP: 6.000 Ex. € 95,00

LV-G419
Iberischer Luchs
2021, 1,5 EURO
Au999, 31,21 g, Ø 37 mm
PP: 12.000 Ex. € –,–

LV-G420
500. Jahrestag der Weltumsegelung durch Magellan – Gewürzinseln
2021, 10 EURO
Ag925, 27 g, Ø 40 mm
PP: 5.000 Ex. € –,–

Vorschau 2022

- 500. Jahrestag der ersten Weltumrundung (2 EURO)
- UNESCO-Weltkulturerbe – Nationalpark Garajonay (2 EURO)
- 35 Jahre Erasmus-Programm (2 EURO, Gemeinschaftsausgabe)

VATIKANSTADT

Bildquelle: ENIT

Im Bereich von Rom
liegendes selbstständiges,
päpstliches Staatsgebiet
Fläche: 0,44 km²
Einwohnerzahl: ca. 450
Nicht Mitglied der EU
Bisherige Währung: Italienische Lira
Bildmotiv: Petersdom in Rom

LVA-K1.1 1 Cent (Papst Joh. Paul II.)

Jahr	Auflage	Stgl.
2002	nur aus Sätzen und Starterkits	80,00
2003	nur aus Sätzen	50,00
2004	nur aus Sätzen	42,00
2005	nur aus Sätzen	36,00

LVA-K1.2 1 Cent (Sede vacante)

Jahr	Auflage	Stgl.
2005	nur aus Sätzen	70,00

LVA-K3.1 5 Cent (Papst Joh. Paul II.)

Jahr	Auflage	Stgl.
2002	nur aus Sätzen und Starterkits	75,00
2003	nur aus Sätzen	48,00
2004	nur aus Sätzen	42,00
2005	nur aus Sätzen	38,00

LVA-K3.2 5 Cent (Sede vacante)

Jahr	Auflage	Stgl.
2005	nur aus Sätzen	55,00

LVA-K2.1 2 Cent (Papst Joh. Paul II.)

Jahr	Auflage	Stgl.
2002	nur aus Sätzen und Starterkits	65,00
2003	nur aus Sätzen	45,00
2004	nur aus Sätzen	42,00
2005	nur aus Sätzen	35,00

LVA-K2.2 2 Cent (Sede vacante)

Jahr	Auflage	Stgl.
2005	nur aus Sätzen	65,00

LVA-K4.1 10 Cent (Papst Joh. Paul II.)

Jahr	Auflage	Stgl.
2002	nur aus Sätzen und Starterkits	70,00
2003	nur aus Sätzen	39,00
2004	nur aus Sätzen	41,00
2005	nur aus Sätzen	36,00

LVA-K4.2 10 Cent (Sede vacante)

Jahr	Auflage	Stgl.
2005	nur aus Sätzen	50,00

LVA-K5.1 20 Cent (Papst Joh. Paul II.)		
Jahr	**Auflage**	**Stgl.**
2002	nur aus Sätzen und Starterkits	55,00
2003	nur aus Sätzen	39,00
2004	nur aus Sätzen	37,00
2005	nur aus Sätzen	35,00

LVA-K5.2 20 Cent (Sede vacante)		
Jahr	**Auflage**	**Stgl.**
2005	nur aus Sätzen	55,00

LVA-K7.1 1 Euro (Papst Joh. Paul II.)		
Jahr	**Auflage**	**Stgl.**
2002	nur aus Sätzen und Starterkits	180,00
2003	nur aus Sätzen	100,00
2004	nur aus Sätzen	75,00
2005	nur aus Sätzen	80,00

LVA-K7.2 1 Euro (Sede vacante)		
Jahr	**Auflage**	**Stgl.**
2005	nur aus Sätzen	180,00

LVA-K6.1 50 Cent (Papst Joh. Paul II.)		
Jahr	**Auflage**	**Stgl.**
2002	nur aus Sätzen und Starterkits	80,00
2003	nur aus Sätzen	39,00
2004	nur aus Sätzen	42,00
2005	nur aus Sätzen	40,00

LVA-K6.2 50 Cent (Sede vacante)		
Jahr	**Auflage**	**Stgl.**
2005	nur aus Sätzen	55,00

LVA-K8.1 2 Euro (Papst Joh. Paul II.)		
Jahr	**Auflage**	**Stgl.**
2002	nur aus Sätzen und Starterkits	500,00
2003	nur aus Sätzen	260,00
2004	nur aus Sätzen	230,00
2005	nur aus Sätzen	230,00

LVA-K8.2 2 Euro (Sede vacante)		
Jahr	**Auflage**	**Stgl.**
2005	nur aus Sätzen	525,00

LVA-K1.3 1 Cent (Papst Benedikt XVI.)

Jahr	Auflage	Stgl.
2006	nur aus Sätzen	34,00
2007	nur aus Sätzen	25,00
2008	nur aus Sätzen	22,00
2009	nur aus Sätzen	20,00
2010	nur aus Sätzen	15,00
2011	nur aus Sätzen	16,00
2012	nur aus Sätzen	15,00
2013	nur aus Sätzen	15,00

LVA-K3.3 5 Cent (Papst Benedikt XVI.)

Jahr	Auflage	Stgl.
2006	nur aus Sätzen	30,00
2007	nur aus Sätzen	25,00
2008	nur aus Sätzen	19,00
2009	nur aus Sätzen	19,00
2010	nur aus Sätzen	15,00
2011	nur aus Sätzen	12,00
2012	nur aus Sätzen	15,00
2013	nur aus Sätzen	13,00

LVA-K2.3 2 Cent (Papst Benedikt XVI.)

Jahr	Auflage	Stgl.
2006	nur aus Sätzen	30,00
2007	nur aus Sätzen	23,00
2008	nur aus Sätzen	20,00
2009	nur aus Sätzen	17,00
2010	nur aus Sätzen	15,00
2011	nur aus Sätzen	17,00
2012	nur aus Sätzen	13,00
2013	nur aus Sätzen	13,00

LVA-K4.3 10 Cent (Papst Benedikt XVI.)

Jahr	Auflage	Stgl.
2006	nur aus Sätzen	29,00
2007	nur aus Sätzen	25,00

LVA-K4.4 10 Cent (neue Europakarte)

Jahr	Auflage	Stgl.
2008	nur aus Sätzen	19,00
2009	nur aus Sätzen	17,00
2010	nur aus Sätzen	14,00
2011	nur aus Sätzen	13,00
2012	nur aus Sätzen	15,00
2013	nur aus Sätzen	12,00

LVA-K5.3 20 Cent (Papst Benedikt XVI.)		
Jahr	**Auflage**	**Stgl.**
2006	nur aus Sätzen	30,00
2007	nur aus Sätzen	24,00

LVA-K5.4 20 Cent (neue Europakarte)		
Jahr	**Auflage**	**Stgl.**
2008	nur aus Sätzen	19,00
2009	nur aus Sätzen	18,00
2010	nur aus Sätzen	14,00
2011	nur aus Sätzen	12,00
2012	nur aus Sätzen	15,00
2013	nur aus Sätzen	12,00

LVA-K7.3 1 Euro (Papst Benedikt XVI.)		
Jahr	**Auflage**	**Stgl.**
2006	nur aus Sätzen	49,00
2007	nur aus Sätzen	70,00

LVA-K7.4 1 Euro (neue Europakarte)		
Jahr	**Auflage**	**Stgl.**
2008	nur aus Sätzen	44,00
2009	nur aus Sätzen	35,00
2010	nur aus Sätzen	37,00
2011	nur aus Sätzen	33,00
2012	nur aus Sätzen	33,00
2013	nur aus Sätzen	32,00

LVA-K6.3 50 Cent (Papst Benedikt XVI.)		
Jahr	**Auflage**	**Stgl.**
2006	nur aus Sätzen	31,00
2007	nur aus Sätzen	24,00

LVA-K6.4 50 Cent (neue Europakarte)		
Jahr	**Auflage**	**Stgl.**
2008	nur aus Sätzen	22,50
2009	nur aus Sätzen	19,00
2010	ca. 2.400.000	6,50
2011	ca. 2.400.000	7,00
2012	ca. 1.800.000	6,00
2013	ca. 2.150.000	7,00

LVA-K8.3 2 Euro (Papst Benedikt XVI.)		
Jahr	**Auflage**	**Stgl.**
2006	nur aus Sätzen	220,00
2007	nur aus Sätzen	170,00

LVA-K8.4 2 Euro (neue Europakarte)		
Jahr	**Auflage**	**Stgl.**
2008	nur aus Sätzen	150,00
2009	nur aus Sätzen	120,00
2010	nur aus Sätzen	90,00
2011	nur aus Sätzen	90,00
2012	nur aus Sätzen	85,00
2013	nur aus Sätzen	90,00

LVA-K1.5 1 Cent (Papst Franziskus)

Jahr	Auflage	Stgl.
2014	nur aus Sätzen	15,00
2015	nur aus Sätzen	15,00
2016	nur aus Sätzen	15,00

LVA-K1.6 1 Cent

Jahr	Auflage	Stgl.
2017	nur aus Sätzen	15,00
2018	nur aus Sätzen	13,00
2019	nur aus Sätzen	15,00
2020	43.000 (KMS)*	15,00
2021	45.000 (KMS)**	15,00

LVA-K3.5 5 Cent (Papst Franziskus)

Jahr	Auflage	Stgl.
2014	nur aus Sätzen	12,00
2015	nur aus Sätzen	13,00
2016	nur aus Sätzen	15,00

LVA-K3.6 5 Cent

Jahr	Auflage	Stgl.
2017	nur aus Sätzen	11,00
2018	nur aus Sätzen	9,50
2019	nur aus Sätzen	9,00
2020	43.000 (KMS)*	9,50
2021	45.000 (KMS)**	8,50

LVA-K2.5 2 Cent (Papst Franziskus)

Jahr	Auflage	Stgl.
2014	nur aus Sätzen	12,00
2015	nur aus Sätzen	15,00
2016	nur aus Sätzen	15,00

LVA-K2.6 2 Cent

Jahr	Auflage	Stgl.
2017	nur aus Sätzen	11,00
2018	nur aus Sätzen	9,50
2019	nur aus Sätzen	10,00
2020	43.000 (KMS)*	9,50
2021	45.000 (KMS)**	8,50

LVA-K4.5 10 Cent (Papst Franziskus)

Jahr	Auflage	Stgl.
2014	nur aus Sätzen	13,00
2015	nur aus Sätzen	15,00
2016	nur aus Sätzen	15,00

LVA-K4.6 10 Cent

Jahr	Auflage	Stgl.
2017	nur aus Sätzen	10,00
2018	nur aus Sätzen	9,50
2019	nur aus Sätzen	11,00
2020	43.000 (KMS)*	9,50
2021	45.000 (KMS)**	8,50

* sowie 7.999 in PP ** sowie 5.299 in PP

LVA-K5.5 20 Cent (Papst Franziskus)

Jahr	Auflage	Stgl.
2014	nur aus Sätzen	13,00
2015	nur aus Sätzen	15,00
2016	nur aus Sätzen	15,00

LVA-K5.6 20 Cent

Jahr	Auflage	Stgl.
2017	nur aus Sätzen	11,00
2018	nur aus Sätzen	9,50
2019	nur aus Sätzen	9,00
2020	43.000 (KMS)*	9,00
2021	45.000 (KMS)**	8,50

LVA-K7.5 1 Euro (Papst Franziskus)

Jahr	Auflage	Stgl.
2014	nur aus Sätzen	30,00
2015	nur aus Sätzen	29,00
2016	nur aus Sätzen	27,00

LVA-K7.6 1 Euro

Jahr	Auflage	Stgl.
2017	nur aus Sätzen	23,00
2018	nur aus Sätzen	25,00
2019	nur aus Sätzen	26,00
2020	43.000 (KMS)*	23,00
2021	45.000 (KMS)**	19,00

LVA-K6.5 50 Cent (Papst Franziskus)

Jahr	Auflage	Stgl.
2014	1.723.376	6,50
2015	2.256.682	6,00
2016	2.397.676	8,50

LVA-K6.6 50 Cent

Jahr	Auflage	Stgl.
2017	2.403.411	8,00
2018	2.337.169	6,50
2019		9,00
2020	43.000 (KMS)*	9,00
2021	45.000 (KMS)**	9,50

LVA-K8.5 2 Euro (Papst Franziskus)

Jahr	Auflage	Stgl.
2014	nur aus Sätzen	85,00
2015	nur aus Sätzen	80,00
2016	nur aus Sätzen	90,00

LVA-K8.6 2 Euro

Jahr	Auflage	Stgl.
2017	nur aus Sätzen	85,00
2018	nur aus Sätzen	75,00
2019	nur aus Sätzen	80,00
2020	43.000 (KMS)*	75,00
2021	45.000 (KMS)**	75,00

* sowie 7.999 in PP ** sowie 5.299 in PP

Inhalt des Starterpäckchens:

1 Cent (1x), 2 Cent (1x), 5 Cent (1x), 10 Cent (1x), 20 Cent (1x), 50 Cent (1x),1 Euro (1x), 2 Euro (1x).

Jahr	Auflage	Stgl.
2002	ca. 5.000 Exemplare	€ 940,00

Es wurden keine Euro-Kursmünzen in Original-Rollen abgegeben.

„VATICAN CITY COIN CARD" (incl. 50-Cent-Kursmünze)	Jahr	Auflage	Stgl.
Papst Benedikt XVI.			
LVA-CC1 coin card Nr. 1	2010	120.000	12,00
LVA-CC2 coin card Nr. 2	2011	100.000	10,00
LVA-CC3 coin card Nr. 3	2012	70.000	12,00
LVA-CC4 coin card Nr. 4	2013	70.000	10,00
Papst Franziskus			
LVA-CC5 coin card Nr. 5	2014	70.000	10,00
LVA-CC6 coin card Nr. 6	2015	70.000	10,00
LVA-CC7 coin card Nr. 7	2016	60.000	10,00
LVA-CC8 coin card Nr. 8	2017	60.000	10,00
LVA-CC9 coin card Nr. 9	2018	60.000	10,00
LVA-CC10 coin card Nr. 10	2019	60.000	10,00
LVA-CC11 coin card Nr. 11	2020	60.000	–,–
LVA-CC11 coin card Nr. 12	2021	25.000	

Sogenannte „STAMP&COIN CARDS" (coin cards, die neben einer Münze auch eine Briefmarke enthalten) werden in diesem Katalog nicht berücksichtigt.

Kursmünzensätze	Jahr	Auflage	Stgl.
Papst Johannes Paul II.			
LVA-AK1 2002	2002	65.000	790,00
LVA-AK1 2003	2003	65.000	390,00
LVA-AK1 2004	2004	85.000	370,00
LVA-AK1 2005/I	2005	85.000	260,00
Sedisvakanz (papstlose Zeit)			
LVA-AK1 2005/II	2005	60.000	730,00
Papst Benedikt XVI.			
LVA-AK1 2006	2006	85.000	165,00
LVA-AK1 2007	2007	85.000	230,00
LVA-AK1 2008	2008	91.400	185,00
LVA-AK1 2009	2009	91.400	180,00
LVA-AK1 2010	2010	94.000	170,00
LVA-AK1 2011	2011	94.000	170,00
LVA-AK1 2012	2012	85.000	115,00
LVA-AK1 2013	2013	85.000	140,00
Papst Franziskus			
LVA-AK1 2014	2014	88.000	115,00
LVA-AK1 2015	2015	88.000	125,00
LVA-AK1 2016	2016	70.000	100,00
LVA-AK1 2017	2017	70.000	135,00

Kursmünzensätze	Jahr	Auflage	Stgl.
Papst Franziskus			
LVA-AK1 2018/I	2018	60.000	91,00
LVA-AK1 2018/II (incl. LVA-G122)	2018	10.000	160,00
LVA-AK1 2019/I	2019	52.000	80,00
LVA-AK1 2019/II (incl. LVA-G134)	2019	13.000	150,00
LVA-AK1 2020/I	2020	35.000	100,00
LVA-AK1 2020/II (incl. LVA-G147)	2020	8.000	140,00
LVA-AK1 2021/I	2021	37.000	85,00
LVA-AK1 2021/II (incl. LVA-G168)	2021	8.000	125,00

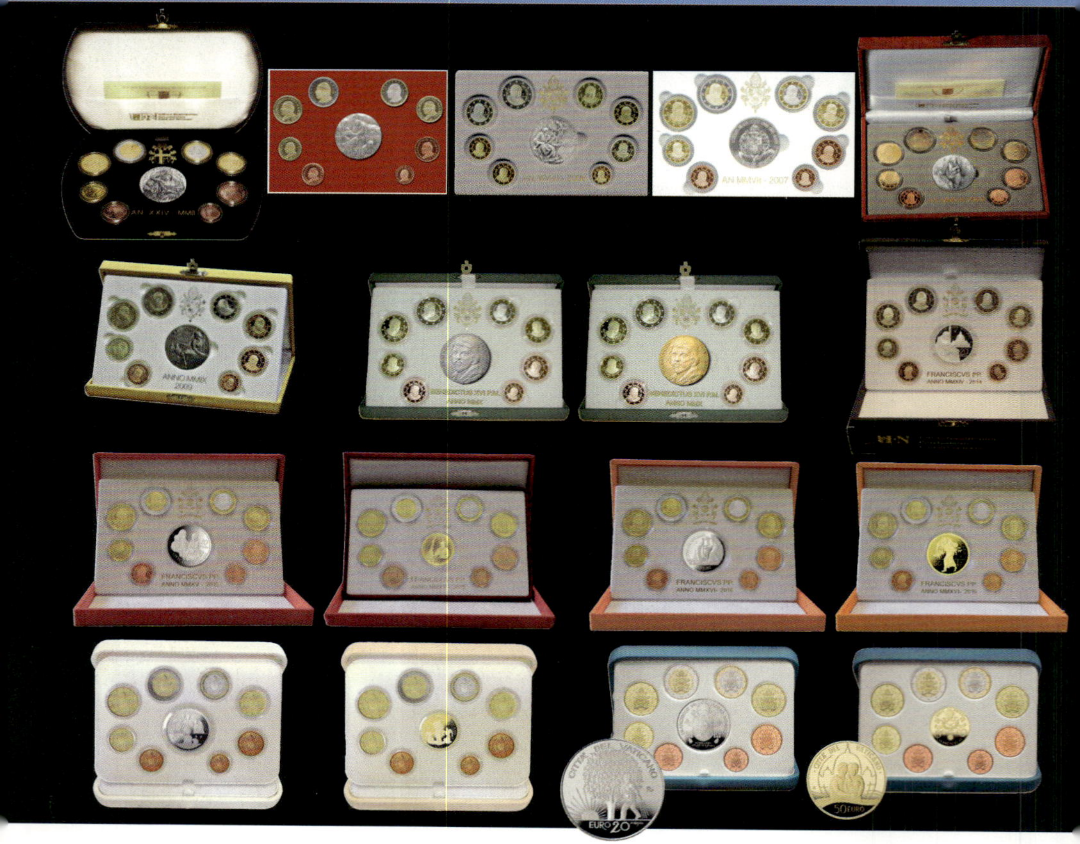

Kursmünzensätze	Jahr	Auflage	PP
Papst Johannes Paul II.			
LVA-AK2 2002 (incl. Medaille in Ag)	2002	9.000	1.300,00
LVA-AK2 2003 (incl. Medaille in Ag)	2003	13.000	500,00
LVA-AK2 2004 (incl. Medaille in Ag)	2004	16.000	375,00
LVA-AK2 2005 (incl. Medaille in Ag)	2005	16.000	350,00
Papst Benedikt XVI.			
LVA-AK2 2006 (incl. Medaille in Ag)	2006	16.000	330,00
LVA-AK2 2007 (incl. Medaille in Ag)	2007	16.000	250,00
LVA-AK2 2008 (incl. Medaille in Ag)	2008	16.000	265,00
LVA-AK2 2009 (incl. Medaille in Ag)	2009	15.000	300,00
LVA-AK2 2010/I (incl. Medaille in Ag)	2010	14.700	240,00
LVA-AK2 2010/II (incl. Medaille in Au)	2010	300	11.000,00
LVA-AK2 2011/I (incl. Medaille in Ag)	2011	14.700	270,00
LVA-AK2 2011/II (incl. Medaille in Au)	2011	300	11.000,00
LVA-AK2 2012/I (incl. LVA-G55)	2012	13.000	315,00
LVA-AK2 2012/II (incl. LVA-G56)	2012	2.000	2.000,00
LVA-AK2 2013/I (incl. LVA-G64)	2013	13.000	335,00
LVA-AK2 2013/II (incl. LVA-G65)	2013	2.000	2.100,00
Papst Franziskus			
LVA-AK2 2014/I (incl. LVA-G77)	2014	8.000	490,00
LVA-AK2 2014/II (incl. LVA-G78)	2014	2.000	2.200,00
LVA-AK2 2015/I (incl. LVA-G87)	2015	10.000	400,00
LVA-AK2 2015/II (incl. LVA-G88)	2015	2.000	2.000,00

Kursmünzensätze	Jahr	Auflage	PP
Papst Franziskus			
LVA-AK2 2016/I (incl. LVA-G98)	2016	8.500	400,00
LVA-AK2 2016/II (incl. LVA-G99)	2016	1.500	2.100,00
LVA-AK2 2017/I (incl. LVA-G109)	2017	8.500	390,00
LVA-AK2 2017/II (incl. LVA-G110)	2017	1.500	2.200,00
LVA-AK2 2018/I (incl. LVA-G120)	2018	8.500	400,00
LVA-AK2 2018/II (incl. LVA-G121)	2018	1.430	2.200,00
LVA-AK2 2019/I (incl. LVA-G132)	2019	8.500	405,00
LVA-AK2 2019/II (incl. LVA-G133)	2019	1.430	2.100,00
LVA-AK2 2020/1 (incl. LVA-G155)	2020	7.000	–,–
LVA-AK2 2020/2 (incl. LVA-G156)	2020	999	2.250,00
LVA-AK2 2021/1 (incl. LVA-G167)	2021	4.500	420,00
LVA-AK2 2021/2 (incl. LVA-G168)	2021	799	2.350,00

LVA-G1

LVA-G5

LVA-G2

LVA-G6

LVA-G3

LVA-G7

LVA-G4

LVA-G8

LVA-G1
Europa, ein Projekt des Friedens und der Brüderlichkeit
2002, 5 EURO
Ag925, 18 g, Ø 32 mm
Ⓓ Paolo Borghi, Maria Angela Cassol
Rand: „+++TOTUS TUUS+++MMII"
PP: 10.000 Ex. € 150,00

LVA-G2
Weltfriedenstag 2002
2002, 10 EURO
Ag925, 22 g, Ø 34 mm
Ⓓ Floriano Bodini, Ettore Lorenzo Frapiccini
Rand: „+++TOTUS TUUS+++MMII"
PP: 10.000 Ex. € 200,00

LVA-G3
Wurzeln des Glaubens – Arche Noah
2002, 20 EURO
Au917, 6 g, Ø 21 mm
Ⓓ Floriano Bodini, Maria Angela Cassol
PP: 2.800 Ex. € –,–

LVA-G4
Wurzeln des Glaubens – Abrahams Opfer
2002, 50 EURO
Au917, 15 g, Ø 28 mm
Ⓓ Floriano Bodini, Maria Angela Cassol
PP: 2.800 Ex. € –,–

LVA-G3 und G4: € 2.500,00

LVA-G5
Jahr des Rosenkranzes
2003, 5 EURO
Ag925, 18 g, Ø 32 mm
Ⓓ Roberto Mauri
Rand: „+++TOTUS TUUS+++MMIII"
PP: 10.000 Ex. € 125,00

LVA-G6
25 Jahre Pontifikat Johannes Paul II.
2003, 10 EURO
Ag925, 22 g, Ø 34 mm
Ⓓ Amalia Mistichelli, Maria Angela Cassol
Rand: „+++TOTUS TUUS+++MMIII"
PP: 10.000 Ex. € 135,00

LVA-G7
Wurzeln des Glaubens – Moses Geburt
2003, 20 EURO
Au917, 6 g, Ø 21 mm
Ⓓ Floriano Bodini, Luciana de Simoni
PP: 2.800 Ex. € –,–

LVA-G8
Wurzeln des Glaubens – Die Zehn Gebote
2003, 50 EURO
Au917, 15 g, Ø 28 mm
Ⓓ Floriano Bodini, Luciana de Simoni
PP: 2.800 Ex. € –,–

LVA-G7 und G8: € 2.100,00

LVA-G9

LVA-G13

LVA-G10

LVA-G14

LVA-G11

LVA-G15

LVA-G12

LVA-G16

LVA-G9
150. Jahrestag des Dogmas
der Unbefleckten Empfängnis
2004, 5 EURO
Ag925, 18 g, Ø 32 mm
Ⓓ Amalia Mistichelli, Claudia Momoni
Rand: „+ + + TOTUS TUUS + + + MMIV“
PP: 13.000 Ex. € 60,00

LVA-G10
Weltfriedenstag 2004
2004, 10 EURO
Ag925, 22 g, Ø 34 mm
Ⓓ Amalia Mistichelli, Maria Carmela Colaneri
Rand: „+ + + TOTUS TUUS + + + MMIV“
PP: 13.000 Ex. € 150,00

LVA-G11
Wurzeln des Glaubens –
David und Goliath
2004, 20 EURO
Au917, 6 g, Ø 21 mm
Ⓓ Floriano Bodini, Luciana de Simoni
PP: 3.050 Ex. € –,–

LVA-G12
Wurzeln des Glaubens –
Das Salomonische Urteil
2004, 50 EURO
Au917, 15 g, Ø 28 mm
Ⓓ Floriano Bodini, Luciana de Simoni
PP: 3.050 Ex. –,–

LVA-G11 und G12: € 1.750,00

LVA-G13
75 Jahre Staat Vatikanstadt
2004, 2 EURO
Ⓓ Luc Luycx, Guido Veroi, Luciana de Simoni
Stgl.: 100.000 Ex., davon 85.000 Ex. in Foldern € 180,00

LVA-G14
Sedisvakanz (papstlose Zeit)
2005, 5 EURO
Ag925, 18 g, Ø 32 mm
Ⓓ Daniela Longo, Claudia Momoni
PP: 13.440 Ex. € 150,00

LVA-G15
Weltjugendtag 2005, Köln
2005, 2 EURO
Ⓓ Luc Luycx, Daniela Longo, Ettore Lorenzo Frapiccini
Stgl.: 100.000 Ex., davon 85.000 Ex. in Foldern € 375,00

LVA-G16
60. Jahrestag der Beendigung
des Zweiten Weltkrieges
2005, 5 EURO, Ag, 18 g, Ø 32 mm
Ⓓ Orietta Rossi, Luciana de Simoni
Rand: „COOPERATORES VERITATIS + MMV +“
PP: 13.000 Ex. € 115,00

LVA-G17

LVA-G21

LVA-G18

LVA-G22

LVA-G19

LVA-G23

LVA-G20

LVA-G24

LVA-G17

Jahr der Eucharistie
2005, 10 EURO
Ag925, 22 g, Ø 34 mm
Ⓓ Guido Veroi, Claudia Momoni
Rand: „COOPERATORES VERITATIS + MMV +"
PP: 13.000 Ex. € 140,00

LVA-G18

Die drei Sakramente der christlichen Initiation (I) – Die Taufe
2005, 20 EURO
Au917, 6 g, Ø 21 mm
Ⓓ Guido Veroi, Daniela Fusco, Maria Angela Cassol
PP: 3.046 Ex. € –,–

LVA-G19

Die drei Sakramente der christlichen Initiation (I) – Die Taufe
2005, 50 EURO
Au917, 15 g, Ø 28 mm
Ⓓ Guido Veroi, Daniela Fusco, Maria Angela Cassol
PP: 3.044 Ex. € –,–

LVA-G18 und G19: € 1.750,00

LVA-G20

500 Jahre Schweizer Garde
2006, 2 EURO
Ⓓ Luc Luycx, Orietta Rossi, Maria Carmela Colaneri
Stgl.: 100.000 Ex., davon 85.000 Ex. in Foldern € 300,00

LVA-G21

Weltfriedenstag 2006
2006, 5 EURO
Ag925, 18 g, Ø 32 mm
Ⓓ Daniela Longo, Claudia Momoni
Rand: „COOPERATORES VERITATIS + MMVI +"
PP: 14.160 Ex. € 90,00

LVA-G22

350 Jahre Kolonnaden auf dem Petersplatz von Rom
2006, 10 EURO
Ag925, 22 g, Ø 34 mm
Ⓓ Gabriella Titotto, Maria Carmela Colaneri
Rand: „COOPERATORES VERITATIS + MMVI +"
PP: 14.160 Ex. € 97,50

LVA-G23

Die drei Sakramente der christlichen Initiation (II) – Die Firmung
2006, 20 EURO
Au917, 6 g, Ø 21 mm
Ⓓ Guido Veroi, Maria Angela Cassol
PP: 3.326 Ex. € –,–

LVA-G24

Die drei Sakramente der christlichen Initiation (II) – Die Firmung
2006, 50 EURO
Au917, 15 g, Ø 28 mm
Ⓓ Guido Veroi, Maria Angela Cassol
PP: 3.324 Ex. € –,–

LVA-G23 und G24: € 2.080,00

LVA-G25

LVA-G26

LVA-G27

LVA-G28

LVA-G29

LVA-G30

LVA-G31

LVA-G32

LVA-G25
80. Geburtstag von Papst Benedikt XVI.
2007, 2 EURO
Ⓓ Luc Luycx, Daniela Longo, Maria Carmela Colaneri
Stgl.: 100.000 Ex., davon 85.000 Ex. in Foldern € 200,00

LVA-G26
Weltfriedenstag 2007
2007, 5 EURO
Ag925, 18 g, Ø 32 mm
Ⓓ Orietta Rossi, Claudia Momoni
Rand: „COOPERATORES VERITATIS + MMVII +"
PP: 13.694 Ex. € 70,50

LVA-G27
Weltmissionstag 2007
2007, 10 EURO
Ag925, 22 g, Ø 34 mm
Ⓓ Valerio de Seta, Annalisa Masini
Rand: „COOPERATORES VERITATIS + MMVII +"
PP: 13.693 Ex. € 105,00

LVA-G28
Die drei Sakramente der christlichen Initiation (III) – Die Eucharistie
2007, 20 EURO
Au917, 6 g, Ø 21 mm
Ⓓ Guido Veroi, Maria Angela Cassol
PP: 3.326 Ex. € –,–

LVA-G29
Die drei Sakramente der christlichen Initiation (II) – Die Eucharistie
2007, 50 EURO
Au917, 15 g, Ø 28 mm
Ⓓ Guido Veroi, Maria Angela Cassol
PP: 3.324 Ex. € –,–
LVA-G28 und G29: € 1.800,00

LVA-G30
Sixtinische Kapelle (I) – Die Erschaffung Adams
2008, 100 EURO
Au917, 30 g, Ø 35 mm
Ⓓ Uliana Pernazza
Rand: „COOPERATORES VERITATIS + MMVIII +"
PP: 960 Ex. € 5.900,00

LVA-G31
Paulusjahr 2008
2008, 2 EURO
Ⓓ Luc Luycx, Guido Veroi, Luciana de Simoni
Stgl.: 106.084 Ex., davon 85.000 Ex. in Foldern € 115,00

LVA-G32
Weltjugendtag 2008, Sydney
2008, 5 EURO
Ag925, 18 g, Ø 32 mm
Ⓓ Gabriella Titotto, Maria Angela Cassol
Rand: „COOPERATORES VERITATIS + MMVIII +"
PP: 9.600 Ex. € 90,00

LVA-G33

LVA-G37

LVA-G34

LVA-G38

LVA-G35

LVA-G39

LVA-G36

LVA-G40

LVA-G33

Weltfriedenstag 2008
2008, 10 EURO
Ag925, 22 g, Ø 34 mm
Ⓓ Daniela Longo, Valerio de Seta, Annalisa Masini
Rand: „COOPERATORES VERITATIS + MMVIII +"
PP: 9.602 Ex. € 120,00

LVA-G34

Meisterwerke der Bildhauerkunst in der Vatikanstadt (I) – Der Torso von Belvedere
2008, 20 EURO
Au917, 6 g, Ø 21 mm
Ⓓ Orietta Rossi, Maria Carmela Colaneri
PP: 2.930 Ex. € –,–

LVA-G35

Meisterwerke der Bildhauerkunst in der Vatikanstadt (I) – Pietà
2008, 50 EURO
Au917, 15 g, Ø 28 mm
Ⓓ Orietta Rossi, Maria Carmela Colaneri
PP: 2.930 Ex. € –,–
LVA-G34 und G35: € 1.750,00

LVA-G36

Sixtinische Kapelle (II) – Sündenfall und Vertreibung aus dem Paradies
2009, 100 EURO
Au917, 30 g, Ø 35 mm
Ⓓ Roberto Mauri
Rand: „COOPERATORES VERITATIS + MMIX +"
PP: 998 Ex. € 5.000,00

LVA-G37

Internationales Jahr der Astronomie
2009, 2 EURO
Ⓓ Luc Luycx, Orietta Rossi, Maria Carmela Colaneri
Stgl.: 106.084 Ex., davon 85.000 Ex. in Foldern € 110,00

LVA-G38

Weltfriedenstag 2009
2009, 5 EURO
Ag925, 18 g, Ø 32 mm
Ⓓ Gabriella Titotto, Claudia Momoni
Rand: „COOPERATORES VERITATIS + MMIX +"
PP: 9.600 Ex. € 97,50

LVA-G39

80 Jahre Staat Vatikanstadt
2009, 10 EURO
Ag925, 22 g, Ø 34 mm
Ⓓ Amalia Mistichelli, Valerio de Seta
Rand: „COOPERATORES VERITATIS + MMIX +"
PP: 9.602 Ex. € 90,00

LVA-G40

Meisterwerke der Bildhauerkunst in der Vatikanstadt (II) – Der Gute Hirte
2009, 20 EURO
Au917, 6 g, Ø 21 mm
Ⓓ Daniela Longo, Uliana Pernazza
PP: 2.930 Ex. € –,–

LVA-G41

LVA-G45

LVA-G42

LVA-G46

LVA-G43

LVA-G47

LVA-G44

LVA-G48

LVA-G41
Meisterwerke der Bildhauerkunst
in der Vatikanstadt (II) –
Laokoon-Gruppe
2009, 50 EURO
Au917, 15 g, Ø 28 mm
Ⓓ Daniela Longo, Uliana Pernazza
PP: 2.930 Ex. € –,–

LVA-G40 und G41: € 1.800,00

LVA-G42
Sixtinische Kapelle (III) –
Das Jüngste Gericht
2010, 100 EURO
Au917, 30 g, Ø 35 mm
Ⓓ Annalisa Masini
Rand: „COOPERATORES VERITATIS + MMX +"
PP: 1.100 Ex. € 4.000,00

LVA-G43
Priesterjahr 2010
2010, 2 EURO
Ⓓ Luc Luycx, Guido Veroi, Ettore Lorenzo Frapiccini
Stgl.: 115.000 Ex., davon 98.000 Ex. in Foldern € 67,50

LVA-G44
Welttag des Migranten und Flüchtlings 2010
2010, 5 EURO
Ag925, 18 g, Ø 32 mm
Ⓓ Daniela Longo, Claudia Momoni
Rand: „COOPERATORES VERITATIS + MMX +"
PP: 9.998 Ex. € 120,00

LVA-G45
Weltfriedenstag 2010
2010, 10 EURO
Ag925, 22 g, Ø 34 mm
Ⓓ Patrizio Daniele, Valerio de Seta
Rand: „COOPERATORES VERITATIS + MMX +"
PP: 9.998 Ex. € 135,00

LVA-G46
Meisterwerke der Bildhauerkunst
in der Vatikanstadt (III) –
Der Apollo von Belvedere
2010, 20 EURO
Au917, 6 g, Ø 21 mm
Ⓓ Orietta Rossi, Maria Carmela Colaneri
PP: 3.050 Ex. € –,–

LVA-G47
Meisterwerke der Bildhauerkunst
in der Vatikanstadt (III) –
Augustus von Prima Porta
2010, 50 EURO
Au917, 15 g, Ø 28 mm
Ⓓ Orietta Rossi, Maria Carmela Colaneri
PP: 3.050 Ex. € –,–

LVA-G46 und G47: € 2.220,00

LVA-G48
Meisterwerke von Raffael (I) –
Die Stanze des Heliodor
2011, 100 EURO
Au917, 30 g, Ø 35 mm
Ⓓ Daniela Fusco, Claudia Momoni
Rand: „COOPERATORES VERITATIS – MMXI +"
PP: 1.100 Ex. € 3.900,00

LVA-G49

LVA-G53

LVA-G50

LVA-G54

LVA-G51

LVA-G55

LVA-G52

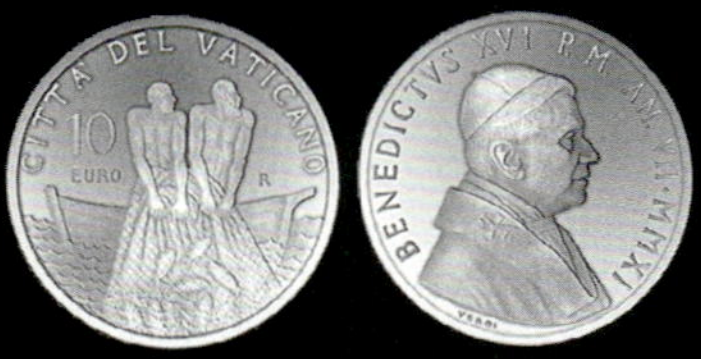

LVA-G56

LVA-G49
Weltjugendtag 2011, Madrid
2011, 2 EURO
Ⓓ Luc Luycx, Orietta Rossi, Maria Carmela Colaneri
Stgl.: 115.000 Ex., davon 98.000 Ex. in Foldern € 80,00

LVA-G50
Seligsprechung von Papst Johannes Paul II.
2011, 5 EURO
Ag925, 18 g, Ø 32 mm
Ⓓ Daniela Longo, Maria Carmela Colaneri
Rand: „COOPERATORES VERITATIS + MMXI +"
PP: 9.500 Ex. € 135,00

LVA-G51
Weltfriedenstag 2011
2011, 5 EURO
Ag925, 18 g, Ø 32 mm
Ⓓ Antonella Napolione, Claudia Momoni
Rand: „COOPERATORES VERITATIS + MMXI +"
PP: 7.998 Ex. € 127,50

LVA-G52
60. Priesterjubiläum von Papst Benedikt XVI.
2011, 10 EURO
Ag925, 22 g, Ø 34 mm
Ⓓ Guido Veroi, Giuliano Imperatori
Rand: „COOPERATORES VERITATIS + MMXI +"
PP: 7.998 Ex. € 97,50

LVA-G53
Die restaurierte Paolinische Kapelle (I) – Die Kreuzigung des Hl. Petrus
2011, 20 EURO
Au917, 6 g, Ø 21 mm
Ⓓ Daniela Longo, Uliana Pernazza
PP: 3.050 Ex. € –,–

LVA-G54
Die restaurierte Paolinische Kapelle (I) – Die Kreuzigung des Hl. Petrus
2011, 50 EURO
Au917, 15 g, Ø 28 mm
Ⓓ Daniela Longo, Uliana Pernazza
PP: 2.700 Ex. € –,–

LVA-G52 und G53: € 2.450,00

LVA-G55
10. Jahrestag der Einführung vatikanischer Euros
2012, 20 EURO
Ag925, 26 g, Ø 36 mm
Ⓓ Patrizio Daniele, Giuliano Imperatori
PP: nur aus Kursmünzensatz LVA-AK2 2012/I

LVA-G56
10. Jahrestag der Einführung vatikanischer Euros
2012, 50 EURO
Au917, 15 g, Ø 28 mm
Ⓓ Patrizio Daniele, Annalisa Masini
PP: nur aus Kursmünzensatz LVA-AK2 2012/II

LVA-G57

LVA-G58

LVA-G59

LVA-G60

LVA-G61

LVA-G62

LVA-G63

LVA-G64

LVA-G57
Meisterwerke von Raffael (II) – Madonna von Foligno
2012, 100 EURO
Au917, 30 g, Ø 35 mm
Ⓓ Antonella Napolione, Valerio de Seta
Rand: „COOPERATORES VERITATIS + MMXII +“
PP: 999 Ex. € 5.310,00

LVA-G58
Weltfamilientreffen 2012, Mailand
2012, 2 EURO
Ⓓ Luc Luycx, Gabriella Titotto, Luciana de Simoni
Stgl.: 115.000 Ex., davon 89.000 Ex. in Foldern € 63,00

LVA-G59
100. Geburtstag von Papst Johannes Paul I.
2012, 5 EURO
Ag925, 18 g, Ø 32 mm
Ⓓ Daniela Fusco, Ettore Lorenzo Frapiccini
Rand: „COOPERATORES VERITATIS + MMXII +“
PP: 8.999 Ex. € 150,00

LVA-G60
Weltkrankentag 2012
2012, 10 EURO
Ag925, 22 g, Ø 34 mm
Ⓓ Mariangela Crisciotti, Claudia Momoni
Rand: „COOPERATORES VERITATIS + MMXII +“
PP: 8.999 Ex. € 150,00

LVA-G61
Die restaurierte Paolinische Kapelle (II) – Die Bekehrung des Paulus
2012, 20 EURO
Au917, 6 g, Ø 21 mm
Ⓓ Daniela Longo, Maria Carmela Colaneri
PP: 3.000 Ex. € 540,00

LVA-G62
Die restaurierte Paolinische Kapelle (II) – Die Bekehrung des Paulus
2012, 50 EURO
Au917, 15 g, Ø 28 mm
Ⓓ Daniela Longo, Maria Carmela Colaneri
PP: 2.500 Ex. € 1.275,00
LVA-G61 und G62: € 2.300,00

LVA-G63
Die theologischen Tugenden (I) – Der Glaube
2012, 200 EURO
Au917, 40 g, Ø 38,5 mm
Ⓓ Orietta Rossi, Maria Carmela Colaneri
PP: 499 Ex. € 19.440,00

LVA-G64
200. Geburtstag von Giuseppe Verdi
2013, 20 EURO
Ag925, 26 g, Ø 36 mm
Ⓓ Daniela Longo, Luciana de Simoni
PP: nur aus Kursmünzensatz LVA-AK2 2013/I

LVA-G65

LVA-G66

LVA-G67

LVA-G68

LVA-G69

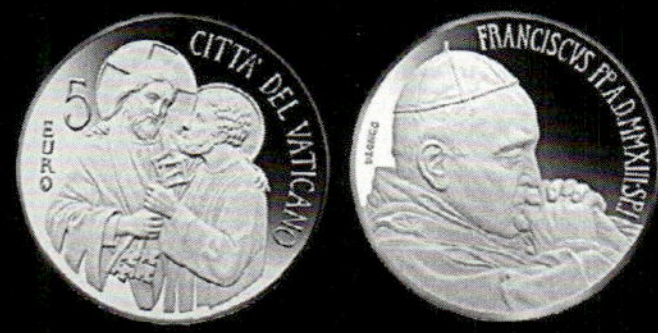

LVA-G70

LVA-G71

LVA-G72

LVA-G65
200. Geburtstag von Richard Wagner
2013, 50 EURO
Au917, 15 g, Ø 28 mm
Ⓓ Daniela Longo, Luciana de Simoni
PP: nur aus Kursmünzensatz LVA-AK2 2013/II

LVA-G66
Sedisvakanz (papstlose Zeit)
2013, 2 EURO
Ⓓ Luc Luycx, Daniela Longo, Maria Carmela Colaneri
Stgl.: 125.000 Ex., davon 111.000 Ex. in Foldern € 125,00

LVA-G67
Sedisvakanz (papstlose Zeit)
2013, 5 EURO
Ag925, 18 g, Ø 32 mm
Ⓓ Mariangela Crisciotti, Uliana Pernazza
PP: 10.000 Ex. € 210,00

LVA-G68
Sedisvakanz (papstlose Zeit)
2013, 10 EURO
Au917, 3 g, Ø 13,85 mm
Ⓓ Maria Gracia Urbani
PP: 5.000 Ex. € 675,00

LVA-G69
Beginn des Pontifikats von Papst Franziskus
2013, 5 EURO
Ag925, 18 g, Ø 32 mm
Ⓓ Daniela Longo, Maria Angela Cassol
Rand: „MISERANDO ATQUE ELIGENDO + MMXIII"
PP: 7.000 Ex. € 180,00

LVA-G70
Meisterwerke von Raffael (III) – Sixtinische Madonna
2013, 100 EURO
Au917, 30 g, Ø 35 mm
Ⓓ Daniela Fusco, Maria Carmela Colaneri
Rand: „MISERANDO ATQUE ELIGENDO + MMXIII"
PP: 999 Ex. € 4.300,00

LVA-G71
Die theologischen Tugenden (II) – Die Hoffnung
2013, 200 EURO
Au917, 40 g, Ø 38,5 mm
Ⓓ Orietta Rossi, Guido Veroi, Ettore Lorenzo Frapiccini
PP: 499 Ex. € 8.900,00

LVA-G72
Weltjugendtag 2013, Rio de Janeiro
2013, 2 EURO
Ⓓ Luc Luycx, Patrizio Daniele, Roberto Mauri
Stgl.: 115.000 Ex., davon 94.000 Ex. in Foldern € 70,00

LVA-G73

LVA-G77

LVA-G74

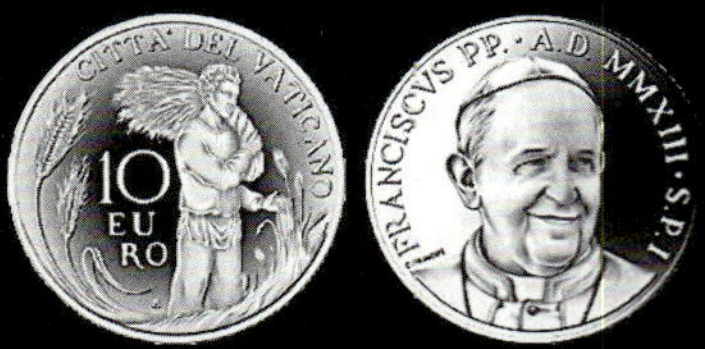

LVA-G78

LVA-G75

LVA-G79

LVA-G76

LVA-G80

LVA-G73
Weltfriedenstag 2013
2013, 5 EURO
Ag925, 18 g, Ø 32 mm
Ⓓ Mariangela Crisciotti, Giuliano Imperatori
Rand: „MISERANDO ATQUE ELIGENDO + MMXIII"
PP: 5.999 Ex. € 120,00

LVA-G74
50. Weltgebetstag um geistliche Berufungen
2013, 10 EURO
Ag925, 22 g, Ø 34 mm
Ⓓ Chiara Principe, Uliana Pernazza
Rand: „MISERANDO ATQUE ELIGENDO + MMXIII"
PP: 5.999 Ex. € 105,00

LVA-G75
Die Päpste der Renaissance: Julius II.
2013, 20 EURO
Au917, 6 g, Ø 21 mm
Ⓓ Gabriella Titotto, Valerio de Seta
PP: 2.400 Ex. € 650,00

LVA-G76
Die Päpste der Renaissance: Leo X.
2013, 50 EURO
Au917, 15 g, Ø 28 mm
Ⓓ Orietta Rossi, Annalisa Masini
PP: 2.300 Ex. € 1.500,00

LVA-G77
Heiligsprechung von Papst Johannes XXIII.
2014, 20 EURO
Ag925, 26 g, Ø 36 mm
Ⓓ Mariangela Crisciotti, Ettore Lorenzo Frapiccini
PP: nur aus Kursmünzensatz LVA-AK2 2014/I

LVA-G78
Heiligsprechung von Papst Johannes Paul II.
2014, 50 EURO
Au917, 15 g, Ø 28 mm
Ⓓ Chiara Principe, Uliana Pernazza
PP: nur aus Kursmünzensatz LVA-AK2 2014/II

LVA-G79
Die Taufe
2014, 10 EURO
Au917, 3 g, Ø 13,85 mm
Ⓓ Maria Gracia Urbani
PP: 4.000 Ex. € 405,00

LVA-G80
Die Evangelisten (I) – Hl. Markus
2014, 100 EURO
Au917, 30 g, Ø 35 mm
Ⓓ Daniela Longo, Maria Carmela Colaneri
Rand: „MISERANDO ATQUE ELIGENDO + MMXIV"
PP: 999 Ex. € 4.670,00

LVA-G81

LVA-G82

LVA-G83

LVA-G84

LVA-G85

LVA-G86

LVA-G87

LVA-G88

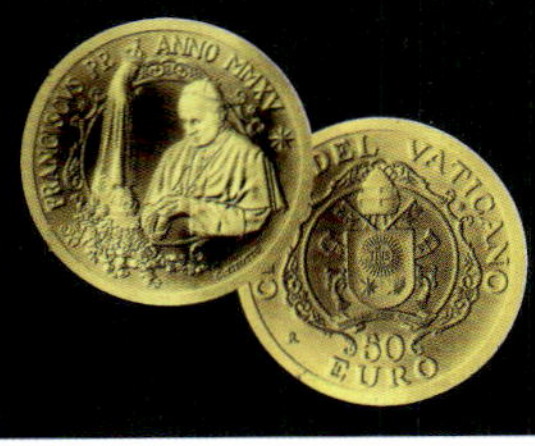

LVA-G81
25. Jahrestag des Falls der Berliner Mauer
2014, 2 EURO
Ⓓ Luc Luycx, Gabriella Titotto, Claudia Momoni
Stgl.: 103.000 Ex., davon 94.000 Ex. in Foldern € 75,00

LVA-G82
Weltfriedenstag 2014
2014, 5 EURO
Ag925, 18 g, Ø 32 mm
Ⓓ Daniela Fusco, Maria Angela Cassol
Rand: „MISERANDO ATQUE ELIGENDO + MMXIV +“
PP: 5.999 Ex. € 145,00

LVA-G83
Welttag der sozialen Kommunikationsmittel
2014, 10 EURO
Ag925, 22 g, Ø 34 mm
Ⓓ Orietta Rossi, Maria Carmela Colaneri
Rand: „MISERANDO ATQUE ELIGENDO + MMXIV +“
PP: 5.999 Ex. € 135,00

LVA-G84
450. Todestag von Michelangelo – Michelangelo beim Hauen eines Marmorblocks
2014, 20 EURO
Au917, 6 g, Ø 21 mm
Ⓓ Patrizio Daniele, Maria Gracia Urbani
PP: 2.400 Ex. € 585,00

LVA-G85
450. Todestag von Michelangelo – Die Libysche Sibylle
2014, 50 EURO
Au917, 15 g, Ø 28 mm
Ⓓ Antonella Napolione, Luciana de Simoni
PP: 2.300 Ex. € 1.790,00

LVA-G86
Die theologischen Tugenden (III) – Die Nächstenliebe
2014, 200 EURO
Au917, 40 g, Ø 38,5 mm
Ⓓ Cristina de Giorgi, Ettore Lorenzo Frapiccini
PP: 499 Ex. € 7.500,00

LVA-G87
Papst Franziskus – Jesus mit Kindern
2015, 20 EURO
Ag925, 26 g, Ø 36 mm
Ⓓ Patrizio Daniele, Ettore Lorenzo Frapiccini
PP: nur aus Kursmünzensatz LVA-AK2 2015/I

LVA-G88
Papst Franziskus – Der Papst betet vor der Madonna von Fatima
2015, 50 EURO
Au917, 15 g, Ø 28 mm
Ⓓ Gabriella Titotto, Luciana de Simoni
PP: nur aus Kursmünzensatz LVA-AK2 2015/II

LVA-G89

LVA-G93

LVA-G90

LVA-G94

LVA-G91

LVA-G95

LVA-G92

LVA-G96

LVA-G89
Weltfriedenstag 2015
2015, 5 EURO
Ag925, 18 g, Ø 32 mm
Ⓓ Antonella Napolione, Claudia Momoni
Rand: „MISERANDO ATQUE ELIGENDO + MMXV +"
PP: 6.499 Ex. € 127,50

LVA-G90
Die Taufe
2015, 10 EURO
Au917, 3 g, Ø 13,85 mm
Ⓓ Daniela Longo, Claudia Momoni
PP: 4.000 Ex. € 390,00

LVA-G91
Die Evangelisten (II) – Hl. Matthäus
2015, 100 EURO
Au917, 30 g, Ø 35 mm
Ⓓ Orietta Rossi, Maria Carmela Colaneri
Rand: „MISERANDO ATQUE ELIGENDO – MMXV"
PP: 999 Ex. € 4.000,00

LVA-G92
Weltfamilientreffen 2015, Philadelphia
2015, 2 EURO
Ⓓ Luc Luycx, Chiara Principe, Ettore Lorenzo Frapiccini
Stgl.: 110.000 Ex., davon 94.000 Ex. in Foldern € 75,00
PP: 12.000 Ex. € 250,00

LVA-G93
Ordentliche Generalversammlung der Bischofssynode
2015, 5 EURO
Ag925, 18 g, Ø 32 mm
Ⓓ Daniela Longo, Claudia Momoni
Rand: „MISERANDO ATQUE ELIGENDO + MMXV +"
PP: 6.500 Ex. € 112,50

LVA-G94
10. Todestag des Heiligen Johannes Paul II.
2015, 10 EURO
Ag925, 22 g, Ø 34 mm
Ⓓ Cristina de Giorgi, Maria Gracia Urbani
Rand: „MISERANDO ATQUE ELIGENDO + MMXV +"
PP: 6.999 Ex. € 160,00

LVA-G95
Wallfahrtsbasiliken mit päpstlicher Delegation (I) – Päpstliches Heiligtum Unserer Lieben Frau vom Rosenkranz von Pompei
2015, 20 EURO
Au917, 6 g, Ø 21 mm
Ⓓ Chiara Principe, Uliana Pernazza
PP: 2.400 Ex. € 570,00

LVA-G96
Wallfahrtsbasiliken mit päpstlicher Delegation (I) – Päpstliches Heiligtum Unserer Lieben Frau vom Rosenkranz von Pompei
2015, 50 EURO
Au917, 15 g, Ø 28 mm
Ⓓ Daniela Fusco, Valerio de Seta
PP: 2.300 Ex. € 1.500,00

LVA-G97

LVA-G101

LVA-G98

LVA-G102

LVA-G99

LVA-G103

LVA-G100

LVA-G104

LVA-G97
Die theologischen Tugenden (IV) – Die Klugheit
2015, 200 EURO
Au917, 40 g, Ø 38,5 mm
Ⓓ Mariangela Crisciotti, Ettore Lorenzo Frapiccini
PP: 499 Ex. € 7.000,00

LVA-G98
Heiliges Jahr der Barmherzigkeit
2016, 20 EURO
Ag925, 26 g, Ø 36 mm
Ⓓ Daniela Longo, Ettore Lorenzo Frapiccini
PP: nur aus Kursmünzensatz LVA-AK2 2016/I

LVA-G99
Heiliges Jahr der Barmherzigkeit
2016, 50 EURO
Au917, 15 g, Ø 28 mm
Ⓓ Orietta Rossi, Luciana de Simoni
PP: nur aus Kursmünzensatz LVA-AK2 2016/II

LVA-G100
Heiliges Jahr der Barmherzigkeit
2016, 2 EURO
Ⓓ Luc Luycx, Mariangela Crisciotti, Claudia Momoni
Stgl.: 95.000 Ex.
davon 80.000 Ex. in Foldern € 75,00
PP: 10.000 Ex. € 130,00

LVA-G101
Die Taufe
2016, 10 EURO
Au917, 3 g, Ø 13,85 mm
Ⓓ Antonella Napolione, Maria Gracia Urbani
PP: 3.000 Ex. € 435,00

LVA-G102
Die Evangelisten (II) – Hl. Lukas
2016, 100 EURO
Au917, 30 g, Ø 35 mm
Ⓓ Patrizio Daniele, Maria Carmela Colaneri
Rand: „MISERANDO ATQUE ELIGENDO + MMXVI"
PP: 799 Ex. € 4.590,00

LVA-G103
200 Jahre Vatikanisches Gendarmeriekorps
2016, 2 EURO
Ⓓ Luc Luycx, Daniela Longo, Silvia Petrassi
Stgl.: 95.000 Ex.
davon 80.000 Ex. in Foldern € 75,00
PP: 10.000 Ex. € 175,00

LVA-G104
Weltfriedenstag 2016
2016, 5 EURO
Ag925, 18 g, Ø 32 mm
Ⓓ Daniela Fusco, Maria Angela Cassol
Rand: „MISERANDO ATQUE ELIGENDO + MMXVI +"
PP: 5.500 Ex. € 105,00

LVA-G105

LVA-G109

LVA-G106

LVA-G110

LVA-G107

LVA-G111

LVA-G108

LVA-G112

LVA-G105
Weltjugendtag, Krakau
2016, 10 EURO
Ag925, 22 g, Ø 34 mm
Ⓓ Mariangela Crisciotti, Uliana Pernazza
Rand: „MISERANDO ATQUE ELIGENDO + MMXVI +"
PP: 5.500 Ex. € 135,00

LVA-G106
Wallfahrtsbasiliken mit päpstlicher Delegation (II) – Päpstliches Heiligtum des Heiligen Hauses von Loreto
2016, 20 EURO
Au917, 6 g, Ø 21 mm
Ⓓ Gabriella Titotto, Annalisa Masini
PP: 1.900 Ex. € 585,00

LVA-G107
Wallfahrtsbasiliken mit päpstlicher Delegation (II) – Päpstliches Heiligtum des Heiligen Hauses von Loreto
2016, 50 EURO
Au917, 15 g, Ø 28 mm
Ⓓ Cristina de Giorgi, Valerio de Seta
PP: 1.800 Ex. € 1.550,00

LVA-G108
Die theologischen Tugenden (V) – Die Gerechtigkeit
2016, 200 EURO
Au917, 40 g, Ø 38,5 mm
Ⓓ Chiara Principe, Silvia Petrassi
PP: 499 Ex. € 5.400,00

LVA-G109
Die Erzengel Gabriel, Raphael und Michael bewachen das Jesuskind
2017, 20 EURO
Ag925, 26 g, Ø 36 mm
Ⓓ Antonella Napolione, Ettore Lorenzo Frapiccini
PP: nur aus Kursmünzensatz LVA-AK2 2017/I

LVA-G110
„Maria Knotenlöserin" von Johann Georg Melchior Schmidtner
2017, 50 EURO
Au917, 15 g, Ø 28 mm
Ⓓ Gabriella Titotto, Luciana de Simoni
PP: nur aus Kursmünzensatz LVA-AK2 2017/II

LVA-G111
950. Jahrestag des Martyriums der Heiligen Petrus und Paulus
2017, 2 EURO
Ⓓ Luc Luycx, Gabriella Titotto, Claudia Momoni
Stgl.: 95.000 Ex., davon 80.000 Ex. in Foldern € 55,50
PP: 10.000 Ex. € 90,00

LVA-G112
Die Taufe
2017, 10 EURO
Au917, 3 g, Ø 13,85 mm
Ⓓ Daniela Fusco, Ettore Lorenzo Frapiccini
PP: 3.000 Ex. € 390,00

LVA-G113

LVA-G114

LVA-G115

LVA-G116

LVA-G117

LVA-G118

LVA-G119

LVA-G120

LVA-G113
Die Evangelisten (III) – Hl. Johannes
2017, 100 EURO
Au917, 30 g, Ø 35 mm
Ⓓ Cristina de Giorgi,
Maria Carmela Colaneri
Rand: „MISERANDO ATQUE ELIGENDO + MMXVII"
PP: 799 Ex. € 3.500,00

LVA-G114
100. Jahrestag der Marien-Erscheinung von Fátima
2017, 2 EURO
Ⓓ Luc Luycx, Orietta Rossi, Silvia Petrassi
Stgl.: 95.000 Ex.,
davon 80.000 Ex.
in Foldern € 57,00
PP: 10.000 Ex. € 90,00

LVA-G115
Weltfriedenstag 2017
2017, 5 EURO
Ag925, 18 g, Ø 32 mm
Ⓓ Chiara Principe, Claudia Momoni
Rand: „MISERANDO ATQUE ELIGENDO + MMXVII +"
PP: 5.500 Ex. € 105,00

LVA-G116
Welttag des Kranken
2017, 10 EURO
Ag925, 22 g, Ø 34 mm
Ⓓ Daniela Longo, Silvia Petrassi
Rand: „MISERANDO ATQUE ELIGENDO + MMXVII +"
PP: 5.500 Ex. € 135,00

LVA-G117
Wallfahrtsbasiliken mit päpstlicher Delegation (III) – Basilika des Heiligen Antonius in Padua
2017, 20 EURO
Au917, 6 g, Ø 21 mm
Ⓓ Mariangela Crisciotti,
Maria Angela Cassol
PP: 1.900 Ex. € 585,00

LVA-G118
Wallfahrtsbasiliken mit päpstlicher Delegation (III) – Basilika des Heiligen Antonius in Padua
2017, 50 EURO
Au917, 15 g, Ø 28 mm
Ⓓ Patrizio Daniele, Luciana de Simoni
PP: 1.800 Ex. € 1.275,00

LVA-G119
Die theologischen Tugenden (VI) – Die Tapferkeit
2017, 200 EURO
Au917, 40 g, Ø 38,5 mm
Ⓓ Orietta Rossi, Ettore Lorenzo Frapiccini
PP: 499 Ex. € 5.500,00

LVA-G120
Gastfreundschaft – Abraham nimmt drei Wanderer auf
2018, 20 EURO
Ag925, 26 g, Ø 36 mm
Ⓓ Orietta Rossi, Ettore Lorenzo Frapiccini
PP: nur aus Kursmünzensatz LVA-AK2 2018/I

LVA-G121

LVA-G125

LVA-G122

LVA-G126

LVA-G123

LVA-G127

LVA-G124

LVA-G128

LVA-G121
Mutter Erde und die Sorge
für das gemeinsame Haus –
Hl. Franziskus von Assisi
2018, 50 EURO
Au917, 15 g, Ø 28 mm
Ⓓ Cristina de Giorgi, Luciana de Simoni
PP: nur aus Kursmünzensatz LVA-AK2 2018/II

LVA-G122
600 Jahre Kuppel
von Santa Maria del Fiore
2018, 5 EURO
CuAlNi/CuNi, 9,5 g, Ø 27,5 mm
(Polygon)
Ⓓ Gabriella Titotto, Uliana Pernazza
Stgl.: nur aus Kursmünzensatz LVA-AK1 2018/II
PP: 4.999 Ex. € 135,00

LVA-G123
Die Taufe
2018, 10 EURO
Au917, 3 g, Ø 13,85 mm
Ⓓ Chiara Principe, Maria Carmela Colaneri
PP: 2.800 Ex. € 390,00

LVA-G124
Apostolische Konstitutionen
des Zweiten Vatikanischen Konzils –
Konstitution über die heilige Liturgie
2018, 100 EURO
Au917, 30 g, Ø 35 mm
Ⓓ Daniele Fusco, Maria Carmela Colaneri
Rand: „MISERANDO ATQUE ELIGENDO + MMXVIII"
PP: 799 Ex. € 4.000,00

LVA-G125
Europäisches Jahr des Kulturerbes –
Die Laokoon-Gruppe
2018, 2 EURO
Ⓓ Luc Luycx, Daniela Longo, Claudia Momoni
Stgl.: 91.000 Ex., davon 76.000 Ex. in Foldern € 55,50
PP: 10.000 Ex. € 82,50

LVA-G126
50. Todestag von Pater Pio
2018, 2 EURO
Ⓓ Luc Luycx, Patrizio Daniele, Valerio de Seta
Stgl.: 101.000 Ex., davon 76.000 Ex. in Foldern € 50,00
PP: 10.000 Ex. € 95,00

LVA-G127
Heiligsprechung und 40. Todestag von
Papst Paul VI.
2018, 5 EURO
Ag925, 18 g, Ø 32 mm
Ⓓ Patrizio Daniele, Silvia Petrassi
Rand: „MISERANDO ATQUE ELIGENDO + MMXVIII"
PP: 4.499 Ex. € 112,50
Mit Teilvergoldung
PP: 1.500 Ex. € 495,00

LVA-G128
40. Todestag von Papst Johannes Paul I.
2018, 10 EURO
Ag925, 22 g, Ø 34 mm
Ⓓ Mariangela Crisciotti, Uliana Pernazza
Rand: „MISERANDO ATQUE ELIGENDO + MMXVIII"
PP: 4.499 Ex. € 127,50

LVA-G129

LVA-G130

LVA-G131

LVA-G132

LVA-G133

LVA-G134

LVA-G135

LVA-G136

LVA-G129
Apostelgeschichte – Himmelfahrt
2018, 20 EURO
Au917, 6 g, Ø 21 mm
Ⓓ Orietta Rossi, Valerio de Seta
PP: 1.750 Ex. € 570,00

LVA-G130
Apostelgeschichte – Jerusalemer Urgemeinde
2018, 50 EURO
Au917, 15 g, Ø 28 mm
Ⓓ Daniela Longo, Mariangela Cassol
PP: 1.500 Ex. € 1.425,00

LVA-G131
Die theologischen Tugenden (VII) – Die Mäßigung
2018, 200 EURO
Au917, 40 g, Ø 38,5 mm
Ⓓ Antonella Napolione, Ettore Lorenzo Frapiccini
PP: 499 Ex. € 6.300,00

LVA-G132
Respekt vor der Natur und der Schöpfung
2019, 20 EURO
Ag925, 26 g, Ø 36 mm
Ⓓ Marco Ventura, Valerio de Seta
PP: nur aus Kursmünzensatz LVA-AK2 2019/I

LVA-G133
Die Familie
2019, 50 EURO
Au917, 15 g, Ø 28 mm
Ⓓ Chiara Principe, Claudia Momoni
PP: nur aus Kursmünzensatz LVA-AK2 2019/I

LVA-G134
Weltjugentag 2019, Panama
2019, 5 EURO
CuAlNi/CuNi, 9,5 g, Ø 27,5 mm (Polygon)
Ⓓ Patrizio Daniele, Silvic Petrassi
Stgl.: nur aus Kursmünzensatz LVA-AK1 2019/I
PP: 4.999 Ex. € 150,00

LVA-G135
90 Jahre Staat Vatikanstadt
2019, 2 EURO
Ⓓ Luc Luycx, Daniela Fusco, Maria Angela Cassol
Stgl.: 91.000 Ex., davon 69.000 Ex. in Foldern € 45,00
PP: 10.000 Ex. € 90,00

LVA-G136
Die Taufe
2019, 10 EURO
Au917, 3 g, Ø 13,85 mm
Ⓓ Patrizio Daniele, Uliana Pernazza
PP: 2.800 Ex. € 405,00

LVA-G137

LVA-G141

LVA-G138

LVA-G142

LVA-G139

LVA-G143

LVA-G140

LVA-G144

LVA-G137
Apostolische Konstitutionen des Zweiten Vatikanischen Konzils – Lumen Gentium
2019, 100 EURO
Au917, 30 g, Ø 35 mm
Ⓓ Orietta Rossi, Maria Carmela Colaneri
Rand: „MISERANDO ATQUE ELIGENDO + MMXIX"
PP: 799 Ex. € 4.450,00

LVA-G138
150 Jahre Wohltätigkeitsverband „Circolo di San Pietro"
2019, 5 EURO
Ag925, 18 g, Ø 32 mm
Ⓓ Daniela Longo, Claudia Momoni
Rand: „MISERANDO ATQUE ELIGENDO + MMXIX"
PP: 4.500 Ex. € 150,00
Mit Teilvergoldung
PP: 1.500 Ex. € 220,00

LVA-G139
Weltfriedenstag 2019
2019, 10 EURO
Ag925, 22 g, Ø 34 mm
Ⓓ Daniela Longo, Claudia Momoni
Rand: „MISERANDO ATQUE ELIGENDO + MMXIX"
PP: 4.500 Ex. € 195,00
Mit Teilvergoldung
PP: 1.500 Ex. € 420,00

LVA-G140
25. Jahrestag der Restaurierung der Sixtinischen Kapelle
2019, 2 EURO
Ⓓ Luc Luycx, Daniela Longo, Annalisa Masini
Stgl.: ? Ex., davon 69.000 Ex. in Foldern € 45,00
PP: 10.000 Ex. € 90,00

LVA-G141
Apostelgeschichte – Die ersten Missionen
2019, 20 EURO
Au917, 6 g, Ø 21 mm
PP: 1.750 Ex. € 600,00

LVA-G142
Apostelgeschichte – Die Versammlung von Jerusalem
2019, 50 EURO
Au917, 15 g, Ø 28 mm
PP: 1.500 Ex. € 1.350,00

LVA-G143
Erzengel – Erzengel Michael
2019, 200 EURO
Au917, 40 g, Ø 38,5 mm
PP: 499 Ex. € 7.900,00

LVA-G144
Kunst und Glaube – Die Pietà
2020, 10 EURO
Cu, 15 g, Ø 32 mm
Ⓓ Chiara Principe, Claudia Momoni
Stgl.: 43.000 Ex. € 34,50
PP: ? Ex. € 97,50

LVA-G145

LVA-G146

LVA-G147

LVA-G148

LVA-G149

LVA-G150

LVA-G151

LVA-G152

LVA-G145
100. Geburtstag des Heiligen Johannes Paul II.
2020, 2 EURO
Ⓓ Luc Luycx, Gabriela Titotto, Maria Angela Cassol

Stgl.:	27.000 Ex.	€ 61,50
Blister:	65.000 Ex.	€ 65,00
PP:	9.000 Ex.	€ 115,00

LVA-G146
500. Todestag von Raffaello
2020, 2 EURO
Ⓓ Luc Luycx, Daniela Longo, Silvia Petrassi

Blister:	65.000 Ex.	€ 55,00
PP:	9.000 Ex.	€ 90,00

LVA-G147
250. Geburtstag von Ludwig van Beethoven
2020, 5 EURO
Bimetall, 9,5 g, Ø 27,5 mm
Ⓓ Orietta Rossi, Maria Carmela Colaneri

PP:	5.000 Ex.	€ 105,00

LVA-G148
Taufe
2020, 10 EURO
Au917, 3 g, Ø 13,85 mm
Ⓓ Cristina de Giorgi, Claudia Momoni

PP:	2.500 Ex.	€ 440,00

LVA-G149
Apostolische Konstitutionen des Zweiten Vatikanischen Konzils – Dei Verbum
2020, 100 EURO
Au917, 30 g, Ø 35 mm
Ⓓ Gabriella Titotto, Silvia Petrassi

PP:	799 Ex.	€ 3.500,00

LVA-G150
Welttag der Migranten und Flüchtlinge
2020, 5 EURO
Ag925, 18 g, Ø 32 mm

Stgl.:	1.500 Ex.*	€ 112,50
PP:	1.500 Ex.	€ 360,00

* mit Teilvergoldung

LVA-G151
50. Tag der Erde
2020, 10 EURO
Silber, 22 g, Ø 24 mm

Stgl.:	1.500 Ex.*	€ 135,00
PP:	1.500 Ex.	€ 450,00

* mit Teilvergoldung

LVA-G152
Apostelgeschichte – Die Mission nach Makedonien, Griechenland und Asia Minor
2020, 20 EURO
Au917, 6 g, Ø 21 mm

PP:	1.300 Ex.	€ 750,00

LVA-G153

LVA-G157

LVA-G154

LVA-G158

LVA-G155

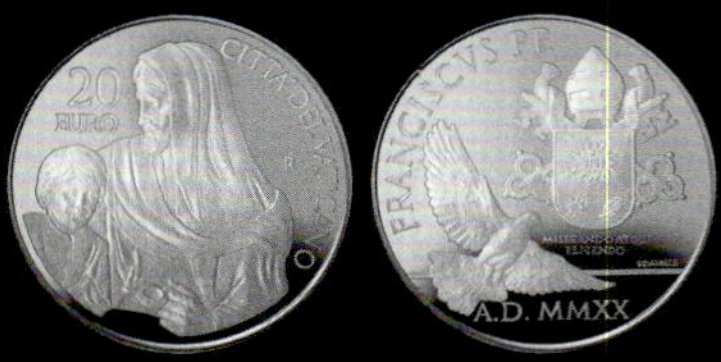

LVA-G159

LVA-G156

LVA-G160

LVA-G153
Apostelgeschichte –
Paulus gibt Zeugnis von Jesus Christus
2020, 50 EURO
Au917, 15 g, Ø 28 mm
PP: 1.000 Ex. € 1.650,00

LVA-G154
Erzengel – Erzengel Gabriel
2020, 200 EURO
Au917, 40 g, Ø 38,5 mm
PP: 499 Ex. € 6.800,00

LVA-G155
Papst Franziskus – MMXX
2020, 20 EURO
Ag925, 26 g, Ø 36 mm
Ⓓ Patrizio Daniele, Valerio de Seta
PP: nur aus Kursmünzensatz LVA-AK2 2020/I

LVA-G156
Papst Franziskus – MMXX
2020, 50 EURO
Au917, 15 g, Ø 28 mm
Ⓓ Daniela Fusco, Annalisa Masini
PP: nur aus Kursmünzensatz LVA-AK2 2020/II

LVA-G157
Erzengel – Erzengel Raphael
2021, 200 EURO
Au917, 40 g, Ø 38,5 mm
PP: 499 Ex. € –,–

LVA-G158
300. Jahrestag des Todes
von Papst Clemens XI.
2021, 50 EURO
Au917, 15 g, Ø 28 mm
PP: 799 Ex. € –,–

LVA-G159
400. Jahrestag des Todes
von Papst Paolo V.
2021, 20 EURO
Au917, 6 g, Ø 21 mm
PP: ? Ex. € –,–

LVA-G160
75-jähriges Bestehen der UNESCO
2021, 10 EURO
Ag925, 22 g, Ø 34 mm
PP: ? Ex. € –,–

LVA-G161

LVA-G165

LVA-G162

LVA-G166

LVA-G163

LVA-G167

LVA-G164

LVA-G168

LVA-G161
50. Jahrestag der Vereinigung von St. Peter und St. Paul
2021, 5 EURO
Ag925, 18 g, Ø 32 mm
Ⓓ Patrizio Daniele, Annalisa Masini
Rand: „MISERANDO ATQUE ELIGENDO + MMXX"
PP: 3.300 Ex. € 127,50

LVA-G162
Apostolische Konstitutionen des Zweiten Vatikanischen Konzils – Gaudium et Spes
2021, 100 EURO
Au917, 30 g, Ø 35 mm
Ⓓ Mariangela Crisciotti, Valerio De Seta
Rand: „MISERANDO ATQUE ELIGENDO + MMXX"
PP: 799 Ex. € 3.900,00

LVA-G163
Taufe – Jahr MMXXI
2021, 10 EURO
Au917, 3 g, Ø 13,85 mm
Ⓓ Orietta Rossi, Silvia Petrassi
PP: 2.400 Ex. € 420,00

LVA-G164
700. Todestag von Dante Alighieri
2021, 2 EURO
Ⓓ Luc Luycx, Patrizio Daniele
Stgl.: 69.000 Ex. € –,–
PP: 9.300 Ex. € –,–

LVA-G165
700. Todestag von Dante Alighieri
2021, 25 EURO
Ag925, 35 g, 30 × 40 mm, Farbapplikation
PP: 1.300 Ex. € –,–

LVA-G166
Papst Franziskus – Jahr MMXXI
2021, 20 EURO
Ag925, 26 g, Ø 36 mm
PP: nur aus Kursmünzensatz LVA-AK2 2021/I

LVA-G167
Papst Franziskus – Jahr MMXXI
2021, 50 EURO
Ag917, 15 g, Ø 28 mm
PP: nur aus Kursmünzensatz LVA-AK2 2021/II

LVA-G168
5. Hundertjahrfeier des Todes von Papst Leo X.
2021, 5 EURO
Bimetall, 9,5 g, Ø 27,5 mm
Ⓓ Marco Ventura, Valerio De Seta
Stgl.: 8.000 Ex. nur aus Kursmünzensatz LVA-AK1 2021/II
PP: 4.300 Ex. € 112,50

LVA-G169

LVA-G170

LVA-G171

LVA-G172

LVA-G169
450. Geburtstag von Caravaggio
2021, 2 EURO
Ⓓ Luc Luycx, Uliana Pernazza, Chiara Principe

Stgl.:	69.000 Ex.	€ 49,50
PP:	9.300 Ex.	€ 90,00

LVA-G170
450. Geburtstag von Caravaggio
2021, 25 EURO
Ag925, 35 g, 30 × 40 mm, Farbapplikation

PP:	1.300 Ex.	€ 1.425,00

LVA-G171
Kunst und Glaube – St. Peter
2020, 10 EURO
Cu, 15 g, Ø 32 mm
Ⓓ Daniela Longo, Claudia Momoni

Stgl.:	26.500 Ex.	€ 48,00

LVA-G172
100 Jahre katholische Universität der Stiftung Herz Jesu
2021, 10 EURO
Ag925, 22 g, Ø 34 mm
Ⓓ Gabriela Titotto

PP:	3.300 Ex.	€ –,–

ZYPERN

Republik

Fläche: 9.251 km²

Hauptstadt: Nikosia

Einwohnerzahl: 1,1 Mio.

Beitrittsjahr zur EU: 2004

Bisherige Währung: Zyprisches Pfund

Bildmotiv:

Skulpturenpark in Agia Napa

LG-K1 1 Cent		
Jahr	Auflage	Stgl.
2008	40.000.000	4,40
2009	20.000.000	1,00
2010	200.000	1,50
2011	15.210.000	1,10
2012	210.000	1,10
2013	100.000	4,40
2014	100.000	2,10
2015	7.100.000	1,60
2016	8.007.000	1,50
2017	100.000	1,60
2018	18.100.000	1,60
2019	11.100.000	1,60
2020	8.005.000	1,50
2021	9.155.000	1,50

LG-K3 5 Cent		
Jahr	Auflage	Stgl.
2008	60.000.000	1,30
2009	6.000.000	1,10
2010	200.000	1,20
2011	30.210.000	1,10
2012	1.000.000	1,20
2013	100.000	2,30
2014	100.000	2,60
2015	100.000	1,80
2016	100.000	1,70
2017	100.000	1,70
2018	14.100.000	1,60
2019	8.100.000	1,70
2020	7.505.000	1,50
2021	7.955.000	1,50

LG-K2 2 Cent		
Jahr	Auflage	Stgl.
2008	100.000.000	1,20
2009	1.000.000	1,10
2010	200.000	1,30
2011	210.000	1,30
2012	210.000	1,20
2013	100.000	4,40
2014	100.000	2,40
2015	100.000	1,80
2016	100.000	1,70
2017	100.000	1,70
2018	100.000	1,60
2019	9.100.000	1,70
2020	8.406.000	1,50
2021	12.605.000	1,50

LG-K4 10 Cent		
Jahr	Auflage	Stgl.
2008	70.000.000	1,70
2009	1.000.000	1,60
2010	200.000	1,60
2011	210.000	1,60
2012	1.000.000	1,50
2013	100.000	6,00
2014	100.000	3,00
2015	100.000	1,90
2016	100.000	1,80
2017	100.000	1,70
2018	100.000	1,70
2019	5.600.000	1,70
2020	1.705.000	1,70
2021	4.445.000	1,60

LG-K5	20 Cent	
Jahr	Auflage	Stgl.
2008	65.000.000	2,00
2009	1.000.000	1,90
2010	200.000	1,90
2011	210.000	1,90
2012	1.000.000	1,90
2013	100.000	4,90
2014	100.000	2,30
2015	100.000	2,00
2016	100.000	1,90
2017	100.000	1,80
2018	100.000	1,80
2019	6.100.000	1,80
2020	4.305.000	1,80
2021	4.805.000	1,70

LG-K7	1 Euro	
Jahr	Auflage	Stgl.
2008	28.000.000	4,50
2009	4.000.000	4,50
2010	200.000	4,50
2011	210.000	4,50
2012	1.000.000	4,50
2013	100.000	4,80
2014	100.000	4,90
2015	100.000	4,50
2016	100.000	4,50
2017	100.000	4,50
2018	100.000	4,50
2019	100.000	4,80
2020	105.000	3,80
2021	1.580.000	4,80

LG-K6	50 Cent	
Jahr	Auflage	Stgl.
2008	30.000.000	2,60
2009	1.000.000	2,60
2010	200.000	2,60
2011	210.000	2,70
2012	1.000.000	2,60
2013	100.000	6,00
2014	100.000	2,90
2015	100.000	2,50
2016	100.000	2,50
2017	100.000	2,40
2018	100.000	2,30
2019	1.400.000	2,30
2020	1.505.000	2,20
2021	1.925.000	2,20

LG-K8	2 Euro	
Jahr	Auflage	Stgl.
2008	25.000.000	7,00
2009	5.000.000	6,50
2010	200.000	7,00
2011	210.000	7,00
2012	1.000.000	6,50
2013	100.000	11,50
2014	100.000	10,50
2015	100.000	10,50
2016	100.000	10,50
2017	100.000	10,50
2018	7.100.000	10,50
2019	1.400.000	8,00
2020	3.305.000	7,50
2021	3.005.000	7,00

Inhalt des Starterpäckchens:

1 Cent (7x), 2 Cent (6x), 5 Cent (6x), 10 Cent (5x), 20 Cent (8x), 50 Cent (7x), 1 Euro (5x), 2 Euro (3x).

Die Starterkits wurden ab dem 3. Dezember 2007 an Privathaushalte zu einem Gegenwert von 10,00 CYP abgegeben.

Jahr	Auflage	Stgl.
2008	250.000 Exemplare	€ 50,00

Inhalt der Original-Rollen:			
1 Cent	50 Exemplare	Nominal:	€ 0,50
2 Cent	50 Exemplare	Nominal:	€ 1,00
5 Cent	50 Exemplare	Nominal:	€ 2,50
10 Cent	40 Exemplare	Nominal:	€ 4,00
20 Cent	40 Exemplare	Nominal:	€ 8,00
50 Cent	40 Exemplare	Nominal:	€ 20,00
1 EURO	25 Exemplare	Nominal:	€ 25,00
2 EURO	25 Exemplare	Nominal:	€ 50,00

Kursmünzensätze	Jahr	Auflage	Stgl.
LG-AK1 2008	2008	70.000	25,00
LG-AK1 2009 (incl. LG-G2)	2009	15.000	50,00
LG-AK1 2011	2011	10.000	60,00
LG-AK1 2012 (incl. LG-G5)	2012	12.000	50,00
LG-AK1 2013	2013	10.000	60,00
LG-AK1 2014	2014	7.000	50,00
LG-AK1 2015	2015	7.000	55,00
LG-AK1 2016	2016	7.000	55,00
LG-AK1 2017	2017	5.000	55,00
LG-AK1 2018	2018	5.000	55,00
LG-AK1 2019	2019	5.000	55,00
LG-AK1 2020	2020	5.000	55,00
LG-AK1 2021	2021	5.000	50,00

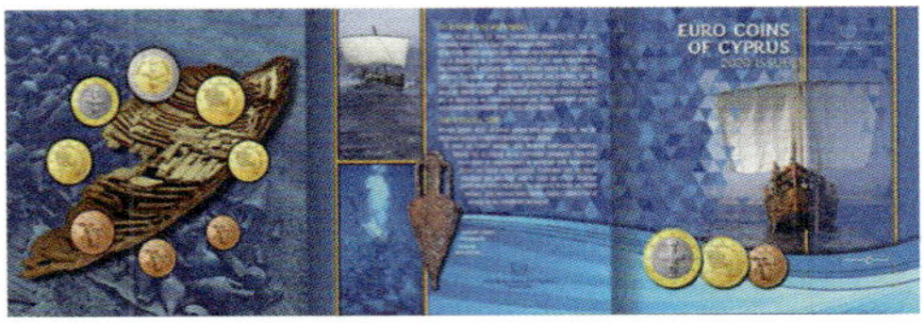

LG-G1

LG-G2

LG-G3

LG-G4

LG-G5

LG-G6

LG-G7

LG-G8

LG-G1
Zyperns Beitritt zur Europäischen Währungsunion
2008, 5 EURO
Ag925, 28,28 g, Ø 38,61 mm
Ⓓ Nicolas Loucas
PP: 15.000 Ex. € 80,00

LG-G2
10 Jahre Wirtschafts- und Währungsunion
2009, 2 EURO
Ⓓ Luc Luycx u. Georgios Stamatopoulos
Stgl.: 993.000 Ex.* € 7,00
* davon 13.000 Ex. in Kapseln
Etui: 7.000 Ex. € 17,00

LG-G3
50 Jahre Republik Zypern
2010, 5 EURO
Ⓓ Clara Zacharaki Georgiou
Ag925, 28,28 g, Ø 38,61 mm
PP: 5.000 Ex. € 100,00

LG-G4
50 Jahre Republik Zypern
2010, 20 EURO
Au917, 7,98 g, Ø 22,05 mm
Ⓓ Clara Zacharaki Georgiou
PP: 750 Ex. € 2.500,00

LG-G5
10. Jahrestag der Einführung der Euro-Münzen und -Banknoten
2012, 2 EURO
Ⓓ Luc Luycx und Helmut Andexlinger
Stgl.: 992.000 Ex.** € 7,00
**davon 5.000 Ex. in Kapseln
PP: 8.000 Ex. € 35,00

LG-G6
EU-Ratspräsidentschaft
2012, 5 EURO
Ag925, 28,28 g, Ø 38,61 mm
Ⓓ Ioannc Kalli
PP: 8.000 Ex. € 140,00

LG-G7
50 Jahre Zentralbank von Zypern
2013, 5 EURO
Ag925, 28,28 g, Ø 38,61 mm
Ⓓ Georgios Stamatopoulos
PP: 4.000 Ex. € 80,00

LG-G8
50 Jahre Zentralbank von Zypern
2013, 20 EURO
Au917, 7,98 g, Ø 22,05 mm
Ⓓ Georgios Stamatopoulos
PP: 1.000 Ex. € 750,00

LG-G9

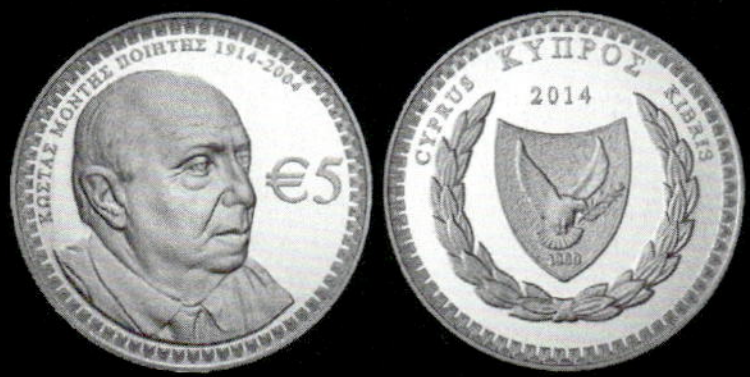

LG-G13

LG-G10

LG-G14

LG-G11

LG-G15

LG-G12

LG-G16

LG-G9
100. Geburtstag von Costas Montis
2014, 5 EURO
Ag925, 28,28 g, Ø 38,61 mm
Ⓓ Georgios Stamatopoulos
PP: 1.500 Ex. € 140,00

LG-G10
Göttin Aphrodite
2015, 5 EURO
Ag925, 28,28 g, Ø 38,61 mm
Ⓓ Georgios Stamatopoulos
PP: 4.000 Ex. € 80,00

LG-G11
30 Jahre Flagge der Europäischen Union
2015, 2 EURO
Ⓓ Luc Luycx u. Georgios Stamatopoulos
Stgl.: 342.000 Ex.* € 6,50
*davon 6.000 Ex. in Kapseln
PP: 8.000 Ex. € 30,00

LG-G12
Zyprische Dichter – 150. Geburtstag von Dimitris Lipertis
2016, 5 EURO
Ag925, 28,28 g, Ø 38,61 mm
Ⓓ Georgios Stamatopoulos
PP: 1.500 Ex. € 135,00

LG-G13
Paphos, Kulturhauptstadt Europas 2017
2017, 2 EURO
Ⓓ Luc Luycx u. Georgios Stamatopoulos
Stgl.: 430.000 Ex.* € 7,00
* davon 7.000 Ex. in Kapseln
PP: 5.000 Ex. € 32,00

LG-G14
Zyprische Dichter – 100. Todestag von Vasilis Michaelides
2017, 5 EURO
Ag925, 28,28 g, Ø 38,61 mm
Ⓓ Georgios Stamatopoulos
PP: 2.000 Ex. € 95,00

LG-G15
10. Jahrestag der Euro-Bargeldeinführung in Zypern
2018, 5 EURO
Ag925, 28,28 g, Ø 38,61 mm
Ⓓ Georgios Stamatopoulos
PP: 2.000 Ex. € 110,00

LG-G16
30. Jahrestag der Gründung der Universität Zypern
2019, 5 EURO
Ag925, 28,28 g, Ø 38,61 mm
Ⓓ Georgios Stamatopoulos
PP: 2.000 Ex. € 90,00

LG-G17

LG-G18

LG-G17

30. Jahrestag des „Cyprus Institute of Neurology and Genetics“
2020, 2 EURO
Ⓓ Luc Luycx u. Georgios Stamatopoulos

Stgl.:	400.000 Ex.	€ 6,00
Blister:	6.000 Ex.	€ 35,00
PP:	12.000 Ex.	€ 100,00

LG-G18

Leda und der Schwan
2020, 5 EURO
Ag925, 28,28 g, Ø 38,61 mm
Ⓓ Georgios Stamatopoulos

PP:	2.000 Ex.	€ 90,00

Vorschau 2022

- 35 Jahre Erasmus-Programm (2 EURO, Gemeinschaftsausgabe)

EURO-Banknoten

Gesetzliche Zahlungsmittel in allen Ländern der Europäischen Währungsunion

Das Design der Euro-Banknoten der ersten Serie wurde von Robert Kalina, einem Banknotengrafiker der Oesterreichischen Nationalbank in Wien, gestaltet. Seinem Entwurf liegt das Thema „Zeitalter und Stile in Europa" zugrunde. Auf der Vorderseite der Banknoten symbolisieren Fenster und Tore den Geist der Offenheit und Zusammenarbeit in Europa. Die zwölf Sterne der Europäischen Union stehen für Dynamik und Harmonie. Die Brücken auf der Rückseite der Banknoten symbolisieren die Verbindung zwischen den Völkern Europas und der übrigen Welt.

Außerdem befinden sich auf den Banknoten weitere Angaben:

- Wert der Banknote in arabischen Zahlen.
- Der Name für die gemeinsame Währung in lateinischer und griechischer Schrift (EURO, ΕΥΡΩ).
- Die Abkürzungen EZB, für die Europäische Zentralbank, in fünf Sprachvarianten sowie nebenstehend die Jahreszahl.
- Das Symbol © für den Copyright-Schutz und die Fahne der Europäischen Gemeinschaft.

Die ab 2013 herausgegebene zweite Banknotenserie stellt eine Weiterentwicklung (verbesserte Sicherheitsmerkmale und erhöhte Haltbarkeit) der Ausgabe von 2002 dar. Das Thema, die Hauptfarben und Stückelungen blieben unverändert. Wegen ihres Wasserzeichens mit Darstellung der phönizischen Königstochter Europa wird diese Ausgabe auch „Europa-Serie" genannt. Mit der Überarbeitung der Gestaltung wurde der deutsche Grafiker und Designer Reinhold Gerstetter betraut.

- Der Name für die gemeinsame Währung wurde um eine kyrillische Version (ЕВРО) ergänzt.
- Die Abkürzungen EZB ist nun in neun Sprachvarianten wiedergegeben.

Die neuen Geldscheine wurden bis 2019 nach und nach in aufsteigender Reihenfolge stufenweise in den Verkehr gebracht. Die Ausgabe von 500-Euro-Banknoten, die weiterhin gesetzliches Zahlungsmittel bleiben, wurde im ersten Halbjahr des Jahres 2019 eingestellt. Der 200-Euro-Schein ist somit der höchste Wert der „Europa-Serie".

Zu den Gestaltungselementen der Euro-Banknoten zählt die Unterschrift des Präsidenten der EZB. Dies bedeutet, dass bei einem Wechsel des EZB-Präsidenten auch die Unterschrift auf den Geldscheinen entsprechend angepasst wird.

Die Euro-Banknoten der ersten Serie tragen unabhängig vom jeweiligen EZB-Präsidenten stets die Jahreszahl 2002. Die Banknoten der zweiten Serie tragen die Jahreszahl des Erstausgabejahres der jeweiligen Stückelung (5 Euro: 2013; 10 Euro: 2014; ...). 2016 beschloss der EZB-Rat, dass die Ausgabe von 500-Euro-Banknoten zum Jahreswechsel 2018/2019 eingestellt wird.

EZB-Präsidenten (Amtszeit: 8 Jahre)

1998 bis 2003	Willem F. Duisenberg
2003 bis 2011	Jean-Claude Trichet
2011 bis 2019	Mario Draghi
2019 bis 2027	Christine Lagarde

Unterschrift des ersten Präsidenten der EZB Willem F. Duisenberg

Unterschrift des zweiten Präsidenten der EZB Jean-Claude Trichet

Unterschrift des dritten Präsidenten der EZB Mario Draghi

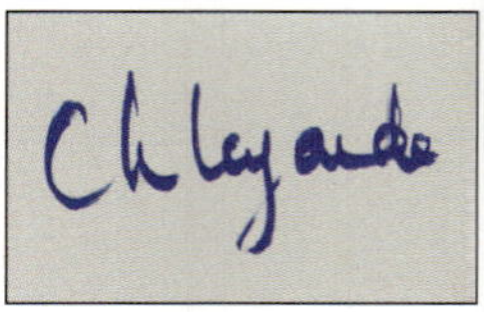

Unterschrift der vierten Präsidentin der EZB Christine Lagarde

Die Seriennummer ist jeweils auf der Rückseite der Geldscheine angegeben und setzt sich aus dem Ländercode (Banknoten der erste Serie) bzw. Druckereicode und einem Buchstaben (Banknoten der zweiten Serie), der Kontrollzahl und der Prüfziffer (letzte Ziffer der Seriennummer) zusammen.

Berechnung der Prüfziffer bei Banknoten der ersten Serie

Beispiel: Seriennummer X04875637034

1. Von den ersten zehn Zahlen der Seriennummer wird die Quersumme gebildet.
0+4+8+7+5+6+3+7+0+3=43

2. Der Buchstabe des Ländercodes wird durch die Positionszahl des Buchstabens im Alphabet ersetzt und zu der in Schritt 1 gebildeten Quersumme addiert.
X=24; 24+43=67

3. Das in Schritt 2 ermittelte Ergebnis wird von 124 subtrahiert. Das neue Ergebnis wird durch 9 geteilt und die erste Stelle hinter dem Komma ermittelt.
124-67=57; 57:9=6,**3**3...

4. Wenn man zu der in Schritt 3 ermittelten Zahl 1 addiert, ergibt sich die Prüfziffer.
3+1=**4**; Seriennummer X0487563703**4**

Überprüfung der Gültigkeit der Seriennummer bei Banknoten der ersten und zweiten Serie

Beispiel: Seriennummer X04875637034

1. Der Buchstabe / die Buchstaben mit der die Seriennummer beginnt wird / werden jeweils durch die Positionszahl des Buchstabens im Alphabet ersetzt.
24 04875637034

2. Von der Kontrollzahl und der Prüfziffer wird die Quersumme errechnet und mit der Positionszahl des Buchstabens im Alphabet addiert.
0+4+8+7+5+6+3+7+0+3+4=47
47+24 = 71

3. Von der ermittelten Zahl wird erneut eine Quersumme errechnet.
7+1=8

Das Ergebnis muss bei einer gültigen Seriennummer einer Banknote der ersten Serie stets die Zahl 8 und bei einer Banknote der zweiten Serie die Zahl 7 ergeben.

Banknotenbögen

Über das Geldmuseum der Deutschen Bundesbank in Frankfurt am Main wurden die 5-, 10- und 20-Euro-Banknoten auch ungeschnitten in ganzen Bögen angeboten.

- 5-EURO-Banknotenbogen (ca. 74 cm x 66 cm) zu 60 Nutzen, Verkaufspreis: 480,00 Euro
- 10-EURO-Banknotenbogen (ca. 75 cm x 60 cm) zu 54 Nutzen, Verkaufspreis: 860,00 Euro
- 20-EURO-Banknotenbogen (ca. 68 cm x 65 cm) zu 45 Nutzen, Verkaufspreis: 1.440,00 Euro

Abb. mit freundlicher Genehmigung der KUK-Kunst GmbH

STICHTIEFDRUCK
Durch die Anwendung des Stichtiefdruckverfahrens entsteht ein ertastbares Relief.

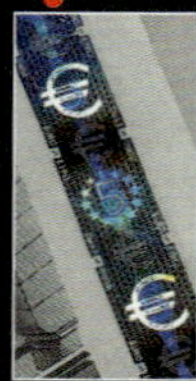

SPEZIALFOLIEN
5, 10, 20 Euro: Im schrägen Betrachtungswinkel erscheint das Euro-Symbol bzw. die Wertzahl. 50, 100, 200, 500 Euro: Auf der Banknote befindet sich ein Hologramm, das je nach Betrachtungswinkel die Wertzahl oder das abgebildete Architekturmotiv in wechselnden Farben zeigt.

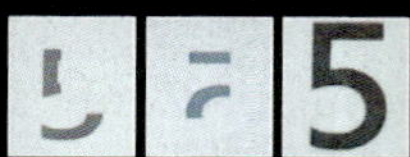

DURCHSICHTSREGISTER
Im Gegenlicht erscheint auf Vorder- und Rückseite die vollständige Wertzahl.

WASSERZEICHEN
Im Gegenlicht erscheint auf Vorder- und Rückseite das vorherrschende Architektur-Motiv, welches unter der Wertzahl steht, sowie der Nominalwert.

Druckerei, Druckplatte und Position auf dem Druckbogen.
P = Druckerei, 003 = Nummer der Druckplatte,
D3 = Position auf dem Druckbogen

SICHERHEITSFADEN
Die Euro-Banknoten verfügen über einen Sicherheitsfaden, der etwa in der Mitte der Banknoten eingebettet ist. Im Gegenlicht erscheint auf dem Sicherheitsfaden die jeweilige Wertzahl und das Wort „EURO".

MIKROSCHRIFT
An verschiedenen Stellen der Banknoten wird Mikroschrift verwendet. Die kleine Schrift wird erst mittels einer Lupe lesbar.

UV-EIGENSCHAFTEN
Das Papier selbst fluoresziert unter UV-Licht nicht, es besitzt aber eingearbeitete Fasern, die in den Farben Rot, Blau und Grün leuchten. Auf der Vorderseite der Banknote wird das Blau der europäischen Flagge und die Unterschrift des EZB-Präsidenten unter UV-Licht zu einem fluoreszierenden Grün und das Gelb der Sterne auf der Flagge zu einem fluoreszierenden Orange. Auf der Rückseite der Banknote fluoreszieren die Europakarte, das Bauwerk und der Notenwert.

SERIENNUMMER
(der Buchstabe ist der Ländercode)

IRIODINSTREIFEN (5, 10, 20 EURO)
Unter einer Lichtquelle glänzt der Iriodinstreifen hell- bis goldgelb.

OPTISCH VARIABLE FARBE (50, 100, 200, 500 EURO)
Die Wertzahl wechselt beim Kippen der Banknote die Farbe von Rot auf Braun.

STICHTIEFDRUCK

Durch die Anwendung des Stichtiefdruckverfahrens entsteht ein ertastbares Relief.

SMARAGD-ZAHL

Die Wertzahl wechselt beim Kippen der Banknote die Farbe von Smaragdgrün zu Tiefblau. Darüber hinaus bewegt sich auf der glänzenden Zahl ein Lichtbalken auf und ab.

SPEZIALFOLIEN

Der silberne Streifen zeigt als Hologramm ein Porträt der mythologischen Gestalt Europa, das Euro-Symbol, das Architekturmotiv sowie den Nominalwert.

WASSERZEICHEN

Im Gegenlicht erscheint auf Vorder- und Rückseite ein Porträt der mythologischen Gestalt Europa, ein Fenster sowie der Nominalwert.

Druckerei, Druckplatte und Position auf dem Druckbogen.
V = Druckerei, 001 = Nummer der Druckplatte,
E6 = Position auf dem Druckbogen

SICHERHEITSFADEN

Die Euro-Banknoten verfügen über einen Sicherheitsfaden, der etwa in der Mitte der Banknoten eingebettet ist. Im Gegenlicht erscheint auf dem Sicherheitsfaden die jeweilige Wertzahl und das Euro-Symbol.

MIKROSCHRIFT

An verschiedenen Stellen der Banknoten wird Mikroschrift verwendet. Die kleine Schrift wird erst mittels einer Lupe lesbar.

UV-EIGENSCHAFTEN

Das Papier selbst fluoresziert unter UV-Licht nicht, es besitzt aber eingearbeitete Fasern, von denen jede in drei verschiedenen Farben leuchten.
Auf der Vorderseite leuchten die Sterne der Flagge, die kleinen Kreise und die großen Sterne gelb. Mehrere andere Stellen fluoreszieren ebenfalls gelb. Auf der Rückseite leuchten ein Viertel eines gedachten Kreises in der Banknotenmitte sowie einige weitere Stellen grün. Die horizontal verlaufende Seriennummer sowie ein Streifen fluoreszieren rot.

SERIEN-NUMMER

(der erste Buchstabe ist der Druckereicode)

IRIODINSTREIFEN

Unter einer Lichtquelle glänzt der Iriodinstreifen hell- bis goldgelb.

PAPIER

Das Baumwollfaserpapier fühlt sich griffig und fest an. Um die Haltbarkeit zu verbessern, wurde es mit einer speziellen Schutzschicht versehen.

EURO-Banknoten der ersten Serie
Länder- und Druckereicodes

Ländercode	
(mit diesem Buchstaben beginnt die Seriennummer)	
B	Litauen
C	Lettland
D	Estland
E	Slowakei
F	Malta
G	Zypern
H	Slowenien
L	Finnland
M	Portugal
N	Österreich
P	Niederlande
R*	Luxemburg
S	Italien
T	Irland
U	Frankreich
V	Spanien
X	Deutschland
Y	Griechenland
Z	Belgien

	Druckerei	Standort der Druckerei	
D	Setec Oy	Vantaa	Finnland
E	François Charles Oberthur Fiduciaire	Chantepie	Frankreich
F	Oesterreichische Banknoten- und Sicherheitsdruck GmbH	Wien	Österreich
G	Johan Enschedé & Zonen	Haarlem	Niederlande
H	De La Rue Currency	Gateshead	Großbritannien
J	Banca d'Italia (Italienische Zentralbank)	Rom	Italien
K	Central Bank of Ireland (Irische Zentralbank)	Dublin	Irland
L	Banque de France (Französiche Zentralbank)	Chamalières	Frankreich
M	Fábrica Nacional de Moneda y Timbre (Königlich Spanische Münze)	Madrid	Spanien
N	Bank of Greece (Griechische Zentralbank)	Athen	Griechenland
P	Giesecke & Devrient GmbH	München, Leipzig	Deutschland
R	Bundesdruckerei GmbH	Berlin	Deutschland
T	Banque Nationale de Belgique (Belgische Zentralbank)	Brüssel	Belgien
U	Valora S.A.	Carregado	Portugal

* **Neue, von der Luxemburger Zentralbank ausgegebene Banknoten, tragen die Kennziffer der Zentralbanken jener Länder, in denen die Banknoten für Luxemburg hergestellt werden. (2002: Produktion von 100-Euro-Banknoten bei Setec Oy; 2003: Produktion von 200-Euro-Banknoten bei der Bundesdruckerei GmbH; 2004: Produktion von 500-Euro-Banknoten bei der Bundesdruckerei GmbH; 2005: Produktion von 500-Euro-Banknoten bei der Oesterreichischen Banknoten- und Sicherheitsdruck GmbH; 2006: Produktion von 100-Euro-Banknoten bei De La Rue; 2007: Produktion von 100-Euro-Banknoten bei Johan Enschedé & Zonen; 2008: Produktion von 20-Euro-Banknoten bei De La Rue; ...)**

EURO-Banknoten der zweiten Serie (Europa-Serie)
Länder- und Druckereicodes

Ländercode

Die Banknoten der zweiten Serie (Europa-Serie) besitzen keine Länderkennung mehr, aus der ersichtlich ist, welche nationale Notenbank den Druck verantwortet. Stattdessen verweist der erste der beiden Buchstaben, welcher der Seriennummer vorangestellt ist, auf die Druckerei, in der der Schein gedruckt wurde. Der zweite Buchstabe ist lediglich Teil der Seriennummer.

	Druckerei	Standort der Druckerei	
D	Polska Wytwórnia Papierów Wartościowych (Staatliche Polnische Wertpapierdruckerei)	Warschau	Polen
E	François Charles Oberthur Fiduciaire	Chantepie	Frankreich
F	Oberthur Fiduciaire AD (Bulgarische Zentralbank)	Sofia	Bulgarien
H	De La Rue Currency	Loughton	Großbritannien
J	De La Rue Currency	Gateshead	Großbritannien
M	Valora S.A.	Carregado	Portugal
N	Oesterreichische Banknoten- und Sicherheitsdruck GmbH	Wien	Österreich
P	Joh. Enschedé Security Print BV	Haarlem	Niederlande
R	Bundesdruckerei GmbH	Berlin	Deutschland
S	Banca d'Italia (Italienische Zentralbank)	Rom	Italien
T	Central Bank of Ireland (Irische Zentralbank)	Dublin	Irland
U	Banque de France (Französische Zentralbank)	Chamalières	Frankreich
V	Fábrica Nacional de Moneda y Timbre (Königlich Spanische Münze)	Madrid	Spanien
W	Giesecke & Devrient GmbH	Leipzig	Deutschland
X*	Giesecke & Devrient GmbH	München	Deutschland
Y	Bank of Greece (Griechische Zentralbank)	Athen	Griechenland
Z	Banque Nationale de Belgique (Belgische Zentralbank)	Brüssel	Belgien

* 2014 gab Giesecke & Devrient bekannt, dass die Banknotenproduktion am Standort München eingestellt wird.

Jahreszahl: 2002 **Format:** 120 × 62 mm
Motiv: Architektur der Klassik. Das Tor ist ein Stilelement aus der griechisch-römischen Antike, ein Hinweis auf die geschichtlichen Wurzeln Europas.

Nummer	Ländercode	Druckereicode	Unterschrift
LL-B1 Du	L (Finnland)	D	Duisenberg
LM-B1 Du	M (Portugal)	U	Duisenberg
LN-B1 Du	N (Österreich)	F	Duisenberg
LP-B1 Du	P (Niederlande)	F, G, P	Duisenberg
LS-B1 Du	S (Italien)	J	Duisenberg
LT-B1 Du	T (Irland)	K	Duisenberg
LU-B1 Du	U (Frankreich)	L	Duisenberg
LV-B1 Du	V (Spanien)	M	Duisenberg
LX-B1 Du	X (Deutschland)	P	Duisenberg
LY-B1 Du	Y (Griechenland)	N, P	Duisenberg
LZ-B1 Du	Z (Belgien)	T	Duisenberg

Nummer	Ländercode	Druckereicode	Unterschrift
LE-B1 Tr	E (Slowakei)	E	Trichet
LF-B1 Tr	F (Malta)	E	Trichet
LG-B1 Tr	G (Zypern)	E	Trichet
LH-B1 Tr	H (Slowenien)	E	Trichet
LL-B1 Tr	L (Finnland)	E	Trichet
LM-B1 Tr	M (Portugal)	U	Trichet
LN-B1 Tr	N (Österreich)	F	Trichet
LP-B1 Tr	P (Niederlande)	E, R	Trichet
LT-B1 Tr	T (Irland)	K	Trichet
LU-B1 Tr	U (Frankreich)	L	Trichet
LV-B1 Tr	V (Spanien)	M	Trichet
LX-B1 Tr	X (Deutschland)	P, R	Trichet

Bewertung

Eine preisliche Bewertung der Banknoten findet derzeit nicht statt, da hierfür im Handel kein ausreichendes Angebot vorhanden ist, welches ausgewertet werden kann. Auch die von uns in früheren Katalogauflagen angegebene Häufigkeit von Banknoten ist inzwischen kein aussagekräftiges Kriterium für die Seltenheit eines Geldscheins mehr, da gebrauchte Banknoten nach einer gewissen Zirkulationszeit von den Zentralbanken aus dem Verkehr genommen und ersetzt werden. Es ist daher nicht bekannt, wie viele Banknoten noch in einem sammelwürdigen oder kassenfrischen Zustand erhalten geblieben sind.

Jahreszahl: 2002 **Format:** 127 × 67 mm

Motiv: Architektur der Romanik. Der abgebildete romanische Torbogen ist ein Stilelement des frühen Mittelalters, wie es bei Kirchen dieser Zeitepoche heute noch zu finden ist.

Nummer	Ländercode	Druckereicode	Unterschrift
LL-B2 Du	L (Finnland)	D	Duisenberg
LM-B2 Du	M (Portugal)	U	Duisenberg
LN-B2 Du	N (Österreich)	F	Duisenberg
LP-B2 Du	P (Niederlande)	G, P	Duisenberg
LS-B2 Du	S (Italien)	J	Duisenberg
LT-B2 Du	T (Irland)	K	Duisenberg
LU-B2 Du	U (Frankreich)	L	Duisenberg
LV-B2 Du	V (Spanien)	G, M	Duisenberg
LX-B2 Du	X (Deutschland)	P, R	Duisenberg
LY-B2 Du	Y (Griechenland)	F, N	Duisenberg
LZ-B2 Du	Z (Belgien)	T	Duisenberg

Nummer	Ländercode	Druckereicode	Unterschrift
LM-B2 Tr	M (Portugal)	U	Trichet
LN-B2 Tr	N (Österreich)	F	Trichet
LP-B2 Tr	P (Niederlande)	G, P	Trichet
LS-B2 Tr	S (Italien)	J	Trichet
LT-B2 Tr	T (Irland)	K	Trichet
LU-B2 Tr	U (Frankreich)	L	Trichet
LX-B2 Tr	X (Deutschland)	E, G, P, R	Trichet
LY-B2 Tr	Y (Griechenland)	N	Trichet

Nummer	Ländercode	Druckereicode	Unterschrift
LT-B2 Dr	T (Irland)	K	Draghi
LX-B2 Dr	X (Deutschland)	E, P	Draghi
LY-B2 Dr	Y (Griechenland)	N	Draghi

Vorsicht beim Kauf von angeblich fehlgeschnittenen Banknoten zu 5, 10 oder 20 Euro!
Diese stammen häufig aus Banknotenbogen.

Jahreszahl: 2002 **Format:** 133 × 72 mm
Motiv: Architektur der Gotik. Diese ist am Spitzbogen des Fensters und am Strebewerk des Brückenpfeilers erkennbar.

Nummer	Ländercode	Druckereicode	Unterschrift
LL-B3 Du	L (Finnland)	D	Duisenberg
LM-B3 Du	M (Portugal)	H, U	Duisenberg
LN-B3 Du	N (Österreich)	F	Duisenberg
LP-B3 Du	P (Niederlande)	P, G	Duisenberg
LS-B3 Du	S (Italien)	J	Duisenberg
LT-B3 Du	T (Irland)	H, K	Duisenberg
LU-B3 Du	U (Frankreich)	E, L	Duisenberg
LV-B3 Du	V (Spanien)	M	Duisenberg
LX-B3 Du	X (Deutschland)	P	Duisenberg
LY-B3 Du	Y (Griechenland)	N	Duisenberg
LZ-B3 Du	Z (Belgien)	T	Duisenberg

Nummer	Ländercode	Druckereicode	Unterschrift
LE-B3 Tr	E (Slowakei)	G	Trichet
LF-B3 Tr	F (Malta)	G	Trichet
LG-B3 Tr	G (Zypern)	G	Trichet
LH-B3 Tr	H (Slowenien)	E, G	Trichet
LL-B3 Tr	L (Finnland)	E, G, H, P	Trichet
LM-B3 Tr	M (Portugal)	U	Trichet
LN-B3 Tr	N (Österreich)	F	Trichet

Nummer	Ländercode	Druckereicode	Unterschrift
LP-B3 Tr	P (Niederlande)	G	Trichet
LS-B3 Tr	S (Italien)	J	Trichet
LT-B3 Tr	T (Irland)	K	Trichet
LU-B3 Tr	U (Frankreich)	L	Trichet
LV-B3 Tr	V (Spanien)	M	Trichet
LX-B3 Tr	X (Deutschland)	P, R	Trichet
LY-B3 Tr	Y (Griechenland)	N	Trichet

Nummer	Ländercode	Druckereicode	Unterschrift
LD-B3 Dr	D (Estland)	R	Draghi
LE-B3 Dr	E (Slowakei)	R	Draghi
LF-B3 Dr	F (Malta)	R	Draghi
LG-B3 Dr	G (Zypern)	R	Draghi
LH-B3 Dr	H (Slowenien)	R	Draghi
LL-B3 Dr	L (Finnland)	R	Draghi
LM-B3 Dr	M (Portugal)	U	Draghi
LP-B3 Dr	P (Niederlande)	R	Draghi
LS-B3 Dr	S (Italien)	J	Draghi
LU-B3 Dr	U (Frankreich)	L	Draghi
LX-B3 Dr	X (Deutschland)	E	Draghi
LY-B3 Dr	Y (Griechenland)	N	Draghi

Jahreszahl: 2002 **Format:** 140 × 77 mm

Motiv: Architektur der Renaissance. Die Renaissance demonstriert den Wandel vom Mittelalter zur Neuzeit. Ihr Ausgangspunkt war Italien und sie strahlte auf alle europäischen Länder aus.

Nummer	Ländercode	Druckereicode	Unterschrift
LL-B4 Du	L (Finnland)	D, H	Duisenberg
LM-B4 Du	M (Portugal)	H	Duisenberg
LN-B4 Du	N (Österreich)	F	Duisenberg
LP-B4 Du	P (Niederlande)	G, H	Duisenberg
LS-B4 Du	S (Italien)	J	Duisenberg
LT-B4 Du	T (Irland)	K	Duisenberg
LU-B4 Du	U (Frankreich)	L	Duisenberg
LV-B4 Du	V (Spanien)	M, P	Duisenberg
LX-B4 Du	X (Deutschland)	P, R	Duisenberg
LY-B4 Du	Y (Griechenland)	G, N	Duisenberg
LZ-B4 Du	Z (Belgien)	T	Duisenberg

Nummer	Ländercode	Druckereicode	Unterschrift
LP-B4 Tr	P (Niederlande)	G	Trichet
LS-B4 Tr	S (Italien)	F, J	Trichet
LV-B4 Tr	V (Spanien)	M	Trichet
LX-B4 Tr	X (Deutschland)	G, P, R	Trichet
LZ-B4 Tr	Z (Belgien)	T	Trichet

Nummer	Ländercode	Druckereicode	Unterschrift
LD-B4 Dr	D (Estland)	R	Draghi
LE-B4 Dr	E (Slowakei)	R	Draghi
LF-B4 Dr	F (Malta)	R	Draghi
LG-B4 Dr	G (Zypern)	R	Draghi
LH-B4 Dr	H (Slowenien)	R	Draghi
LL-B4 Dr	L (Finnland)	R	Draghi
LP-B4 Dr	P (Niederlande)	R	Draghi
LS-B4 Dr	S (Italien)	J	Draghi
LV-B4 Dr	V (Spanien)	M	Draghi
LX-B4 Dr	X (Deutschland)	E, G, R	Draghi
LZ-B4 Dr	Z (Belgien)	T	Draghi

Jahreszahl: 2002 **Format:** 147 × 82 mm

Motiv: Barock und Rokoko. Auf diesem Schein wird die Stilepoche des Barock dargestellt. Architektur und Natur durchdringen sich gegenseitig.

Nummer	Ländercode	Druckereicode	Unterschrift
LL-B5 Du	L (Finnland)	D	Duisenberg
LM-B5 Du	M (Portugal)	P	Duisenberg
LN-B5 Du	N (Österreich)	F	Duisenberg
LP-B5 Du	P (Niederlande)	G	Duisenberg
LS-B5 Du	S (Italien)	J	Duisenberg
LT-B5 Du	T (Irland)	K	Duisenberg
LU-B5 Du	U (Frankreich)	E, P	Duisenberg
LV-B5 Du	V (Spanien)	M	Duisenberg
LX-B5 Du	X (Deutschland)	P	Duisenberg
LY-B5 Du	Y (Griechenland)	G, P	Duisenberg
LZ-B5 Du	Z (Belgien)	T	Duisenberg

Nummer	Ländercode	Druckereicode	Unterschrift
LL-B5 Tr	L (Finnland)	H	Trichet
LN-B5 Tr	N (Österreich)	F	Trichet
LP-B5 Tr	P (Niederlande)	G	Trichet
LS-B5 Tr	S (Italien)	J	Trichet
LX-B5 Tr	X (Deutschland)	P	Trichet

Nummer	Ländercode	Druckereicode	Unterschrift
LN-B5 Dr	N (Österreich)	F	Draghi
LV-B5 Dr	V (Spanien)	M	Draghi
LX-B5 Dr	X (Deutschland)	E, R	Draghi

Jahreszahl: 2002 **Format:** 153 × 82 mm
Motiv: Eisen- und Glasarchitektur. Die Elemente der Eisen- und Glasarchitektur weisen auf die Moderne hin mit dem Beginn des 20. Jahrhunderts.

Nummer	Ländercode	Druckereicode	Unterschrift
LL-B6 Du	L (Finnland)	D	Duisenberg
LN-B6 Du	N (Österreich)	G	Duisenberg
LP-B6 Du	P (Niederlande)	G	Duisenberg
LS-B6 Du	S (Italien)	J	Duisenberg
LU-B6 Du	U (Frankreich)	T	Duisenberg
LV-B6 Du	V (Spanien)	T	Duisenberg
LX-B6 Du	X (Deutschland)	R	Duisenberg
LY-B6 Du	Y (Griechenland)	R	Duisenberg
LZ-B6 Du	Z (Belgien)	T	Duisenberg

Nummer	Ländercode	Druckereicode	Unterschrift
LX-B6 Tr	X (Deutschland)	E	Trichet

Nummer	Ländercode	Druckereicode	Unterschrift
LX-B6 Dr	X (Deutschland)	E, R	Draghi
LZ-B6 Dr	Z (Belgien)	T	Draghi

Jahreszahl: 2002 **Format:** 160 × 82 mm

Motiv: Architektur des 20. Jahrhunderts. Die moderne Architektur gegen Ende des 20. Jahrhunderts betont den Zusammenhang zwischen Zweck und Form im Baustil.

Nummer	Ländercode	Druckereicode	Unterschrift
LL-B7 Du	L (Finnland)	D	Duisenberg
LN-B7 Du	N (Österreich)	F	Duisenberg
LP-B7 Du	P (Niederlande)	F	Duisenberg
LS-B7 Du	S (Italien)	J	Duisenberg
LT-B7 Du	T (Irland)	F	Duisenberg
LU-B7 Du	U (Frankreich)	T	Duisenberg
LV-B7 Du	V (Spanien)	T	Duisenberg
LX-B7 Du	X (Deutschland)	R	Duisenberg
LY-B7 Du	Y (Griechenland)	R	Duisenberg
LZ-B7 Du	Z (Belgien)	T	Duisenberg

Nummer	Ländercode	Druckereicode	Unterschrift
LN-B7 Tr	N (Österreich)	F	Trichet
LX-B7 Tr	X (Deutschland)	R	Trichet

Nummer	Ländercode	Druckereicode	Unterschrift
LN-B7 Dr	N (Österreich)	F	Draghi

Jahreszahl: 2013 **Format:** 120 × 62 mm
Motiv: Architektur der Klassik. Das Tor ist ein Stilelement aus der griechisch-römischen Antike, ein Hinweis auf die geschichtlichen Wurzeln Europas.

Nummer	Unterschrift	Druckereicode
LE-B8 La	Lagarde	E (François Charles Oberthur Fiduciaire)
LM-B8 Dr	Draghi	M (Valora S.A., Portugal)
LN-B8 Dr	Draghi	N (Oesterreichische Banknoten- und Sicherheitsdruck GmbH)
LS-B8 Dr	Draghi	S (Italienische Zentralbank)
LT-B8 Dr	Draghi	T (Irische Zentralbank)
LU-B8 Dr	Draghi	U (Französische Zentralbank)
LV-B8 Dr	Draghi	V (Königlich Spanische Münze)
LW-B8 Dr	Draghi	W (Giesecke & Devrient GmbH, Leipzig, Deutschland)
LY-B8 Dr	Draghi	Y (Griechische Zentralbank)
LZ-B8 Dr	Draghi	Z (Belgische Zentralbank)

Bewertung

Eine preisliche Bewertung der Banknoten findet derzeit nicht statt, da hierfür im Handel kein ausreichendes Angebot vorhanden ist, welches ausgewertet werden kann. Auch die von uns in früheren Katalogauflagen angegebene Häufigkeit von Banknoten ist inzwischen kein aussagekräftiges Kriterium für die Seltenheit eines Geldscheins mehr, da gebrauchte Banknoten nach einer gewissen Zirkulationszeit von den Zentralbanken aus dem Verkehr genommen und ersetzt werden. Es ist daher nicht bekannt, wie viele Banknoten noch in einem sammelwürdigen oder kassenfrischen Zustand erhalten geblieben sind.

Jahreszahl: 2014 **Format:** 127 × 67 mm

Motiv: Architektur der Romanik. Der abgebildete romanische Torbogen ist ein Stilelement des frühen Mittelalters, wie es bei Kirchen dieser Zeitepoche heute noch zu finden ist.

Nummer	Unterschrift	Druckereicode
LE-B9 Dr	Draghi	E (François Charles Oberthur Fiduciaire, Frankreich)
LF-B9 Dr	Draghi	F (Oberthur Fiduciaire AD, Bulgarische Zentralbank)
LN-B9 Dr	Draghi	N (Oesterreichische Banknoten- und Sicherheitsdruck GmbH)
LP-B9 Dr	Draghi	P (Joh. Enschedé Security Print BV, Niederlande)
LS-B9 Dr	Draghi	S (Italienische Zentralbank)
LT-B9 Dr	Draghi	T (Irische Zentralbank)
LU-B9 Dr	Draghi	U (Französische Zentralbank)
LV-B9 Dr	Draghi	V (Königlich Spanische Münze)
LX-B9 Dr	Draghi	X (Giesecke & Devrient GmbH, München, Deutschland)
LY-B9 Dr	Draghi	Y (Griechische Zentralbank)

Jahreszahl: 2015 **Format:** 133 × 72 mm
Motiv: Architektur der Gotik. Diese ist am Spitzbogen des Fensters und am Strebewerk des Brückenpfeilers erkennbar.

Nummer	Unterschrift	Druckereicode
LE-B10 Dr	Draghi	E (François Charles Oberthur Fiduciaire, Frankreich)
LM-B10 Dr	Draghi	M (Valora S.A., Portugal)
LN-B10 Dr	Draghi	N (Oesterreichische Banknoten- und Sicherheitsdruck GmbH)
LR-B10 Dr	Draghi	R (Bundesdruckerei GmbH, Deutschland)
LS-B10 Dr	Draghi	S (Italienische Zentralbank)
LT-B10 Dr	Draghi	T (Irische Zentralbank)
LU-B10 Dr	Draghi	U (Französische Zentralbank)
LV-B10 Dr	Draghi	V (Königlich Spanische Münze)
LW-B10 Dr	Draghi	W (Giesecke & Devrient GmbH, Leipzig, Deutschland)
LX-B10 Dr	Draghi	X (Giesecke & Devrient GmbH, München, Deutschland)
LZ-B10 Dr	Draghi	Z (Belgische Zentralbank)

Jahreszahl: 2017 **Format:** 140 × 77 mm

Motiv: Architektur der Renaissance. Die Renaissance demonstriert den Wandel vom Mittelalter zur Neuzeit. Ihr Ausgangspunkt war Italien und sie strahlte auf alle europäischen Länder aus.

Nummer	Unterschrift	Druckereicode
LE-B11 Dr	Draghi	E (François Charles Oberthur Fiduciaire, Frankreich)
LM-B11 Dr	Draghi	M (Valora S.A., Portugal)
LP-B11 Dr	Draghi	P (Joh. Enschedé Security Print BV, Niederlande)
LR-B11 Dr	Draghi	R (Bundesdruckerei GmbH, Deutschland)
LS-B11 Dr	Draghi	S (Italienische Zentralbank)
LU-B11 Dr	Draghi	U (Französische Zentralbank)
LV-B11 Dr	Draghi	V (Königlich Spanische Münze)
LW-B11 Dr	Draghi	W (Giesecke & Devrient GmbH, Leipzig, Deutschland)
LY-B11 Dr	Draghi	Y (Griechische Zentralbank)
LZ-B11 Dr	Draghi	Z (Belgische Zentralbank)

Jahreszahl: 2019 **Format:** 147 × 82 mm

Motiv: Barock und Rokoko. Auf diesem Schein wird die Stilepoche des Barock dargestellt. Architektur und Natur durchdringen sich gegenseitig.

Nummer	Unterschrift	Druckereicode
LE-B12 Dr	Draghi	E (François Charles Oberthur Fiduciaire, Frankreich)
LN-B12 Dr	Draghi	N (Oesterreichische Banknoten- und Sicherheitsdruck GmbH)
LR-B12 Dr	Draghi	R (Bundesdruckerei GmbH, Deutschland)
LS-B12 Dr	Draghi	S (Italienische Zentralbank)
LU-B12 Dr	Draghi	U (Französische Zentralbank)
LV-B12 Dr	Draghi	V (Königlich Spanische Münze)

Jahreszahl: 2019 **Format:** 153 × 82 mm
Motiv: Eisen- und Glasarchitektur. Die Elemente der Eisen- und Glasarchitektur weisen auf die Moderne hin mit dem Beginn des 20. Jahrhunderts.

Nummer	Unterschrift	Druckereicode
LN-B13 Dr	Draghi	N (Oesterreichische Banknoten- und Sicherheitsdruck GmbH)
LS-B13 Dr	Draghi	S (Italienische Zentralbank)
LU-B13 Dr	Draghi	U (Französische Zentralbank)

NOTIZEN